STRATEGIC MANAGEMENT
AN INTEGRATED APPROACH, THEORY & CASES
12th Edition

战略管理
概念与案例
（原书第12版）

[美] **查尔斯·W. L. 希尔**　　　**梅利莎·A. 席林**　　　**加雷思·R. 琼斯**　◎著
　　（Charles W. L. Hill）　　（Melissa A. Schilling）　　（Gareth R. Jones）
　　　华盛顿大学　　　　　　　纽约大学　　　　　　　得克萨斯A&M大学

薛有志　李国栋　◎等译

机械工业出版社
CHINA MACHINE PRESS

图书在版编目（CIP）数据

战略管理：概念与案例：原书第12版/（美）查尔斯·W. L. 希尔（Charles W. L. Hill），（美）梅利莎·A. 席林（Melissa A. Schilling），（美）加雷思·R. 琼斯（Gareth R. Jones）著；薛有志等译. -- 北京：机械工业出版社，2021.7（2024.6重印）

（华章教材经典译丛）

书名原文：Strategic Management: An Integrated Approach, Theory & Cases, 12th Edition

ISBN 978-7-111-68626-2

I. ①战… II. ①查… ②梅… ③加… ④薛… III. ①企业战略-战略管理-教材 IV. ① F272.1

中国版本图书馆 CIP 数据核字（2021）第 131875 号

北京市版权局著作权合同登记　图字：01-2021-2309 号。

Charles W. L. Hill, Melissa A. Schilling, Gareth R. Jones. Strategic Management: An Integrated Approach, Theory & Cases, 12th Edition.

Copyright © 2017, 2015 Cengage Learning

Original edition published by Cengage Learning. CMP Press is authorized by Cengage Learning to publish and distribute exclusively this simplified Chinese edition. This edition is authorized for sale in the Chinese mainland (excluding Hong Kong SAR, Macao SAR and Taiwan). Unauthorized export of this edition is a violation of the Copyright Act. No part of this publication may be reproduced or distributed by any means, or stored in a database or retrieval system, without the prior written permission of the publisher.

All rights reserved.

本书原版由圣智学习出版公司出版。版权所有，盗印必究。本书中文简体字翻译版由圣智学习出版公司授权机械工业出版社独家出版发行。此版本仅限在中国大陆地区（不包括香港、澳门特别行政区及台湾地区）销售。未经授权的本书出口将被视为违反版权法的行为。未经出版者预先书面许可，不得以任何方式复制或发行本书的任何部分。

本书封底贴有 Cengage Learning 防伪标签，无标签者不得销售。

本书是目前市场上备受广大高校师生和企业界人士欢迎的战略管理教材，力图帮助读者理解企业管理中的两个基本问题：企业竞争优势的来源是什么，以及企业如何获得持续的竞争优势。本书在内容设计上强调概念的整体性和关联性，丰富的案例帮助读者理解真实企业面临的战略挑战，以及如何在相互冲突的选择中进行权衡取舍。每章均以开篇案例导入本章讨论的战略管理分析的背景和现实问题。在每章结束时还有结篇案例，帮助读者通过案例分析和案例问题的解答回顾本章所讨论的要点与方法。

本书可作为高等院校工商管理、市场营销、会计学、财务管理等经济管理类专业本科生和研究生的教材，还可供 MBA、EMBA、MPA 等学员和企业相关人员学习参考。

出版发行：机械工业出版社（北京市西城区百万庄大街22号　邮政编码：100037）

责任编辑：吴亚军　丁小悦		责任校对：殷 虹	
印　　刷：固安县铭成印刷有限公司		版　次：2024年6月第1版第5次印刷	
开　　本：185mm×260mm　1/16		印　张：26.75	
书　　号：ISBN 978-7-111-68626-2		定　价：89.00元	

客服电话：(010) 88361066　68326294

版权所有·侵权必究
封底无防伪标均为盗版

Preface 前言

我们的使命是向读者提供战略管理领域的最新变化,因此,《战略管理:概念与案例》(原书第12版)做出了一些重大调整。

第一,我们的新合著者梅利莎·A. 席林(Melissa A. Schilling)在这个版本的编写中担任了重要角色。梅利莎是纽约大学斯特恩商学院的管理和组织学教授,讲授战略管理、企业战略、技术与创新管理等课程。她在一流的学术期刊上发表了大量文章,被公认为高科技产业创新和战略方面的领先学者之一。我们很高兴梅利莎再次加入编写团队,她对之前版本做出了巨大的贡献,对这一版本也不例外。她修订了几个章节并编写了多个高水平的研究案例。我们相信,她的投入大大增强了这本书的可读性。

第二,我们对一些章节做了大幅度的修订。本书第11版中的第5章"业务层战略"全面重写。除了有关波特一般战略的标准材料外,这一章还涉及W. 钱·金(W. Chan Kim)和勒妮·莫博涅(Renée Mauborgne)有关价值创新和蓝海战略的讨论。第6章"业务层战略与行业环境"也进行了大幅的重写和概念更新,以顺应21世纪的发展趋势。在第12版中,我们对第3章进行了较大幅度的修订和更新,围绕杰伊·巴尼(Jay Barney)的VRIO模型展开了对资源和竞争优势的讨论,我们还将第11版中的第12章、第13章合并为一章,即"组织战略实施"。我们认为,这种改进方式极大地增强了本书的可读性,尤其是对学生而言。

第三,我们对各章中的示例和案例进行了修订。每章都有一个新的开篇案例和一个新的结篇案例,同时增加了"战略行动"专栏。此外,我们对书中用于解释内容的示例也做出了重大调整。在进行这些修订时,我们的目标是使本书更加适合未来学生的阅读。

第四,我们对上一版中的案例都进行了替换或更新。第12版中的所有案例要么是全新的,要么是对案例的修订和更新。对于这个版本,我们决定只使用自己的案例。多年来,我们越来越难以找到高质量的第三方案例,而我们却总是收到有关我们所撰写的案例质量的积极反馈,所以我们决定从现在开始只使用自己的案例。我们也收到了许多教授的反馈:他们喜欢使用短小案例替代或补充以往我们书中常见的篇幅较长的大案例。另外,我们已经努力将那些在读者中有很高知名度的公司（如波音、特斯拉汽车、优步、微软等）的案例吸收进来，通过这些案例，读者将会很享受阅读。

我们确信本书所精选的案例将同时引起广大教师和学生的共鸣，一方面是因为这些案例本身都是非常有趣的，另一方面也是因为这些案例展现了大量的战略管理问题。在案例中，我们讨论的企业既有大型的知名企业，这些企业值得学生进行深度研究，也有一些小规模的创业型企业，这些企业向我们展示了战略管理过程中的不确定性和挑战。除此之外，有一些精选案例会涉及国际化企业的情况，其他大部分案例则会涉及全球化战略的一些内容。

为了帮助学生更加有效地分析和编写案例，我们专门就这一主题进行了探讨，其中包括需要考虑的维度清单和说明，需要采用的研究工具，以及财务分析的技巧。这些将有助于学生完成案例分析并给出周密的解释。除此之外，我们还希望学生站在管理者的角度体验战略决策，据此评估学生在做选择时的分析质量，最后会以一个课堂讨论题结束。

我们认为，所有案例无论是在广度上还是在深度上都是无与伦比的。在此，我们向做出贡献的案例作者表示衷心的感谢。

这本书不单纯是三位作者的研究成果。我们向高级产品经理 Scott Person、内容开发人员 Tara Singer、内容项目经理 Kim Kusnerak、市场经理 Emily Horowitz 等在本书的设计、改进和及时提供教师、评阅人员的反馈等方面给予的帮助表示感谢，因为这使我们确保本书能够更好地满足目标市场的需要。我们还要感谢华盛顿大学和纽约大学的管理部门，感谢它们为本书的写作提供了工作环境和氛围，而且我们也向两所大学中为我们的想法提供反馈和注入新理念的学生表示感谢。除此之外，我们要感谢第12版及先前版本的下列评阅人员，他们为本书从最初版本发展到现在的版本提供了诸多有价值的建议：

Andac Arikan, *Florida Atlantic University*

Ken Armstrong, *Anderson University*

Richard Babcock, *University of San Francisco*

Kunal Banerji, *West Virginia University*

Kevin Banning, *Auburn University- Montgomery*

Glenn Bassett, *University of Bridgeport*

Thomas H. Berliner, *The University of Texas at Dallas*

Bonnie Bollinger, *Ivy Technical Community College*

Richard G. Brandenburg, *University of Vermont*

Steven Braund, *University of Hull*

Philip Bromiley, *University of Minnesota*

Geoffrey Brooks, *Western Oregon State College*

Jill Brown, *Lehigh University*

Amanda Budde, *University of Hawaii*

Lowell Busenitz, *University of Houston*

Sam Cappel, *Southeastern Louisiana University*

Charles J. Capps III, *Sam Houston State University*

Don Caruth, *Texas A&M Commerce*

Gene R. Conaster, *Golden State University*

Steven W. Congden, *University of Hartford*

Catherine M. Daily, *Ohio State University*

Robert DeFillippi, *Suffolk University Sawyer School of Management*
Helen Deresky, *SUNY—Plattsburgh*
Fred J. Dorn, *University of Mississippi*
Gerald E. Evans, *The University of Montana*
John Fahy, *Trinity College, Dublin*
Patricia Feltes, *Southwest Missouri State University*
Bruce Fern, *New York University*
Mark Fiegener, *Oregon State University*
Chuck Foley, *Columbus State Community College*
Isaac Fox, *Washington State University*
Craig Galbraith, *University of North Carolina at Wilmington*
Scott R. Gallagher, *Rutgers University*
Eliezer Geisler, *Northeastern Illinois University*
Gretchen Gemeinhardt, *University of Houston*
Lynn Godkin, *Lamar University*
Sanjay Goel, *University of Minnesota—Duluth*
Robert L. Goldberg, *Northeastern University*
James Grinnell, *Merrimack College*
Russ Hagberg, *Northern Illinois University*
Allen Harmon, *University of Minnesota—Duluth*
Ramon Henson, *Rutgers University*
David Hoopes, *California State University—Dominguez Hills*
Todd Hostager, *University of Wisconsin—Eau Claire*
David Hover, *San Jose State University*
Graham L. Hubbard, *University of Minnesota*
Miriam Huddleston, *Harford Community College*
Tammy G. Hunt, *University of North Carolina at Wilmington*
James Gaius Ibe, *Morris College*
W. Grahm Irwin, *Miami University*
Homer Johnson, *Loyola University—Chicago*
Jonathan L. Johnson, *University of Arkansas Walton College of Business Administration*
Marios Katsioloudes, *St. Joseph's University*
Robert Keating, *University of North Carolina at Wilmington*
Geoffrey King, *California State University—Fullerton*
Rico Lam, *University of Oregon*
Robert J. Litschert, *Virginia Polytechnic Institute and State University*
Franz T. Lohrke, *Louisiana State University*
Paul Mallette, *Colorado State University*
Daniel Marrone, *SUNY Farmingdale*
Lance A. Masters, *California State University—San Bernardino*
Robert N. McGrath, *Embry-Riddle Aeronautical University*
Charles Mercer, *Drury College*
Van Miller, *University of Dayton*
Debi Mishra, *Binghamton University*

Tom Morris, *University of San Diego*
Joanna Mulholland, *West Chester University of Pennsylvania*
James Muraski, *Marquette University*
John Nebeck, *Viterbo University*
Jeryl L. Nelson, *Wayne State College*
Louise Nemanich, *Arizona State University*
Francine Newth, *Providence College*
Don Okhomina, *Fayetteville State University*
Phaedon P. Papadopoulos, *Houston Baptist University*
John Pappalardo, *Keen State College*
Paul R. Reed, *Sam Houston State University*
Rhonda K. Reger, *Arizona State University*
Malika Richards, *Indiana University*
Simon Rodan, *San Jose State University*
Stuart Rosenberg, *Dowling College*
Douglas Ross, *Towson University*
Ronald Sanchez, *University of Illinois*
Joseph A. Schenk, *University of Dayton*
Brian Shaffer, *University of Kentucky*
Leonard Sholtis, *Eastern Michigan University*
Pradip K. Shukla, *Chapman University*
Mel Sillmon, *University of Michigan—Dearborn*
Dennis L. Smart, *University of Nebraska at Omaha*
Barbara Spencer, *Clemson University*
Lawrence Steenberg, *University of Evansville*
Kim A. Stewart, *University of Denver*
Ted Takamura, *Warner Pacific College*
Scott Taylor, *Florida Metropolitan University*
Thuhang Tran, *Middle Tennessee State University*
Bobby Vaught, *Southwest Missouri*
Robert P. Vichas, *Florida Atlantic University*
John Vitton, *University of North Dakota*
Edward Ward, *St. Cloud State University*
Kenneth Wendeln, *Indiana University*
Daniel L. White, *Drexel University*
Edgar L. Williams, Jr., *Norfolk State University*
Donald Wilson, *Rochester Institute of Technology*
Jun Zhao, *Governors State University*

查尔斯·W. L. 希尔
梅利莎·A. 席林
加雷思·R. 琼斯

Contents 目录

前言

第一部分 战略管理概述

第1章 战略领导力：实现竞争优势的战略决策管理过程 /2

开篇案例 露露乐蒙的崛起 /2
1.1 战略领导力、卓越绩效和竞争优势 /5
1.2 战略管理者 /9
1.3 战略制定过程 /11
1.4 主要目标 /14
1.5 作为自发过程的战略 /19
1.6 战略计划操作 /23
1.7 战略决策制定 /25
1.8 战略领导力 /26

本章小结 /29
讨论问题 /30
结篇案例 沃尔玛的变革 /30
附录 企业价值、ROIC及增长率 /32
注释 /33

第2章 外部分析：识别机会与威胁 /36

开篇案例 美国无线通信市场的竞争 /36
2.1 行业的界定 /38
2.2 波特的五力模型 /39
2.3 行业内战略群组 /50
2.4 行业生命周期分析 /53
2.5 行业分析模型的局限性 /56
2.6 宏观环境 /59

本章小结 /62
讨论问题 /63
结篇案例 大型商用客机的市场 /63
注释 /64

第二部分 竞争优势的本质

第3章 内部分析：资源与竞争优势 /68

开篇案例 西南航空公司 /68
3.1 竞争优势 /70
3.2 价值创造与盈利能力 /75
3.3 价值链 /78
3.4 竞争优势的基石 /83
3.5 分析竞争优势和盈利能力 /86

本章小结 / 90

讨论问题 / 91

结篇案例　威瑞森无线公司 / 91

注释 / 92

第4章　通过职能层战略构建竞争优势 / 94

开篇案例　麦当劳的困境 / 94

4.1　获取卓越效率 / 96

4.2　物料管理、准时制生产和效率 / 105

4.3　实现卓越的质量 / 109

4.4　实现卓越的创新 / 114

4.5　实现卓越的客户响应 / 117

本章小结 / 120

讨论问题 / 120

结篇案例　亚马逊网站 / 121

注释 / 122

第三部分　战略

第5章　业务层战略 / 126

开篇案例　维珍美国航空公司 / 126

5.1　低成本和差异化 / 128

5.2　市场细分：谁是我们的客户 / 133

5.3　业务层战略的选择 / 136

5.4　业务层战略、行业和竞争优势 / 138

5.5　实施业务层战略 / 139

5.6　差异化竞争：蓝海战略 / 141

本章小结 / 143

讨论问题 / 144

结篇案例　诺德斯特龙 / 144

注释 / 145

第6章　业务层战略与行业环境 / 146

开篇案例　百思买能否幸免于电子商务的冲击 / 146

6.1　零散型行业的战略 / 148

6.2　孕育型和成长型行业的战略 / 152

6.3　成熟行业的战略 / 158

6.4　衰退型行业的战略 / 166

本章小结 / 169

讨论问题 / 169

结篇案例　如何从报纸的广告中获益 / 170

注释 / 171

第7章　战略与技术 / 173

开篇案例　蓝光、HD-DVD和流媒体：视频上的标准之争 / 173

7.1　技术标准和格式战争 / 176

7.2　格式战争取胜的战略 / 183

7.3　高技术行业的成本 / 185

7.4　获取先动优势 / 188

7.5　技术范式转变 / 193

本章小结 / 198

讨论问题 / 199

结篇案例　出现在手机支付领域中的一场战斗 / 199

第8章　全球环境中的战略 / 202

开篇案例　星巴克的全球化 / 202

8.1　全球和国家环境 / 204

8.2　全球性扩张、盈利能力和利润增长 / 208

8.3 成本降低压力及当地
响应压力 / 211
8.4 全球战略选择 / 215
8.5 进入方式的选择 / 221
8.6 全球战略联盟 / 226
本章小结 / 230
讨论问题 / 231
结篇案例 福特的全球战略 / 231
注释 / 232

第 9 章 公司层战略：横向一体化、纵向一体化和战略性资源外包 / 234

开篇案例 康卡斯特和时代华纳的
合并提议 / 234
9.1 公司层战略和多业务
模式 / 236
9.2 横向一体化：单一行业
战略 / 236
9.3 纵向一体化：进入新行业以
加强核心商业模式 / 241
9.4 纵向一体化的替代选择：
协作关系 / 247
9.5 战略性资源外包 / 251
本章小结 / 255
讨论问题 / 255
结篇案例 苹果公司的资源外包
和纵向一体化 / 255
注释 / 257

第 10 章 公司层战略：相关与非相关多元化战略 / 258

开篇案例 酩悦·轩尼诗-路易·
威登：在保持完美的同
时不断做大 / 258

10.1 通过多元化提高
利润率 / 260
10.2 两种类型的多元化 / 267
10.3 多元化的弱点和局限 / 269
10.4 战略选择 / 273
10.5 进入新行业：内部
投资 / 275
10.6 进入新行业：收购 / 278
10.7 进入新行业：合资 / 282
本章小结 / 284
讨论问题 / 284
结篇案例 花旗集团：多元化的
机遇与挑战 / 285
注释 / 287

第四部分 战略执行

第 11 章 公司治理、社会责任和伦理 / 292

开篇案例 星巴克：站在社会
问题的立场上 / 292
11.1 利益相关者与公司
绩效 / 294
11.2 代理理论 / 299
11.3 治理机制 / 304
11.4 伦理和战略 / 310
本章小结 / 317
讨论问题 / 317
结篇案例 惠普对 Autonomy 公司
的灾难性收购 / 318
注释 / 320

第 12 章 组织战略实施 / 322

开篇案例 谷歌的组织变革 / 322

12.1 组织架构 / 323
12.2 组织结构 / 325
12.3 控制与激励 / 336
12.4 组织文化 / 342
12.5 组织过程 / 344
12.6 通过组织架构实施战略 / 344
本章小结 / 349
讨论问题 / 349
结篇案例 苹果的组织安排 / 349
注释 / 351

第五部分　案例

案例分析概论：案例分析与案例分析报告撰写 / 354

案例 A　波音商用飞机 / 362

案例 B　优步：驱动全球颠覆 / 377

案例 C　微软：从盖茨到萨提亚·纳德拉 / 387

案例 D　塔塔集团 / 405

案例 E　特斯拉汽车 / 412

PART 1

第一部分

战略管理概述

第1章　战略领导力：实现竞争优势的战略决策管理过程
第2章　外部分析：识别机会与威胁

第 1 章

战略领导力：实现竞争优势的战略决策管理过程

| 开篇案例 |

露露乐蒙的崛起

1998年，热爱滑雪和冲浪的奇普·威尔逊（Chip Wilson）参加了他的第一个瑜伽课。虽然温哥华人喜欢瑜伽，但他们讨厌穿着当时还是棉质的瑜伽服。对曾在运动服装业工作过、对科技运动面料充满兴趣的威尔逊来说，穿着棉质衣服做易出汗、舒展性强、充满活力的瑜伽运动似乎并不合适。因此创立露露乐蒙（lululemon）的这一想法便产生了。

威尔逊希望使用最好的科技面料，为瑜伽等体育活动设计出高品质且时尚的服装。他成立了一个设计团队，并将生产制作外包给东南亚的低成本生产商。威尔逊不是通过现有零售商销售服装，而是选择开设自己的店面。他这样做是为了雇用热衷于运动的员工，通过瑜伽、跑步、骑自行车等运动为健康的生活方式代言。

2000年，在加拿大温哥华，威尔逊的第一家露露乐蒙商店开业了，并迅速获得成功，之后很快开了另一家分店。2007年，公司上市，利用筹集的资金加速扩张计划。到2014年年底，露露乐蒙店面超过290家，主要分布在北美地区，销售额超过17亿美元。露露乐蒙每平方英尺⊖的销售额约为1 800美元，

⊖ 1英尺=0.304 8米。——译者注

是一般专业零售商的4倍多，并且财务业绩很稳定。2007～2014年，衡量露露乐蒙盈利能力的平均资本回报率为31%，远高于其他知名专业零售商，并且每股收益以3 183%的惊人速度增长（见表1-1）。

表1-1 露露乐蒙2007～2014年的财务业绩

	露露乐蒙	Gap Inc.	Urban Outfitters	Abercrombie & Fitch
平均资本回报率（%）	31	21	19	14
每股收益增长率（%）	3 183	295	274	15

露露乐蒙是如何做到的呢？它从一开始就关注客户未被满足的需求，即瑜伽爱好者对高品质、时尚、有技术含量的运动服的追求。获得产品提供权是公司战略的核心部分。在战略中，同样重要的一个部分是有限的库存供应。例如，新的颜色和季节性产品有3～12周的生命周期，从而保持产品畅销。它的目标是能以全价出售商品，并且让客户在看到货物时就进行购买，而不是等待降价，因为只有这样做，才可能迅速出现"缺货"状态。只有在衣服没有磨损，并仍然附有价格标签的情况下该公司才允许退货。露露乐蒙的"饥饿销售"很成功，它从不积压库存，而且其服装得以高价出售。例如，它的瑜伽裤价格在78～128美元，而像Gap旗下的阿仕利塔（Athleta）这样的低价竞争对手则在自己的网站上销售25～50美元的瑜伽裤。

为了提供良好的店内服务，露露乐蒙雇用了热衷于运动的员工。公司会让有运动潜力的员工参加瑜伽或动感单车课程。大约70%的商店经理是内部员工；他们大多数是从销售做起，随着企业发展晋升至管理层。公司每年提供两次资金，允许商店经理使用任何颜色重新装修店面。每个商店的室内设计很大程度上取决于商店经理。店里每年会以员工的名义拿出2 700美元捐给慈善机构或者员工觉得当地有需要的人。2010年，露露乐蒙一位在华盛顿的商店经理联合区域社区领导，利用这些资金举办了一场全球性的瑜伽活动。现在超过70个露露乐蒙商店同时主办一个免费的、全方位的瑜伽活动是一件很平常的事，通过这种方式，促进了不同区域的联系交流。

员工都接受过"窃听"顾客谈话的培训。衣物折叠桌放置在试衣间附近的销售区，而不是在试衣间后面，这样方便员工听到顾客的不满。旁边的一个大型的黑板可以让顾客写建议或者投诉，然后反馈给总部，并以此为依据改进产品设计。

尽管该公司致力于提供高质量的产品，但并不是所有的公司都在2010年一帆风顺。威尔逊在公司的手袋上贴上"约翰·高特是谁？"这句话引起了轰动。这句话是安·兰德1957年的小说《阿特拉斯耸耸肩》（Atlas Shrugged）的开场白。《阿特拉斯耸耸肩》已经成为一部自由主义的圣经，然而露露乐蒙支持兰德不受监管的资本主义个性的潜在信息并没有很好地吸引到许多顾客。在收到负面反馈后，这些手袋很快就从商店里下架了。威尔逊本人于2012年1月放弃了对该公司的日常参与权，并于2014年辞去了董事长一职。

2013年初，当露露乐蒙决定召回黑色瑜伽裤时，它发现自己面临着另一场争议。由于缺乏"后部覆盖"，这条裤子太透明了，而且完全能够"透视"。除了产品本身带来的负面影响外，一些顾客还投诉说，他们受到了销售该产品的员工的侮辱，员工要求顾客穿上这条裤子并且通过弯腰来确定裤子足够透明，然后才能退款。这次公关灾难的结果是时任首席执行官克里斯汀·戴伊（Christine Day）辞职。公司同样面临着日益增长的来自竞争对手Gap的阿仕利塔城市户外用品店 Without Walls 和耐克商店的压力。尽管面临这些挑战，但是媒体和金融界的大多数观察者仍相信露露乐蒙可以解决这些问题并且能够继续沿着它的增长轨迹向前发展。

资料来源：D. Mattoili, "Lululemon's Secret Sauce," *The Wall Street Journal*, March 22, 2012; C. Leahey, "Lululemon CEO: How to Build Trust Inside Your Company," *CNN Money*, March 16, 2012; T. Hsu, "'Pantsgate' to Hurt Lululemon Profit: Customer Told to Bend Over," latimes.com, March 21, 2013; C. O'Commor, "Billionaire Founder Chip Wilson Out at Yoga Giant Lululemon," *Forbes*, January 9, 2012; B. Weishaar, "No-moat Lululemon faces increasing competition but is regaining its customer base," *Morningstar*, December 17, 2014.

本章概述

为什么一些公司能够成功，而其他公司却遭遇失败？为什么露露乐蒙能够始终优于其他大多数专业零售商？在航空业，西南航空公司（Southwest Airline）是如何做到不论是在淡季还是在旺季都能保持收入和利润的增长，而像美国航空公司（US Airways）和美国联合航空公司（United Airlines）这样的竞争对手却不得不寻求破产保护？又有哪些因素能够解释当今美国最大的钢铁制造商纽柯钢铁（Nucor Steel）的持续性增长和盈利，而在此期间许多曾经更大的竞争对手已经因破产而消亡？

在本书中，我们认为公司经理追求的战略会对公司相对于竞争对手的业绩产生重大的影响。**战略**（strategy）是管理层采取的能够提高公司业绩的一系列相关行动。对大多数公司（也许并非所有公司）而言，实现比竞争对手更高的业绩是它们的终极挑战。如果公司的战略能够带来更高的业绩，也就意味着公司具有了竞争优势。

2007～2014年，露露乐蒙的战略有着竞争优势，表现在稳定的财务业绩上。正如在开篇案例中描述的，露露乐蒙的战略是聚焦于尚未被满足的高品质、时尚、设计精致的运动服的市场利基，通过卓越的产品设计满足这一要求，并管理产品库存以限制供应，刺激消费，保持价格高位。露露乐蒙的创始人奇普·威尔逊显然有长远的战略眼光，并且他的战略在很大程度上是能够实现的。

本书列举并描述了管理层可以采用的战略，这些战略能够帮助公司实现卓越绩效并为公司创造竞争优势。我们的核心目标之一就是让你充分理解那些成功地识别和执行战略所必需的分析技巧和技术。实现目标的第一步就是更加详细地介绍卓越绩效和竞争优势的含义，并解释管理层在领导战略制定过程中起到的关键作用。

战略领导力（strategic leadership）是关于如何卓有成效地管理公司的战略制定过程以创造竞争优势。战略制定过程是管理层选择并实施一系列旨在实现竞争优势的战略的过程。**战略制定**（strategy formulation）是选择战略的工作，而**战略执行**（strategy implementation）是将战略付诸实施的工作，它包括设计产品、分销产品和提供产品支持，改进运营的效率和效果，以及设计公司的组织结构、控制体系和文化。露露乐蒙的成功不仅仅是因为管理者制定了可行的战略，也是因为这个战略在很大程度上是能够实现的。

到本章结束时，你将明白战略领导者如何能够通过制定和执行使公司获得竞争优势和卓越绩效的战略来管理战略制定过程。你也将进一步地了解到战略制定过程为什么有时候会出错，而正如露露乐蒙所示，管理层又将采取何种措施使这一过程变得更加有效。

1.1 战略领导力、卓越绩效和竞争优势

战略领导力是指管理层卓有成效地对战略制定过程进行管理的能力,它可以提高公司绩效,从而提升公司对于股东的价值。如图 1-1 所示,为了提升股东价值,管理层必须努力提高公司的盈利能力,并推动利润增长。为了达到目标,公司必须比竞争对手做得更好,而且必须具备竞争优势。

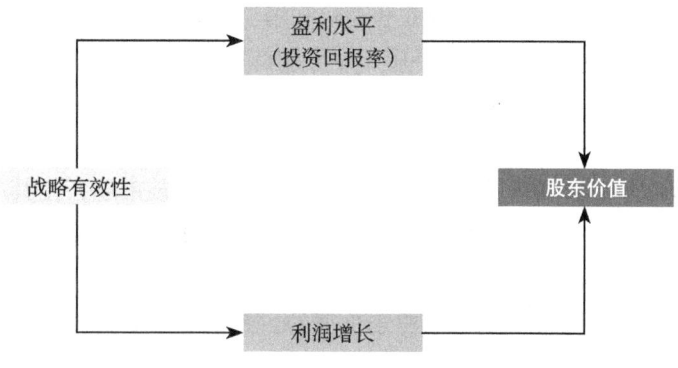

图 1-1　股东价值的决定因素

1.1.1 卓越绩效

股东价值最大化是营利性企业的最终目的,这主要有两个原因:第一,股东给公司提供了风险资本,从而使得管理层能够购买生产和销售产品、服务所需要的资源。**风险资本**(risk capital)是一种当公司运营失败或破产时不能收回的资本。例如,当露露乐蒙于 2007 年上市时,股东们向公司提供了用于建立商店网络的资本。如果露露乐蒙运营失败,它的股东将失去资金,而且所持有的股份也将毫无价值。因此,管理层必须致力于采用能够给股东资本投资带来较高回报的战略,否则股东将不再提供风险资本。第二,股东是公司的法定所有者,他们的股份代表了对公司利润的索取权。因此,管理层有义务按照最大化股东价值的方式对这些利润进行投资。

当然,正如本书后面将要说明的,管理层在最大化股东价值时,必须以合法的、合理的以及对社会负责的方式行事。此外,我们将看到,有充分的证据表明,最大限度、长期回报股东的最佳方式是把重点放在客户和员工身上。满足客户需求、确保员工得到公平对待以使其高效工作,通常会转化为更好的财务业绩和长期股东回报。如果忽视客户需求,不公平地对待员工,短期内可能会增加利润,提高股东回报,但也会损害公司的长远发展,最终降低股东价值。这就是为什么许多成功的管理者认为,如果一家公司专注于客户,并为员工提高生产效率提供奖励,股东回报就会更多。

股东价值(shareholder value)是指股东能够从购买公司股票中获得的回报。这些回报来自两个方面:通过股票表现出的资本增值;股利分配。例如,2014 年,微软的股价从 37.35 美元上涨到 46.73 美元,同时,向其持有者平均每股分配了 1.15 美元的股利。因此,2014 年,微软股东回报率为 28.2%,其中 25.1% 来自股份价值中的资本增值,另外的 3.1% 来自股利分配。

衡量公司**盈利水平**（profitability）的一个方法就是考察投入公司中的资本带来的回报率。[1] 公司取得的资本回报率（ROIC）被定义为基于公司投入资本而产生的净利润（净利润/投入资本）。净利润在这里是指税后的净收入。资产则是指投入公司的资金总额，等于股东权益加债权人的债务。根据这样的定义，盈利水平就是管理层高效且有效地使用自由支配资本以提供产品和服务来满足顾客需要的结果。公司能够有效使用资本将会为投入资本带来积极回报。2007～2014年，露露乐蒙的平均资本回报率为31%，远高于其他大多数专业零售商的平均回报率，表明其战略推动了其资本的高效和有效利用。

公司**利润增长**（profit growth）能够用一个时期的净利润增长来衡量。如果公司能够在迅速扩张的市场中销售产品、从竞争对手那里获得市场份额、增加公司向现有顾客的销售数量、实现海外扩张，或者通过多元化战略对新业务进行营利性的扩张等，公司将会实现利润增长。例如，2007～2012年，露露乐蒙通过快速扩大高端瑜伽服装市场，使其净利润从800万美元增加到2.8亿美元。由于利润大幅增长，露露乐蒙每股收益在此期间升值，从0.06美元上涨至1.91美元。

综合而言，盈利水平和利润增长是股东价值的主要驱动力量（详细内容见本章附录）。为了同时提高盈利水平和增加利润，管理层必须制定和执行战略，这些战略能够给公司带来超越竞争对手的竞争优势。这是露露乐蒙在2007～2014年取得的成果。从2007年7月27日上市到2014年12月31日，持有其股票的人们可以看出露露乐蒙的股价从14美元升至55.79美元，资本升值至近400%。由于执行高持续盈利水平和利润增长的战略，露露乐蒙的管理层对股东投资公司的决策给予了回报。

管理层面临的一个重要挑战就是需要同时实现盈利水平提高和公司利润增长。相对于那些盈利水平高和利润增长快的公司而言，那些盈利水平高但利润零增长的公司，将会被股东弱化投资价值。管理层需要注意，如果他们的公司只是利润增长了而盈利水平却下降了，股东同样不会给予较高的价值判断。股东们想看到的以及管理层必须通过战略领导力传达的是**盈利性增长**（profitable growth），即高盈利水平和持续的利润增长。要做到这一点并不容易，但是我们这个时代一些成功的公司做到了这一点，如苹果、谷歌和露露乐蒙。

1.1.2 竞争优势和公司商业模式

在竞争真空的状态下，管理层不需要进行战略决策。但是如今他们的公司将与其他公司相互竞争以获取顾客。竞争是一个无序的过程，在这个过程中，只有最有效率的公司才能胜出。这是一场永远没有终点的竞赛。为了实现股东价值最大化，管理层必须制定和执行能够使其公司超越竞争对手的战略，从而获得竞争优势。在争夺相同客户的过程中，当公司展现出高于其他公司的平均盈利水平和利润增长幅度的盈利能力时，我们可以认为该公司较其竞争对手具有**竞争优势**（competitive advantage）。相对于竞争对手的盈利水平越高，竞争优势就越强。如果公司的战略能够保证它们多年维持高于平均盈利水平的盈利能力，公司就具备了**持久竞争优势**（sustained competitive advantage）。这是露露乐蒙在2007～2014年的情况。

理解竞争优势的关键在于意识到管理层长期实施不同的战略会如何产生使公司不同于竞

争对手并能够持续超越对手的活动。**商业模式**（business model）是指管理层关于如何使公司经营的一组战略相互匹配从而形成统一整体的理念，这将使公司获得竞争优势并实现更高的盈利能力和利润增长率。从本质上看，商业模式是一种思维模式或意识形态，是关于如何使公司的各项战略与公司所做的资本投入相适应以产生超出平均水平的盈利能力和利润增长的模式。商业模式完整地包含了公司应该如何：

- 选择客户。
- 定义并差异化它们提供的产品。
- 为客户创造价值。
- 获得并保有客户。
- 制造产品或服务。
- 提高产能并降低成本。
- 将产品或服务输送到市场。
- 组织公司内部的活动。
- 配置公司资源。
- 达到并保持高水平的盈利能力。
- 实现业务的长期成长。

例如，沃尔玛等折扣商店的商业模式是基于这样一种观念：使用自助服务形式以替代全方位服务的零售形式，以及在一个包含最小装置和配件的大型商店中销售品类更多的产品，以此来降低成本。降低的成本将以低价格的形式传递给客户，从而增加公司收入，并帮助公司从规模经济中进一步降低成本。随着时间的推移，这种商业模式已被证明优于小型、全方位服务的"夫妻经营"家庭式零售模式以及传统的高端服务百货公司（如西尔斯）采用的商业模式。这种自助超市的商业模式最初产生在 20 世纪 50 年代的杂货零售商中，60 年代到 70 年代，由沃尔玛等一些公司进行了改进和升级。随后，玩具公司（玩具"反"斗城）、办公用品公司（史泰博和欧迪办公）和家居用品公司（家得宝和劳氏）也采用了相同的基础商业模式。

1.1.3 行业间的绩效差异

除了商业模式和与之关联的公司战略，公司的绩效还取决于所在行业的特点，认识到这一点是非常重要的。不同的行业具有不同的竞争条件。在一些行业中，需求的增加非常迅速，而在另外一些行业中需求却正在萎缩；一些行业会被过剩的产能和长期的价格战困扰，而另一些行业却在面对过剩的市场需求和价格上涨；在一些行业中，技术性变革会带来革命性的竞争格局，而另一些行业则被认为缺乏技术性的改变；在一些行业中，现有公司的高盈利水平会引致新公司的进入，而新进入者会压低价格和行业利润率，在另一些行业中，新公司的进入非常困难，高利润率将会持续相当长的时间。因此，在不同行业中存在的不同竞争条件会导致不同的盈利水平和利润增长率。例如，由于行业之间的竞争条件不同，一些行业的平均盈利水平会高一点，而另一些行业的就会低一点。

图 1-2 展示了 2002～2011 年不同行业的平均盈利水平（用 ROIC 衡量）。计算机软件行业拥有优越的竞争环境：人们对软件的需求很高，而且竞争通常不是以价格为基础。与之相反的例子是航空运输业，那里存在着极其激烈的价格竞争。

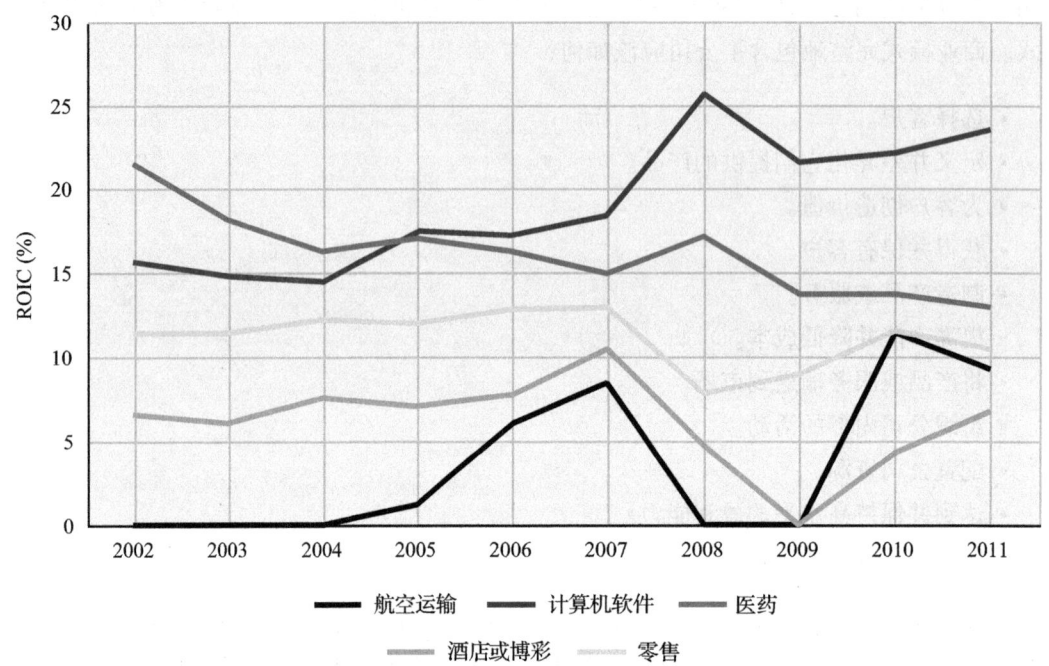

图 1-2　一些特定行业的资本回报率（2002～2011 年）

资料来源：Value Line Investment Survey.

行业间的具体差异将在第 2 章中详细讨论。现在重要的是记住公司的盈利能力和利润增长由两个主要因素决定：公司在行业中的相对成功和行业的总体绩效相对于其他行业更高。[2]

1.1.4　非营利组织中的绩效

最后一点是关于非营利部门的卓越绩效的概念。根据定义，诸如政府部门、大学和慈善团体等非营利组织不会为了赚取利润而去"经商"。然而，它们仍会被要求高效地使用它们的资源并实现有效的运营，而且管理层同样要设置衡量它们绩效的目标。一家商学院的绩效目标可以是其教学项目在全国最佳学校中的排名。一家慈善机构的绩效目标可能是防止贫穷国家儿童的发病。而政府机构的绩效目标可以是在减少对纳税人资金需求的前提下改进其服务。非营利组织的管理层为了达到这些目标需要对战略进行筹划，同商业企业的管理层一样，他们也需要明白非营利组织也要为了获得稀缺性资源而与他人展开竞争。例如，慈善机构将会竞争有限的捐赠，它们的管理层必须设计和开发能够带来更高绩效的战略，并公开过去实现诸多绩效目标的良好记录。一项成功的战略必须向捐助者传递令人信服的信息以说明他们为什么要贡献额外的捐助。因此，战略性地计划和思考对非营利部门的管理层来说与追求利润的公司管理层是一样重要的。

1.2 战略管理者

管理层是战略制定过程的关键。经理人个体必须对形成可获得竞争优势的战略和把这些战略有效付诸实施负有责任。他们必须领导战略制定过程。促成露露乐蒙成功的战略并不能说是"公司"这个抽象实体的选择,而是由公司的领导人奇普·威尔逊和他雇用的经理决定。露露乐蒙的成功在很大程度上取决于公司经理在执行战略中的表现。在本节中,我们将介绍不同管理人员的战略角色。在本章的后面,我们将讨论战略领导力,即管理层如何能够卓有成效地管理公司战略的制定过程。

在大多数公司中主要有两种类型的经理人:一种是**总经理**(general managers),他们对公司总体绩效或某一主要的独立单元或事业部负责;另一种是**职能经理**(functional managers),他们对特定职能的监督负责,职能可能是一项任务、一个活动或一项操作,如会计、市场营销、研发、信息技术或物流。换句话说,总经理要对一种产品、一项业务或整个公司的损益负责。

公司是各种职能或部门的集合体,各部门协同工作并为市场提供特定的产品或服务。如果公司提供了多种不同的产品或服务,那么它们就会复制这些职能部门并建立独立的事业部(每个单元都拥有自己的一套职能体系)来管理每一种不同的产品或服务。这些单元的总经理要对他们的特定产品线负责。总经理关心的最主要问题是公司或事业部沿着正确的方向良性运转;他们有责任决定如何创造竞争优势并在他们的指挥下利用资源和拥有的资本实现高额盈利。图1-3展示了**多事业部公司**(multidivisional company)的组织结构,即公司进入多个不同业务领域并建立了相互分离且独立的事业部进行管理。由图可见,公司有3个主要的管理层级:公司层、业务层和职能层。总经理将出现在前两个层级,但是他们的战略角色会随着他们的职责范围的不同而不同。

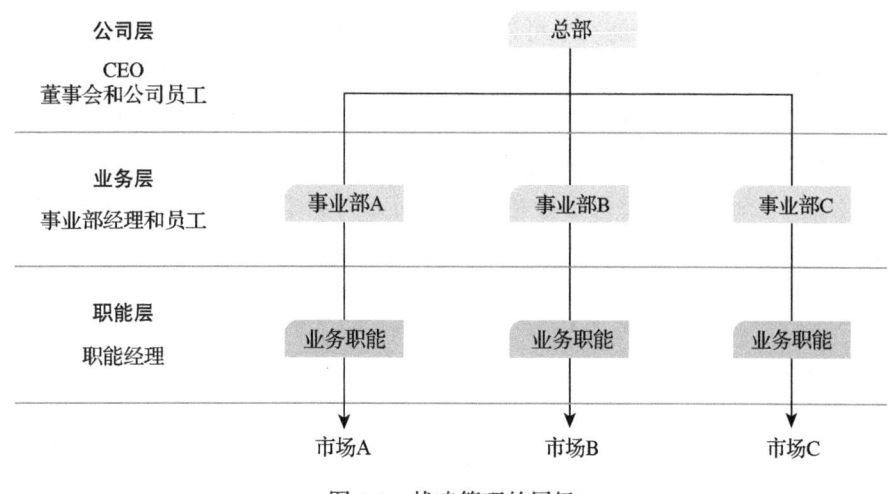

图1-3 战略管理的层级

1.2.1 公司层经理

公司层面的管理层由首席执行官(CEO)、其他高级管理人员和公司员工组成。这些人在组织内部占据了制定决策的上层位置。CEO是首席总经理。通过与其他高级管理层磋商，公司层经理的责任是监督组织整体战略的发展。这一角色的职责包括确定组织目标，决定公司要进入的业务领域，在不同业务领域间分配资源，以及对整体组织实施领导。

让我们以通用电气（General Electric，GE）为例。GE积极投身广泛的业务领域，包括照明设施、大型家电、汽车和运输设备、涡轮发电机、建筑和工程服务、工业电子器件、医疗系统、宇航设备、航天器发动机以及金融服务。公司前CEO杰夫·伊梅尔特（Jeffrey Immelt）的主要战略性职责是设置总体战略目标，在不同业务领域间分配资源，决定公司是否应该从一些业务中脱离出来，以及决定公司是否应发展新的业务。换句话来说，如何发展横跨各业务单元的公司战略完全取决于伊梅尔特，他关心的是构建和管理公司的业务组合以达到公司盈利的最大化。

CEO（本案例中的伊梅尔特）的特定职责不是负责制定具体个人业务领域（如金融服务）的竞争战略。此类战略的开发是不同业务领域的总经理或业务层经理的职责。然而伊梅尔特要探索性地进行战略思考，其目的在于确保业务层经理都能够追求健全的商业模式并对GE的长期盈利能力最大化做出贡献，训练和激励业务层经理，对实现和超出目标的经理人进行奖励，以及追究造成不良绩效的经理人的责任。

公司层经理还在监管公司战略发展者和公司所有者（股东）之间提供了一种关联。公司层经理，特别是CEO，可以被视为股东的代理人。[3] 他们的职责是保证公司追求的公司层和业务层战略与最大化盈利水平和利润增长的目标相一致。如果他们没有做到，CEO将会受到股东的问责。

1.2.2 业务层经理

业务单元（business unit）是一个可以向特定市场提供产品和服务的独立部门（包括其自有的职能，如财务、采购、生产和市场营销部门）。业务层首席总经理或业务层经理是部门领导。这些经理人的战略角色是将来自公司层面的总体方向和意图的陈述转化为各业务层面的明确战略。公司层经理关注跨部门的战略，而业务层经理则关注针对特定部门的具体战略。在GE，一个主要的公司目标是要在公司参与竞争的每一个业务领域成为市场领导者。据此，每个事业部的总经理将会制定出各自业务的与战略目标相一致的商业模式的细节。

1.2.3 职能层经理

职能层经理对具体的组成一个公司或其中一个事业部的业务职能或运营负责（如人力资源、采购、产品开发、客户服务等）。因此，职能层经理的职责范围通常被限定为一种组织内部的活动，而总经理则会监控整个公司或事业部的运行。尽管职能层经理不对组织的整体绩效负责，但是他们仍然承担着重要的战略角色：在他们的职责范围内发展有助于实现公司层和业务层经理设定的战略目标的职能层战略。

例如在GE航天器业务中，生产经理有责任发展与公司目标相一致的生产战略。而且，职能层经理提供的绝大多数信息都会使公司层和业务层经理制定切实可行的战略成为可能。他们比总经理更加接近客户，因此他们的确有很多重要的想法，而这些想法可能会发展为公司的重要战略。所以，认真听取职能层经理的想法对总经理来说是非常重要的。职能层经理的另一项同样重要的责任就是战略实施，即执行公司层和业务层计划。

1.3 战略制定过程

现在我们可以将关注点转向管理层制定和实施战略的过程。许多作者都强调战略是规范的计划过程和高管从中发挥重要作用的结果。[4]虽然该观点有一定的现实基础，但它并不是事实的全部。我们在本章的后面部分会看到，有价值的战略经常在没有实现计划的情况下出现于组织内部的深度层面。当然，构思一个规范、合理的计划对于我们在战略世界中的旅程仍是非常有帮助的。因此，我们要考虑一个典型、规范的战略计划过程模型需要包含哪些内容。

1.3.1 战略计划过程模型

正式的战略计划过程有 5 个主要步骤：

- 选择公司的使命和主要目标。
- 分析组织外部竞争环境，鉴别机会和威胁。
- 分析组织内部经营环境，识别组织内部的优势和劣势。
- 基于公司优势选择战略，纠正自身劣势，以利用外部机遇和应对外部威胁。这些战略应当同公司的使命和主要目标一致。它们应该是适当的并且可以共同构筑一个可行的商业模式。
- 实施战略。

分析组织内外部环境并选择适当的战略构成战略制定的主要内容。相应地，如前所述，战略实施则涉及将战略（或计划）付诸实践的问题。这包括在公司层、业务层和职能层采取与公司战略相一致的行动；在管理层中分配角色和责任（通常通过组织结构设计来完成）；分配资源（包括资本和现金）；设置短期目标；设计组织的控制和激励体系。这些步骤都将在图 1-4 中加以说明（此图也可被视为本书各个章节的大纲）。

图 1-4 中的每一个步骤串联构成了战略制定的整个过程。每一个战略计划过程的循环都始于公司使命与公司主要目标的陈述。其中，使命陈述是基于以下几项战略性思考得出的：外部分析、内部分析和战略选择。战略制定过程结束于组织结构设计和实施组织已选定战略所需的文化与控制体系。本章将讨论如何选择公司使命和主要战略目标。如图 1-4 所示，战略制定的其他部分将在后续章节中讨论。

一些组织每年都要进行一轮新的战略制定过程，但这并不意味着管理层必须每年都进行新的战略选择。在多数情况下，其结果都仅是修订和重新明确已有的战略和结构。通过战略制定过程形成的战略计划通常可以延续 1～5 年，而计划每年都会被更新并向前推进。在大多数组织中，年度战略计划流程的成果会被用作来年预算制定流程前端的输入材料，从而使得战略计划能够决定组织内部的资源分配。

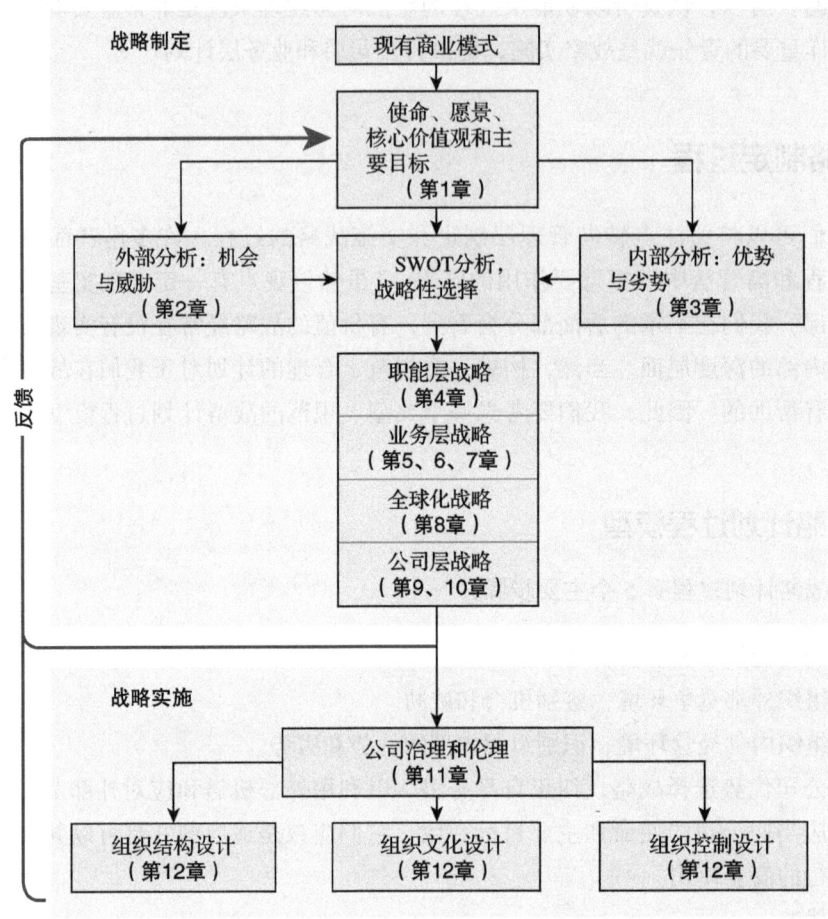

图 1-4 战略制定过程的主要构成

1.3.2 使命陈述

战略制定过程的第一个组成部分就是起草组织的使命陈述，这将为战略制定提供框架和背景。使命陈述包括四个主要的部分：关于公司或组织存在理由（即使命）的陈述；对未来情况的一些陈述，一般被称为公司的愿景；对组织承诺的核心价值观的陈述；对主要目标的陈述。

1. 使命

公司的**使命**（mission）描述了公司要做什么。例如，谷歌为自己定义的使命是整合全球信息，使人人皆可访问并从中受益，这一使命可以通过谷歌的搜索引擎来实现。[5] 谷歌的创始人拉里·佩奇（Larry Page）和谢尔盖·布林（Sergey Brin）认为，信息不仅包括网站上的文字，还包括图像、视频、地图、产品、新闻、书籍、博客等。您可以使用谷歌的搜索引擎搜索所有这些信息来源。

根据彼得·德鲁克（Peter Drucker）所说，组织在形成使命的过程中，重要的第一步就是界定组织的业务。这一界定基本上回答了如下这些问题：我们的业务是什么？它会是什么？它应该是什么？[6]对这些问题的回答可以引导使命的形成。为了回答"我们的业务是什么"这个问题，公司需要从三个维度加以界定：谁需要被满足（客户群是什么），什么需要被满足（客户的需求是什么），以及客户的需求应怎样被满足（通过什么技能、知识或独特竞争力来满足）[7]。图 1-5 说明了这些维度。

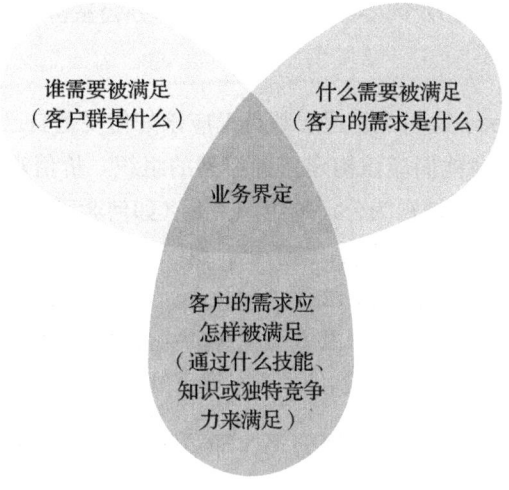

图 1-5　业务的界定

上述业务界定方法强调了需求是客户导向，而不是产品导向。一个产品导向型的业务界定专注于所售产品和所服务市场的特征，并不注重产品要满足哪些客户的需求。产品导向的方法模糊了公司的真正使命，因为产品仅仅是运用特定技能满足特定群体特定需要的一种物质性表现。在实践中那些需求可以用许多种不同的方法满足，而广泛地识别这些方法的客户导向型业务界定能够确保公司在需求的转换中不陷入茫然。

谷歌的使命是以客户为导向，它的产品是搜索引擎。其生产技术涉及开发复杂的搜索算法和建立庞大的存储信息的数据库。但谷歌并没有将自己定义为搜索引擎公司。相反，它认为自己的使命是整合全球信息，使人人皆可访问并从中受益。

以客户导向型视角界定公司业务的需要常常被忽略。历史中有太多这样的故事，那些曾经伟大的公司因为没有界定它们的业务或者错误地界定了业务，最终导致了它们的衰落。20 世纪五六十年代，许多办公室设备公司将它们的业务界定为打字机产品，如史密斯-科罗纳公司（Smith Corona）和安德伍德（Underwood）。这种产品导向的定位忽视了它们的业务实际上是满足客户的信息处理需求。对这些公司来说不幸的是，当一项能够更好地满足顾客需求的信息处理技术（计算机）出现时，人们对于打字机的需求骤然下跌。作为典型的以计算机为基础的信息处理技术的受害者，最后一个打字机巨人史密斯-科罗纳于 1996 年破产。

相反，IBM 公司正确地预见了它的业务会是什么。20 世纪 50 年代，IBM 是打字机和机械制表设备制造业的领导者。然而，与众多竞争者不同的是，IBM 将其业务界定为提供信息处理和储存的方法，而不仅是供应机械制表设备和打字机。[8]由于这样的界定，公司之后进入计算机、软件系统、办公系统和打印机领域的行为看上去合情合理。

2. 愿景

公司**愿景**（vision）列出了一些对未来需要的陈述，以及关于公司要实现什么的清晰说明，这些通常会用粗体醒目地标出。在早期，微软（Microsoft）希望将来每一台桌子、每一个家庭都能放置并拥有非常强大的计算机。为了将这一愿景变为现实，微软专注于为企业和客户提供廉价且实用的计算机操作系统和软件。相应地，Windows 和 Office 等强大且廉价的操作系统和软件也可以帮助推动个人电脑渗透到家庭和办公室。

3. 价值观

公司的**价值观**（values）说明了管理层和员工应该如何规范自己的言行，如何做好他们的工作以及为了实现公司使命他们应该构建何种类型的组织。价值观作为驱动和塑造公司管理层和员工行为关键因素，通常被视为公司的组织文化（如何激励雇员为实现公司使命和目标而努力工作的一套价值准则、规范和标准）的基础。组织文化常常被视为公司竞争优势的重要来源。[9] 关于组织文化的问题我们将在第 12 章进行深入讨论。例如，纽柯钢铁是世界上生产效率最高且盈利能力最强的钢铁企业之一。其竞争优势的一部分源于极高的劳动生产效率，这是公司文化价值观的直接结果，这反过来又决定了公司如何对待其员工。这些价值观有如下几点：

- 管理层有责任以此方法管理纽柯公司，即员工有机会根据他们的生产效率获得收入。
- 员工应该确信如果他们恰当地完成了工作，他们明天还将拥有工作。
- 员工有权被公平对待且必须相信他们会被公平对待。
- 当员工受到不公平对待时，他们必须拥有申诉的途径。[10]

纽柯公司强调的支付绩效工资、工作安全和公平对待员工的价值观帮助公司建立了提高员工生产效率的氛围，同时也对纽柯公司成为行业内成本结构最低的公司之一起到了推动作用，这样的成本结构恰恰解释了公司在价格竞争激烈的行业中保持高利润水平的原因。

在一项组织价值观的研究中，学者界定了一系列高绩效组织中能够通过对员工行为施加影响以帮助公司实现优异财务业绩的价值观。[11] 这些价值观包括尊重组织核心利益相关者的利益，涉及在公司内部、公司行动以及公司表现中拥有利益联系、所有权或股份的个人或组织。[12] 他们包括股东、债权人、员工、供应商、客户、公司所在社区和一般公众。一项研究发现，对客户、员工、供应商和股东的利益的强烈尊重与高绩效相关。研究还指出，对中层和低层管理者领导与企业家精神行为的鼓励以及对组织内部试图改变的支持同样对高绩效有贡献。同样的研究还识别了低绩效公司的价值观，这些没有在公司使命中被清晰地表达：①骄傲自大，特别对来自公司外部的想法不屑一顾；②缺乏对关键利益相关者的尊重；③有抵制变革并"惩罚"表现出过多领导力的中层和低层管理者的历史。

1.4 主要目标

在拥有了使命、愿景和核心价值观之后，战略经理就可以进入形成使命陈述的下一个步骤：建立主要目标。目标是对精确的可测量的公司努力实现的未来需要的描述。在此背景下，制定目标的意图在于精确地细化如果公司准备达成其使命和愿景，有哪些事情必须做。

结构完善的目标具有四项主要特征：[13]

- 准确且可测量。可测量的目标会为管理者提供一个尺度或标准，他们可以以此对绩效进行评判。
- 陈述关键问题。为了保持关注，经理人应该选择有限数量的目标来评估公司的绩效。被选择的目标应该是关键且重要的问题。
- 有挑战性和现实性。公司目标应为全体员工寻求组织运营改进提供激励。如果公司目标里的挑战是不切实际的，员工就可能会放弃；目标太容易则可能失去对管理层和其他员工的激励作用。[14]
- 详细说明目标实现的时间段。时间限制会告诉员工，要想最终成功就需要在给定的时限内完成目标，而不能超出时限。设置最后期限可以为目标实现注入紧迫感并作为激励因素发挥作用。但并非所有目标都需要时间限制。

结构完善的目标还提供了评价管理层绩效的方法。

如前所述，虽然大多数公司在运营中都有很多目标，但大多数公司的核心目标是股东回报的最大化，想要达成这一目标就需要高盈利水平和持续的利润增长。因此，大多数公司的经营目标是盈利和利润增长。然而对保持长期盈利能力和利润增长而言，高层管理者不犯过分强调当期利润的错误是非常重要的。[15]过分追求当期利润并最大化短期资本回报率会鼓励误导性的管理行为，比如削减在当期看来是非基础性的花费，如研发成本、市场营销费用和新的资本投资等。尽管减少当期支出会提高当期利润，但是由此带来的投资不足、缺乏创新和市场份额减少等结果会危害长期盈利和利润增长。

为了防范短期行为，管理层需要确保实施那些实现后能够提升公司长期绩效和竞争力的目标。长期目标涉及产品开发、客户满意、效率等内容，而且强调劳动力和资本效率、产品质量、创新、客户满意和客户服务等细节。

1.4.1 外部分析

战略制定过程的第二个组成部分是对组织外部运营环境的分析。外部分析的基本目的在于识别组织运营环境中的战略机遇和威胁，而环境会影响公司达成使命的方式。"战略行动1-1"描述了对外部环境的机遇和威胁分析是如何促使时代公司（Time Inc.）实现战略转移的。

在分析外部环境时需要具体分析三种相互关联的环境，即公司运营所在行业的环境、国家或民族环境，以及更广泛的社会经济环境或宏观环境。行业环境分析需要对公司所在行业的竞争结构进行评估，包括公司的竞争地位和主要的竞争对手。因为许多市场现在已经是国际化市场，所以对行业环境的分析同时也意味着对行业内国际化竞争的影响进行评估。此类分析可能会指出公司应该把生产设备转移到其他一些国家，应该开拓中国等新兴国家的市场，或者应该清楚地了解来自新兴市场的竞争。宏观环境由可能会影响到公司及其行业发展的宏观经济、社会、政府、法律、国际化和技术等因素组成。我们将在第2章重点考察外部分析。

战略行动 1-1

时代公司的战略分析

作为传媒领域的龙头企业时代华纳（Time Warner）的杂志出版业子公司，时代公司有着令人肃然起敬的历史。该公司旗下杂志包括《时代周刊》（Time）、《财富》（Fortune）、《体育画报》（Sports Illustrate）和《人物》（People），这些刊物一直以来都是各自门类中的领袖级杂志。但到了 2005 年前后，时代公司面临着订阅率下降的局面。

外部分析揭示了哪些事会持续发生。时代公司旗下杂志的领导力正在衰退。随着科技的发展，更多年轻的读者会从网上得到他们想要的东西。这对时代公司而言既是一种威胁，因为其网络信息提供模式还未发展壮大，也是一个机遇，因为时代公司可通过提供正确的信息来获得这部分受众。时代公司还意识到广告资金会快速向网络转移，而且如果公司想要继续保有其份额，它提供的网络信息需要在每一点都做得和印刷品一样好。

内部分析则指出了尽管时代公司做出了多方面的尝试，但是为什么它还是没有能够抓住网络出现带来的机会。尽管时代公司有巨大优势，包括著名的品牌和强大的报道能力，但网络信息提供模式的发展却受到一项严重缺陷（一种视网络信息提供模式为死水的编制文化）的制约。例如在《人物》杂志社，在线经营层被主管编辑玛莎·尼尔森（Martha Nelson）认为"像遥远的月亮"。时代公司的管理层也在担心网络信息提供会蚕食印刷品信息提供的份额，并加速杂志销量的下滑，从而给公司带来可怕的财务困境。这种公司文化的结果就是向网络出版转移的努力由于缺乏管理层的关注和参与而受到缺乏资金的阻碍。

玛莎·尼尔森为公司指明了前进的道路。她从战略上克服时代公司的薄弱环节，从而更好地利用网络。2003 年，她将《人物》杂志社的印刷室和在线新闻工作室合并，有效地消除了它们之间的隔阂。然后她重建《人物》杂志的网站（People.com），在网络出版方面负起主要责任，指出原创的内容应该出现在网站上，并强调了浏览量和广告收入的重要性。在此后的两年中，People.com 网页的浏览量增长了 5 倍。

时代公司的首席执行官安·摩尔（Ann Moore）在 2005 年使这项战略正规化。他要求所有的印刷出版物都听从 People.com 的领导，整合了印刷板块和在线板块的新闻编辑室，并在网络推广方面进行了大量的投资。为了实现这一目标，时代公司雇用了一些知名博主来为其撰写线上出版物。摩尔实施战略的目标是消除时代公司过去在网络方面的文化劣势，同时重塑网络出版的资源配置。

2006 年，时代公司与 24 小时新闻频道美国有线电视新闻网（CNN）建立了合作关系，进行了另一次战略变动，即将其所有的财经杂志内容放在双方共同拥有的 CNNMoney.com 网站上，旨在充分开发网络市场。CNNMoney.com 网站免费提供《财富》杂志、《金钱》（Money）杂志、《商界 2.0》（Business 2.0）杂志的内容，迅速成为仅次于雅虎财经和 MSN 财经的第三大线上财经网站。这一战略的另一个体现在于《体育画报》网站的再设计，使其成为 iPod 和移动设备下载音频、视频的主导者。

2007 年，为了进一步转向以网络为中心的出版业务，时代公司宣布了战略的另一改变：它会卖掉 18 本杂志的版权，主要是那些虽然表现不错，但似乎并没有太大吸引力的杂志版权。

同样从 2007 年开始，摩尔认为，未来时代公司将重点关注公司中最大的、盈利最多的品牌的活力、资源和投资，统计数据表明，这些品牌对顾客有着巨大的吸引力。从那时起，为平板电脑开发杂志应用程序成为巨大的推动力，最引人注目的就是苹果 iPad 和使用 Android 操作系统的平板电脑。在 2012 年初，时代公司在每一个主要的平板电脑平台上都有了完整的杂志目录。截至 2014 年，数字版的收益迅速增长，而印刷报刊的收益则持续下降，这凸显了摩尔数字化战略的智慧。

资料来源：A. Van Duyn, "Time Inc. Revamp to Include Sale of 18 Titles," *Financial Times* (September 13, 2006): 24; M. Karnitsching, "Time Inc. Makes New Bid to Be Big Web Player," *The Wall Street Journal* (March 29, 2006): B1; M. Flamm, "Time Tries the Web Again," *Crain's New York Business* (January 16, 2006): 3; T. Carmody, "Time Warner Bringing Digital Magazines, HBO to More Platforms," *Wired* (July 3, 2011); "Time Inc. Q3 2014 Review: Digitalization Underway," Seeking Alpha, November 5, 2014; http://seekingalpha.com/.

1.4.2 内部分析

内部分析是战略制定过程的第三个组成部分，重点考察公司的资源、能力和竞争力，旨在分析公司的优势和劣势。正如在"战略行动 1-1"中描述的，对时代公司的内部分析揭示出该公司拥有许多颇具影响力的知名品牌，如《财富》《金钱》《体育画报》和《人物》等（优势），并且具有强大的报道能力（另一项优势），而它们缺乏的是对于在线出版编辑工作的认可（劣势）。我们将在第 3 章中详细考察内部分析。

1.4.3 SWOT 分析和商业模式

战略制定过程的下一个组成部分需要在公司内部优势与劣势、外部机遇与威胁的基础上形成一系列战略性替代或追求的未来战略的选择。这种对优势（strengths，S）、劣势（weaknesses，W）、机会（opportunities，O）和威胁（threats，T）进行比较的标准称呼是 **SWOT 分析**。[16] 其核心在于识别能够构建并维护公司优势、消除劣势、利用外部机遇以及应对威胁的战略。

时代公司的管理层将读者向网络的转移既视为他们必须开发的机遇，又看作对时代公司旗下现有杂志印刷品的威胁。他们意识到时代公司广为人知的品牌和强大的报道能力会成为他们提供在线服务的优势，但是排斥网络出版物的编辑文化是需要修正的劣势。时代公司管理层提出的战略包括：合并印刷板块和网络板块的新闻编辑室以消除它们之间的隔阂，对在线网络进行重大投资，与已经在网络方面具有出色表现的美国有线电视新闻网（CNN）建立合作伙伴关系。

SWOT 分析的目标通常是建立、确定并调整公司具体的商业模式，商业模式能够将公司的资源和能力与公司运营所处环境进行最好的排列、适应和匹配。经理们比较和对照了各种可能的战略，然后确定了一整套可以建立并保持竞争优势的战略。这些战略可以被划分为四大类：

- 职能层战略，即在公司内部引导作业效率的提升，如生产、市场营销、物资管理、产品开发和客户服务。我们将在第 4 章论述职能层战略。

- 业务层战略，包括总体业务的竞争战略，公司在市场中获得竞争优势的定位方式，以及在不同行业环境中使用的不同定位战略。例如，成本领先、差异化、聚焦特定的利基市场或行业细分，或者这些战略的某种组合。我们会在第 5、6、7 章中讨论业务层战略。
- 全球化战略，此战略用于回答如何在母国以外拓展业务，并在全球层面决定竞争优势的领域里实现成长和繁荣的问题。我们会在第 8 章中谈到全球化战略。
- 公司层战略，它回答了一些基本问题：为了实现公司的盈利能力的可持续性和利润增长最大化，我们需要从事哪些业务？我们应如何进入这些行业，提升在行业中的表现，从而获得竞争优势？我们将在第 9、10 章中论述公司层战略。

通过 SWOT 分析确定的战略应该是相互支持的。职能层战略应该与公司的业务层战略和全球化战略相一致或相互支持。而且，如我们将在本书后面解释的，公司层战略应该支撑业务层战略。当公司追求的这些不同战略同时实施时，就会构成一种可行的经营模式。从本质上讲，SWOT 分析是一种用于在竞争的商业模式间进行选择和对经理人选择的商业模式进行调整的方法。例如，当微软公司凭 Xbox 游戏机进入视频游戏市场时，它就必须选择一个在这个市场中竞争的商业模式。微软使用 SWOT 分析方法对备选方案进行比较，最终决定选用"剃须刀和刀片"商业模式，这种模式是指 Xbox 游戏机的定价低于成本以提高销售份额（所谓的"剃须刀"），然后通过向忠诚客户销售只能在 Xbox 上使用的游戏来获得利润（所谓的"刀片"）。

1.4.4 战略实施

为了实现竞争优势和提高绩效，管理层在选择了一组相适应的战略之后必须将这些战略付诸行动，即战略必须予以实施。战略的实施包括在职能层、业务层和公司层执行战略计划。例如，战略实施包括落实质量改进计划，改进公司产品设计方式，在市场中进行产品差异化定位，进行细分市场营销以及针对不同客户群体提供不同款式的产品，实行价格的上调和下降，通过兼并和收购拓展业务，或者通过关闭及售出公司的部分业务完成规模缩减。这些话题以及其他一些问题将在第 4 至第 10 章中做详细的讨论。

战略实施同时也包括设计最好的组织结构和最佳的文化与控制体系，这可以保证将选定的战略付诸实施。此外，高级别经理需要通过构建适当的公司治理体系，来保证组织内部的行动不仅符合盈利水平和利润增长最大化的目标，而且符合法律和伦理。在本书中，我们将在第 11 章考察关于公司治理和伦理的话题；在第 12 章讨论执行业务层战略所需的组织结构、文化和控制体系。

1.4.5 反馈回路

图 1-4 中的反馈回路表明战略制定是持续性的，这个过程从来不会有终结。一旦战略被实施，战略的执行过程就要受到监督，包括考察战略目标的实现在事实上达到了何种程度，是否建立并保持了竞争优势等。这些信息和知识通过反馈回路传递至公司层，并成为下一轮

战略制定和实施的输入材料。然后高管层可以决定是否沿用现有经营模式和现有战略与目标，或者建议未来做出改变。例如，如果战略目标是过于乐观的，那么下一次就需要设定相对保守的目标。如果反馈回路显示经营模式不起作用，那么管理层就要寻找改变的方式。这基本上就是在时代公司发生的故事（见"战略行动1-1"）。

1.5 作为自发过程的战略

基本的计划模型认为公司战略是计划的结果，战略计划过程本身是原则性的和高度结构性的，而这一过程由高管层策划。一些学者已经开始从三个方面批判这种正式计划模型：真实世界的不可预测性，低级别经理在战略管理过程中发挥的作用和许多成功战略是意外偶得的结果而非理性规划的事实。他们开始倡导另一种视角的战略制定。[17]

1.5.1 不可预测环境中的战略制定

正式计划体系的批评者认为，我们生活在由不确定性、复杂性和模糊性主导的世界中，小概率事件会对最终结果造成重大的且不可预知的影响。[18]他们声称在这样的情况下，即使最完整的战略计划也会由于快速和不可预知的变化而变得毫无用处。在不可预测的世界中，对变化的环境做出快速反应并相应地转变组织的战略能使公司获得额外的收益。例如，谷歌的急速成长源于其利用与搜索结构相关联的广告链接赚取收入的商业模式（即所谓的付费点击商业模式），打破了2003～2004年的在线广告模式。没有人预见或计划这一发展趋势，但是他们必须对此做出反应，而且要快速地做出反应。包括雅虎、MSN等具有在线广告优势的公司迅速调整了它们的战略以应对来自谷歌的威胁。具体来讲，它们开发了自己的搜索引擎，并复制了谷歌的付费点击商业模式。根据正式计划体系的批判者的说法，这种灵活的战略制定方法在传统的战略制定过程的框架中是不可能实现的，因为传统过程限定了组织战略，只有在年度战略制定期间才能重新审视这种战略。

1.5.2 自发行为：低级别经理的战略制定

对理性规划模型的另一个批评是过分强调高层管理者，特别是过分强调CEO的重要性。[19]现在一个能够得到广泛接受的观点是组织内部底层的经理人会竭尽全力地对公司的战略方向施加深刻影响。[20]英特尔前CEO安迪·格鲁夫（Andrew Grove）在与斯坦福大学教授罗伯特·伯格曼（Robert Burgelman）合著的著作中提到，英特尔的很多战略决策都不是由高管层发起的，而是英特尔内部的低级别管理者的自发行为，他们形成新的战略并努力劝说高层管理者改变公司战略的优先级。[21]这些战略性决策包括退出一个重要市场（DRAM存储芯片市场）的决定和开发一个特定级别微处理器（基于RISC的微处理器）的决定，这些决定与英特尔高层业已宣布的战略背道而驰。

自发行为的另一个例子是星巴克。任何进入星巴克的人都会注意到，除各种咖啡饮料和食物之外，该公司还销售音乐CD。大多数星巴克店收银台附近都有一个摆有5～20张CD

的货架。你也可以在公司网站上购买星巴克音乐CD，并且这些带有"听音乐"（Hear Music）标签发行的音乐可以通过iTunes下载。有关星巴克的音乐零售和出版的有趣之处在于它不是通过正式规划而来的结果。该公司的音乐销售之旅始于20世纪80年代，当时坐落于西雅图"大学村"的星巴克店的经理蒂姆·琼斯（Tim Jones）把自己制作的音乐带拿到店内播放。琼斯很快就收到了来自顾客的希望得到音乐带复制件的请求。琼斯把这件事告诉了星巴克CEO霍华德·舒尔茨（Howard Schultz），并建议星巴克开始销售自己的音乐。舒尔茨起先对此建议持怀疑态度，但是经过琼斯的反复游说之后，他最终采纳了这项建议。20世纪90年代末期，星巴克购买了一家小型出版公司Hear Music，以便销售和分发自己的音乐CD。今天，星巴克的音乐业务是其整体产品组合的一个小而充满活力的部分。对一些艺术家来说，其作品在星巴克的销售是其重要的收入来源。虽然星巴克会定期更换主题，但在6周的时间里，CD的销售量通常占专辑总销售量的5%～10%。

自发行为在帮助既有公司应对改变传统行业惯例的革新性技术带来的不确定性上显得格外重要。[22] 高管层常常通过成功执行公司的既有战略来实现卓越。因此，他们会热衷于维持现状，而不能从不同视角看待问题。从这种意义上讲，他们是维持惯性的保守性力量。然而低级别经理不会对维持现状具有同样的热情，反而更愿意推动新技术和新战略的发展。他们应该是发现新的战略性机遇并游说高层进行战略转变的第一批人。正如在"战略行动1-2"中描述的，这正是证券经纪人查尔斯·施瓦布（Charles Schwab）在20世纪90年代网络时代到来时所做的调整。

战略行动 1-2

查尔斯·施瓦布的战略性转变

20世纪90年代中期，查尔斯·施瓦布是世界上最成功的折扣经纪人。在过去的20年间，他的公司通过在股票交易佣金上提供大幅折扣，争取到了诸如美林证券之类的全面服务经纪人的市场份额。尽管施瓦布拥有遍布全国的分支机构，但绝大多数客户还是通过一套名为Telebroker的电话系统来完成他们的交易，其他客户使用的名为Street Smart的在线专利公司的软件则必须从施瓦布那里购买。那是一种运营良好的商业模式，直到E*Trade的出现。

E*Trade是由物理学家、发明家比尔·波特（Bill Porter）在1994年创建的。当时公司抓住了万维网（World Wide Web）快速发展带来的机遇，建立了第一个在线交易的网站。E*Trade没有分支机构，没有经纪人，也没有接受指令的电话系统，从而拥有非常低廉的成本结构。客户在公司的网站上进行股票交易。由于其低廉的成本结构，E*Trade的佣金报价仅为14.95美元，这是一个远低于施瓦布65美元平均佣金的价格。显而易见，E*Trade和其他快速跟进的在线经纪公司（如Ameritrade）等给施瓦布带来了直接的威胁。除了它们的成本结构和佣金水平明显低于施瓦布的公司之外，在线股票交易的简便、快速和灵活性也使得施瓦布的Street Smart交易软件看起来有很大的局限性，使得电话系统变得过时。

在施瓦布公司内部，一名年轻的负责开发Street Smart的软件工程师威廉·皮尔森（William Pearson）及时发现了网络具有的变革性力量。皮尔森认为施瓦布需要迅速开发自己的基于网络的交易软件。尽管尚不能得到主管的重视，但是皮尔森开始尽其所能地进行尝试。

他找到了很多管理人员，但是发现很难从他们那里获得支持。最终皮尔森找到了安·亨尼格（Anne Hennegar），施瓦布公司的前经理，现在是公司的外部顾问。亨尼格建议皮尔森与施瓦布公司的副主席汤姆·塞普（Tom Seip）会面，因为塞普以拥有超常规思考问题的能力著称。亨尼格代表皮尔森会见了塞普，塞普对此做出了积极的回应，并要求她安排一次会面。亨尼格和皮尔森到达会面地点，本想只会见到塞普，出乎意料的是，走进来的是查尔斯·施瓦布，还有公司的首席运营官大卫·波塔克（David Pottruck）和负责战略规划与电子经济业务的副主席。

在高管小组看过皮尔森的对网络交易系统运行的演示之后，他们变得非常兴奋。屋子里发生的一切清楚地说明，基于网络的电子系统实现了信息实时化、个性化、定制化和互动化，这将促进施瓦布公司实现赋予客户更多权限的承诺。在会议的最后，皮尔森得到启动他的项目的许可。一年之后，施瓦布公司推出了自己的网络交易系统——eSchwab，此系统使客户能够以低廉的统一佣金费率进行股票交易。eSchwab 成为施瓦布公司的核心服务产品，使公司避开了来自 E*Trade 等高折扣经纪商的竞争。

资料来源：J. Kador, *Charles Schwab: How One Company Beat Wall Street and Reinvented the Brokerage Industry* (New York: John Wiley Sons, 2002); E. Schonfeld, "Schwab Puts It All Online," *Fortune* (December 7, 1998): 94–99.

1.5.3 意外发现与战略

商业史中有很多推动公司向新的盈利方向发展的偶然事件。这些例子表明许多成功的战略并不是深思熟虑的结果，而是蹒跚经历未知事物时的意外偶得。例证之一是 20 世纪 60 年代发生在 3M 公司的案例。当时的 3M 公司生产碳氟化合物，一种用于空调设备的液体冷却剂。一天，一位正在制作碳氟化合物的研究人员把一些液体溅到了她的鞋上。几天之后她又把咖啡洒到了鞋上，她惊奇地发现咖啡变成了小液珠，然后从鞋子上毫无污损地流走了。由此她意识到含有碳氟化合物的液体在保护纤维物品免遭液体污染上可能会派上用场，于是"苏格兰卫队"（Scotch Guard）的创意产生了。后来，"苏格兰卫队"成为 3M 公司最具盈利能力的产品之一，并把公司带入了纤维物保护业务领域，而这一想法是公司从未计划和预期过的。[23]

意外的发现或事件可以为公司带来各种方式的营利性收益。但是一些公司却因为这些意外发现或事件与它们先前形成的战略构想的概念不一致而丧失了这些盈利的机会。这种短视行为的一个经典例证发生在一个世纪之前，当时一家名为西部联合（Western Union）的电报公司拒绝了获得一项发明购买权的机会。这项源自亚历山大·格拉汉姆·贝尔（Alexander Graham Bell）的发明就是一项后来淘汰了电报的技术——电话。

1.5.4 意图战略和应急战略

亨利·明茨伯格（Henry Mintzberg）的战略发展模型为现实战略提供了更广泛的视角。根据图 1-6 中列出的模型，公司的现实战略应该是已付诸实施的经过规划的战略（公司周密制定的战略）和任何非计划、应急性战略综合的产物。明茨伯格认为，许多已规划的战略会由于环境发生不可预知的变化（这些变化是人们意识不到的）而不能实施。应急战略则是对不可预知情况的非计划性反应。它们产生于组织深处个体经理人的自发性行为,源于意外发现或事件,或者高层管理者应对环境变化做出的战略性转变。它们并非正规的自上而下的战略计划机制的产物。

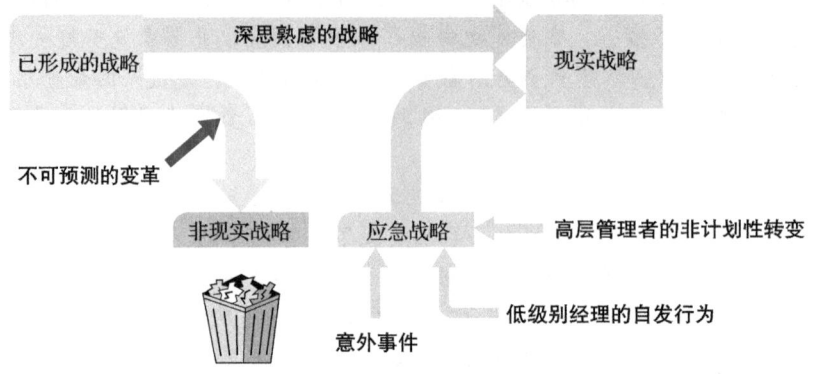

图 1-6　应急战略和深思熟虑的战略

资料来源:Adapted from H. Mintzberg and A. McGugh, Administrative Science Quarterly 30:2 (June 1985).

明茨伯格坚称应急战略通常比意图战略更加成功和适用。在这一过程的经典描述中,理查德·帕斯卡尔(Richard Pascale)以本田汽车公司进入美国汽车市场为例进行了解释。[24] 当一批本田公司的管理人员 1959 年从日本到达洛杉矶建立美国分部时,他们最初的目标(意图战略)是专注于销售 250-cc 和 350-cc 两款摩托车,以建立固定的摩托爱好者客户群,而不是销售已经在日本取得巨大成功的 50-cc Honda Cups。他们的直觉告诉他们 Honda 50s 并不适合美国市场,因为在美国几乎所有的东西都比日本更大、更奢侈。

然而 250-cc 和 350-cc 摩托在美国的销售进展缓慢,摩托车本身也受到了机械故障的困扰,似乎本田公司的战略将要失败。而与此同时,当日本的管理人员开着 Honda 50s 在洛杉矶办事时却吸引了很多人的注意。一天,他们接到了一位来自西尔斯公司的采购商的电话,他希望把 50-cc 型摩托车向并不十分热衷摩托车的美国人销售。本田的管理者对此犹豫不决,因为他们担心失去热爱摩托车的车手市场,因为这些人会把本田车看作"无用"的机器。然而,250-cc 和 350-cc 摩托的失败最终还是推动他们做了这件事情。

于是,本田跌跌撞撞地走入了先前从未接触过的潜力巨大的市场:从未拥有过自己的摩托车的美国普通民众。本田还找到了一个没有尝试过的分销渠道:普通零售商,而不是摩托车专卖店。到了 1964 年,几乎每两辆在美国销售的摩托车中就有一辆是本田公司的。

对本田公司所获成功的传统解释是该公司用构思巧妙的意图战略重新定义了美国的摩托车行业。而事实是本田的意图战略几乎是一个灾难性的构想。其战略的产生并不是通过事先的计划,而是对未预见到情况的非计划性反应。而且为了识别应急战略的优势并充满激情地去追求它,日本的管理层需要被给予充分的信任。

本田公司案例表明的关键一点在于组织成功的战略经常是没有预先计划的,而且是对不可预知情况的反应。正如明茨伯格所说,战略根植于人们学习的能力和支撑这种能力的做法。

在实践中,大多数组织的战略可能是意图战略和应急战略的综合体。对管理层而言,他们需要认清紧急事件发生的过程,并适当地排除不佳的应急战略并培育有潜力的优秀战略。[25]

为了做出决策,管理层必须有判别应急战略价值的能力。他们必须能够进行战略性的思考。尽管应急战略是在没有预先计划的情况下从组织内部产生的,即没有依照图1-5描绘的顺序按步骤进行,但高管层仍要对战略进行评估。这种评估需要通过组织目标、外部环境的机会和威胁、内部的优势与劣势对每种战略进行比较,目的在于评价应急战略是否符合公司的需要和能力。此外明茨伯格还强调,组织形成应急战略的能力是企业文化的一种职能,而组织结构和控制体系可以有效培育企业文化。换言之,作为战略管理过程中的不同组成部分,应急战略方面的内容与意图战略方面的内容同等重要。

1.6 战略计划操作

尽管存在批评意见,但是很多研究依然表明正式的计划体系有助于管理层制定更好的战略。一项研究对26个先前发表的文献进行了分析,结论认为:平均而言,战略性计划对公司的绩效有正向的影响。[26] 另外一项对656家公司的战略计划的研究发现,正规的战略计划方法和应急战略都会成为好的战略规划过程的一部分,在不确定的环境中尤为明显。[27] 为了使战略计划发挥作用,对管理者来说非常重要的一点是:制订计划时不能仅仅考虑当前的竞争环境,还要结合未来的竞争环境。为了预测未来的情况,管理层可以运用情景规划技术对未来不同的可能性进行计划。他们还可以要求运营经理参与到计划过程中,并通过强调战略性意图勾勒未来竞争环境。

1.6.1 情景规划

很多战略性规划从长期来看是失败的,原因之一是战略经理热衷于规划技术,可能忽视了未来本身是不确定的。如果没有预见到偶然事件的发生,即使最完美的计划也可能溃败,而这在现实世界中一直发生。意识到不确定性使得人们不能准确地预测未来之后,皇家壳牌率先使用情景方式进行规划。[28] **情景规划**(scenario planning)指基于对未来假定的情景制定战略。在通常的情景规划实践中,一些情景是乐观的,另外一些是悲观的。经理团队要针对每一个情景制定相应的具体战略。他们还要选择一系列指标来作为跟踪趋势的标记,并识别每一个情景将要发生的可能性。其目的在于让管理层理解他们所处环境的动态性与复杂性的本质,用战略性方式思考问题,并形成一组可以在不同环境下实施的战略选择。[29] 情景规划的方法在大公司中迅速传播。一项调查发现,超过一半的500强公司都在使用某种形式的情景规划的方法。[30]

皇家壳牌石油公司在率先践行情景规划理念方面可能比大多数公司做的都多,它的经验证明了这一方法的优势。[31] 壳牌自20世纪80年代开始使用情景规划。如今该公司通过两种主要的情景来提炼其战略计划(这些情景与未来对石油的需求有关)。第一种称为"常规的动态",预见了从石油等碳燃料到天然气最终到可再生能源的发展过程。第二种称为"未来时代的精神",预测了出现会导致向新能源快速转变的革命性技术的可能性。[32] 壳牌正对无论在哪种情况下都能够保证公司盈利水平的项目进行投资,并谨慎地追踪能够表征未来哪种情景更有可能发生的技术和市场的趋势。

情景规划方法最大的优点在于能够促使管理层进行超常规的思考,预测在不同情况下他们要做什么，并认识到世界并非一成不变，而是一个充满灵活性的、复杂的和不确定的环境，基于对未来僵化的假定的计划会变得不正确。情景规划的结果是，组织需要坚持与最有可能发生的情景相关的战略，并付出一定精力应对未来可能发生的其他情景（见图1-7）。因此壳牌公司当前的战略是基于世界能源遵循从现有碳燃料逐步过渡的路径（"常规的动态"情景）的，但公司还通过投资新能源技术和制定第二种情况到来时的战略来规避风险。

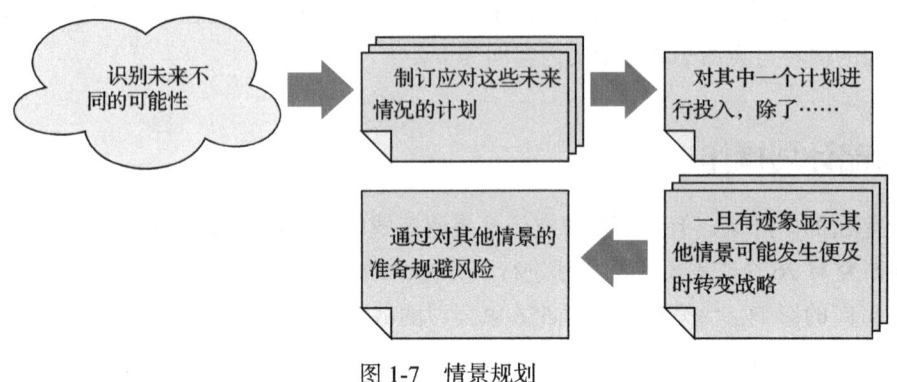

图1-7 情景规划

1.6.2 分权式计划

一些公司在构建其战略计划的过程中犯的一个错误是把战略计划看作高管层专有的责任。这种象牙塔式的方法会由于高层管理者对当前运营实际情况了解甚少而导致战略计划无效。结果是高层管理者制定的战略弊大于利。例如，当图表中的数据显示房屋和家庭的规模都在缩小时，GE的规划者认为小型家电将是未来的趋势。由于他们与建筑商和零售商几乎没有接触，他们并没有意识到厨房和浴室是两个规模不会缩减的部分。他们也没有认识到上班族女性需要更大的冰箱以减少她们去超市的时间。最终GE浪费了大量的时间去设计小型家电，而这些产品的需求却非常有限。

战略计划中的象牙塔式观念还会造成公司层、业务层和职能层经理人员之间关系的紧张。GE的经历又一次证明了这一点。许多战略计划部门的公司层经理都是从咨询公司或一流商学院中招聘过来的。许多职能层经理认为这种招聘方式意味着公司层经理认为他们在思考战略性问题方面不够聪明。他们感到被排斥在战略制定的过程之外，这使他们认为战略的制定是不公平的。由于感到过程缺乏公正性，他们产生一种"我们与他们对立"的心态，而且这种态度迅速升级为敌对。结果是即使计划制订者是正确的，运营经理们也不会听从他们的。例如，计划人员准确地意识到了电器市场全球化的重要性以及来自正在崛起的日本的威胁。然而，视西尔斯公司为竞争对手的运营经理们对这一告诫未予以重视。最终，象牙塔式的战略计划忽略了低级别经理的自发行为和意外事件的重要性。

纠正战略计划中的象牙塔式方法需要认识到成功的战略计划需要公司所有级别经理的参与。许多优秀的计划能够且应该被贴近实际情况的业务层和职能层经理完成。换句话说，计划需要被分权下放。公司层面计划者的角色应该是帮助业务层和职能层经理完成计划的推动者，他们应设定宏观的组织目标，并提供识别能够实现目标的战略所需的资源。

1.7 战略决策制定

如果管理者不能有效地使用信息，即使设计最好的战略计划体系也不能产生需要的结果。因此战略管理者学习如何更好地利用他们所拥有的信息和理解为什么他们有时会做出错误的决策是非常重要的。管理者更好地利用他们的知识和信息的重要途径之一是理解一般感知偏见如何导致他们做出错误决策。[33]

1.7.1 感知偏见和战略决策制定

决策制定的合理性是由我们自己的感知能力决定的。[34]我们不是超级计算机，高效地吸收和处理大量信息对我们而言是困难的。结果当需要做出决策时，我们倾向于退回到凭借一定经验或探索式地进行决策，这会帮助我们在复杂和不确定的环境中做出合理行为。然而这些方式有时会在决策制定过程中带来严重的和系统性的错误。[35]系统性错误指那些一再发生的错误。它们看上去是源于决策者在处理信息并形成决策的过程中的一系列**感知偏见**（cognitive biases）。由于存在感知偏见，许多经理人以做出错误的决策告终。

大量的偏见已经在实验室环境中得到了反复验证，所以我们可以肯定地认为偏见是存在的，而且我们容易出现偏见。[36]第一种感知偏见是**事先假设偏见**（prior hypothesis bias），是指如果决策者事先坚定地认为两个变量之间存在关联，他们就倾向于在这种偏见性信念的基础上做出决策，即使有证据表明他们的信念是错误的，他们也会寻找并利用那些与他们事先具有的信念相一致的信息，而忽略与这些信念相矛盾的信息。当在战略背景下提到这种偏见时，可能的情况是如果一名CEO事先具有某个特定战略会发挥作用的强烈信念，那么他就会继续追求这种战略，尽管证据表明该战略是不合适的或失败的。

第二种为人熟知的感知偏见是**承诺升级**（escalating commitment）现象，是指已经在一个项目上投入大量资源的决策制定者会继续投入更多的资源，即使他收到项目将要失败的反馈也在所不惜。[37]这可能是一种非理性的反应，因为更有逻辑的反应应该是放弃项目并转向其他方向（那样可以减少你的损失并继续前进），而不是追加投入。

第三种感知偏见是**类比推理**（reasoning by analogy），即用简单的类比方法解决复杂问题。这种范式的问题在于类比并不一定是有效的。第四种感知偏见是**代表性**（representativeness）偏见，指从小样本甚至单一的生动故事中获得整体趋势的偏见。这一偏见违背了统计学上的大数法则，从小样本中归纳规律性问题是不恰当的，更不用说从单一的案例中归纳。从很多方面看，20世纪90年代末的互联网繁荣都是基于类比推理和代表性偏见得来的。富有远见的企业家看到了早期的亚马逊、雅虎等一些互联网企业快速获得成功，至少是某些方面的成功。通过对少数样本的类比推理，他们猜测任何一家互联网企业都会获得相似的成功。许多投资者也得到了相似的结论。结果是大量的创业型公司跳入了互联网行业以期能够抓住已经预知到的机遇。此后大多数这样的公司都走向破产，而这恰恰验证了类比推理方法是错误的这一事实，而且少量早期进入的成功企业并不能保证所有的网络公司都会成功。

第五种感知偏见是**控制幻觉**（the illusion of control），即高估某人控制事物能力的倾向。

总经理或高管层特别容易发生此类偏见：由于已经升至组织的高层，他们往往会对其获得成功的能力过于自信。根据理查德·罗尔（Richard Roll）的观点，过分自信会导致收购自负假说。[38] 罗尔认为，高层管理者通常会对他们通过收购其他企业创造价值的能力过分自信，因此他们会做出糟糕的收购决策，经常为收购的公司支付远远超过真实价值的资金。结局是他们为了给这项收购融资而负债累累，然而从收购的公司赚钱却根本不可能。

可用性错误（availability error）是另一种常见的偏见。产生可用性错误源自我们在估计结果的可能性时对非常容易想象出的结果存在倾向性。例如，相比汽车事故人们更加害怕飞机的坠毁，但是一项统计显示死于去往飞机场的汽车中的人数远高于死于飞机坠毁的人数。人们过度地估计了飞机失事的可能性是因为其结果更容易想象，也因为飞机坠毁的情景是比汽车事故更加令人印象深刻的事件，而汽车事故只会同时影响到很少的人。作为可用性错误的结果，管理者会把资源分配给结果更容易想象的项目，而不是可能有最高回报率的项目。

1.7.2 改进决策制定的技术

感知偏见的存在产生了一个问题：如何将关键信息引入决策机制以使公司的战略决策真实并以完整评估为基础？有两种技术被用于加强战略性思考和应对集体思维和感知偏见，它们是魔鬼代言人法和辩证式探询法。[39]

魔鬼代言人法（devil's advocacy）要求生成计划和对计划进行关键分析。决策制定小组中的一名成员扮演"魔鬼代言人"，找出所有可能会使计划被拒绝的理由。通过这种办法，决策制定者能够清楚所建议行为的过程存在的危险。

辩证式探询法（dialectic inquiry）需要生成计划（论点）和应对计划（驳论点），因此更加复杂。[40] 战略管理者聆听支持计划和反对计划相关人员的辩论，然后决定哪一个计划能够带来更高的绩效。辩论的目的在于发现各自计划中的问题界定、推荐的行动路径和两种计划的相关假设。这种实践的结果是战略管理者能够对问题形成新的更加全面的认识，这种认识此后会成为最终的计划（一个综合版本）。辩证式探询法可以促进战略性思考。

应对感知偏见的另一项技术是外部视角，被诺贝尔奖获得者丹尼尔·卡尼曼（Daniel Kahneman）及他的助理们所推崇。[41] **外部视角**（outside view）需要计划者确定一些过去类似的战略行动作为参考，确定那些行动成功与否，并根据先前的行动评价现有项目。根据卡尼曼的观点，这项技术对于应对类比推理、代表性偏见和控制幻觉尤为有效。例如，当对一项可能的收购进行决策时，计划者应该考察其他公司进行收购的记录（参考类），判定其成功与否，然后结合参考类客观地对潜在的收购做出评价。卡尼曼认为，这种事前进行大量真实考察的做法往往能控制计划者的内在乐观态度，并能够产生更多现实的评价和计划。

1.8 战略领导力

总经理和职能层经理的关键战略性角色之一发挥的作用，是利用他们全部的知识、精力和热情对他们的下级进行战略性领导并建立一个高绩效的组织。一些学者总结了可以带领公司实现高绩效的优秀战略领导者的一些特质：①愿景、口才和一贯性；②商业模式的清晰表达；③承诺；④消息灵通；⑤愿意托付和授权他人；⑥机敏地运用权力；⑦情商。[42]

1.8.1 愿景、口才和一贯性

领导的一项重要任务就是为组织确定方向。出色的领导者通常就企业将走向何方有一个清楚且令人信服的愿景，并且有足够好的口才在组织内部与其他人交流此愿景，给人们带来动力，而且他们会清楚地表达他们的愿景直到它成为企业文化的一部分。[43]

在政治领域，约翰·肯尼迪、温斯顿·丘吉尔、马丁·路德·金和玛格丽特·撒切尔都是广受支持的愿景型领袖的代表性人物。请体会一下这些话语的影响力，例如，肯尼迪的"不要问你的国家能够为你做什么，要问你能够为你的国家做什么"，金的"我有一个梦想"的演讲，以及丘吉尔的"我们决不投降"。肯尼迪和撒切尔能够利用他们的政治机构推动与他们愿景相一致的政府行为；丘吉尔的演讲激起了一个民族抵抗入侵者的情怀；金能够从外部对政府施压完成对社会的改变。

有力的商业领袖的例子包括微软的创始人比尔·盖茨、通用电气前CEO杰克·韦尔奇和沃尔玛创始人山姆·沃尔顿。比尔·盖茨表述了微软的愿景是全世界每一台个人电脑都是基于Windows系统的，这个愿景多年来一直是微软的驱动力。近些年这一愿景推进到了一个新的阶段，即所有的计算设备都是基于Windows系统的，从PC机和服务器到视频游戏机（Xbox）、手机和掌上电脑。在GE，杰克·韦尔奇制定了简单却有力的愿景，即GE应该在其进入的每一个领域中保持第一或第二的位置，否则就要退出该业务领域。相似地，沃尔玛创始人山姆·沃尔顿制定并表述了公司愿景，这对沃尔玛的成功起到了关键作用：天天低价的方式向客户传递了来自供应商的成本节约理念，并为客户提供了高效率的运营模式。

1.8.2 商业模式的清晰表达

优秀战略领导者的另一项关键特质是确定并清晰表述公司用来实现愿景的商业模式的能力。商业模式是管理人员关于如何把公司追求的不同战略整合为统一整体的理念。例如在戴尔公司，迈克尔·戴尔确定并描述了戴尔公司的基本商业模式——直销模式。戴尔多年来实施的各种战略在此基础模式上得到精炼，并形成一种能够稳定地保证效率和效果的战略。尽管单个战略可以根植于组织内部许多不同的地方，尽管这些战略的确定不是高层管理者独有的行为，但是战略管理者要有确保不同战略匹配成为统一整体并形成有效的值得信服的商业模式的视角。如果战略领导者对公司的商业模式是什么或应该是什么缺乏清楚的认识，公司实施的战略就可能不会很好地匹配在一起，结果将是没有重点且低绩效。

1.8.3 承诺

坚定的战略领导者会通过他们的言行表现出他们对于愿景和商业模式的投入，而且他们通常会以身作则。这里我们看一下纽柯钢铁公司前CEO肯·艾弗森的例子。纽柯是一家非常高效的钢铁制造商，拥有使钢铁制造最低廉的成本结构。在这个其他大多数公司都由于残酷地进行成本最小化竞争而发生了亏损的行业中，纽柯实现了连续 30 年盈利的业绩。艾弗森在他的任期内树立了榜样：他用自己的手机接听电话，仅聘用一名秘书，开一辆老旧的汽车，乘坐经济舱，并以自己的底薪在《财富》500 强公司 CEO 中最低为荣（艾弗森的大部分收入来自绩效奖金）。这种投入对员工而言是一个强有力的信号，表明艾弗森为了降低成本会认真地做好每一件事。他在纽柯公司的员工中赢得了尊重，并令他们更加愿意努力工作。虽然艾弗森已经退休，但他的精神遗产将在纽柯公司建立的倡导成本意识的组织文化中长期存在，而且和其他伟大的领导者一样，他的影响将一直持续下去，超出他的任期。

1.8.4 消息灵通

高效的战略领导者会开发一套包含正式和非正式渠道的信息网络，这可以使他们对公司将要发生什么事保持灵通。例如，星巴克 CEO 吉姆·唐纳德（Jim Donald）每天早上做的第一件事就是给 5～10 家分店打电话，向这些店铺的经理和员工了解他们咖啡店的运营情况。每天早上唐纳德还会在上班或买咖啡的路上在一家星巴克分店停留。这使他能够了解员工的工作情况。唐纳德发现这种非正式的接触是了解公司运行情况的非常有用的信息来源。[44]

相似地，西南航空公司的创始人赫伯·凯莱赫（Herb Kelleher）会通过突击检查飞机的养护设施和帮助工人完成工作来深入掌握公司的运营情况。凯莱赫还经常帮助航班上的乘务人员，帮他们分发茶点以及与客人谈话。据西南航空公司称，一位经常乘坐飞机的乘客在 10 年间 3 次坐在凯莱赫的邻座。每一次凯莱赫都会就很多方面向他和其他邻座的人询问西南航空公司服务的好坏，并从中寻找趋势和不一致的观点。[45]

使用非正式和非常规渠道获取信息是明智的，因为正规渠道中的信息会被组织内部的特定利益群体、监管者或管理层得到，他们可能会将事情的真实情况误传给领导者。相对于自我封闭从不与基层员工沟通的领导者而言，像唐纳德和凯莱赫这样持续与各级员工保持互动的领导者，更能够建立一种非正式的信息网络。

1.8.5 愿意托付和授权他人

高绩效的领导者都是精于委托的。他们认识到，除非他们学会有效地委托他人，否则他们很快就会被超负荷的责任压垮。他们还意识到，授权下属做决策是很好的激励措施，并且可以实现制定的决策必须由制定者实施的结果。同时，精明的领导者明白，他们需要保持对关键性决策的控制。因此，尽管他们会把很多重要的决策权委托给低级别下属，但他们不会委托那些他们认为会影响组织未来成功的关键决策，如规划公司愿景和设计商业模式。

1.8.6 机敏地运用权力

在一篇论述领导力的经典文献中，爱德华·瑞普（Edward Wrapp）指出高效的领导者是能够非常机敏地运用他们的权力的。[46] 他认为战略管理者必须经常熟练地进行"权力的游戏"，并尝试构建他们观点的一致性，而非利用权威将观点强加给别人；他们还必须表现得像团体中的成员之一或者民主的领导者，而不是独裁者。杰弗瑞·菲佛（Jeffery Pfeffer）教授也表达了相似的观点，他认为具有政治敏感性的领导者能够通过机敏地运用权力实现组织内部事务的良好运转。[47] 菲佛的观点是，权力来自对组织内部重要资源的控制，如预算、资金、职位、信息和知识。精于政治的管理者会使用这些资源去获得其他关键资源，即能够帮助他们实现战略目标的关键合作伙伴。菲佛强调，并非必须成为 CEO 才能进行权力的整合。有时一些初级职能层经理就能形成一个惊人有效的权力基础并利用其影响组织运营的结果。

1.8.7 情商

"情商"一词是丹尼尔·戈尔曼（Daniel Goldman）提出并用来描述多个强大且高效的领导者表现出的一组心理属性的术语：[48]

- 自我察觉能力——理解一个人的自身行为、情绪、驱动力以及它们对其他人的影响的能力。
- 自我管制能力——控制并转移破坏性冲动和行为的能力，即在行动之前进行思考的能力。
- 激励能力——具有出于超乎金钱和地位的动机进行工作的激情，以及精力充沛地且持续地追求目标的倾向。
- 同情心——理解下属的感受和观点，并在做决策时考虑这些因素的能力。
- 社交技能——有意图地表示友好。

根据戈尔曼的观点，表现出高情商的领导者往往比缺乏这些属性的人更有效率。他们的自我察觉和自我管制能力能帮助他们得到下属的信任。戈尔曼认为，人们会对那些能够根据自我察觉意识到自己的不足，而且能够通过自我管制谨慎进行决策的领导者表示尊敬。戈尔曼还认为拥有自我察觉和自我管制能力的人普遍更加自信，因而更有能力应对模棱两可的局面，也对改变持更加开明的态度。对工作热情带来的强烈的激励作用也是可传播的，有助于说服其他人一起加入追求共同目标和组织使命的行列。最后，强烈的同情心和强大的社交技能可以帮助领导者赢得下属的忠诚。与不具备这些能力的人相比，了解别人并擅长社交的人能很好地处理管理者之间的争执，也能更好地找到不同领域人群的共同立场和意图，还能更好地把人们引导到他需要的方向。简要来说，戈尔曼认为心理因素构成了领导者的工作内容。

本章小结

1. 公司的主要目标是股东通过持有公司股份实现回报的最大化。为了实现股东价值的最大化，管理层必须追逐能够带来高盈利水平和可持续利润增长的战略。
2. 公司的盈利能力可以用投入企业的资本带来的回报来衡量。公司的利润增长可以用每股盈利的增长来衡量。盈利能力和利润的增长都是由管理层采取的战略决定的。
3. 当公司具有比行业内平均水平更高的盈利能力时，它就较其竞争对手更具竞争优势。当公司能够将高于平均水平的盈利能力维持许多年时，就具备了可持续性竞争优势。通常，具有竞争优势的公司的利润比其竞争对手增长得更加迅速。

4. 总经理对组织的总体业绩或组织内部的某个主要事业部的业绩负责。他们首要的战略性思考是为了保证组织整体在他们制定的方向下健康运行。
5. 职能层经理对特定业务职能和运营负责。尽管他们没有总经理那样大的责任,但是他们同样扮演着重要的战略角色。
6. 正规的战略制定模型强调组织的战略是经历理性规划过程的结果。
7. 战略管理过程的主要组成部分包括：使命、愿景和组织的主要目标；组织内外部环境分析；选择能够协调在外部机会和威胁环境下组织的优势和劣势的商业模式和战略；采取适当的组织结构和控制体系来保证选定战略的实施。
8. 由于低级别经理会对不可预测环境做出反应,因此战略可以从组织内部产生并弥补正规战略的空白。
9. 战略计划经常会由于执行者没有对不确定因素做好准备或在象牙塔中的计划制定者缺乏与实际运营情况的接触而失败。
10. 如果不考虑系统性的规划,当决策制定过程中产生了认知偏差,公司可能会采用次优战略。
11. 魔鬼代言人法、辩证式探询法和外部视角是增强战略决策过程有效性的技术。
12. 优秀的战略决策领导具有一系列重要的特质：愿景、口才和一贯性；商业模式的清晰表达；承诺；消息灵通；愿意托付和授权他人；机敏地运用权力；情商。

讨论问题

1. 战略是什么？商业模式和战略有何不同？
2. 持续超额利润的来源有哪些？
3. 正式的战略规划有何优势？其劣势又在何处？
4. 你能想到自己的生活中的一个因感知偏见而做出错误决定的例子吗？这个错误可以如何避免？
5. 讨论以下说法的准确性：正规战略制定体系不符合高科技行业公司的需要,因为该行业的变化节奏是如此快,以至于那些按部就班的计划在不可预知的事件面前会变得不再适用。
6. 挑选一位现任的或过去的美国总统,以书中提到的领导者的特质为标准对他的表现进行评价。基于上述比较,你认为这位总统是不是一位好的战略性领袖？为什么？

结篇案例

沃尔玛的变革

沃尔玛是商业史上最杰出的案例之一。沃尔玛于1962年由山姆·沃尔顿建立,随后发展成为世界上最大的公司。2014年,折扣零售商(俗称"天天低价")的销售额超过475亿美元,在27个国家拥有接近11 000家店面,超过220万名员工。美国零售业中约有8%的商品是由沃尔玛销售的。沃尔玛不仅规模庞大,盈利也十分可观。2005～2014年,该公司的平均盈利水平为14.1%,比其管理良好的竞争对手开市客(Costco)11.8%的平均盈利水平和塔吉特(Target)11%的平均盈利水平都要高。

沃尔玛的超强盈利能力取决于许多因素。1962年,沃尔玛是第一批应用由杂货连锁店发展而成的自助超市商业模式来销售一般商品的公司之一。与竞争对手凯马特(K-Mart)和塔吉特专注于城市和郊区不同的是,山姆·沃尔顿的沃尔玛关注被对手忽视的、对大型折扣店有巨大需求的南部城市。沃尔顿意识到,在农村,人们通常开车一小时到小镇上的沃尔玛购买东西，而不是开车2～3个小时到一个主要城市。这意味着一个人口2.5万的小镇实际上服务区域有10万人。

由于沃尔玛的产品定价低于当地零售商，所以沃尔玛的销售速度很快，经常导致一些零售商破产。当它的竞争对手意识到许多小城镇可以支持一家大型折扣商品店时，沃尔玛已经抢占了它们的市场，并且扩展到了整个美国的小城镇。

随着时间的推移，沃尔玛成为信息系统、物流和人力资源实践领域的创新者。与竞争对手相比，沃尔玛在这些功能领域采取的措施使得生产效率更高，生产成本降低，在售价较低的同时获得较高的平均利润率。沃尔玛促使美国零售商开发并应用复杂产品追踪系统，这套系统使用基于条形码技术的结账扫描仪。该信息技术使沃尔玛能够跟踪销售情况并调整相应库存，从而使库存与当地需求相适应。通过避免库存过剩，沃尔玛无须通过定期销售来转移未售出的库存商品。随着时间的推移，沃尔玛将其信息系统与全美的配送中心网络结合起来，商品从供应商发出，然后每天向以400英里①为半径的圆周区域的商店送货。配送中心网络和信息系统的结合使得沃尔玛能够减少商店中的库存数量，从而减少库存占用的资金，为销售提供更多发展空间。

在人力资源方面，山姆·沃尔顿确立了目标。他坚信员工应该得到尊重，并应在公司盈利水平提高后得到回报。为支持这一信念，沃尔顿将员工称为"合伙人"（associates）。他为所有员工制订了一份利润分配计划，在1970年公司上市后，允许员工以低于市场价值的价格购买沃尔玛的股票。沃尔玛的这种方式获得了员工高生产率的回报，从而又转化为较低的运营成本和更高的利润率。

随着沃尔玛的发展，其庞大的规模和购买力使得它能够降低向供应商支付的费用，并将其中差价以较低价格的形式回馈给客户，从而使沃尔玛获得更多的市场份额，成本也

进一步下降。为了满足顾客对低价格的持续追求，沃尔玛每天与供应商分享其销售信息，使供应商能够根据沃尔玛的销售情况配置自己的生产计划，从而提高效率。

到20世纪90年代，沃尔玛已经成为美国最大的一般商品销售场所。为保持持续发展，它开始发展杂货业务，开设了20万平方英尺的超级中心商店，销售杂货和一般商品。随着山姆会员商店（Sam's Club）的成立，沃尔玛也拓展了仓储超市业务。公司1991年开始扩张，进入墨西哥市场。如今，沃尔玛在国外的销售额达1 750亿美元。

沃尔玛目前正在致力于突破盈利增长的极限。美国市场饱和，海外利润增长比公司预期的更加困难。在海外亏损后，沃尔玛被迫退出德国和韩国市场，而且在其他几个发达国家市场同样面临困难。此外，沃尔玛的竞争对手开市客和塔吉特也在抢占沃尔玛的市场份额。

资料来源："How Big Can It Grow?" *The Economist* (April 17, 2004): 74–78; "Trial by Checkout," *The Economist* (June 26, 2004): 74–76; Wal-Mart 10-K, 2013, www.walmartstores.com; R. Slater, *The Wal-Mart Triumph* (New York: Portfolio Trade Books, 2004); "The Bulldozer from Bentonville Slows; Wal-Mart," *The Economist* (February 17, 2007): 70; K. Perkins, "Wal-Mart still faces challenges, but its scale should allow it to compete amid fierce rivalry," Morningstar, December 2, 2014.

讨论题

1. 山姆·沃尔顿对沃尔玛的最初战略愿景是什么？它是如何使公司获得竞争优势的？
2. 沃尔玛如何继续加强其竞争优势？长期竞争优势的来源有哪些？
3. 到了20世纪90年代初，沃尔玛在美国遇到了增长的局限，它如何克服这些增长局限？分析沃尔玛20世纪90年代所做的具有经济意义且有助于为公司股东创造价值的扩张动向。

---

① 1英里≈1.609 3千米。——译者注

4. 沃尔玛正再次面临增长的局限，为什么会这样？沃尔玛可以做些什么来摆脱这些局限？
5. 你认为有多少战略是沃尔玛一开始就做出的，以及随着时间的推移，有多少为了应对环境变化进行了变革？你对战略发展的本质有什么建议？

附录

企业价值、ROIC 及增长率

战略的最终目标是公司实现其股东价值的最大化（为了遵从这一规则，公司需要通过合法的、道德的以及有社会责任的方式来完成）。公司价值的两大驱动因素是资本回报率（ROIC）和利润增长率。[49]

ROIC 是税后营业净利润（NOPLAT）除以公司的投资资本（IC）的结果，IC 是公司资产与负债的总和（我们此处不考虑调整税收的计算方法）：

$$ROIC = NOPLAT / IC$$

其中：NOPLAT = 收入 − 产品成本 − 运营成本 − 折旧费用 − 调整后税费

IC = 股东资产价值 + 负债价值

利润增长率 g 为税后营业净利润（NOPLAT）在一定时间内增长的百分比。具体来说应该是：

$$g = [(NOPLAT_{t+1} - NOPLAT_t) / NOPLAT_t] \times 100\%$$⊖

需要注意的是，如果 NOPLAT 随时间的推移而增长，只要股数保持不变或股份数量的增长远远慢于 NOPLAT 的增长，那么每股盈余也会随之增长。

公司价值可以利用现金流折现的方法计算，并且可以运用这种方法预计未来的自由现金流（一个时期内的自由现金流等于 NOPLAT 减去净投资）。以这种方式计算出的公司价值与加权平均资本成本（WACC，公司用以融资的权益成本和债务成本）和公司的 ROIC 有关。具体而言：

- 如果 ROIC > WACC，公司的利润就大于其资本成本，公司就在创造价值。
- 如果 ROIC = WACC，公司的利润和其资本成本相等，公司价值持平。
- 如果 ROIC < WACC，公司的利润就会小于其资本成本，从而使公司价值降低。

如果一家利润大于其资本成本的公司能够保持 NOPLAT 的增长，公司将会变得更有价值。相反地，如果一家利润不足以抵消资本成本的公司实现了 NOPLAT 的增长，结果将使公司价值遭受损失。表 1-2 显示了 ROIC、g 和价值之间的关系。

表 1-2 中的数字代表了在公司初始 NOPLAT 为 100 美元、投资为 1 000 美元、资本成本为 10% 的条件下公司未来自由现金流的折现值，而这要用 25 年的时间才能使 ROIC = 资本成本。

这个练习揭示了以下几点重要内容：
1. 已经拥有很高 ROIC 的公司可以通过

表 1-2 公司价值、ROIC 和利润增长率

NOPLAT 增长率，g	公司价值				
	ROIC7.5%	ROIC10.0%	ROIC12.5%	ROIC15.0%	ROIC20%
3%	887	1 000	1 058	1 113	1 170
6%	708	1 000	1 117	1 295	1 442
9%	410	1 000	1 354	1 591	1 886

⊖ 原书没有百分号，但根据 g 的定义，本书进行了修订。——译者注

提高利润增长率来创造更多的价值，而不是继续推高 ROIC。因此，一家 ROIC 为 15%、增长率为 3% 的公司通过把利润增长率由 3% 提高至 9% 创造的价值比把 ROIC 提高至 20% 带来的价值增长要多。

2. ROIC 低的公司提高增长率会损害公司价值。因此，在 ROIC 等于 7.5% 的条件下，25 年期 9% 的增长率产生的价值低于 3% 的增长率产生的价值。这是因为非盈利性增长需要资本的投入，而资本成本不能得到补偿，所以非盈利性增长是损害价值的。

3. 最佳状态是同时保持较高的 ROIC 和利润增长率。

很少有公司能够长期同时保持资本回报率大于资本成本和税后营业净利润的增长，但是的确存在着一些诸如戴尔、微软和沃尔玛之类的引人注目的公司。因为这些公司能够利用内生现金流进行资本投资，它们不需要通过发行更多的股票来筹集资金，因此税后营业净利润会直接转化为公司更高的每股盈余，从而使得它们的股票对投资者更具有吸引力并导致持续的股价增值。通过成功追求可带来高水平 ROIC 和 NOPLAT 的战略，这些公司实现了股东价值的最大化。

注释

[1]There are several different ratios for measuring profitability, such as return on invested capital, return on assets, and return on equity. Although these different measures are highly correlated with each other, finance theorists argue that the return on invested capital is the most accurate measure of profitability. See T. Copeland, T. Koller, and J. Murrin, *Valuation: Measuring and Managing the Value of Companies* (New York: Wiley, 1996).

[2]Trying to estimate the relative importance of industry effects and firm strategy on firm profitability has been one of the most important areas of research in the strategy literature during the past decade. (See Y. E. Spanos and S. Lioukas, "An Examination of the Causal Logic of Rent Generation," *Strategic Management* 22:10 (October 2001): 907–934; R. P. Rumelt, "How Much Does Industry Matter?" *Strategic Management* 12 (1991): 167–185. See also A. J. Mauri and M. P. Michaels, "Firm and Industry Effects Within Strategic Management: An Empirical Examination," *Strategic Management* 19 (1998): 211–219.

[3]This view is known as "agency theory." See M. C. Jensen and W. H. Meckling, "Theory of the Firm: Managerial Behavior, Agency Costs and Ownership Structure," *Journal of Financial Economics* 3 (1976): 305–360; E. F. Fama, "Agency Problems and the Theory of the Firm," *Journal of Political Economy* 88 (1980): 375–390.

[4]K. R. Andrews, *The Concept of Corporate Strategy* (Homewood, Ill.: Dow Jones Irwin, 1971); H. I. Ansoff, *Corporate Strategy* (New York: McGraw-Hill, 1965); C. W. Hofer and D. Schendel, *Strategy Formulation: Analytical Concepts* (St. Paul, Minn.: West, 1978). See also P. J. Brews and M. R. Hunt, "Learning to Plan and Planning to Learn," *Strategic Management* 20 (1999): 889–913; R. W. Grant, "Planning in a Turbulent Environment," *Strategic Management* 24 (2003): 491–517.

[5]www.google.com/about/company/.

[6]P. F. Drucker, *Management: Tasks, Responsibilities, Practices* (New York: Harper & Row, 1974), pp. 74–94.

[7]D. F. Abell, *Defining the Business: The Starting Point of Strategic Planning* (Englewood Cliffs, N.J.: Prentice-Hall, 1980).

[8]P. A. Kidwell and P. E. Ceruzzi, *Landmarks in Digital Computing* (Washington, D.C.: Smithsonian Institute, 1994).

[9]J. C. Collins and J. I. Porras, "Building Your Company's Vision," *Harvard Business Review* (September–October 1996): 65–77.

[10]www.nucor.com.

[11]See J. P. Kotter and J. L. Heskett, *Corporate Culture and Performance* (New York: Free Press, 1992); Collins and Porras, "Building Your Company's Vision."

[12]E. Freeman, *Strategic Management: A Stakeholder Approach* (Boston: Pitman Press, 1984).

[13]M. D. Richards, *Setting Strategic Goals and Objectives* (St. Paul, Minn.: West, 1986).

[14]E. A. Locke, G. P. Latham, and M. Erez, "The Determinants of Goal Commitment," *Academy of Management Review* 13 (1988): 23–39.

[15]R. E. Hoskisson, M. A. Hitt, and C. W. L. Hill, "Managerial Incentives and Investment in R&D in Large Multiproduct Firms," *Organization Science* 3 (1993): 325–341.

[16]Andrews, *Concept of Corporate Strategy*; Ansoff, *Corporate Strategy*; Hofer and Schendel, *Strategy Formulation*.

[17]For details, see R. A. Burgelman, "Intraorganizational Ecology of Strategy Making and Organizational Adaptation: Theory and Field Research," *Organization Science* 2 (1991): 239–262; H. Mintzberg,

"Patterns in Strategy Formulation," *Management Science* 24 (1978): 934–948; S. L. Hart, "An Integrative Framework for Strategy Making Processes," *Academy of Management Review* 17 (1992): 327–351; G. Hamel, "Strategy as Revolution," *Harvard Business Review* 74 (July–August 1996): 69–83; R. W. Grant, "Planning in a Turbulent Environment," *Strategic Management Journal* 24 (2003): 491–517. See also G. Gavetti, D. Levinthal, and J. W. Rivkin, "Strategy Making in Novel and Complex Worlds: The Power of Analogy," *Strategic Management Journal* 26 (2005): 691–712.

[18] This is the premise of those who advocate that complexity and chaos theory should be applied to strategic management. See S. Brown and K. M. Eisenhardt, "The Art of Continuous Change: Linking Complexity Theory and Time Based Evolution in Relentlessly Shifting Organizations," *Administrative Science Quarterly* 29 (1997): 1–34; R. Stacey and D. Parker, *Chaos, Management and Economics* (London: Institute for Economic Affairs, 1994). See also H. Courtney, J. Kirkland, and P. Viguerie, "Strategy Under Uncertainty," *Harvard Business Review* 75 (November–December 1997): 66–79.

[19] Hart, "Integrative Framework"; Hamel, "Strategy as Revolution."

[20] See Burgelman, "Intraorganizational Ecology," and Mintzberg, "Patterns in Strategy Formulation."

[21] R. A. Burgelman and A. S. Grove, "Strategic Dissonance," *California Management Review* (Winter 1996): 8–28.

[22] C. W. L. Hill and F. T. Rothaermel, "The Performance of Incumbent Firms in the Face of Radical Technological Innovation," *Academy of Management Review* 28 (2003): 257–274.

[23] Personal communication to the author by George Rathmann, former head of 3M's research activities.

[24] Richard T. Pascale, "Perspectives on Strategy: The Real Story Behind Honda's Success," *California Management Review* 26 (1984): 47–72.

[25] This viewpoint is strongly emphasized by Burgelman and Grove, "Strategic Dissonance."

[26] C. C. Miller and L. B. Cardinal, "Strategic Planning and Firm Performance: A Synthesis of More Than Two Decades of Research," *Academy of Management Journal* 37 (1994): 1649–1665. See also P. R. Rogers, A. Miller, and W. Q. Judge, "Using Information Processing Theory to Understand Planning/Performance Relationships in the Context of Strategy," *Strategic Management* 20 (1999): 567–577.

[27] P. J. Brews and M. R. Hunt, "Learning to Plan and Planning to Learn," *Strategic Management Journal* 20 (1999): 889–913.

[28] P. Cornelius, A. Van de Putte, and M. Romani, "Three Decades of Scenario Planning at Shell," *California Management Review* 48 (2005): 92–110.

[29] H. Courtney, J. Kirkland, and P. Viguerie, "Strategy Under Uncertainty," *Harvard Business Review* 75 (November–December 1997): 66–79.

[30] P. J. H. Schoemaker, "Multiple Scenario Development: Its Conceptual and Behavioral Foundation," *Strategic Management Journal* 14 (1993): 193–213.

[31] P. Schoemaker, P. J. H. van der Heijden, and A. J. M. Cornelius, "Integrating Scenarios into Strategic Planning at Royal Dutch Shell," *Planning Review* 20:3 (1992): 41–47; I. Wylie, "There Is No Alternative to..." *Fast Company* (July 2002): 106–111.

[32] "The Next Big Surprise: Scenario Planning," *The Economist* (October 13, 2001): 71.

[33] See C. R. Schwenk, "Cognitive Simplification Processes in Strategic Decision Making," *Strategic Management* 5 (1984): 111–128; K. M. Eisenhardt and M. Zbaracki, "Strategic Decision Making," *Strategic Management* 13 (Special Issue, 1992): 17–37.

[34] H. Simon, *Administrative Behavior* (New York: McGraw-Hill, 1957).

[35] The original statement of this phenomenon was made by A. Tversky and D. Kahneman, "Judgment Under Uncertainty: Heuristics and Biases," *Science* 185 (1974): 1124–1131. See also D. Lovallo and D. Kahneman, "Delusions of Success: How Optimism Undermines Executives' Decisions," *Harvard Business Review* 81 (July 2003): 56–67; J. S. Hammond, R. L. Keeny, and H. Raiffa, "The Hidden Traps in Decision Making," *Harvard Business Review* 76 (September–October 1998): 25–34.

[36] Schwenk, "Cognitive Simplification Processes," pp. 111–128.

[37] B. M. Staw, "The Escalation of Commitment to a Course of Action," *Academy of Management Review* 6 (1981): 577–587.

[38] R. Roll, "The Hubris Hypotheses of Corporate Takeovers," *Journal of Business* 59 (1986): 197–216.

[39] See R. O. Mason, "A Dialectic Approach to Strategic Planning," *Management Science* 13 (1969): 403–414; R. A. Cosier and J. C. Aplin, "A Critical View of Dialectic Inquiry in Strategic Planning," *Strategic Management* 1 (1980): 343–356; I. I. Mintroff and R. O. Mason, "Structuring III—Structured Policy Issues: Further Explorations in a Methodology for Messy Problems," *Strategic Management* 1 (1980): 331–342.

[40] Mason, "A Dialectic Approach," pp. 403–414.

[41] Lovallo and Kahneman, "Delusions of Success."

[42] For a summary of research on strategic leadership, see D. C. Hambrick, "Putting Top Managers Back into the Picture," *Strategic Management* 10 (Special Issue, 1989): 5–15; D. Goldman, "What Makes a Leader?" *Harvard Business Review* (November–December 1998): 92–105; H. Mintzberg, "Covert Leadership," *Harvard Business Review* (November–December 1998): 140–148; R. S. Tedlow, "What Titans Can Teach

Us," *Harvard Business Review* (December 2001): 70–79.

[43]N. M. Tichy and D. O. Ulrich, "The Leadership Challenge: A Call for the Transformational Leader," *Sloan Management Review* (Fall 1984): 59–68; F. Westley and H. Mintzberg, "Visionary Leadership and Strategic Management," *Strategic Management* 10 (Special Issue, 1989): 17–32.

[44]Comments made by Jim Donald at a presentation to University of Washington MBA students.

[45]B. McConnell and J. Huba. *Creating Customer Evangelists* (Chicago: Dearborn Trade Publishing, 2003).

[46]E. Wrapp, "Good Managers Don't Make Policy Decisions," *Harvard Business Review* (September–October 1967): 91–99.

[47]J. Pfeffer, *Managing with Power* (Boston: Harvard Business School Press, 1992).

[48]D. Goleman, "What Makes a Leader?" *Harvard Business Review* (November–December 1998): 92–105.

[49]C. Y. Baldwin, *Fundamental Enterprise Valuation: Return on Invested Capital*, Harvard Business School Note 9-801-125, July 3, 2004; T. Copeland et al., *Valuation: Measuring and Managing the Value of Companies* (New York: Wiley, 2000).

第2章

外部分析：识别机会与威胁

| 开篇案例 |

美国无线通信市场的竞争

在过去20年中，美国无线通信行业的需求迅速增长，自2007年以来，智能手机带动了无线通信行业的发展。2000年，美国的无线通信用户量达到1.09亿。到2014年，这一数字已经上升到近3.6亿，渗透率达到108%（有些人有多个手机）。此外，智能手机普及率已从2010年的37%上升到2014年的83%。

随着市场的扩大，行业的竞争格局逐渐形成。今天，无线通信行业由四家公司主导：威瑞森（Verizon）占38%的市场份额，美国电话电报公司（AT&T）占33%，斯普林特（Sprint）占15%，德国电信公司（T-Mobile）也约占15%。2004年，AT&T以410亿美元收购新格勒（Cingular）；2005年，斯普林特与纳克斯泰尔（Nextel）完成了360亿美元的合并；2009年，威瑞森以281亿美元收购了全能通讯（Alltel）。从那时起监管机构开始限制大型企业之间的进一步合并，在2011年，AT&T试图购买T-Mobile，但被监管机构阻止了。2014年T-Mobile和斯普林特之间的合并提案也遭到了监管机构的反对。

无线通信公司推动了企业的合并浪潮，因为只有最大的公司才能获得规模经济，并在这个资本密集型产业中获利。自1985年以来，建设电信塔等网络基础设施，不断升级基础设施，提供快速、可靠的语音和数据服务，花费了超过

4 000亿美元；自2000年以来，这些花费达到了3 300亿美元。到2014年，该行业的资本支出每年都在350亿美元左右。无线通信公司为了从政府那里获得使用无线频谱的权利，迄今已经花费了530亿美元。政府定期组织拍卖，借无线通信供应商之间的竞争提高价格。行业内的公司也不得不在营销方面加大投入来建立自己的品牌，并在全国建立零售商店网络，为客户提供销售点服务。

近些年，行业竞争主要侧重于非价格因素，如服务覆盖面和可靠性、手机设备、服务包和品牌。例如，威瑞森强调优越的覆盖范围和高速的网络；AT&T在2007年签署了一项协议，要求成为苹果iPhone的独家供应商，与之共享收益。为了减少客户流失并限制价格竞争，服务供应商要求客户签订包含提前终止费的为期两年的合同以换取新设备（其成本获得了大量补贴），或者购买更新后的服务计划。

然而，随着市场逐渐饱和，监管机构阻止企业间尝试合并的力度加大，竞争越来越依赖于价格。这一转变始于2013年初，当时T-Mobile打破了行业秩序，开始放弃两年期合同，免除提前终止费用，撤销了客户购买新手机时数百美元的补贴措施，转而为客户提供新的支付选择，即按月分期付款。斯普林特和T-Mobile在2014年年中的合并谈判破裂后，斯普林特迅速改变了战略，通过了解竞争对手的低价和客户的使用数据切入市场。T-Mobile也对自己的类似产品做出回应，价格战开始在行业中加速发展。2014年12月，T-Mobile将赌注压在了与威瑞森类似的计划（威瑞森继续补贴手机价格，而T-Mobile不提供补贴）上，使用减价的方式来增加股价，因此1/4的家庭用户可以减少一半的月支付金额。美国电话电报公司和斯普林特都推出了自己的服务，以跟上T-Mobile的步伐。有迹象表明，价格战正损害着行业的利益。2016年12月，美国电话电报公司和威瑞森都提醒投资者，由于客户能带来的平均利润下降，再加上高昂的资本支出，他们的利润可能会受到冲击。

资料来源：C. Lobello, "Wireless merger madness," *The Week*, April 25, 2013; M. De la Merced and B. Chen, "No merger of Sprint and T-Mobile," *New York Times*, August 6, 2014; "Number of wireless subscribers in the United States," *Statista*, www.statista.com; *CTIA* Wireless Industry Association Survey Results, 1985-2013, CTIA, archived at www.ctia.org; P. Dave, "Wireless price wars drive down costs for consumers, sales for carriers," *Los Angeles Times*, December 9, 2014.

| 本章概述 |

战略制定从分析公司在所属行业中形成竞争的力量开始。分析的目的是理解公司面临的机会与威胁，并且根据自身的理解识别出可以使本公司优于竞争对手的战略。当公司能够利用其环境中的条件制定和实施能够使公司更具盈利能力的战略时，机会（opportunities）就出现了。正如开篇案例描述的那样，2007～2013年，智能手机数据服务需求的增长为无线通信公司增加收入创造了巨大的机会。当外部环境状况危及公司业务的完整性和盈利性时，威胁（threats）就出现了。无线服务供应商今天面临的最大威胁是市场饱和，以及从2014年底开始的价格战的加剧（见开篇案例）。

本章将介绍针对产业环境的分析方法。第一，本章将介绍用于分析行业竞争结构以及识别行业机会与威胁的概念和工具。第二，本章将分析同一行业内不同公司群组实施相似和不同竞争战略的竞争内涵。第三，本章将探索产业演化以及公司竞争环境变化的方式。第四，本章将着眼于宏观环境对微观产业结构以及机会与威胁的影响方式。在本章结束时，读者将明白一家公司要想成功，要么使公司战略与其外部运营环境相匹配，要么公司能够借助选择的战略，通过重塑环境发挥公司优势。

2.1 行业的界定

一个行业是指一组公司，组内公司提供可以近似替代的产品或服务，即满足相同顾客基本需求的产品或服务。一家公司最紧密的竞争者，或者说竞争对手，就是那些满足相同顾客基本需求的公司。例如，因为碳酸饮料、果汁和瓶装水均可以满足消费者对提神和冰凉的非酒精饮品的基本需求，所以，它们可以被看成彼此可近似替代产品。因此，我们可以将这些产品归类于软饮料产业，该产业的主要厂商有可口可乐公司、百事可乐公司和吉百利公司。与此相似，消费者可以通过计算机硬件运行个人效能软件，浏览网站，收发邮件，存储、显示和制作电子照片等，而台式电脑和笔记本电脑都可以满足消费者对计算机硬件的需求，因此，我们可以谈谈计算机硬件设备行业，它的参与者包括苹果、戴尔、惠普、联想、微软和三星。

外部行业分析的第一步是识别出公司竞争所处的行业。为此，管理者首先需要仔细观察与分析公司要满足的顾客的基本需求，即管理者进行分析时的基本思想必须以顾客为导向，而不是以产品为导向（见第1章）。以一个市场所能满足的消费者的基本需求作为一个行业的边界。管理者清楚地了解行业边界是十分重要的，如果他们对行业边界的界定是错误的，那么他们就可能被那些通过不同产品满足相同顾客需求的竞争者所威胁。例如，可口可乐公司长期将自己归类在苏打水碳酸软饮料行业，而事实上，它应该属于软饮料行业，其中包括非碳酸软饮料。20世纪90年代中期，消费者对瓶装水和果汁饮品需求上升，对苏打饮品需求下降，这一趋势使得可口可乐公司的市场受到了突如其来的冲击。可口可乐公司很快地回应了这一威胁，推出了以达萨尼（Dasani）为品牌的饮品，并且兼并了其他几家饮料公司，包括果汁制造商美汁源（Minute Maid）和酷乐仕（Glaceau，维他命水品牌的创造者）。由于可口可乐公司对其行业边界界定得过于狭隘，该公司差点错失了软饮料市场中快速增长的非碳酸饮料市场。

重要的是要认识到，随着客户需求的发展，行业的界限可能会随着时间的推移而改变，一些新兴技术会使不相关的行业的公司能够以新的方式满足现有的客户需求。我们已经注意到，20世纪90年代，软饮料的消费者开始选择瓶装水和非碳酸的果汁饮品，此时可口可乐发现它开始与瓶装水和非碳酸的果汁饮品制造商形成直接的竞争关系（所有这些企业处于同一行业）。

另一个技术变革导致行业边界发生变化的例子，我们可以想到计算机行业和通信行业正在发生的融合。历史上，通信设备行业一直被认为是远离计算机硬件行业的独立实体。然而，随着通信设备从模拟技术转向数字技术，通信设备也越来越像计算机。这一结果导致不同行业之间的界限变得模糊。例如，一台智能手机，如苹果公司的iPhone，就是一台兼容了无线连接和通话功能的小型手提电脑。因此，作为无线电话制造商的三星和HTC发现，它们正在和苹果、微软等传统计算机公司进行直接的竞争。

2.2 波特的五力模型

一旦行业边界被确定,管理者面临的任务就是根据行业环境识别出机会与威胁,从而分析公司面对的竞争。迈克尔·波特的五力模型便是一个非常著名的分析框架,它可以帮助管理者进行机会与威胁的分析。[1] 图2-1是对波特五力模型的延伸,延伸后的竞争力量模型聚焦于形成行业竞争的六种力量:①潜在竞争者的进入风险;②行业内既有企业间的竞争强度;③购买者的议价能力;④供应商的议价能力;⑤行业内替代品的相似度;⑥互补品供应商的力量(波特并未意识到这第六种力量)。

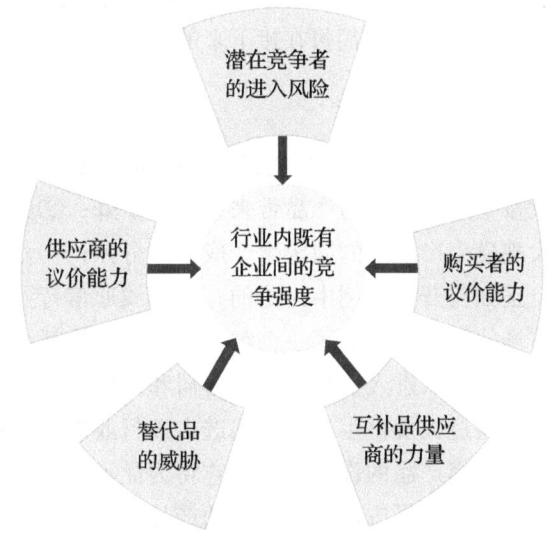

图2-1 竞争力量模型

资料来源:Based on How Competitive Forces Shape Strategy, by Michael E. Porter, Harvard Business Review, March/April 1979.

随着这些力量的不断壮大,它限制了既有公司提高价格、赚取更高利润的能力。在波特的框架中,较强的行业竞争应该被视为公司面临的威胁,因为这种竞争会使得公司的利润下降。较弱的行业竞争应该被视为公司面临的机会,因为它会使公司获得利润。随着行业环境的变化,六种力量的强度也可能会随着时间的延续而发生改变。管理者的任务就是认识这六种力量的变化情况,从而识别出公司面临的新机会和新威胁,并据此制定恰当的战略以应对这一变化。此外,通过公司的战略选择,公司可能会改变其中某种或多种力量的强度,以形成竞争优势。接下来,我们将对此进行讨论。

2.2.1 潜在竞争者的进入风险

潜在竞争者(potential competitors)是指那些目前尚未参与本行业竞争,但一旦它们选择进入便有能力参与竞争的公司。例如,在过去的10年里有线电视公司曾作为传统电话公司的潜在竞争者出现。新的数字技术使得有线公司可以通过传输电视影像的线路提供通信和互联网服务。

因为进入某个行业的竞争者越多，该行业的既有公司就越难维护它的市场份额和利润，所以，已经在该行业运营的既有公司通常试图阻止潜在竞争者进入本行业。潜在竞争者进入风险越高，既有公司的利润面临的威胁便越大。

潜在竞争者进入风险受进入壁垒高低的影响，而进入壁垒是指使公司进入某个行业需付出沉重代价的要素。潜在竞争者进入某个行业所需承担的成本越大，说明该行业的进入壁垒越高，这种竞争力量便越弱。较高的进入壁垒会使得潜在竞争者无法进入该行业，即使是该行业的利润较为丰厚。主要的行业进入壁垒包括规模经济、品牌忠诚、绝对成本优势、顾客转换成本以及政府管制。[2] 公司要制定的一个重要战略就是构建进入壁垒（针对既有公司）或避开进入壁垒（针对新进入的公司）。我们将在接下来的章节具体讨论这一问题。

1. 规模经济

当企业产量扩大带来单位成本下降时，**规模经济**（economies of scale）便产生了。规模经济的来源包括：①通过大量生产标准化的产品带来成本的下降；②原材料和生产要素批量购买产生的折扣；③通过大规模生产形成的固定生产成本的分摊；④营销与广告费用被大量产品分摊带来的成本节约。正如在开篇案例中讨论的，在无线通信行业中，既有企业享有的规模经济很大，这对进入市场的新公司构成了一个巨大障碍。如果某个行业的公司通过规模经济获取的成本优势非常明显，那么进入该行业的新公司和规模较小的公司将遭受严重的成本劣势的阻碍。如果新公司想通过大规模生产的方式进入该行业以获取规模经济，那么它必须拥有足够的资金购买生产大规模产品的设备，并且它将为此承担较高的风险。以大规模生产方式进入某个行业的风险源于产品供应量上升导致的产品价格下降，以及该行业中既有公司的报复行为。基于上述原因，当既有公司享有规模经济时，其面临的潜在竞争者的进入风险便会下降。

2. 品牌忠诚

当消费者偏好于知名公司的产品时，便存在着**品牌忠诚**（brand loyalty）。一家公司可以通过以下方式建立品牌忠诚：对品牌产品和公司名称进行持续性的广告宣传，对产品进行专利保护，通过公司的研发项目实现产品的创新，对产品质量予以重视以及提供良好的售后服务。明显的品牌忠诚现象会使得新进入的公司难以抢走既有公司的市场份额。由于潜在竞争者认为打破消费者已有的消费偏好需要付出很大的代价，因此它们的进入威胁便会降低。例如，在智能手机业务领域，苹果公司推出的 iPhone 产品及相关产品，给苹果带来了强大的品牌忠诚度。微软发现 2011 年底推出的 Windows 手机很难吸引客户。尽管微软还在推广 Windows 手机，但 3 年之后，它的美国市场份额仍徘徊在 3.6% 左右，而苹果的市场份额为 42%。[3]

3. 绝对成本优势

有时相对于潜在进入者，既有公司会具备一种**绝对成本优势**（absolute cost advantages），这意味着进入者可能无法形成既有公司的低成本结构。绝对成本优势源于以下三个方面：①由于积累的经验、专利或加工的一些秘诀，既有公司在产品运营和生产过程的优势；②对产品生产所需要的一些供应有限的投入（如劳动力、原材料、设备或管理者技能）的控制能力；③由于既有公司比新进入的公司风险较低而形成的较低融资成本的优势。如果既有公司拥有绝对成本优势，那么作为竞争力量之一的潜在者进入风险对它们而言将会减弱。

4. 顾客转换成本

转换成本（switching costs）是指顾客放弃原有公司的产品转向购买进入者的产品消耗的时间、精力和金钱。当转换成本较高时，即使进入者可以提供更好的产品，顾客也会被既有公司的产品锁定。[4]关于转换成本，一个较为熟悉的例子就是计算机用户从一种操作系统向另一种操作系统的转换。如果一位用户当前正在使用微软的Windows操作系统，并且在该系统中存在着与之关联的应用软件和文档文件，那么该用户转换到另一种操作系统的成本将是非常高昂的。为了完成操作系统的转换，该用户必须购买一套新的应用软件，并且需要将现存的一些文档文件导入新的操作系统。面对如此多的金钱和时间的消耗，除非新的系统可以提供可观的潜在好处，否则，大部分用户是不会愿意进行系统转换的。因此，对一家希望推出新的操作系统的公司而言，转换成本越高，它面临的进入壁垒就越高。类似地，正如我们在开篇案例中看到的那样，无线通信公司也习惯性地设置了较高的转换成本，要求客户在升级设备时签订包含提前终止费的两年期合同。

5. 政府管制

政府监管是许多行业建立的主要的进入壁垒之一。例如，20世纪90年代之前，美国政府法规禁止长途电话服务商和本地电话服务商之间相互竞争。其他潜在的电话服务供应商，包括有线电视服务公司，如时代华纳和康卡斯特（Comcast）（它们可以利用自己的电缆传递通话信息和电视信号）也被禁止进入电话服务市场。这种管制性的进入壁垒明显地降低了长途电话服务商与本地电话服务商之间的竞争强度，从而使得电话公司可以获取高额的利润。1996年政府解除了这一管制，该行业便发生了显著变化。在宣布管制政策被取消后的几个月之内，长途电话服务供应商、本地电话服务供应商和有线电视服务商均宣称了它们要进入对方市场的意图，并且还有大量新的公司参与进来。根据波特五力模型的预测，由于政府管制的解除，行业进入壁垒便会降低，该行业会随即出现新的进入者，行业竞争强度由此上升，行业的利润率会相应地下降，事实上，现实就是如此。

综上所述，如果一家在位公司已经为自己的产品建立了品牌忠诚，对潜在进入者而言拥有绝对成本优势、具备规模经济、存在较高的转换成本或者享有政府管制的保护，那么，这家公司面临的潜在竞争者的进入风险就会很小，它面临的行业竞争力量也会很弱。因此，这家在位公司可以为其产品或服务制定较高的价格，并且其所在的行业将拥有较高的利润。学术界的研究已经证实：行业进入壁垒是决定一个行业利润率最为重要的因素。[5]很明显，一家在位公司非常愿意设置那些可以提高进入壁垒从而安全获取利润的战略。此外，潜在的进入者必须寻找那些可以绕开进入壁垒的战略。

战略行动 2-1

避开软饮料行业的进入壁垒

软饮料行业已经长时间被可口可乐和百事可乐两家公司占据。这两家公司投入了大量的经费进行广告宣传,已经创建了显著的品牌忠诚,因此,潜在竞争者想要进入该行业并从这两家公司夺取市场份额是十分困难的。当有新的竞争者试图进入该行业时,这两家公司便会通过降低价格予以应对,迫使新的竞争者放弃进入计划。

然而,20世纪90年代初,作为加拿大一家小的装瓶公司,科特公司(Cott)制定了进入软饮料市场的战略。科特公司的战略描述起来很简单。该公司最初主要针对软饮料行业中的可乐的市场。它与皇冠可乐公司(RC Cola)签订了对其可乐业务拥有独家全球代理权的协议。皇冠可乐在美国可乐竞争市场是一个很小的参与者。尽管它的产品被认为是高质量的,但是皇冠可乐还无法对可口可乐和百事可乐造成威胁。紧接着,科特公司与加拿大食品杂货零售商罗布劳公司(Loblaw)签订了一项为该零售商提供贴有其自有品牌可乐的协议。由于定价较低,罗布劳公司"总统之选"(President's Choice)的自有品牌非常成功,并且同时从可口可乐公司和百事公司抢走了部分市场份额。

这次成功为公司增加了很多勇气,科特公司决定说服其他零售商销售这种自有品牌的可乐。对零售商而言,这种产品的价值定位很简单,因为不像可口可乐和百事可乐那样,科特公司几乎没有关于广告宣传的花费。这一点便成为该产品成本节约的来源,从而使得零售商以较低的价格购买该产品。因此,零售商可以以明显低于可口可乐和百事可乐的价格出售这种自有品牌的产品,以此获得比名牌产品更高的边际利润。

尽管从价格上看,该产品具有一定的诱惑力,但是零售商还是不愿意销售这种自有品牌的产品,因为它们担心这可能会疏远与可口可乐公司、百事可乐公司的关系,而这两家公司的产品是零售店顾客流量的主要驱动力。20世纪90年代,科特公司将这一局面彻底打开,此时它与零售巨头沃尔玛签订了零售协议,从而这种自有品牌的产品被冠以"山姆的选择"(Sam's Choice)(用沃尔玛公司创始人山姆·沃尔顿命名)。沃尔玛为科特公司提供了完美的分销渠道。沃尔玛刚刚进入食品杂货市场,而且顾客进入沃尔玛并不是要购买名牌商品,而是去购买低价商品。随着沃尔玛杂货业务日渐壮大,科特的销量也随之上升。科特公司迅速增加了其他特色口味,如柠檬酸橙苏打水,以该产品与七喜和雪碧展开竞争。此外,在沃尔玛的压力下,20世纪90年代末,其他零售商也开始引入自有品牌的苏打水,从而需要借助科特公司以满足他们的供应需求。

到2014年,科特的自有品牌客户包括沃尔玛、克罗格、开市客和西夫韦(Safeway)。科特的收入为23.3亿美元,占全美碳酸饮料全部私有品牌销售额的60%,在其核心渠道杂货店的碳酸饮料总销售额中占6%~7%。尽管可口可乐和百事可乐仍占主导地位,但它们已经失去了科特和其他公司已占有的市场份额,而其他公司也都使用的是科特公司的策略。

资料来源:A. Kaplan, " Cott Corporation, " *Beverage World*, June 15, 2004, p. 32; J. Popp, "2004 Soft Drink Report, " *Beverage Industry*, March 2004, pp. 13–18; L. Sparks, " From Coca-Colonization to Copy Catting: The Cott Corporation and Retailers Brand Soft Drinks in the UK and US, " *Agribusiness* 13:2 (March 1997): 153–167; E. Cherney, " After Flat Sales, Cott Challenges Pepsi, Coca-Cola, " *The Wall Street Journal*, January 8, 2003, pp. B1, B8; " Cott Corporation: Company Profile, " *Just Drinks*, August 2006, pp. 19–22; Cott Corp. 2011 Annual Report, www.cott.com.

2.2.2 行业内既有企业间的竞争强度

竞争力量模型中的第二种力量是同行业中现有公司之间的竞争强度。竞争是指行业内不同公司为了获得彼此的市场份额而进行的竞争性对抗。这种竞争性对抗可以通过以下方式实现：价格、产品设计、广告宣传的投入、直销工作的加强以及售后的服务与支持。较为激烈的竞争会导致公司产品或服务价格较低，或者（同时）会导致公司支付更多的费用用于非价格竞争手段。因为较为激烈的竞争会导致产品或服务价格的下降以及成本的上升，所以，该行业的利润也会随之下降。同样，如果行业内公司之间的竞争强度较弱，那么公司就可能有机会提高价格或降低非价格竞争手段的费用，从而使得该行业产生较高的利润。同行业中现有公司之间的竞争强度主要受以下四个因素的影响：行业竞争结构；行业需求；成本结构；退出壁垒。

1. 行业竞争结构

一个行业的竞争结构是指该行业中公司的数量和规模的分布状况，这是战略管理者在行业分析初期就需要判断的事情。行业结构具有多种形式，不同的行业结构意味着行业内竞争强度的不同。分散型行业包含着大量的中小型公司，这些公司中的任何一家都不能独自决定该行业中产品或服务的价格。集中型行业是由少数几家大型的公司支配（寡头垄断市场），或者在某种极端情况下，该行业可能仅由一家公司支配（完全垄断市场），此时该行业的产品或服务的价格由这些支配性的公司决定。农业、干洗行业、录像出租行业、健身俱乐部行业、不动产经纪行业以及阳光浴美容行业等均是分散型行业的例子。集中型行业则包括航天技术行业、软饮料行业、无线通信行业（见开篇案例）和小包裹快递行业。在小包裹快递行业，联合包裹（UPS）和联邦快递两家公司占据了美国快递市场总收入的85%以上。

较低的进入壁垒以及难以形成差异化的日用产品是许多分散型行业的特征。这些特征的结合会导致行业利润的上下交替循环。当分散型行业商品的市场需求较大、行业利润较高时，较低的行业进入壁垒会导致新的竞争者进入该行业，以获取行业繁荣期产生的高额利润。20世纪80年代至90年代，音像店、健身俱乐部和阳光浴美容店数量的爆炸式增长都证明了这一点。

大量新公司进入繁荣的分散型行业会带来生产能力过剩，因而公司开始降低价格以消化剩余的生产能力。公司生产差异化产品的困难会导致公司只能采取降低价格的措施，由此带来的价格战会使行业利润下降，最终迫使一些公司退出该行业，并抑制潜在竞争者的进入。例如，在经历了10年的扩张与高利润的过程之后，健身俱乐部现在发现它们必须进行打折才能留住现有的会员。通常，一个行业的产品越接近于日用品，价格战便会越激烈。这一循环过程中的衰退环节会一直持续至该行业的产量恰好满足市场的需求（通过破产方式）为止，此时该行业的价格将再次达到稳定。

分散型行业结构为公司带来更多的是威胁，而不是机会。由于潜在竞争者进入该行业是十分容易的，这些竞争者进入行业后便会引发价格战，并且会导致一些公司的破产，因此，这种行业的繁荣是十分短暂的。因为在这种行业中，公司很难形成差异化产品，因此对公司而言最好的战略就是降低成本，从而在行业繁荣时期获取利润，以便可以在随后的萧条时期维持生存。另外，很多公司可能试图制定一些可以改变分散型行业结构的战略，旨在形成可以促使利润水平上升的集中型行业结构（我们将在接下来的章节中明确地介绍公司如何这样做）。

在集中型行业结构中，由于任何一家公司的竞争行为或活动（涉及价格、质量等）都会直接地影响竞争对手的市场份额以及由此决定的利润，因此该行业内公司之间是相互依赖的关系。当公司采取某项行动时，通常会引起该公司竞争对手的回应，而且这种竞争性依赖可能会演变为一个危险的竞争螺旋。当公司努力削减各自产品的价格或利用其产品为消费者提供更大价值时，由此导致的竞争加剧将会降低行业利润。如今无线通信行业正发生的一切就是一个明显的例子（见开篇案例）。

集中型行业中的公司有时会通过追随该行业支配性公司的定价来降低威胁。[6] 尽管如此，我们必须小心的是，公司之间面对面公开达成的价格联盟协议是违反法律的。（如果公司之间并没有进行直接或有意图的沟通，而仅仅通过默认的方式，间接地达成价格的一致是合法的。）除此之外，公司也可以通过观察、了解、预测和回应其他竞争者行为的方式进行定价（详见第5章有关博弈论的动态性竞争）。然而，在一些不利的经济环境中，默认的价格联盟通常会被打破，"战略行动2-2"介绍的早餐谷物食品行业就发生了这样的情况。

战略行动 2-2

早餐谷物食品行业的价格战

数十年来，早餐谷物食品行业是美国利润最为丰厚的行业之一。该行业的结构属于集中型，市场份额主要由家乐氏（Kellogg's）、通用磨坊（General Mills）和卡夫食品（Kraft Foods）公司的Post品牌谷类食品业务占据。较强的品牌忠诚度以及它们对超市货架空间配置的联合控制使得潜在竞争者进入该行业受到了限制。与此同时，该行业市场需求每年以3%左右的速度稳定增长，使得该行业的收入一直保持着上升状态。占有市场份额40%左右的家乐氏是这个行业的价格领导者。家乐氏每年都会调高谷物食品的价格，然后其他竞争对手进行追随定价，所以该行业的利润一直保持着较高的水平。

这种有利的市场结构自20世纪90年代初开始发生变化，当时百古饼和松饼替代谷物食品成为很多美国成年人的早餐，谷物食品市场需求的增长速度开始下降而后停滞不前。除此之外，沃尔玛等比较有实力的折扣商店开始出现，这些商店自20世纪90年代初开始进入食品杂货业，并且大力推广自有品牌的谷物食品，它们的价格要明显低于那些知名品牌的食品。在随后的10年中，食品杂货行业链上的其他企业也开始进入该行业，消费者逐渐意识到，沃尔玛中每袋2.5美元的麦片和家乐氏中每盒3.5美元的玉米片在口味上是没有区别的，这就导致该行业的品牌忠诚度开始下降。随着更加廉价的自有品牌谷物食品的大量出现，超市不再依赖于那些知名品牌的商品进入它们的商店，它们开始要求那些名牌谷物制造商以更低的价格为它们供货。

许多年来，尽管名牌谷物制造商试图设置一些障碍阻止这一糟糕的趋势，但是20世纪90年代中期这一行动失败了。1996年，卡夫食品公司（被菲利普·莫里斯收购）决定削减Post品牌食品20%的价格，以试图夺回市场份额。家乐氏对其2/3的产品削减19%的价格，并且通用磨坊也很快这样去做了。几十年默认的价格合谋就这样正式结束了。

如果早餐谷物食品公司以为通过降低价格可以刺激市场需求，它们就错了。结果表明，随着价格的下降，市场的需求基本保持不变，但公司的收入与利润却随之下降。家乐氏的营业利润率从1995年的18%下降到1996年的10.2%，其他公司也经历着同样的趋势。

到2000年，环境已经变得更加糟糕。自有品牌产品的销售继续侵入该行业市场，占据了10%左右的市场份额。此外，早餐谷物食品的销售量以每年1%的速度收缩。为了打破这一局面，通用磨坊继续激进性地实施高价格，并且进行推广活动，以试图从市场领导者那里抢夺市场份额。2001年，家乐氏发现自己的市场份额下滑到30%，而通用磨坊的市场份额为31%。这是1906年以来，家乐氏第一次失去市场领导地位。此外，面对价格的持续性折扣，三家最大生产商都一直处于微利状态。

2001年中期，通用磨坊在成本不断上升的压力下谨慎地提高了2%的产品价格。竞争对手开始追随，这标志着经过10年代价高昂的价格战之后，定价的潜规则重新在该行业中出现。家乐氏和通用磨坊试图通过集中进行品牌延伸避免价格竞争，例如，生产含有果酱的Special K⊖和各种各样新型的麦片。家乐氏对Special K的投入帮助家乐氏在市场份额上超过了通用磨坊，重新获得了市场领导地位。更为重要的是，对非价格竞争的重新重视终止了多年破坏性的价格战。

然而，在10年相对和平之后，该行业于2010年又爆发了价格战。此次的导火索仍为早餐谷物食品的需求下降，这是因为像到附近咖啡店购买早餐等的替代品消费的出现。2010年第三季度价格下降3.6%且单位产量下降3.4%，导致家乐氏利润率的下降。通用磨坊和家乐氏都声明要在2011年推出新产品，以尝试促进需求并提高价格。

资料来源：G. Morgenson, "Denial in Battle Creek," *Forbes*, October 7, 1996, p. 44; J. Muller, "Thinking out of the Cereal Box," *Business Week*, January 15, 2001, p. 54; A. Merrill, "General Mills Increases Prices," *Star Tribune*, June 5, 2001, p. 1D; S. Reyes, "Big G, Kellogg's Attempt to Berry Each Other," *Brandweek*, October 7, 2002, p. 8; M. Andrejczak, "Kellogg's Profit Hurt by Cereal Price War," *Market Watch*, November 2, 2010.

2. 行业需求

行业需求程度是决定现有公司竞争强度的另一个因素。需求的增加通常来源于新客户和以前的客户需求量的提升，需求增加为公司进行顾客的争夺提供了更大的空间，从而缓解了公司之间的竞争。需求的增加会导致竞争强度的下降，因为所有的公司不必夺取其他公司的市场份额就能实现销售的增加，从而会导致行业利润的提高。这也是美国无线通信行业直到最近的情况（见开篇案例）。相反，随着企业争夺市场份额和利润（参见"战略行动2-2"），需求停滞或下降的需求导致竞争加剧。当市场处于饱和状态时，需求停滞不前，而需求的更替不足以抵消首次购买者的缺乏。此时，公司只有通过抢夺其他公司市场份额的方式进行成长。因为需求下降将导致现有公司之间竞争程度的上升，就像目前在美国无线通信行业中发生的那样，T-Mobile和斯普林特激进的价格削减旨在抢占竞争对手的市场份额。停滞或下降的需求构成了威胁，因为它增加了老牌公司之间的竞争强度。

3. 成本结构

在某一行业中公司的成本结构是同业竞争强度的第三个决定性因素。一个固定成本较高的行业，利润受到销售量的杠杆作用较大，从而对销售量增长的渴望成为竞争的焦点。美国

⊖ 家乐氏的一种品牌产品。——译者注

无线通信行业也存在这种情况（见开篇案例）。固定成本是指产量（销售量）为零时公司必须承担的成本。例如，有线电视公司在提供服务之前，必须在地下铺设电缆，因此花费的成本就是固定成本。同样，为了提供航空快递邮件服务，联邦快递等公司必须对飞机、包裹分类设备和运货车进行投入，这些均是需要巨额资本投入形成的固定成本。处于高固定成本行业的公司，如果其销售规模较小，那么公司的收入将无法抵消固定成本，从而无法获取利润。因此，这些公司为了扩大销售规模从而能够弥补固定成本，它们想方设法地降低价格或加大宣传力度。在市场需求增长不是很快并且很多公司同时采取同样行动（降低价格或加大宣传力度以弥补固定成本）的情况下，公司会面临竞争强度的增大以及利润的下降。研究表明，一个行业中实力最弱的公司由于被高额固定成本困扰的程度最大，所以，通常它们会最先发起这样的行动。[7]

4. 退出壁垒

退出壁垒是指阻止公司撤出其所在行业的经济、战略和情感的因素。[8] 如果行业的退出壁垒很高，那么，公司就会被锁定在一个无法获取利润的行业里，而在这个行业中整体需求会保持不变或者下降。结果是行业中出现剩余生产能力，从而导致行业内更加激烈的竞争以及价格战，因为每家公司都希望降低价格以获取更多的顾客来消化其闲置的生产能力和抵消其固定成本。[9] 通常，退出壁垒包括以下几个方面：

- 对专有机器、设备和运营装置的投资形成的资产无法用于其他地方或难以出售。如果公司希望退出该行业，那么它只能勾销这些资产的账面价值。
- 高额的固定退出成本，如解雇费、医疗保障金和养老金，这些费用是公司停运导致工人下岗而必须支付给工人的。
- 公司的所有者或员工对一个行业产生的感情或者对一个行业的自豪感，会使得他们不愿意离开这个行业，这说明该公司对这个行业具有情感依附，从而阻碍了公司的退出。
- 如果一家公司依赖于单一行业获取收入与利润，那么这家公司对该行业具有经济依赖性，也会阻碍公司的退出。
- 为了有效地参与到该行业中，公司需要保持高于最低标准的昂贵的资产储备。
- 破产法规的影响。特别是在美国，破产法第 11 章破产条款中表明国家允许破产企业继续经营，也允许它们在破产保护下进行重组。这些法律使得公司在该行业中那些无法产生利润的资产继续留在公司里，这会导致持续过剩的生产能力，并且会延长行业实现供给与需求平衡的时间。

信件和包裹速递行业为我们演示了退出壁垒的现实例子。联合包裹和联邦快递是该行业的主要参与者，它们的收入与利润完全来自速递业务。它们必须向它们的顾客保证，可以将包裹送到美国的大部分地区，而且它们大部分的投资是专门针对该目标的。为了实现这种承诺，它们需要一个全国范围的空中航线和陆上航线网络，并且需要一种能够用于进入该行业的资产。在这个行业中，产能过剩时常会出现，联邦快递公司一旦出现产能过剩，由于运输网络已经投入使用，联邦快递公司就不能取消飞行或停止将包裹运输到如迈阿密等地区来减少产能过剩。如果该公司这样做了，那么它们就无法再向顾客保证可以将包裹送到美国的大部分地区，此时，顾客将会选择其他公司。因此，维持全国范围的运送网络的需要是航空快递行业的退出壁垒，这会导致公司在市场需求较低时产能持续过剩。

2.2.3 购买者的议价能力

购买者的议价能力是竞争力量模型中的第三种力量。一个行业的购买者可能是个人，即产品的终端用户，也可能是其他公司，即将该行业产品出售给终端用户的分销商，如零售店和批发商。例如，尽管由宝洁公司和联合利华生产的洗衣粉是被终端用户使用，但其主要的购买方是连锁超市和折扣店，由它们再把产品出售给终端用户。购买者的议价能力是指购买者在与公司谈判时压低价格的能力，或者通过要求更好的产品质量和服务以提高行业内公司成本的能力。通过压低价格和提高成本，具有议价能力的购买者可以榨取供应商的利润。因此，具有议价能力的购买者将成为行业的威胁。另一种情况是，当公司产品的购买者议价能力较弱时，行业内的公司可以提高产品价格，并且可以通过降低产品质量和服务来降低产品成本，从而提高行业利润水平。当出现以下情况时，购买者将具有较强的议价能力：

- 当购买者具有选择权时，购买者具有较强的议价能力。如果卖方是垄断企业，购买者显然没有选择权；如果该行业中有两家或者更多的公司，购买者便拥有明显的选择权。
- 当购买者购买产品的数量较大时，购买者便具有压低价格的能力。
- 当供货商为了签订大量的订单而对购买者产生依赖时，购买者便具有较强的议价能力。
- 当购买者的转换成本较低时，购买者可以迫使供应商之间彼此压价。
- 当购买者一次从很多公司购买相同产品具有经济可行性时，它便可以迫使该行业中的某一家公司和其他公司展开竞争。
- 当购买者能够威胁、进入供应商所在行业，并且购买者自身也能生产该产品以供应自身需求时，它们可以迫使行业降价。

汽车零部件供应行业的购买者是一些大型的汽车制造商，如通用、福特和克莱斯勒，这个行业就是一个购买者议价能力很强，从而具有较大竞争威胁的例子。这是为什么呢？这是由于汽车零部件的供应商数量较多，并且每家供应商的规模较小，而作为购买方的汽车制造商规模较大并且厂商的数量较少。例如，克莱斯勒在美国与 2 000 家左右的供应商具有业务往来关系，并且针对同一个零部件供应，它和大量的供应商签订供货合同。此外，为了降低零部件价格，福特和通用都威胁将不从汽车零部件供应商那里购买零部件，而要自己生产。汽车制造商利用它们的有利地位使得供应商之间展开竞争，从而迫使这些供应商为汽车制造商提供质优价廉的产品。如果某家汽车零部件供应商想拒绝汽车制造商的要求，那么，汽车制造商便以转换另一家供应商的威胁作为讨价还价的工具。

2.2.4　供应商的议价能力

竞争力量模型中的第四种力量是供应商，即为本行业提供投入要素（如原材料、服务和劳动力）的组织（可能是个人也可能是工会或提供合同工的公司）的议价能力。供应商的议价能力是指供应商提高投入要素的价格或以其他方式（如提供低质量的产品和服务）提升行业成本的能力。供应商较强的议价能力会通过提高需求方成本来榨取需求方所在行业的利润。因此，较强议价能力的供应商对行业内的公司而言是一种威胁。与此相反，如果供应商的议价能力较弱，那么公司就有机会降低投入要素的价格并且要求提高投入要素的质量（如要求劳动力的效率更高）。供应商对某家需求方公司的议价能力取决于供应商与这家公司的相对实力。在以下几种情况下，供应商的议价能力会非常强大：

- 供应商的产品几乎没有替代品并且其产品对于需求方公司来说十分重要。
- 某个特定行业的公司是否购买供应商的产品对供应商的利润没有明显的影响，换句话说，当特定行业并不是供应商的重要客户时，供应商的议价能力较强。
- 由于某个供应商提供的产品具有独特性或差异性，从而导致某个行业的公司从该供应商转换到另一家供应商会产生明显的转换成本。在这种情况下，需求方公司依赖于这家特定供应商，从而无法使得供应商之间相互竞争以压低价格。
- 供应商能够进入需求方公司所在行业，对需求方公司产生威胁，并能利用自产投入要素的优势与需求方公司产品形成直接竞争。
- 需求方公司无法进入供应商所在的行业，并且无法实施自己生产产品所需的投入要素以降低成本的策略，从而无法对供应商造成威胁。

个人电脑行业便是一个关于公司对供应商具有较强依赖性的例子。个人电脑公司极大地依赖于英特尔公司，该公司是世界范围内个人电脑微处理器的最大供应商。个人电脑的行业标准围绕英特尔公司的微处理器芯片展开。英特尔公司的竞争者超威半导体公司（AMD）开发和提供的芯片必须与英特尔标准兼容。尽管 AMD 已经开发出了具有竞争性的芯片，但是因为只有英特尔公司具有满足大部分市场需求的制造能力，所以市场上大约 85% 的个人电脑芯片仍是由英特尔公司提供的。英特尔公司生产系统的效率和规模均超越了其竞争者。这意味着尽管个人电脑制造商可以从英特尔公司竞争对手，主要是 AMD 那里购买微处理器，但是它们还是需要依赖于英特尔公司才能满足大规模的需求。由于英特尔公司处于强势的议价能力位置，所以该公司能够比在竞争对手更多且更强大的情况下（如果微处理器行业是分散型的行业结构）为其微处理器设定更高的价格。

2.2.5　行业内的相似替代品

波特五力模型中的最后一种力量是替代品的威胁，即那些可以满足相同顾客需求的不同业务或不同行业的产品。例如，咖啡行业的公司会间接地与茶饮品和软饮料行业的公司展开竞争，因为这三种行业的公司都可以满足消费者对非酒精性饮品的需求。因为相似替代品限制了公司产品的价格和利润，所以相似替代品的存在给公司造成了一种威胁。如果咖啡的价格相对于茶饮品或软饮料而言上升的幅度较大，那么咖啡的消费者会转向对其相似替代品的消费。

如果一个行业的产品几乎不存在相似替代品（即替代品的威胁较弱），那么在其他条件一样时，该行业的公司就有机会提高价格并获取额外的利润。由此可看出，正是由于市场上不存在微处理器的相似替代品，从而使得像英特尔和 AMD 那样的公司能够制定比微处理器替代品存在的情况下更高的价格。

2.2.6 互补品供应商的力量

英特尔公司前 CEO 安迪·格鲁夫（Andrew Grove）曾经指出，波特五力模型中忽略了第六种力量：互补品供应商的实力、活力和竞争能力。[10] 一家公司产品的互补品是指其与该公司产品共同使用可以更好地满足消费者的需求，从而可以提高该公司产品的价值，生产这种产品的公司就是互补品的供应商。例如，个人电脑行业的互补品供应商就是生产电脑应用软件的公司。应用软件的质量越高，个人电脑对于顾客的价值就越大，顾客对个人电脑的需求就越强，个人电脑行业的利润也就越高。

格鲁夫的观点具有很强的经济理论基础，经济学理论一直以来就强调，替代品和互补品共同影响着一个行业的市场需求。[11] 此外，最近的研究也强调，在很多高科技行业，如提出该观点的格鲁夫所在的计算机行业，互补品对于行业的需求和利润具有重要的影响作用。[12] 因此，值得注意的问题是，当互补品对于一个行业的产品需求具有决定性作用时，该行业利润会严重取决于互补产品供应商的充足性。当一个行业的互补品供应商的数量不断增加，并且其提供的互补品对消费者而言具有较强的吸引力时，该行业的需求和利润就会上升，并且该行业会存在很多新的机会去创造价值。与此相反，如果一个行业的互补品供应商较少，并且其提供的产品无法吸引顾客，那么该行业的成长和利润可能会面临威胁。

互补品供应商也有可能获得很大的力量，使它们能够从它们提供互补品的行业中榨取利润。这种强大的互补力量可能会成为行业内企业的竞争威胁。例如，在视频游戏行业，生产游戏机的公司如任天堂（Nintendo）、微软 Xbox 和索尼（PS3），它们历来都是业内最赚钱的公司。它们能做成这样的成绩是通过向游戏开发公司（互补品供应商）收取每一个售出的在它们的游戏机上运行的游戏的版税费用。例如，任天堂过去就曾向第三方游戏开发商收取 20% 的版税费用。然而，在过去 10 年里，有两件事发生了变化。第一，游戏开发者有选择权。例如，他们可以决定为微软的 Xbox 先编写程序，而索尼 PS3 则可拖延到一年之后。第二，一些游戏专营权现在非常受欢迎，用户可以购买任何一个平台运行最新版本的游戏。由 Electric Arts 制作的 Madden NFL，估计有 500 万～700 万的忠实粉丝会购买每一个新版本。这个游戏有如此大的需求，以至于 Electric Arts 可以通过将游戏改写以能够在微软和索尼的游戏平台上运行，来换取更低的版税率。在这一点上，Electric Arts 已经获得了与游戏机生产商讨价还价的能力，它利用这一点来从游戏机行业获取利润，以降低对游戏机制造商的版税率。游戏机制造商已经做出回应，试图开发它们自己平台专属的强大的特许经营权。任天堂凭借其长期以来的超级马里奥系列取得了成功，同样地，微软的 Halo 系列也实行特许经营，现在这个系列已经推出第四版了。

2.2.7 总结：为什么行业分析很重要

利用竞争力量框架是一种对行业环境中的竞争进行分析的强有力的工具，它可以帮助管理者从战略角度思考问题。认识到一种竞争力量经常会影响到其他力量是很重要的，并且在进行行业分析时，所有的力量都需要纳入考虑。例如，如果进入门槛较低导致新的竞争者进入行业，这将加剧行业竞争，压低价格和利润率，其他力量就会相互平等。如果买方力量强大，他们可能会利用因新进入者而产生的更多选择的优势，进一步压低价格，从而会增加竞争的强度，使在行业中获得可观的利润变得更加困难。因此，理解一种力量如何对另一种力量施加影响是很重要的。

行业分析不可避免地会引导管理者系统地思考战略选择。例如，如果行业的进入门槛较低，管理者可能会问自己："我们怎样才能提高进入这个行业的门槛，从而减少新竞争力量的威胁？"答案往往包括努力实现规模经济、建立品牌忠诚度、提高转换成本等，这样新进入者便会处于劣势，很难在行业中获得发展动力。他们可能还会问："我们怎样才能改变行业竞争的激烈程度？"他们可能通过强调品牌忠诚度以差异化他们的产品来做到这一点，或者通过提高转换成本来降低买家在这个行业中的力量。例如，在开篇案例中，无线服务公司要求它们的客户签订一份为期两年的合同，一旦他们升级了电话设备，他们的提前终止费用可能会达到数百美元。这一举措有效地增加了转换到其他无线服务供应商的成本，从而使新进入者更难获得在该行业的发展动力。转换成本的增加也削弱了行业竞争的强度，使得客户为降低服务价格而从一个供应商转向另一个供应商的可能性降低。

再举一个例子，想想 21 世纪初可口可乐对其行业环境的影响。它注意到，随着人们转向非碳酸饮料，碳酸饮料的人均消费量开始下降。换句话说，替代产品正成为威胁。这种认识引发了可口可乐战略的转变，公司开始开发并供应自己生产的非碳酸饮料，有效地将威胁转化为战略机遇。同样，21 世纪初，随着人们开始在网上消费新闻内容，传统报纸的需求开始下降。换句话说，替代产品的威胁正在增加。几家传统报纸为了应对这种状况，迅速发展了自己的网络内容。

在所有这些例子中，对行业机会和威胁的分析直接导致了行业内公司战略的改变。当然，对行业环境进行分析，以确定机会和威胁，从而引发应该采取什么策略来利用机会和反击威胁的讨论，这是很重要的一点。在第 5、第 6 和第 7 章，我们将再次回到这个问题上，即当我们看到公司可以追求不同的商业层面策略时，它们是如何将战略与它们行业环境中的主要状况相匹配的。

2.3 行业内战略群组

同一行业内不同公司之间经常在对产品进行战略定位的方式上存在明显差异。产生差异的因素包括公司采用的分销渠道、公司服务的细分市场、产品质量、技术领先性、消费者服务、定价策略、广告策略和促销等。正是由于这些差异，在大多数行业中，我们可能经常发现行业内存在着各种各样的公司群组，群组内的每一家公司与群组内的其他公司采用相似的商业模式，而这一商业模式与其他群组中的公司商业模式不同。这些不同的公司群组就是众所周知的战略群组。[13]

例如，在商业航空行业中，习惯上有两个主要的战略群组：大型客机制造商和支线客机制造商（见图 2-2）。庞巴迪（Bombardier）和巴西航空工业公司（Embraer）是支线客机行业中的佼佼者，而波音公司和空中客车公司则是大型客机市场的霸主。支线客机的座位不足 100 个，航程也有限。大型客机有 100～550 个座位，某些型号的飞机可以飞越太平洋。大型客机被卖给大型航空公司，而支线客机则出售给小型支线客运航空公司。从历史上看，支线客机制造商群组中的公司相互竞争，而不与波音公司和空中客车公司竞争（反过来也是如此）。

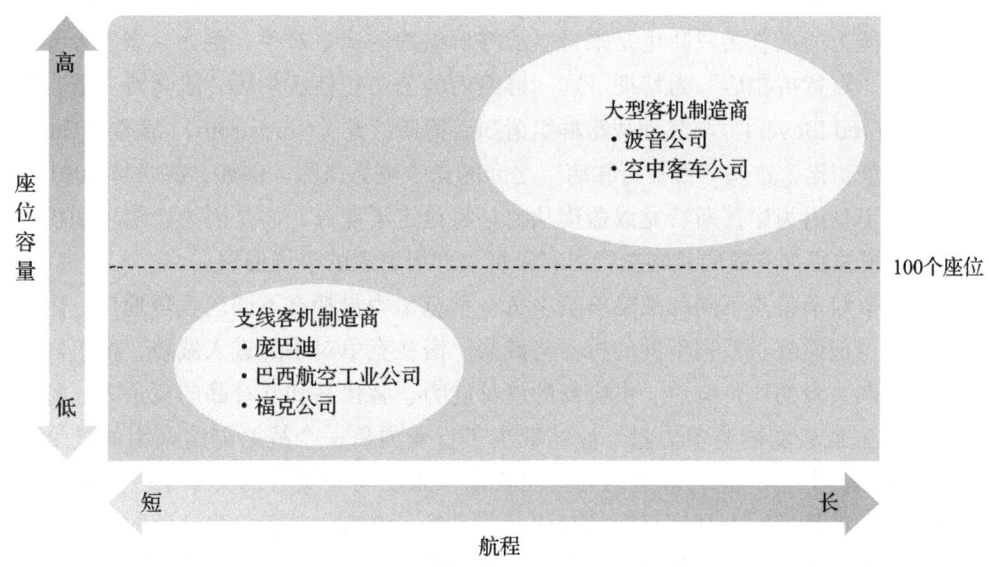

图 2-2　商业航空行业中的战略群组

一般情况下，我们可以用相对较少的战略要素来刻画不同战略群组内公司采用的商业模式之间的基本差别。例如，在商业航空方面，差异主要体现在产品属性（座位容量和航程）和客户集中度（大型航空公司对小型支线航空公司）两个方面。又如，在医药行业，有两个比较明显的战略群组。[14]一个是包含默克公司（Merck）、伊莱利利公司（Eli Lilly）和辉瑞公司（Pfizer）在内的群组，这个群组的商业模式特征是研发支出高、集中开发新的且拥有专利技术的划时代药品。这一专利型战略群组采用的是高风险、高回报的战略。之所以说它们采用的是高风险战略是因为基础药物研究困难重重且投资巨大。将一种新的药物引入市场需要花费高达 8 亿美元的研发费用和 10 年的研究和临床试验周期。由于开发新药的失败率是非常高的，即进入临床试验的药品最后只有 1/5 可以获得美国食品药品管理局的批准，所以这种战略的风险很高。但是该战略也是一个高回报的战略，因为一项成功的药品一旦获得专利，发明公司将拥有该项药物 20 年生产和销售的垄断权。因此，那些拥有专利的公司会为其专利产品索要高价，使其在专利有效期内获得少则千万多则几十亿美元的回报。

第二个战略群组可以称为非专利型战略群组。该群组公司包括森林实验室（Foreset

Labs)、麦兰医学实验室（Mylan Labs）和屈臣氏制药（Waston Pharmaceuticals），这些公司集中生产非专利药物，如生产那些专利型群组公司开发的但现在其专利已经过期的低成本药品。这一战略群组公司的商业模式特征是研发支出低、生产效率高以及注重低价格。这些公司追求的是一种低风险、低回报的战略。该战略之所以低风险是因为公司没有在研发上投资上千万美元；低回报则是因为公司不能索要高价格。

2.3.1 战略群组的启示

战略群组的概念对于识别行业内的机会和威胁有诸多启示。首先，由于同一战略群组内所有公司都在采用相似的商业模式，消费者倾向于将这些公司的产品看作彼此的直接替代品。因此，公司的最直接竞争对手就是战略群组内的公司，而不是行业内其他战略群组的公司。公司盈利能力的最直接威胁也是来自本战略群组内的竞争对手。例如，零售行业内的一组公司可能以"百货折扣店"为特征。这一群组内的公司包括沃尔玛、凯马特、塔吉特和弗雷德·迈耶（Fred Meyer）。与其他战略群组诸如诺德斯特龙（Nordstrom）、盖璞（Gap）等零售商之间的竞争相比，这些"百货折扣店"之间的竞争更为激烈。例如，凯马特2001年年末之所以破产并不是因为诺德斯特龙或盖璞从凯马特抢走了业务，而是因为沃尔玛和塔吉特借助对折扣商业模式更加有效的战略执行占有了折扣群组更多的市场份额。

另一个竞争启示就是不同的战略群组中每一种竞争力量拥有不同的竞争地位，因此，每一个战略群组可能面临一系列不同的机会与威胁。潜在竞争对手的进入威胁、群组内公司间的竞争强度、购买者的议价能力、供应商的议价能力、替代品和互补品的竞争力，每一个都能成为相对较强或较弱的竞争力量，而这取决于行业内每一个战略群组采用的竞争定位方法。例如，在医药行业，专利群组内的公司长期以来在与购买者的关系中一直处于强势地位，因为它们的产品拥有专利而且没有替代品。另外，群组内基于价格竞争的竞争强度也比较低，因为行业内竞争主要围绕"成为第一个拥有新药专利的公司"（即专利竞赛）而非药品价格而展开。因此，这一战略群组内的公司一直能够索要高价并获取高额利润。相反，非专利群组的公司则一直处于相对较弱的地位，因为一旦专利过期，许多公司都能生产同一种非专利药品只是型号不同的产品。因此，在这一战略群组内，产品之间是近似替代品，竞争强度一直很高，相比较于专利群组内的公司来讲，价格竞争导致该群组只能获得较低的盈利水平。

2.3.2 移动壁垒的作用

从上面讨论的两个问题中可以发现，某些战略群组比其他群组更具有吸引力，因为竞争力量能够为这些群组提供更多的机会并降低风险。在分析完各自的行业后，管理者可能会识别出竞争力量相对弱小而盈利能力相对较高的战略群组。一旦觉察到某个机会，管理者就可能会思考如何改变自己的商业模式并移动到该群组中参与竞争。但是，由于战略群组间移动壁垒的存在，利用这一机会可能是非常困难的。

移动壁垒是行业内阻止战略群组间公司移动的因素。移动壁垒包括公司进入其他群组的壁垒以及从现有群组退出的壁垒。例如，由于获得更高回报的承诺，森林实验室可能想要进入制药行业的专利型战略群组，但可能会发现这样做很困难。因为它缺少研发技术，而且构建这些技术将是一项投资巨大的提案。从根本上讲，随着时间的延续，不同战略群组的公司形成了不同的成本结构、技术和竞争力，这些为公司提供了不同的定价选择。一个正在考虑进入另一个战略群组的公司必须对自己是否有能力模仿以及是否确实能够比该战略群组的潜在竞争对手做得更好进行评估。管理者在决定是否值得移动之前，必须先判断克服该移动壁垒是否经济划算。

与此同时，如果企业能够克服移动壁垒，管理者应意识到，其行业内的另一个战略群组最终会成为自己的直接竞争对手。现在，这种情况似乎正发生在商业航空行业中，两家支线客机制造商庞巴迪和巴西航空工业公司已经开始进军大型商用飞机业务，在 100～150 个座位范围内开发窄体客机。这意味着波音公司和空中客车公司在未来几年将会面临更多的竞争，它们的管理层需要为此做好准备。

2.4 行业生命周期分析

决定行业内竞争力量强度（本质上也就是机会与威胁）的重要因素就是竞争力量随时间延续所发生的变化。随着时间的延续，同一行业内公司间的相似性和差异经常变得更加明显，而且战略群组结构经常发生变化。随着行业演变，每一竞争力量的强度和本质也不断变化，特别是潜在竞争者的进入风险以及现有公司间竞争等两种力量也在不断变化[15]。

分析行业演变对竞争力量的影响的一个有效工具就是行业生命周期模型，该模型将行业演变分为五个连续的阶段从而代表了五种不同的行业环境：孕育期、成长期、震荡期、成熟期和衰退期（见图 2-3）。经理人员面临的任务就是预测随着行业环境的演变各竞争力量的强度将如何变化，并制定一些战略，以便当机会出现时能够利用机会并应对不断出现的威胁。

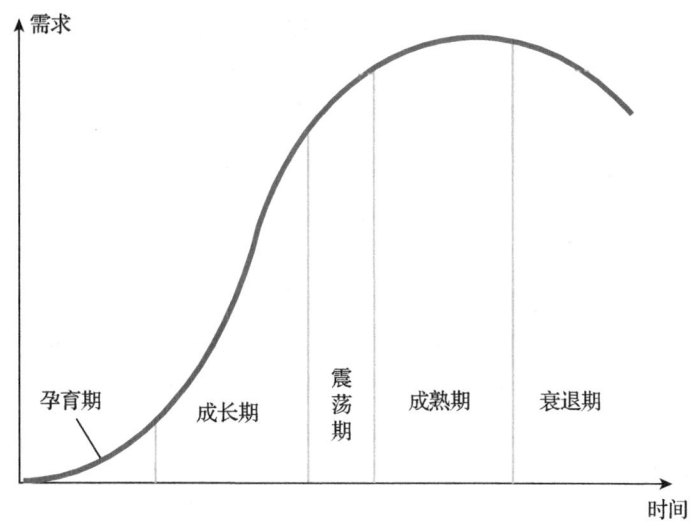

图 2-3　行业生命周期内各个阶段

2.4.1 孕育期行业

孕育期行业就是刚刚开始发展的行业（例如，20世纪70年代的个人电脑和生物科技行业，80年代的无线通信行业，90年代的互联网零售行业，以及现在的纳米技术行业）。由于购买者不熟悉行业产品、公司不能形成规模经济而导致产品价格高昂且难以有效地开拓分销渠道，使得这一阶段的行业成长非常缓慢。进入壁垒通常是建立在获得关键技术知识的基础上，而不是成本经济或品牌忠诚。如果参与行业竞争必需的核心知识非常复杂且难以掌握，进入壁垒就变得相当高，而且既有公司也会远离潜在进入者的威胁。孕育期行业的竞争主要是以培育消费者、开发分销渠道、完善产品设计为基础，而不是以价格为基础。这样的竞争可能是非常激烈的，第一个解决产品设计问题的公司通常有机会获得更有利的市场地位。孕育期的行业也很可能是某个公司创新努力的结果，比如微处理器（英特尔）、真空清洁器（Hoover）、照相复印器（施乐）及小件快递业务（联邦快递）。在这样的环境中，发展中的公司可以利用竞争较少这样的大好机会在市场上进行投资并建立强有力的控制地位。

2.4.2 成长期行业

一旦行业产品的需求开始迅速增加，该行业就具备了成长期行业的特点。在行业成长期，由于许多新的消费者进入市场，初次需求会急剧膨胀。特别是当消费者对产品已经熟悉、经济和规模经济导致产品价格下降以及分销渠道建立后，行业就进入了成长期。美国无线电话行业1985～2012年多处于成长期。1990年，美国只有500万手机用户；1997年，这一数字增长到5 000万；到2014年，手机用户数量已经增加到大约3.6亿，或者说平均每个人有1.08个移动设备，这意味着市场已经饱和，这个行业已经成熟了。

通常，当行业进入成长期后，以对技术知识的控制作为进入壁垒的重要性已经降低了。由于很少有公司已经获得了明显的规模经济或者拥有了品牌忠诚度，所以其他进入壁垒也往往相对较低，特别是在成长期早期更是如此。因此，来自潜在竞争者的威胁在此时往往是最高的。但结果是，高增长通常意味着新进入者能够进入该行业却不会明显增加行业内的竞争强度。因此，竞争强度往往是相对较低的。需求的快速增长使得公司能够快速增加自己的收入和盈利而不用从其他竞争对手那里抢占市场份额。公司利用成长期相对有利的环境的一个战略回报就是使公司自己能够做好准备迎接行业震荡期的激烈竞争。

2.4.3 震荡期行业

爆炸式增长不可能无限地维持。增长率迟早会下降，行业将进入震荡期。在震荡期，需求接近饱和水平：大多数需求局限于替换性需求，因为潜在的初次购买者剩下的已经不多了。

当行业进入震荡期时，公司间的竞争将变得激烈起来。通常，已经习惯于快速增长的公司将继续按照过去增长的速度增加产能。但是，需求不再按照先前的速度增长，这样的结果就是出现了产能过剩。这一情况如图2-4所示，图中实线表示需求增长随时间的变化，而虚线表示生产能力增长随时间的变化。正如你看到的，当行业进入成熟期后，t_1之后的需求增长将变得缓慢。但是，生产能力继续快速增长直到时间点t_2。实线和虚线之间的差距就是过剩的能力。当公司试图利用这一能力时，它们必须削减价格。其结果将是一场价格战，这将使得大多数无效率的公司破产，并且能够有效地阻止任何新进入者。

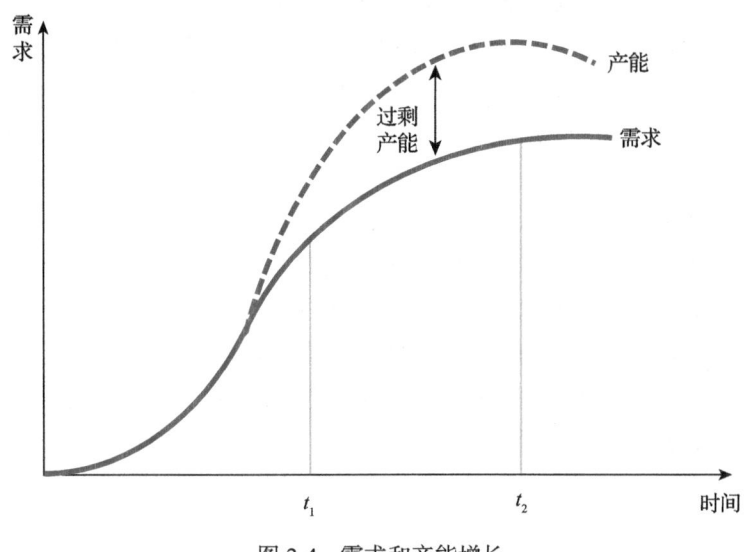

图 2-4　需求和产能增长

2.4.4　成熟期行业

当行业进入成熟期后，震荡期结束，此时市场完全饱和，需求局限于替换性需求，增长比较缓慢甚至零增长。需求增长只能依赖于人口增长（人口增长能够向市场提供新的消费者）或替代需求的增加。

当行业进入成熟期后，进入壁垒不断增加，来自潜在竞争者的威胁也减少了。当行业增长在震荡期放缓时，公司再也不能保持历史上的高增长率而只能稳定现有的市场份额。公司间将开始争夺市场份额，从而推动价格下降而且经常会导致价格战，航空行业和个人电脑行业就发生过类似情况。为了在震荡期赢得生存，公司将开始聚焦于最小化成本，并且建立广泛的消费者忠诚。例如，航空业尝试通过雇用非工会劳动力以削减运营成本，而且通过引入飞行常客奖励计划（frequent-flyer program）以获得消费者的忠诚。个人电脑公司一直致力于通过提供卓越的售后服务并努力降低成本结构来建立品牌忠诚。当行业进入成熟期时，幸存的公司都是那些拥有品牌忠诚且高效率、低成本运营的公司。因为这两个要素构成了重要的进入壁垒，从而潜在竞争者的进入威胁被极大地降低了。成熟行业的高进入壁垒能够为公司提供提高价格和盈利能力的机会，尽管并不总是这样。

经过震荡期，处于成熟阶段的大多数行业已经变得集中甚至形成寡头垄断结构。这样的例子包括啤酒行业、早餐麦片行业以及医药行业。在成熟行业中，公司常常需要重新审视彼此的相互依赖性并试图避免价格战。稳定的需求经常为它们提供达成价格领导协议的机会。其净效应就是减少既有公司之间激烈竞争的威胁，从而带来更高的盈利水平。毫无疑问，成熟行业的稳定性总是面临更深层次的价格战的威胁。经济活动的整体下滑（大萧条）将削弱行业需求。面对下降的市场需求，当许多公司努力维持各自收入时，价格领导协议将破裂，竞争将会加剧，价格和盈利将下降。航空行业发生的周期性价格战似乎遵循了这一范式。

2.4.5 衰退期行业

最终，大多数行业会进入衰退阶段。由于各种原因，行业会呈现负增长，这些原因包括技术替代（如空中运输替代铁路运输）、社会变化（更关注健康而影响了烟草销售）、人口变化（不断下降的出生率削弱了婴儿和儿童产品市场），以及国际竞争（低成本的国外竞争导致美国钢铁业衰退）。在一个正在衰退的行业中，既有公司之间的竞争强度通常会增加。受衰退速度和退出壁垒高度的影响，竞争压力有可能变得和震荡期一样激烈。[16] 衰退行业存在的主要问题就是不断下降的需求导致过剩产能的出现。为了尽可能使用过剩产能，许多公司开始削减价格从而引发一场价格战。20世纪80年代到90年代，美国钢铁行业经历了这些问题，尽管需求下降，但许多钢铁公司仍在尝试利用过剩的产能。1990～1992年以及后来的2001～2005年、2008～2009年航空行业也面临着同样的问题，当时许多公司削减价格以确保飞机尽可能满员（也就是说这些公司不会在运营时产生大量过剩的运输能力）。退出壁垒在调节过剩能力方面起到一定的作用。退出壁垒越高，公司就越难减少产能，从而激烈价格竞争的威胁就会越严重。

2.4.6 总结

总之，为了建立有效的商业模式和竞争战略，行业分析的第三个任务就是识别不同类型行业特征下的环境机会与威胁。管理者必须调整他们的战略以适应不断变化的行业环境，而且他们还必须学会识别行业演变中的关键点以便他们能够预测行业震荡期什么时候开始或什么时候可能将要进入衰退期。战略群组也有自己的生命周期，这是因为新的孕育期群组会因消费者需求和品位的转移而出现，或者某些群组会因技术的变化而快速成长，又或者其他一些群组会因消费者流失而衰退。

2.5 行业分析模型的局限性

竞争力量模型、战略群组模型和生命周期模型对于思考和分析行业内的竞争本质、识别机会和威胁提供了非常有用的方法。但是，每一个模型都有各自的局限性，管理者需要关注它们的缺陷。

2.5.1 生命周期问题

非常重要的一点是要记住"生命周期模型只是一个泛化的模型"。在实践中，行业生命周期并不总是遵循图2-3所示的模式。在某些情况下，行业增长非常迅速以至于跳过了整个孕育期。而在其他一些情况下，有些行业甚至一直徘徊在孕育期。经过长时间的衰退期后，创新或社会变化也可能会使行业重新恢复增长势头。例如，经过长时间的衰退期，对于健康的关注使自行车行业重新焕发活力。

不同行业之间各个阶段的时间跨度也存在巨大差别。一些行业的产品成为生活必需品后，这些行业几乎可以永远停留在成熟期。其他一些行业则跳过成熟期直接进入衰退期，真空管行业就是这样的情况。尽管真空管行业正处于成长期，但晶体管替代了真空管成为电子产品中主要的零部件。在其他行业中，也可能在进入完全的成熟期前需要经历不止一个震荡期，电子通信行业似乎正处于这种状况。

2.5.2 创新和变化

经过一段合理的时间之后，许多行业中的竞争都可以被看作创新驱动的一个过程。[17] 的确，创新不但经常是行业演变的一个主要驱动要素，而且在整个行业生命周期中一直起推动作用。创新对许多公司来说非常具有吸引力，因为那些开发新的产品、流程和战略的公司经常能获得高额的利润。思考一下玩具反斗城公司、戴尔和沃尔玛的爆炸式增长。这些公司以许多种不同的方式成为创新者。玩具反斗城公司开发了一种新的玩具销售方式（借助于大型折扣仓储商店），戴尔开发了一种全新的个人电脑销售方法（直接通过电话和网络），而沃尔玛则开创了低价折扣超市的概念。

成功的创新能够改变行业竞争的本质。近几十年来，创新常常带来的一个结果就是不断降低生产的固定成本，从而降低了进入壁垒并使得新的更小的公司能够与既有的大型公司同台竞技。例如，40年前，美国钢铁公司、LTV钢铁公司以及伯利恒钢铁公司等大型一体化的钢铁公司主导了整个钢铁行业。钢铁行业属于典型的寡头垄断结构，常被极少数的大型钢铁公司主导，而且该行业采取隐性的价格合谋。后来，诸如纽柯钢铁和查普雷钢铁（Chaparral）等一些小型钢铁公司逐步进入钢铁行业，这些公司使用了一种新型的电弧炉技术。在过去40年里，这些公司一直在对行业结构进行变革。那个一度高度集中的行业现在变得更加分散而且价格竞争更加激烈。美国钢铁公司拥有的市场份额已经从20世纪60年代中期的55%下降到现在的12%，而伯利恒钢铁公司和LTV公司则已经破产。相反，小型钢铁厂作为一个群组现在拥有的市场份额已经从20年前的5%上升到现在的40%多。[18] 因此，小型钢铁厂的创新已经重塑了钢铁行业的竞争本质。[19] 应用于1970年钢铁行业的竞争力量模型看起来与2014年采用的竞争力量模型存在着非常大的差别。

波特认为创新就是"解冻"和"重塑"行业结构。他认为经过一段创新引发的动荡时期之后，行业结构将再一次平静下来并进入一种相对稳定的模式，从而五种竞争力量理念和战略群组概念可以再一次得到应用。[20] 行业结构演变的这种观点经常被称作"间断平衡"（punctuated equilibrium）。[21] 间断平衡理论认为当创新重组行业结构时，长时间的平衡（此时行业结构稳定）经常被周期性的快速变化打断，这当中有一个解冻和再冻结的过程。

图2-5描述了行业结构的一个关键维度，即竞争结构的间断平衡情况。从时间t_0到t_1，行业竞争结构属于稳定的寡头垄断结构，由几家公司共同分享市场。在时间点t_1，既有公司或者新进入公司开发了一项新的重大发明。结果就是在时间t_1和t_2之间出现了一段时间的波动。一段时间之后，行业重新平静下来进入一种新的均衡状况，但是竞争结构变得更加分散。注意相反的情况也有可能发生，即行业可能变得更加集中，尽管这种情况似乎并不常见。从总体上讲，创新似乎能够降低进入壁垒从而使得更多公司进入该行业，结果将导致行业分散而非行业集中。

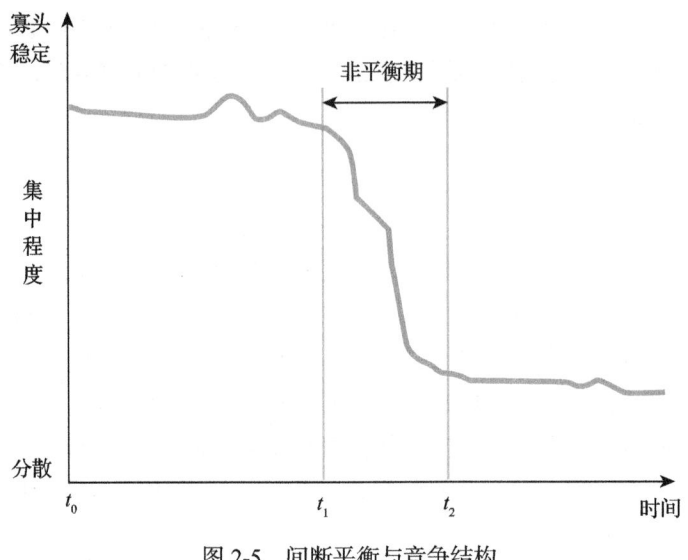

图 2-5 间断平衡与竞争结构

在创新推动行业结构重组的快速变化时期，价值很明显地转移到以新的定位战略为基础的商业模式上。[22] 在证券交易行业，价值已经从综合服务经纪商模式转移到在线交易模式。在钢铁行业，电弧炉技术的引入使得价值从大型一体化公司转移到小型钢铁厂。在图书销售行业，价值也已经从小型专营实体书商转向大型连锁书店（如巴诺公司（Barnes & Noble））和在线书店（如亚马逊公司（Amazon.com））。由于竞争力量模型和战略群组模型是静态的，因此它们并不能充分反映行业环境迅速变化时或者说价值正在转移时发生的情况。

2.5.3 公司差异

针对行业模型的另一个批评就是它们过度强调了行业结构作为公司绩效决定因素的重要作用，从而忽视了行业内或战略群组内不同公司之间变化和差异的重要性。[23] 正如我们在下一章要讨论的，同一行业内单一公司之间在盈利率方面存在非常大的差异。例如，理查德·罗梅尔特（Ricard Rumelt）及其同事的研究结果表明，行业结构只能解释公司之间10%的盈利率差异。[24] 这意味着公司个体之间的差异解释了剩下的绝大部分。还有一些研究估计可解释的盈利率差异近20%，但这仍然不是一个太高的数字。[25] 同样地，越来越多的研究发现，战略群组成员身份与公司盈利率之间只存在微弱的关系，尽管事实上战略群组模型预示着二者之间存在较强的关系。[26] 综合起来，这些研究表明相比较于公司所在行业或战略群组，公司个体的资源和能力是其盈利水平更为重要的决定因素。换句话说，在平均盈利水平比较低的困难行业中也有盈利水平非常高的公司（如钢铁行业中的纽柯公司），在平均盈利水平高的行业中也有盈利水平低的公司。

尽管这些研究并不否认五力模型和战略群组模型的有效性，但它们确实意味着这些模型并不是公司盈利水平的完美预报器。一个企业不可能仅仅因为处于有发展前景的行业或战略组织而盈利。正如在接下来的一章中将要讨论的，公司获利还需要更多因素的支持。

2.6 宏观环境

正如战略管理者的决策和行动能够经常改变一个行业的竞争结构一样,这也会改变更为广泛的宏观环境(如公司和行业所处的广泛的经济环境、全球化环境、技术环境、人口环境、社会环境以及政治和法律环境)中的条件或力量(见图2-6)。宏观环境中各种力量的变化能够对波特模型中的任何或所有力量都有直接影响,从而能够改变这些力量的相对强度并通过它们改变一个行业的吸引力。

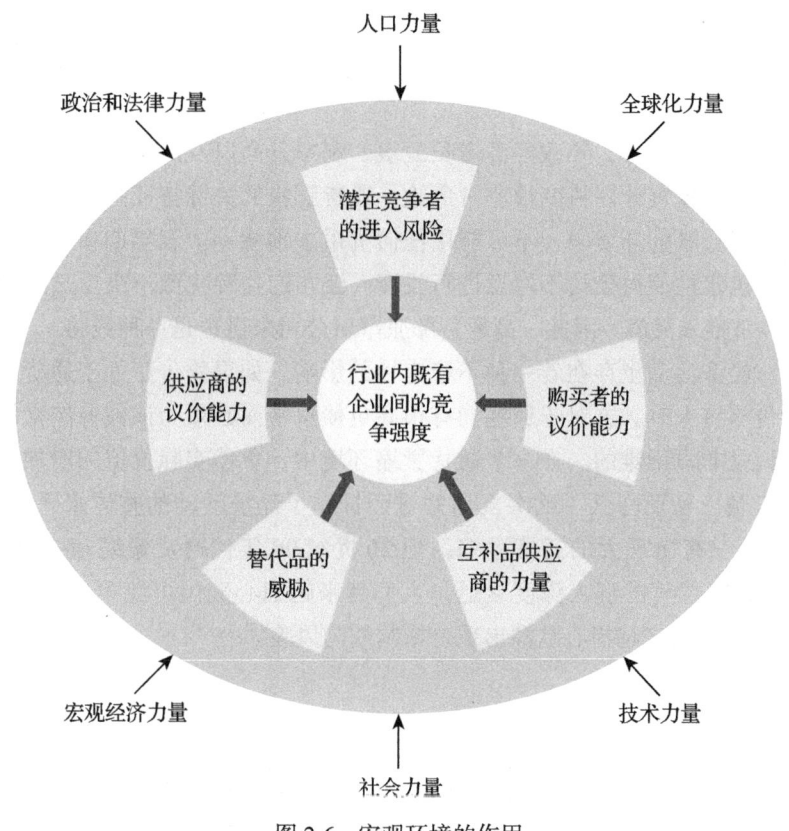

图 2-6 宏观环境的作用

2.6.1 宏观经济力量

宏观经济力量影响了一个国家整体的健康繁荣,或者一个组织所在的地区经济状况,这反过来将影响公司和行业获得足够高回报率的能力。四个非常重要的宏观经济力量是经济增长率、利率、货币汇率以及通货膨胀率(通货紧缩率)。由于经济增长带来消费者支出的膨胀,因此往往能从总体上减缓行业内的竞争压力。这就为公司提供了一个提升运营空间、获取高额收益的机会。由于经济下滑(经济衰退)导致了消费者支出减少,从而增加了竞争压力。在成熟行业中,经济下滑经常引起价格战。

利率水平也能决定公司产品的需求量。无论何时消费者按照常规方式借钱为购买这些产品提供资金支持时,利率都是非常重要的。最明显的例子就是房地产市场,房地产市场中按揭利率将直接影响需求。另外几个例子就是利率也影响了汽车、家用电器和资本设备的销售。对这些行业的公司来说，利率提高就是一种威胁，而利率降低则是一种机会。利率很重要是因为它会影响公司的资本成本，进而影响公司筹集资金和投资新资产的能力。利率越低，公司的资本成本越低，潜在投资也就越多。

货币汇率规定了不同国家货币的相对价值。货币汇率的变动对于公司产品在全球市场上的竞争力有直接影响。例如，当美元价值相对于其他国家货币的价值更低时，在美国生产的产品将变得相对便宜，而海外制造的产品则相对较贵。美元贬值在为海外销售收入增长创造机会的同时，也减少了国外竞争者的威胁。例如，2004～2008年，美元对几种主要货币的贬值有助于美国钢铁行业的发展，提高了其竞争力；然而，2012～2014年，美元升值使钢铁行业的竞争力下降。

物价上涨破坏经济稳定，导致经济增长放缓、利率升高以及汇率变动的不确定。如果通货膨胀率持续升高，投资计划将变得非常危险。通货膨胀的关键特征是它会使未来更加难以预测。在一个通货膨胀的环境中，不可能用任何货币去预测一个五年期项目获得收益的真实价值。这样的不确定性使得公司不愿意进行投资。公司的这种犹豫不决反过来抑制了经济活动，并最终将经济推入泥潭。因此，高通货膨胀率对公司来讲也是一种威胁。

物价紧缩对经济活动也存在着一种不稳定性的影响。如果物价正处于通货紧缩时期，固定支出的实际价格将上升。这对于那些拥有很高负债水平而必须为该债务经常性固定付款的公司和个人来说是非常困难的。在一个通货紧缩环境中，负债实际价值的增加消耗了家庭和公司更多的现金流，从而降低了购买支出并进而抑制了经济活动的整体水平。尽管自20世纪30年代之后还没有出现大的通货紧缩，但20世纪90年代通货紧缩却一直笼罩着日本；2008～2009年，随着美国陷入深度衰退，人们越来越担心美国可能第二次出现通货紧缩；2014年，经济学家也越来越担心欧洲出现价格紧缩的风险。

2.6.2 全球化力量

在过去的半个世纪，世界经济体系已经发生了重大变化。当我们在第8章讨论全球化战略时，我们将更加详细地回顾这些变化。眼下，需要注意的重要事情是国际贸易和投资的壁垒已经下降了，越来越多的国家在分享持续性经济增长的收益。诸如巴西、中国和印度这些地区的经济增长正在为产品和服务创造新的更大的市场，同时也为公司提供了一个通过进入这些国家市场更快速地提升利润的机会。国际贸易和投资壁垒的不断下降使得进入国外市场变得更加容易。例如，20年前，对一家西方公司来说在中国投资设厂几乎是不可能的。而今天，西方公司和日本公司在中国一年的投资额就超过了500亿美元。但是出于同样的原因，国际贸易和投资壁垒的不断下降也使得外国公司进入许多公司的本国市场变得更加容易（通过降低进入壁垒），这导致了竞争强度的增加以及盈利水平的降低。由于这些变化，许多先前孤立的国内市场已经成为更大、更具竞争性的全球市场的一部分，为国内公司创造了巨大的机会与威胁。我们稍后将重新回到这一话题并在第8章更加详细地对其讨论。

2.6.3 技术力量

在过去的几十年里,技术变化的节奏一直在加快。[27] 一直以来被称为"创造性破坏的永恒风暴"的时期开始了。[28] 技术变化能使已经推出的产品一夜之间变得过时,但也可能同时创造出大量的新产品。因此,技术变化既具有创造性也具有破坏性——既是一种机会也是一种威胁。

技术变化的一个最重要的影响就是它能影响进入壁垒的高度,而且能从根本上重塑行业结构。例如,互联网已经降低了新闻行业的进入壁垒,为了争取广告收入和消费者关注,财经新闻的发行商现在必须和那些20世纪90年代迅速成长起来的新的以网络为基础的传媒组织进行竞争,如Thestreet.com公司、傻瓜投资公司(The Motley Fool)、雅虎财经(Yahoo Finance)以及最近的谷歌新闻(Google News)。由此增加的竞争强度为用户提供了更多的选择余地,从而使得用户能够通过讨价还价降低他们必须向传媒组织支付的价格。

2.6.4 人口力量

人口力量是人口特征变化的结果,包括年龄、性别、种族、民族、性取向以及社会阶层。与一般环境中的其他力量类似,人口力量也为经理人员同时展现了机会和威胁,因而也对组织有重要意义。人口年龄分布的变化是人口力量影响经理人员和组织的又一例证。目前,由于不断下降的人口出生率和死亡率,以及婴儿潮一代的老龄化,大多数工业国家正在经历人口的老龄化问题。人口的老龄化正在为那些为老年人提供服务的组织增加机会,例如,我们可以看到针对家庭健康护理和娱乐行业的服务需求正在增加。当出生于20世纪50年代末期到60年代早期的婴儿潮一代长大后,他们已经创造了大量的机会和威胁。20世纪80年代,许多在婴儿潮时期出生的人结婚了,由于初次结婚的夫妇一般需要购买家电,从而带来了家电需求的急剧增加。诸如惠而浦公司(Whirlpool)和通用电气公司就利用了这种对洗衣机、洗碗机、干燥机等类似产品需求的急剧增长。20世纪90年代,许多出生于婴儿潮时期的人开始为退休进行储蓄,使得许多钱流进共同基金并推动了共同基金行业的繁荣。如今,许多出生于婴儿潮时期的人都退休了,从而带来了退休社区的繁荣。

2.6.5 社会力量

社会力量是指不断变化的社会风俗和价值观影响行业的方式。与刚才讨论的其他宏观环境力量一样,社会变化也同时创造了机会与威胁。近几十年来,一个主要的社会变化趋势就是人们更具有健康意识。其影响巨大,较早预测到这些机会的公司常常可以获得巨大的收益。例如,菲利普·莫里斯烟草公司(Philip Morris)就从不断觉醒的健康意识趋势中受益,那时该公司收购了米勒酿酒公司并且借助引入的低卡路里啤酒(米勒公司)重新界定了啤酒行业的竞争。同样地,百事可乐公司之所以可以从可口可乐手中抢夺市场份额,也归因于它是第一家引入健康饮料和果汁软饮料的公司。同时,健康趋势对许多行业已经构成了威胁。例如,由于消费者更加关注吸烟对健康的影响,烟草行业正在不断衰退。

2.6.6 政治和法律力量

政治和法律力量是法律和制度变化的结果,并且会显著影响公司和管理层的决定。政治进程塑造了社会的法律,而法律将约束组织和管理者的行为并因此同时给其带来了机会与威胁。[29] 例如,纵观大多数工业化国家,一直以来就有一种强烈的要求撤销先前由国家控制的行业管制的趋势,以及私有化先前由国家拥有的组织。在美国,1979年航空行业管制的解除使得29家新航空公司在1979~1993年进入该行业。行业管制解除后,客运能力的增加导致许多航线运输能力过剩、竞争激烈,所以航空公司不得不寻找降低运营成本的方法。中枢转运系统的开发、非联盟航空公司的增加、廉价的折扣服务的引入都是对航空公司工作环境竞争不断加剧的回应。尽管进行了诸多创新,航空行业仍然经历了激烈的价格战,这不但降低了利润,而且导致许多航空公司破产(详见开篇案例)。在美国和其他国家,全球电子通信服务行业现在也正经历同样的由于行业管制解除而带来的混乱局面。

本章小结

1. 一个行业是指一组公司,该组内的公司提供可以近似替代的产品或服务,近似替代品就是能够满足相同的消费者基本需求的产品或服务。
2. 用于分析行业环境内竞争的主要技术就是波特的五力模型。竞争力量包括:①潜在竞争者的进入风险;②行业内既有企业间的竞争强度;③购买者的议价能力;④供应商的议价能力;⑤替代品的威胁;⑥互补品供应商的力量。上述的每一种力量越强,行业竞争越激烈,回报率就越低。
3. 潜在竞争者的进入风险受进入壁垒高低的影响。进入壁垒越高,进入风险就越低,在行业内能获取的利润就会越高。
4. 行业内既有企业间的竞争强度由行业竞争结构、需求环境、成本环境、行业退出壁垒等共同决定。强有力的需求环境调节了同行业公司之间的竞争,并且为扩张创造了机会。当需求弱化时,将形成激烈的竞争,特别是在拥有高退出壁垒的集中行业中更是如此。
5. 当公司需要依赖购买者来争取业务而购买者却不依赖公司时,购买者的力量是非常强大的。在这种情况下,购买者是一种威胁。
6. 当公司需要依赖供应商来获取业务而供应商却不依赖公司时,供应商的力量是非常强大的。在这种情况下,供应商是一种威胁。
7. 替代品就是能够与被分析行业满足的需求相似的企业的产品。替代品之间越相似,公司就只能降低价格才能保证消费者不流向替代品那里。
8. 一些人认为需要加入具有一定重要程度的竞争力量,即互补者的力量、活力和竞争力。强有力的并且充满活力的互补者可能对于行业内的需求有很强的积极影响。
9. 多数行业由一些战略群组构成,战略群组就是采用同样或相似战略的几家公司。不同战略群组内的公司采用不同的战略。
10. 某个公司所在战略群组的其他成员就构成了该公司的直接竞争对手。由于不同的战略群组以不同的机会与威胁为特征,这可能值得某个公司转移战略群组。转移战略群组的可行性由移动壁垒的高度决定。
11. 行业经历了一个清晰界定的生命周期:从孕育期到成长期、震荡期和成熟期,最后到衰退期。每一个阶段对于行业的竞争结构都有不同的意义,而且每一个阶段也都带来了属于该阶段的独有的机会与威胁。
12. 五力模型、战略群组模型和行业生命周期模型都有局限性。五力模型和战略群组模型展现的是一幅静态的竞争画面，弱化了创新的作用。而创新能够重组行业结构，并且能够完全改变不同竞争力量的大小。由于弱化了单个公司差异的重要性，五力模型和战略群组模型一直以来备受批评。公司不会因为其植根于一个有吸引力的行业或战略群组而具有盈利性，实际上除此之外还有许多其他影响因素。行业生命周期模型是一个一般化模型，它不总是被完全遵守，特别是当创新重组行业结构时更是如此。

13. 宏观环境影响了行业内的竞争强度。全球化环境、技术环境、人口环境、社会环境，以及政治和法律环境都属于宏观环境的范畴。

讨论问题

1. 一个行业在什么环境下最容易发生价格战？价格战对公司的影响有哪些？公司应该怎样应对价格战？
2. 依据你所了解的美国无线电通信市场的资料（见开篇案例），讨论波特五力模型。关于该行业的竞争程度，该模型能告诉你什么？
3. 找出一个成长行业、一个成熟行业和一个衰退行业。对于每一行业，判别下列要素：①公司数量和规模分布；②进入壁垒的本质；③进入壁垒的高度；④产品差异化的程度。关于每一行业的竞争本质，这些要素能告诉你什么？就机会和威胁来说，对公司的意义是什么？
4. 评估宏观环境因素对你所在大学未来10年招生水平的影响。这些因素对于你们教授的工作保障和薪酬水平意味着什么？

结篇案例

大型商用客机的市场

长期以来，波音公司和空中客车公司一直占据着大型商用客机市场。如今，波音飞机占世界商用客机的50%，而空中客车飞机占31%。全球市场的剩余部分被几家规模较小的航空公司瓜分，其中，巴西航空工业公司和加拿大庞巴迪公司共占有7%的市场份额。然而，巴西航空工业公司和庞巴迪迄今为止主要集中在支线客机市场上，制造不到100个座位的飞机。拥有超过100个座位的客机市场完全由波音公司和空中客车公司主导。

整体市场规模庞大且不断增长。2014年，波音公司交付了723架客机，空中客车供应了620架客机。对新飞机的需求主要是由航空旅行需求驱动的，自1980年以来，航空旅行以每年5%的速度增长。展望未来，波音公司预计在未来的20年中，全球经济将以每年3.2%的速度增长，而航空公司的客流量将继续以每年5%的速度增长，因为越来越多的来自世界新兴经济体的人们会因工作和旅行的需要而采用空中交通。考虑到预期的需求增长，波音公司相信，2013～2033年，全球航空公司将需要37 000架新飞机，其市值约为5.2万亿美元。

显然，未来需求的规模为两大巨头（波音公司和空中客车公司）创造了巨大的利润空间。鉴于此，许多观察人士怀疑该行业是否会看到新进入者。从历史上看，人们一直认为，把全新的飞机引入市场的开发成本高昂，并且需要实现强大的规模经济来弥补这些成本，这已经对新进入者产生了非常有效的威慑作用。例如，据估计，波音公司需要花费18亿～200亿美元来开发其最新的飞机——宽体波音787，而且公司将不得不出售1 100架787飞机以实现盈亏平衡，这就需要10年的时间。考虑到成本、风险和长时间的发展，人们认为只有波音公司和空中客车公司能够开发新型大型商用飞机。

然而，在过去的几年里，有三个新进入者出现。这三家公司都在建造更小的窄体飞机，座位数量在100～190个。波音737和空客A320目前控制着窄体飞机市场。中国商用飞机有限公司（Comac）正在建造170～190座的窄体客机，计划于2018年推出。迄今为止，中国商用飞机有限公司有430架飞机的订单，主要来自中国国内航空公司。庞巴迪正在开发一种100～150座的飞机，这会是它首次与波音公司和空中客车公司进行直接竞争。庞巴迪计划于2015年年底推出这种飞机，它有243架飞机的订单和100架订货承诺。巴西航空工业公司也开发了一架108～125座的飞机，在窄体的E-190/195上进行竞争。它本身已拥有720架的订单，其中640架是在2014年年底交付的。由于这三家公司都认为窄体飞机的市场现在大到足以容纳除波音公司和空中客车公司之外的其他公司，因此新进入者出现了。庞巴迪和巴西航空工业公司可以利用它们开发的制造支线客机的技术来帮助它们进军高端市场。在这个领域，中国商用飞机有限公司则可以依靠中国航空公司的订单和中国政府的隐性支持来脱离末端地位。

为了应对这些竞争威胁，波音公司和空中客车公司正在开发新的、更高效的独有的窄体飞机：波音737和A320。尽管它们希望自身的新产品投入市场，但需要明白的是：如果市场里有潜在的五个竞争者而非两个竞争者，那么窄体飞机市场的竞争将会比之前更为残酷，这将导致既有企业即两大厂商价格和利润的下降。

资料来源：R. Marowits, "Bombardier's C Series Drought Ends," *The Montreal Gazette*, December 20, 2012; D. Gates, "Boeing Projects Break-Even on 787 Manufacturing in 10 Years," *Seattle Times*, October 26, 2011; Boeing Corporation, "Current Market Outlook 2014–2033," www.boeing.com/commercial/cmo/; D. Cameron, "Boeing delivers record number of jets in 2014," *The Wall Street Journal,* January 6, 2015.

讨论题

1. 解释为什么大型商用客机行业的宽机型只会在目前的情况下盈利。你的答案对这个细分市场的进入壁垒有什么影响？
2. 窄机型市场的进入壁垒和宽机型市场的进入壁垒相同吗？请解释你的答案。
3. 考虑到未来的需求预测，你认为整个行业在未来20年将会怎样？你对宽体和窄体空中交通市场的预测有何不同？
4. 如果你是一个进入窄体飞机行业的新竞争者，如中国商用飞机有限公司和庞巴迪，你的长期发展战略是什么？
5. 波音公司和空中客车公司如何才能抑制新竞争者进入这个行业，或者将新进入者限制在市场的最底层（即更小、更窄的飞机制造市场）？

注释

[1] M. E. Porter, *Competitive Strategy* (New York: Free Press, 1980).

[2] J. E. Bain, *Barriers to New Competition* (Cambridge, Mass.: Harvard University Press, 1956). For a review of the modern literature on barriers to entry, see R. J. Gilbert, "Mobility Barriers and the Value of Incumbency," in R. Schmalensee and R. D. Willig (eds.), *Handbook of Industrial Organization,* vol. 1 (Amsterdam: North-Holland, 1989). See also R. P. McAfee, H. M. Mialon, and M. A. Williams, "What Is a Barrier to Entry?" *American Economic Review* 94 (May 2004): 461–468.

[3] "comScore reports September 2014 U.S. smartphone subscriber market share," comScore, November 6, 2014.

[4] A detailed discussion of switching costs can be found in C. Shapiro and H. R. Varian, *Information Rules: A Strategic Guide to the Network Economy* (Boston: Harvard Business School Press, 1999).

[5] Most information on barriers to entry can be found in the industrial organization economics literature. See especially Bain, *Barriers to New Competition;* M. Mann, "Seller Concentration, Barriers to Entry and Rates of Return in 30

Industries," *Review of Economics and Statistics* 48 (1966): 296–307; W. S. Comanor and T. A. Wilson, "Advertising, Market Structure and Performance," *Review of Economics and Statistics* 49 (1967): 423–440; Gilbert, "Mobility Barriers"; K. Cool, L. H. Roller, and B. Leleux, "The Relative Impact of Actual and Potential Rivalry on Firm Profitability in the Pharmaceutical Industry," *Strategic Management Journal* 20 (1999): 1–14.

[6]For a discussion of tacit agreements, see T. C. Schelling, *The Strategy of Conflict* (Cambridge, Mass.: Harvard University Press, 1960).

[7]M. Busse, "Firm Financial Condition and Airline Price Wars," *Rand Journal of Economics* 33 (2002): 298–318.

[8]For a review, see F. Karakaya, "Market Exit and Barriers to Exit: Theory and Practice," *Psychology and Marketing* 17 (2000): 651–668.

[9]P. Ghemawat, *Commitment: The Dynamics of Strategy* (Boston: Harvard Business School Press, 1991).

[10]A. S. Grove, *Only the Paranoid Survive* (New York: Doubleday, 1996).

[11]In standard microeconomic theory, the concept used for assessing the strength of substitutes and complements is the cross elasticity of demand.

[12]For details and further references, see Charles W. L. Hill, "Establishing a Standard: Competitive Strategy and Technology Standards in Winner Take All Industries," *Academy of Management Executive* 11 (1997): 7–25; Shapiro and Varian, *Information Rules*.

[13]The development of strategic group theory has been a strong theme in the strategy literature. Important contributions include R. E. Caves and M. E. Porter, "From Entry Barriers to Mobility Barriers," *Quarterly Journal of Economics* (May 1977): 241–262; K. R. Harrigan, "An Application of Clustering for Strategic Group Analysis," *Strategic Management Journal* 6 (1985): 55–73; K. J. Hatten and D. E. Schendel, "Heterogeneity Within an Industry: Firm Conduct in the U.S. Brewing Industry, 1952–71," *Journal of Industrial Economics* 26 (1977): 97–113; M. E. Porter, "The Structure Within Industries and Companies' Performance," *Review of Economics and Statistics* 61 (1979): 214–227. See also K. Cool and D. Schendel, "Performance Differences Among Strategic Group Members," *Strategic Management Journal* 9 (1988): 207–233; A. Nair and S. Kotha, "Does Group Membership Matter? Evidence from the Japanese Steel Industry," *Strategic Management Journal* 20 (2001): 221–235; G. McNamara, D. L. Deephouse, and R. A. Luce, "Competitive Positioning Within and Across a Strategic Group Structure," *Strategic Management Journal* 24 (2003): 161–180.

[14]For details on the strategic group structure in the pharmaceutical industry, see K. Cool and I. Dierickx, "Rivalry, Strategic Groups, and Firm Profitability," *Strategic Management Journal* 14 (1993): 47–59.

[15]C. W. Hofer argued that lifecycle considerations may be the most important contingency when formulating business strategy. See Hofer, "Towards a Contingency Theory of Business Strategy," *Academy of Management Journal* 18 (1975): 784–810. For empirical evidence to support this view, see C. R. Anderson and C. P. Zeithaml, "Stages of the Product Life Cycle, Business Strategy, and Business Performance," *Academy of Management Journal* 27 (1984): 5–24; D. C. Hambrick and D. Lei, "Towards an Empirical Prioritization of Contingency Variables for Business Strategy," *Academy of Management Journal* 28 (1985): 763–788. See also G. Miles, C. C. Snow, and M. P. Sharfman, "Industry Variety and Performance," *Strategic Management Journal* 14 (1993): 163–177; G. K. Deans, F. Kroeger, and S. Zeisel, "The Consolidation Curve," *Harvard Business Review* 80 (December 2002): 2–3.

[16]The characteristics of declining industries have been summarized by K. R. Harrigan, "Strategy Formulation in Declining Industries," *Academy of Management Review* 5 (1980): 599–604. See also J. Anand and H. Singh, "Asset Redeployment, Acquisitions and Corporate Strategy in Declining Industries," *Strategic Management Journal* 18 (1997): 99–118.

[17]This perspective is associated with the Austrian school of economics, which goes back to Schumpeter. For a summary of this school and its implications for strategy, see R. Jacobson, "The Austrian School of Strategy," *Academy of Management Review* 17 (1992): 782–807; C. W. L. Hill and D. Deeds, "The Importance of Industry Structure for the Determination of Industry Profitability: A Neo-Austrian Approach," *Journal of Management Studies* 33 (1996): 429–451.

[18]"A Tricky Business," *Economist,* June 30, 2001, pp. 55–56.

[19]D. F. Barnett and R. W. Crandall, *Up from the Ashes* (Washington, D.C.: Brookings Institution, 1986).

[20]M. E. Porter, *The Competitive Advantage of Nations* (New York: Free Press, 1990).

[21]The term *"punctuated equilibrium"* is borrowed from evolutionary biology. For a detailed explanation of the concept, see M. L. Tushman, W. H. Newman, and E. Romanelli, "Convergence and Upheaval: Managing the Unsteady Pace of Organizational Evolution," *California Management Review* 29:1 (1985): 29–44; C. J. G. Gersick, "Revolutionary Change Theories: A Multilevel Exploration of the Punctuated Equilibrium Paradigm," *Academy of Management Review* 16 (1991): 10–36; R. Adner and D. A. Levinthal, "The Emergence of Emerging Technologies, "*California Management Review* 45 (Fall 2002): 50–65.

[22]A. J. Slywotzky, *Value Migration: How to Think Several Moves Ahead of the Competition* (Boston: Harvard Business School Press,

[23] Hill and Deeds, "Importance of Industry Structure."

[24] R. P. Rumelt, "How Much Does Industry Matter?" *Strategic Management Journal* 12 (1991): 167–185. See also A. J. Mauri and M. P. Michaels, "Firm and Industry Effects Within Strategic Management: An Empirical Examination," *Strategic Management Journal* 19 (1998): 211–219.

[25] R. Schmalensee, "Inter-Industry Studies of Structure and Performance," in Schmalensee and Willig (eds.), *Handbook of Industrial Organization*. Similar results were found by A. N. McGahan and M. E. Porter, "How Much Does Industry Matter, Really?" *Strategic Management Journal* 18 (1997): 15–30.

[26] For example, see K. Cool and D. Schendel, "Strategic Group Formation and Performance: The Case of the U.S. Pharmaceutical Industry, 1932–1992," *Management Science* (September 1987): 1102–1124.

[27] See M. Gort and J. Klepper, "Time Paths in the Diffusion of Product Innovations," *Economic Journal* (September 1982): 630–653. Looking at the history of 46 products, Gort and Klepper found that the length of time before other companies entered the markets created by a few inventive companies declined from an average of 14.4 years for products introduced before 1930 to 4.9 years for those introduced after 1949.

[28] The phrase was originally coined by J. Schumpeter, *Capitalism, Socialism and Democracy* (London: Macmillan, 1950), p. 68.

[29] For a detailed discussion of the importance of the structure of law as a factor explaining economic change and growth, see D. C. North, *Institutions, Institutional Change, and Economic Performance* (Cambridge: Cambridge University Press, 1990).

PART 2

第二部分

竞争优势的本质

第3章　内部分析：资源与竞争优势
第4章　通过职能层战略构建竞争优势

第 3 章

内部分析：资源与竞争优势

| 开篇案例 |

西南航空公司

西南航空公司一直是美国航空业的杰出表现者。它以低价而闻名，其价格通常比主要竞争对手的价格低30%左右。低票价与低成本之间的平衡结构使得西南航空公司在过去的几年里保持了卓越的盈利能力。事实上，西南航空已连续41年保持盈利，令其他航空公司羡慕不已。自1978年以来，航空市场已经有180多家公司破产。其中，2001～2005年也许是航空业历史上最糟糕的四年，当主要的几家航空公司都处于亏损状态时，西南航空公司每年仍然能以5.8%的投资回报率盈利。

西南航空公司的运营方式与其许多竞争对手不同。像美国航空公司和达美 (Delta) 航空公司这样的运营商一般会通过航空枢纽中转旅客，而西南航空公司则通过较小的机场点对点运送。通过这种方式，西南航空公司发现它可以减少旅客的总旅行时间。旅客不通过枢纽中转而且在地面上花费的时间更少，才是大多数旅客重视的。这种方式不仅提升了客户的需求，还保持了飞机的满载。此外，由于避免了大量的枢纽中转，西南航空公司的长时间延误也相应减少，这有助于减少乘客的总旅行时间。2014年，西南航空公司的航班延误时间平均为48.79分钟，而美国航空公司为58.9分钟，达美航空公司为60.53分钟。西南航空公司较高的可靠性转化成了坚实的品牌声誉和强劲的需求，从而有助于进一步提升飞机性能,从而降低成本。

此外,由于西南航空公司是点对点而不是通过拥挤的机场枢纽进行运送,因此不需要安排很多登机口和数千名员工来处理在两个小时内到达和离开机场的班机,以在几个小时后下个飞机到来之前清空机场。结果是:西南航空公司的员工人数远远低于通过枢纽运送旅客的航空公司。

为了进一步降低成本和提高可靠性,西南航空公司只采用一种型号的飞机,即波音737。这降低了培训成本、维护成本和库存成本,同时提高了机组人员和飞行调度的效率。它取消了纸质票,而且不需要座位分配,这降低了与后台职能相关的成本。西南航空公司没有飞机餐或电影,也不会将行李转移到其他航空公司,减少了对行李搬运工的需求。西南航空公司的员工生产率很高,这意味着一名员工可以服务多名旅客,这些都有助于公司保持低成本运营。例如,2014年,西南航空公司每个座位的1英里飞行成本为13.76美分,而达美航空公司为16.80美分,美国航空公司为15.84美分。

为了保持较高的员工生产率,西南航空公司非常重视员工。平均而言,该公司在每年只招聘3%的候选人。在招聘时,它强调团队合作和积极的态度。西南航空公司认为技能是可以传授的,但是积极的态度和投入的意愿是无法传授的。西南航空公司还鼓励员工努力工作。所有员工都有一个利润分成计划,每个员工至少要有25%的分红投资于西南航空公司的股票。这就产生了一个简单的道理:员工越努力工作,西南航空公司的盈利越多,员工越富裕。结果是显而易见的,在其他航空公司,人们永远看不到飞行员帮助旅客登机。而在西南航空公司,飞行员和空乘人员会帮助清理飞机,并为登机口的旅客检票,以便飞机尽快起飞,因为没有飞机能在地面上赚钱。这种灵活、积极的员工队伍可以提高生产率,减少对更多员工的需求。

资料来源:M. Brelis, "Simple Strategy Makes Southwest a Model for Success," *Boston Globe*, November 5, 2000, p. F1; M. Trottman, "At Southwest, New CEO Sits in the Hot Seat," *The Wall Street Journal*, July 19, 2004, p. B1; J. Helyar, "Southwest Finds Trouble in the Air," *Fortune*, August 9, 2004, p. 38; Southwest Airlines 10-K 2013; N. Dihora, "Southwest launched international routes on July 1st," Morningstar, July 24, 2014; Bureau of Transportation Statistics at www.transtats.bts.gov/.

| 本章概述 |

在一个特定行业或市场中,为什么某些公司会超越其他公司呢?它们(持续)竞争优势的基础是什么?本章的开篇案例就提供了一些线索。在过去40年里,西南航空公司在美国航空业的表现优于其竞争对手,因为它提供了一种更可靠的服务,以比其竞争对手更低的成本为客户提供更多的价值。西南航空公司在战略上是一个创新者,它选择在小型机场之间飞行。这一战略满足了客户的需求,采取了减少总旅行时间的策略,提高了服务的可靠性。它以一种非常有效的方式完成了这一切,降低了业务成本,并使西南航空公司能够提供更低的价格,甚至当竞争对手亏损时,它仍能盈利。如本章所示,通过创新和可靠的产品以及服务为客户提供更多的价值,并通过有效的方式来应对客户需求,是许多企业超越其竞争对手、建立可持续竞争优势的共同主题。

本章的重点在于内部分析,即界定公司的优势与劣势。例如,西南航空公司的点对点线路结构、对员工生产率的投资,以及仅使用一种类型飞机飞行都被视为其优势。连同公司的外部环境分析，内部分析为管理人员提供了他们进行商业模式和战略选择时需要的信息，而且被选择的商业模式与战略要能使公司实现持续的竞争优势。

在本章中，内部分析分为三个步骤：第一，管理者必须理解公司为客户创造价值以及为自身创造利润的过程，了解资源、能力以及在该过程中独特竞争力的作用。第二，他们需要了解出色的效率、品质、创新和客户响应在创造价值和高利润过程中的重要性。第三，他们必须能够分析公司竞争优势的来源，以确定企业盈利能力的驱动因素以及改善的机会所在。换句话说，他们必须能够识别出企业的优势如何提升盈利能力，以及劣势如何导致盈利的下降。

通过对本章的学习，大家就会明白竞争优势的本质，以及为了实现卓越的绩效和盈利，管理者需要进行内部分析的原因（正如他们必须进行行业分析一样）。

3.1　竞争优势

当公司的盈利能力高于同行业所有企业的平均水平时，公司就拥有了竞争优势；而当公司能够维持高于过去数年的平均利润时，公司就拥有了持续的竞争优势（正如西南航空公司在航空业的表现一样）。战略的主要目的是实现持续的竞争优势，产生卓越的盈利和利润的增长。那么，什么是竞争优势的来源？战略、竞争优势和利润之间的联系又是什么？

3.1.1　独特竞争力

长期以来人们一直认为竞争优势是建立在拥有独特竞争力的基础上的。**独特竞争力**（distinctive competencies）指的是企业特有的优势，这种竞争力使企业的产品区别于竞争对手，并且具有持续低于竞争对手的成本。以苹果公司为例，它在设计方面具有独特能力，很多消费者想要获得苹果公司发售的出色设备。同样，汽车行业一直以来的佼佼者丰田（Toyota）在制造过程中则拥有开发和运作方面的独特竞争力。丰田始创了一系列制造技术，如准时制库存系统（just-in-time inventory systems）、自我管理团队（self-managing teams），以及节约复杂设备的装配时间。众所周知，这些能力被统称为丰田精益生产系统，创造了出色的效率和高质量产品，从而构成了丰田在全球汽车行业中竞争优势的基础。[1]

3.1.2　资源

独特竞争力也可以根植于一个或多个公司的资源。[2] **资源**（resources）是指公司用来将产品转换成能在市场上销售的产品的生产要素。资源包括劳动力、土地、管理、工厂和设备等基本的生产要素。

然而，任何企业都不仅仅是生产要素的组合。生产的另一个重要因素是关于如何开发、生产和销售公司产出的**过程知识**（process knowledge）。过程知识可以被认为是组织中人类技能的等价物。过程知识存在于组织的规则、日常工作和流程中，也就是说，以管理者做决策和利用公司内部过程的方式方法来实现组织目标。[3] 过程知识是由组织通过时间和经验积累起来的。组织，就像人一样会通过尝试和犯错误不断学习。过程知识通常具有**社会复杂**

性（socially complex），这意味着它在公司内许多不同的个人、团队、部门和职能之间传播，没有一个人可以拥有开发、生产和销售产品所需的所有知识。过程知识往往具有重要的**隐性**（tacit）组成部分，这意味着其中的一些内容没有文件化或记录，而是通过实践来学习，并通过组织文化传递给新员工。[4]

公司的组织架构是另一个非常重要的生产要素。**组织架构**（organizational structure）在这里指的是公司的组织结构、控制系统、激励系统、组织文化以及企业的人力资本战略的组合，特别是在员工的雇用、发展和保留的策略方面。我们将在第12章深入探讨组织架构的概念。现在，重要的是要明白，具有设计良好的组织架构的公司表现通常优于那些拥有设计不善的组织架构的公司。公司组织结构、控制体系、激励措施、文化和人力资本战略都是非常重要的。组织架构效能的差异是公司绩效差异的主要原因。

随着时间的推移，公司已掌握的**知识产权**（intellectual property）是另一个重要的生产要素。知识产权有多种形式，如工程蓝图、新药物的分子结构、专有软件代码和品牌标志。公司通过专利、版权和商标来设立知识产权的所有权。例如，苹果凭借其高品质、优雅设计的计算机设备而建立了一个强大的品牌，显示在其硬件产品上的苹果标志代表着这个品牌。这个标志就是苹果的知识产权。它向消费者保证这是货真价实的苹果产品。苹果标志受到商标法的保护。

总之，公司的资源不仅包括劳动力、土地、管理、工厂和设备等基本生产要素，还包括更先进的生产要素，如过程知识、组织架构和知识产权。例如，可口可乐在碳酸饮料业务的长期发展中非常成功。可口可乐的生产要素不仅包括劳动力、土地、管理、工厂和设备，还包括如何开发、生产和销售碳酸饮料的过程知识。事实上，可口可乐是一个非常强大的营销公司，它知道如何销售它的产品。此外，可口可乐公司的组织架构使其能够很好地管理职能过程。可口可乐还拥有宝贵的知识产权，如主要饮料的配方（可口可乐保守的秘密）和品牌，都是由商标法保护的。

同样，苹果公司也不仅仅是劳动力、土地、管理、工厂和设备的组合。苹果在开发、生产和销售产品的过程中，有文字处理的过程知识。最明显的是，苹果很可能拥有计算机行业中最好的工业设计团队。这个设计团队最终负责苹果创新产品的格式、特点、外观和感觉，包括iPod、iPhone、iPad，以及它醒目的桌面线条和笔记本电脑。苹果还拥有强大的组织架构，使它能够高效地管理企业。特别是，工业设计团队在苹果的组织结构中有着非常高的地位。它是发起并协调产品开发过程的核心。这包括确保硬件工程、软件工程和制造都能够满足设计小组制定的产品规格要求。就赋予设计团队的权力和影响力而言，苹果可能是计算机设备公司中独一无二的。此外，苹果还创造了极具价值的知识产权，包括其产品的专利以及对苹果品牌予以保护的商标。

因此，就像可口可乐和苹果公司的例子一样，任何企业的资源（生产要素）不仅包括**基本生产要素**（basic factors of production），而且包括**先进生产要素**（advanced factors of production）。重要的一点是，先进的生产要素不是自然得到的，而是人类创造的。熟练的管理人员能够创造出这些先进的生产要素，往往比子虚乌有的愿景和驱动力更重要。苹果公司创始人兼首席执行官史蒂夫·乔布斯（Steve Jobs）和他亲自挑选的工业设计主管乔尼·伊夫

（Jonny Ive）创建了世界级的苹果工业设计技术的过程知识，并且他建立了一个让设计团队成为有影响力的中心角色的组织架构。

总的来说，扩展后的资源清单包括劳动力、土地、管理、工厂和设备、过程知识、组织架构和知识产权。如图 3-1 所示，一家公司实际上是一个将投入（如原材料）转化为产出（商品或服务）的资源（生产要素）包。一家公司执行这种转变过程的效率和效力关键取决于其资源的质量，尤其是其先进生产要素（过程知识、组织架构和知识产权）的质量。这一见解引出了其他非常重要的问题：什么决定了公司资源的质量？我们如何知道公司的资源是构成了它的优势还是它的劣势？

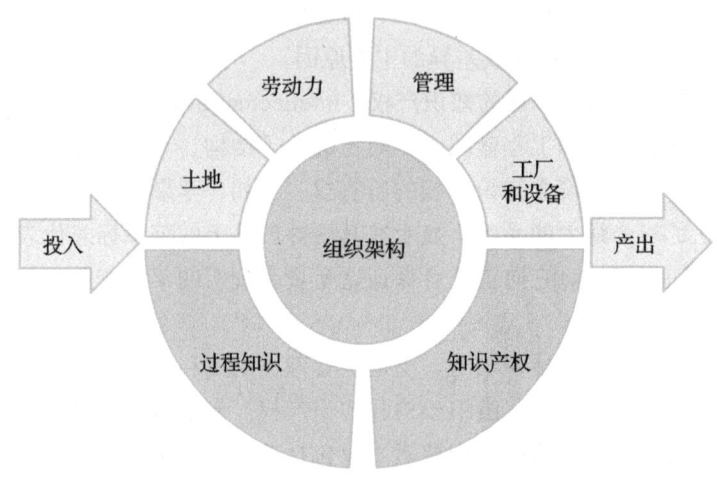

图 3-1　公司是一个资源包

3.1.3　资源质量：VRIO 框架

杰伊·巴尼和威廉·赫斯特里开发了一个框架，这个框架代表了管理者考虑资源质量的一个有用的途径。[5] 他们将这个框架称为 VRIO 框架，其中 V 代表价值，R 为稀有性，I 为不可模仿性，O 是组织。他们鼓励管理者在进行内部分析时向自己提出以下问题。

第一，企业的资源是否有价值，是否能让企业利用好机会，并抵御外部的威胁？例如，苹果公司的产品设计能力是其宝贵资源，帮助公司在计算机设备行业中开发新的产品类别，如采用触摸屏的 iPhone 和 iPad。同时，这些技能也使得苹果能够牵制住竞争对手，从而抵抗威胁。一般来说，如果资源能使公司为其产品创造强大的需求，或者能降低生产这些产品的成本，那么这些资源就可以被认为是有价值的。

第二，这些资源是稀有的吗？如果它们不罕见，竞争对手也有机会获取它们，那么根据定义，这些资源将不能成为竞争优势的来源。对一家公司来说，要想获得竞争优势，它必须比竞争对手拥有更具优势的资源。这种资源不可能是一种商品，它也一定是不常见的。因此，苹果公司暗含在设计能力中的过程知识是非常罕见的，在其所在的行业中没有任何一家企业拥有类似的高质量的这种能力。

第三，公司宝贵、稀有的资源是无法复制的吗？换句话说，它们是容易被复制的还是难以被复制的？如果它们容易被复制，那么竞争对手就会这样做，公司的竞争优势就会消失。然而，如果这些资源是难以复制的，即它们是独一无二的，那么公司的竞争优势就很有可能是可持续的。苹果的设计能力似乎就很难模仿。

第四，公司是否有合理的组织和管理体系，使公司能够利用其有价值的、稀有的、不可复制的资源，并从中获取价值？换句话说，公司是否有更广泛的组织架构来充分发挥其独特的优势？苹果公司之所以能取得成功，不仅因为它的设计能力存在于一个管理良好的组织中，还因为它有能力将精心设计的产品进行有效的生产和销售，并将其分发给客户。如果没有正确的组织和管理体系，即使是拥有有价值的、稀有的、不可复制的资源的公司也会处于竞争劣势。我们将在第 12 章中继续讨论组织的问题。

3.1.4 资源与持续的竞争优势

这种讨论在逻辑上导致了另一个非常重要的问题：哪些有价值的资源最有可能形成长期、可持续的竞争优势？回答是过程知识、组织架构和知识产权。正如我们在下面的讨论中指出的，这些先进的生产要素或资源更有可能是稀有的，而且对竞争对手来说，模仿一般是比较困难的。

1. 稀缺资源

首先思考关于基本生产要素的稀缺性问题。一般来说，劳动力、土地、管理、工厂和设备都是在公开市场上购买的。当然，这些资源是参差不齐的，一些雇员比其他人更积极，一些土地的价值更高，一些管理者拥有更强的能力。而且，随着时间的推移，这种情况会变得更加明显，那些生产效率更高的资源可以为它们的服务索要更高的价格。你必须为最好的雇员、土地、管理者以及工厂和设备支付更多的费用。实际上，在自由市场中，这些资源的价格将被抬高，以反映其经济价值。此时这些资源的卖方将获得大部分价值，而非公司。

其次思考过程知识和组织架构。这两类很可能具有多样性，没有两家公司是完全相同的。每一家公司都有自己的历史，它影响了企业的活动组织和过程管理的方式。比如，苹果公司产品开发的管理方式不同于微软或三星。可口可乐与百事可乐的市场营销有着微妙但重要的差别。纽柯钢铁公司的人力资源职能使员工的生产效率高于美国钢铁公司的平均水平。每个组织都有自己的文化，有自己做事的方式。由于战略愿景、系统流程改进和跟踪，或者只是因为盲目的运气，一些公司会开发出比竞争对手更高质量的过程知识和组织架构。根据定义，这样的资源是稀有的，因为它们是公司的历史路径依赖性的后果。此外，这些公司"拥有"其过程知识和组织架构。它们不需要从某个供应商那里购买这些资源，因此能够获取这些资源的全部经济价值。

最后，受专利、版权或商标保护的知识产权也是稀有的。你只能申请专利、版权来保护个人或公司独特的创造，并阻止任何人未经许可使用。例如，微软 Windows 系统的软件代码是受版权保护的，所以其他人不可以在没有微软许可的情况下使用同样的代码。类似地，商标保护公司独特的符号、名称或标志，防止它们被模仿，从而使它们变得稀有。竞争对手不能使用苹果公司的标志，这是苹果公司独特的资产，因此它是稀有的。

2. 模仿壁垒

现在让我们来思考一下模仿性的问题。如果一家公司开发一种稀有的宝贵资源，使其能够创造更多的需求，收取更高的价格或降低成本，竞争对手复制这些资源的难易程度是怎样的？换句话说，**模仿壁垒**（barriers to imitation）是什么？[6]

我们首先要说的是知识产权。竞争对手复制公司知识产权的能力主要取决于知识产权制度在一个国家中的效力。在美国等先进国家或欧盟成员国中，有完善的知识产权法律体系，直接模仿就是非法的，违法者可能会因为违反法律而被起诉。因为有了这些法律，大多数企业不敢发生知识产权侵权行为。然而，在没有完善的知识产权法律体系的发展中国家，由于没有法律制裁，模仿可能是普遍的。以前的中国就是这样，但由于中国现在的法律制度在专利、版权和商标方面都采用国际规范，这种情况越来越不常见。

尽管直接模仿是非法的，但公司有可能通过逆向工程绕过竞争对手的知识产权，开发出一种功能相似的技术，但以稍微不同的方式产生相同的结果。这似乎是专利知识的一个特殊问题。专利赋予发明者20年的法律保护，使其不受直接模仿的影响，但研究表明，竞争对手能够在4年内进行约60%的专利创新。[7]另外，商标的保护期限是10年，每10年可以更新一次。在不违反法律的情况下，竞争对手要复制公司的商标几乎是不可能的。这些商标会为公司抵挡来自竞争者的攻击，并在拥有强大品牌的公司周围建立起经济的护城河。

对竞争对手来说，一个公司有价值的、稀有的过程知识是很难复制的，模仿壁垒是很高的。其中有两个主要原因。第一，过程知识通常是部分隐性的、隐藏在公司内部的且具有社会复杂性的。因此，局外人很难准确地识别一个公司有价值的且稀有的过程知识的本质。我们把这个问题称为**因果关系的模糊性**（causal ambiguity）。[8]此外，这种知识的社会复杂性的本质意味着，从一家成功的公司中挖走一名员工以获取该公司的过程知识可能是徒劳的，因为每个人只具有整个知识库中一部分的直接经验。

第二，即使对手能够精确地识别公司有价值的且稀有的过程知识的形式，它仍然必须在自己的组织内应用这些知识。这并不容易做到，因为它需要改变公司目前运营的方式，这种变化可能受组织惯性的阻碍。但是现在能注意到的是，组织架构、日常工作流程和公司文化是非常难以改变的。原因既有来自组织成员的反对（他们的权力和影响力因为组织变革而遭到削弱），又有来自与组织文化变革相关的困难，特别是旧的习惯、旧的做事方式以及旧的世界观。通常情况下，过程变更需要持续数年的努力，在此期间，作为模仿目标的公司可能已经积累了新的知识并继续前进。

无法复制有价值的过程知识似乎是美国汽车行业中的一个难题。福特和通用汽车试图模仿丰田的精益生产系统，但由于自身内部的惯性，这一计划被拖延了几年，甚至几十年。这其中包括工会对改变工作方式提议的反对、几十年来与工厂大规模生产而非精益生产相匹配的投资，以及抵制改变公司内部权力和影响力平衡的变革性的组织文化。

有价值的、稀有的组织架构对竞争对手来说也是很难模仿的，这与过程知识难以模仿有许多相同的原因。面对一个成功创造了价值的公司，即使潜在模仿者能够精确识别其组织架构特征，但由于可能需要不断地进行组织变革，在内部惯性的阻力下，也是很难将这种组织架构推行落地的，因为风险太大了。

3. 启示

总之，我们已经证明了知识产权、过程知识和组织架构等先进生产要素更有可能是稀有的，并且因为模仿的高壁垒而比基本生产要素更难以模仿。换句话说，先进生产要素更有可能构成组织的独特优势。从这一观点中可以得到很多推论。

第一，管理人员必须通过建立自己的知识产权（如申请专利、版权或商标保护）来大力保护知识产权免受模仿，并声明这些权利具有法律效力，竞争对手试图侵犯这些权利就涉及违法。这就是说，有时候最好不要将有价值的技术作为一个专利，而是将其作为一个商业机密，因为这样可以使模仿变得更加困难。例如，可口可乐从来没有为其核心可乐品牌的配方申请专利，因为填写专利申请将会涉及有关配方的有价值的信息。

第二，由于过程知识通常是可持续竞争优势的重要来源，所以管理者要非常注重流程优化。例如，他们可能会在改进方法上花费时间和精力，如六西格玛（我们将在第4章讨论）。类似地，鉴于操作系统架构（OS）的重要性，对管理者来说，非常重要的一点是确保他们公司的组织架构是最佳的。关于组织架构设计的批判性和主动性思考成为非常重要的任务（正如我们在第12章中讨论的）。

第三，重要的是要保护优秀的过程和实践知识不被泄露。例如，英特尔是生产效率很高的微处理器制造商，它开发了有效的技术来改进其制造流程，但选择不对其申请专利。相反，这项技术被作为商业秘密潜藏起来。英特尔的理由是，如果技术获得专利，专利申请将提供有关该技术的重要信息，使得对手更有可能进行模仿。

第四，如果一家公司在公司的核心职能活动中开发出了有价值的且稀有的过程知识，那么公司若将这些活动外包给第三方生产商，以追求短期成本节约或其他短期效益，是不明智的。一些观察人士认为，波音公司决定将737飞机的水平稳定器生产外包给中国分包商的行动就犯了这个错误。水平稳定器是飞机尾部的水平小翼，从历史上看，波音公司亲自设计并制造了它们，因此，在这一过程中积累了有价值的且稀有的设计和制造过程知识。20世纪90年代后期，波音公司外包水平稳定器生产，以换取中国航空公司更多的默认订单。虽然波音在短期内受益匪浅，却给中国厂商提供了自主开发过程知识的机会，而波音公司则停止了对重要的过程知识的积累。今天，中国的飞机制造商正在发展成为波音737飞机的竞争对手，而波音公司可能会通过外包决策帮助到它们，从而削弱自己的长期竞争优势。

3.2 价值创造与盈利能力

我们已经讨论过，在一个组织良好、管理有序的公司中，基于有价值的、稀缺的、难以模仿的资源的竞争优势是如何形成独特优势的，这种独特优势会带来持续的竞争优势。在这一节中，我们将更深入地研究这些资源（优势）如何转化为卓越的盈利能力。

在最基本的层面，公司的盈利水平取决于三个因素：消费者赋予产品的价值；公司为产品制定的价格；制造这些产品的成本。消费者赋予产品的价值反映了他们从产品上获得的效用，从消费或拥有该产品中获得的幸福感和满足感。这里的效用有别于价格。效用是消费者从产品中获得的产品属性的功能和作用，如性能、设计、质量、销售点以及售后服务。例如，与起亚（Kia）汽车公司的低端经济型轿车相比，大部分客户会赋予丰田汽车公司高端品牌的雷克萨斯（Lexus）轿车更高的效用价值，使用时也会更加珍惜。这是因为消费者认为雷克萨斯拥有更好的性能以及卓越的设计、质量和服务。如果一家公司提高了其产品在消费者心目中的效用（或价值），它就能够拥有更多的定价方案：它可以提高产品价格，以反映产品的效用（价值）；或者降低价格，以吸引更多消费者购买其产品，从而扩大单位销量。

无论公司选择哪一种定价方案，这一定价都会低于消费者赋予产品或服务的效用价值，因为有一部分效用是消费者通过另一种方式获得的，这种方式被经济学家称为消费者剩余（consumer surplus）。

之所以会发生这样的情况是因为市场通常无法被细分到这种程度，即公司根据每一位消费者对产品效用的不同评估来制定不同的价格，这就是经济学家认为的消费者保留价格（reservation price）。此外，由于公司正与竞争对手争夺客户，它不得不收取比竞争对手可能垄断的价格更低的价格。基于这些原因，销售点的产品价格往往低于很多消费者赋予产品的效用价值。不过，要记住以下基本原则：消费者从公司的产品或服务中获得的效用越多，公司就拥有越多的定价方案。

上述概念如图 3-2 所示：V 是消费者认为的每单位产品的平均效用价值，P 是公司制定的每单位产品的平均价格，C 是每单位产品的平均生产成本（包括实际生产成本和生产系统的投资成本）。由此，该公司的每单位产品的平均利润等于 $P-C$，消费者剩余等于 $V-P$。换言之，$V-P$ 是一种衡量消费者所获价值的方法，$P-C$ 是衡量公司所获价值的方法。只要 P 大于 C，公司就产生利润。随着 C 小于 P 的差值增大，公司的盈利增加。要记住，V 和 P 之间的差额在某种程度上由市场中的竞争强度而定。竞争强度越低，制定的价格 P 就越高于 V，但 V 和 P 之间的差额同样取决于公司的定价方案。[9]

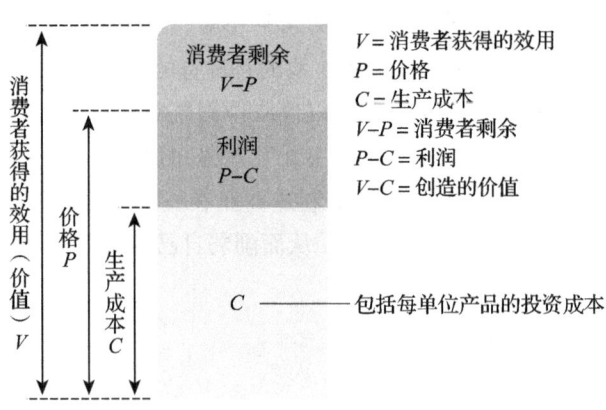

图 3-2　每单位产品创造的价值

我们会看到，相对于销量，公司可能选择制定较低的价格，因为低价有利于公司销售更多的产品，实现规模经济，并相对于 P 降低 C 以扩大其利润空间。

我们还要注意到，公司创造的价值可以通过消费者从产品中获得的效用（V）与产品的成本（C）之间的差额来衡量，即 $V-C$。公司通过转化生产要素来创造价值，即将成本 C 转化为消费者获得的效用 V。公司可以通过降低 C 或通过卓越的设计、性能、质量和服务等来增加产品吸引力从而为消费者创造更多的价值。消费者获得的产品效用越大（V增加），他们支付的价格就越高（P增加）。这就表明，当公司为消费者创造的价值大于竞争对手创造的价值时，公司就具有了竞争优势和高盈利能力。[10]

图3-3展示了公司的定价方案。假设公司的现有定价方案表现为图中中间的柱形图。想象一下，该公司决定实行以下战略：将产品的效用从V增加到V^*，以此来增强公司的盈利能力。增加的效用首先提高了生产成本，因为公司不得不花费资金来提高产品的性能、质量、服务和其他方面。此时，就出现了两种定价方案。方案1是提高价格来反映高效用：公司产品价格的增幅大于成本的增幅，每单位利润（$P-C$）就会增加。方案2涉及一个完全不同的选择组合：公司为了扩大销量而降低价格。现实的情况基本上是，消费者认为他们买到了便宜货，因为此时的价格远远低于产品的效用（消费者剩余增加了），所以他们抢着购买更多的产品（需求增加了）。增加的需求导致了销量的增加，所以公司能够实现规模经济并减少平均单位成本。尽管创造额外的效用一开始增加了成本，价格也立刻有所下降，但是公司的利润空间依然有所扩大，因为销量的增加和规模经济的实现导致了产品平均单位成本的下降。

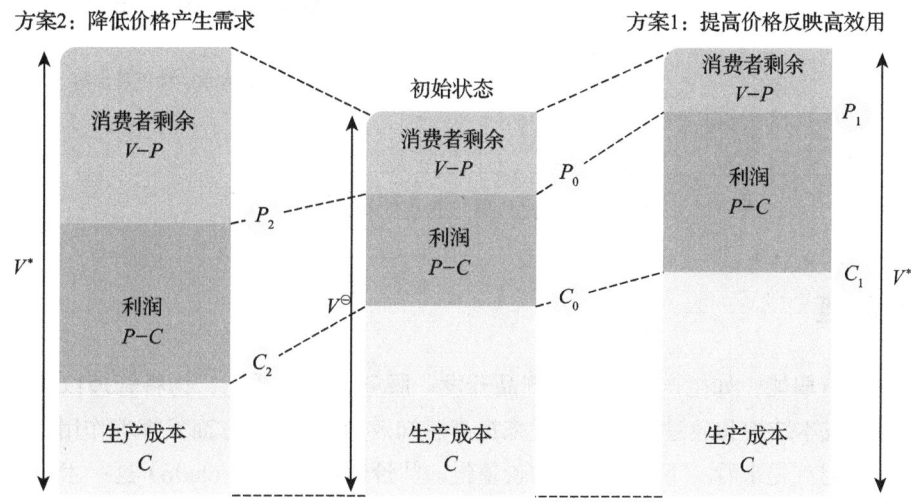

图3-3　价值创造和定价方案

管理者必须理解效用、价格、需求和成本之间的动态关系，并在此基础上制定决策，以实现竞争优势和盈利的最大化。如图3-3所示，如果需求没有快速增长且产品的价格较低，或几乎没有实现销量增加而引起的规模经济，其中的方案2就可能不是一个可行的战略。管理者必须了解价值创造和定价决策影响需求的途径，也需要了解单位成本如何随销量的增加而变化。换句话说，当管理者要制定决策以使利润最大化时，他们必须对公司产品的需求以及不同产出水平的成本结构有所了解。

当一个公司利用其有价值的、稀有的、难以模仿的资源和能力，以比竞争对手更低的成本给消费者提供比竞争对手价值更高（即他们从中能获得更多效用）的产品时，该公司便获得了优势地位。这是许多公司想要努力实现的结果。再来看看苹果及其iPhone产品的例子。iPhone依靠其优雅的设计、直观且易于使用的界面、iTunes和iCloud等内置应用程序，以及

㊀　原书错写为U，应该为V。——译者注

提倡开发者在手机上编写第三方软件的良性循环的生态系统的优点，为消费者创造了价值。苹果通过这些方面在产品的差异化上取得了如此大的成功，以至于它可以为它的 iPhone 索要比三星（Samsung）、宏达电子（HTC）等公司的手机更高的价格。与此同时，它销售了很多 iPhone，公司已经能够在生产和部件采购方面实现巨大的规模经济化，这降低了 iPhone 的平均单位成本。因此，虽然 iPhone 使用的是昂贵的材料，如铝外壳和一款大猩猩玻璃（gorilla-glass）的屏幕，但苹果已经能够在收取更高价格的同时，仍保持比竞争对手更低的成本。因此，尽管三星 2013 年的销量比苹果多，但在当年的全球智能手机行业中，苹果却占据了 75% 的利润，三星占据了剩余的 25%，而其他智能手机供应商未能获利。

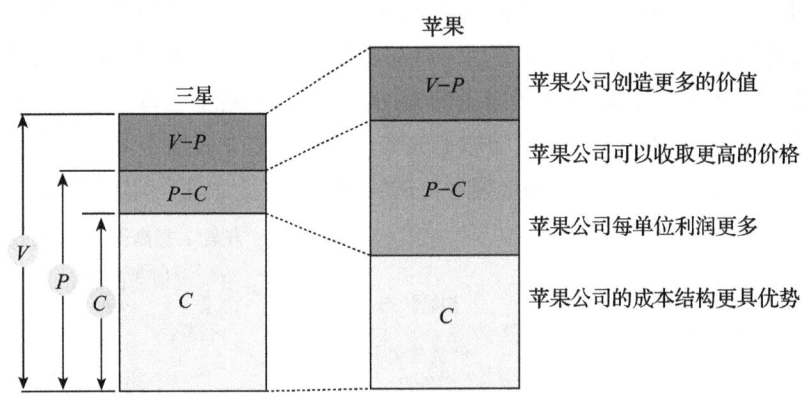

图 3-4　对比苹果与三星的智能手机

3.3　价值链

公司的所有职能，如生产、营销、产品开发、服务、信息系统、物料管理以及人力资源等，都在降低成本结构和通过产品差异化来提高感知效用（价值）方面发挥着作用。为了探讨这一说法，我们首先来看一下图 3-5 中的价值链。[11] **价值链**（value chain）这一术语通常用来代表一种观念，即把公司看成一个由一系列将投入要素转化成产出的职能性活动构成的链条。其中的转化过程包括许多为产品增加价值的基本活动以及支持活动。价值被添加到产品链中的每一个阶段。有价值的、稀有的、不可复制的资源可以在公司的一个或多个价值链活动中被找到。

3.3.1　基本活动

基本活动（primary activities）与设计、创造、产品交付、产品营销，以及支持和售后服务有关。如图 3-5 所示，基本活动分为四个职能：研发、生产、市场营销和销售，以及客户服务。

1. 研发

研发主要涉及产品的设计和生产过程。我们可能认为研发与 iPhone 或丰田等实体产品的设计有关，或者是制造企业的生产流程，但实际上服务公司也会涉及研发。举例来说，银行是通过开发新的金融产品以及新的产品提供途径来与其竞争对手进行竞争。网上银行和智能卡就是银行业进行新产品开发的两个主要成果，而此前更早的创新则是 ATM 机、信用卡以及借记卡。

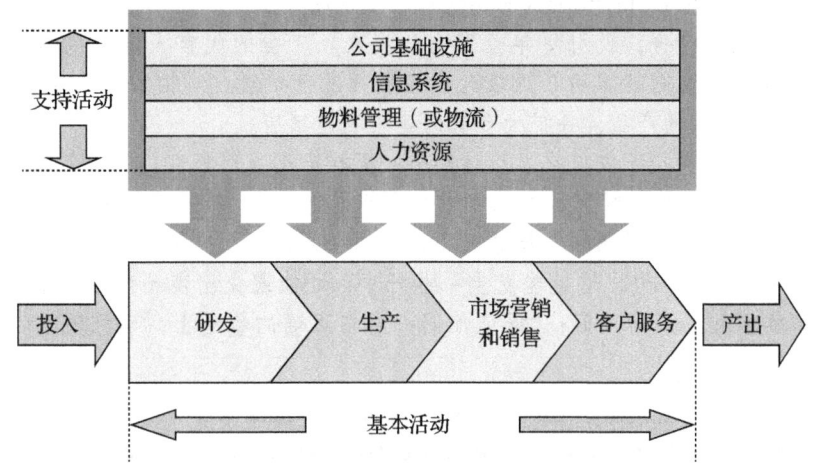

图 3-5　价值链的活动

通过卓越的产品设计，研发可以提高产品的性能，使其对消费者更有吸引力，从而增加价值。另外，研发工作可以产生更有效的生产流程，从而降低生产成本。总之，研发可以帮助公司降低成本或提高产品效用，并使公司能够制定更高的价格。英特尔就是通过开发更为强大的微处理器以及帮助开拓更为高效的制造流程（与设备供应商一起）等研发手段来提升价值的。

要强调的是研发并不只是提高产品的性能和丰富产品的功能，它也涉及优化产品的设计，从而给消费者留下其产品拥有卓越价值的印象。举例来说，苹果公司的 iPhone 播放器的成功在某种程度上就源于其优雅且富有吸引力的设计，这种设计把单纯的电子设备变成了一种时尚配件。"战略行动 3-1"为我们展示了另外一个例子，即博柏利（Burberry）是如何通过高雅的设计来提升价值的。

战略行动 3-1

博柏利的价值创造

当受到高度评价的萨克斯第五大道（Saks Fifth Avenue）总裁罗斯·玛丽·布拉沃（Rose Marie Bravo）在 1997 年宣布她要成为当时境况不佳的英国时装商店博柏利的 CEO 时，人们都以为她疯了。博柏利最为著名的就是雨衣的设计，尤其是其标志性的彩色格子呢内衬，但是所有这些都被形容为过时、呆板而且流行度为零的设计。但是当她 2006 年卸任时，布拉沃被英国和美国誉为世界上最好的管理者之一。在任职期间，她实现了博柏利引人注目的转变，并将博柏利转变成为被评论家称为"令人心跳的新潮"的高档时装品牌，其著名的彩色格子呢装饰则出现在所有的产品上，从雨衣到比基尼，从手提袋到行李箱，而且颜色也多种多样，从粉色到蓝色再到紫色。不到 10 年，博柏利已成为最有价值的国际奢侈时尚品牌之一。

当问及她如何实现转型时，布拉沃解释说，不断地创造和创新会释放品牌的潜在价值。布拉沃聘请了世界一流的设计师，重新设计博柏利陈旧的时尚路线，并聘请了最好的设计师之一克里斯托弗·贝利（Christopher Bailey）来领导设计团队。市场营销部门与广告公司密切合作以开发时髦的广告，吸引更年轻富有的观众。广告的代言人是超级名模凯特·莫斯（Kate Moss），同时巴宝莉还雇用了顶级时尚摄影师进行拍摄。博柏利严格控制产品的分配，撤销与博柏利品牌不符的产品，并扩大自有的博柏利连锁店。

布拉沃还指出："创造不仅仅来自设计师……同样会来自销售部门、营销部门，甚至是会计部门，信不信随你。任何级别的员工都有值得我们倾听的想法。"布拉沃强调团队精神的重要性："我认为人们忽视了团队的质量。不是一两个人，而是整批人，即这个团队中的人团结一致地朝着一个目标努力，这就能发生一些好事，还能避免出现不好的事情。"她还指出，她的工作是建立团队并激励他们："保证他们一直在正确的轨道上，确保他们与公司的愿景一致。"

资料来源：Quotes from S. Beatty, "Bass Talk: Plotting Plaid's Future," *The Wall Street Journal*, September 9, 2004, p. B1; C. M. Moore and G. Birtwistle, "The Burberry Business Model," *International Journal of Retail and Distribution Management* 32 (2004): 412–422; M. Dickson, "Bravo's Legacy in Transforming Burberry," *Financial Times*, October 6, 2005, p. 22.

2. 生产

生产关注的是商品或服务的创造过程。对于实物产品，我们谈论的生产通常意味着制造。而对银行或零售商等服务类型的企业来说，生产过程通常发生在向客户提供服务时，例如当银行向客户提供贷款时。对西南航空公司来说，每一架西南航空公司的飞机都涉及生产。通过有效地执行其活动，公司的生产职能有助于降低成本。生产活动在履行时还可以保持高质量，从而产生差异化（更高的价值）以及更低的成本。

3. 市场营销和销售

市场营销和销售有助于公司的价值创造，主要体现为以下几个方面。一是通过品牌定位和广告，营销活动可以提升产品在消费者心目中的价值（进而提升产品对顾客的效用）。如果这些行为使消费者增加了对产品的好感度，产品的效用就会提升。例如，法国巴黎水（Perrier）公司就成功地说服了美国消费者花费 2.50 美元而非 1.00 美元（其收集、装瓶以及分销成本）购买含少许碳酸的瓶装水。巴黎水公司的营销行为本质上提升了消费者对产品效用的感知。同样，通过改变公司的形象并改善公司的产品，博柏利的营销部门也创造了价值（详见"战略行动 3-1"）。二是市场营销和销售还能通过发现消费者需求并将信息反馈给研发部门等手段来创造价值，根据提供的信息，研发部门就可以据此设计出更符合消费者需求的产品。

4. 客户服务

企业的服务职能是要提供售后服务和支持。该职能可以通过解决客户问题并在客户购买产品后提供支持的方式来创造卓越的效用。美国大型机械制造商卡特彼勒（Caterpillar）公司可以在 24 小时内从世界各地获得设备上任何部位的备用零件，从而当卡特彼勒设备出现故障时，能够最大限度地减少客户的停机时间。在某些行业中，如果停机代价非常高昂，那么这种支持能力就是非常有价值的。它有助于提升消费者赋予卡特彼勒产品的效用，并因此有助于卡特彼勒制定更高的产品价格。

3.3.2 支持活动

价值链**支持活动**（support activities）就需要提供投入部分。这些活动分为四个功能：物料管理（或物流）、人力资源、信息系统和公司基础设施（详见图 3-5）。

1. 物料管理（或物流）

物料管理（或物流）职能主要控制价值链中实体原料的传送过程，从采购到生产再到销售。它带来的效能能够显著降低成本，从而创造更多的价值。戴尔拥有一个非常有效的物资管理流程。通过严格控制从供应商到组装厂再到消费者手中的零件流向，戴尔大幅削减了其库存持有成本。低库存意味着低成本，从而创造更大的价值。另一家从有效的物料管理中受益的是西班牙时装公司 Zara，具体请见"战略行动 3-2"。

战略行动 3-2
Zara 的竞争优势

时尚零售商 Zara 是西班牙发展最快、最成功的公司之一，销售额约 100 亿美元，在 88 个国家拥有 6 500 家商店。Zara 的竞争优势围绕着一件事：速度。虽然大多数时装公司需要 6～9 个月的时间才能从设计到商品交付再到商店，但 Zara 可以在短短 5 周内完成整个流程。这种竞争优势使 Zara 能够快速响应不断变化的时尚潮流。

Zara 通过打破时尚业务的许多运营规则来实现这一目标。虽然大多数时装店都将生产外包，但 Zara 拥有自己的工厂，并且大部分生产都在内部进行，Zara 也拥有自己的设计师和自己的商店。其设计师与商店保持联系，通过信息系统实时跟踪销售情况，并每周与商店经理交谈以获得他们对"热门"的印象。这些信息补充了从其他来源（如时装秀）收集的数据。

借助这些信息，Zara 的设计师每年会创造大约 40 000 个新设计，其中 10 000 个会被选中用于生产。Zara 随后从全球供应商处购买基本纺织品，但在自己的工厂中进行资本密集的生产活动。它的工作人员使用计算机控制的机器来制作服装。Zara 没有大规模生产以实现规模经济；相反，它实行的是小批量生产。缝纫等劳动密集型活动由位于 Zara 工厂附近的分包商进行。Zara 对超出必要生产能力的部分予以保留，以保证当新的时尚潮流出现时，它可以通过设计服装和提高产量来快速做出响应。

完成的服装交付给 Zara 自己的某一仓库，然后按每周一次运送到自己的商店。Zara 故意减少产品生产，在快速转向下一个时尚潮流之前只提供小批量产品。通常，它的产品卖得很快。Zara 商店销售一空的架子就像一个"稀缺阀"，这有效地刺激了需求的产生，客户迅速抢购他们喜欢的产品，因为他们知道这些款式可能很快就会缺货，而且再也不会生产了。

在设计、信息系统和物流管理的支持下，这一策略的结果是，Zara 的库存比竞争对手少（Zara 的库存约占销售额的 10%，相比之下，Gap 等竞争对手的库存占 15%），这意味着可以以较小的降价幅度来转移未售出产品，而且利润率更高。

2. 人力资源

人力资源职能帮助公司创造更多价值的方式主要有以下几种。第一，该职能可以保证公司为有效实现价值创造活动制定正确的人才组合战略。第二，该职能还能够确保对员工进行足够的培训和激励，并根据其价值创造任务的履行情况支付相应的报酬。如果人力资源职能运作良好，员工生产率就会提高（从而降低成本），客户服务也会改善（使得效用提升），从而使该公司能够创造更多的价值。西南航空公司就是这样，这有助于解释公司持续低成本结构的高可靠性（见开篇案例）。

3. 信息系统

信息系统主要是协助管理库存、跟踪销售、产品定价、产品销售以及客户服务调查处理等事务的电子系统。信息系统再加上互联网的通信功能，能够提高公司管理的其他价值创造活动的效率和效力。世界级信息系统是 Zara 竞争优势的一个方面（见"战略行动 3-2"）。

4. 公司基础设施

公司基础设施是全公司范围内所有其他价值创造活动实现的背景环境，它包括组织结构、控制系统、激励制度和组织文化，我们称之为公司的组织架构。公司基础设施还包括企业法律、会计和金融等功能。由于高管层在塑造公司这些因素方面拥有相当大的影响，因此高管人员也应被看成公司基础设施的一部分。事实上，通过强有力的领导，高管人员可以塑造公司的基础设施，通过这一架构，所有其他价值创造活动才能够得以实现。"战略行动 3-1"就是一个很好的例子，在该案例中，我们可以清楚地看到布拉沃策划实施博柏利转变的整个过程。

3.3.3 价值链分析：启示

价值链的概念是有用的，因为在进行内部分析时，管理人员可以查看企业不同的价值链活动，确定哪些活动能够创造更多的价值，哪些活动创造的价值一般。换句话说，价值链分析是一个有用的工具，它可以帮助管理者识别企业的优势和劣势，此外，还可以帮助管理人员确定公司内有价值的、稀有的且不可复制的资源。

如果管理者要进行严格的价值链分析，他们需要做以下几件事情。第一，他们必须对每个活动的定量数据进行有效性和效率的分析。这不应该局限于定性评估，还应包括对定量数据的深入分析。例如，物料管理功能的效率可以通过存货周转率来衡量；客户服务功能的有效性可以通过客户投诉得到圆满解决的速度来衡量；企业提供可靠产品的能力可以通过客户退货和保修成本来衡量。管理者需要识别对他们的业务很重要的量化措施，收集数据，并评估公司的表现。

第二，作为对这一过程的一种辅助，无论何时，只要有可能，管理者都应该对每项活动进行基准测试，以应对竞争对手所做的类似活动，了解公司的运作情况。**基准测试**（benchmarking）需要一家公司使用与战略相关的数据衡量它相对于其他企业的绩效情况。例如，一家航空公司可以利用公开的数据来比较公司与竞争对手的活动，这些数据涵盖了航空公司业绩的重要方面，如航班起飞和航班延误、每一英里的收入以及每一英里的成本。政府机构、行业协会或第三方供应商可以收集此类数据。运输部和航空运输行业协会收集了有关航空业的大量有价值的信息。同样，市场研究公司 J. D. Power 还为包括汽车和无线电在内的多个行业的公司提供关于产品质量和客户满意度的重要信息。关于互联网企业，comScore.com 收集了有关网络流量、搜索引擎性能、广告会话等方面的宝贵信息。

第三，除了对竞争对手的业绩进行基准测试之外，根据其他行业最好的公司的业绩进行基准测试也是有价值的。例如，苹果公司的门店（通过天才吧）以卓越的客户服务著称。而康卡斯特却有一个糟糕的客户服务的名声。因此，康卡斯特的管理人员可能希望将他们的客户服务活动与苹果进行基准测试。尽管苹果和康卡斯特是非常不同的组织，但这一对比可能会产生有益的见解，有助于康卡斯特提高业绩。

第四，管理人员应该使用一些过程改进方法来分析价值创造活动的执行情况，并识别这些活动的效率和效力。最有名的过程改进工具之一是六西格玛，我们将在第 4 章中进行更详细的讨论。最后，无论在价值链活动中有什么改进，公司内部的领导者都需要采取必要的行动，即随着时间的推移衡量绩效并改善目标，激励管理人员达成或超额完成改进目标，当未完成目标时，应分析为什么会这样，并在必要时采取纠正措施。

3.4 竞争优势的基石

有四种因素能够帮助公司建立并保持竞争优势：卓越的效率、质量、创新和客户响应。我们称这些因素为竞争优势的基石。每个因素都是企业内各种价值链活动的执行方式。通过执行价值链活动来实现卓越的效率、质量、创新和客户响应，公司可以提供差异化的产品，从而为客户提供更多的效用，或者通过调整结构降低成本（见图 3-6）。虽然在下文中它们将被分别讨论，但实际上它们是高度相关的，而且它们之间相互影响的方式也是十分重要的。例如，卓越的质量可以产生卓越的效率，而创新可以提高效率、质量并改善客户响应。

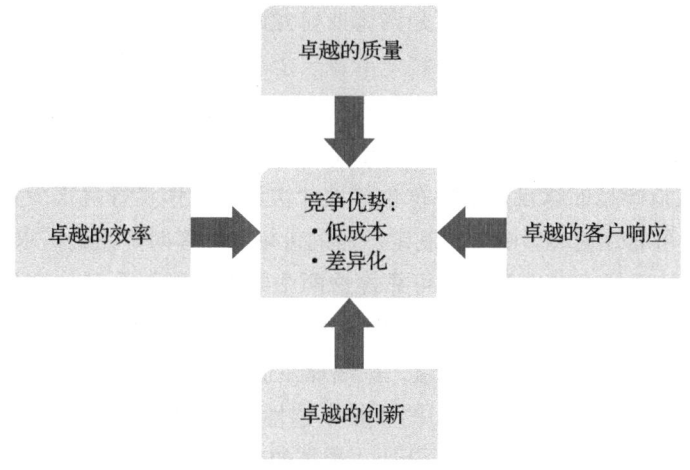

图 3-6　竞争优势的基石

3.4.1 效率

衡量效率最简单的方法就是度量生产一定产出的投入量，即效率＝产出/投入。公司的效率越高，生产一定产出的投入量越少，而且成本越低。

衡量效率的一个常用的指标是员工生产率。**员工生产率**（employee productivity）是指每名员工的产出。例如，如果通用汽车公司的员工需要花费30个小时来组装一辆汽车，而福特为25小时，我们可以认为福特的员工生产率更高且更有效率。只要其他方面（如工资率）相同，我们就可以认为福特的成本要低于通用汽车公司。因此，员工生产率可以帮助公司通过较低的成本实现竞争优势。

另一个衡量效率的重要指标是资本生产率。**资本生产率**（capital productivity）是指投资于该业务的一美元资本获得的产出。使用资本非常有效并且不浪费非生产性资产或活动的公司将具有较高的资本生产率。例如，一家采用准时制库存系统来减少库存和仓库设施需求的公司将使用较少的营运资本（库存资本较少）和较少的固定资本（在仓库中占用较少的资本）。因此，其资本生产率将会提高。

3.4.2 可靠且卓越的质量

一个产品可以被看作一整套属性。[12]许多实物产品的属性包括形式、特点、性能、耐用性、可靠性、风格和设计。[13]当购买商品的消费者认为他们在该商品的属性上获得的效用高于从公司竞争对手的商品中获得的效用时，该商品就可以被认为拥有卓越的质量。例如，相比其他品牌的手表，消费者认为劳力士（Rolex）手表的属性（设计、风格、性能和可靠性）更为优秀。因此，我们可以认为劳力士是一种高质量的产品，劳力士也正是通过这些属性与其他产品区别开来。

当消费者评价产品质量时，他们通常衡量两种属性：质量的卓越性和可靠性。从质量卓越性的角度看，最重要的属性是产品的设计与造型、美感、特性和功能，以及与产品有关的服务水平等。例如，消费者可以在沃尔玛购买20美元一双的仿制皮靴，也可以在诺德斯特龙购买500美元一双的手工软皮靴。可是诺德斯特龙的靴子在造型、手感和外观上都远远优于沃尔玛的仿制皮靴。消费者从诺德斯特龙的靴子上获得的效用要远远大于从沃尔玛靴子上获得的效用，但消费者将不得不付出更为高昂的代价。也就是说，如果产品具有卓越的质量，那么消费者在购买或拥有时就不得不花费更为高昂的成本。

质量可靠性是指产品能够自始至终符合其设计初衷：运作良好且很少发生故障。同质量卓越性一样，质量可靠性也会影响公司制定产品的价格和顾客对产品的需求。

图3-7从产品的质量卓越性及质量可靠性这两个维度说明了公司的产品定位。从覆盖范围、掉话次数、盲区等因素来衡量，威瑞森拥有无线通信服务行业中最可靠的网络。根据下载速度、客户关怀等诸如此类的指标来衡量，威瑞森在追求质量卓越性方面也拥有最好的评级。根据J. D. Power的调查，德国电信公司的质量卓越性和质量可靠性在这个行业中是最差的。

质量的概念适用于丰田汽车、Zara设计并销售的时装、威瑞森的无线通信服务、花旗银行（Citibank）的客户服务部门以及航空公司航班准时到达的能力，等等。质量与服务的关系就像其与商品的关系一样。[14]

产品的高质量对竞争优势的影响是双重的。[15]第一，提供高质量的产品增加了消费者从产品上获得的效用，从而使公司能够制定更高的价格。在汽车行业，丰田之所以能为其产品制定较高的价格，就是因为其产品具有较高的质量。

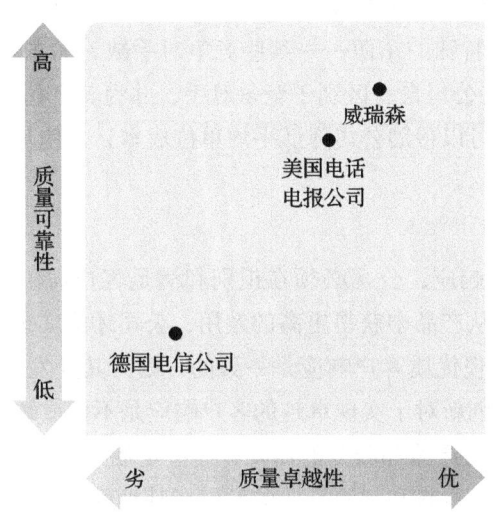

图 3-7 无线通信服务质量图

第二，可靠的产品可以带来较高的生产率和较低的单位成本。产品性能可靠，员工浪费在生产缺陷产品和提供劣质服务上的时间就会减少，修正错误的时间也会减少，这些就会转化为较高的员工生产率以及较低的单位成本。因此，产品的高质量不仅能使公司的产品区别于竞争对手，而且在其产品可靠性较高的情况下还会降低成本。

在过去的 30 年里，在构造企业竞争优势方面，质量可靠性的重要性正在急剧增加。事实上，很多公司都强调产品的高质量不再被仅仅视为获得竞争优势的方式。在很多行业，产品的高质量已经成为公司生存的必要条件。

3.4.3 创新

创新主要分为两种类型：产品创新和流程创新。**产品创新**（product innovation）是指新产品的开发，这种产品是世界上没有的或其特点属性明显优于现有产品。例如，英特尔在 20 世纪 70 年代初发明的微处理器，思科（Cisco）公司在 20 世纪 80 年代中期为实现在互联网上进行数据传输而开发的路由器，苹果公司在 21 世纪初发明的 iPhone、iPad 和 iPod。**流程创新**（process innovation）是指对产品生产和向消费者传递产品的新流程的开发。比如丰田开发了一系列制造技术，它们共同被称为汽车制造的"丰田精益生产系统"，其中包括准时制库存系统、自我管理团队，以及节约复杂设备的装配时间。

产品创新的价值创造是通过创造新产品或完善现有产品以使顾客获得的效用增加，并借此提高公司定价的方式来实现的。流程创新往往使公司通过降低生产成本的方式来创造更多的价值。丰田的精益生产系统就有助于提高员工的生产率，丰田也因此获得了基于成本的竞争优势。[16] 史泰博（Staples）利用超市商业模式开展办公用品的零售业务，同样大幅降低了销售成本。史泰博节约了成本，所以其产品的价格较低，使公司能够迅速提高市场份额。

从长远来看，产品和流程的创新或许是竞争优势最重要的组成部分。[17] 竞争可以看作由创新驱动的过程。虽然不是所有的创新都能够成功，但它确实可以成为竞争优势的主要来源，因为创新赋予了公司某些特殊的东西——某些竞争对手缺乏的东西（至少直到它们开始模仿这种创新）。独特性可以将公司自身区别于竞争对手，并为其产品制定较高的价格；根据流程创新的许多实践来看，它可以帮助公司降低平均单位成本，并使其远远低于竞争对手。

3.4.4　客户响应

为了实现优质的客户响应，公司必须在识别和满足客户需求方面做得比竞争对手更好。只有那样，消费者才能够从产品中获得更高的效用，公司才能实现竞争优势基础上的差异化。提高公司产品的质量与实现优质客户响应是一致的，因为其开发的新产品弥补了现有产品的不足。换句话说，优质和创新对于实现卓越的客户响应是不可或缺的。

另一项突出因素是定制产品和服务的需要，这些定制产品和服务是为了满足消费个人或群体的特殊需求。例如，软饮料和啤酒行业的发展在某种程度上可以看作对这一趋势的响应。另一个越来越引人关注的因素是**客户响应时间**（customer response time），即交付产品或服务的时间。[18] 对机械制造商来说，客户响应时间就是填写客户订单的时间；对银行来说，客户响应时间是处理贷款或客户排队等待办理业务的时间；对超市来说，客户响应时间是顾客排队等待结账的时间；对时装零售商来说，客户响应时间是新产品从设计到零售的时间（关于西班牙服装零售商 Zara 如何减少客户响应时间的案例请见"战略行动 3-2"）。消费者调查显示，过长的客户响应时间是导致顾客不满的主要原因。[19]

加强客户响应的其他来源是优秀的设计、优质的服务以及优质的售后服务和支持。以上因素都增强了客户响应能力并将公司自身区别于那些反应不敏捷的竞争对手。反过来，差异化有助于公司塑造品牌忠诚度，并为产品制定较高的价格提供可能。想象一下，有多少人愿意选择第二天送达的快件服务（多付费），而非三四天才能交货的服务？2012 年，美国境内邮政特快专递隔夜送达一封两页纸的信的成本为 10 美元，而平信只需要 48 美分。因此，快递服务的溢价（因降低了客户响应时间）为 9.52 美元，或产生了 1 983% 的溢价。

3.5　分析竞争优势和盈利能力

为了进行更深入的内部分析，挖掘不同价值链活动的完成情况，管理者需要分析公司的财务业绩，确定其战略如何使公司盈利（或使公司亏损）。为了有效地确定优势和劣势，他们要对本公司与竞争对手的绩效以及本公司的历史绩效进行比较和评估。这将有利于他们确定自己与竞争对手之间的差距以及近年来本公司的绩效变化。他们还能够确定本公司的战略是否使创造的价值最大化，其成本结构是否领先于竞争对手以及他们是否发挥了公司资源的最大效用。

正如我们在第 1 章中所言,衡量公司财务绩效的主要手段就是盈利能力,它反映了公司投资产生的回报。虽然衡量盈利能力有很多方法,如资产收益率、净资产收益率等,但很多盈利度量领域的专家认为资本回报率(ROIC)是最好的度量手段,因为"它主要反映了公司的真实经营绩效"[20](但是,资产收益率在公式表述上与资本回报率十分相似)。

ROIC 被定义为净利润与投资资本的比值,即 ROIC=净利润/投资资本。净利润的计算方法是公司的总收入减去总成本。净利润是政府扣税后剩余的部分。投资资本是对公司业务的投资额,如不动产、厂房、设备、存货和其他资产。投资资本主要有两个来源:有息负债和股东权益。有息负债是指公司通过银行贷款或出售公司债券获得资金。股东权益是指公司通过向公众出售股份获得资金,再加上该公司前几年累积盈利(这些资金可以为现有投资行为提供支持)。ROIC 衡量了公司投资资本使用的有效性,从而被认为是评价公司价值创造的有效手段。[21]

ROIC 可以分为两个主要部分:销售收益率和资本周转率。[22] 具体来说:

$$ROIC = 净利润/投资资本$$
$$= 净利润/销售收入 \times 销售收入/投资资本$$

其中,净利润/销售收入就是销售收益率,销售收入/投资资本就是资本周转率。销售收益率衡量的是公司将收入转化为利润的有效程度,而资本周转率衡量的是公司利用投资资本产生收入的有效程度。如图 3-8 所示,这两个比率可以进一步分解为一些基本的会计比率(这些术语的定义详见表 3-1)。[23]

图 3-8 表示,管理者可以通过提高公司销售收益率来提高 ROIC。为了提高公司的销售收益率,他们可以降低销货成本(COGS)与销售收入的比值,降低销售人员费用、市场营销费用、一般费用和管理费用(SG&A)与销售收入的比值,降低研发投入与销售收入的比值。也就是说,只要他们保证销售收入的增加值大于业务成本(如 COGS、SG&A 和研发投入)的增加值,他们就可以提高销售收益率。他们只要降低成本或通过差异化增加价值,销售收益率就会提高,从而保证公司价格的提高大于成本的增长。

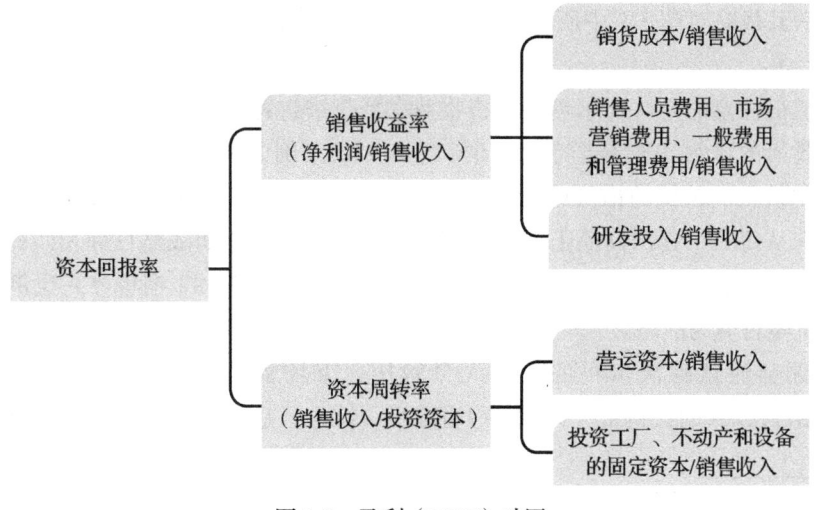

图 3-8 盈利(ROIC)动因

表 3-1 基本会计术语释义

术 语	定 义	来 源
销货成本（COGS）	生产产品的总成本	利润表
销售人员费用、市场营销费用、一般费用和管理费用（SG&A）	与产品销售和企业管理有关的成本	利润表
研发投入（R&D）	研发费用	利润表
营运资本	短期内公司的营运资金（流动资产－流动负债）	资产负债表
投资工厂、不动产和设备的固定资本（PPE）	投资用于生产和销售的工厂、不动产和设备的价值量，也称作固定资本	资产负债表
销售收益率（ROS）	净利润与销售收入的百分比。主要衡量将收入转化为利润的有效程度	比率
资本周转率	销售收入／投资资本。主要衡量公司利用投资资本产生收入的有效程度	比率
资本回报率	净利润／投资资本	比率
净利润	总收入－总成本－企业所得税⊖	利润表
投资资本	有息负债＋股东权益	资产负债表

从图 3-8 我们还可以看出，管理者可以通过更高的销售收入／投资资本，即提高资本周转率，来提高公司的盈利水平。为了达到这个目的，他们可以降低营运资本（如存货投资资本）与销售收入的比值，再降低他们投资工厂、不动产和设备的固定资本与销售收入的比值。更确切地说，他们需要降低每产生一美元销售收入所需的资本量，从而降低资本成本。要知道，资本成本是公司成本结构的一部分（见图 3-2），所以提高资金周转率的战略同时也可以优化成本结构。

为了了解这些基本的盈利动因是如何帮助我们理解公司运作情况和识别公司优劣势的，让我们来比较一下沃尔玛和它的有效竞争对手之一——塔吉特的财务业绩。

比较沃尔玛和塔吉特

截至 2012 年 1 月，沃尔玛的资本回报率为 13.61%，塔吉特为 10.01%。沃尔玛优越的盈利能力可以从其战略对图 3-8 中所示的各种比例的影响来理解。二者 2012 年各项比率的对比如图 3-9 所示。

首先，值得注意的是，沃尔玛的销售收益率低于塔吉特。其主要原因是沃尔玛的销货成本占总销售收入的比例高于塔吉特（75.0% > 69.1%）。例如，销货成本反映了沃尔玛向供应商支付商品的价格。较低的销货成本／销售收入的比率意味着沃尔玛没有像塔吉特那样标价很高，而且它从每一个售出商品上获取的利润较少。与它的长期战略目标相匹配，沃尔玛将它能从供应商那里获取的低价让渡给了消费者。沃尔玛的 COGS／销售收入比例较高反映了它要成为低价零售商的战略。

其次，你会注意到沃尔玛的销售人员费用、市场营销费用、一般费用和管理费用（SG&A）占销售收入的比例低于塔吉特（前者为 19.1%，后者为 23.24%）。其中的原因有三

⊖ 在原书中，此处为"税前总收入－总成本"，但译者认为净利润应在此基础上扣减企业所得税，因此修改。——译者注

个：第一，沃尔玛的早期战略是把重点放在只能支持一家折扣店的小镇上。在小城镇，公司不必做广告，因为它没有竞争对手。第二，沃尔玛已经成为一个强大的品牌，所以即使它的商店位于郊区附近，公司也不需要像竞争对手那样大肆宣传。第三，由于沃尔玛坚持其低价理念，并且公司对存货有很好的管理，通常没有存货过多的问题。因此，公司不需要定期促销，也就不承担促销的费用（例如在当地报纸上投放广告和优惠券）。减少了促销的支出会降低沃尔玛 SG&A/ 销售收入的比率。

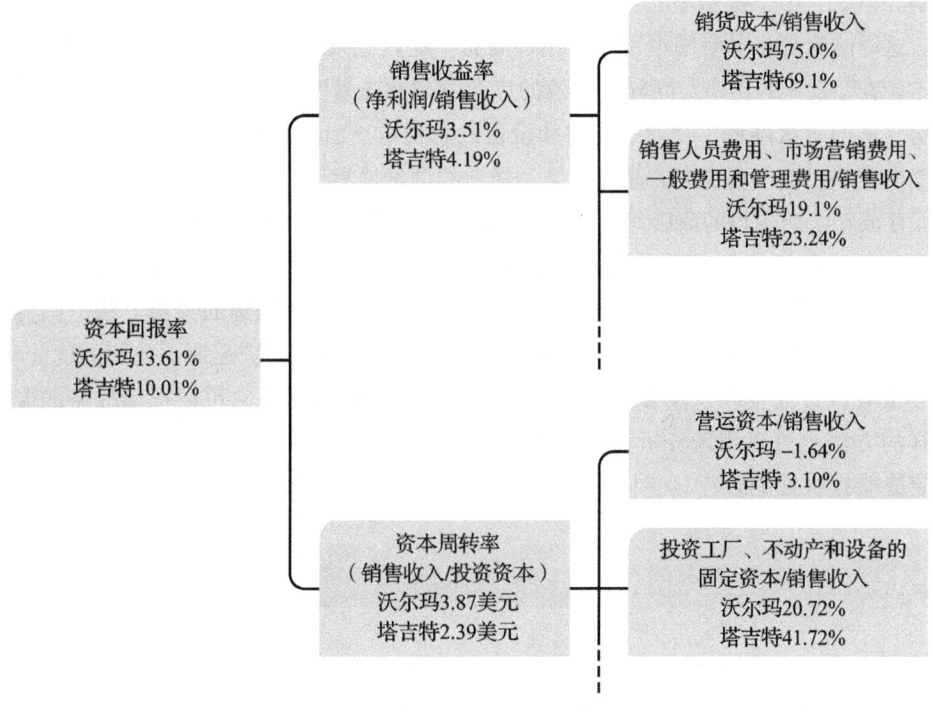

图 3-9　2012 年沃尔玛与塔吉特对比图

此外，沃尔玛的管理结构是扁平的，在总部和门店经理之间管理的层级非常少。这就减少了行政开支（它是 SG&A 的一个组成部分），从而降低了 SG&A / 销售收入的比率。沃尔玛之所以能运行这种扁平的结构是因为它的信息系统允许其高层管理者直接监控和控制独立商店，而不是依靠中间层级来替他们做这些。

那么，当我们考虑 ROIC 公式中的资本周转率时，沃尔玛在信息系统和物流方面的竞争优势的财务影响就会变得明显。沃尔玛每投资 1 美元的资本就会得到 3.87 美元的产出，而塔吉特 1 美元资本投资则只有 2.39 美元的产出。沃尔玛在使用资本方面比塔吉特更有效率。这是为什么呢？

一个原因是沃尔玛的营运资本 / 销售收入的比率低于塔吉特。事实上，沃尔玛的比率为 –1.64%，而塔吉特则为正值，达到 3.10%。负的营运资本比率意味着沃尔玛不需要任何资本资助其日常业务，这是非常不寻常的。沃尔玛能够做到这一点有两个原因。第一，沃尔玛非常强大，以至于可以从供应商那里要求并获得非常有利的付款条件。在结账之前，它不承担库存的风险，直到销售后 60 天才为商品付款。第二，沃尔玛的存货周转速度非常快，大约是一年 8 次，一般来说，它在向供应商付款之前就能销售商品。这相当于供应商为沃尔玛的库存和短期资本需求提供了资助。沃尔玛快速的存货周转是它对信息系统和物流战略投资的结果，正是这些价值链活动而非其他解释了沃尔玛的竞争优势。

最后，请注意，沃尔玛的固定成本/销售收入的比率明显低于塔吉特：沃尔玛为 20.72%，而塔吉特为 41.72%。对此有以下几种解释。第一，许多沃尔玛的商店位于地价较为低廉的小城镇。因此，平均而言，沃尔玛在一家商店上的花费比塔吉特更少，这就是战略对财务绩效的明显影响。第二，由于沃尔玛的存货周转速度很快，因此不需要在商店中腾出更多的空间来保证库存。这意味着更多的空间可以用于销售商品。在其他条件相同的情况下，这将导致更低的固定成本/销售收入的比率。同样，高效的库存管理意味着配送中心只需要很小的空间来支持商店销售，从而再次降低了物业、厂房和设备的总资本支出。第三，较低的固定成本/销售收入的比率也反映出沃尔玛强大的品牌力量、强劲的低价格承诺，以及比同类折扣商（如塔吉特）高效的库存流转。沃尔玛的商店只是忙碌了一些，但它的固定成本/销售收入的比率更高。

总之，沃尔玛的高盈利能力是其战略的一项职能，也是多年来战略投资建立起来的资源和独特能力，特别是在信息系统和物流领域。本节关于沃尔玛案例的分析方法，同样可以用于分析其他公司实现并维持竞争优势的原因和效果。这种分析方法强调了公司的优势和劣势，显示了哪里有改进的空间以及公司在哪些方面做得很好。因此，它可以推动战略的制定。此外，同样的方法也可以用来分析竞争对手的绩效，以此来更好地了解它们的优势和劣势，从而为制定战略提供帮助。

本章小结

1. 独特竞争力是公司特有的优势。有价值的独特竞争力使公司能够获得高于行业平均水平的利润增长率。
2. 组织的独特竞争力源于其资源。资源包括劳动力、土地、管理、工厂和设备、过程知识、知识产权及组织架构。
3. 当资源是有价值的、稀有的和不可复制的且企业有组织地利用这些资源时，这些资源就很可能会产生竞争优势。
4. 过程知识、知识产权和组织架构等先进生产要素（资源）最有可能产生持续的竞争优势。有价值的先进资源更可能是稀有的和不可复制的。
5. 为了实现竞争优势，公司需要追求以现有资源为基础的战略，制定战略以创造更多的资源（从而开发新能力）。
6. 公司创造的价值量是由客户从其产品或服务中获得的价值（效用）与创造该价值的成本之间的差额来衡量的。
7. 为了创造更高的价值，公司必须降低其成本或进行产品差异化，使其能够创造更多的价值，或制定较高的价格，又或者两者同时进行。
8. 竞争优势的四个组成部分是效率、质量、创新和客户响应。这些都是一般性的独特竞争力。卓越的效率使公司成本降低；卓越的质量使公司能够制定较高的价格并降低成本；卓越的客户响应同样能使公司制定较高的价格；卓越的创新能够导致价格上涨（尤其是在产品创新的情况下）或单位成本下降（尤其是在流程创新的情况下）。
9. 为了进行高质量的内部分析，管理者要能够分析公司的财务状况，通过资本回报率来确定公司的战略与其盈利能力的关系。

讨论问题

1. 本章讨论关于战略制定相关材料的主要目的是什么?
2. 在何种情况下,公司的竞争优势最有可能具有持续性?
3. 一家公司可能会成为该行业中成本最低的生产商,同时其产出对消费者的效用最大。请对此表述进行讨论。
4. 为什么通过资本回报率来衡量公司的能力并了解其盈利能力的驱动因素是十分重要的?
5. 在解释公司的成功与失败时,运筹帷幄与运气哪个更重要?

结篇案例

威瑞森无线公司

威瑞森无线公司由威瑞森电信与英国沃达丰合资成立于 2000 年,在过去的 12 年中,威瑞森无线公司已成为美国无线服务市场中规模最大、持续盈利最多的企业(见第 2 章开篇案例关于该行业的详细情况)。如今,该公司拥有近 1.36 亿用户和 38% 的市场份额。

一个最值得关注的现象是,威瑞森的客户流失率是全行业最低的。客户流失是指在给定的时间段内放弃某项服务的用户数量。客户流失是一个很重要的指标,因为获得一个客户需要花费 400～600 美元(其中很大一部分是电话补贴)。这可能需要几个月的时间才能收回获得一个客户花费的固定成本。如果客户流失率很高,那么利润就会被获取客户的成本蚕食,因为客户在服务中的时间不够长,从而无法为服务供应商带来利润。

2003 年 11 月,美国联邦通信委员会(FCC)允许无线用户在切换到新的服务供应商时同时转移电话号码,自此之后美国无线公司的客户流失风险显著上升。在接下来的几年里,威瑞森成为限制客户流失的最大赢家。例如,2014 年年底,威瑞森的客户流失率为 1.28%,而美国电话电报公司为 1.36%,斯普林特为 2.75%,T-Mobile 为 2.83%。威瑞森的低客户流失率使公司能够快速吸收从其竞争对手那里流失的用户,这使得公司能够通过将无线网络建立在更大的客户群上来分摊固定成本,从而更好地实现规模经济。

威瑞森的低客户流失是多种因素共同作用的结果。第一,它在美国拥有最广泛的网络,覆盖全国 95% 的地区,这意味着与竞争对手相比,其信号不好或没有信号区域的数量较少。多年来,威瑞森通过其"测试员"(Test Man)的广告向客户传达了其覆盖面和质量优势。在这些广告中,一名威瑞森的测试员戴着眼镜,穿着威瑞森的制服,在全国各地的偏远地区漫游,并通过他的威瑞森手机询问电话那头的人:"现在可以听到我说话吗?"威瑞森声称,"测试员"实际上是由 50 名威瑞森员工组成的测试团队的缩影,他们每年使用专门配备的车辆行驶 10 万英里,以测试威瑞森网络的可靠性。

第二,该公司在高速无线网络上大举投资,包括 3G 和 4G LTE,以实现在智能手机上的快速下载。补充说明,威瑞森有一个高速的光纤中枢,用于传输基站间的数据。威瑞森自 2000 年以来已经在其无线和光纤网络上投资了 1 000 亿美元。对客户来说,这意味着在访问数据(比如他们在智能手机上播放视频)时,会带来高质量的用户体验。为了加强这一优势,2011 年威瑞森开始向苹果公司处于市场领先的 iPhone 提供服务,除此之外,它也已经向 Android 智能手机提供了全套的服务(iPhone 最初是美国电话电报公司的独家产品)。

为了进一步减少客户流失,威瑞森在其

客户服务方面投入了大量资金。它的自动化软件程序分析了每个客户的呼叫习惯。根据这些信息，威瑞森的客户经理可能会联系客户，提出更适合他们需求的变更计划。例如，威瑞森可能会与客户联系，并说："我们发现，由于你大量使用数据，另一个方案可能会适合你，这会减少你每月的使用费用。"我们的目标是预测客户的需求，并主动满足他们，而不是让客户主动出击，这样可能会让他们转换到其他服务供应商。

J. D. Power 的调查已经反复证实了威瑞森的优势。最近的 J. D. Power 研究将威瑞森在整体网络性能方面列为业界最佳。排名基于若干因素，包括掉线、消息通知延迟、网络连接错误以及缓慢的下载速度。另一项 J. D. Power 的研究调查了在客户服务方面的三个沟通渠道，包括电话、线下预约（零售商店）和线上。在这些方面，威瑞森仍然是业界最佳，这反映在更快的服务以及客户对客户经理解决问题效率的满意度。

资料来源：R. Blackden, "Telecom's Giant Verizon Is Conquering America," *The Telegraph*, January 6, 2013; S. Woolley, "Do You Fear Me Now?" *Forbes*, November 10, 2003, pp. 78–80; A. Z. Cuneo, "Call Verizon Victorious," *Advertising Age*, March 24, 2004, pp. 3–5; M. Alleven, "Wheels of Churn," *Wireless Week*, September 1, 2006; J.D. Power, "2012 U.S. Wireless Customer Care Full-Service Performance Study," July 7, 2012; J.D. Power, "2012 U.S. Wireless Network Quality Performance Study," August 23, 2012; Statista, "Average monthly churn rate for wireless carriers in the United States," January 2015, www.statista.com.

讨论题

1. 威瑞森在美国无线通信行业的竞争优势地位下隐藏着哪些资源？
2. 解释这些资源是如何帮助威瑞森改进以下这些问题的：效率、质量、创新以及客户响应。
3. 应用 VRIO 框架并描述这些资源在多大程度上被认为是有价值的、稀有的、不可复制的且组织良好的。
4. 威瑞森要想在竞争日益激烈的美国无线电信行业中保持竞争优势应该做些什么（你可能要重读第2章的开篇案例）？

注释

[1] M. Cusumano, *The Japanese Automobile Industry* (Cambridge, Mass.: Harvard University Press, 1989); S. Spear and H. K. Bowen, "Decoding the DNA of the Toyota Production System," *Harvard Business Review* (September-October 1999): 96–108.

[2] The material in this section relies on the resource-based view of the company. For summaries of this perspective, see J. B. Barney, "Company Resources and Sustained Competitive Advantage," *Journal of Management* 17 (1991): 99–120; J. T. Mahoney and J. R. Pandian, "The Resource-Based View Within the Conversation of Strategic Management," *Strategic Management Journal* 13 (1992): 63–380.

[3] R. Amit and P. J. H. Schoemaker, "Strategic Assets and Organizational Rent," *Strategic Management Journal* 14 (1993): 33–46; M. A. Peteraf, "The Cornerstones of Competitive Advantage: A Resource-Based View," *Strategic Management Journal* 14 (1993): 179–191; B. Wernerfelt, "A Resource-Based View of the Company," *Strategic Management Journal* 15 (1994): 171–180; K. M. Eisenhardt and J. A. Martin, "Dynamic Capabilities: What Are They?" *Strategic Management Journal* 21 (2000): 1105–1121.

[4] For a discussion of organizational capabilities, see R. R. Nelson and S. Winter, *An Evolutionary Theory of Economic Change* (Cambridge, Mass.: Belknap Press, 1982).

[5] J. B. Barney and W. S. Hesterly, *Strategic Management and Competitive Advantage* (Boston: Pearson, 2005).

[6] The concept of barriers to imitation is grounded in the resource-based view of the company. For details, see R. Reed and R. J. DeFillippi, "Causal Ambiguity, Barriers to Imitation, and Sustainable Competitive Advantage," *Academy of Management Review* 15 (1990): 88–102.

[7] E. Mansfield, "How Economists See R&D," *Harvard Business Review* (November-December 1981): 98–106.

[8] R. Reed and R. J. DeFillippi, "Causal Ambiguity, Barriers to Imitation, and Sustainable Competitive Advantage," *Academy of Management Review* 15 (1990): 88–102.

[9] However, P 5 V only in the

special case when the company has a perfect monopoly and can charge each customer a unique price that reflects the utility of the product to that customer (i.e., where perfect price discrimination is possible). More generally, except in the limiting case of perfect price discrimination, even a monopolist will see most customers capture some of the value of a product in the form of a consumer surplus.

[10]This point is central to the work of Michael Porter. See M. E. Porter, *Competitive Advantage* (New York Free Press, 1985). See also P. Ghemawat, *Commitment: The Dynamic of Strategy* (New York: Free Press, 1991), Chapter 4.

[11]Porter, *Competitive Advantage*.

[12]This approach goes back to the pioneering work by K. Lancaster, *Consumer Demand: A New Approach* (New York: Columbia University Press, 1971).

[13]D. Garvin, "Competing on the Eight Dimensions of Quality," *Harvard Business Review* (November-December 1987): 101–119; P. Kotler, *Marketing Management* (Millennium Ed.) (Upper Saddle River, N.J.: Prentice-Hall, 2000).

[14]C. K. Prahalad and M. S. Krishnan, "The New Meaning of Quality in the Information Age," *Harvard Business Review* (September-October 1999): 109–118.

[15]See D. Garvin, "What Does Product Quality Really Mean?" *Sloan Management Review* 26 (Fall 1984): 25–44; P. B. Crosby, *Quality Is Free* (New York: Mentor, 1980); A. Gabor, *The Man Who Discovered Quality* (New York: Times Books, 1990).

[16]M. Cusumano, *The Japanese Automobile Industry* (Cambridge, Mass.: Harvard University Press, 1989); S. Spear and H. K. Bowen, "Decoding the DNA of the Toyota Production System," *Harvard Business Review* (September–October 1999): 96–108.

[17]W. C. Kim and R. Mauborgne, "Value Innovation: The Strategic Logic of High Growth," *Harvard Business Review* (January–February 1997): 102–115.

[18]G. Stalk and T. M. Hout, *Competing Against Time* (New York: Free Press, 1990).

[19]Ibid.

[20]T. Copeland, T. Koller, and J. Murrin, *Valuation: Measuring and Managing the Value of Companies* (New York: Wiley, 1996). See also S. F. Jablonsky and N. P. Barsky, *The Manager's Guide to Financial Statement Analysis* (New York: Wiley, 2001).

[21]Copeland, Koller, and Murrin, *Valuation*.

[22]This is done as follows. Signifying net profit by NP, invested capital by K, and revenues by R, then ROIC $= NP/K$. If we multiply through by revenues, R, this becomes ROIC $= (NP \times R)/(K \times R)$, which can be rearranged as $NP/R \times R/K$, where NP/R is the return on sales and R/K is capital turnover.

[23]Figure 3.8 is a simplification that ignores other important items that enter the calculation, such as depreciation/sales (a determinant of ROS) and other assets/sales (a determinant of capital turnover).

第4章
通过职能层战略构建竞争优势

| 开篇案例 |

麦当劳的困境

麦当劳自成立以来一直是一个非常成功的企业。1955年，麦当劳成立，当时的传奇人物雷·克罗克（Ray Kroc）对麦当劳兄弟提出的快餐概念十分认可，并表达了加盟意愿。现如今，麦当劳已成长为世界上最大的连锁餐厅，在120个国家拥有近32 000家分店。

几十年来，麦当劳的成功基于一个简单的道理：让顾客感到物有所值。只有拥有快捷的服务，保持干净的环境，顾客才会再次光临。为了实现物有所值和高质量的服务，麦当劳规范了采购、制作食品和提供服务的流程。标准化的流程提高了员工的生产率，同时确保顾客在麦当劳的所有分店都能享有同样的体验。麦当劳还与批发商和食品生产商建立了密切的联系，管理其供应链以降低成本。随着规模的扩大、购买能力的提升，麦当劳得以实现规模经济，并以低价餐的形式将节省下来的成本让渡给消费者，从而推动了需求的增长。麦当劳是无处不在的，它的餐馆随处可见。这种可及性加上统一的体验和低廉的价格，使麦当劳建立了品牌忠诚度。

这种模式一直到21世纪初都很有效。那时，麦当劳正因其易导致肥胖而遭受攻击。虽然它的价格低廉，但它销售的高脂肪食物对人体有一定风险，这是麦当劳的一次危机。2002 年，销售额停滞不前，利润下降。麦当劳似乎已经失去了优势。该公司为此采取了一系列措施。它废除了高热量的菜单并添加了更健康的选择，如沙拉和苹果片。高管们通过数据分析，发现人们更喜欢吃鸡肉而不是牛肉。所以，麦当劳菜单新增加了烤鸡三明治、鸡肉卷、南方风味的鸡肉三明治及鸡肉早餐。2002～2008 年，麦当劳的鸡肉销量翻番，现在该公司购买的鸡肉比牛肉还多。

麦当劳也把注意力投向了饮料。几十年来，高管们注意到星巴克销量的快速增长。2006 年，麦当劳决定提供更好的咖啡，包括拿铁咖啡。麦当劳通过购买优质咖啡豆、使用更好的设备和过滤水来提高咖啡的质量。同时，公司也没有忽视保持低成本和快速服务的必要性，添加了能在 45 秒内生产拿铁和卡布奇诺咖啡的咖啡制造机，这是星巴克没有做到的。但是对许多人来说，从麦当劳窗口买来的拿铁咖啡跟星巴克差不多。今天，美国几乎一半的商店都安装了拿铁咖啡机。

所有这些策略似乎都奏效了。2002～2013 年，麦当劳的收入、净利润和利润率均有所改善。然而，到 2014 年，麦当劳又一次遭遇了危机，当年销售额下降，影响了盈利能力。麦当劳在分析问题中发现，他们无法吸引 19～30 岁年龄组的顾客。竞争对手为这些顾客提供了更健康的替代品，如墨西哥烤肉架，从而赢得了市场。《消费者报告》调查显示，麦当劳的汉堡在同类中排名最差。还有一个问题是，麦当劳的顾客服务质量似乎已经下滑。许多顾客说，麦当劳的员工对人粗鲁、服务不专业。麦当劳员工感到压力过大的原因之一是麦当劳的菜品越来越多，而且由于菜品过多，员工也不愿意在麦当劳长期任职。麦当劳的管理层承诺会解决这些问题，但他们将如何做到这一点仍有待观察。

资料来源：Jonathan Beer, "5 Reasons McDonald's Has Indigestion," *CBS Money Watch*, August 12, 2014; A. Martin, "McDonald's, the Happiest Meal is Hot Profits," *New York Times*, January 11, 2009; M. Vella, "A New Look for McDonald's," *Business Week Online*, December 4, 2008; M. Warner, "Salads or No, Cheap Burgers Revive McDonald's," *New York Times*, April 19, 2006.

| 本章概述 |

在第 3 章中，我们看到企业内组织良好的、有价值的、稀有的、难以模仿的资源是如何为竞争优势奠定了基础。这些资源存在于公司的价值创造活动（职能）中。本章将关注职能层战略（那些旨在提高公司运营效率的战略）以及获得卓越的效率、质量、创新和客户响应的能力（见图 4-1）。**职能层战略**（functional-level strategies）是管理者为提高一个或多个价值创造活动的效率和效力而采取的行动（见图 3-5）。

开篇案例证明了部分上述关系。从历史上看，麦当劳一直是快餐业的佼佼者。麦当劳是一个快餐业创新者，开发了许多已经成为行业标准的做法。它能满足顾客对廉价快餐、优质、快捷服务和干净环境的需求。通过标准化配餐以及与供应商紧密合作，麦当劳提高了效率，从而降低了成本和价格，同时提供了质量可靠的产品，而且无论你在哪个麦当劳分店购买，都是一样的品质和服务。

但是到 21 世纪初，其提供价廉物美的快餐这一独特竞争力受到了质疑。顾客的饮食习惯正在改变，麦当劳通过改变菜单来应对不断变化的顾客需求的做法在很多年以来似乎一直是有效的。但到 2014 年，其销售额和利润再次下降。这一次，问题不仅仅出在麦当劳的菜单上，还出现在已经下降的顾客服务质量上。为了解决这些问题，麦当劳必须在职能层面上采取行动，以提高其产品的质量，重新配置菜单，改进店内的顾客服务，同时通过高效运营来控制成本。

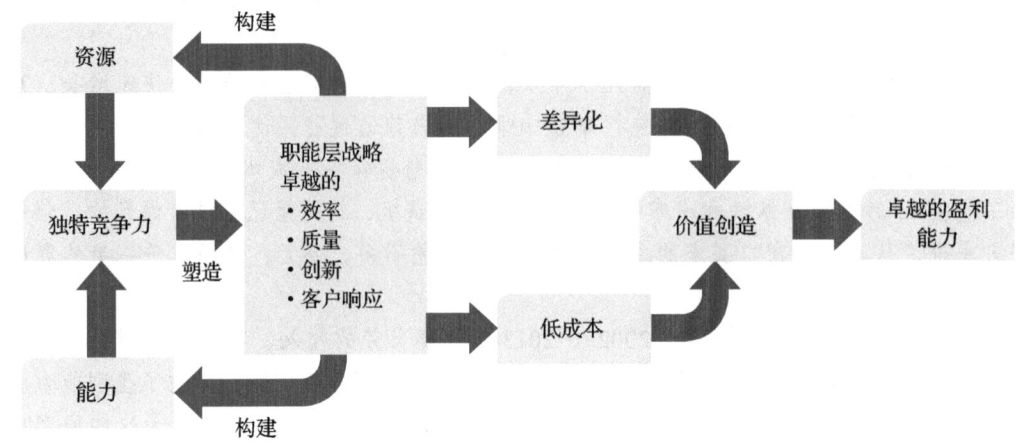

图 4-1　竞争优势的根源

换句话说，麦当劳需要调整许多职能层战略。本章的内容与麦当劳当时面临的问题密切相关，其中大部分内容聚焦于对职能层面上可采用的基本策略的探讨，以提高企业的效率、质量、创新和客户响应能力。通过对本章的学习，你会知道职能层战略是如何被用来建立可持续竞争优势的。

4.1 获取卓越效率

公司是一个将投入（如劳动力、土地、资本、管理者才能和技术秘诀）转化为产出（生产的产品和服务）的机器。衡量效率最简单的方法是考核生产一定产出所需的投入量，即效率=投入/产出。一家公司的效率越高，那么它生产一定产出需要投入的资源就越少，从而其成本也将越低。换言之，一个高效的公司比它的竞争对手具有更高的生产效率和更低的成本。这里我们将梳理公司为提高效率和降低成本而在职能层面实施的战略。

4.1.1 效率和规模经济

规模经济（economies of scale）是随着产出规模扩大而带来的单位成本的降低。第3章中提到，对管理者来说，理解成本结构如何随着产出的变化而变化是很重要的，因为这种理解可以帮助他们制定战略。例如，如果单位成本随着产出的增多显著下降（存在显著的规模经济），那么公司将可以通过降低价格和增加产量来获得利益。

规模经济的来源之一是将固定成本分摊给大规模产量的能力。**固定成本**（fixed costs）是指无论产出水平如何，制造产品过程中都必须发生的一部分成本，如购买设备、安装设备、建设厂房、投放广告、研发等成本。例如，微软花费了大约50亿美元来开发Windows操作系统，即Windows 8。通过将开发这一新操作系统相关的固定成本分摊到预期的巨大销售量上，微软可以实现较大的规模经济（在世界上 16 亿人的个人电脑中超过 90% 的电脑都用的是 Windows）。这种规模经济非常显著，因为生产 Windows 8 系统副本的边际成本非常微小：一旦主副本被生产出来，原始设备制造商（OEM）就可以在新电脑上安装 Windows 8 系统。影响微软（和那些同样具有高固定成本和微小边际成本的公司）效率和盈利能力的关键是尽可能快地提高销量，以使得固定成本能够分摊到大规模的销量上，从而实现规模经济。

规模经济的另一个来源是实行大规模生产的公司达到更为精细的劳动力分工和专业化的能力。专业化被认为对生产率有积极影响，主要是因为这可以使工人非常熟练地完成一项特定的工作。这种规模经济的典型例证是福特的 T 型车。T 型车作为世界上第一种批量生产的汽车，在此之前，福特一直采用昂贵的手工作业的生产方式。后来通过引入批量生产技术，公司实现了可提高生产率的更加精细的劳动力分工（将生产线划分为细小的、可重复的任务）和专业化。同时，福特能够将设计汽车和安装生产设备的固定成本分摊到大量的产出中。这种规模经济的结果是福特生产一辆汽车的成本由 3 000 美元下降到 900 美元（1958 年的价格水平）。

图 4-2 对规模经济的概念做出了说明。随着公司产出的增加，单位成本下降。当产量达到 Q_1 点时这一过程终结，此时规模经济效应耗尽。当产量高于 Q_1 时，公司将会面临**规模不经济**（diseconomies of scale），即单位成本会随着生产规模的扩大而增加。规模不经济的产生主要是因为大规模企业日益泛滥的官僚机构和管理上的低效率。[1] 大型企业倾向于构建大量的管理层级，在这样的层级中政治行为的机能性障碍是常态，运营事务的信息要经过许多管理层级才能到达最高决策者，在这一过程中信息将不可避免地被歪曲，其结果就是低水平的决策。在某个特殊点之后（如图 4-2 中 Q_1 点），产量增长带来的低效率超过了来自规模经济的收益，单位成本开始随着产出的增加而提高。

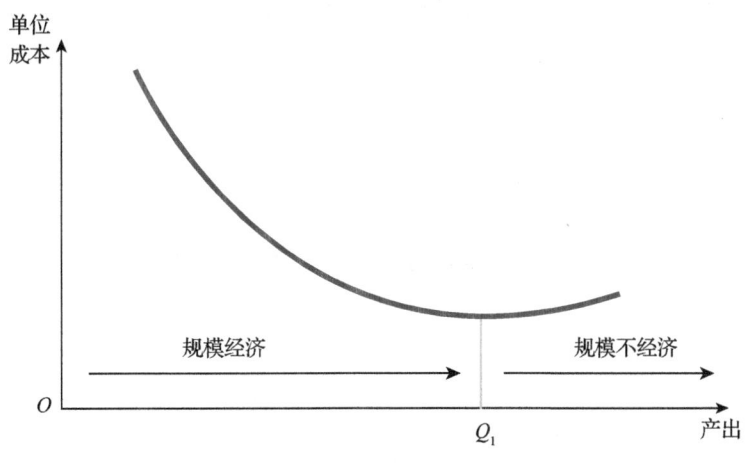

图 4-2　规模经济与规模不经济

管理者不仅要了解规模经济的范围，还应该知道规模不经济会在哪一点发生。例如，在纽柯钢铁公司，由于意识到规模不经济的存在，管理者做出了不要雇用超过 300 名工人的决策。他们坚持这一信条：管理两家 300 人的工厂比管理一个 600 人的工厂更有效率。尽管更大规模的工厂理论上可能会达到更大的规模经济，但是纽柯的管理层坚信这将会使企业因庞大的组织结构而陷入规模不经济的状况。

4.1.2　效率和学习效应

学习效应（learning effects）是指由从实践中学习而带来的成本节约。例如，工人可以从重复的工作中学习到如何更好地完成搬运任务。当个体学会操作一项特定任务的最有效的方式时，劳动生产率就会因此得到提升，而且单位成本也会下降。同样重要的是，新生产基地的管理层也要花时间学习如何运行新的作业流程，以达到最佳效果。因此，生产成本会因为劳动生产率和管理效率的同时提升而降低。换句话说，随着时间的推移，管理和劳动力积累了有价值的过程知识，从而提高了生产率。例如，丰田（Toyota）等日本企业就以将过程知识的积累作为它们经营理念的核心而闻名。

当复杂的技术性工作被重复操作时，学习效应往往具有更重要的意义，因为在那样的流程中有更多的内容要去学习。因此，学习效应在一个具有1 000项复杂步骤的装配流程中比在一个仅有100项简单步骤的流程中显得更加重要。尽管一般情况下学习效应与生产流程相关，但是很多理由都使人们相信它在服务行业中也同样重要。例如，一项基于医疗行业的关于学习效应的研究发现，在大量的普通手术过程中，经验越丰富的医务人员拥有越低的手术死亡率，这表明学习效应存在于医疗领域。[2] 该研究的作者用这个证据来说明应建立地区性的诊疗中心，以便提供高度专门化的医疗服务。这些诊疗中心可以进行许多特定的手术操作（如心脏外科手术），从而代替那些手术量少且死亡率可能更高的地方诊所。近期在另一项某个金融机构的研究中同样找到了学习效应的有力证明。这项研究观察了一个新成立的有100名员工的文件处理部门，结果发现随着员工不断学习流程，他们的文件处理速度得到很大提高。总的来说，该研究的结论认为每当处理文件的累积量翻倍，单位成本就会下降。[3] "战略行动4-1"通过医院心脏病手术的例子讨论了学习效应差别的决定因素。

战略行动 4-1

心脏病手术中的学习效应

哈佛商学院的研究人员以用于微创心脏手术的专业化新技术为案例，进行了一项研究，试图据此估计学习效应的重要性，这种心脏手术已经得到了美国联邦监管部门的批准。研究人员观察了16家医院并从660位实施手术的患者身上获得数据。他们检验了实施手术所需的时间在不同的经验积累程度下有怎样的区别。在这16家医院中，他们发现平均时间由第一次采用新技术进行手术时的280分钟下降到一家医院进行到第50次手术时的220分钟（请注意并非所有的医院都进行了50次手术过程，这种估计是基于对数据的推断）。

接下来，他们观察了医院之间的差别。在这里他们发现了学习效应存在巨大不同的证据。其中有一家医院格外突出。这家被他们称为M医院的医疗机构将手术时间由第一次的500分钟减少到第50次时的132分钟。M医院比平均时间短了88分钟，这可以被解读为每一次手术大约能节省 2 250 美元的成本，而这样就可以允许医院的外科医生每天多做一个能够增加收入的手术。

研究人员试图找出 M 医院如此优异的原因。他们注意到所有的医院都拥有相似的最新式的手术室，并使用美国食品药品监督管理局（FDA）批准的同样的设备，所有实施手术的外科医生都经过相同的培训课程，而且所有的医生都来自具有很高声望的培训医院。然而接下来的面谈显示，M 医院在如何实施新的手术程序上有着独到之处。它从医生中精选出一个团队来做这些手术，具有共同工作经历的人会被特别优先地考虑（的确，这显然是考量团队成员的一个关键指标）。为了顺利进行新的手术，团队被集中起来训练。在进行手术之前，他们还要和手术室里的护士和麻醉师当面讨论手术过程。此外，医院还要求手术团队和手术过程在初期保持不变。最初的团队直到第 15 次手术才被允许添加和替换人员，在 20 次尝试后手术流程才可以被修改。在最初的 10 次手术中，医生们要坚持在每次手术前会面；在最初的 20 次手术中，他们还要在手术结束后彼此报告情况。

上述描述都是那些被精选出来的核心团队为了最大化学习效应带来的收获而采取的措施。与那些缺乏稳定的团队成员以及手术过程的医院和那些没有对总结、汇报和学习给予足够重视的医院不同，M 医院的外科医生比他们的同行学习得更快，最终达到更高的工作效率。显然，在实施新流程方面的差别是非常值得关注的。

资料来源：G. P. Pisano, R. M. J. Bohmer, and A. C. Edmondson, " Organizational Differences in Rates of Learning: Evidence from the Adoption of Minimally Invasive Cardiac Surgery," Management Science 47 (2001): 752–768.

就单位成本曲线而言，尽管规模经济意味着沿曲线的移动（图 4-3 中由 A 点到 B 点），而学习效应意味着整条曲线向下方平移（图 4-3 中由 B 点到 C 点），表现为在执行任务时在每一个产出水平上的劳动力和管理都变得更加有效率。从会计的角度来看，学习效应可以降低销货成本占销售收入的百分比，使公司能够获得更高的销售收益率和资本回报率。

然而，无论工作任务有多么复杂，学习效应总会在有限的一段时间内消失。它总是在新的生产流程的初始阶段起到重要作用，并且会在 2～3 年后消失。[4] 当公司的生产系统因兼并带来的流程变化或新的信息技术的使用等而发生改变时，学习效应会再次发挥作用。

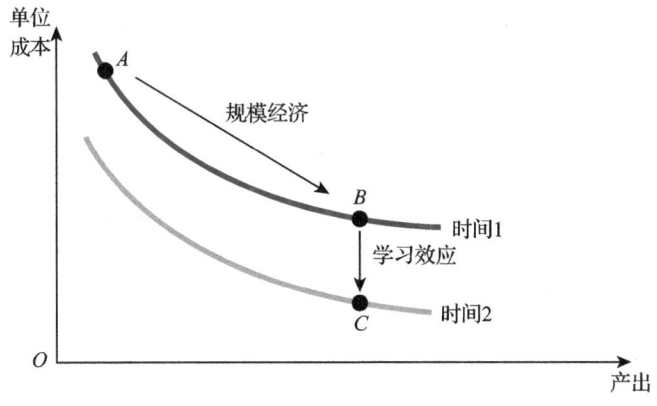

图 4-3　学习效应和规模经济对单位成本的影响

4.1.3　效率和经验曲线

经验曲线（experience curve）是指成本结构的系统性降低和随之产生的单位成本降低，并且该降低可发生在产品的整个生命周期中。[5] 根据经验曲线的概念，每当产品的累积产出增长一倍时，产品的单位成本通常会下降特定的数量（累积产出是指自产品投入生产以来的总产出）。这种关系最早是在航天工作领域被观察到的。在那里，每当机身的产量增长一倍，单位成本就会下降到先前水平的80%。[6] 因此，第四架机身的成本通常仅为第二架机身成本的80%，第八架为第四架的80%，第十六架为第八架的80%，以此类推。这一过程的结果类似图4-4中表明的那样，表现为单位成本和随时间的累积产出之间的一种关系。规模经济和学习效应是经验曲线现象的基础。简单地说，随着一家公司增加其累积产出量，它就能够同时实现规模经济（伴随产量的增加）和学习效应。结果是单位成本会随累积产出的增加而下降，成本结构也会随之优化。

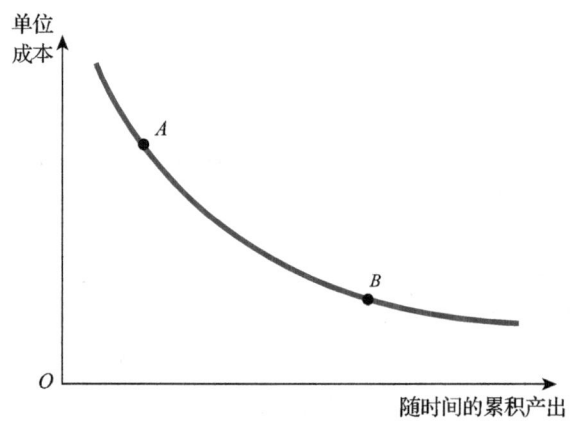

图 4-4　经验曲线

经验曲线的战略性意义是显而易见的：增加公司的产量和市场份额将使其成本结构优于竞争对手。如图4-4所示，公司B因其成本结构更优以及处于经验曲线更下方的位置而具有成本优势。这一概念在大规模生产标准化产品的行业尤为重要（如制造半导体芯片）。希望工作效率更高和成本结构更优化的公司必须尽快向经验曲线的下方移动。这意味着公司在顾客产生对其产品的需求之前就要实现自身效率的提高，并通过学习效应积极地追求成本降低。为了制造需求和增加产量，公司还需要采取主动的营销战略，显著降低价格，加大促销力度，以及扩大广告范围。在第3章中，我们已经明确地提到公司需要了解需求、价格定位和成本的关系。成本曲线一旦因高效而下移，公司就可能较其竞争对手拥有明显的成本优势。例如，前面提到过的英特尔就利用这种策略向经验曲线下方移动，从而获得超过其在微处理器市场上的竞争对手的竞争优势。[7]

值得强调的是，这个概念在制造业之外也是同样重要的。例如，当亚马逊投资分销网络时，亚马逊网络零售商正试图实现规模经济（扩大分销中心的固定成本，大量销售），提高配送中心的库存管理和订单完成的效率。这两种成本节约的方法使亚马逊能够在竞争对手之前向经验曲线下方移动，从而实现低成本，使其能够以比竞争对手更低的价格获得更大的利润。

管理者不应因经验曲线带来的基于效率的成本优势而感到自满。第一，因为规模经济和学习效应都不会永远持续下去，经验曲线会在某个时刻触底；这些必然会按照定义的那样发生。如果发生这种情况，公司将难以从规模经济和学习效应中进一步降低单位成本。随着时间的推移，其他公司会不断优化成本结构并向成本领先者看齐。一旦发生这种情况，许多低成本公司之间会形成成本平价。在这种情况下，可持续的竞争优势必须依靠战略因素，诸如更好地响应客户、产品质量或创新等因素，而不是通过使用现有技术最小化生产成本的方式。

第二，正如在第2章中所述，发生在外部环境中的变化会干扰公司的商业模型，所以从经验曲线中获得的成本优势将由于新技术的发展而失效。例如，大型书店博德斯（Borders）和巴诺公司从前也曾有过由规模经济和学习效应带来的成本优势。然而，当亚马逊利用网络技术推出网上书店时，这些优势就减弱了。通过在网上销售，亚马逊以比实体书店更低的成本提供了更多的选择。在亚马逊2007年推出Kindle电子书阅读器并开始销售电子书后，它又一次改变了竞争的基础，有效地冲击了博德斯和巴诺公司基于经验的优势。到2012年，博德斯破产，巴诺公司陷入财务困境，而后也破产倒闭。但此时，亚马逊的实力却在增强。

4.1.4 效率、柔性生产技术和大规模定制

规模经济的核心理念是通过大规模生产标准化产品来实现高效率和低成本。这一理念背后的逻辑是要在单位成本与产品种类之间做好权衡。产品种类繁多意味着生产流程较短，这将导致无法实现规模经济且成本较高。也就是说，较多的产品种类会使公司在提高生产效率和降低单位成本方面存在困难。根据这一逻辑，提高效率和降低成本的途径在于限制产品的种类和大量生产标准化产品（见图4-5a）。

这种关于生产效率的观点受到了来自柔性生产技术的挑战。**柔性生产技术**（flexible production technology）这一术语有时也被称为精益生产，它包含了一系列技术设计，以压缩复杂设备的安装时间，通过更好的时间安排提高单机使用率，并在生产流程的每一个阶段推进质量控制。[8] 公司曾经只有通过大规模生产标准化产品才能获得较低的单位成本，但柔性生产技术使得公司能够以同样低的单位成本来生产更多种类的最终产品（见图4-5b）。诚然，研究表明柔性生产技术的采用可能会提高效率并将单位成本降低至与大规模生产标准化产品所能达到的成本基本相当的水平，而与此同时又能使公司定制化生产出更加多样的产品。**大规模定制**（mass customization）这一术语描述了公司使用柔性生产技术将曾被认为互不相容的两个目标统一起来的能力，即通过定制化生产实现低成本和差异化的能力。[9]

戴尔追求大规模定制策略，它允许客户在线设计自己的电脑配置。戴尔只允许客户在有限的选项（不同的内存容量、硬盘驱动器容量、显卡、微处理器等）中进行选择，从而保证对成本和价格的控制。因此，与竞争对手通过零售店销售有限电脑机型的方式相比，戴尔为客户创造了更多的价值。同样，玛氏公司（Mars）也提供了一项定制服务——My M&Ms，让客户设计个性化的M&Ms。另一个大规模定制的例子是互联网广播服务潘多拉（Pandora）（详见"战略行动4-2"）。

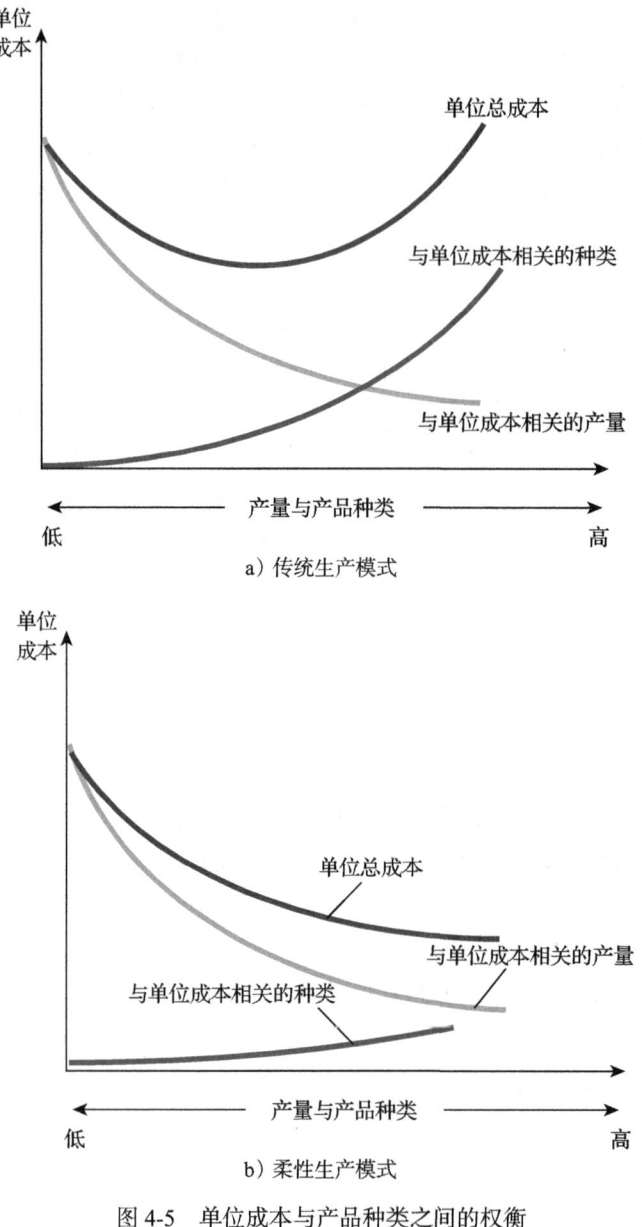

图 4-5 单位成本与产品种类之间的权衡

战略行动 4-2

潘多拉大规模定制

潘多拉把音乐推广到了个人电脑和移动设备上。首先，用户输入他们想听的音乐。因为潘多拉拥有超过 10 万名艺术家的数据库，所以它会针对你的品位提供音乐。然后，用户可以将音乐下载下来。该公司还使用了复杂的预测性统计分析（其他喜欢这首歌曲的用户还会听什么）和产品分析（潘多拉称其为音乐基因组（Music Genome），用来解析歌曲并识别类似歌曲），以进一步为用户个人提供定制体验。音乐基因组还有一个好处，那就是为用户介绍他们可能喜欢的新歌，这是基于他们的听歌习惯分析得到的结果。其实质是广播电台对每一个人的独特收听偏好进行了识别。这是最纯粹的大规模定制。

从 2000 年推出到 2014 年年底，潘多拉全年营收的年增长为 9.2 亿美元，累计拥有 2.5 亿个注册用户和 7 700 万活跃用户，这使得潘多拉在美国的在线广播市场上拥有 78% 的份额。尽管付费用户每年可以支付 36 美元来获得无广告的音乐，但潘多拉的收入主要还是来自广告。

尽管它的快速增长证明了大规模定制的价值，但潘多拉也确实有它自己的难题。潘多拉将超过一半的收入都拿来作为版税支付给了音乐发行商。相比之下，Statelliteradio 公司的 Sirius-XM 仅以其收入的 7.5% 用于支付版税，而有线电视公司旗下的流媒体音乐支付的版税仅占收入的 15%。版税的不同是因为三位任职于版权委员会（美国国会图书馆下的一个部门）的鉴定员对广播设定了版税。尽管潘多拉正在努力游说改变法律，但这种设定版税率的方法仍对潘多拉存在负面影响。此外，潘多拉还面临来自 Spotify 和 Rdio 的日益激烈的竞争压力，这两个可定制音乐的流媒体服务商已经将股权出售给了唱片公司，以换取其对音乐库的访问。还有报道称，苹果公司很快将提供自己的可定制音乐流媒体服务。从长远来看会发现，无论潘多拉将来会发生什么，大规模定制的互联网广播都将会继续存在。

资料来源：A. Fixmer, "Pandora Is Boxed in by High Royalty Fees," *Bloomberg Businessweek*, December 24, 2012; E. Smith and J. Letzing, " At Pandora Each Sales Drives up Losses," *The Wall Street Journal*, December 6, 2012; E. Savitz, " Pandora Swoons on Weak Outlook," Forbes. com, December 5, 2012; G. Peoples, "Pandora Revenue up 40 percent, Listening Growth Softens," Billboardbiz, October 23, 2014.

在公司成本结构方面使用柔性生产技术的效果是令人瞩目的。在过去的十几年中，福特将柔性生产技术引入其遍布世界的汽车制造厂。这些新技术将使福特能够在同一条生产线上生产出多种模型，并且从生产一种模型向生产另一种的转换时间也比原来短了很多。总体上，福特公司 2006～2010 年通过柔性生产技术将其成本降低了 20 亿美元，并且它还在努力降低更多。[10]

4.1.5 市场营销和效率

公司采取的市场营销战略会对效率和成本结构有重要影响。**市场营销战略**（marketing strategy）是指公司在定价、促销、广告、产品设计和分销渠道等方面的定位。其中的一些步骤能够相当明显地引导公司实现更高的效率。例如，积极的定价、促销和广告策略可以促使经验曲线下移以达到更低成本，所有这些手段都是市场营销的功能。另外一些方面的营销战略不是很明显，但是它们对于效率的影响却依然重要。一个很重要的方面就是客户背叛率、成本结构与单位成本之间的关系。[11]

客户背叛率（customer defection，或称流失率）是一家公司每年转向竞争对手的客户的比率。流失率是由客户的忠诚度决定的，这种忠诚度也是公司满足其客户需求的能力的一种功能体现。因为获得一个新客户必然要在广告、促销等有关方面做一次性的固定成本支出，所以流失率与成本间存在着直接的关系。例如，当无线服务公司有新用户注册时，它就必须承担开立新账号的管理成本和向新用户选择的手机制造商支付的补贴费用,还有旨在吸引新用户的广告和促销活动的成本。公司留住一个客户的时间越长,那么由客户生成的能抵消这些固定成本的单位销售额就越大,单位销售量的平均单位成本也就越低。因此,低水平的客户流失率能够使公司达到一个较低的成本水平。

图4-6描述了流失率与成本相作用的结果。由于获得新客户要付出相对高昂的固定成本,因此为那些仅在转向竞争对手之前短期停留的客户提供服务常常导致对这些客户投资的损失。一个客户在公司停留的时间越长,为获得该客户投入的固定成本就会被越多地分摊在他们的重复购买上,从而提高单位客户的利润。因此,公司留住一个客户的时间长度与单位客户利润存在正相关的关系。如果一家公司能降低它的客户流失率,那么它在获得客户方面的投资就会有更好的回报,也就能提高它的盈利能力。

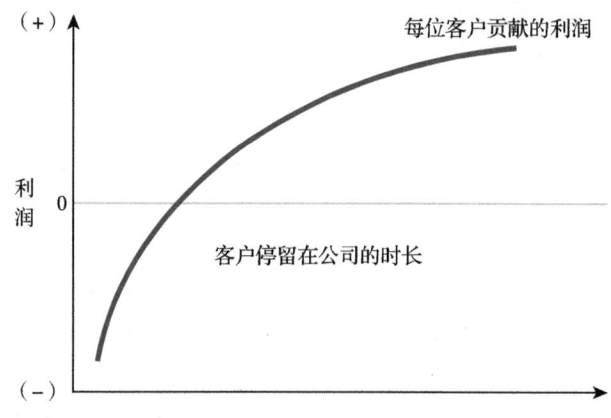

图4-6　客户忠诚度与每位客户贡献的利润之间的关系

下面,我们以信用卡业务为例来讨论这个问题。[12] 大多数信用卡公司为了招揽一个新顾客并为其开立账户平均会花费50美元。这些成本产生于吸引新客户所需的广告,每个客户所需的信用检查,以及设立账户和开卡的设备。只有当客户在一家公司停留至少两年,这些一次性的固定成本才能收回。而且当到第二年时,客户就倾向于增加信用卡的使用频率,这将使客户生成的收入随着时间的推移不断增加。因此,尽管信用卡业务第一年在每个客户身上损失了50美元,但是第三年信用卡公司就会获得44美元的利润,而第六年将获得55美元的利润。

长期客户忠诚的另一项经济收益就是客户提供给公司的免费广告。忠实的客户群体会推荐公司,使其业务量急剧上升。一个鲜活的例子就是英国最大零售、服装和食品公司玛莎百货(Marks & Spencer),该公司以合理的价格为顾客提供高品质的商品,并借此成功地建立了良好声誉。该公司具有如此高的客户忠诚度,以至于它不需要在英国进行广告宣传,而且这成了公司节约成本的一个重要渠道。

另一个值得关注的关键信息在于降低客户流失率和建立客户忠诚度是降低成本结构的重要来源。据一项研究估计,客户流失率每降低5%,随之而来的就是在平均客户生命周期中单位客户利润的增加:信用卡业务增加75%,保险经纪业务增加50%,工业清洗业务增加45%,计算机软件业务增加35%。[13]

制定降低流失率战略的关键内容是识别那些流失的客户，找出他们离开的原因，并基于这些信息采取行动，以便将来的其他客户不会再因为类似的原因流失。为了有效地采取这些措施，市场营销职能必须拥有一个能够追踪客户流失情况的信息系统。

4.2 物料管理、准时制生产和效率

物料管理（物流）在促进公司效率上的贡献同生产和营销一样引人注目。物料管理包括获得输入材料和生产设备组件（包括材料采购成本），通过生产过程进行处理，产成后通过分销体系传递到最终用户等一系列必要活动。[14] 因为在这一过程中存在很多成本源，所以通过更加有效的物料管理战略来实现成本降低是具有巨大潜力的。在一个典型的生产型公司中，材料和运输成本占到其收入的 50%～70%，所以即使是很小的成本压缩都能给公司的盈利能力带来至关重要的影响。据估计，一家销售额在 100 万美元，资本回报率为 5% 的公司，其物料管理的成本（含采购成本）为销售收入的 50%。如果公司要增加 15 000 美元的总利润，它可以通过增加 30% 的销售收入或降低 3% 的物料成本来实现。[15] 而在一个竞争性市场环境中，降低 3% 的物料成本往往要比增加 30% 的销售收入容易得多。

提高物料管理职能的工作效率通常需要采用**准时制库存系统**（just-in-time（JIT）inventory system），该系统的设计会保证生产部件及时到达工厂投入生产以及直到商店的存货即将消耗完毕商品才会及时送达商店，从而节约库存的持有成本。成本节约主要来自存货周转率的提高，这可以降低存货持有成本，如仓库成本和公司对运营资本的需要。以沃尔玛为例，通过有效的物流管理，它能够每周至少两次对店铺的储备商品进行补充；如有需要，许多店铺还能每日得到供应。而它的主要竞争对手每两周才能补充一次库存，因此它们就要处理比沃尔玛高得多的库存量，并且每销售一美元需要占用的运营资本也更多。与它的竞争对手相比，沃尔玛可以在存货方面用较低的投资来保持同样水平的服务。而这正是其低成本的重要源泉。因此，更高的存货周转率帮助沃尔玛在业界建立了基于效率的竞争优势。[16]

一般来说，根据第 3 章推演出的盈利能力模型，JIT 库存系统降低了公司对运营资金的需求（因为较少的存货只需要少量的资金），也降低了对用于仓储空间的固定资本的需求（因为需要存储的货物变得更少），从而降低了总的资本需求，提高了资本周转率，最终提高了资本回报率。

JIT 系统的缺陷在于没有为公司设立缓冲库存。尽管设立缓冲库存需要花费更多的费用，但它们可以帮助公司度过因供货渠道断裂造成的进货短缺的困难（如与某个关键供货商发生劳资纠纷），也能帮助公司对需求的增长做出快速反应。当然还有一些其他方法来解决这些限制。例如，对于为降低某种重要原料的采购成本仅依赖一家供应商带来的风险，公司应转由多家供应商供应其原料。

近来，物料与存货的有效管理又被称为**供应链管理**（supply chain management），即以最小化存货持有量和最大化存货周转率为目标开展的管理输入流，并将来自供应商的组件导入生产流程。供应链管理的一个典范是戴尔，它的目标是提高供应链的效率以达到"以信息代替存货"的程度。

4.2.1 研发战略和效率

优异的研究和开发在帮助公司达到更高效率和更低成本方面所起的作用是双重的。首先,研发职能可以通过设计出更易于生产的产品来提高效率。通过削减组装一件成品的零件数量,研发可以显著地节省组装所需的时间,并将其转化成更高的劳动力效率、更低的成本和更高的盈利能力。例如,德州仪器公司(Texas Instruments)重新设计了其提供给五角大楼的红外线观测仪,将仪器的零件从47个减少到了12个,组装步骤由56步减少到13步,花在金属制造上的时间从每件757分钟减至每件219分钟,单件组装时间由129分钟降至20分钟。其结果是给公司成本带来了大幅的下降。当然,对制造业流程的设计需要公司生产职能和研发职能的密切合作,由拥有解决问题能力的生产人员和研发人员组成的跨职能工作团队便可以完美地实现目标。

研发职能帮助公司降低成本的第二条路径是先驱性流程创新。流程创新是一种在生产流程的运行上提高效率的创新。流程创新常常是竞争优势的重要来源。丰田公司的竞争优势在一定程度上就是源于该公司在柔性制造过程中装配时间的显著缩短。这项使公司能够获得效率的流程创新就是其拥有领先于竞争对手数年的柔性制造系统。

4.2.2 人力资源战略和效率

员工的生产效率是影响企业效率、成本结构和盈利能力的关键决定因素之一。[17] 高效的生产者可以降低销售成本占销售收入的百分比,高效的销售团队可以在既定的支出水平上提高销售收入,研发部门的高效员工则能在现有研发费用的水平上提升新产品在销售总额中的比重。因此,高效的员工可以降低销售成本,提高销售回报率,并最终实现资本回报率的提高。设计提升员工生产效率的方法是对人力资源部门的一项挑战。它的备选方案包括使用特定招聘战略培训员工、组织员工形成自我管理团队并与绩效挂钩。

4.2.3 招聘战略

许多以拥有高效员工而著称的公司都在招聘方面投入了大量精力。西南航空公司坚持雇用具有积极态度且善于团队合作的人,因为他们相信具有积极态度的员工会更加努力工作并能很好地与顾客互动,从而有助于建立客户忠诚。纽柯公司雇用自主性强且有目标导向的员工,因为其员工要在自我管理型团队中工作,这样的团队要求他们必须具备自主性和目标导向性才能展现出良好的业绩。上述事例表明,确保公司招聘战略与自身内部组织结构、文化和战略重点相一致是至关重要的。公司雇用的人员必须具备与公司战略目标匹配的属性。

4.2.4 员工培训

人员是导入生产流程的一种重要输入资源。那些具有高度熟练技能的员工会比不熟练的员工更快更准确地完成任务,也更易于学会与各种现代生产方式相关的复杂任务。培训可以提升员工的技能等级,从而提高公司源于学习和经验等与生产力相关的效率。[18]

自我管理团队

自我管理团队（self-managing teams）中的成员能够自行调节自己的活动，并自主做出招聘、培训、工作和奖励的决策，这种模式的采用正在快速地蔓延。一个典型的自我管理团队一般包括 5~15 名成员，他们可以生产整件产品或完成整项任务。团队的成员要学习团队中所有的任务并进行岗位的轮换。由于自我管理团队造就了更为灵活的劳动力，团队成员可以填补同事的空缺，并承担诸如安排工作和休假日程、订购原材料和招聘新员工等工作。赋予团队成员责任和给团队授权被视为一种激励（授权是给予低级别员工决策权的过程）。对于被赋予的更大的自由度和责任，人们总是会做出积极的反应。与团队产能和质量目标相关的绩效奖金则起到了额外激励的作用。

据称引入自我管理团队的效果是 30% 或以上的生产效率提升和产品质量的重大进步。创建扁平化的组织层级能够降低公司的成本，这种设计与监督人员的撤销形成了进一步的成本节约。在生产型公司中，大多数降低成本的有效手段都是与有着柔性制造单元的自我管理团队相结合的。例如，在引入柔性制造技术和基于自我管理团队的工作实践后，通用电气位于北卡罗来纳州索尔斯堡市的工厂的生产效率相比其他四年前生产同样产品的工厂增长了 250%。[19]

然而，团队并非万能的良药。在生产型公司中，自我管理团队可能难以发挥出它们的潜力，除非它们整合了柔性制造技术。同时，团队赋予其成员很多责任，而帮助团队成员应对这些责任常常需要实质性的培训。这一事实经常会在许多公司降低成本的行动下被遗忘，其结果是团队的工作成果并没有像预期的那样好。[20]

4.2.5 绩效工资

众所周知，将工资与绩效相关联可以有助于提高员工工作效率，但是问题并非仅如采用激励性薪酬体系那么简单。界定何种工作绩效将会得到奖励以及如何奖励也是非常重要的。世界上最有效率的一些公司强调员工之间的协调配合是提高工作效率的必要条件，并把薪酬与工作组或团队（而不是个人）的绩效联系起来。纽柯公司将其员工分为大约 30 组，给予他们相当于基本工资 30% 的奖金，且奖金的发放与团队满足生产效率和质量目标的能力相关。这种关联创造了很强的为追求团队目标而相互配合的个人动机，同时促进了团队建设。

4.2.6 信息系统和效率

随着计算机的快速发展、互联网和企业内局域网（基于互联网标准的企业内部计算机网络）的爆发式成长，以及高带宽光纤和数字无线技术的广泛应用，信息系统已成为应对高效率和低成本需求的中心角色。[21] 信息系统对于生产效率的影响是广泛的，并且它潜在地影响了公司所有其他活动。例如，思科系统已经可以通过在线运行订货和客户服务职能来实现显著的成本节约。该公司仅用 300 个服务代理就处理了其所有客户的业务；相比而言，如果其销售不是在网上进行的话，则需要 900 个服务代理。这一区别每年可为公司节约 2 000 万美元。而且如果没有自动客户服务工程支持的话，思科估算其还将额外需要至少 1 000 名服务工程师，这些人会花费大约 750 万美元的成本。[22]

与思科和戴尔一样，许多公司都在使用基于网络的信息系统去降低公司与客户、公司与供应商之间的协调成本。通过使用基于网络的自动客户及供应商交互系统，它们可以极大地减少完成这种业务连接所需的人员，从而降低成本。这种发展趋势已经不仅存在于高科技行业的公司。银行和金融服务公司发现它们可以通过把账户和支持功能迁移到线上显著地降低成本。这种功能迁移减少了对客户服务代表、银行柜员、经纪人、保险代理等人员的需求。例如，银行操作将资金由一个账户转到另一个账户的平均成本为 1.07 美元，而利用互联网执行同样的交易仅需要 0.01 美元的成本。[23]

基于互联网的零售商（如亚马逊公司）也与之类似，它们的理论是用网上的虚拟库存和自动订货及校检程序代替有形的商店和店员，使公司显著地降低零售系统的成本。许多公司利用基于网络的信息系统自动处理公司内部活动也可以实现成本节约，从费用报销、福利计划到招聘流程，均可减少对内部支持性工作人员的需求。

4.2.7 基础架构与效率

一个公司的基础架构，包括公司结构、文化、战略领导风格和控制体系，决定了所有其他价值创造活动发生的内容。改进基础架构也会帮助公司提高效率和降低成本。特别重要的是，适当的基础架构有助于在全公司范围培养提高效率的责任感，并促进不同部门为追求高效目标开展协作。这些问题将在第 12 章中展开叙述。

目前对于构建公司范围内员工对效率的责任意识，战略领导尤为重要。领导者的任务在于描绘出一个愿景，以识别公司所有职能部门致力于提升效率的需求。以一种零散的方式从生产、市场营销或者研发方面提高效率是不够的。实现效率优势必须要求全公司范围内都为这个目标承担责任，而目标必须由总经理和各职能经理共同建立。领导者更进一步的任务是促进实现效率优势所需的跨职能部门的合作。例如，设计易于制造的产品需要生产部门和研发部门人员的沟通，进行准时制生产系统和生产计划的整合需要物料管理部门和生产部门的密切沟通，而生产任务型自我管理团队的设置则需要人力资源部门和生产部门的紧密合作等。

4.2.8 总结

表 4-1 概述了不同价值创造职能在实现效率优势过程中承担的主要角色。实现效率优势并不是一个职能部门接一个职能部门地去做某些事情。它需要组织整体范围的责任担当和保证职能部门间密切协作的能力。高管层通过实行领导力和影响基础架构在实现效率优势的过程中起到了重要的作用。

表 4-1 不同价值创造职能在实现效率优势过程中的主要角色

价值创造职能	主要作用
基础架构（领导层面）	承诺在全公司范围内提高效率
	促进职能部门间的合作
生产	适应并追求规模经济效应和学习效应
	实施柔性制造系统

(续)

价值创造职能	主要作用
市场营销	适应并实施积极的市场营销手段以下移经验曲线
	通过建立客户忠诚控制客户流失率
物料管理	实施准时制生产系统
	实施供应链协调
研发	设计易于生产的产品
	寻找流程创新
信息系统	使用信息系统完成自动化流程
	使用信息系统降低协调成本
人力资源	制定培训计划以培养能力
	实行自我管理团队
	实施绩效工资制度

4.3 实现卓越的质量

我们曾在第 3 章中指出，质量可以从质量的可靠性和质量的卓越性两个维度考量。高质量的产品是可靠的，这是说它们能够满足设计的目的，并且能很好地完成工作，同时消费者能够感受到它们具有良好的功能。优秀的产品质量还会带给公司两点优势：第一，质量方面的良好声誉会使公司的产品区别于其竞争对手提供的产品，从而在消费者眼中具有更高的效用，这令公司拥有了为其产品制定溢价的选择权。第二，在生产过程中消除产品的瑕疵和错误可减少浪费，提高效率，降低公司成本并提高盈利能力。例如，公司生产流程中错误数量的减少会降低销售商品成本占销售收入的百分比，从而提高公司的销售收益率和资本回报率。在本部分，我们将更加深入地观察经理们在公司的产品提供过程中是如何加强产品的可靠性和其他属性的。

4.3.1 获得卓越的可靠性

目前大多数经理增加产品提供的可靠性的原则性工具是六西格玛质量改进技术。六西格玛技术是曾经被广泛采用的全面质量管理（TQM）思想的直接延续，该思想流行于 20 世纪 80 年代和 90 年代初，最先为日本公司采用，然后扩展到美国公司。[24] 全面质量管理的概念是一批美国的管理咨询师开发出来的，包括戴明、朱兰和费根鲍姆。[25]

起初这些咨询师的成果在美国几乎没有为生产带来改观。然而日本的经理人热情地接受了他们的思想，甚至将他们关于优秀生产的最重要的年度奖项命名为戴明奖。由戴明提出的全面质量管理蕴含的思想是基于以下五步的连锁反应。

- 提高质量意味着成本的降低，因为更少的返工、更少的失误、更少的延迟和更好地利用时间和材料。
- 其结果是生产效率的提高。
- 更高的质量可带来更高的市场份额，并允许公司提高价格。

- 这可以增加公司的利润并使其能够保持商业地位。
- 从而公司会创造更多的就业机会。[26]

戴明还定义了可以成为质量改进计划部分内容的一些步骤：公司应该有一个清晰的计划，确定其详细目标以及实施方案。

- 管理层需要明白这样一个道理，即失误、瑕疵和低质量原料是不可容忍的，而且是可以消除的。
- 生产监督的水平需要提高，其方法是让监督者与工人们更多地在一起工作，并教给他们承担此项工作应具备的技能。
- 管理者应构建一个员工不惧怕报告问题或提出改进建议的环境。
- 工作标准不能仅被定义为数量和额度，还应该包括一些推进无缺陷产品生产的质量理念。
- 管理层应负责培训员工的新技能，以使之能够与员工工作环境的变化保持同步。
- 要实现更高的质量需要公司每一名员工都承担起责任。

日本20世纪80年代崛起为顶级经济力量的事实警示了西方商业社会，使它们认识到TQM理念的重要性。自此之后，质量改进计划在西方工业中快速发展。"战略行动4-3"描述了质量改进计划最为成功的应用之一——通用电气的六西格玛质量改进流程。

战略行动 4-3

通用电气的六西格玛质量改进流程

六西格玛作为一项提高质量和效率的流程方法被一些主导企业，如摩托罗拉（Motorola）、通用电气（GE）和联合信号（Allied Signal）等采用，其目的是在全公司降低产品缺陷，提高生产效率，消除浪费和削减成本。"西格玛"来自希腊字母，在统计学中被用作表示相对于均值的标准差：西格玛值越高，误差值就越小。在六西格玛的条件下，产品流程的精确率达到99.999 66%，在每100万个产品中仅可能出现3.4个瑕疵品。虽然公司几乎不可能达到这种完美状态，但是许多公司都在向着这个目标努力。

通用电气也许是六西格玛方法最热衷的实践者。在杰克·韦尔奇的指引下，通用电气花费了近10亿美元在所有部门中实现六西格玛方法。

第一批运用六西格玛流程从头至尾设计的产品之一就是价值125万美元的医用X射线断层扫描机（CT机）——Lightspeed VCT，该仪器可以快速形成人体的三维影像。新的扫描仪器仅需20秒钟就可以完成全身扫描并立刻形成复合影像，在这以前则需要3分钟。这种时间的节省意义重大，因为患者必须在扫描期间保持固定的姿态。为了提高可靠性并降低新机器的生产成本，GE公司花费5 000万美元做了250个独立的六西格玛分析。它的努力很快得到了回报，第一批用户很快就发现了该产品的可靠性，因为仪器从启动开始不会在患者交替时停机。

为了实现上述程度的可靠性需要做很多工作。GE的工程师们将扫描机分解为基本的组件，并通过细致的步骤分析方法尝试提高每一部分的可靠性。例如，CT扫描机最重要的部分是聚集 X 光线的真空管。GE 先前的 CT 机使用的真空管每个的成本为 6 万美元，而且可靠性很低。医院和诊所都希望这些真空管能在每天 12 小时的强度下使用至少 6 个月，但是通常它们只能维持上述时间的一半。而且，GE 每年大约要报废 2 000 万美元的真空管，因为这些真空管在发货前未能通过性能测试，并且还有一部分有缺陷的真空管逃过了之前的检测，公司只能宣称它们在送达后也是不可使用的。

为了尝试解决可靠性问题，六西格玛小组将真空管拆离出来。他们知道真空管中使用的以石油为主的油料可以通过隔绝具有正电荷的阳极和具有负电荷的阴极来阻止短路的发生，而油料会在几个月之后坏掉，从而导致短路，但是小组不知道油料变坏的原因。通过对真空管上所有部件进行统计性的假设情景分析法，研究人员发现是真空管内部的含铅油漆掺入油料导致油料变坏。根据上述信息，六西格玛小组采取了行动，他们研发出可以保护真空管和油料的油漆。

通过对各方面改进的不懈追求，六西格玛小组已经能够将 CT 机中的真空管的平均使用寿命由 3 个月延长到超过一年。虽然这项改进使真空管的成本由 6 万美元上升为 8.5 万美元，但是增加的成本可以被缩减更换配件成本、在客户中更具吸引力等因素弥补。

资料来源：C. H. Deutsch, "Six-Sigma Enlightenment," *New York Times*, December 7, 1998, p. 1; J. J. Barshay, "The Six-Sigma Story," *Star Tribune*, June 14, 1999, p. 1; D. D. Bak, "Rethinking Industrial Drives," Electrical/Electronics Technology, November 30, 1998, p. 58. G. Eckes, *The Six-Sigma Revolution* (New York: Wiley, 2000); General Electric, "What Is Six Sigma?," http://www.ge.com/en/company/companyinfo/quality/whatis.htm.

4.3.2 实施可靠性改进方法

在那些成功地实施了质量改进方法的公司中，一些特定的必要步骤是要坚持的。接下来我们将按照它们在公司实施质量改进流程中的一般顺序对它们进行讨论。然而首先需要强调的是产品可靠性的改进是一个跨职能的过程。它的实施需要所有职能部门在追求质量改进的共同目标下进行紧密的合作；其过程是横跨一些职能的。表 4-2 对各个职能在实现可靠性改进方法方面的作用进行了简要描述。

表 4-2 各个职能在实现可靠性改进方法方面的作用

价值创造职能	作 用
基础架构（领导层面）	提供全面领导以及对质量的承诺
	寻找衡量质量的方法
	设定目标并建立激励机制
	向雇员寻求建议
	鼓励职能部门间的合作
生产	缩短生产流程
	追溯缺陷源头
市场营销	专注于客户
	提供质量方面的客户反馈
物料管理	梳理供应商
	帮助供应商实施质量改进方法
	查找来自供应商的缺陷

（续）

价值创造职能	作　　用
研发	设计易于生产的产品
信息系统	利用信息系统监控缺陷率
人力资源	制定质量改进培训计划
	识别并培训"黑带"
	组织员工成立质量小组

第一，很重要的一点是，高级管理者要认可质量改进项目，并向组织强调其重要性。

第二，如果想要使质量改进项目成功的话，就一定要把项目领导职责明确到个人。在六西格玛方法中，杰出的员工将被识别出来，并接受关于六西格玛方法的"黑带"课程培训。在未来的两年中，"黑带"们将从他们常规的工作角色中脱离出来，被委以六西格玛项目方面的相对独立的工作。实际上，他们就此成为内部顾问和项目领导者。由于他们要致力于六西格玛项目，因此他们不会脱离日常工作任务。为了使"黑带"任务具有吸引力，许多公司现在都将其作为员工职业生涯的一个阶梯。成功的"黑带"员工在两年之后不需要再回到原先的工作岗位，他们将获得晋升或被赋予更多的责任。

第三，质量改进方法强调发现流程中缺陷的需要，追溯该缺陷的源泉，找出何种原因导致了该缺陷，并做出改正以防止再度发生。生产和物流管理在这方面至关重要。为了发现缺陷，质量改进技术依赖于统计程序来精确定位商品或服务的质量变动。一旦发现变动，就要追溯它们的源头并予以消除。

一种非常有助于查找到缺陷源头的技术是减少生产产品的批量。生产过程的缩短使缺陷可以立刻显现出来。因此，他们可以快速查找到源头，并对问题进行定位。减少生产批量还意味着即便缺陷产品产生，它们的数量也不会很大，因此可以减少浪费。柔性生产技术可以用来在不提高成本的情况下降低批量。准时制库存系统同样可以起到作用。在JIT系统环境下，有缺陷的部件即时进入生产流程，而不是在使用前就储存几个月。因此，有缺陷的投入部件可以很快地被定位，然后问题可以被追溯到供应的源头，并在更多的缺陷产品被生产出来前进行纠正。在传统的系统环境下，原料在使用之前会存储数月，这表明许多缺陷产品可能是在产品进入生产流程之前由供应商造成的。

第四，提高质量的另一个关键是建立可用作测度质量的度量标准。这在生产型公司中相对容易，可以使用诸如每百万件产品缺陷率之类的标准来测量产品质量。而在服务型公司中就显得较为困难，但还是可以使用一些创造性思维设计出合适的度量标准。例如，佛罗里达电能公司（Florida Power & Light）使用的一项衡量质量的指标是每月抄表误差。

第五，一旦度量标准被设定，接下来的步骤就是设立一个具有挑战性的目标，建立实现目标的激励机制。在六西格玛项目中，目标是每百万件中不超过3.4个次品。为了完成目标的激励机制之一就是将目标与奖金和晋升机会之类的回报进行关联。

第六，工人可成为改进产品质量的重要信息来源，因此工人必须参与且被纳入质量改进项目中。

第七，劣质产成品的一个重要源头在于劣质的零部件。为了降低产品缺陷，公司要与供应商一同展开工作以提高供应零部件的质量。

第八,一个产品需要的装配步骤越多,出错的可能性越高。因此,用较少的零件设计产品通常是一个质量改进计划的重要组成部分。

第九,实施质量改进方法需要全组织范围内的承诺和职能间的重要合作。为了设计出易于生产的产品,研发部门必须与生产部门合作;为了识别出营销部门不能解决的客户问题,营销部门必须与生产部门和研发部门合作;为了制定适合的质量培训计划,人力资源部门要与公司所有其他部门进行合作等。

4.3.3 提升质量的卓越性

如我们在第 3 章中所述,产品具有很多不同的属性,可靠性虽然是很重要的一个方面,但仅仅是其中之一。产品之间可以通过一些属性相区别,这些属性统称为产品的卓越性,其中包括产品的结构、特征、性能、耐久性和风格等。此外,公司可以通过强调与产品相关的服务属性来创造质量的卓越性。例如,戴尔利用便捷的订货(通过公司网站)、快速的送达、简便的安装和随时可得的顾客支持与维护保养服务实现了差异化。差异化还依托于在购买过程中与客户发生互动的公司成员的特性,如他们的能力、态度、可信度、响应能力和沟通能力。以新加坡航空公司(Singapore Airlines)为例,该公司在服务质量方面享有盛誉主要是因为乘客能够感受到乘务人员的尽责、有礼以及对客户需求的及时响应。因此我们说,产品属性、服务属性和人员属性都是与公司提供的产品相关联的(见表 4-3)。

表 4-3 与提供的产品相关联的属性

产品属性	服务属性	相关人员属性
结构	订货便捷性	能力
特征	货物送达	礼貌礼节
性能	安装	可信度
耐久性	客户培训	可靠性
可靠性	客户咨询	响应能力
风格	保养和维修	沟通

由于产品被认为是考量优秀的一个很重要的维度,公司的产品提供必须优于其竞争对手。若要实现在任意一个属性上都能被感知到具有高质量,管理者需要采取具体的行动。

第一,对管理者而言,收集能够暗示哪些属性对于客户重要的营销情报是意义重大的。例如,个人电脑的消费者并不重视产品耐久性,因为他们认为随着技术的进步个人电脑通常在三年之内就会过时。但是他们通常对功能和性能有很高要求。相似地,订货的便捷性和送货的及时性对在线图书销售商的顾客来说则是非常重要的属性(如客户对亚马逊网上书店的需求),而对于那些购买了管理本公司与供货商复杂关系的 B2B 软件的客户,客户培训和咨询服务则是非常重要的属性。

第二,一旦公司识别出了那些对于顾客重要的属性,就需要对产品和有关的服务进行设计,以使这些属性能够体现在产品中;同时也需要确保公司成员得到了适当的培训,以至于正确的属性能够得到足够的重视。这需要市场营销与产品开发的紧密协作(这是下一部分的话题),以及人力资源管理职能在员工挑选和培训方面的参与。

第三，公司要决定提升哪些重要属性的水平以及如何在消费者心中做最好的定位，也就是说如何制作营销信息使其能在消费者脑海中建立持久的印象。[27] 在这一点上，实施者必须认识到，尽管产品可以在六个基本属性上体现出与其他产品的差异，但是在所有方面都传递信息会导致没有重点。许多市场营销专家都提倡仅在一两个有关客户核心的属性上做提高。例如，沃尔沃公司（Volvo）在所有的营销信息中一贯强调汽车的安全性和持久性，在消费者心中建立了沃尔沃汽车安全耐用的认知（这依赖于设计环节）。尽管沃尔沃公司的汽车除此之外还非常可靠并具有良好性能，但是公司并没有在其营销信息中强调这些方面的属性。相比之下，保时捷（Porsche）在其所有的营销信息中强调性能和设计风格，因此保时捷在消费者心中有了与沃尔沃不同的定位。它们都因为自身优越的属性而被认为是高品质的产品，但是两家公司对于产品属性侧重点的选择是非常不同的，它们通过各自不同的方式实现了与普通汽车的差异化。

第四，必须认识到竞争并非静态，而是在产品属性方面的持续改进和新产品属性不断发展的过程。这在发展迅速的高科技行业中尤为明显，几年前曾被认为有领导性优势的产品特性现在可能已经过时，而在相对稳定的行业中也会有同样的情况。例如，微波炉在20世纪80年代的快速发展对食品公司生产的冷冻食品属性提出了新的要求，即食品必须在微波加热过程中维持它们原有的质地和黏稠度。如果这些食品不具备这样的属性，那么就不会被认为是高质量的。这说明了公司拥有强大研发能力的重要性，研发职能可以协同营销职能和生产职能一起持续地升级公司设计出的产品的属性。如何准确地实现这一目标将在下一部分进行介绍。

4.4 实现卓越的创新

用多种方式建立能造就创新的特色竞争力是竞争优势最重要的源泉，因为创新能够带来更好地满足客户需求的新产品，提高现有产品的质量（属性），降低客户所需产品的生产成本。因此，开发创新型产品和流程的能力赋予公司重要的竞争优势，它可以使公司实现产品差异化并制定溢价，将成本降至低于竞争对手的水平。然而竞争者会尝试模仿成功的创新并且常常获得成功。因此，维持竞争优势需要在创新方面做出持久的付出。

成功的新产品投产是较强盈利能力的主要驱动因素。罗伯特·库珀（Robert Cooper）观察了超过200个新产品投放的案例，并发现在定义为成功的案例中约有50%获得超过33%的资本回报率，一半的成本回收期为两年或更短，而且有一半的市场占有率超过了35%。[28] 许多公司建立了对成功创新的追踪记录。它们包括成功推出 iPod、iPhone 和 iPad 的苹果公司，20世纪90年代和21世纪初期制造了8种在当时引起轰动的新药品的辉瑞公司，将在磁带和黏合剂方面的核心竞争力广泛运用到新产品中的3M公司，以及一直在个人电脑创新性微处理器开发方面处于领导地位的英特尔公司。

4.4.1 创新的高失败率

尽管推进创新可以成为竞争优势的来源之一，但是创新性产品的失败率却很高。有证据表明仅有10%～20%的重点研发项目促使了产品商业化的成功。[29] 公众熟知的失败产品包括苹果公司的个人数字助理产品 Newton、索尼公司在视频录播机市场上的 Betamax，以及世嘉公司（Sega）的 Dreamcast 视频游戏控制台，还有在苹果的 iPhone 问世后，由微软创建的早期智能手机操作系统 Windows Mobile 在顾客的眼中就已淘汰。为什么如此多的新产品都未能产生相应的经济回报？先前已对这一问题的产生进行了较多的解释，在众多对于失败的解释中，有五项总是频繁地出现在表单上。[30]

第一，很多产品之所以失败，是因为对该项创新的需求具有不确定性。我们不可能事先预知市场反应，无论是新产品是否会开启一种未被发现的顾客需求，还是该产品的批量生产是否有足够大的市场需求。虽然好的市场调研可以降低诸如对于新技术的未来需求之类的不确定性，但是不确定性不可能被完全消除，因此要对一定的失败率有所预期。

第二，新产品经常失败，是因为失败的商业化过程，即当客户对于新产品的需求明确时，产品却由于某些原因（如糟糕的设计和质量）没能满足顾客的需求。例如，微软未能在智能手机市场上确立一个持久的、占据主导的地位，尽管在苹果公司的 iPhone 上市之前，使用 Windows Mobile 操作系统的手机已于 2003～2004 年被引入市场，但 Windows Mobile 的设计很糟糕。Windows Mobile 手机有一个实体键盘，还有一个小而杂乱的屏幕，以及很难导航，这使得产品对很多客户都没有吸引力。相比之下，iPhone 的大触摸屏和虚拟键盘吸引了很多客户，他们争先恐后地来购买。

第三，新产品可能会由于糟糕的定位战略而失败。**定位战略**（positioning strategy）是公司根据四个主要的市场维度，即定价、分销、促销和广告、产品特征对产品实施的特定的选择。除了糟糕的设计以外，Windows Mobile 失败的另一个原因就是 Windows 手机的定位战略较差。微软针对商业用户，而苹果公司则通过将 iPhone 定位到零售客户开发了大众市场。

第四，很多新产品引入的失败要归因于公司经常会犯在没有足够市场需求时进行营销的技术错误。技术短视会使公司被新技术的魔力弄得辨不清方向，无法检验出顾客对新产品是否有需求。一个典型的例子是赛格威（Segway）双轮个人运输车。它的陀螺仪的控制非常复杂，虽然邀请了大量的媒体进行宣传，但销售量大大低于预期，大多数消费者不需要这样的运输工具。

第五，公司会由于产品的反应慢于市场而失败。产品从最初开发到走向市场花费的时间越多（产品循环过程越慢），其他公司就越容易在市场上击败你并获得先行优势。[31] 在汽车行业，通用汽车公司就是这样的缓慢创新者，其产品循环周期长达 5 年，与之相比，本田、丰田和马自达只需要 2～3 年的时间，福特也只需 3～4 年。由于通用汽车公司是基于 5 年前的技术和设计理念，因此其产品在问世时就已经过时。

4.4.2 减少创新失败

管理者想要降低创新的失败率，最重要的事情之一就是确保研发、生产和市场营销之间是紧密相连的。[32] 各部门之间的紧密整合有以下优点：

- 让客户的需求推动产品开发项目。
- 对新产品进行易于生产的设计。

- 使开发成本的螺旋式上升得到有效控制。
- 缩短产品开发及推向市场的时间。
- 研发和营销职能的紧密整合确保产品开发项目由客户需求驱动。

公司的客户可以成为新产品创意的主要源头。识别客户的需求，特别是尚未满足的需求，通常是成功的产品创新发生的背景。作为与客户发生接触的节点，市场营销职能可以提供有价值的信息。而且一旦产品被商业化，研发与营销的协同合作就开始变得非常关键。否则，公司就要面对进行没有需求或仅有有限需求的产品开发的风险。

研发与生产之间的整合帮助公司在产品设计时能够考虑到生产的需要。面向生产的设计降低了制造成本，减少了发生错误的可能，因此可以降低成本并提高产品质量。整合研发和生产职能有助于降低开发成本和加速产品问世。如果新产品的设计不考虑生产能力，那么在现有生产技术水平下将很难完成生产任务。在这种情况下产品将被重新设计，总体开发成本和问世时间都将大大提高和推迟。例如，在产品计划期间对设计进行变更会增加50%的总体开发成本和25%的产品推向市场的时间。[33]

实现跨职能整合的最佳途径之一是建立由研发、营销和生产部门代表组成的跨职能产品开发团队。团队的目标应是监督产品开发项目从初始的开发概念到导入市场的整个过程。为了有效地发挥职能并满足开发中所有的目标，有一些特征对产品开发团队是很重要的。[34]

第一，一位重量级的项目经理，即在组织内部有很高的地位，并有权力和威望，能为团队获得成功取得所需资金和人力资源的人物，应该领导团队并将主要精力（尽管不是全部）贡献给项目。领导者要相信项目能够成功，并精于整合各职能部门的观点，帮助来自各职能部门的人员为了共同的目标一起工作。领导还要能够成为加强团队与高级经理接触的倡导者。

第二，团队应该包括来自每个关键职能部门的至少一名成员。团队成员应具有众多属性，包括贡献本职能专业知识的能力、在他们本部门中具有较高的威望、拥有为团队结果分担责任的意愿和提出职能性建议的能力。如果核心成员能为项目的进展付出100%的努力，情况通常就会变得更好。这种付出能确保他们把注意力集中在项目上，而非他们日常的职能工作。

第三，团队成员应被安排在同一个区域内工作，以便使他们产生友情、促进沟通。

第四，团队应该有明确的计划和目标，特别是关于关键开发技术和开发预算的考虑。为达到目标，团队需要进行激励，如完成重要目标任务时的奖金。

第五，每个团队需要形成自己的沟通模式和解决冲突的方式。例如，昆腾公司（Quantum），一家总部位于加州的个人计算驱动器制造商，就制定了一项制度，要求在每周一下午的会议上完成所有重大决策的制定以及争议的解决。这项简单的制度帮助团队实现了开发目标。[35]

第六，许多证据有力地证明了发展创新方面的竞争力需要经理们采取一些前摄行为，他们应从产品开发的经验中汲取养分，并将过去成功和失败的收获与教训整合到未来的新产品开发过程中去。[36] 当然，说比做容易得多。为了从经验中学习，经理需要承担产品开发项目之后的客观分析，识别关键成功要素和导致失败的根源，并向修正失败的过程中分配资源。如果想鼓励其他人负责任地继续反思他们究竟在何处犯错，领导者需要首先直面自己的失败。

表 4-4 对不同职能在实现卓越创新方面的主要作用进行了归纳。下表明确了两个问题：高管层必须承担监督管理整个新产品开发流程的责任，这要求把控产品开发流程并促进职能间的合作；新产品研发的效果依赖于研发职能与市场营销和生产职能协作的能力。

表 4-4 不同职能在实现卓越创新方面的主要作用

价值创造职能	主要作用
基础架构（领导层面）	管理整个项目（如对开发职能的管理） 促进职能间的合作
生产	就设计易于生产的产品方面与研发职能进行合作 与研发职能一同发展流程创新
市场营销	向研发职能提供市场信息 与研发职能一同开发新产品
物料管理	无主要职责
研发	开发新的产品和流程 与其他职能进行合作，尤其注意开发过程中与营销和生产职能的合作
信息系统	利用信息系统协调跨职能和跨公司的产品开发工作
人力资源	雇用有才能的科学家和工程师

4.5 实现卓越的客户响应

为了实现卓越的客户响应，公司必须清楚顾客需要什么、何时需要及他们愿意支付的价格并满足他们，只要公司的长期盈利能力不会在此过程中受到危害即可。客户响应是一项有助于建立客户忠诚的重要的特征属性。强大的产品差异性和品牌忠诚度会容许公司更大的定价权；公司可以为自己的产品制定溢价或为了向顾客出售更多的产品和服务而保持低价。无论采用哪种方式，具有更强客户响应能力的公司都会在其他条件相同的情况下比对手更具竞争优势。

实现卓越的客户响应意味着给客户带来价值，公司采取的提高生产流程效率和与产品质量的措施应当与这个目标相一致。此外，想要满足客户所需还要开发出具有新特征的新产品。总之，实现卓越的效率、质量和创新都是实现优秀客户响应的组成部分。实现这一目标还有其他两个先决条件：第一，公司要通过倾听和关注客户、调查和识别他们的需求来发展竞争力；第二，公司要不断寻找更好地满足客户需求的方法。

4.5.1 专注于客户

公司必须首先了解客户的需求是什么，才能对客户的需求做出响应。因此，构建优秀客户响应能力的第一步是倡导全公司关注客户。这意味着公司为此要实施领导、塑造员工态度，并运用机制以确保客户的需求信息能够被公司获取。

4.5.2 实施领导

客户关注必须始于组织的高层。只有在实施了强有力的领导的公司中，对优秀客户响应的责任才能最终为全公司带来观念性的转变。"把客户放在第一位"的任务声明是就所需关注向员工明确传达信息的一种方式。另一个途径是高管层自身的行动。例如，达美乐比萨的创始人汤姆·莫纳根（Tom Monaghan）为了与客户保持亲密接触，定期食用达美乐的比萨，每周尽可能多地去店里拜访客户，亲自送一些外卖，同时坚决要求其他高管做同样的事情。[37]

4.5.3 塑造员工态度

仅仅依靠领导不足以实现卓越的客户响应。所有的员工都必须把自己的关注点放在客户身上，而且无论他们属于营销、制造、研发还是财会部门，都要接受专注于客户的培训。这样做的目的在于让员工把自己想象成客户，站在客户的角度考虑问题。到那时，员工将能与公司一起更好地识别出改进客户体验质量的方法。

为了强化理念，公司的激励系统需要对实现了客户满意的员工进行奖励。例如，四季连锁酒店（Four Seasons）的那些以关注客户为荣的高级经理们总是喜欢讲 Roy Dyment 的故事：作为多伦多店大堂服务员的 Dyment 忘记将一位离店客人的公文包装上出租车。该大堂服务员给这位身在华盛顿的律师客人打了电话，并发现他为了明天的会议非常需要那个公文包。Dyment 在没有事前得到他的老板同意的情况下就搭乘前往华盛顿的飞机把公文包还给了客户。四季酒店对 Dyment 的工作失误和去华盛顿前未与经理商量的情况并没有进行处罚，而是把当年命名为 Dyment 员工年。[38] 这项举动向四季酒店的员工明确传递了满足客户需要的重要性。

4.5.4 了解客户的需求

"了解客户"是实现卓越客户响应的要素之一。了解客户不仅需要员工自己像客户一样思考，还需要倾听他们的客户想说什么。这意味着公司需要通过向客户征求关于公司产品和服务方面的反馈意见，并构建与相关人员进行反馈沟通的信息系统，把客户的想法带到公司中来。

现在思考服装直销商 Lands' End 公司的例子。通过分类目录、网络和客户服务接线员等手段，该公司主动地获得客户关于服装质量和期待提供的商品种类的评价。其实，客户的要求是推动公司转向服装细分市场的最初动力。Lands' End 曾经是通过邮购目录销售帆船装备的公司。然后它收到了来自客户的很多请求，要求在商品供应中提供户外服装。公司迅速响应，拓展了供货目录的内容以满足这些需求。于是它丢下了帆船装备，让服装成为公司的主要业务。今天，公司依旧对客户的要求保持密切关注。每个月计算机都会为经理们打印出一份客户的要求与评价。这份反馈可以帮助公司调整销售的商品。而且作为对客户要求的响应，新的产品线也确实会被经常引入。

4.5.5 满足客户需求

一旦专注于客户已成为公司内部的一部分，下一项要求就是满足那些被识别出的客户需求。我们已经提到过，效率、质量和创新都是帮助公司满足客户需要的关键能力。除此之外，如果公司通过在有可能的情况下为顾客个体提供定制化产品，以及缩短做出响应并满足客户需求的时间来差异化自己的产品，就可以提供更高水平的客户满意度。

4.5.6 定制化

定制化是根据某个客户群体甚至单个客户的需求和口味，通过改变产品或服务的特征进行量身定做的行为。尽管广泛地采用定制化会提高成本，但柔性生产技术的发展使产品定制化的可能性远远超过了 10～15 年前的可行程度，而且不会造成难以承受的成本上涨（特别是在柔性生产技术与基于网络的信息系统结合之后）。例如，亚马逊之类的网络零售商利用网络技术开发出了为每一名用户提供定制服务的主页。每当客户进入亚马逊网站的时候，他/她就会被提供一个图书或音乐的推荐列表，列表是根据先前的购买记录分析而来的，这项核心能力使亚马逊公司取得了竞争优势。

定制化的发展趋势将很多市场分割成了更小的利基市场，特别是在消费者市场中。在 20 世纪 80 年代早期的日本，当本田公司（Honda）统治日本摩托车市场时就发生过这种市场分割的案例。当时日本的第二大厂商雅马哈（Yamaha）决定追逐本田的领先地位。它宣称要建立一个新的工厂，其满负荷生产能力可以使雅马哈成为全世界最大的摩托车生产商。本田的应对策略为扩充产品线和加快引进新产品的速率。在这场"摩托战"的初始阶段，本田公司的产品线上有 60 种摩托车产品。在 18 个月之后，它的产品线迅速增长到 113 种，可以定制化地满足更小的利基市场的需求。由于其灵活制造的能力，本田完成了这一任务而没有造成高昂的成本损失。本田公司定制化生产的洪流将雅马哈挤出了大部分市场，有效地阻止了其超越本田的企图。[39]

4.5.7 响应时间

为了获得竞争优势，公司要经常对客户需求快速做出响应，其业务可能是客户订购一件家具后生产商的产品递送，可能是银行贷款申请的程序，可能是汽车制造商为更换一个损坏的汽车备件送货，也可能是超市结账通道的等待。我们生活在快速发展的社会中，时间就是一种宝贵的商品。能够利用快速响应满足客户需要的公司能建立客户忠诚，差异化它们的产品，并能为产品制定溢价。

速度的提高可为公司带来制定溢价的选择权，这在邮递行业得到了验证。邮递行业中的航空快递利基市场基于一种理念，即与常规邮递相比，客户总是愿意为隔夜即到的邮件快递服务支付高得多的价钱。另一个快速响应能够带来价值的例子是卡特彼勒，一个中型推土设备生产商，它可以在 24 小时之内将备件送到世界上的任何角落。中型推土设备的停工时间非常昂贵，所以卡特彼勒对于设备故障的快速响应能力对其客户极其重要。因此，尽管有来自日本小松公司（Komatsu）富有挑战性的低价竞争，很多客户还是保持了对卡特彼勒的忠诚。

总的来说，缩短响应时间需要能够与生产部门快速沟通客户反馈情况的市场营销职能、能够快速调整生产计划以应对未知客户需求的生产和物料管理职能，以及能够在客户响应过程中为生产和营销职能提供帮助的信息系统。

表 4-5 简述了公司为实现卓越的客户响应，不同职能必须采取的步骤。尽管市场营销职能（因其可以代表公司与客户接触）在帮助公司实现此目标中扮演了关键角色，但表 4-5 显示了其他职能同样具有重要的作用。实现卓越的客户响应需要高层管理者在公司内部建立客户导向的目标方面发挥领导作用。

表 4-5　不同职能在实现卓越客户响应方面的主要作用

价值创造职能	主要作用
基础架构（领导层面）	通过领导层树立榜样，建立全公司范围的客户响应责任
生产	通过实施柔性生产达到定制化 通过柔性生产实现快速反应
市场营销	了解客户 与相应职能部门沟通客户反馈情况
物料管理	开发物流系统对意外客户需求的快速反应能力
研发	将客户引入产品开发过程
信息系统	使用基于网络的信息系统以提高客户响应能力
人力资源	开发培训项目，使员工能从客户角度思考问题

本章小结

1. 公司可以通过许多步骤提高效率，例如，挖掘规模经济和学习效应，采用柔性生产技术，降低客户流失率，实施准时制库存管理，使研发部门设计易于生产的产品，通过培训提升员工技能，引入自我团队管理，实行绩效工资，通过强大的领导力建立全公司范围对质量的责任感，设计促进不同职能间为追求效率目标而合作的机制。

2. 卓越的质量可以帮助公司降低成本、差异化产品和制定溢价。

3. 实现卓越的质量需要全组织范围的对于质量的责任和对客户明确的关注。同时还需要衡量质量目标的测度方法和突出质量的激励机制，采纳来自员工的提升质量方法的建议，寻求一种追踪缺陷源头并纠正产生缺陷的问题的方法，合理调整公司的供应商结构，与实施全面质量管理项目的供应商展开合作，以易于生产为目的来设计产品，以及促进职能部门之间的实质性合作。

4. 由于很多不确定因素的存在，因此引入新产品的失败率较高，如失败的商业化、失败的定位战略、缓慢的产品循环周期以及技术上的短视。

5. 为了实现卓越的创新，公司必须培养基础研究和应用研究技能，设计管理产品开发项目的优良程序，并主要通过跨职能产品开发团队和部分并行开发程序来完成不同职能间的紧密整合。

6. 实现卓越的客户响应一般需要公司实现卓越的效率、质量和创新。

7. 为实现卓越的客户响应，公司需要在客户有需求时，为他们提供他们所需要的。公司必须保证对客户的重点关注，要做到这一点可以通过利用领导作用强调客户关注，训练员工站在客户角度思考，利用出色的市场调研将客户引入公司，定制化生产满足单个客户或某个客户群体独特需求的产品，以及对客户需求做出快速响应。

讨论问题

1. 竞争优势的四项组成部分之间是怎样相互联系的？
2. 在帮助公司实现卓越的效率、质量、创新和客户响应的过程中，高管层起到了怎样的作用？
3. 从长期来看，你认为采用六西格玛质量改进过程是能够为公司带来竞争优势，还是仅会使公司成为竞争者旗鼓相当的对手？
4. 创新与竞争优势之间的关系是怎样的？

结篇案例

亚马逊网站

在杰夫·贝佐斯（Jeff Bezos）1995年创立亚马逊时，这家在线零售商只专注于销售书籍。随后，其销售范围扩大到了音乐和视频。今天，你可以从亚马逊购买各种各样的多媒体商品和普通商品，亚马逊现在是世界上最大的在线零售商，年销售额超过850亿美元。据贝佐斯说，亚马逊的成功是基于三个核心因素：不断关注为客户提供价值、提高运营效率以及创新意愿。

亚马逊以低价格为客户提供了一个比实体商店更广泛的选择操作系统，客户在网上购物时，通过完善的用户界面，根据产品建议、客户愿望清单以及用户的重复购物选择来完成购买。亚马逊从搜索引擎（如谷歌）获得的流量百分比已经连续几年下降，而其他在线零售商则越来越依赖第三方搜索引擎。这表明亚马逊正逐渐成为网上购物模式的起点，它目前活跃的客户基础已接近2.5亿人。

亚马逊一直在配送中心网络上大量投资，以快速准确地向客户提供商品。仅在美国就有40多个这样的配送中心。复杂的软件用来分析客户采购模式，告知公司他们订购了什么，并将其存储在配送网络中，由此决定什么时候收取费用以及何时运送。它的目标是降低库存成本，同时保持商品的库存。日益加强的配送中心网络使亚马逊可以缩短它向客户交付产品所需的时间，由此降低交付成本。随着亚马逊的发展，它可以支持更密集的配送网络，从而使其能够更快速地以更低的成本完成客户订单，巩固其竞争优势。

为了使配送中心更加高效，亚马逊正在实行自动化运作。直到前不久，在亚马逊配送中心，大多数产品的挑选和包装都是手工完成的，员工们需要走20英里才可以把商品从货架上拿出来，再送到包装站。虽然每天步行20英里可能对员工的身体健康有好处，但这却浪费了很多时间，也会影响工作效率。

2012年，亚马逊收购了Kiva，这是一家在服务仓库领先的机器人制造商。在被收购后，Kiva宣布，在接下来的2~3年，它将不接受外部订单，而是专注于亚马逊的自动化配送中心。Kiva机器人可以实现从货架上挑选产品并送到包装站，这将使每个配送中心所需的员工数量减少30%~40%，并相应地提高生产效率。

在创新方面，亚马逊一直是推动数字化媒体的领导者。其Kindle电子阅读器的发明，以及使用户在专用的Kindle设备上或在iPad等通用设备上都能使用阅读器的技术，推动了数字化图书的发行，也奠定了亚马逊在市场上的领先地位。数字化图书正在颠覆传统的图书零售行业，并加强亚马逊在这一领域的优势。在存储数字媒体的载体，无论是书籍还是电影和音乐，以及快速的客户下载方面，亚马逊已经建立了庞大的服务器群。它早期投资基于云计算的基础设施已将亚马逊转变为这一领域的领导者。现在，它正在利用其专长和基础设施来建立另一个业务——亚马逊网络服务（AWS），它将为其他公司提供网站、数据和相关软件。2014年，这项新业务的收入超过25亿美元，使亚马逊成为新兴云计算领域的早期领导者之一。杰夫·贝佐斯表示，他认为AWS的销售量将最终与亚马逊在线零售业务的销售量相匹敌。

资料来源："Amazon to Add 18 New Distribution Centers," *Supply Chain Digest*, August 7, 2012; A. Lashinsky, "Jeff Bezos: The Ultimate Disrupter," *Fortune*, December 3, 2012, pp. 34–41; S. Banker, "The New Amazon Distribution Model," *Logistics Viewpoints*, August 6, 2012; G. A. Fowler, "Holiday Hiring Call: People Vs Robots," *The Wall Street Journal*, December 10, 2010, p. B1.

讨论题

1. 亚马逊为了提高效率，采取了哪些职能层战略？

2. 亚马逊为了提高客户响应能力，采取了哪些职能层战略？
3. 产品质量对亚马逊意味着什么？亚马逊为了提高产品质量，采取了哪些职能层战略？
4. 创新是如何帮助亚马逊提高效率、产品质量和客户响应能力的？
5. 你认为亚马逊有什么有价值且稀有的资源吗？这些资源在哪些活动中创造价值？
6. 亚马逊如何保持在线零售业务的竞争地位？

注释

[1] G. J. Miller, *Managerial Dilemmas: The Political Economy of Hierarchy* (Cambridge: Cambridge University Press, 1992).

[2] H. Luft, J. Bunker, and A. Enthoven, "Should Operations Be Regionalized?" *New England Journal of Medicine* 301 (1979): 1364–1369.

[3] S. Chambers and R. Johnston, "Experience Curves in Services," *International Journal of Operations and Production Management* 20 (2000): 842–860.

[4] G. Hall and S. Howell, "The Experience Curve from an Economist's Perspective," *Strategic Management Journal* 6 (1985): 197–212; M. Lieberman, "The Learning Curve and Pricing in the Chemical Processing Industries," *RAND Journal of Economics* 15 (1984): 213–228; R. A. Thornton and P. Thompson, "Learning from Experience and Learning from Others," *American Economic Review* 91 (2001): 1350–1369.

[5] Boston Consulting Group, *Perspectives on Experience* (Boston: Boston Consulting Group, 1972); Hall and Howell, "The Experience Curve," pp. 197–212; W. B. Hirschmann, "Profit from the Learning Curve," *Harvard Business Review* (January–February 1964): 125–139.

[6] A. A. Alchian, "Reliability of Progress Curves in Airframe Production," *Econometrica* 31 (1963): 679–693.

[7] M. Borrus, L. A. Tyson, and J. Zysman, "Creating Advantage: How Government Policies Create Trade in the Semi-Conductor Industry," in P. R. Krugman (ed.), *Strategic Trade Policy and the New International Economics* (Cambridge, Mass.: MIT Press, 1986); S. Ghoshal and C. A. Bartlett, "Matsushita Electrical Industrial (MEI) in 1987," Harvard Business School Case #388-144 (1988).

[8] See P. Nemetz and L. Fry, "Flexible Manufacturing Organizations: Implications for Strategy Formulation," *Academy of Management Review* 13 (1988): 627–638; N. Greenwood, *Implementing Flexible Manufacturing Systems* (New York: Halstead Press, 1986); J. P. Womack, D. T. Jones, and D. Roos, *The Machine That Changed the World* (New York: Rawson Associates, 1990); R. Parthasarthy and S. P. Seith, "The Impact of Flexible Automation on Business Strategy and Organizational Structure," *Academy of Management Review* 17 (1992): 86–111.

[9] B. J. Pine, *Mass Customization: The New Frontier in Business Competition* (Boston: Harvard Business School Press, 1993); S. Kotha, "Mass Customization: Implementing the Emerging Paradigm for Competitive Advantage," *Strategic Management Journal* 16 (1995): 21–42; J. H. Gilmore and B. J. Pine II, "The Four Faces of Mass Customization," *Harvard Business Review* (January–February 1997): 91–101.

[10] P. Waurzyniak, "Ford's Flexible Push," *Manufacturing Engineering*, September 1, 2003: 47–50.

[11] F. F. Reichheld and W. E. Sasser, "Zero Defections: Quality Comes to Service," *Harvard Business Review* (September–October 1990): 105–111.

[12] Ibid.

[13] The example comes from Reichheld and Sasser.

[14] R. Narasimhan and J. R. Carter, "Organization, Communication and Coordination of International Sourcing," *International Marketing Review* 7 (1990): 6–20.

[15] H. F. Busch, "Integrated Materials Management," *IJDP & MM* 18 (1990): 28–39.

[16] G. Stalk and T. M. Hout, *Competing Against Time* (New York: Free Press, 1990).

[17] See P. Bamberger and I. Meshoulam, *Human Resource Strategy: Formulation, Implementation, and Impact* (Thousand Oaks, Calif.: Sage, 2000); P. M. Wright and S. Snell, "Towards a Unifying Framework for Exploring Fit and Flexibility in Human Resource Management," *Academy of Management Review* 23 (October 1998): 756–772.

[18] A. Sorge and M. Warner, "Manpower Training, Manufacturing Organization, and Work Place Relations in Great Britain and West Germany," *British Journal of Industrial Relations* 18 (1980): 318–333; R. Jaikumar, "Postindustrial Manufacturing," *Harvard Business Review,* November–December 1986, pp. 72–83.

[19] J. Hoerr, "The Payoff from Teamwork," *Business Week,* July 10, 1989, pp. 56–62.

[20] "The Trouble with Teams," *The Economist,* January 14, 1995, p. 61.

[21] T. C. Powell and A. Dent Micallef, "Information Technology as Competitive Advantage: The Role of Human, Business, and Technology Resource," *Strategic Management Journal* 18 (1997):

375–405; B. Gates, *Business @ the Speed of Thought* (New York: Warner Books, 1999).

[22]"Cisco@speed," *The Economist,* June 26, 1999, p. 12; S. Tully, "How Cisco Mastered the Net," *Fortune,* August 17, 1997, pp. 207–210; C. Kano, "The Real King of the Internet," *Fortune,* September 7, 1998, pp. 82–93

[23]Gates, *Business @ the Speed of Thought.*

[24]See the articles published in the special issue of the *Academy of Management Review on Total Quality Management* 19:3 (1994). The following article provides a good overview of many of the issues involved from an academic perspective: J. W. Dean and D. E. Bowen, "Management Theory and Total Quality," *Academy of Management Review* 19 (1994): 392–418. See also T. C. Powell, "Total Quality Management as Competitive Advantage," *Strategic Management Journal* 16 (1995): 15–37.

[25]For general background information, see "How to Build Quality," *The Economist,* September 23, 1989, pp. 91–92; A. Gabor, *The Man Who Discovered Quality* (New York: Penguin, 1990); P. B. Crosby, *Quality Is Free* (New York: Mentor, 1980).

[26]W. E. Deming, "Improvement of Quality and Productivity Through Action by Management," *National Productivity Review* 1 (Winter 1981–1982): 12–22.

[27]A. Ries and J. Trout, *Positioning: The Battle for Your Mind* (New York: Warner Books, 1982).

[28]R. G. Cooper, *Product Leadership* (Reading, Mass.: Perseus Books, 1999).

[29]See Cooper, *Product Leadership*; A. L. Page "PDMA's New Product Development Practices Survey: Performance and Best Practices," presentation at PDMA 15th Annual International Conference, Boston, MA, October 16, 1991; E. Mansfield, "How Economists See R&D," *Harvard Business Review* (November–December 1981): 98–106.

[30]S. L. Brown and K. M. Eisenhardt, "Product Development: Past Research, Present Findings, and Future Directions," *Academy of Management Review* 20 (1995): 343–378; M. B. Lieberman and D. B. Montgomery, "First Mover Advantages," *Strategic Management Journal* 9 (Special Issue, Summer 1988): 41–58; D. J. Teece, "Profiting from Technological Innovation: Implications for Integration, Collaboration, Licensing and Public Policy," *Research Policy* 15 (1987): 285–305; G. J. Tellis and P. N. Golder, "First to Market, First to Fail?" *Sloan Management Review,* Winter 1996, pp. 65–75; G. A. Stevens and J. Burley, "Piloting the Rocket of Radical Innovation," *Research Technology Management* 46 (2003): 16–26.

[31]G. Stalk and T. M. Hout, *Competing Against Time* (New York: Free Press, 1990).

[32]K. B. Clark and S. C. Wheelwright, *Managing New Product and Process Development* (New York: Free Press, 1993); M. A. Schilling and C. W. L. Hill, "Managing the New Product Development Process," *Academy of Management Executive* 12:3 (August 1998): 67–81.

[33]O. Port, "Moving Past the Assembly Line," *Business Week* (Special Issue, "Reinventing America," 1992): 177–180.

[34]K. B. Clark and T. Fujimoto, "The Power of Product Integrity," *Harvard Business Review* (November–December 1990): 107–118; Clark and Wheelwright, *Managing New Product and Process Development*; Brown and Eisenhardt, "Product Development"; Stalk and Hout, *Competing Against Time.*

[35]C. Christensen, "Quantum Corporation—Business and Product Teams," Harvard Business School Case, #9-692-023.

[36]H. Petroski, *Success Through Failure: The Paradox of Design* (Princeton, NJ: Princeton University Press, 2006). See also A. C. Edmondson, "Learning from Mistakes Is Easier Said Than Done," *Journal of Applied Behavioral Science* 40 (2004): 66–91.

[37]S. Caminiti, "A Mail Order Romance: Lands' End Courts Unseen Customers," *Fortune,* March 13, 1989, pp. 43–44.

[38]Sellers, "Getting Customers to Love You."

[39]Stalk and Hout, *Competing Against Time.*

PART 3

第三部分

战　略

第 5 章　业务层战略
第 6 章　业务层战略与行业环境
第 7 章　战略与技术
第 8 章　全球环境中的战略
第 9 章　公司层战略：横向一体化、纵向一体化和战略性资源外包
第 10 章　公司层战略：相关与非相关多元化战略

第 5 章
业务层战略

| 开篇案例 |

维珍美国航空公司

维珍美国航空公司一直以来都被评为美国顶级航空公司之一。这家有着7年历史的航空公司在其旧金山的主要枢纽区以外还为20个目的地提供服务。维珍美国航空公司以其皮革座椅、鸡尾酒休息室、机载Wi-Fi、在座位旁为电子设备设置的电源插座、全方位的膳食服务，以及其他航空公司最缺乏的宽松的腿部空间而广为人知。该航空公司自2007年成立以来获得了一系列奖项，如：2008～2014年，它每年都在《康德纳斯特旅游者》杂志的"读者选择奖"中被评为"美国最佳航空公司"；连续7年获得《旅游与休闲》杂志"世界最佳"奖项中的"国内最佳航空公司"。此外，《消费者报告》杂志在2013年和2014年将维珍美国航空公司评为"美国最佳航空公司"。这些评选结果都有行业统计数据的支持。2014年，维珍美国航空公司在美国准时抵达的航空公司中排名第一，其中83.5%的飞机能够准时到达。维珍美国航空公司在拒绝登机（0.07‰）、粗暴对待行李（0.87‰）以及客户投诉（1.50‰）方面也一直保持着最低水平。

维珍美国航空公司是英国亿万富翁理查德·布兰森（Richard Branson）创立的维珍集团的子公司。布兰森最开始从事的是音乐行业，分别创立了维珍唱片商店（成立于1971年）和维珍唱片公司（成立于1973年）。1984年，他利用维珍品牌与维珍大西洋公司进入了一个全新的行业——航空业。维珍大西洋公司凭借卓越的客户服务、高端旅客的创新体验和有竞争力的价格赢得了市场份额，成为英国航空公司在伦敦以外的一些长途航线上的主要竞争对手。布兰森还允许在各种业务中使用维珍品牌，包括维珍媒体（英国有线电视运营商）、维珍金融（英国金融服务公司）和维珍移动（目前很多国家都在使用的通信品牌）。这一策略使维珍成为世界上最知名的品牌之一。有趣的是，无论被授权使用维珍品牌的公司是否盈利，布兰森都能靠特许权使用费赚取收益。布兰森将维珍品牌描述为"创新、品质、有趣"。

尽管拥有这些荣誉和品牌优势，维珍美国航空公司却仍然很难赚钱。其中一个原因是，维珍美国航空公司作为一家小型航空公司，在许多航线上每天只有几个班次，无法为消费者提供多个可选择的出发时间，但这是许多旅客所需要的。例如，在对技术人员来说比较热门的旧金山到奥斯汀这条航线上，美国联合航空公司每天提供6个班次，捷蓝航空公司提供2个班次，而维珍美国航空公司却只有1个班次。

另一个严重的问题是，它提供的所有额外服务（高品质的服务）耗资较多。在运营的前5年里，维珍美国航空公司累计亏损4.4亿美元，2013年的收入为14亿美元，仅实现6 700万美元的微利。2014年，维珍美国航空公司上市，并创造了1.5亿美元的净利润，收入接近15亿美元，这得益于经济改善、需求旺盛，以及喷气燃料的成本降低。

公司面临的主要竞争性问题是，它是一个较大型行业中的利基参与者，在这个行业中，西南航空公司和捷蓝航空公司等廉价航空正不断对价格施加压力，并在每天都开设多个航班。维珍美国航空公司的票价比这些低成本竞争对手的价格高出10%～20%，但是价格提高太多会损失客户或导致座位空置，这会导致其最终在微利行业中失败。例如，2012年年底，在纽约肯尼迪机场到洛杉矶的航线上，维珍美国航空公司的票价平均为305美元，而行业平均水平为263美元。维珍美国航空公司的旅客运输量为同期行业平均水平的96%。其首席执行官大卫·库什（David Cush）坚持认为，航空公司不会进行价格战。"我们的产品很好，并且我们有很高的顾客忠诚度。人们愿意为此多支付20美元或30美元。"他是否正确？只有时间会给出答案。然而，"上帝"并没有站在维珍美国航空公司这边。自1978年航空公司放松管制以来，除了约250家新航空公司，其他所有航空公司都倒闭了。

资料来源：M. Richtel, "At Virgin America, a fine line between pizazz and profit," *New York Times*, September 7, 2013; B. Tuttle, "Why an airline that travelers love is failing," *Time*, October 25, 2012; T. Huddleston, "Virgin America goes public," *Fortune*, November 13, 2014; A. Levine-Weinberg, "How Richard Branson built a $5-billion fortune from scratch," *Motley Fool*, October 19, 2014, www.fool.com.

| 本章概述 |

在本章中，我们将介绍**业务层战略**（business-level strategy）的制定。回顾第1章，业务层战略是指一个公司在特定市场上的竞争策略。公司最基本的业务层战略是确定谁是公司要服务的对象（服务哪些客户群体）、客户需要和希望公司努力满足哪些需求，以及公司如何满足这些需求和愿望。[1] 如果这听起来很熟悉，是因为我们在第1章考虑公司如何构建任务说明时已经讨论过这一点。

维珍美国航空公司为我们提供了如何运作业务层战略的例证（见开篇案例）。维珍美国航空公司主要服务于中高收入旅客，这些旅客大多从事技术行业，愿意支付额外的10%～20%的费用，以享受更愉快的飞行体验。维珍美国航空公司企图通过卓越的客户服务和一系列的飞行产品满足客户群体的需求，包括皮革座椅、更宽松的腿部空间和全方位的膳食服务。维珍美国航空公司获得的许多奖项，已将自己和竞争对手区别开来。然而，与许多追求差异化战略的企业一样，维珍美国航空公司也必须承担比对手更高的成本。这在航空业尤其明显，因为西南航空公司和捷蓝航空公司等廉价航空已经将旅客票价降到最低。除非维珍公司能以更高的价格填补飞行成本，否则该战略可能不会带来更高的利润和持续的竞争优势。

在本章中，我们将介绍管理者如何制定业务层战略，以及如何执行该战略以获得可持续的竞争优势。我们首先考察公司在市场中竞争的两种基本方式——降低成本和通过差异化将它们的产品或服务与竞争对手提供的产品或服务区别开来，从而创造更多的价值。接下来，我们会考虑客户选择和市场细分的问题，并讨论管理者在制定市场细分策略时需要做出的决定。然后，综合这一点，我们将分析企业可以采用的各种业务层战略，以及成功实施这些战略必须做些什么。本章结尾还讨论了管理者如何制定创新型业务层战略的问题，以使其公司在市场上处于独一无二的地位。

5.1 低成本和差异化

战略就是对竞争优势的一种追求。正如我们在第3章讲到的，在最基本的层面上，如果一个公司的成本可以比竞争对手的更低，或者如果能够将其产品与竞争对手的区分开来，那么公司就具有了竞争优势，从而能够创造更多的价值。我们首先讨论低成本，然后再看差异化。[2]

5.1.1 低成本

想象一下，如果行业中的所有企业都提供除了价格以外所有方面都非常相似的产品，而且市场对每家企业的需求量相对于总市场需求都很小，那么它们都无法影响现行的价格。这就是油、小麦、铝、钢等商品市场的情况。例如，在全球石油市场上，石油的价格是由供求关系决定的。即使是世界上最大的私营石油生产商埃克森美孚，其产量也仅占世界总产量的3.5%左右，并不能影响当前的价格。

在商品市场中，成本最低的公司拥有竞争优势。低成本使公司能够在竞争对手亏损的价格点获利。低成本还可以使公司在价格上削弱竞争对手，获得市场份额，并维持甚至提高盈利能力。行业中的低成本玩家处于非常有利的地位。

将成本降至竞争对手的成本以下不仅在纯粹的商品行业是一个强有力的策略，在其他情况下也有很大的效用。例如，百货零售业就不是传统的商品行业。尽管如此，沃尔玛通过低成本战略在美国市场上建立了非常强大的竞争地位。由于成本非常低，沃尔玛可以降价，以增加市场份额，并在竞争对手亏损的价格点上盈利。航空业也是如此，西南航空公司处于低成本竞争地位，其经营效率使得它能够在一个不断遭受价格战冲击的行业中赚钱，而许多竞争对手却被迫破产。

5.1.2 差异化

现在,我们来看一下差异化。差异化是指通过一些竞争对手难以匹敌的优势来区分自己的公司与竞争对手。正如我们在开篇案例中所看到的,维珍美国航空公司通过卓越的客户服务和提供竞争对手所没有的机上便利设施来区别于其他航空公司。一个公司可以在很多方面与竞争对手进行区分,一个产品可以通过更卓越的产品可靠性(它很少或从未发生故障)、更优秀的设计、更优越的性能、更优质的销售点服务和售后支持,以及更好的品牌形象等进行区分。劳力士手表通过卓越的设计、材料使用和产品可靠性与时尚腕表区别开来;丰田汽车依靠卓越的产品可靠性与通用汽车区分开来(丰田的新车型的缺陷一直以来都比通用汽车的少);苹果通过卓越的产品设计、易用性、在苹果商店提供优质的客户服务,以及能够与其他苹果产品(如计算机、iPad、iTunes 和 iCloud)轻松同步,将 iPhone 与其他同类产品区分开来。

差异化给公司带来了两大优势。第一,公司可以通过差异化为其商品或服务收取溢价。第二,差异化可以帮助企业提升整体需求,从竞争对手那里抢夺市场份额。在 iPhone 的案例中,苹果通过成功的差异化策略获得了这两个好处。尽管苹果对 iPhone 的定价比竞争对手的智能手机高,但其差异化吸引力却带来了强劲的需求增长。

重要的是要注意差异化往往(但不总是)会增加公司的成本。维珍美国航空公司为旅客提供舒适、全方位服务的飞行体验确实会增加很多成本。通常情况下,追求差异化战略的公司也确实比追求低成本战略的公司要承担更高的成本。但从另一个角度看,因增加了基本需求而成功实现的差异化,实际上可以降低成本。苹果的 iPhone 就是一个例子。苹果在 iPhone 中使用了非常昂贵的材料——屏幕采用大猩猩玻璃,外壳采用拉丝铝。它原本可以使用便宜的塑料,但是产品将不会这么好看,并且容易有划痕。虽然这些材料最初的确增加了 iPhone 的单位成本,但事实是,苹果已经出售了这么多 iPhone,现在它在采购方面享有规模经济,可以有效地降低昂贵材料的价格。iPhone 成功的差异化不仅有助于公司获取溢价,而且可以通过实现规模经济来降低成本,从而提升利润率。这就是为什么苹果在 2014 年下半年占据了全球智能手机业务 89% 的利润。

苹果的例子表明了一个重要的事实:成功的差异化能够带给管理者更多的选择。一个选择是提高价格以反映产品提供的差异性,并以此弥补成本增量(见图 5-1)。许多企业都追求这一策略,只要价格增量高于成本增量,盈利能力就可以提高。例如,四季酒店非常豪华,它当然为其豪华投入了很多成本,但是它也为房间制定了很高的价格,因此公司是有利可图的。

苹果的例子也表明,更高的盈利能力和利润增长可以来自成功的差异化带来的需求增加,这使得企业能够更有效地利用其资产,从而实现规模经济带来的低成本。这就有了另一个选择:成功的差异化可以保持价格不变,或者只是略微增加,通过卖出更多的商品,实现规模经济来提高盈利能力(见图 5-1)。[3]

另一个例子是关于星巴克的。该公司凭借其优质的咖啡饮品,快速、高效、友好的服务,店内设计营造出的舒适氛围,以及强大的品牌形象,将其产品与其竞争对手(如塔利咖啡)区别开来。这种差异化增加了每家星巴克咖啡店的客流量,从而提高了员工的生产率(他们总是很忙）以及投资在此咖啡店的资本生产率。因此，每家咖啡店都通过客流量的增大实现了规模经济，从而降低了每家咖啡店的平均单位成本。总成本在星巴克 12 000 家门店之间进行分摊，这意味着潜在的巨大成本节约可以转化为更高的盈利能力。除此之外，星巴克还可以依靠成功差异化带来的需求增加，使每家门店卖出更多的商品，并利用加速的利润增长增开更多的门店。

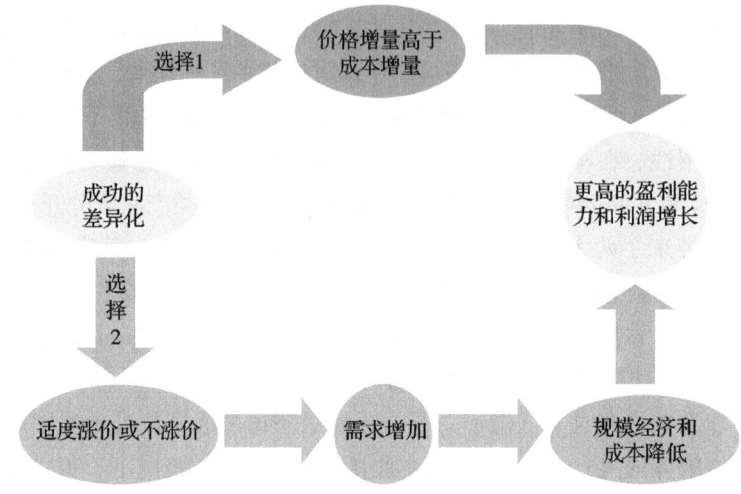

图 5-1　成功的差异化带来的选择

资料来源：Charles W.L. Hill © Copyright 2013.

5.1.3　低成本与差异化的权衡

我们目前讨论的重点在于，低成本和差异化是获得竞争优势的两种截然不同的方式。追求低成本的企业竭尽全力提高生产率，降低成本，而追求差异化的企业必须承担更高的成本才能实现差异化。简言之，一个企业不能既是沃尔玛又是诺德斯特龙，既是维珍美国航空公司又是西南航空公司，既是保时捷又是起亚，既是劳力士又是天美时。管理者必须在这两种基本方式之间进行选择，以获得竞争优势。

然而，从这些方面来描述低成本和差异化之间的选择是很粗略的。正如我们已经指出的那样，如果差异化可以带来需求的大幅增长和规模经济的实现，那么这种成功的差异化就很有可能会降低成本。实际上，低成本和差异化之间的关系比这更微妙。与其说企业战略是做出非此即彼的选择，不如说是在低成本和差异化之间实现某种平衡。

图 5-2 对这些问题给出了很好的解释。图 5-2 中的曲线说明了所谓的效率边界（在经济学中也称为生产可能性边界）。[4] 效率边界显示了公司在低成本和差异化方面可以选择的所有不同组合，假设其职能层战略和组织安排均可以有效配置以支持特定的位置（注意图 5-2 中的横轴——沿着横轴向右移动意味着成本降低）。效率边界由于收益递减而呈凸起的形状。收益递减意味着当企业已经在其提供的产品中采取了明显的差异化时，增加相对较小的差异需要大量的额外成本。因此，如果一家公司已经实现了低成本，那么它就必须放弃增加产品的差异化，而去追求更多的成本降低。

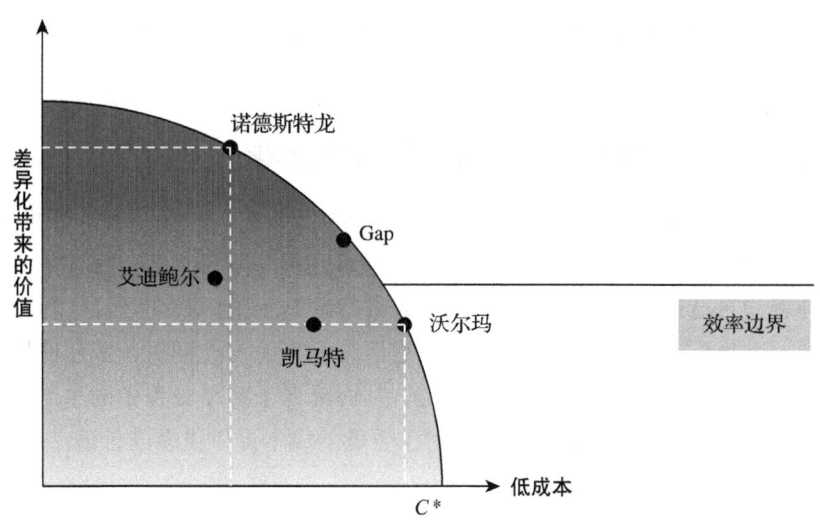

图 5-2　低成本与差异化的权衡

资料来源：Charles W.L. Hill © Copyright 2013.

图 5-2 中的效率边界是针对美国服装零售商而言的（沃尔玛销售的产品不仅限于服装，但这不需要我们关注）。从图中可以看出，高端零售商诺德斯特龙和低成本零售商沃尔玛都处于效率边界，这意味着两个企业都有效地配置了它们的职能层战略和组织安排。然而，它们却采取了非常不同的战略，诺德斯特龙具有很高的差异化和高成本，而沃尔玛是低差异化和低成本，然而，这些并不是行业中唯一可行的选择。Gap 也处在效率边界上，提供比沃尔玛质量更高的服装商品，在更有吸引力的环境中销售，但其产品差异化远不及诺德斯特龙，它位于沃尔玛和诺德斯特龙之间。这个中间企业以比沃尔玛更高的成本，提供适度的差异化，这是非常有效的，因为有很多消费者需要这个选择：他们不想从沃尔玛购买看起来廉价的衣服，又想要购买比诺德斯特龙更便宜的时尚休闲服装。

重要的是，低成本与差异化之间通常有许多组合是可行的，因为有足够的需求支持。管理者的任务是确定行业中可行的位置，然后配置企业的职能层战略和组织安排，使其尽可能高效地运行，使企业能够到达效率边界。不是所有的公司都能做到这一点，只有那些可以到达效率边界的公司才有竞争优势。达到效率边界需要卓越的战略执行，正如本章提到的，业务层战略是通过职能层战略和组织安排来实现的。因此，要成功实施业务层战略，达到效率边界，公司必须选择正确的职能层战略并且组织得当，而且业务层战略、职能层战略和组织安排必须相互匹配。

应该指出的是，一个行业效率边界上所有点的位置并不是具有同样的吸引力。对于某些位置，可能没有足够的产品需求。而对于其他位置，竞争对手可能处于相同的位置，竞争空间可能太拥挤，由此产生的竞争可能会使价格低于可接受水平。

在图 5-2 中，凯马特位于效率边界内侧。凯马特正试图将其置于与沃尔玛相同的竞争空间中，但其内部运作效率不高（该公司 21 世纪初期在破产保护下经营，虽然现在已经摆脱破产危险了）。图 5-2 中的西雅图服装零售商艾迪鲍尔（其母公司是 Spiegel）也是如此。与凯马特相同,艾迪鲍尔相对于其竞争对手来说,也并非高效运营。在过去的 20 年中,它的母公司经历过三次破产保护。

5.1.4 价值创新:以更低的成本实现更大的差异化

效率边界不是静态的,而是通过管理者的努力创新提高公司业绩不断向外推进的。例如,20 世纪 90 年代中期,戴尔向外推动了 PC 行业的效率边界(见图 5-3)。戴尔率先在线销售个人电脑,允许客户自己配置电脑,通过定制化有效地创造价值。换句话说,在线销售策略可以让戴尔与通过零售店销售个人电脑的竞争对手区分开来。与此同时,戴尔使用通过网络提交的订单信息来有效地协调和管理全球供应链,从而降低了整个流程中的生产成本。最终的结果是戴尔能够通过卓越的差异化以比竞争对手更低的成本提供更多的价值。通过流程创新,戴尔重新定义了行业内的效率边界。

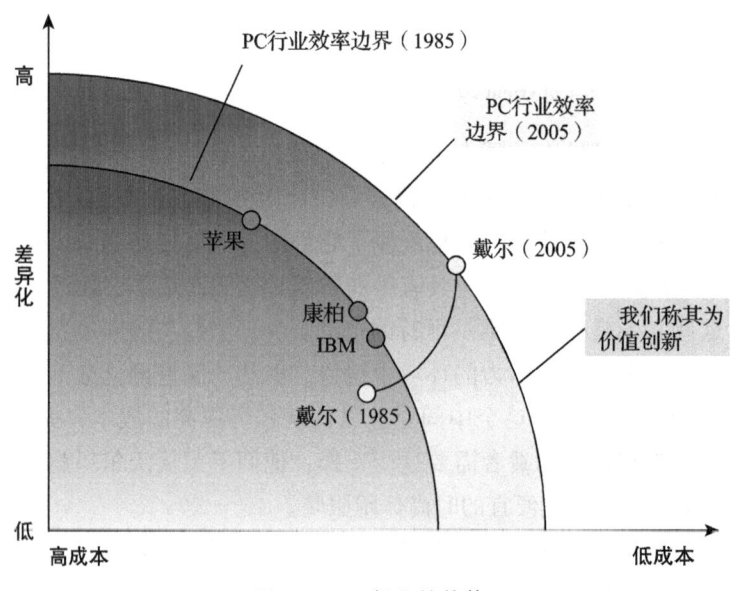

图 5-3　PC 行业的价值

资料来源:Charles W.L. Hill © Copyright 2013.

我们用**价值创新**(value innovation)一词来描述创新推动行业的效率边界,实现比以前更加卓越的差异化、更低的成本,获得更高的价值。[5] 当一家公司率先创新并带来价值创新时,它就有效地改变了一个行业的游戏规则,并可能在很长一段时间内比竞争对手占上风,戴尔就是这样。在超过十年的时间里,当大家都在争先恐后地追赶行业领导者时,戴尔通过利用互联网的力量在线销售个人电脑并协调全球供应链跑赢了竞争对手。

丰田是从价值创新中受益的另一家公司。正如我们在第 3 章和第 4 章中讨论的,丰田率先推出了精益生产系统,提高了汽车的质量,同时降低了成本。丰田重新定义了汽车行业的可能性,有效推动了效率边界,使公司能够以竞争对手难以达到的低成本水平实现了产品的差异化,并以此维持了 20 多年的竞争优势。另一个价值创新的例子是关于宜家如何重新定义家具行业的竞争规则的(见"战略行动 5-1")。

战略行动 5-1

宜家：家具零售的价值创新

宜家（IKEA）是全球最大的私营家具零售商之一。2014年，宜家在全球拥有361家门店，164 000名员工，全年营业额达300亿欧元，客户访问量达到8.61亿人。该公司创始人英格瓦·坎普拉德（Ingvar Kamprad）的愿景是将家具大众化，以低成本制造时尚、实用的家具。

坎普拉德的目光聚焦于对现在的家具市场的反应。有些家具被视为昂贵的传家宝，消费者一般在零售商店决定购买家具后，需要给制造商下订单，而且可能需要3个月的时间才能交付，而有些家具因设计不佳、质量低劣则只能在折扣店销售。宜家的主要目标人群是年轻人，这个群体大多希望为自己的第一套公寓或住房配备时尚且价格低廉的家具，当他们有能力购买更经典、传家宝式的家具时，这些家具就可以被处理掉。

多年来，坎普拉德组建了一个世界级的团队，设计出了时尚、优质的家具，强调干净的"瑞典式"线条。宜家的一个重要目标是使其产品比竞争对手生产的同类产品便宜30%。为了压低成本，坎普拉德和他的同事们想出了很多方法以降低家具的制造成本和交付成本。他们与供应商长期密切合作，以此降低材料和制造成本。他们设计出可以扁平包装的家具，从而降低了运输和存储成本。他们将组装的任务转移给了消费者，并承诺给他们更低的价格。宜家甚至让消费者自己从仓库中提取商品，这些商品通常陈列在产品展示区域和收银柜台之间。由于这些都是在公司的职能层面上进行的，相比于竞争对手来说，宜家能够以较低的成本为目标市场提供更多的价值。通过精明的市场细分和深思熟虑的价值创新战略，宜家在瑞典乃至全球，重新定义了家具市场的竞争规则，发展成为全球最大的家具零售商之一，也使坎普拉德成为世界上最富有的人之一。

资料来源：C.W.L. Hill, "IKEA in 2013: Furniture Retailer to the World," in C.W.L Hill, G.R. Jones, and M. Shilling, *Strategic Management*, 11th edition (Boston: Cengage, 2015).

5.2 市场细分：谁是我们的客户

正如本章所介绍的，业务层战略首先是要确定公司将要为谁服务，需要满足哪些需求，以及如何满足这些需求和愿望。这些问题无法直接回答，因为市场上的客户不是同质的。他们通常有根本性的差异：有些人是富有的，而有些人不是；有老年人，也有年轻人；有女人，有男人；有些人受流行文化的影响较多，有些人却从来没有看过电视；有些人住在城市，而有些人住在郊区；有些人在乎地位和称谓，而有些人则不关心这些；有些人重视享受，有些人重视金钱；有些人每天都运动，有些人却连一次健身房都没有去过；有些人大多数时候说英文，而另外一些人则以西班牙语为他们的第一语言；等等。

每个公司面临的一个基础性问题是，是否识别出了客户的这种差异，如果已识别，那么公司如何根据某个或某些它特定的细分群体来定制其战略。回答这些问题的第一步是根据客户在人口特征、需求和愿望上的差异来进行市场细分。

市场细分（market segmentation）是指将市场细分为具有可清晰辨认的类似需求和愿望特征的客户群体的过程。这些细分市场中的客户是相对同质的，而与其他市场的客户则不同质。

例如，耐克根据运动项目和性别来划分运动鞋市场，因为它认为参与不同运动项目的人们期望运动鞋有不同的性能（为跑步设计的鞋子不适合用于打篮球），男性和女性也希望拥有不同风格和造型的鞋子（大多数男士不喜欢穿粉红色的鞋子）。类似地，在可乐市场，可口可乐根据消费者需求来细分市场，为普通消费者提供常规可口可乐，而针对那些很在意个人体重的消费者群体则特别设计了健怡可口可乐。健怡可口可乐根据性别进一步细分，无糖可口可乐针对女性群体，而零度可口可乐则针对男性群体。

5.2.1 市场细分的三种方法

基本的市场细分方法有三种：第一种是针对不同的细分市场定制不同的产品，而不是生产和销售针对该市场普通客户的标准化产品。直到 20 世纪 80 年代初，在健怡可口可乐和樱桃口味的可口可乐等受欢迎的可乐问世之前，可口可乐一直采用这种方法。在那个时代，可口可乐是所有人的饮料。可口可乐通过对生活方式的广告宣传将自己定位为标志性的美国饮料，是"真正的地道"，以此与其竞争对手（尤其是百事可乐）的产品区别开来。一些网络广播新闻节目现在也在采用这种方式。例如，美国广播公司新闻频道（ABC News）提供的新闻报道是针对普通美国观众量身定做的。与可口可乐不同，沃尔玛的目标市场是普通客户，尽管如此，沃尔玛降低成本以便天天低价，同样为客户提供了物有所值的价值，而且使其获得了利润。

第二种是要认识到细分市场之间的差异，并为每个细分市场创造不同的产品。可口可乐自 1980 年以来便采用了这种方法。1982 年，健怡可口可乐上市，主要针对重视体重和健康的群体。2007 年，零度可乐上市，这也是一种健怡可乐，但这次是针对男性群体。可口可乐公司这样做是因为公司研究发现男性倾向于将健怡可口可乐与女性联系起来。自 2007 年以来，健怡可口可乐被重新定位为女性的减肥饮料。同样地，在汽车行业中，丰田拥有的品牌覆盖了整个市场：赛恩聚焦于预算有限的年轻入门级消费者，丰田聚焦于中端市场，而雷克萨斯则聚焦于高端市场。在每一个细分市场中，丰田试图通过卓越的产品可靠性和高品质与竞争对手的产品区别开来。

第三种方法是，仅针对有限数量的细分市场，或只突出一个市场，并将自身打造成服务该特定细分市场的最佳选择。在汽车市场中，保时捷专注于最高端的市场，富裕的中年男性消费者是它的目标群体，这个群体对汽车的驾驶速度、马力和设计有着较高的要求。保时捷显然正在追求这一细分市场的差异化战略，尽管它强调它与丰田的差异化不同。另外，韩国的起亚已经将自己定位为行业中的低成本玩家，其销售目标针对那些精打细算的中低收入群体。在网络广播新闻业务中，福克斯新闻（Fox News）和微软全国广播公司节目（MSNBC）也采取了这种聚焦战略。福克斯将其内容定向于政治右派的观众，而微软全国广播公司节目则针对左派的观众。

当管理者决定忽略不同的细分市场，为普通消费者制造出一种固定的标准化产品时，我们说他们正在追求**标准化战略**（standardization strategy）。当他们决定服务多个细分市场时，我们说他们正在追求**细分战略**（segmentation strategy）。当他们决定服务有限的细分市场，或只服务其中一个细分市场时，我们说他们正在追求**聚焦战略**（focus strategy）。今天，沃尔玛正在追求的是标准化战略，丰田追求的是细分战略，而诺德斯特龙追求的则是聚焦战略。

5.2.2 市场细分、成本和收入

重要的是要明白，这些不同的市场细分方法对成本和收入有不同的影响。首先来看看标准化战略和细分战略之间的差别。

与细分战略相比，标准化战略通常与低成本相关联，采用这种战略的公司只生产一种基本产品，并通过实现高销售量来获得规模经济。沃尔玛追求的就是标准化战略，从而实现了巨大的采购规模经济，以此降低了其销售的商品的成本。

相比之下，细分战略要求公司将其产品定向匹配到不同的细分市场中，生产多种产品，一种产品对应一个细分市场。定制化导致成本提高的原因有两个：第一，公司每种产品的销量相对较少，使其很难实现规模经济；第二，针对高端细分市场的产品可能需要更多的功能和特性，从而会提高生产和交付成本。

除此之外，重要的是不要忽视生产技术的进步，特别是精益生产技术的进步，它使得大规模定制成为可能，即生产更多的产品品种而不会造成很大的成本损失（详见第4章）。另外，设计可使用通用零部件的产品使得一些制造企业在零部件生产中实现了巨大的规模经济效益，同时仍然生产针对不同细分市场的各种最终产品。这是大型汽车公司经常采用的一种方法，它们会尽可能在广泛的车型中使用通用组件和组装平台。当大规模定制和组件共享的可能性达到某种程度时，追求细分战略的公司承担的成本损失就会得到控制。

虽然标准化战略可能比细分战略具有更低的成本，但细分战略有一个很大的优势：它使得公司通过定制产品来满足不同消费群体的需求，从而总体上实现更多的收入。产品针对普通消费者的标准化战略可能会失去很多对功能和特性要求高且愿意为这些支付更多费用的客户。同样，它也可能会失去那些负担不起标准化产品的客户，但是如果有更基础的产品可用，这些客户便可能进入市场。

这个事实在20世纪20年代的汽车行业中首次得到认可。早期的汽车行业领先者是拥有T型产品的福特。亨利·福特说，消费者可以要"任何颜色，只要是黑色"。福特实质上追求的是标准化战略。然而，20世纪20年代，福特的市场份额很快就输给了通用汽车，通用汽车追求的是细分战略，它会针对不同客户群体定制一系列不同的产品。

聚焦战略对成本和收入的影响是微妙的。专注于高收入或高价值市场的公司往往会有更高的成本，其中有两个原因。第一，它们必须对产品增加功能、提高性能以吸引高收入消费者，这增加了成本。例如，奢侈品零售商诺德斯特龙在房价昂贵的地区开店，而且装潢奢华、空间巨大、商品价格昂贵，不像沃尔玛销售基础款式的衣服和鞋子周转那样快。第二，服务于某一特定市场，需求有限，难以实现规模经济。但是，专注于高端市场的战略使公司比追求标准化和细分战略的企业能够收取更高的价格。

对于专注于低收入市场，或者希望实现物有所值的细分市场，公司需要采用不同的策略。这样的公司往往会生产比较便宜的基础产品。这会帮助它们降低成本。例如，零售商开市客专注于那些寻求物有所值的消费者，相比于品牌，这些消费者更关注价格。开市客在巨大的像仓库一样的店铺中销售有限数量的商品。一个开市客的店铺可容纳3 750SKU（stock-keeping units，存货量单位），而平均每个沃尔玛超市则有142 000SKU。开市客的产品被直接存放在像仓库那样的金属货架上销售。开市客为消费者提供了批量采购基础商品（如早餐麦片、狗粮和纸巾）的机会，而且价格低于其他地方。它的库存周转很快，通常在向供应商付款之前就已将其出售，从而减少了对营运资金的需求。因此，根据细分市场的需求调整业务，使得开市客虽然不能像沃尔玛一样在采购方面获得巨大的规模经济，但是它能够像沃尔玛一样降低零售的成本和定价。当然，缺点是开市客提供的购物选择比沃尔玛超市的少得多，因此，对于寻求低价购物的消费者，沃尔玛很可能会成为他们最终的选择。

5.3 业务层战略的选择

我们现在有足够的信息可以识别出公司做出的基本的业务层战略选择。这些基本选择有时被称为**一般业务层战略**（generic business-level strategy）。这些选择如图 5-4 所示。

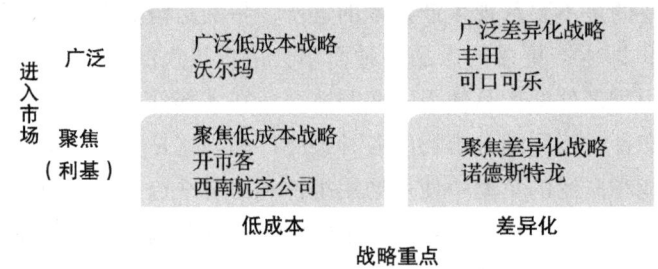

图 5-4　一般业务层战略

追求标准化战略或细分战略的公司都会瞄准广泛的市场。然而，追求细分战略的公司会识别出不同的细分市场并相应地定制其产品，而追求标准化战略的公司则侧重于为普通消费者服务。针对广泛市场的公司可以专注于成本降低，以提高价格并仍然从中获利，这时它们采取的就是**广泛低成本战略**（broad low-cost strategy）。它们也可以尝试以某种方式来区分它们的产品，这时它们追求的便是**广泛差异化战略**（broad differentiation strategy）。决定识别不同细分市场并针对每个细分市场提供不同产品的公司默认采用的是广泛差异化战略。这是有可能的，就像可口可乐在 20 世纪 80 年代之前所做的那样，在没有识别细分市场的情况下追求差异化战略。如今，沃尔玛追求广泛低成本战略，而丰田和可口可乐追求广泛差异化战略。

针对几个（通常是一个）细分市场的公司正追求聚焦或利基战略。这些公司既可以尝试开市客追求的**聚焦低成本战略**（focus low-cost strategy），也可以尝试通过增加功能和特性来定制它们的产品，以满足特定细分市场的需求，就像维珍美国航空公司所做的那样，在这种情况下，我们说它们正在追求**聚焦差异化战略**（focus differentiation strategy）。

重要的是要明白，最好的行业竞争方式不是只有一种。不同的战略可能同样可行。沃尔玛、开市客和诺德斯特龙都属于零售行业，尽管三者以不同的方式进行竞争，但它们的财务业绩都非常好。重要的是，管理者对自己的业务层战略要有信心，有明确的逻辑支持这个战略，有匹配他们战略的产品，并且有与这个战略一致的职能层战略和组织安排，从而使这一战略得到有效执行。

一般业务层战略概念的创始人迈克尔·波特（Michael Porter）认为，企业必须在图 5-4 所示的不同选项之间做出明确的选择。[6] 如果不这样做，波特认为，公司可能会"卡在中间"

并且有相对较差的绩效。波特论点的中心是，一个公司不可能既实现差异化战略，又实现低成本战略。根据波特所言，差异化本身就会增加成本，同样的道理，为了实现低成本的公司必然要限制在产品差异化上的支出。

这一观点有很大的价值。正如我们指出的，一家公司不能同时是诺德斯特龙和沃尔玛、天美时和劳力士、保时捷和起亚，或者西南航空公司和维珍美国航空公司。低成本和差异化是两种非常不同的竞争方式，它们需要不同的职能层战略和不同的组织安排。同时在这两种战略上进行尝试不会得到好的效果。除此之外，公司还需要注意以下重要事项。

第一，正如我们在本章中已经看到的，当我们通过改进流程和产品讨论价值创新时，一个公司可以在其行业中推进效率边界，重新定义可能性，并以更低的成本提供更多的差异化。在这种情况下，一家公司可能会发现自己处于行业中的低成本或差异化的幸运地位。最终其竞争对手可能会赶上，到那时，它才需要在低成本和差异化中做出选择。但正如我们从戴尔和丰田的案例中所看到的，价值创新者可以获得持续多年的竞争优势（价值创新的另一个例子详见"战略行动 5-2"，其中介绍了微软 Office 的发展历史）。

第二，追求差异化战略的公司必须认识到，它不能忽略对效率的关注。类似地，追求低成本战略的公司也不能忽视对产品的差异化。追求差异化战略的公司面临的任务是在战略选择上尽可能高效。这种公司不应大幅降低成本，以免损失其与竞争对手区别产品的能力。同时，它也不能让成本增加失去控制。以诺德斯特龙为例，考虑其战略定位，它不追求低成本，而是选择高效地运作和竞争。同样，追求低成本战略的公司不能完全忽视其行业的关键差异。沃尔玛没有提供像诺德斯特龙一样高水平的客户服务，但是沃尔玛也没有忽视客户服务。尽管沃尔玛拥有自助服务的商业模式，但如果客户提出疑问，员工就会立马提供帮助。沃尔玛等追求低成本战略的公司的任务是，在关键差异方面做到"足够好"。关于这一点的另一个例子详见"战略行动 5-2"中谷歌和微软在办公软件市场上的竞争。

战略行动 5-2

Microsoft Office 与 Google Apps

微软长期以来一直是办公软件市场上的主导者，其 Office 软件包中包括文字处理器、电子表格、演示文稿和电子邮件客户端。微软在这一市场上的崛起是一项重要创新的结果：1989 年，微软成为第一个将文字处理、电子表格和演示文稿程序整合在一起的公司。当时，文字处理软件的市场领导者是 Word Perfect，在电子表格软件方面领先的是 Lotus，而在演示文稿领域表现突出的是 Harvard Graphics。微软在这些市场中排名第二。但是，通过以低于单独购买每个程序的价格进行捆绑销售，微软从竞争对手那里抢占了一些市场份额，这些竞争对手都没有提供全套产品的服务。实际上，Microsoft Office 以更低的价格为消费者提供了更多的价值（互利性）。

随着办公软件需求的扩大，微软能够将产品开发的固定成本分摊到比竞争对手大得多的数量上，因此平均单位成本下降，微软便拥有了差异化和低成本的双重优势。结果，微软在办公软件领域逐渐建立起垄断地位，并且这个市场为微软带来了长达 20 年的超高回报。

局面在 2006 年发生了变化。谷歌推出了 Google Apps，这是一个在线办公软件组合，直指微软市场。与当时的办公软件不同，Google Apps 是一种在线服务。基本程序保留在云中，文档也储存在云中。一开始，谷歌缺乏完整的应用程序，运行速度缓慢，但自 2010 年以来，Google Apps 的运行速度加快。如今，Google Apps 提供与 Microsoft Office 相同的基本程序——文字处理器、电子表格、演示文稿和电子邮件客户端，但功能比微软的少得多。谷歌的战略不是在功能上与 Microsoft Office 竞争，而是旨在满足大多数用户的需要。这有助于降低开发成本。谷歌还运用了线上分销模式，这是一种非常低成本的分销模式，而 Microsoft Office 仍在使用实体零售渠道，这无疑增加了成本。

换句话说，谷歌追求的是低成本战略。与此相关的是，Google Apps 的价格明显低于 Microsoft Office。谷歌向每个使用其产品的用户每年收取 50 美元。相比之下，Microsoft Office 的费用为 400 美元（虽然经常会在谈判中谈成较大的折扣）。一开始，Google Apps 针对的是小型企业和创业企业，但最近，谷歌似乎正在努力获得大企业的关注，而这是 Microsoft Office 的核心市场。2012 年，谷歌获得了令人印象深刻的一系列胜利，其中包括瑞士罗氏制药（Hoffman La Roche）超过 8 万名员工以及 9 万名美国内政部员工开始使用该软件包，Google Apps 当年收入总计 10 亿美元。据估计，该公司有超过 3 000 万的付费用户。相对于 Microsoft Office，Google Apps 仍然只占得了市场的一小部分。Microsoft Office 拥有全球超过 10 亿台计算机安装量，并在 2012 年产生了 24 亿美元的收入，是微软最赚钱的业务。然而，微软还是不能轻视 Google Apps。

事实上，微软并没有站稳脚跟。2012 年，微软推出了基于云技术的 Office 365。Office 365 最初的标价是每人每年 72 美元，而对于需要更多功能和软件开发能力的人而言，每个用户每年的花费可能高达 240 美元。微软的一个发言人曾说，Office 365 的需求是巨大的。微软认为，谷歌无法与微软在隐私、安全和数据处理等领域的体验方面相媲美。微软传达出的信息很明确，它仍然认为 Office 是最优越的办公软件产品，并可以通过特性、功能、隐私、数据处理和安全性与其他产品区分开来。然而，Office 365 是否能制约住 Google Apps 仍有待观察。

资料来源：Author interviews at Microsoft and Google; Q. Hardy, "Google Apps Moving onto Microsoft's Business Turf," *New York Times*, December 26, 2012; A. R. Hickey, "Google Apps: A $1-Billion Business?," *CRN*, February 3, 2012, www.crn.com.

5.4 业务层战略、行业和竞争优势

如果执行得当，一个经过精心选择与制定的业务层战略可以使公司比现有和潜在的竞争对手更具有竞争优势。更准确地说，它可以使公司在面对每个竞争者（具体见第 2 章，进入者、购买方、供应商、替代品或互补品生产商，以及行业内的现有公司）时都处于有利的位置。

首先分析一下低成本公司。根据定义，低成本公司可以以竞争对手无法盈利的价格获利，这使得竞争对手难以进入市场。换句话说，低成本公司可以在其市场上建立进入壁垒，即围绕其业务建立一个"经济护城河"，阻碍了高成本竞争对手的进入。亚马逊已经在在线零售业务中实现了这一点。通过较大的规模经济和较高的运营效率，亚马逊获得了非常低的成本，从而建立了市场进入的高门槛。与亚马逊相比，零售量少、经济规模较小的竞争对手在不赔

钱的情况下是无法在价格上与之匹敌的。

低成本的立场和低价获利的能力，可以保护公司免受替代产品或服务的冲击。低成本可以帮助公司在一定程度上解决下游供应商的传递成本。低成本也可以帮助公司应对买家要求折扣的议价能力，实现赚钱的目的。低成本公司往往处于行业价格竞争中的最佳位置。有意思的是，一家低成本公司可能会故意发起价格战，以扩大销量，从而将较弱的竞争对手挤出该行业。21世纪初期，戴尔在它的辉煌时期就做到了这一点，当时它一再降低个人电脑的价格以提高销售量，从而迫使边缘竞争对手退出。到2005年前后，这一策略使戴尔成为世界上规模最大的计算机公司之一。

下面我们来看一看实行差异化战略的公司。成功的差异化战略有助于公司应对第2章提到的竞争力量的威胁。与差异化相关的品牌忠诚度是构成市场进入壁垒的重要组成部分，可以保护公司免受潜在竞争对手的影响。关于这一点，苹果在智能手机业务方面为新进入者设置了一个非常高的壁垒，从而有效地阻止了新进入者。另外，成功实行差异化战略的公司销售的是非价格因素（如产品设计或客户服务），这也使得公司受到较少的买家议价压力。事实上，成功实行差异化战略的公司可以在不受买家抵制的情况下提价。实行差异化战略的公司较容易控制价格上涨，并以更高的价格传递到下游，而不会受到太多影响，不会造成市场份额的损失。差异化公司享有的品牌忠诚度也保护其免受替代产品和服务的冲击。

差异化公司通过品牌忠诚度，以及非价格因素对其客户群体是很重要的这一事实，来应对行业内激烈的价格竞争以保护自己。同时，差异化公司通常要在非价格竞争中投入大量的精力和资源，例如通过开展营销活动或代价极高的产品开发工作进行品牌建设。从一定程度上来说，差异化公司可以稳定或较高的价格获得投资回报。

值得注意的是，相比那些处于细分市场或利基市场的竞争对手，实行聚焦战略的公司往往更有优势。例如，虽然沃尔玛和开市客都是低成本公司，但开市客在沃尔玛的服务领域中更具成本优势。这主要是因为开市客占有的库存单位（SKU）更少，而且是直接在类似于仓库的货架上出售。然而，如果开市客尝试与沃尔玛竞争，服务于更广泛的市场，那么就意味着开市客需要进行更广泛的产品选择（沃尔玛已超过140 000 SKU），这将使其失去原有的成本优势。

对差异化公司来说也是如此。相比针对更广泛市场的差异化竞争对手，差异化公司通过聚焦利基，并为该细分市场定制产品，通常可以卖出更多的产品。因此，保时捷在高端跑车细分市场的销量可以超过丰田或通用汽车等大公司，部分原因是该公司不销售核心细分市场以外的产品。保时捷树立了一种排他性的形象，吸引了相应的客户群体。如果保时捷开始变换汽车市场，它将失去这种独特的吸引力，成为另一个广泛市场的差异化竞争者。

5.5 实施业务层战略

正如我们在本章中所建议的，为了使业务层战略转化为竞争优势，公司必须安排好业务层战略的实施。换句话说，公司必须在业务层战略、职能层战略和组织安排之间保持一致或契合（见图5-5）。我们已经在第4章中讨论了职能层战略，第12章将详细讨论组织安排。现在，我们只对职能层战略和组织安排提出一些基本观点。

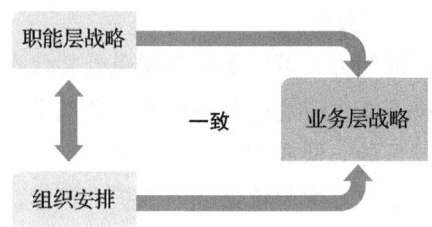

图 5-5　业务层战略是通过职能层战略和组织安排实现的

资料来源：Charles W.L. Hill © Copyright 2013.

5.5.1　通过职能层战略和组织安排降低成本

公司低成本战略地位主要是通过实施职能层战略实现的，从而产生卓越的效率和产品可靠性。我们在第 4 章中详细讨论了职能层战略和建立竞争优势的基础。正如第 4 章介绍的，重点内容如下：

- 实现规模经济和学习效应。
- 采用精益生产和灵活制造技术。
- 实施质量改进方法，以确保公司生产的货物或服务是可靠的，从而不会浪费时间、材料和精力来生产与交付必须报废、返工或从零开始重制的低质量产品。
- 精简流程，去掉不必要的步骤。
- 使用信息系统实现业务流程自动化。
- 实施准时制库存控制系统。
- 设计能够以尽可能低的成本生产和交付的产品。
- 采取措施增加客户留存率，减少客户流失。

此外，为了降低成本，企业必须在组织结构、控制制度、激励制度和企业文化等方面，重视和奖励可以带来更高生产率和效率的组织行为。正如将在第 12 章中介绍到的，对此有利的组织安排包括：减少管理层级结构中的层级数量，明确责任和控制链条；专注于生产率和成本控制的测量与控制系统；鼓励员工尽可能以富有成效的方式工作，并且允许他们建议和追求与有利于提高生产率的激励系统；强调成本控制所需的节俭文化。亚马逊和沃尔玛就是采用这种组织安排的公司。

5.5.2　通过职能层战略和组织安排实现差异化

与低成本战略一样，要想成功实现差异化战略，公司必须在职能层面采取正确的行动，并进行适当的组织安排。在追求职能层战略的过程中，使公司在可靠性和卓越性方面实现高质量是很重要的，同样重要的是强调产品创新和高水平的客户响应能力。回顾第 3 章和第 4 章，卓越的质量、创新和客户响应能力是竞争优势四个组成部分中的其中三个，另一个是效率。需要注意的是，差异化公司也不能忽视效率。由于战略选择的不同，差异化公司可能比其行业中的低成本企业具有更高的成本。旨在实现差异化的具体职能层战略包括：

- 根据不同的细分市场定制产品和营销组合。
- 设计除具有可靠的功能和性能之外，具有高感知质量的产品。
- 提供完善的客户服务，以快速处理与响应客户的要求和问题。
- 市场营销侧重于品牌建设和与竞争对手的高度差异化。
- 招聘和员工发展战略旨在确保员工的行为方式与公司试图向世界展示的形象相一致。

如开篇案例所示，维珍美国航空公司的成功差异化源于其卓越的客户服务，这是客户响应的一个重要因素。类似地，苹果也拥有良好的客户服务，如苹果店内的"天才吧"所展示的，在这里，训练有素的员工可以帮助客户查询和解决问题，并提供相应的指导，帮助他们从购买中获得最大的价值。苹果还非常擅长建立差异化的品牌，由此与竞争对手微软展开竞争（例如，在长时间播放的电视广告中，Mac 就好像是一个非常时髦的小伙子，而 PC 则像是一个穿着破旧灰色西装的矮胖男人）。

在组织安排方面，建立正确的结构、控制、激励和文化，可以帮助一个公司脱颖而出。在差异化公司中，一个关键问题是确保营销、产品设计、客户服务和客户关怀职能都发挥重要作用。例如，1997 年，史蒂夫·乔布斯重返苹果后，对公司进行了重组，让工业设计团队主导所有新产品的开发工作。在这种安排下，工业设计部门由乔尼·伊夫领导，直接向乔布斯汇报工作，工程部门则向工业设计部门汇报产品开发情况。这意味着新产品的外观和感觉由设计师设定，而不是工程师，工程师只需要根据设计师设定的参数进行研发。这与计算机和智能手机行业的几乎所有其他公司形成了鲜明对比，在这些行业中，产品的设计和开发大多由工程技术部门主导。乔布斯认为他的组织安排是必要的，能够确保苹果生产出更好的产品——不仅功能完善，而且视觉和触觉上的体验感都很好。因为乔布斯领导下的苹果是通过设计来实现差异化的，所以设计在组织中占有举足轻重的地位。[7]

确保控制制度、激励制度和文化与战略目标一致，对差异化公司来说也是极其重要的。我们将在第 12 章继续阐述并扩展这些主题。

5.6 差异化竞争：蓝海战略

我们在本章已经提出，有时候公司可以以比竞争对手更低的成本提供差异化的产品来提供更多的价值，从而从根本上改变所处行业的游戏规则，我们将此称为价值创新，这一术语是由 W. 钱·金和勒妮·莫博涅提出的。[8] 他们在《蓝海战略》一书中进一步阐述了他们的思想，[9] 他们的基本主张是，许多成功的公司通过价值创新重新定义了它们的产品，从而建立了竞争优势，并在实际意义上创造了一个新的市场空间。他们将思考价值创新的过程描述为寻找"蓝海"——一个可以让公司实现自己蓝图的开放的市场空间。

其中，西南航空公司就是一个找到"蓝海"的范例。从概念来看，西南航空公司与美国航空业中的其他公司的竞争格局不同。最重要的是，西南航空公司并不把其他航空公司视为自己的竞争对手，而是聚焦于那些通常会开车或乘坐公共汽车旅行的人。对于西南航空公司来说，关注的重点是减少客户的旅行时间，并以廉价、可靠和便利的方式实现这一目标，以使客户更愿意乘坐飞机而不是开车。

西南航空公司的第一条航线是休斯敦到达拉斯。为了减少总旅行时间，它决定飞往两个城市的小型市中心机场——休斯敦的霍比机场和达拉斯的爱田机场，而不是离两个城市中心都有一个小时车程的大型洲际机场。这样做的目的是消除在开始旅程之前到达市郊机场的必要，从而减少总的旅行时间。为了方便旅客选择，西南航空公司每天在这条航线上安排了尽可能多的航班，并尽一切可能降低运营成本，使其在收取低价的同时仍能获利。

随着公司的发展和更多航线的开通，西南航空公司遵循同样的基本战略。它一直选择点对点飞行，从不安排乘客在枢纽中转。因为恶劣天气等不利事件可能会影响航班到达或离开一个枢纽的时间，由此会增加总的旅行时间，这可能损害航班的可靠性（以起飞和到达的准点率衡量）。西南航空公司还取消了机上餐食，只提供经济舱座位，在机场也没有供商务舱乘客使用的休息室，而且只选择单一机型——波音737，并对其标准化，这有助于提高可靠性。最终结果是，西南航空公司以比竞争对手更低的成本为其客户群体提供了更多的价值，使其能够在价格低于竞争对手的情况下仍然盈利。西南航空公司就是一个价值创新者。

金和莫博涅使用战略画布的概念来说明价值创新者与竞争对手的区别。西南航空公司的战略画布如图 5-6 所示，西南航空公司收取较低的价格，不提供餐食和机场休息室，不设置商务舱座位，也不中转（点对点飞行），但提供友好、快捷、便利、可靠的低成本服务，这正是客户需要的价值。

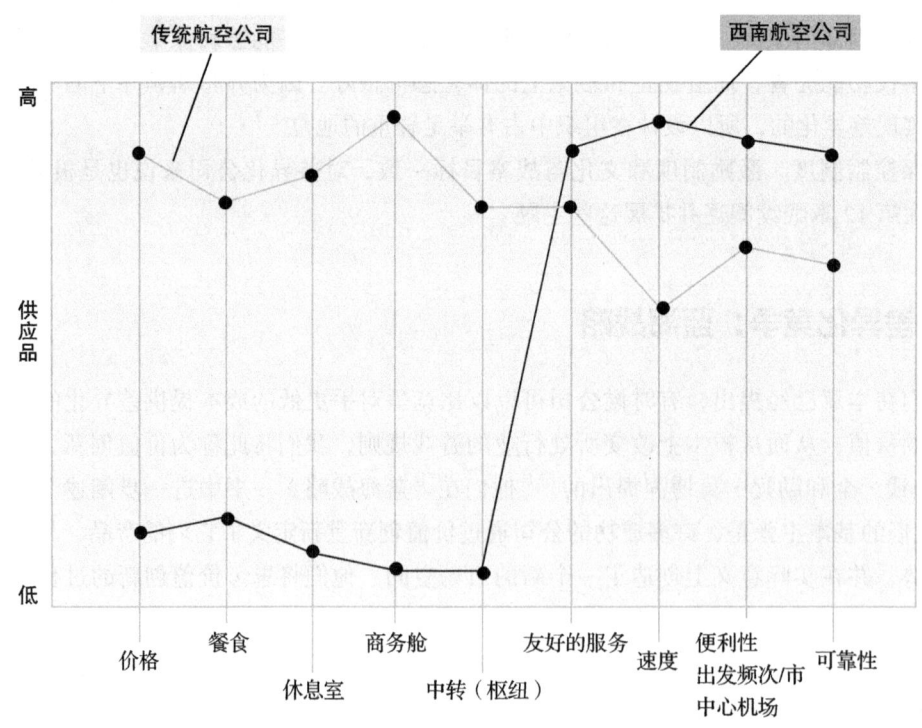

图 5-6　西南航空公司的战略画布

西南航空公司的例子，以及金和莫博涅回顾的其他商业案例都说明了成功的企业与不那么成功的对手在竞争中存在的差异：它们通过价值创新为自己打造了独特的市场空间。当考虑一家公司如何重新定义其市场并制定新的业务战略时，Kim 和 Mauborgne 建议管理者问自己以下问题。

- 消除：在我们的行业中，竞争对手想当然认为必要的哪些因素可以消除，从而降低成本？
- 降低：哪些因素应该低于我们行业的标准，从而降低成本？
- 提高：哪些因素需要提高到行业标准以上，从而增加价值？
- 创造：我们可以创造哪些竞争对手不能提供的因素，从而增加价值？

西南航空公司取消了休息室、商务舱和机上餐食；减少了机上茶点，使其远低于行业标准；但点对点飞行提高了速度（减少了旅行时间）、便利性和可靠性。西南航空公司还通过尽可能在市中心的小型机场之间飞行为旅客创造了更多的价值，这是其他航空公司通常不会做的事情。

这是一个有用的框架，它将管理者的注意力引导到以不同于竞争对手的思维方式来创造独一无二的产品和战略定位上来。如果这些努力取得成功，它们可以帮助企业建立可持续发展的优势。

成功的价值创新的一个巨大优势是可以让对手措手不及，使它们难以赶超。例如，当戴尔开始通过互联网直接向客户销售产品时，竞争对手很难做出回应，因为它们已经投资了一种完全不同的经营方式——通过实体零售渠道进行商业销售。除非放弃自己的渠道，否则戴尔的竞争对手不会轻易地采用戴尔的模式，因为这将导致销售损失。戴尔的竞争对手在分销渠道上的战略投资（在当时看起来似乎是合理的）却成了限制它们对戴尔的价值创新做出快速反应的惯性来源。航空业也是如此，传统航空公司以前的战略投资使它们很难应对西南航空公司的威胁。

总之，由于价值创新改变了竞争的基础，再加上竞争对手的相对惯性以及它们在不打破之前的战略承诺的情况下无法及时做出反应，价值创新因而可以为创新企业带来持续的竞争优势。

本章小结

1. 业务层战略是指一个公司在特定市场上的总体竞争战略。
2. 在业务层战略上，如果一个公司能比竞争对手的成本更低和/或将其产品与竞争对手区分开来，那么这家公司就拥有了竞争优势。
3. 低成本的战略定位使公司能够在竞争对手正在亏损的价格点上赚钱。
4. 差异化公司可以为其提供的产品制定更高的价格，并且/或者可以利用更高的价值来带动需求的增长。
5. 在一个市场中，通常在低成本–差异化权衡的效率边界上有多个位置是可行的。
6. 当公司开发新产品、设计新流程或制定新战略，使其通过差异化，以比竞争对手更低的成本提供更多价值时，就会发生价值创新。
7. 制定业务层战略首先要确定应该服务的群体、要满足的需求或期望，以及如何满足这些需求和期望。
8. 市场细分是将一个市场细分为具有可清晰辨认的类似需求和愿望特征的客户群体的过程。
9. 公司的市场细分方法是其业务层战略的一个重要方面。

10. 有四种一般业务层战略：广泛低成本战略、广泛差异化战略、聚焦低成本战略和聚焦差异化战略。
11. 业务层战略是通过职能层战略和组织安排来执行的。
12. 许多成功的公司通过价值创新重新定义产品，创造了新的市场空间，从而建立了竞争优势。通过价值创新思考的过程被描述为寻求"蓝海"——一个可以让公司实现自己蓝图的开放的市场空间。

讨论问题

1. 低成本战略与差异化战略的主要区别是什么？
2. 为什么市场细分在制定业务层战略的过程中是如此重要的一步？
3. 低成本、差异化的业务层战略可以为公司在行业中抵御竞争威胁提供哪些保护？
4. 将业务层战略从概念转变为现实需要什么？
5. "价值创新"一词是什么意思？你能找出一个没有在文中讨论的、通过价值创新建立了强大竞争优势的公司吗？

结篇案例

诺德斯特龙

诺德斯特龙是美国最成功的时尚零售商之一。约翰·诺德斯特龙（John Nordstrom）是瑞典移民，于1901年在西雅图开了一家鞋店。从一开始，诺德斯特龙的业务方式就是提供卓越的客户服务、选择、品质和价值。这一业务方式今天仍然是诺德斯特龙的标志。

现在，诺德斯特龙是一家时尚专业连锁店，在31个州拥有240家门店。诺德斯特龙2014年创造了近125亿美元的销售额，并创造了持续高于平均水平的资本回报率。诺德斯特龙的资本回报率一直保持了十几二十年，2014年为16.3%，这对一家零售商来说是很好的表现。

诺德斯特龙是一家利基公司，它聚焦于一个相对富裕的、寻求经济实惠的奢侈品的客户群体。它的商店大都位于高档地区，拥有昂贵的配件和固定装置，给人奢华的印象。商店会邀请巡演，用钢琴演奏的音乐会创造出吸引人的气氛。诺德斯特龙的商品是时尚且高品质的。但是，与众多竞争对手相比，诺德斯特龙真正区别于其他竞争者的是其卓越的客户服务。

诺德斯特龙的销售人员通常有精致的妆容和得体的穿戴，礼貌且乐于助人，以关注细节而著称。他们都是因为拥有积极与客户进行互动的能力而被选拔出来的。在新员工面试过程中，最重要的问题之一是询问候选人，他们对良好客户服务的定义。信用卡、上门送货、私人预约和拜访客户是诺德斯特龙的标准服务。此外，诺德斯特龙的标准服务还有一个是无条件退货政策，即退货不需要收据。诺德斯特龙的理念是"客户永远是正确的"。公司的销售人员有很好的待遇，通常提成是销售额的6.75%～10%，这个比例取决于部门。诺德斯特龙的顶级销售人员每年能赚取10万美元以上（大部分来自销售提成）。

客户服务精神是诺德斯特龙组织文化的核心。其组织结构图是倒置的金字塔形，销售人员排在首位，首席执行官则在底端。根据前首席执行官布莱克·诺德斯特龙（Blake Nordstrom）所说，这是因为"我为销售人员服务，我的工作是尽可能地使他们成功"。管理层不断分享强调客户服务优先地位的轶事，以加强文化建设。有一个关于他们优质服务的故事是：阿拉斯加州费尔班克斯市的一个客户想要退回两个头饰（诺德斯特龙不卖这种头饰），这两个头饰是这个客户一段时间前在同一地址的另一家商店买的，但是诺德斯特龙的一个销售员从这家商店的网站上查到了对应的价格，并按照价格将钱退还给了客户!

尽管诺德斯特龙重视质量和奢华体验，但并没有忽视经营效率。尽管它的店面大多是开放式的且规模很大，但是诺德斯特龙每平方英尺的销售额可达到400美元，库存周转次数每年超过5次，比10年前提高了3.5倍，是高端百货行业中的佼佼者。管理层不断寻求提高效率和客户服务质量的方法。前段时间，公司将移动结账设备发放到5 000名销售人员手中，以减少客户排队结账的等待时间。

资料来源：A. Martinez, "Tale of Lost Diamond Adds Glitter to Nordstrom's Customer Service," *Seattle Times*, May 11, 2011 (www.seattletimes.com); C. Conte, "Nordstrom Built on Customer Service," *Jacksonville Business Journal*, September 7, 2012 (www.bizjournals.com/Jacksonville); W. S. Goffe, "How Working as a Stock Girl at Nordstrom Prepared Me for Being a Lawyer," *Forbes*, December 3, 2012; and P. Swinand, "Nordstrom Inc," Morningstar, February 22, 2013, www.Morningstar.com.

讨论题

1. 诺德斯特龙的细分战略是什么？它服务于哪些人？
2. 对于其核心客户，诺德斯特龙为他们提供了什么？
3. 运用波特五力模型，分析诺德斯特龙追求的是哪种一般业务层战略。
4. 诺德斯特龙在职能层面采取了哪些行动，从而使其能够成功实施战略？
5. 诺德斯特龙的长期可持续竞争优势的来源是什么？它有哪些有价值的和稀有的资源让其竞争对手难以模仿？
6. 诺德斯特龙的成功是靠组织安排得来的吗？

注释

[1] D. F. Abell, *Defining the Business: The Starting Point of Strategic Planning* (Englewood Cliffs, NJ: Prentice-Hall, 1980).

[2] M. E. Porter, *Competitive Advantage* (New York: Free Press, 1985); M. E. Porter, *Competitive Strategy* (New York, Free Press, 1980).

[3] C. W. L. Hill, "Differentiation Versus Low Cost or Differentiation and Low Cost: A Contingency Framework," *Academy of Management Review* 13 (1988): 401–412.

[4] M. E. Porter, "What Is Strategy?" *Harvard Business Review,* Onpoint Enhanced Edition Article, February 1, 2000.

[5] W.C. Kim and R. Mauborgne, "Value Innovation: The Strategic Logic of High Growth," *Harvard Business Review* (January–February 1997).

[6] Porter, *Competitive Advantage* and *Competitive Strategy*.

[7] The story was related to author Charles Hill by an executive at Apple.

[8] Kim and Mauborgne, "Value Innovation: The Strategic Logic of High Growth."

[9] W. C. Kim and R. Mauborgne, *Blue Ocean Strategy* (Boston, Mass: Harvard Business School Press, 2005).

第6章

业务层战略与行业环境

| 开篇案例 |

百思买能否幸免于电子商务的冲击

百思买是世界上最大的消费类电子产品（如计算机、手机）以及相关产品的零售商。在美国，百思买主要靠木兰音频视频、太平洋销售和极客队这三个品牌运营。百思买在加拿大拥有连锁店Future Shop，在中国运营着五星门店。百思买是美国2014年排名前二十位的零售品牌之一。

电子商务的兴起给消费类电子产品商店带来了打击。例如电路城、Comp USA这些值得注意的对手，都未能承受住在线商店带来的价格和利润率的压力，最终倒闭。甚至在2015年早期，长期从事电子产品行业的"老将"Radio Shack也宣布它会申请破产、关闭店铺。百思买是唯一幸存的跨国电子产品零售连锁商。

全球的消费类电子产品市场正逐渐成熟。在过去的几年里，消费类电子产品行业实现了一定的发展（2009~2013年的复合年增长率为0.8%），2013年的总收入为2 539亿美元，然而拥有如此发展速度的大多是新兴市场。在美国，消费类电子产品的消费水平保持平稳。让百思买的处境变得艰难的是，其消费类电子产品的销售增长发生在线上（2012年其销售增长率已超过20%）（见图6-1）。线上销售渠道是一种较为困难的市场竞争方式，公司除了在价格、没有消费者忠诚度和面对强大的综合性竞争对手如亚马逊、塔吉特和沃尔玛（见表6-1）方面有着很大的压力，在面对那些直接向客户销售的大型计算机制造商方面也承受着压力。

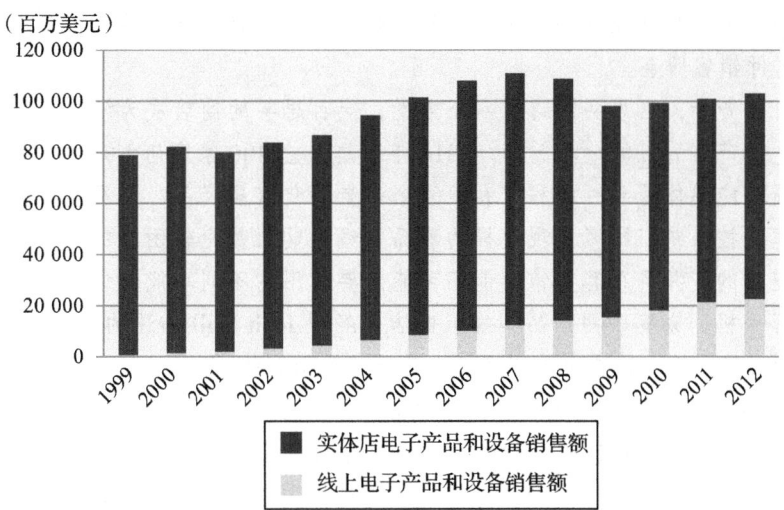

图 6-1　美国消费类电子产品销售额：线上商店与实体店的对比（1999～2012 年）
资料来源：Census Bureau, Annual Trade Survey.

表 6-1　2013 年主要消费类电子产品零售商销售额

（金额单位：十亿美元）

零售商	销售额
百思买	30.48
惠普	29.07
戴尔	24.93
沃尔玛	22.27
苹果商店	14.9
CDW 公司	10.84
史泰博	7.47
塔吉特	7.4
Gamestop	7.19

资料来源：www.Hoovers.com.

虽然百思买已经在努力建立自己的网络，但在其美国全部的收入中，在线销售仍然仅占 8%。因此，百思买依然是一个实体零售连锁店，主要依靠人们想要亲自比较新产品的想法。例如，当介绍一款新手机时，人们在购买之前往往会想要测试手机的性能。然而，对百思买来说不幸的是，人们在对很多种类的产品做出购买决定时越来越依赖在线评论；他们可以在线上浏览各种各样的供应商，并从中发现最低的价格。这导致了极端的价格竞争，使得拥有强大实体店的零售商难以进行竞争，因为实体店的存在通常会导致高成本。

在与像亚马逊、沃尔玛和塔吉特这样的线上重量级公司，以及越来越多来自像史泰博和欧迪办公这样的办公用品商店的威胁进行斗争的同时，百思买实施了一项价格竞争策略：如果消费者在线上发现了更优惠的价格，那么百思买将与之竞争。这项价格策略给予利润率很强的压力，因此百思买采取了几项成本削减措施，包括在 2010～2014 年之间关闭了一些商店并缩减了 40 000 个工作岗位。百思买还实施了一个项目，即线上购买将直接从本地商店发货，这有助于它与亚马逊的快速交货抗争，同时它还降低了库存成本。

除此之外，百思买也在致力于将自己的商店与综合性竞争对手区分开来，百思买的销售人员经过了综合培训，以确保他们能为顾客提供有价值的帮助，而且百思买的极客团队服务提供了先进的技术支持和家庭安装服务。为了防止过激销售策略的使用,百思买也避免向单个销售人员支付销售佣金。

为了吸引消费者,百思买制订了一个方案,使百思买的商店成为消费者更加全方位、沉浸式地体验电子产品的目的地。例如,2014年百思买在400家商店创建了"链接到家"的分区,在那里顾客能够体验到可编程灯和恒温器等自动化家居产品,以及能够随时关注家庭宠物动向的家庭监控系统。顾客发现这样的产品在线上购买是比较困难的,因为产品的类别仍然是不容易理解的,并且顾客常常对他们可能想要使用的不同功能部件产生困惑。就像高级副总裁及分管手机、家庭联网产品和线上商店的经理Josh Will描述的那样:"我们想要向他们展示会有什么可能性。这在全数字环境中是非常难做到的。"

为了生存,百思买必须实现精益化和差异化。一直到2015年,百思买的努力似乎有所回报。尽管这家公司在2012年和2013年经历了衰落,但是它在2014年获得了5.32亿美元的利润,实现了微薄的1.25%的利润率。虽然百思买受到了电子商务的冲击,但仍有很多分析者打赌说百思买能够承受得住这次暴风雨的洗礼,甚至会因此成为一个更加强大的竞争者,在这个越来越困难的行业中保持王者地位。

| 本章概述 |

在第2章,我们了解到每个行业都会经历一个生命周期。一些行业年轻、有活力,需求也在迅速增长。还有一些行业是成熟且相对稳定的,而另外一些行业,如开篇案例中描述的实体消费类电子产品零售商,却在走下坡路。

在这一章中我们将关注公司在行业生命周期的不同阶段中,为加强自身的竞争地位而能够追求的不同的策略。我们将看到,行业发展的每个阶段都会为企业带来有趣的挑战。管理者必须采用恰当的策略来应对这些挑战。

如开篇案例中阐述的那样,现在许多以当地商店形式存在的实体零售商受到了网络零售商强烈的定价压力的冲击。一些公司(如沃尔玛、塔吉特和百思买)为了应对这一挑战,在线上销售渠道上投入了大量资金。而其他公司(如美国电路城、边界书店和淘儿音乐城)则屈服于竞争压力,最终消失。然而自相矛盾的是,如果管理者能够制定正确的策略,公司仍能从这个正下滑的行业里赚大量的钱。利基策略专注于需求依然强劲的细分市场,这是在下滑的行业中赚钱的经典方式。例如,对于一些类别的产品,仍有顾客想要在购买前亲身体验,百思买就希望能通过为这些顾客提供非凡的体验,在正在下滑的行业中保持领导地位。

在讨论一个行业生命周期的不同阶段之前,我们首先要考虑在一个零散型行业中应采取的战略。这是因为零散型行业能够为企业提供追求促使行业整合的战略的独特机会,这通常会为整合的企业及其所有者创造巨大的财富。

6.1 零散型行业的战略

零散型行业(fragmented industry)是一种由大量的中小企业组成的行业,零散型行业的例子包括干洗店、美发沙龙、餐饮、健身、法律服务等。零散型行业由许多小企业组成而非由少数大企业组成有如下原因。[1]

6.1.1 零散型行业的成因

零散型行业的成因有三个。第一，规模经济的缺乏可能意味着即使公司具备成本优势，但能够形成规模经济的成本优势并不够大。例如，美容和按摩行业就可以帮助解释为什么这些行业保持高度零散，而且没有明显的规模经济。在一些行业中，顾客的需要是非常特殊的，以至于产品的需求量很小，因此，大规模生产经营是没有必要的。定制的珠宝和餐饮服务就是例子。在一些行业中甚至是规模不经济。例如，在餐饮行业，顾客往往更喜欢独一无二的食物和一家流行的当地餐馆的风格，而不是国家连锁的标准化服务。这种规模不经济限制了大型餐饮连锁店主导市场的能力。

第二，行业的品牌忠诚度可能主要来自本地。通过超越特定位置或区域的差异化来建立一个品牌可能会很难。例如，一些家庭购买者更喜欢与当地的房地产经纪人打交道，这些房地产经纪人因为有比全国连锁店更好的本地知识而被大家认可。与此相似的是，在按摩服务行业里也没有大型连锁店，因为差异化和品牌忠诚主要由每个按摩技师在技术方面的不同决定。

第三，规模经济和在全国范围内品牌忠诚度的缺乏意味着行业进入门槛较低。在这种情况下，新进入者的稳定流动可能会使行业分散。按摩服务行业例证了这一情形。由于没有对规模的要求，开展按摩服务业务的成本完全可以由一个企业家肩负。美容服务也是如此，这促使行业保持零散。

在有这些特点的行业中，聚焦战略往往是最有效的。公司可以专门针对某个顾客群体、某种顾客需求或者某个地理区域。许多小型专业公司可能只在本地或区域市场运作。各种专业或定制的产品均属于这一类，所有迎合个性化客户需求的小型服务公司也都是如此。

6.1.2 通过价值创新整合零散型行业

商业史中充满了企业组织的案例，这些组织追求创造空前的、有意义的规模经济和国家品牌的战略。在它们整合曾经零散的行业的过程中，公司自身及其股东都会获得大量的回报。

例如，直到20世纪80年代，办公用品行业仍是一个高度分散的行业，这个行业由一些为本地市场服务的小型"夫妻经营"的企业组成。那时的专门办公用品企业的产品选择有限，库存周转率低，营业时间短，并且只为当地企业提供私人服务。客户服务包括一支拜访企业、接受订单的小团队，以及几辆为大客户递送商品的卡车。然后史泰博出现了，由刚着手做杂货业务的高管带头，他们开设了一个大型商店，产品种类繁多且营业时间长，采用自助业务的模式。他们用计算机信息系统来追踪产品销售，并且确保库存在耗尽之前就已补充完成，引导库存周转。事实上，史泰博刚开始没有提供与既有办公用品供应商相同水平的私人服务，但是史泰博的管理者打赌说小型企业客户会对多样的产品选择、较长的营业时间和低廉的价格带来的价值更感兴趣，事实证明他们说的没错。换句话来说，对客户来说什么最重要，相比既有企业，史泰博的管理者对此有不同的看法。如今，史泰博、欧迪办公、Max办公主导着办公用品行业，而它们小的竞争对手大多已经失去了生意。

你可能意识到在史泰博的故事中有一个我们曾在第五章中讨论过的主题：史泰博是一个价值创新者。公司创始人想出来一种可以为他们的顾客提供更多价值的方法，并且可以以更低的成本这样做。它不是唯一一家这样做的公司。例如，在零售行业，沃尔玛和塔吉特在百货市场做了相似的事情，劳氏公司和家得宝公司在建材和家装方面也采用了相同的做法，此外巴诺在图书零售行业中也是这样做的。在餐饮行业，麦当劳、塔可钟、肯德基以及最近星巴克也使用了相似的策略。在这些例子中，这些企业在整合曾经零散的行业中取得了胜利。

这些经验清楚地告诉我们：零散型行业有着广阔的市场空间，这是一片"蓝海"，等待着企业家通过追求价值创新来开发它。理解这个过程的关键是认识到在每一种情况下，价值创新者有着与既有公司不同的对价值的定义，而且要找到一种能够提供通过创建规模经济降低成本的价值的方式。例如，在快餐行业，麦当劳提供可靠、快速且便利的快餐，而且做到这些的成本很低。这种低成本有两个原因：第一，每个商店内的流程标准化，从而提高劳动生产率；第二，由于麦当劳的购买力强，在投入方面实现了规模经济（随着时间的推移，麦当劳的连锁店的数量也在不断增加）。麦当劳成了价值创新者，并且通过策略上的选择，麦当劳促进了餐饮行业中快餐领域的整合。

6.1.3 连锁经营和特许经营

在许多通过价值创新实现整合的零散型行业，转型公司通常从单个地点开始，或者仅仅从几个地点开始。这对百思买来说是真实发生的，百思买从圣保罗和明尼苏达州一家商店（名叫 Sound of Music）开始做起，当舒尔茨接手后开始转变业务时，星巴克在西雅图和华盛顿只有三家商店，关键是要在最初的几个地方找到正确的战略，然后尽可能快速地扩张，以建立一个国家品牌，在竞争对手进入市场之前实现规模经济。如果执行正确，那么通过建立较强的品牌忠诚度和享受来自大规模经营的规模经济（通常，规模经济与购买力有联系），价值创新者能够对新进入者建造起强大的障碍。

一旦企业选择了正确的方向，用来复制自身产品的策略会有两种可供选择：一种是连锁经营，另一种是特许经营。[3]

连锁经营（chaining）是指公司坚持以一种基本的经营模式在不同地方设立分店。因此，史泰博在波士顿开了第一家商店后便快速地开设了分店，追求连锁经营策略。现在，史泰博在全世界已经有超过 2 000 家商店。同样地，星巴克也在追求连锁经营策略，它在每一个开设的商店中提供相同的基础设施。星巴克现在在 63 个城市中拥有超过 21 000 家商店。百思买、沃尔玛、巴诺和家得宝也都在实行连锁经营策略。

通过连锁店扩张业务，价值创新者能够快速地建立起一个国家品牌。这在移动社会中可能是很有影响力的价值，例如在人们频繁迁移和旅游的美国，当人们在一个新的城镇或城市时，他们会寻找自己熟悉的产品。同时，快速打开位置定位，并通过良好的信息系统将这些位置整合在一起，价值创新者就能够获得一些因大规模而形成的成本优势。例如，沃尔玛使用的中心辐射分配系统就是通过基于卫星的信息系统进行实时监控，这个信息系统使中心辐射分配系统严格控制其商店的库存流量。这种严格的控制能使沃尔玛基于销售模式和最大化库存周转，为特殊区域定制库存（节省成本的一个主要原因）。此外，随着沃尔玛的发展，这种模式能提高面对供应商时的议价能力，从而降低在其商店转售的商品的价格。

特许经营（franchising）在一些方面与连锁经营相似，它的特殊之处在于，一家已创立的企业（特许人）授权另一家企业（被特许人）在新的地方开设并运营分店，特许人对此收取特许经营费用。其中特别的是，加盟商必须遵守一些严格的规定，采用相同的基本业务模式，并以要求的某种方式运作。因此，麦当劳的加盟商必须与这个系统内的其他餐馆一样，有相同的基本外观、体验感受、产品、价格和商业流程，而且必须定期向麦当劳报告标准化的财务信息。

使用特许经营策略是占有优势的。首先，通常加盟商会拿出部分或全部资本来建立其许可经营公司。这有助于资助这个系统的成长，进而更加快速地扩张。其次，因为加盟商是公司的所有者，而且他们会经常投入资本，所以他们有很强的动力来确保他们的公司尽可能有效地运行，这对特许人有益。

再次，因为加盟商是拥有自己公司的企业家，所以他们有动力通过开发新产品和/或流程来提高效率和其业务的有效性。通常情况下，只要加盟商没有过于偏离基础商业模式，特许人会给他们一些空间来做这些事。以这种方式产生的想法可能以后会应用到其他地区，从而改善整个系统的绩效水平。例如，最近麦当劳已经改变了它在美国开设餐馆的设计和菜单，这一做法的基础便是法国一家加盟商首创的改进建议。

特许经营策略的缺点有三个方面。第一，这个策略的控制力度比连锁经营策略所能实现的要小，因为按照规定，特许经营策略要向加盟商授予一些权力。例如，星巴克的霍华德·舒尔茨决定公司扩张主要通过连锁经营策略，而不是特许经营策略，因为他认为对于顾客服务，特许经营难以让星巴克对每一家商店都保有必要的控制。第二，在特许经营系统中，加盟商会从成功经营中获取一些利润，而在连锁经营策略中，这一切利润都会流向总公司。第三，因为加盟商与初创公司联系较少，所以他们可能会面临更高的资本成本，这会提高系统成本，以至于利润率更低。考虑到这些利弊，在连锁经营和特许经营之间的选择将取决于管理者的评估，最终选择出在创业企业当前情况下最好的策略。

6.1.4 横向兼并

另一种整合分散行业的方式是与竞争对手兼并或收购竞争对手，联合成为一个独立的大型企业，这样能够实现规模经济，并建立起引人注目的国家品牌。例如，在航空航天和国防承包业务中，就有很多生产安装在大型产品（如波音喷气式飞机或军用飞机）上的部件的小型利基生产商。位于华盛顿州贝尔维尤的埃斯特林公司一直在横向兼并，试图整合这一级的供应商。在过去的 10 多年中，这家公司已经收购了 30 多家利基公司，建立了一个现今销售额近 10 亿美元的大型企业。埃斯特林公司相信，作为一个提供全面防御和航空电子产品组合的大型企业，自己在向波音公司和洛克希德–马丁公司销售时拥有超越较小规模竞争对手的优势，因为公司的大规模能使自身实现规模经济和更低的资本成本。

尽管并购可以帮助一家公司整合分散的行业，但这并不值得，在追求这种策略时成功之路是坎坷的。一些公司为它们收购的公司付出太多，而另一些公司在收购后就发现，它们购买了一个"废物"，完全没有它们在购买前想象的那样高效。还有一些人发现，由于收购方和被收购企业之间存在文化冲突，收购设想难以实现。当我们在第 9 章和第 10 章讨论公司层战略时，我们要考虑到与横向兼并和收购相关的收益、成本和风险。

6.2 孕育型和成长型行业的战略

正如我们在第 2 章中讨论的，孕育型行业是一个刚刚开始发展的行业，而成长型行业则是一个需求刚刚快速扩张的行业，因为许多新顾客进入了该市场。在孕育型行业和成长型行业中选择成功所需的战略给我们提出了特殊的挑战，因为有着不同需求的新顾客群体进入了市场。管理者必须注意竞争性力量在孕育型行业和成长型行业中随时间变化的方式，因为他们需要经常发展出新的竞争力，并且提炼自己的公司战略以实现未来的有效竞争。

当技术革新创造出一个新的市场机会时，大多数孕育型行业也在这时出现了。例如，1975 年，当新的微处理技术出现后，个人计算机行业诞生了，产生了世界上第一台 PC。微软为 IBM 开发了一个操作系统之后，PC 软件行业便快速发展起来。[4]

由于一系列原因，顾客对于一个孕育型行业产品的需求起初是受限的。市场发展缓慢的原因可能是：首批产品性能低，质量不佳；顾客不了解新产品；分销渠道不通畅；缺少增加产品价值的互补产品；由于产量小导致的生产成本高昂。

由于世界上第一批汽车性能较差（这些车跑起来没有马快，噪声很大，还经常出毛病）、缺少互补产品（如铺好的公路网络和修建好的加油站）、生产成本高昂使得汽车成为一种奢侈品，所以顾客需求不多（在福特发明出装配线之前，汽车是在以工艺为基础的生产环境中手工组装的）。同样地，世界上首批电动汽车需求也因为如下一些原因受到了限制：一些顾客不熟悉电动汽车的技术及其对服务和转售价值的影响。顾客也担心他们的行驶路线上是否会有充电站，或者担心在收费站会花费太长时间。因为这样的担忧，孕育型行业产品的早期需求通常来自一小部分技术精湛的客户，他们愿意并能够容忍，甚至享受自己新购买的产品的缺点。例如，电动汽车早期使用者的收入往往高于平均水平，而且更有动力去买一辆环保车。

当产品进入大众市场时，一个行业就开始从孕育型行业过渡到成长型行业。**大众市场**（mass market）是指有大量客户进入的市场。通常，当如下三件事发生时，大众市场便开始形成：现有的技术进步使一种产品更易使用并增加其对于普通顾客的价值；重要的互补产品开发出来，使产品更易使用，从而增加产品对于普通顾客的价值；该行业中的企业努力寻找降低生产成本的方法，降低成本以选择低价战略，最终刺激需求。例如，汽车的大众市场会在如下情况下出现：汽车的性能因技术进步而提高；公路和加油站网络的建立意味着汽车能够去更多的地方，从而带给消费者更多的价值；亨利·福特开始批量生产汽车，大幅降低了生产成本，由此可以降低价格，引起需求量攀升。同样地，当技术进步使得 PC 更易使用时，当互补性软件（如电子表格、文字处理软件）被开发出来而增加了一台 PC 的使用价值时，当行业中的企业（如戴尔）都开始低成本地批量生产 PC 时，PC 的大众市场便出现了。

6.2.1 市场需求的多变性

了解变化着的顾客需求是如何影响产品需求量的管理者会把精力集中在发展新的可以保护并加强其竞争地位的战略上，例如在降低生产成本方面以及加速产品开发方面建立竞争力。如图 6-2 所示，大多数市场的发展都遵循一个 S 形的曲线。[6] 随着时间的推移，拥有不同需求的顾客群逐渐进入市场。曲线之所以呈 S 形是因为当一种陌生的技术被引入市场时，其最初被接纳的速度是缓慢的。随着大众市场对这种技术的理解度和利用率的提升，人们对技术的接纳程度也逐渐加快，最终达到市场饱和。随着产品需求日益受限于其替代品需求，产品的新增使用率将会下降。[7]例如，电子计算器是靠着一小部分科学家和工程师的引进才开始被采用的。这个群体先前用的是计算尺，后来，计算器就开始进入较大的会计师和商业用户市场，以及包括学生和公众在内的更大的市场。在这些市场变得饱和之后，对新的接受者来说剩余的机会会变得更少。这种曲线对公司的差异化、成本及定价决策影响较大。

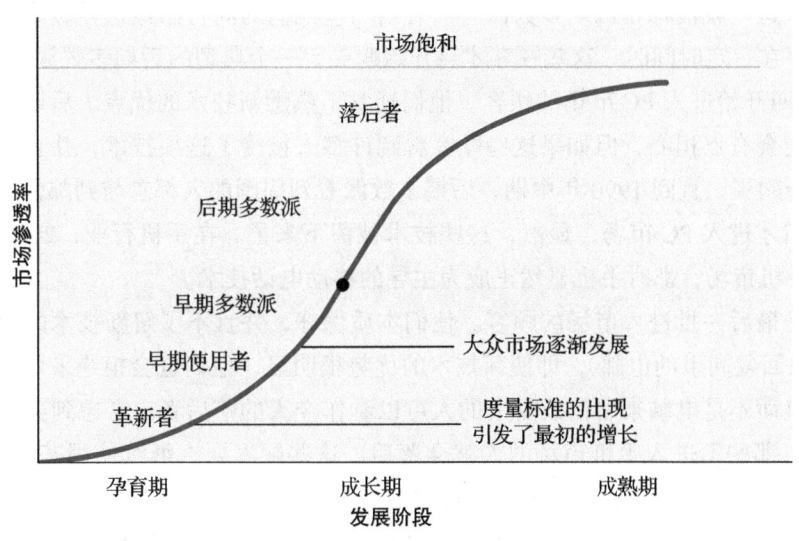

图6-2 市场发展和顾客群体

第一批进入市场的消费者被称作革新者。革新者是那些愿意首先购买并尝试基于新技术的产品，并且会因此拥有极大乐趣的人，即使这项新技术并不完善，而且很昂贵，但革新者并不在乎。他们通常拥有工程师般的思维模式，想要获得技术。他们的风险规避往往会比其他顾客团体更少，并且经常有更多的资源备用。虽然他们不经常融入社交网络，但是他们常常对新产品的应用产生影响，其原因是他们会第一个将新想法带入社会系统。因此在PC机行业，最初的消费者都是那些想要自己在家编写计算机代码的软件工程师和计算机爱好者。[8]

早期使用者是第二批进入市场的消费者。他们明白新技术在未来或许有重要的应用，因此希望尝试一下看看是否能够通过找到新的满足顾客需求的方法来引领新技术使用的潮流。他们相信技术信息，并且会采用那些即使没有人购买但似乎仍吸引人的产品。早期使用者都是一些有远见的人，他们重视新技术可能在未来使用的情况，因此尽力成为第一个据此获利的人。杰夫·贝佐斯是亚马逊的创立者，他是互联网和网络技术的早期使用者。1994年，他就先于其他人看到互联网可以被用来以新的方式销售图书。

革新者和早期使用者都是在市场处于孕育期时进入的。在他们之后的一批顾客被称作早期多数派，这一部分人代表了大众市场的领头人和前锋。他们的进入标志着成长期的开始。早期多数派的顾客对于应用新技术的核心产品很满意。然而，他们是实用主义者——会权衡采用新产品的收益和成本，并且会等到确信该产品会给他们带来看得到的收益时才进入市场。他们一旦开始进入市场，就是大批地进入。这就是1981年当IBM推出PC时市场发生的情况。对早期多数派来说，IBM 的进入给了这项新技术正当的地位，同时标志着采用这项新技术的收益将超过购买和学习它的成本。此后重要应用程序的开发又增加了 PC 的价值，并将其从兴趣爱好变为商业生产力工具。2007 年苹果公司推出 iPhone 之后，相同的过程在手机市场展开。很多人在早期进入市场，是因为他们看到了一个手机所能传递的价值，而且他们愿意接受这项新技术。

一旦大众市场达到一个关键规模，比如 30% 左右的市场渗透率，下一波顾客浪潮就开始进入该市场。这一波被称作后期多数派。只有当一些他们的同行已经这样做或新产品显然还要在市场上存在一定时间时，这些顾客才会开始购买。一个典型的后期多数派的例子是 20 世纪 90 年代中期开始进入 PC 市场的顾客。他们通常不熟悉新技术的优点。后期多数派对购买新的技术可能会有点担心，但如果这些顾客看到许多人接受了这项技术，并且也发现了其价值，他们就会购买。直到 1990 年中期，后期多数派看到周围的人都参与到邮件交流和上网浏览之后，他们才进入 PC 市场，显然，这些技术被留下来了。在手机行业，2012 年后期多数派开始进入手机市场，那时手机显然正成为主导的移动电话技术。

落后者是最后一批进入市场的顾客。他们本质保守，并且不了解新技术的使用。要不是环境所迫（如回复同事的电邮），即使新技术的优势很明显，他们也会拒绝采用新技术。仍坚持使用打字机而不是电脑来写信或写书的人可以看作今天的落后者。考虑到美国快速增长的手机使用率，那些不进入手机市场的人就会落后。这些顾客要么继续使用基础的无线手机，要么甚至连无线手机也不用，只依靠更加过时的传统固定电话。

图 6-3 以另一种方式展示了不同顾客群的差别。图中的钟形曲线代表了市场总量。曲线下的不同区域代表了每个顾客群所占百分比。从图中可以看出，早期使用者仅占到最终购买该产品顾客总数的一个很小的比重。因此这一数据揭示了一个重要的竞争状况：最高的市场需求和行业利润的增长是在早期和后期多数派进入市场时发生的。研究同样发现，尽管很多市场先驱公司在吸引革新者和早期使用者方面很成功，但它们中的很多却没能成功吸引到早期和后期多数派，最终退出了该市场。[9]

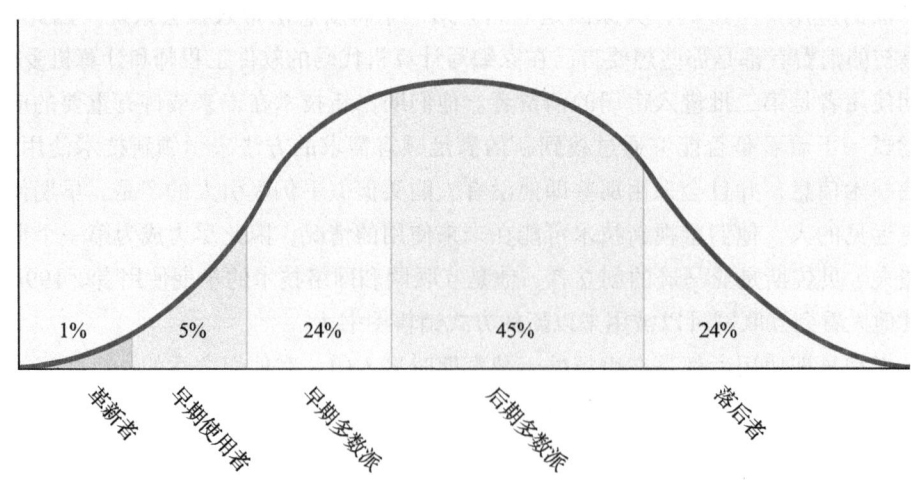

图 6-3　不同顾客群体的市场份额

资料来源：Adapted from Rogers, EM. 2010. Diffusion of Innovations. New York: Simon and Schuster.

6.2.2 战略启示：跨越鸿沟

为什么先驱企业无法创造一种可以持续成功并保持市场领导者地位的商业模式呢？原因是革新者和早期使用者与早期多数派有着非常不同的顾客需求。杰弗里·摩尔（Geoffrey Moore）在其写的一部相当有影响力的书中说，由于这些顾客群体有不同的需求，在大众市场出现时所需的业务层战略和在市场孕育期所需的业务层战略是非常不同的。[10] 如果先驱企业在追求商业模式时不改变战略的话，它们在竞争优势上就会输给那些能够采用新战略的企业，这些新战略旨在更好地满足早期和晚期多数派的需求。由于以下原因，随着市场的发展，企业通常需要采取新战略来加强其商业模式：

- 革新者、早期使用者都是一些精通技术的顾客，他们愿意容忍产品在技术上的不完善。然而，早期多数派更看重产品使用起来是否方便以及是否可靠。处于孕育期的企业通常更关注提高产品的性能而不是它的方便性和可靠性。处于大众市场的企业需要确保其产品性能可靠且使用方便。因此，企业只有根据市场的发展采取不同的产品开发战略才能确保成功。
- 向革新者、早期使用者销售的产品大多是通过专门的分销渠道售出的，产品的宣传也主要是通过口碑宣传。而向早期多数派销售产品则要依靠大众市场分销渠道和大众媒体的广告，这就需要一套完全不同的营销和销售战略。
- 由于革新者、早期使用者的数量相对不多，并且他们对价格不是很敏感，因此服务他们的企业通常采取一种集中化的模式，而且仅仅生产少量产品。然而，为了更好地服务快速成长的大众市场，基于大批量生产的成本领先模式可能对于确保低成本地、高可靠性地生产高质量产品是至关重要的。

总之，以革新者、早期使用者占主体的孕育期市场所需的商业模式和战略，和以早期多数派占主体的高成长性的大众市场所需的商业模式和战略是非常不同的。因此，从孕育期市场向大众市场的过渡并不是一个平滑无缝的过程。相反，这是企业必须跨越的一个竞争性鸿沟。摩尔认为，很多企业没有或无法形成正确的商业模式，从而掉入鸿沟并被逐出市场。他洞察到的这一点和我们所能观察到的事实是一致的，即虽然在孕育期市场中有着大量的小企业，但是一旦大众市场开始发展，市场上的企业数量就开始急剧萎缩。[11] 详细案例请参阅"战略行动6-1"，其中解释了微软和移动研究公司（Research in Motion）是如何陷入智能手机市场的鸿沟，而苹果却凭借iPhone（一种专为早期多数派设计的产品）实现成功跨越的。

战略行动6-1

跨越智能手机市场的鸿沟

第一部智能手机出现在21世纪早期。早期市场领导者包括拥有黑莓手机生产线的移动研究公司和拥有Windows Mobile操作系统的微软，Windows Mobile操作系统早期为许多公司（如摩托罗拉）的智能手机产品提供服务。这些手机被卖给商业用户并将其市场上定位为商业生产力工具。在相对较小的手机设备上设置了小屏幕和键盘，虽然能够发送和接收邮件、浏览网页等，但是手机没有独立的应用市场，因此它的效用非常有限，对于人们来说也不总是易于使用。系统管理员常常能够建立一些基本功能（如公司电子邮件访问），但对消费者来说，早期智能手机确实不是用户友好型的设备。这时的顾客主要是革新者和早期使用者。

2007年苹果iPhone推出之后，市场的变化很大（见图6-4）。第一，这种手机的目标不是商业用户，而是更广阔的消费者市场。第二，这款手机易于使用，它拥有大触摸屏，并且在不使用时它的虚拟键盘会消失。第三，这种手机设计时尚，对一些顾客来说它有着优雅的气息。第四，苹果公司的开发者编写了能够使手机运行的应用程序，并且苹果公司还建立了应用商店，以便于开发者购买App。非常快速且全新的应用开始出现，这些应用为手机增添了价值，包括地图应用、新闻资讯、股票信息和多种游戏，有几个应用很快就拥有了大量的点击量。很明显，这款手机是一款非常适合消费者而非商业用户的设备。iPhone的易用性和实用性使其早期迅速、大量地投入市场，销售量激增。同时，Windows手机和黑莓手机的销售量开始螺旋下滑。

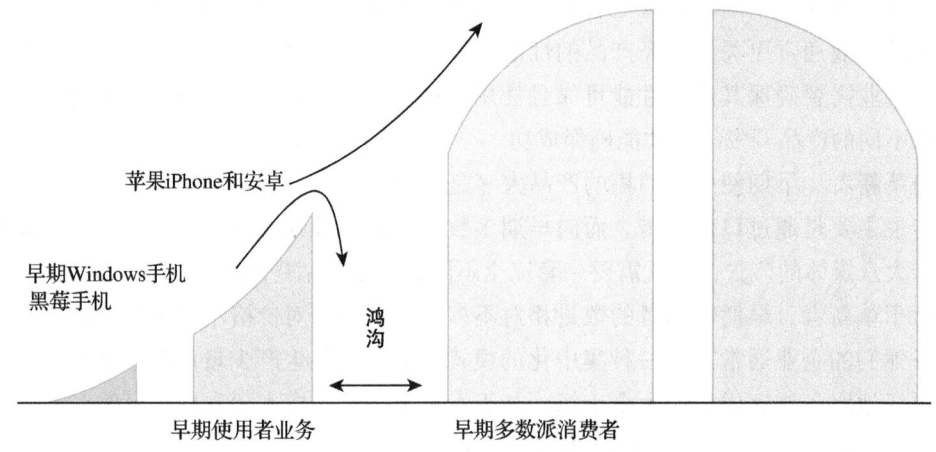

图6-4 在智能手机业务的鸿沟

资料来源：Adapted from Moore, GA. 2009. Crossing the Chasm: Marketing and selling high tech products to mainstream customers. New York: Harper Collins.

微软和黑莓最终被迫放弃现有的手机平台和战略，并对自身进行重新定位。这两家公司随后开发出的触摸屏幕都类似于iPhone的触摸屏，也相似地推出了应用商店，而且以消费者为销售目标。然而，对它们来说已经太晚了。2015年上半年，前任市场领导者的市场份额只有个位数，而苹果公司的iPhone和谷歌的Android（模仿了iPhone的许多设计和技术特性）统领了市场。

这个案例很清楚地表明：要成功跨越鸿沟，管理者必须正确识别第一批早期多数派（也就是大众市场的先锋）的消费者需求。企业一旦识别出了这些需求，就必须通过开发新的战略以重新设计产品、创造分销渠道以及进行营销活动来调整自己的商业模式，从而满足早期多数派的需求。当企业开始大举进入市场时，它们必须有一款合适的产品并以合理的价格销售给早期多数派。同时，市场先驱企业必须放弃它们那些过时的、仅仅针对革新者和早期使用者的商业模式，因为这些模式可能会导致管理者忽略早期多数派的需求，忽略实行差异化和成本领先模式以追求在未来成为行业主导者的需求。

资料来源：Anonymous, "iPhone tops 1 Millionth Sale," *Information Today* 24 (9), 2007, p. 27; Anonymous, "The Battle for the Smart-phone's Soul," *The Economist*, November 22, 2008, pp. 76–77; L. Dignan, "Android, Apple iOS Flip Consumer, Corporate Market Share," *Between the Lines*, February 13, 2013; IDC: Smartphone OS Market Share, Q1, 2015, www.idc.com.

6.2.3 市场增长率差异的战略影响

孕育型和成长型行业中的管理者必须明白的最后一个重要问题是：不同市场的发展速度是不同的。一个市场发展的速度可以由它的增长率或者说行业当中的产品被顾客购买的速率来衡量。很多因素可以解释不同产品在市场增长率方面的差异，进而解释一个特定市场的发展速度。对管理者来说，了解这些差异的来源是至关重要的，因为他们对于战略的选择能够加快或减缓一个市场的增长率。[12]

第一个加速顾客需求的因素是一种新产品的相对优势，即一种产品在满足顾客需求方面优于其替代的产品的程度。例如，对于手机的早期需求增长在一定程度上是由其经济效益推动的。研究显示，由于商业用户总是可以通过手机联络到对方，因此他们可以更有效地利用时间。例如，可以不出席在最后一刻才取消的会议，这样每周可以节省下本来可能浪费掉的两个小时。对忙碌的高管（也是早期使用者）来说，拥有一部手机在提高效率方面的效益超过了其成本。由于一些社会原因，手机的使用也快速扩展到整个社会，尤其是因为它可以赋予使用者以魅力和声望（这也是推动一些高级智能手机需求增长的力量之一）。

要着重考虑的第二个因素是复杂度，被顾客看作复杂的难以掌握的产品将会比易于掌握的产品扩散慢。早期个人电脑扩散得很慢，是因为许多人觉得操作个人电脑的古老的命令行非常复杂且令人生畏，直到有屏幕图标的图形用户界面变得普遍，使得用户能通过点击鼠标来打开程序和执行功能，个人电脑才成为大众市场设备。相反，第一部手机易于使用并且很快被接受了。

第三个推动需求的因素是兼容性，即一种新产品被认为与潜在接受者的当前需求或现有价值保持一致的程度，手机的需求快速增长的原因是其操作与使用传统有线电话的潜在使用者之前的经历相容。第四个因素是可试性，指的是新产品可以传递试用的程度。很多人第一次使用手机都是始于向同事借用打电话这个经历，这个经历给他们留下了良好的印象，从而加速了手机销售的增长。相反，早期的个人电脑由于稀少又昂贵还要经过培训才能使用，所以很难试用。这些复杂性导致了个人电脑很缓慢的销售增长率。最后一个因素是可观察性，即使用和享受新产品的结果可以被其他人看到并理解。最初，iPhone 和 Android 手机迅速扩散开来，因为手机用户的多种用途使得手机变得随处可见。

因此，如果想让需求持续增长，管理者必须确保其制定的战略有助于顾客了解新产品的价值。此外，为了克服使用障碍，管理者需要设计出不繁杂、易于使用的产品，并且展示其相对于先前技术的优势。这些确实也是苹果公司为 iPhone 所做的，它帮助解释了 2007 年苹果公司推出其第一部 iPhone 后手机快速扩散的原因。

当市场快速增长，新产品像病毒感染一样变得流行时，相关战略问题也就出现了。即对于一款新产品，领先接纳者（第一购买产品的人）首先被感染或对其变得疯狂喜爱，如苹果用户。然后，他们又把产品的好处告诉其他人，这样，他们又感染了这些人，这些人观察到产品的好处后也接受了该产品。企业可以利用这种病毒式扩散现象来促销产品，首先需要识别一个群体中潜在的意见领袖（意见领袖是那些在群体当中意见受到尊敬的人），然后大力寻求他们的认可。例如，当一些高科技医疗设备制造商开始销售其新产品（如 MRI 扫描仪）时，它们首先试图使一些大的研究中心和教学医院的著名医生使用其产品。它们可以为这些意见领袖的科研提供免费产品,并且与他们密切合作以改进技术。一旦这些意见领袖喜欢上它们的产品并给予认可,其他医院的医生往往也会跟随。

总之,在朝阳行业和成长行业中了解变化的竞争态势是一个重要的战略问题。企业的战略是否可以确保其商业模式持久成功,不同顾客群体的出现及其需求的变化方式起着决定性的作用。同样地,了解影响市场增长率的因素可以使管理者针对变化的行业环境采取相应的商业模式(第 7 章将进一步讨论高技术行业中的竞争)。

6.3 成熟行业的战略

成熟的行业通常由少数几个大型企业主导。尽管行业中仍然存在很多中型企业和大批小型的、专业化的企业,但是大型企业决定着行业内竞争的性质,因为它们可以影响六种竞争性力量。这些大型企业之所以会取得领导地位,就是因为它们形成了行业内最成功的商业模式和战略。

到了衰退期末期,企业已经明白了分析其他企业商业模式和战略的重要性。它们同样也明白了如果它们改变战略,它们的行动将会刺激对手做出竞争性反应。例如,如果差异化企业由于采取了更加节省成本的技术而开始降低价格,那么这不仅会威胁到其他差异化企业,还会威胁到那些感受到竞争优势正在受到侵蚀的成本领先企业。因此,到了生命周期的成熟阶段,企业已经懂得了竞争独立性的意义。

因此,在成熟行业,业务层战略就是围绕了解既有企业为了保持企业和行业的盈利,如何联合起来削弱行业竞争的强度展开的。独立企业首先通过阻止新企业进入该行业,其次通过降低行业内竞争水平的战略战术,来保护它们的竞争优势。

6.3.1 阻止进入的战略

在成熟行业,成功的企业常常获得了巨大的规模经济,并且建立起了强大的品牌忠诚。正如我们在第 2 章中看到的,由于行业中的在位企业拥有规模经济和品牌忠诚,因此行业的进入壁垒很高。然而,在一些情况下,规模和品牌虽然重要但还不足以阻止进入。在这样的环境下,企业需要寻找其他战略来阻止新的进入,这些战略包括产品增值、限价、技术升级和战略承诺。[13]

1. 产品增值

一个公司试图进入成熟行业的方法是通过寻找细分市场或利基市场,而且在这些市场里的现有企业服务不好。这种策略包括进入这些细分市场,从中获取经验、规模和品牌,并且逐步升级至高端市场。20 世纪 70 年代后期至 80 年代早期,日本汽车公司首次进入美国市场,它们将目标细分为市场底层的小型且便宜的省油汽车。这些细分市场并没有很好地被大型美国制造商(如福特和通用汽车)服务。一旦像丰田和本田这样的公司在细分市场占据强势地位,它们就会开始以更大的供应量进击高端市场,最终进入皮卡车和 SUV 市场,这两个市场在历史上是美国汽车行业中最有利可图的细分市场。

产品增值策略(product proliferation strategy)涉及在位企业通过确保市场中的每个利基或细分市场得到充分的服务来预先阻止进入市场。美国汽车公司 20 世纪 70 年代和 80 年代早期曾追求产品增值策略，并且创造了一条更小且省油的汽车生产线，这使日本汽车公司更难进入美国市场。另一个例子涉及因施行产品增值策略而出名的早餐谷物公司，典型的是它们因生产一些不同种类的谷物而抓住所有潜在顾客的需求。最终的结果是三大早餐谷物公司（通用磨坊、宝氏、家乐氏）已经占据了行业中所有有价值的地域空间（超市里的货架空间），并用多重的产品填满货架，这使得留给新进入者的放置空间少之又少。此外，当新进入者真的进入时（就像发售格兰诺拉麦片和有机谷物的小型公司进入市场的情况一样），三大公司已经迅速提供了自己的产品版本，有效地预先阻止了进入。因为产品增值策略使新进入者更难发现行业中未被占据的利基市场，所以产品增值策略能有效地阻止进入。

2. 限价

限价策略可能在行业内在位企业拥有规模经济时用于阻止进入，但是其造成的成本优势不足以使潜在竞争者退至行业外。**限价策略**（limit price strategy）包括收取的价格低于短期内最大化利润所需的价格，向潜在的投资者发出信号，暗示在位企业可以将新进入者淘汰出市场，从而阻止进入。虽然从长远来看，在位企业的限价策略可能是不可持续的，但是新进入者通常不会有在位企业的成本信息，因此它们也不会知道在位企业能保持多久的低成本。

如图 6-5 所示，在位企业的单位成本比潜在进入者的更低。然而，如果在位企业收取市场能承受的价格（如图 6-5a），那将比新进入者的单位成本高（如图 6-5b），允许它们进入并且仍在现有的定价下盈利。在这种情况下，在位企业的最好选择可能是将价格仍保持在自身的单位成本之上，但低于任何潜在新进入者的单位成本（如图 6-5c）。现在对其他企业来说没有试图进入市场的动力，因为在更低的限价下它们不能获利。由于限价阻止了进入，因此它可能会被认为是长期的、利润最大化的价格。例如，在美国的电信行业，在位企业（如时代华纳和康卡斯特）在自己服务的区域接近垄断。然而当企业试图进入它们的市场时，在位企业通常使用限价来阻止进入。罗伯特·科利尔的研究表明，当新进入者来自外来行业（它们不可能拥有在位企业成本的全部信息，例如像威瑞森通信这样的电信公司）时，现有的电信公司通常使用限价来阻止进入。另外，当新进入者是市属的并因此对利润率不敏感时，在位企业会对技术升级进行大规模投资（下面会讨论），以致市属经营者对此难以匹敌。[14]

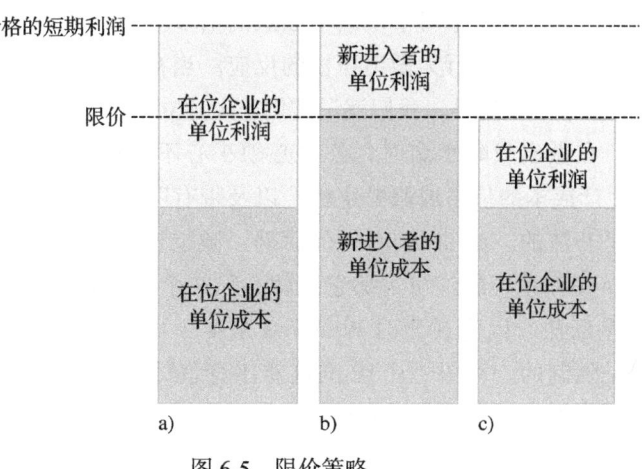

图 6-5　限价策略

3. 技术升级

如果在位企业的定价策略有限，或面临可能愿意与其定价竞争的潜在进入者，在位企业就可以通过投资**技术升级**（technology upgrading）来阻止新的竞争者进入，技术升级是新进入者难以与之匹敌的。例如，虽然市政电信 TV 进入者可能对利润率比较不敏感（如上所述），但是它们可能与一个大型在位电信企业在对最先进技术的投资上相竞争。因此，当在位电信企业受到潜在市属进入者的威胁时，它们会投资升级有线基础设施，提供互联网服务所需的双向通信，从而减缓市政进入。[15]

4. 战略承诺

在位企业能够通过进行战略承诺，向潜在的新进入者发出信号，从而阻止进入。**战略承诺**（strategic commitments）是表达一个在位企业对市场或细分市场长期承诺的投资。[16] 作为阻止进入的策略，战略承诺涉及提高进入市场的感知成本，以此降低进入的可能性。在一定程度上这种操作是成功的，战略承诺能保护行业并且引导已经在行业中的企业获得更高的长期利润。

战略承诺的一个例子是在位企业投资于过剩的生产能力。这个主意是对潜在进入者发出的信号，如果它们进入，在位企业有能力扩大产出并降低价格，从而压低新进入者能从该市场获取的利润。例如，有人认为，化学品公司可能会将过度投资生产能力作为显示它们对特定市场承诺的一种方式，以此预示新进入者将难以与之竞争。[17]

其他可能作为进入威胁的战略承诺包括对除了维持对现有竞争对手的必要投资以外的基础研究、产品开发或广告进行重大投资。[18] 在任何情况下采取这些阻止进入的行动，一定让潜在对手意识到在位公司的意图，并且这些投资一定要足以阻止进入。

如果在位企业曾经有通过降价、加快产品开发力度、增加广告花费或联合这其中的一些措施积极应对新进入者的经历，可能也能够阻止进入。例如，在 20 世纪 90 年代，当竞争者发布新软件产品时，微软常会试图通过快速发布与该新产品相似的、能很好适应 Windows 的软件产品的方式（这意味着消费者应该等待微软产品）制造进入障碍。"雾件"（vaporware）这一术语常用于描述这种竞争性的产品预告，一些观察者相信这种做法确实有时会成功预先阻止进入。[19]

这些历史行为向潜在的竞争对手发出了强烈的信号——市场进入并不容易，而且在位企业将对在其地盘上的任何侵占行为做出积极的反应。当在位企业通过过去的行动成功地向潜在的竞争对手表明了这一立场时，我们就说它们已经建立了应对新进入者的可信承诺。

要注意的是，在做出战略承诺时，公司必须小心不要违反反垄断法。例如，进行掠夺性定价或以低于生产成本的价格或服务定价，以及带有明显意图驱使竞争对手停产进而垄断市场的做法，都是非法的。20 世纪 90 年代后期，微软告知 PC 制造商，如果它们想要获得微软公司 Windows 操作系统的许可，那它们就必须在个人电脑的桌面上显示 IE 浏览器，这使微软违反了反垄断法。因为在当时 Windows 是唯一可用的个人电脑操作系统，这对 PC 厂商来说基本上是强制的。意图是让 IE 浏览器比竞争对手的浏览器更有优势，特别是网景（Netscape）开发的浏览器。美国司法部判决微软的行为是掠夺性的，微软被迫支付了罚款并改变了其做法。

6.3.2 管理竞争的战略

除了试图阻止进入，企业还希望制定战略以管理企业间的竞争独立性，并减少价格竞争。无限制的价格竞争不但会降低企业的利润，也会降低行业的利润。企业会采用一些策略来管理行业竞争者，其中最重要的是价格信号、价格领导、非价格竞争以及产能控制。

1. 价格信号

企业选择合适的价格并进而获得卓越绩效的能力受到多个因素的影响，包括产品需求的强度和对手之间竞争的激烈程度。**价格信号**（price signaling）是企业可以用来控制竞争从而使行业可以选择最适合的价格的第一种方式。价格信号是企业通过提高或降低价格向其他企业传达它们的意图，并影响其他企业定价的过程。企业可以利用价格信号提高行业利润率。

企业可以使用价格信号来宣布它们将向威胁它们的敌对性竞争行动进行大力反击。例如，它们可能会发出这样的信号：如果有公司敢于大肆降价，它们将采取同样的措施进行反击。针锋相对是价格信号的一种广为人知的方式，在这种策略下，对手做什么，自己就做什么：如果对手降价，自己也跟着降价；如果对手提价，自己也跟着提价。如果企业长期坚持这一策略，就会给对手一个清楚的信号：它们将以完全相同的方式来应对对手有关价格的任何举动。这一行为的意义是，对手迟早会明白对方企业总是会采取一种针锋相对的战略。一旦对手明白了企业的意图（不管什么时候，你降价，我也会降价），也意识到降价只会增加自己的成本，降价在该行业就不会那么普遍了。针锋相对的战略同样可以向对手表明，提价也是会被模仿的，这会增加对手发起提价以增加利润的可能性。因此，针锋相对的战略可以成为规范一个行业内价格行为的有效方式。[20]

航空业是价格信号发挥作用的一个典型例子，因为在航空业中，价格一般是依据当前顾客需求而波动的。当一家航空公司发出信号表明了降价的意图，那么往往一场价格战就会随之而来，因为航空公司之间会互相模仿对方的行为。如果一家航空公司感到需求强劲，它会通过发出信号来试探提价的意图，然后，价格信号就会成为达到统一提价目的的战略。不可退机票是各航空公司采取的获得更有利的价格选择余地的另一种战略，这一般起源于一家航空公司发出的一个市场信号，然后这个信号会被行业中的其他公司模仿（据估计，迄今为止，额外的行李收费使得航空公司增加了10亿美元的收入）。各航空公司都认识到，如果它们能够集体行动，迫使顾客自己承担提前买票的风险，它们就能够稳定其收入，而且顾客提前支付的票款还可以为它们带来额外的利息收入。实际上，价格信号可以使企业之间交换信息以使它们能够互相了解对方的竞争产品和市场战略，从而采取协调一致的、具有竞争性的价格行动。

2. 价格领导

如果一家企业有权制定最大化行业利润的价格，那么它便是价格领导者。这是减少价格敌对、提高成熟行业利润的第二种策略。根据反垄断法，明显的价格领导或者集体定价是非法的，因此**价格领导**（price leadership）的过程是非常微妙的。例如，在汽车行业，价格是通过模仿来制定的。行业中最弱的企业，也就是成本最高的企业，制定的价格常常被其他企业用来作为它们定价的基础。过去，美国汽车制造商先定好价格，随后日本制造商会参照这个价格来定价。由于它们的成本更低，因此可以不用和美国厂商在价格上竞争就能获得更高的利润。不同的细分市场有不同的定价。在所有车型中，不同车型的价格表明了企业针对的不同细分市场以及该细分市场能承受的价格范围。每一个厂商在为一款车型定价时都会参照其他厂商的价格，而不是其他厂商的成本。因此，价格领导还可以使差异化厂商获得超额利润。

尽管价格领导能够通过阻止针锋相对的竞争，通过提高行业利润水平的方式稳定行业中企业间的关系，但是这种战略也不是没有风险。它有利于那些成本高昂的企业，使得它们无须采取提高产能和效率的方法就能生存下来。从长期来看，这种模式使得它们在面对那些通过新技术获得低成本的新进入者时不堪一击。这就是当日本汽车厂商进入美国市场后美国汽车行业发生的事情。通用汽车公司是行业的价格领导者，经过多年这种心照不宣的定价，美国汽车厂商很容易遭受来自日本厂商日益强势的进攻，而它们对此却无能为力。2009 年，美国政府借给克莱斯勒和通用汽车公司数十亿美元，同时促使它们进入新市场，以帮助它们摆脱濒临破产的困境。这一措施很大程度地降低了这些企业的成本，使得它们今天仍然具有竞争优势（福特也得到过类似的帮助）。

3. 非价格竞争

成熟行业中的产品和市场战略的第三个重要方面是使用**非价格竞争**（non-price competition）来应对一个行业里的竞争对手。采用避免高成本的降价或价格战的战略并不能完全阻止产品差异化引发的竞争。然而，在很多行业中，产品差异化战略的确是阻止潜在进入者和管理行业内竞争的一种主要工具。

产品差异化是指企业通过提供拥有不同的或优良特色的产品来争取市场份额，比如美国超威、英特尔、英伟达等公司竞争生产更小、更强、更精细的电脑芯片，宝洁、高露洁、联合利华等公司采取不同的营销策略。在图 6-6 中，我们采用了产品和市场两个维度来识别基于产品差异化的非价格竞争战略：市场渗透、产品开发、市场开发和产品衍生（请注意，这一模型适用于新的细分市场而不是新的市场）。

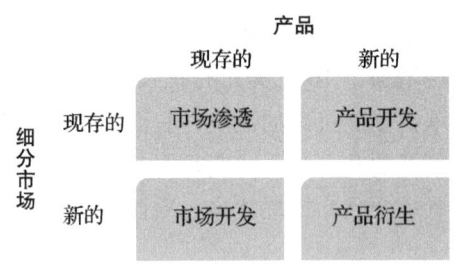

图 6-6　四种非价格竞争策略

（1）市场渗透。

当企业集中精力在现有产品市场上拓展市场份额时，它就是在实行市场渗透的战略。市场渗透要求进行大量的广告宣传来建立和推广产品的差异性。例如，英特尔就曾经在其大规模广告宣传活动中积极使用这一战略。在一个成熟的行业中，广告旨在影响顾客对品牌的选择，并为企业及其产品建立品牌知名度。利用这种方式，一个企业可以通过吸引对手的顾客的方式来扩大市场份额。由于品牌产品通常可以制定较高价格，在这种条件下扩大市场份额是非常有利可图的。

在一些成熟行业中，例如，肥皂和清洁剂行业、一次性尿布行业及酿酒业，市场渗透战略已经成了家常便饭。在这些行业中，所有的企业都会进行密集的广告宣传并参与到争夺市场份额的战斗中来。每一家企业都担心如果自己不做广告，它的市场份额就会被那些做广告的企业抢走。结果是，在香皂和清洁剂行业，宝洁将销售收入的20%用于广告宣传，目的就是保持或扩大市场份额。高昂的广告费用成为横在潜在进入者面前的进入障碍。

（2）产品开发。

产品开发（product development）是创造或改进产品以替代现有产品的方式。剃须刀行业就是依赖产品更新来创造一波又一波的顾客需求的，行业中企业的新收入来源就此产生。吉列（Gillete）定期推出新型的和改进的剃须刀，比如它推出的振动刀片就用来和舒适（Schick）的四刃刀片进行竞争，从而刺激市场的扩大。相似地，在汽车行业，每家大型汽车厂商每3~5年都会推出新车型来更新老车型，从而说服顾客以旧换新。

产品开发对于维持产品差异性以及扩大市场份额是至关重要的。例如，汰渍洗衣粉在过去的50年中，为了提高性能，其成分已经经过了超过50次的改变。产品在广告宣传中一直被称作汰渍，但其实每年推出的都是一种新产品。改进和完善产品是企业在成熟行业中调整和改进商业模式的重要战略。但是这种竞争可能会和价格战一样残酷，因为它代价高并能急剧提高企业的成本。这种情况会在计算机芯片行业中发生，激烈的竞争使最快或最强大的芯片生产企业成为市场领导者，如美国超威、英特尔和英伟达，它们的成本急剧增加，以至于它们的盈利能力急剧下滑。

（3）市场开发。

市场开发（market development）是为企业的产品找到新的细分市场。采取这一战略的企业希望利用在一个细分市场上形成的品牌知名度去搜寻其他可以参与竞争的市场，正如美泰和耐克分别通过进入更多其他玩具和运动鞋的细分市场一样。通过这种方式，企业可以借用其品牌知名度形成差异化优势。日本的汽车生产商提供了一个市场开发的有趣例子，每一个厂商在进入市场时，都推出了一款经济型车，如丰田的卡罗拉和本田的雅阁。然后这些公司随着时间的推移升级各自的车型，以瞄准更昂贵的市场。雅阁现在是中型车市场的主要竞争者，而卡罗拉主要占据小型车市场。通过重新定义其市场定位，日本厂商成功地发展了它们的细分市场，同时获取了利润，并且成功地攻击了它们的竞争对手，从它们那里攫取了市场份额。尽管日本厂商曾经主要依靠成本领先取得竞争优势，但市场开发同样使得它们成为差异化竞争者。实际上，正如我们在上一章中提到的，丰田利用市场开发成为广泛差异化企业。丰田逐渐利用市场开发在几乎所有的细分市场上都推出了自己的汽车产品（详见"战略行动6-2"）。

（4）产品衍生。

我们已经看到产品衍生是如何阻止新的公司进入一个行业的。相同的策略能用来管理行业内的竞争。如前所述，产品衍生通常意味着行业内的大公司在每个细分市场（或利基市场）都有产品。如果一个新的利基市场开始形成，比如SUV、设计师品牌太阳镜，或者销售鞋子的网站，那么市场领导者就会因为先发行动而获得优势，但是很快其他企业就会跟上来。如此这般，行业中的竞争态势就会稳定，竞争程度也会降低。产品衍生因此使得基于产品差异化（而不是基于价格的，也就是基于新产品开发的非价格竞争）的行业竞争可以稳定发展。竞争开始围绕产品在顾客眼中的独特性、质量、特色以及性能展开，而不是产品的价格。例如，耐克作为跑鞋公司而成立，并且在公司早期放弃了聚焦于如高尔夫、足球、篮球、羽毛球和滑板等运动项目的市场。然而，当销售量下滑时，耐克意识到应该在特定的细分市场上使用营销手段来提高销售量并获得高额利润。因此，耐克运用其已有的设计和营销能力，为这些细分市场以及其他市场开发新的鞋类生产线。

战略行动 6-2

丰田凭借市场开发成为全球领军企业

汽车行业因高收入和高利润成为全球竞争最激烈的行业之一。21世纪前十年晚期经济条件艰难，全球汽车厂商都在努力研发满足特定顾客群体需求的汽车，市场竞争非常激烈，而其中最具竞争力的当属丰田。

丰田在40年前制造了它的第一台汽车，又丑又方但非常便宜。丰田汽车质量得到认可后，销售量迅速增加，公司将所得利润再投资到汽车的升级和生产成本降低的研究上，最终成为成本领先者。这些年来，丰田依靠低成本为不同顾客群体带来了选择面更广、性价比极高的购车选择。汽车经过最初的设计，在两三年内就可投入生产，因此，丰田凭借这一优势比竞争者更快地推出产品，进而从市场开发中获利。

丰田在利用新兴市场定位产品方面更是走在前沿。例如，在越野车市场，它推出的第一辆汽车是定价超过35 000美元的丰田卡罗拉。意识到低价越野车的市场需求后，它接下来很快推出了定价20 000美元、适合普通消费者的4Runner越野车。随后相继推出低于2万美元的RAV4小型越野车，以及最低2万美元的更大更强的四驱红杉越野车。最后，利用雷克萨斯产品线技术，公司又推出了定价低于30 000美元的奢华汉兰达越野车。时至今日，丰田仅越野车就有6个系列，每个系列的价格、空间、动力、风格和体验感都不同，顾客可以根据自己的特定需求进行选择。同样，丰田针对特定顾客群体推出了针对性很强的轿车。例如，凯美瑞的目标客户是那些有能力支付25 000美元，并希望在奢华度、性能、安全性和可靠性之间取得平衡的消费者。

丰田的广泛差异化商业模式意在为不同顾客群体提供更多产品，为企业创造更多的价值。同时，由于严格成本控制的限制，公司进行合理定价，从而其价格选择实现收入和利润的最大化。现在每个汽车细分市场的竞争都非常激烈，因此所有的汽车制造商都必须在展示更多汽车来吸引顾客的优势，与增加车型以适应不同客户的需求所带来的成本增加之间取得平衡。

4. 产能控制

尽管非价格竞争有助于成熟行业避免残酷的、使企业和整个行业盈利缩减的降价行为，但是当行业中存在过剩产能时，价格竞争还是会不期而至。当行业中的企业集体性地生产过量产品时，它们就想要处理掉这些产品，过剩产能就形成了，因此它们就会削减价格。当一家企业削减价格时，其他企业会迅速地跟随（一个博弈论的预测，见本章后面的讨论），因为它们担心削减价格的企业会将所有的存货都卖出去,而它们剩下的产品就会没人要。这样的最终结果就是一场价格战。

过剩产能可能会由需求不足引起,就像在经济衰退期间,人们对汽车的需求降低,这使得汽车厂商开始给顾客一些价格上的刺激以鼓励顾客购买新车。总的来说,过剩产能是由一个行业内的公司试图同时对有利条件做出反应造成的。矛盾的是,每家公司都在努力超越其他公司,这意味着所有公司共同造成了行业产能过剩的问题,而这对所有公司都不利。尽管需求在上升,但每家公司决定增加产能的后果是行业产能激增,从而压低了价格。为了防止代价高昂的过剩资本的积累,公司必须制定战略,使它们能够控制或者至少从产能扩张计划中受益。然而,在我们研究这些策略之前,我们需要更详细地考虑导致产能过剩的因素。[21]

(1)引起产能过剩的因素。

产能过剩的问题通常是由技术进步引起的。有时候新的低成本技术是这个问题的罪魁祸首,因为所有企业为了避免被落在后面,都同时开始投资于这项技术。因为新技术比老技术产量更大,所以产能过剩就出现了。此外,新技术通常是大批量引进的,这也会引起产能过剩。例如,当一家航空公司某一条航线需要更多座位时,它需要另外增加一架飞机,因此即使可能只需要 50 个座位也会因此增加上百个座位。再如,一个新的化学过程现在只有在每天 1 000 加仑时才最有效,而之前的过程是每天 500 加仑。如果行业内的所有企业都更新了技术,行业产能可能就会翻番,因而会引起严重的问题。

一个行业中的竞争因素能引起产能过剩。新企业的进入是这类因素之一。2008~2009 年的经济不景气造成了全球产能过剩和钢材价格暴跌;随着全球经济复苏,价格上涨。有时候,企业有形资产的使用年限也可能成为问题的根源。例如在酒店业,由于酒店家具的快速折旧,顾客总是被吸引到新的酒店去。当新的连锁酒店挨着老的连锁酒店建立起来时,就会造成产能过剩。还有些时候,企业仅仅跟随行业的趋势采取竞争性行动,然而这些行动最终也会导致针锋相对的竞争。例如很多连锁快餐店,每当人口统计资料显示出有人口增长的迹象的时候,它们就会开设新的店面。然而它们似乎忘记了,其他连锁店也在使用同样的数据(它们没有充分预料到对手的行动)。因此你或许会发现,一个本来没有一家快餐店的地区可能突然同时出现好几家相似的快餐店。是否所有的店铺都能够生存下去取决于顾客需求的增长速度,但是很多时候倒闭的都是那些最不受欢迎的店铺。

(2)选择一种产能控制策略。

由于产能扩张的方式有很多种,因此企业也应该去寻找控制产能的各种方式。如果它们总是遭受着被迫削价或价格战的折磨,那么它们依靠一般策略是无法从中获取投资收益的。一个行业中由产能过剩导致的过低利润率不仅迫使最弱小的企业退出该行业,有时候甚至也迫使大企业退出该行业。一般来说,企业可以有两种战略选择:第一,企业尽量先发制人,从而掌握主动权;第二,行业中的企业采取集体行动,找到一种间接地协调彼此行动的方式,意识到个别行动对彼此的影响。

想要先发制人,企业必须能够预测到产品市场需求的大幅度增长,然后快速行动以实现大规模生产来满足预期的需求。通过率先行动以取得优势,企业就可以阻止其他企业进入市场,因为率先行动者的经验曲线通常会下移,成本也得以降低(从而价格也得到降低),必要的时候还可以通过价格战对其他企业形成威胁。

然而,这一策略是极具风险的,因为它要求企业在未来市场的规模和盈利前景都还不明确时就把资源投资进去。如果先发制人的策略没能阻止竞争者的进入,那么它带来的风险是很大的。如果竞争者拥有强有力的一般性战略或者更多的资源,如谷歌和微软,它们将给先发制人者带来麻烦。因此,要使这一策略取得成功,先发制人者必须是一个拥有足够资源的强大公司,从而可以承受得住价格战的压力。

将协调行业内的行动作为控制产能的一种策略是有风险的,在操作时必须小心谨慎,因为根据反垄断法,在新产能投资时机选择上的串通舞弊是违法的。然而,由于企业总是试图去解读和预测其他厂商的竞争动向,因此暗示性的隐蔽协调行动仍然存在于很多行业。通常,企业通过市场信号来确保协调行动。它们会在行业期刊上或报纸上宣布它们未来的投资决定。此外,它们还会把自己的产能水平以及对行业需求的预测与对手共享,从而使供求达到平衡状态。由此,协调行动的策略就降低了行业内投资的风险。这一点在化学品提炼或原油行业中是非常普遍的,因为在这些行业里新产能的投资往往需要耗费上亿美元的资本。

6.4 衰退型行业的战略

迟早,很多行业都会进入衰退期,到那时,行业的总规模就会开始萎缩。铁路行业、烟草行业、钢铁行业以及报纸行业(见结篇案例)都是这样的例子。行业进入衰退期有多种原因,包括技术的革新、社会潮流以及人口方面的转变。铁路和钢铁行业的衰退是由于技术的革新导致了替代品的出现。内燃机的出现促使了铁路行业的衰落。随着塑料和合成材料的出现,钢铁行业也衰落了。与此相似的是,就像在结篇案例中提到的,由于新闻网站的兴起,报纸行业也正在衰落。而烟草行业的衰退则是因为社会对于抽烟的态度的转变,抽烟对健康的危害越来越受到人们的关注。

6.4.1 衰退的严重性

在衰退型行业中,竞争是趋于激化的,利润率是趋于降低的。衰退型行业中的竞争激烈程度取决于四个关键因素(见图 6-7)。第一,竞争在快速衰退的行业中比在缓慢渐进衰退的行业(如烟草行业)中要激烈。

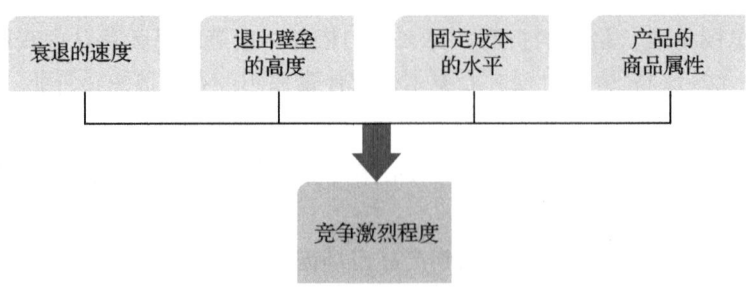

图 6-7 决定衰退行业竞争激烈程度的因素

第二，在退出壁垒高的衰退型行业中，竞争更激烈。正如我们在第 2 章中所说的，在退出壁垒高的行业，即使需求在萎缩，行业中的企业也会被高壁垒阻挡而很难退出。其结果是出现产能过剩和更加激烈的价格竞争。

第三，也和前一点有关，即固定成本高的行业中的竞争更加激烈（如钢铁行业），原因是补偿固定成本的需要（如维持产能的成本）会促使企业通过降价的方式来尽可能地使用任何过剩产能，这样就会引发价格战。

第四，产品差异化小的行业中的竞争更加激烈。相反，产品差异化大的行业会形成显著的品牌忠诚度，竞争就不会过于激烈，如烟草行业（这个行业的衰退是较为缓慢的）。

通常，一个行业中的不同细分市场不会以同样的速率衰退。有些细分市场在其他细分市场已经开始衰落的情况下依然能够保持较为强劲的需求。钢铁行业的情况说明了这一点。尽管市场上对大型钢材如薄钢板的需求已经开始普遍衰退，但是对于特种钢材，例如高速机床上使用的钢材的需求实际上却增加了。电子管是另外一个例子。尽管晶体管代替电子管成为很多电子产品的部件之后，市场上对电子管的需求大幅萎缩，但是很多年后电子管却仍然在雷达装备中保持了一定数量的应用。因此尽管在电子管需求普遍萎缩的情况下，电子管在这一细分市场中的需求依然强劲。这些例子说明，行业中一些细分市场的衰退速度可能要远远慢于行业整体的衰退速度，或者根本一点也没有衰退，在这些细分市场中可能存在小量需求。那么对那些满足这类需求的企业来说，它们面临的价格竞争强度是远远低于行业整体水平的。

6.4.2 战略选择

企业可以选择四种主要战略来应对衰退：**领导战略**（leadership strategy），企业寻求成为衰退型行业中的领导者；**利基战略**（niche strategy），集中于衰退速度远远低于行业整体水平的细分市场中的小量需求；**收获战略**（harvest strategy），寻求现金回流最大化；**撤退战略**（divestment strategy），企业将业务出售给其他企业。[22] 图 6-8 给出了一个企业战略选择的简单框架，图中，衰退型行业中的竞争激烈程度由纵轴表示，企业相对于剩余小量需求的优势由横轴表示。

1. 领导战略

领导战略试图把要退出的企业的市场份额接纳过来，从而谋求在衰退型行业中的增长。在以下情况下采取这种战略最合理：当企业具有允许在衰退型行业中扩大市场份额的明显优势时；该行业衰退的速度和竞争的程度适中。菲利普·莫里斯公司在烟草行业中就采取了这样一种战略。当其他烟草公司通过缩减成本或离开市场来回应需求下滑时，菲利普·莫里斯公司在衰退的行业中减少公司的广告，随后又减少其市场份额，在这个过程中企业获得了巨大的利润。

企业获取领导地位的策略性步骤可以是采取积极的定价策略和积极的营销策略，以获取市场份额，收购已有的竞争对手来整合行业，并增加占有其他竞争对手的股份，例如，通过增加新的产能投资。这些策略向其他竞争者发出这样一个信号：本企业是打算并有实力留在这个衰退型行业中并与其他企业展开竞争的。这些信号可能会使得其他企业退出该行业，这会进一步提升自身在行业中的领导者地位。

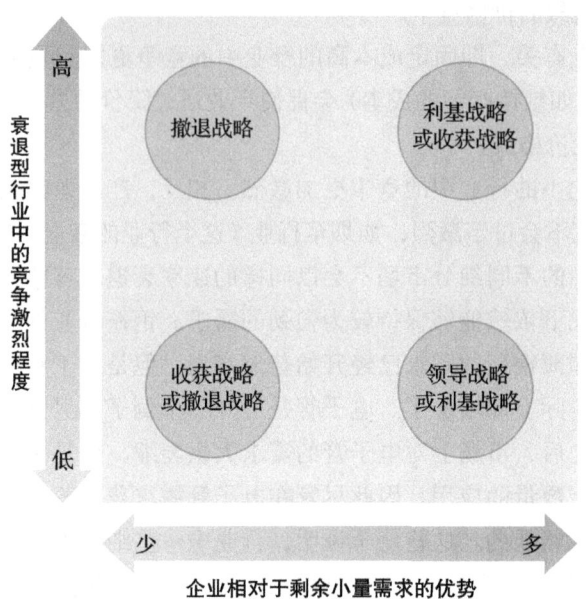

图 6-8　衰退型行业的战略选择

2. 利基战略

利基战略专注于行业中的小量需求，这种需求是稳定的或者相对行业整体来说衰退速度较慢。当企业对满足这种相对强劲的需求具有特殊优势时，适合采用这种战略。以 Naval 这家企业为例，它是一家生产捕鲸鱼叉和小型猎枪的企业。这可能会令你吃惊，因为世界各国都早已禁止捕鲸了。然而，Naval 通过专注于一群（尽管数量很有限）仍被允许捕鲸的人而生存了下来，这一群人就是北美因纽特人。因纽特人现在仍然被允许猎捕北极露脊鲸，条件是它们捕鲸只作食用，不作商用。Naval 现在是唯一一向因纽特人供应小型捕鲸枪的企业，它的这种垄断地位使它可以在这个相对较小的市场上获得可观的回报。

3. 收获战略

如前所述，当一个企业想要退出一个衰退型行业，并在此过程中最大化地回收现金流时，收获战略是最佳的选择。当企业预见到未来的急剧衰退和激烈的竞争或者相对于小量需求优势不足时，采取这一战略是最有效的。收获战略要求企业削减在设备、广告、研发等方面一切新的投资。采取这种战略不可避免的结果是市场份额的萎缩，但是由于企业不再向这个业务进行投资了，起初其现金回流会增加。实际上，企业是在用市场份额交换现金流。最终，现金流也会开始萎缩，在这个阶段，企业应该进行业务清算。尽管这种战略在理论上很吸引人，但是实际实行起来是有些困难的。一个走下坡路的企业的士气会降低。另外，如果消费者知道了企业的意图，那么企业会衰退得更快。这样市场份额就会比企业预计的萎缩得更快。丹尼尔·埃尔芬拜因教授和安妮·玛丽·诺特教授的研究发现，美国银行往往会推迟退出市场的时间，而基于利润，它们应该及时退出。埃尔芬拜因和诺特认为银行出现延迟退出的情况，一部分原因是理性需求的不确定性，而另一部分原因是不合理的乐观主义或不断升级的承诺，结果出现了管理层认为利润可能会反弹的过度积极的信号。[23]

4. 撤退战略

撤退战略是基于这样一种观点，即企业可以在行业进入一个急剧衰退阶段之前，提早出售一项业绩欠佳的业务而回收其在这方面的大部分投资。当企业的优势相对于行业剩余小量需求不足时，或当该衰退行业未来竞争可能加剧时，采取这种战略是合适的。这种战略中的最佳选择则是将业务出售给一个谋求行业领导地位的企业。该战略的缺点是，它的成功取决于企业是否能够在行业衰退变得严重之前识别这种衰退，并能够将其资产顺利出售给那些仍然认为这些资产有价值的企业。

本章小结

1. 在由中小企业组成的零散型行业中，竞争战略的主要形式有连锁经营、特许经营和横向兼并。
2. 在孕育型和成长型行业中，战略选择一定程度上是由市场需求决定的。革新者和早期使用者具有和早期多数派以及后期多数派不同的需求，而一个企业必须对跨越这两类需求之间的鸿沟做好准备。同时，管理者必须了解影响市场增长率的因素，从而根据行业环境的变化选择适合的商业模式。
3. 成熟行业是由几个大型企业构成的。它们的行为相互高度依赖，以致一个企业战略的成功取决于它的对手的反应。
4. 成熟行业中的企业用来阻止进入的主要战略是产品衍生、限价和产能控制。
5. 成熟行业中的企业用来应对竞争的主要战略是价格信号、价格领导、非价格竞争以及产能控制。
6. 在衰退型行业中，市场需求已经稳定下来或者开始下降，企业必须使其价格和非价格战略适应新的竞争环境。它们同样需要管理行业中的生产能力，以阻止产能扩张问题的出现。
7. 当需求在下降时，企业可以采取四种主要战略：领导战略、利基战略、收获战略和撤退战略。具体选择哪一种战略取决于行业衰退的严重性以及企业相对于行业剩余需求的优势。

讨论问题

1. 为什么行业会零散化？公司能把零散型行业转变为整合型行业的关键因素是什么？
2. 要在孕育型和成长型行业中维持竞争优势，面临的主要问题是什么？担当行业领导者的风险有哪些？
3. 当通过生命周期管理公司成长时，占据优势竞争地位的差异化企业和占据劣势竞争地位的差异化企业应分别采取什么样的投资战略？
4. 讨论企业是如何运用产品衍生和产能控制来管理竞争并提高行业效益的。
5. 对于在一个拥挤的大学市场上经营的小比萨店和在现有市场上想要推出新产品的洗涤剂生产商来说，它们可以用哪些战略来加强自己的商业模式？

结篇案例

如何从报纸的广告中获益

美国报纸行业是一个正在衰落的行业。自1990年以来,报纸流通量持续下滑,近几年更是急速下降。根据美国报纸协会的数据,1990年每天会卖出6 230万美元的报纸。到2011年,这个数据已经跌至4 440万美元。广告收入的下降甚至更加明显,2000年达到其收入顶峰487亿美元,之后便在2013年下降至仅207亿美元。不难发现流通量和广告收入下降的原因:数字化已打乱了整个行业;新闻消费已转移到网络上,广告也一样。经典的在线广告网站Craigslist对报纸伤害很大。广告主能在Craigslist上免费发布广告(大多数情况下),与报纸不同,在Craigslist上发布广告更易于实时搜索和更新。根据Robert Seamans和Feng Zhu的研究,2000~2007年,仅Craigslist就造成了报纸行业超过50亿美元的收入损失。

市场对纸质报纸需求的逐步下降使得纸质报纸行业内的商家开始焦虑,并寻找应对方法。发行《今日美国》(USA Today)和大量当地报纸的加勒特公司,收入从2008年的67.7亿美元下滑至2014年的43亿美元。值得尊敬的《纽约时报》(New York Times)的收入也在同一时期从29亿美元降至16亿美元。行业已经以多种方式进行应对,但是实施应对措施的过程证明事情并没有那么简单,因为改变了报纸业务模式的其中一面,就得改变另外一面。报纸一直对广告高度依赖,以至于其收入一直在补贴消费者的新闻版面。Seamans和Zhu教授的研究表明,如果没有分类广告收入来补贴订阅,那么一些报社就会决定将其订阅价格增加5%~10%。然而,这会导致订阅量的降低。此外,一些报社快速扩大其基于网络的新闻资产,这有可能会使它们的线下纸质报纸订阅客户的流失。截至2014年,美国的整个市场上的报纸流通量几乎有30%是来自线上,十五大报刊的总流通量的45%以上也是来自线上。在全国1 380份日报中,有450份采用线上付费方式提供线上和纸质的订阅组合。例如,《纽约时报》的订阅选择范围包括仅纸质、仅线上以及纸质与线上兼有。很多报纸提高了单份的价格,这与对线上内容收费的线上付费专区运作相结合,稳定了流通收入,并有助于降低报纸行业对广告收入的习惯性依赖程度。

与此背景相反的是,本地报纸企业正在逆流而上,从中获取收益。《社区影响报》(Community Impact Newspaper)制作了13个超级版本,每月免费提供给奥斯汀、休斯敦和达拉斯地区的855 000个家庭。约翰·加勒特是这份报纸的核心人物,他以前曾经是《奥斯汀商报》(Austin Business Journal)的广告总监。2005年加勒特注意到得克萨斯州本地流通量很大的报纸没有涵盖与较小社区相关的消息,例如当地收费公路的建设,或一个新建的埃克森美孚公司园区带来的影响,关于这些项目的消息也无法从网上搜索到。但是加勒特相信本地人仍然想要了解可能会对他们造成影响的本地事情。于是他于2005年9月创建了自己的报社,并以低利率信用卡借了40 000美元的资金。

如今,该报社拥有30名记者,约占总员工数量的35%。报告是非常直接的。虽然《社区影响报》将在有争议的地方问题上进行深入的讨论,但如果没有调查报告,就要当心不要出现片面化。"那只会让我们失去生意。"加勒特说。大约有一半的编辑致力于本地广告,这也是《社区影响报》赚钱的地方。就这而言,广告主似乎对报纸感到很满意。每月花费几百美元对自己在休斯敦的餐馆Catfish Station做广告的理查德·亨特说:"我们尝试过很多广告手段,从谷歌到高朋,但《社区影响报》是最有效的。"另一个广告主罗伯·塞兹是一家名叫Toy Time玩具店的老板，为了能让广告传递到本地的 90 000 户家庭中，他将自己广告费用的 80% 投入了《社区影响报》的本地版。

《福布斯》的一项分析估计，《社区影响报》发行的 40 页报纸中的一页能带来大约 2.5 美元的广告收入。其中，约 50 美分用于邮寄和分发，80 美分用于发工资，另外 80 美分用于印刷和间接费用，拥有整个公司的加勒特及其妻子从每份报纸中能获得 40 美分的收益。如果这个分析是准确的，那么在这个其他商家仅仅为了生存而挣扎的行业中，《社区影响报》却在为其所有者赚取可观的收益。

资料来源：C. Helman, "Breaking: A Local Newspaper Chain That's Actually Making Good Money," *Forbes*, January 21, 2013, www.forbes.com; News Paper Association of America, "Trends and Numbers," www.naa.org/Trends-and-Numbers/Research .aspx; J. Agnese, "Publishing and Advertising," S&P netAdvantage, April 12, 2012, http://eresources.library.nd.edu/databases/netadvantage; R. Edmonds, E. Guskin, A. Mitchell, and M. Jurkowitz, 2013; *Newspapers by the Numbers. The State of the News Media 2014*, annual report on American journalism, Pew Research Center, New York; Yahoo Finance, finance.yahoo.com; R. Seamans and F. Zhu, "Responses to Entry in Multi-Sided Markets: The Impact of Craigslist on Local Newspapers," *Management Science*, 60 (2), 2014, pp. 476-493; R. Seamans and F. Zhu, "Repositioning and Cost Cutting: The Impact of Competition on Newspaper Strategies," NYU Stern Working Paper, 2014.

讨论题

1. 传统纸质报纸进入在线新闻行业的优势是什么？劣势又是什么？
2. 你认为什么因素决定了人们是选择纸质或线上还是并用两个来源来获取新闻？
3. 当纸质报纸发布在线版本时，目前在纸质报纸上发布广告的客户可能会有什么反应？他们是否有可能更倾向于通过另一个渠道来触达他们的客户？或者他们可能会两者皆选？如果是两者皆选，他们有可能期待纸质报纸和在线广告的折扣吗？这些结果如何影响报纸的议价能力？
4. 你如何看待在线广告的成本结构与印刷广告的成本结构之间的差异？
5. 随着在线新闻的持续扩张，你认为哪个纸质报纸会在这一过程中表现最佳？为什么？

注释

[1]M. E. Porter, *Competitive Strategy: Techniques for Analyzing Industries and Competitors* (New York: Free Press, 1980), pp. 191–200.

[2]W. C. Kim and R. Mauborgne, "Value Innovation: The Strategic Logic of High Growth," *Harvard Business Review* (January–February 1997): pp. 103–112.

[3]S. A. Shane, "Hybrid Organizational Arrangements and Their Implications for Firm Growth and Survival: A Study of New Franchisors," *Academy of Management Journal* 1 (1996): 216–234.

[4]Microsoft is often accused of not being an innovator, but the fact is that Bill Gates and Paul Allen wrote the first commercial software program for the first commercially available personal computer. Microsoft was the first mover in its industry. See P. Freiberger and M. Swaine, *Fire in the Valley* (New York: McGraw-Hill, 2000).

[5]J. M. Utterback, *Mastering the Dynamics of Innovation* (Boston: Harvard Business School Press, 1994).

[6]E. M. Rogers, *Diffusion of Innovations*, 5th ed. Free Press, 2003. Ibid.

[7]R. Brown, "Managing the 'S' Curves of Innovation," *Journal of Consumer Marketing* 9 (1992): 61–72; P. A. Geroski. "Models of Technology Diffusion," *Research Policy* 29 (2000): 603–25.

[8]Freiberger and Swaine, *Fire in the Valley*.

[9]Utterback, *Mastering the Dynamics of Innovation*.

[10]G. A. Moore, *Crossing the Chasm* (New York: HarperCollins, 1991).

[11]Utterback, *Mastering the Dynamics of Innovation*.

[12]E. Rogers, *Diffusion of Innovations* (New York: Free Press, 1995).

[13]R. J. Gilbert, "Mobility Barriers and the Value of Incumbency," in R. Schmalensee and R. D. Willig (eds.), *Handbook of Industrial Or-

[14] R. Seamans, "Threat of Entry, Asymmetric Information, and Pricing," *Strategic Management Journal* 34 (2013): 426–44.

[15] R. Seamans. "Fighting City Hall: Entry Deterrence and Technology Upgrades in Cable TV Markets," *Management Science* 58 (2012): 461–75.

[16] P. Ghemawat, *Commitment: The Dynamic of Strategy* (Harvard Business School Press, 1991).

[17] M. B. Lieberman, "Excess Capacity as a Barrier to Entry: An Empirical Appraisal," *Journal of Industrial Economics* 35 (1987): 607–27

[18] R. Lukach, P. M. Kort, and J. Plasmans, "Optimal R&D Investment Strategies Under the Threat of New Technology Entry," *International Journal of Industrial Organization* 25 (February 2007): 103–19.

[19] W. B. Arthur, "Increasing Returns and the New World of Business," *Harvard Business Review* (July 1996): 100–109

[20] R. Axelrod, *The Evolution of Cooperation* (New York: Basic Books, 1984).

[21] The next section draws heavily on Marvin B. Lieberman, "Strategies for Capacity Expansion," *Sloan Management Review* 8 (1987): 19–27; Porter, *Competitive Strategy*, 324–38.

[22] K. R. Harrigan, "Strategy Formulation in Declining Industries," *Academy of Management Review* 5 (1980): 599–604.

[23] D. W. Elfenbein and A. W. Knott. "Time to Exit: Rational, Behavioral, and Organizational Delays," *Strategic Management Journal* (June 2014): 957–75.

第 7 章 战略与技术

| 开篇案例 |

蓝光、HD-DVD 和流媒体：视频上的标准之争

2003 年，索尼正式推出了蓝光光盘，这是一种可以提供高清视频的光盘数据存储形式，并且可以转换为 DVD 格式。索尼的技术得到了飞利浦、松下、先锋、夏普、三星、日立等财团的支持。然而，东芝并不希望索尼以蓝光技术主导市场。索尼和飞利浦已经控制了光盘（CD）的原始标准，而且两家都要求 CD 和 CD 播放器及刻录机的厂商支付许可费用，这为合作伙伴提供了极其有利的安排。东芝因此组织的一个联盟——DVD 论坛，开发了一个有竞争力的高清 DVD 标准，即 HD-DVD，并使其成为 DVD 格式的"官方"继承者。

这两种新格式都是为了在家庭中提供电影院般的体验，在高端液晶和等离子电视机上播放出色的视频和环绕声音频。然而，这两种格式不兼容。这种格式战的趋势就类似于 30 年前索尼的 Betamax 和日本胜利公司的 VHS 视频标准之间发生的战争，顾客、零售商和电影制片人都为此在抱怨。那场战争留下了许多买了 Betamax 播放器的"流血"消费者。例如，他们发现只有很少的电影可以提供合适的格式，因此零售商陷入了不被需要的 Betamax 播放器和电影库存中。另一个格式战的威胁使得很多顾客和零售商在等待市场竞争结果时耗费了太久的时间，以至于推迟了下一代播放器的购买。出于对漫长且昂贵的战争的担心，消费类电子产品生产商开始从事可兼容两种格式的播放器生产，尽管这将大大增加其成本。

最初，以 HD-DVD 标准为开始。大多数人普遍认为蓝光播放器过于昂贵，能够适用于蓝光播放器的电影也寥寥无几。另一边，东芝已经与几个主要的好莱坞电影公司合作，其中包括时代华纳旗下的华纳兄弟公司、维亚康姆旗下的派拉蒙影业公司和梦工厂动画公司，以及 NBC 环球旗下的环球影片公司。而索尼只有自己的索尼影视娱乐公司、迪士尼、新闻集团旗下的二十世纪福克斯电影公司和狮门娱乐公司。

东芝和索尼两家公司也使用视频游戏机来推广它们的标准。索尼将蓝光格式融入其 PlayStation 3 中，这大大提高了设备的成本。尽管它以相对于成本的非常低的价格出售游戏机，但是新游戏机仍然比传统的视频游戏机贵得多，这导致 PlayStation 3 仅销售出 PlayStation 2 大约一半的销售量（分别是 8 523 万台和 15 568 万台）。然而，索尼想要在 PlayStation 的竞争中做出一些让步以获得蓝光战争的胜利。东芝的 HD-DVD 作为 Microsoft Xbox 360 的可选附加驱动器在市场上销售开来。

然而，在 2008 年 1 月初的拉斯维加斯消费电子展前夕，华纳兄弟宣布其不再提供 HD-DVD 标准。这引发了供应商和零售商之间的连锁反应。二月后期，新线电影公司、环球影城和派拉蒙影业公司宣布将放弃蓝光格式的电影，而百思买、沃尔玛、电路城、未来商店、百视达和奈飞则宣布将专卖蓝光 DVD。对东芝来说，这一打击是未能预期（并且是破坏性）的。2008 年 2 月 19 日，东芝的时任 CEO 西田厚聪公开宣布东芝将不再生产 HD-DVD 播放器、录像机或组件，也就是公开宣告其失败。2009 年后期，东芝发布了自己的蓝光光盘播放器。

然而，索尼蓝光的胜利没有像它预期的那样取得绝对优势。2008 年 9 月 12 日，技术重量级联盟（包括英特尔和惠普）宣布，它们将与好莱坞合作制定标准，使人们能快速、轻松地下载影片。如果消费者能在英特尔上下载高质量的电影，那么将更难劝说消费者花费 300 或更多美元购买蓝光播放器。咨询公司 AR Communications 的高级副总裁卡米·莱维（Carmi Levi）预测："蓝光播放器可能是最后一个你走进商店带走的在盒子里播放电影的实体产品。"

到 2012 年，美国大约有 1/3 的家庭能播放蓝光电影（包括 PlayStation 3）；在 DVD 格式生命中的同一时刻，一半以上的美国家庭拥有播放 DVD 的设备。2014 年美国的视频流媒体收入达到了 57 亿美元，当时预计到 2018 年这一数字将达到 140 亿美元。而 DVD 光盘和蓝光的销售预期则从 2013 年的 122 亿美元降至 2018 年的 87 亿美元。虽然蓝光格式流媒体内容的可用性正在增加，但是一些人更喜欢流媒体内容的标准格式（与高清晰度），因为它更快，并且减少了观看内容所需的缓冲速度。实际上，一项研究发现，美国有近 1/4 的家庭没有足够的带宽来传输高清的内容。另一项研究发现，即使在能够传输高清内容的家庭中，一些观看者仍会选择标准清晰度观看。2014 年 5 月 1 日，索尼向投资者发出警告，预计它的盈利将受到影响，因为蓝光销售的收缩速度比预期的要快。

资料来源：Anonymous, "Battle of the Blue Lasers," *The Economist,* December 2, 2004, p. 16; B. Schlender, "The Trouble with Sony," *Fortune,* February 22, 2007, p. 46; C. Edwards, "R.I.P., HD DVD," *BusinessWeek Online,* February 20, 2008; K. Hall, "DVD Format Wars: Toshiba Surrenders," *BusinessWeek Online,* February 20, 2008; C. Edwards, "Blu-ray: Playing for a Limited Engagement?," *BusinessWeek Online,* September 18, 2008; M. Snider, "Blu-ray Caught in Shift to Streaming," *USA Today,* August 23, 2012, www.USAToday.com; Yahoo Finance; R. McCormick, "Video Streaming Services Could Make More Money than the U.S. Box Office by 2017," *The Verge*, June 4, 2014, www .theverge.com; M. Willens, "Home Entertainment 2014: US DVD Sales and Rentals Crater, DVD Subscriptions Soar," *International Business Times*, March 10, 2015; vgchartz.com, March 10, 2015; J. Rietveld and J. Lampel, "Nintendo: Fighting the Video Game Console Wars," in *The Strategy Process* (H. Mintzberg, Ed.) (5th ed.). FT Press, 2014.

| 本章概述 |

索尼在视频格式中面临的高风险战具备典型的高科技行业竞争的性质（见开篇案例）。在标准和兼容性是重要战略杠杆的行业中，获得初期优势的技术有时会上升到几乎无法逆袭的地位。这样的行业故而成为"赢家通吃"的市场。在这些行业中取得成功可能需要采取与传统行业非常不同的战略。公司会对其中意的技术更主动地进行补贴（有可能直接赠送物品），以赢得标准战。

在这一章中，我们将近距离观察高技术行业竞争和战略的特性。技术指的是用于产品生产或服务中的科学知识。高技术行业指的是行业中企业使用的基本技术和知识均发展迅速，而且应用这些知识生产的产品和服务特性也随之飞速发展的行业。计算机行业通常被认为是高技术行业的典型代表。除此之外，大众认可的高技术行业还有通信业（近年来，基于无线电和互联网的新技术被广泛应用）、消费类电子业（高清DVD播放机、电视游戏终端和数码相机等数字技术产品发展迅速）、制药业（基于细胞生物学、DNA重组和基因组学的新技术正在给药物研发带来革命）、发电业（燃料电池和热电的新技术可能会改变行业的成本和收益）、航空航天业（新的合成材料、电子学和更有效的航空发动机，这一切为诸如波音787的超高效商用大飞机开创了新的时代）。

这一章之所以聚焦在高技术行业有如下几个理由。首先，技术在经济生活中正在发挥前所未有的作用。据估计，在过去的十年里，国内产品将近25%的增长被信息技术行业占据。[1] 这一数字实际上低估了技术对经济的真实影响，因为不考虑前面提到的其他行业，仅估计信息行业是不够的。而且，随着技术的进步，很多以前的低技术行业正在变得富有高技术特性。例如，生物技术和基因工程的发展改变了玉米育种的过程，长久以来被认为是低技术的业务从此迈过了高技术门槛。零售业过去一直被认为是低技术的行业，但是像亚马逊一样转战网上零售的企业改变了这一点。其次，高技术产品正在步入更广泛的业务领域。如今的福特探险者汽车的计算能力超过了美国阿波罗太空计划花费数百万美元研发的主计算机的计算能力，像沃尔玛那样的实体店的竞争优势也是建立在信息技术应用的基础上的。高技术行业的范围广泛而深远，甚至在那些不被认为存在高技术的行业，技术也正在引领着产品或生产系统某个环节的革命。

尽管各种高技术行业生产的产品可能很不相同，但是在建立一种商业模式和战略以获得竞争优势、高盈利能力和利润增长方面，通常面临着相似的情况。例如，在很多高技术行业（如消费类电子业和计算机业），"胜者得到一切"的格式战是很普遍的。例如，在手机支付上，可能会出现新的支付系统，这可能会取代维萨（Visa）、万事达（MasterCard）和美国运通（American Express），成为全球管理支付交易的主要公司。这可能导致控制新标准的企业赚得巨额财富（以及维萨、万事达和美国运通的巨大损失）。企业因此谨慎地建立联盟和支持标准，它们认为这十分有利于它们在紧要关头得到数十亿美元的交易费用（见结篇案例）。学完这一章，你就会理解高技术行业内的竞争特性，以及在这些行业内帮助企业获得成功的战略。

7.1 技术标准和格式战争

在高技术行业，**技术标准**（technical standards）的所有权可能是非常重要的竞争优势来源，所谓技术标准就是生产者在制造产品或某个部件时遵循的一套技术规范。[3] 实际上，在很多情况下产品差异化就建立在技术标准的基础之上。因为通常仅有一个标准可以统治市场，所以很多高技术行业里的竞争十有八九是竞相成为标准的制定者。例如，在过去的 30 年里，微软通过统治个人计算机的操作系统控制了市场，有时其市场份额超过了 90%。然而，特别是在 2014 年，微软仅持有非常小的平板电脑市场份额（约 4.8%）和手机操作系统市场份额（约 3.6%），这表明微软将非常可能面临动荡（见"战略行动 7-1"）。

在市场上，争夺技术标准制定权和控制权的战斗被称为**格式战**（format wars），它本质上是掌控差异化来源以及差异化创造顾客价值来源的战斗。因为差异化产品通常会溢价销售，而实现差异化要付出很大的代价，所以格式战的风险是巨大的。企业的获利能力甚至生死存亡都可能取决于战斗的结果。

战略行动 7-1

"零细分市场"——微软的严重威胁

1980～2013 年，微软的 Windows 被视为主导的 PC 操作系统，其对计算机硬件和软件行业的许多方面都产生了巨大的影响。虽然在那段时间内其他有竞争力的操作系统（如 Unix、Geoworks、NeXTSTEP、Linux 和 Mac OS）也在推广，但微软个人计算机操作系统的市场份额在大部分时间内仍稳定在 85% 左右。然而到了 2015 年，微软在计算机行业的地位受到了比以前更大的威胁。一场在下一代计算机领域中抢占主导地位的高风险竞争正在进行，而微软却不在前列。

1. 零细分市场

正如英特尔前 CEO 格鲁夫 1998 年提到的，在一些行业（包括微处理器、软件、摩托车和电动汽车）中，技术的发展速度超过了消费者对这些技术需求的增长速度。企业通常在产品上增加一些特点（诸如快速和有力），这种增加速度比消费者的吸收能力更快。为什么企业提供的性能要比它们顾客要求的性能更高？答案似乎在技术提供者的市场细分和价格选择中。随着行业竞争推动价格和利润的下滑，企业往往会试图将销售方向转至逐渐升级的市场。在这些销售领域中，高性能和多特点的产品能获得更高的差额。虽然顾客可能也期待产品有更高的性能，但是顾客需要学习如何使用新功能并调整其相应的工作和生活方式，才能充分利用这种改进后的性能。因此，技术改进的轨迹和客户诉求的轨迹都向上倾斜，但技术改进的轨迹更加陡峭。

在图 7-1 中，技术轨迹开始于提供接近于大众市场需求的性能，但随着时间的推移，由于公司瞄准了高端市场，因此其增长速度将快于大众市场的期望变化速度。随着技术价格的提高，大众市场可能会觉得对于拥有技术特征的物品出价太高，实际上它并没有这么高的价值。如图 7-1 所示，低端市场还没有得到满足，人们对不需要的技术，要么付出更多的代价，要么就放弃。英特尔前 CEO 格鲁夫将这个市场称为零细分市场。

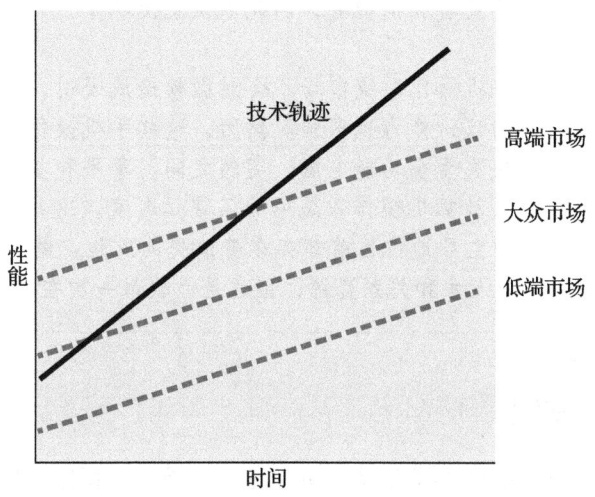

图 7-1　技术改进的轨迹和客户要求

对于英特尔来说，零细分市场是低端个人计算机市场（价格低于 1 000 美元的个人计算机市场）。虽然零细分市场在利润方面可能没有吸引力，但如果被忽视，那它会成为提供低端版本技术的公司的繁荣地。正如格鲁夫指出的，"忽视、服务不足、似乎无利可图的市场终端可以为巨大的竞争变化提供沃土"。

由于服务于低端市场的、具有较简单技术的公司的轨迹会向上拱（这也比客户期望轨迹的斜率更陡），因此它们最终可以达到满足大众市场需求的性能水平，同时提供比优质技术低得多的价格（见图 7-2）。在这一点上，提供优质技术的公司可能会突然发现，它们失去的销售收入大部分流向了那些看起来已经不再那么低端的行业竞争者。例如，到 1998 年，微处理器功率上升和价格下降的结合使得 PC 价格下降至 1 000 美元以下，这可以帮助企业获取 20% 的市场份额。

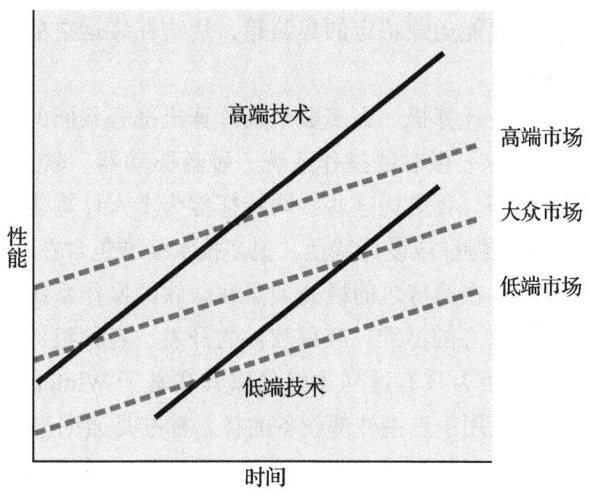

图 7-2　低端技术的轨迹与大众市场轨迹相交

2. 微软的威胁

零细分市场的哪些方面会对微软构成威胁呢？看看你的移动设备。2015 年，苹果公司的 iPhone 操作系统（iOS）和谷歌的安卓共同控制了超过 95% 的全球手机市场，其中微软的份额约为 3.6%。iOS 系统与安卓系统向顾客提供了美学性与简易操作性。除此之外，用于手机的应用商业模型也格外吸引开发者和消费者，因此很快就出现了巨大的从不可思议到不可或缺的应用程序库。

从传统经济前景来看，手机操作系统市场不会对微软造成吸引，因为人们不会在应用程序上花费太多，而且运营商的议价能力也很强。然而，这些手机操作系统很快成为平板电脑操作系统，并且平板电脑很快成为全功能电脑。突然之间，苹果和谷歌在手机操作系统中获得的品牌知名度转变为在个人计算机操作系统中的品牌知名度。这些年，尽管微软在计算机领域里摸爬滚打多年，但它的主导地位目前却存在着消失的风险。结局还并未明了，2015 年微软拥有着令人瞩目的资本、人才和关系资源，但这是微软第一次在一个不利的位置上战斗。

7.1.1 有关标准的案例

有关标准的一个家喻户晓的例子是计算机键盘的布局。不管你买什么品牌的键盘，字母的排列都是一样的。[3] 其中的奥秘显而易见。假使每个计算机制造商都改变键盘的布局，即一些键盘在第一排以 QWERTY 开始（这实际上是正在应用的格式，被称为 QWERTY 格式），而另一些键盘以 ACFRDS 开始，那么，如果你在其中一种键盘布局下学会了打字，但换了键盘，你就不得不重新学习一种新的键盘布局，这无疑既让人厌烦又浪费时间。由于键盘输入设备的安排是标准化的，这种标准格式（QWERTY 格式）使人们在使用不同的计算机键盘时都能够驾轻就熟。

另一个有关技术标准的例子是在卡车、火车和轮船上用于运输货物的集装箱的尺寸。现在所有的集装箱有着相同的长宽高，用相同的固定方法装载在运载工具表面或彼此拴在一起。标准化确保集装箱在不同运输工具间的转移没有困难，从卡车到火车再到轮船，再返回到卡车，畅通无阻。如果集装箱欠缺标准的尺寸和固定方法，在世界范围内运送集装箱就会产生困难，卡车、火车和轮船就仅能运载特定的集装箱，货物在装运之前，承运商必须确保集装箱种类的正确，那会相当复杂。

最后，我们来看一看个人计算机。大多数个人计算机都有共同的特征：英特尔的或者与英特尔兼容的微处理器、内存、微软的操作系统、硬盘驱动器、软盘驱动器、光驱、键盘、显示器、鼠标、调制解调器等。我们把这些共同特征称为个人计算机的主流设计。**主流设计**（dominant design）是指共同的特征或设计特性。很多技术标准包含在这一设计中（见图 7-3）。例如，Wintel 技术标准就建立在英特尔的微处理器和微软的操作系统的基础上。微软和英特尔拥有这个作为个人计算机核心的标准。应用软件的开发、各种组件和打印机之类的外部设备的研制要遵从这一标准，因为只有这样才能确保其在基于 Wintel 标准的个人计算机上良好的应用。另一种个人计算机用于连接外部设备的技术标准是通用串行总线（USB），该标准由行业标准制定部门制定。这一标准不是私有的，而是属于公共领域的。第三种用于个人计算机的技术标准，是与互联网沟通的调制解调器。这就是著名的 TCP/IP 协议，这一标准也由行业协会制定，属于公共领域。因此，由于由许多其他产品构成，所以个人计算机实际建立在多个技术标准之上。当一个公司拥有标准时，就会特别值得关注，像微软和英特尔拥有Wintel标准，恐怕就是它们获得竞争优势和超额获利能力的来源。

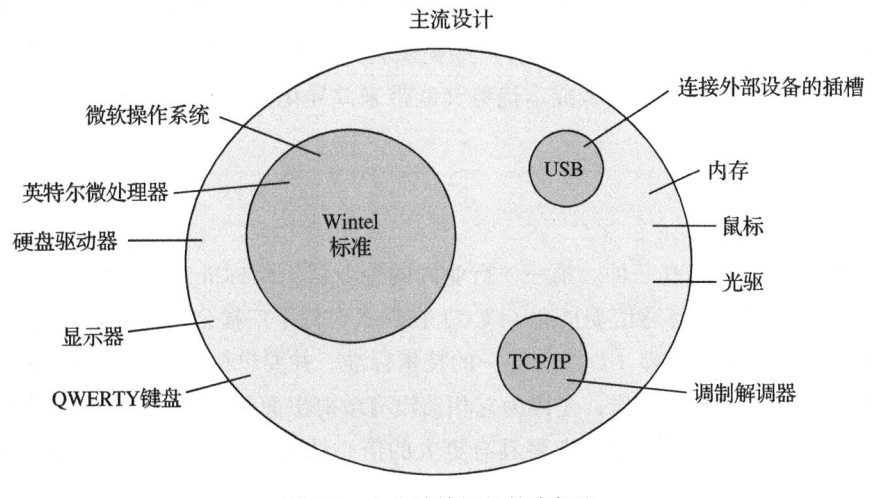

图 7-3　个人计算机的技术标准

7.1.2　标准的效益

标准因其经济效益而出现。第一，技术标准有助于确保产品及多产品共用构件之间的兼容性。例如，集装箱用于卡车、火车和轮船，各种应用软件用于个人计算机。对于降低产品相互匹配的相关成本，标准的兼容性有着确凿的经济效益。

第二，标准有助于减少顾客头脑中的困惑。正如在开篇案例中提到的，蓝光格式发布后便与HD-DVD竞争主流视频标准。由于不同标准的播放器是不相容的，被设计为能在蓝光播放器上播放的光盘不能在HD-DVD播放器上播放，反之亦然。企业担心销售基于同一技术但不兼容版本的产品会让顾客产生困惑，使他们不知道该买哪一种，因此只能静观其变，看哪种技术最终占领市场。假设需求匮乏，两个技术都无法获得市场的驱动力，那么这些企业就会功亏一篑。在东芝承认HD-DVD标准失败之后，蓝光的销售量便快速增长。

第三，标准的出现有助于降低生产成本。因为标准出现后，基于标准设计的产品就有可能大规模生产，使制造商实现规模经济，从而削减成本。事实上，个人计算机存在一个核心标准（Wintel标准），这意味着个人计算机的构件可以大规模生产。例如，一个硬盘驱动器的制造商，可以为Wintel个人计算机大规模地生产硬盘，从而实现规模经济。假使存在不兼容的竞争性标准，每台电脑需要特定型号的硬盘，那么硬盘的生产规模就会变小，单位成本就会更高，个人计算机的总体成本也随之上升。

第四，标准的出现有助于降低供应互补产品的风险，从而增加互补产品的供给。例如，开发在个人计算机上运行的应用程序是一个有风险的工程，软件开发在没有任何销量时就需要投资大量的金钱。假设个人计算机存在十种不同的操作系统，每种仅有10%的市场份额，而不是像现在一样，遵循Wintel标准的个人计算机独霸95%的份额，这将会导致什么情况呢？软件开发者要面对什么样的需求状况呢？同一种应用软件要开发十种不同的版本，每种版本满足不同的市场利基。这会使软件开发的经济性发生变化，成本增加，潜在的获利能力降低。进一步来说，由于高昂的成本以及无法实现规模经济，软件程序的价格会上升。

总之，尽管很多人抱怨微软在个人计算机操作系统领域近乎垄断的地位，但是这种垄断至少有一种好的效应：本质上降低了互补产品提供者的风险，以及互补产品的成本。实际上，对单个企业而言，标准既能带来低成本优势又能带来差异化优势，并且有助于提升整个行业的盈利水平。

7.1.3 建立标准

行业标准的形成方式有三种。第一，行业内的企业认识到标准的好处，游说政府制定行业标准。例如在美国，联邦通信委员会（FCC）在认真讨论了广播公司和消费类电子企业的提议之后，制定了数字电视广播（DTV）唯一的技术标准，并要求模拟电视广播在 2009 年全面停止。FCC 之所以有这样的动作，是因为它相信没有政府出面制定标准，DTV 的推出会延迟。有了政府制定标准，消费类电子企业将具有更大的信心认为新的市场会出现，这会促使它们开发 DTV 产品。

第二，企业间的合作通常也会创立标准，当没有政府的帮助时，企业通常借助于行业论坛，就像 DVD 论坛一样。当企业断定创立标准的竞争会导致顾客的不确定性或者对制造商和分销商造成风险，而且会损害到企业利益时，它们就会选择合作。

标准如果由政府或行业协会制定，就会归属**公共领域**（public domain），这意味着任何企业都可以自由地把基于标准的知识和技术用于自己的产品。例如，全部计算机键盘制造企业拥有 QWERTY 格式，所以就不存在直接利用该格式获利的企业。类似地，在互联网上，用于文字和图像演示的基础语言——超文本标记语言（HTML），同样属于公共领域，任何人都可以自由使用。作为在互联网上传输数据所用的标准，TCP/IP 也是如此。

第三，行业标准通常是市场上顾客购买方式竞争性选择的结果，也就是说，需求说了算。在这种情况下，受专利和版权保护的行业标准价值连城，因为行业标准构成了持续竞争优势和超额获利能力的来源，所以企业为了创立技术标准而发展战略和商业模式至关重要。例如，微软和英特尔都把竞争优势归功于格式战，这种战争是企业为了使自己的设计变成行业标准而进行的竞争。格式战在高技术行业很普遍，它的根本在于巨大利益的刺激。Wintel 标准成为个人计算机的统治性标准，这发生在微软和英特尔先后击败苹果电脑公司的特有系统和 IBM 的 OS/2 操作系统而赢得格式战之后。就像在"战略行动 7-1"中描述的那样，当今格式竞争仍在继续，苹果、谷歌、RIM 公司和微软等智能手机公司都在为它们的操作系统能够被定为行业标准而斗争。

7.1.4 网络效应、正反馈和停业

创立了不同格式的企业之间通过竞争而设立标准，网络效应是重要的决定因素，这一点表现得越来越明显。[4] 当互补品的网络规模成为行业产品需求的重要决定因素时，行业内的**网络效应**（network effects）就出现了。例如，20 世纪早期，汽车需求的增加就是公路和加油站

网络影响、刺激的结果。同样地，电话的可拨号码增多，即电话网络的规模（电话网络之间是互补的）增大，会促进电话需求的增加。当第一家电话运营商出现在纽约时，仅有100个号码可以拨。因为布线和交换机的限制，网络很小，这使得电话成为可有可无的东西。随着越来越多的人拥有电话以及布线和交换机网络的扩张，电话联系的价值提升。这导致电话线的需求上升，反过来进一步提升了拥有电话的价值，一个正反馈环就形成了。

要了解为什么在建立标准时网络效应很重要，可以看一个经典的格式战的例子：索尼和松下为把自己拥有的盒式磁带录像机（VCR）技术变成市场标准而进行的战斗。当年，索尼首先推出了Batamax技术，日本胜利公司（JVC）随即推出了VHS技术。这两个企业都销售VCR播放器，同时，电影制片厂事先将电影录制在VCR录像带上并将其出租给消费者。最初，所有的录像带都以Batamax格式发行，只能在索尼的播放器上播放。索尼不想向外授权Batmax技术，宁愿自己生产所有的录像机。因为日本通商产业省（MITI）有选择索尼的Betamax作为日本的标准的倾向，因此JVC决定授权它的VHS格式，从松下那里获得支持。松下是当时日本最大的电器生产厂家之一。日本胜利公司和松下意识到必须推动电影制片厂发行基于VHS技术的录像带，让顾客认识到VHS格式播放器的价值。松下的管理者推断，要实现上述目的的唯一方法就是尽快增加VHS播放器的现有用户数量。他们相信，VHS播放器的现有安装基数越大，就越能刺激电影制片厂发行基于VHS技术的录像带。有了更多的基于VHS技术的录像带可供出租，VHS录像机对顾客就更有价值，VHS播放器的需求也就越大（见图7-4）。日本胜利公司和松下试图开发一种正反馈循环。

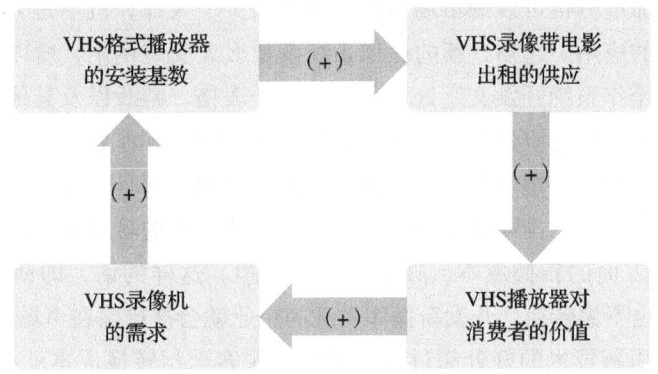

图7-4　VCR市场的正反馈

为了做到这一点，松下采用了授权战略，只要有了松下的授权，任何消费类电子企业都可以生产VHS格式的播放器。这一战略的效果非常明显，大量的企业开始生产VHS播放器，很快零售店内销售的VHS播放器就超过了Betamax播放器。由于VHS播放器销量增加，因而电影制片厂发售了更多的VHS格式的电影录像带，这进一步刺激了需求。没用多久，人们走进录像带出租店时就发现，可供出租的VHS录像带越来越多，而Betamax录像带则越来越少。这就加强了正反馈环的作用，最终，索尼的Betamax技术不得不退出了市场。松下和索尼最关键的差异在于战略：日本胜利公司和松下采用了授权战略，而索尼没有这样做。结果，日本胜利公司的VHS技术成了VCR的标准。

来自上述例子的一般准则是：当两个或多个企业为了使自己的技术成为行业标准而竞

争时，特别是网络效应和正反馈环效应很明显时，采用能够最大限度地发掘正反馈效应的战略的企业将会在格式战中取得胜利。事实证明，这种战略在许多高技术行业，特别是在计算机硬件、软件、通信和消费类电子行业中，是至关重要的战略准则。微软之所以取得今天的成就，就是因为发掘了一种正反馈循环。杜比（Dolby）公司也是一样。当瑞·杜比（Ray Dolby）发明了一个专业去除磁带录音的背景噪声的技术时，他采用了一个许可模式，收取了非常适中的费用，他知道自己的技术是有价值的，但他也明白开出一个高昂的价格会使生产商开发自己的降噪技术。同时，他决定授权许可在预先录制的磁带上免费使用这项技术，只对播放器收取许可费用。这建立了一个有力、积极的正反馈效应：使用杜比技术编制的预录磁带销售量不断增长，这些磁带对包含杜比技术的磁带播放器产生了需求，并且随着杜比技术磁带播放器安装基数的增加，使用杜比技术编制的预录磁带的比例急剧上升从而进一步刺激了与杜比技术结合的播放器的需求量的增加。到 20 世纪 70 年代中期，实际上所有的预录磁带都使用了杜比降噪技术进行编制。

正反馈过程的一个非常重要的影响就是，当市场设置了一种标准，顾客就不会愿意承担放弃原有标准而采用新标准的转换成本，因此想发展其他标准的企业就会被排除在市场之外。在这种情况下，顾客从基于一种技术标准的产品转向基于另一种技术标准的产品时必须付出代价。

为了更好地说明这种影响，我们假设某家企业开发了一种个人计算机的操作系统，它和市场上现存的标准——微软的 Windows 系统比起来，既快又稳定且不易死机。即便如此，该企业也很难从微软那里分得可观的市场份额。顾客购买个人计算机不是为了操作系统，而是为了在操作系统上的应用。起初，新的操作系统没什么人安装使用，所以几乎没有开发者愿意承担风险为这个操作系统开发文字处理程序、电子表格、游戏以及其他应用软件。因为新操作系统上几乎没有可用的应用软件，所以顾客转而使用新操作系统必须付出转换代价，即放弃很多他们正在使用的应用软件，这是他们不愿意做的。而且，就算新操作系统的应用软件能够跟得上，顾客也要承担购买新的应用软件等其他方面的转换成本。再进一步说，学习使用新操作系统等方面的转换成本，顾客也必须承担。这样的话，即使新操作系统功能比 Windows 好，顾客也不愿转换，开发新操作系统的企业就会被排除在市场之外。

当然，如果采用新技术的好处超过转换成本，顾客承担转换成本就会义无反顾。例如，20 世纪 80 年代末 90 年代初，数以百万计的人由使用模拟播放器转向使用数码 CD 播放器，似乎并不在乎高昂的转换成本，他们必须购买新的播放机技术，因为很多人买的最喜欢的唱片就是 CD 版本，所以他们不得不购买这种新技术的播放器。但他们选择转换还因为 CD 具有好得多的音质，这种感知上的好处超越了转换的成本。

随着转换过程的继续，正反馈循环开始发展，CD 播放器的需求量开始变多，导致 CD 唱片的需求增加，而黑胶唱片减少。CD 播放器购买量的增多使主流音乐公司开始单纯销售 CD 格式的唱片。一旦这种情况发生，只要想购买新音乐唱片，即使是那些不愿意更换新技术的用户也必须更换了。从此，这个行业的标准就转变了：新技术被定为标准，而老技术则被淘汰。

这个例子表明，尽管个人计算机的 Wintel 标准现在占主导地位，但如果有一天出现一个竞争对手，它可以为顾客提供足以让顾客愿意承担转换到一个新操作系统的成本，那么 Wintel 标准也可能会被取代。实际上，有迹象表明苹果和谷歌正在努力颠覆 Wintel 标准的主导地位，主要通过突出优雅的设计以及作为工具的易用性等来使人们愿意承担放弃 Wintel 计算机的转换成本。

7.2 格式战争取胜的战略

在网络效应和正反馈环作用明显的市场上，企业争先恐后地开发新的技术标准，从这一点来看，问题的关键是，"在试图把自己的格式变成主流格式时，应该采取什么战略？"

企业要想在格式战中取胜，采用的各种战略都应该围绕着寻找使网络效应有利于自己而不利于竞争对手的方向建立。而且，企业需要尽快建立起基于自己标准的客户群，因而撬动正反馈环，使顾客愿意承担转换成本，最终将自己的技术锁定为市场标准。这就需要企业推动和增加自己技术标准或格式的产品需求，从而用最快的速度使之成为行业的既定标准。企业采用的关键战略战术就是要实现这一点。[5]

7.2.1 确保互补品的供给

对企业来说，确保互补品的充足供给是很重要的。例如，只有可运行的游戏供给充足，人们才会购买索尼的 PS4 游戏机。同样，如果没有足够的应用软件可用，人们也就不会购买掌上电脑。企业通常采用两个步骤确保互补品的充足供给。

第一，企业可以通过多元化，生产互补品并供应市场。互补品的充足供给，有助于企业推动本身产品需求的增长。20 世纪 90 年代初，索尼在生产最初的游戏机之前，就已经建立了独立的事业部生产可用于游戏机的视频游戏。索尼在推出游戏机的同时，向市场发售了可在游戏机上使用的 16 款游戏。特斯拉也在兴建自己的增压站网络，客户可以免费为其电动车充电。

第二，企业可以为生产互补品的独立企业创造条件或提供便利。索尼授权很多独立的游戏开发商生产游戏，收取比它们必须付给任天堂（Nintendo）和世嘉（Sega）等竞争对手更低的授权费。索尼还给游戏开发商提供软件，便于它们开发游戏，苹果公司对手机也在做这样的事情。这样，在索尼游戏机发售的同时，也伴随着 30 多款游戏的发售，这很快又会刺激游戏机的需求。

7.2.2 启动杀手应用

杀手应用（killer applications）是指采用或使用一种非常具有吸引力的新的技术或产品以说服顾客采用一系列新的格式或技术，从而能够"杀死"与之相竞争的格式的需求。杀手应用有助于推动新标准的需求增长。例如，20 世纪 90 年代，引导顾客在网络服务（如 AOL）上注册的杀手应用是电子邮件、聊天室和网页浏览器。

在理想情况下，开发技术标准的企业希望自己开发杀手应用，也就是说，开发适当的互补品，就像 Palm 公司对 PalmPilot 所做的那样。不过，有时也可能使用别人开发的应用软件作为杀手应用。例如，IBM 在 1981 年推出的个人计算机，它早期销售的根本驱动力就是，IBM 允许在个人计算机上安装两种重要的软件——VisiCalc（一种电子表格程序）和 Easy Writer（一种文字处理程序），这两款软件都是由独立的公司开发的。当时，IBM 看到竞争对手的个人计算机很快采用了这两款软件，比如苹果 II，因此 IBM 立马让开发这两款软件的公司生产能够用于 IBM 个人计算机的版本，并作为 IBM 个人计算机的互补品销售，事实证明这一战略非常成功。在视频游戏中，像微软、任天堂和索尼等生产商通常会为第三方开发商开发的优秀游戏做背书。例如，PlayStation 将每代游戏机中的最佳游戏认定为"铂金：最好的 PlayStation"。与此相似的，任天堂有"任天堂的选择"的背书，微软有"微软 Xbox 360 经典"的背书。这些背书挖掘出了游戏质量方面的潜在客户，并激发游戏和游戏机市场的活跃度。以这种方式支持互补品可以帮助互补品成为一个拳头产品，转而刺激平台的销售。[6]

7.2.3 进攻性定价和营销

用来启动需求的常用方法是采用"剃须刀和刀片"战略：将产品（如剃须刀）的定价压低以刺激需求并增加现有用户数量，然后把互补品（如刀片）的价格抬高，以便从销售中获得高额收益。这一战略因吉列在销售剃须刀和刀片的过程中最早使用而得名。许多企业模仿了这一战略，例如，惠普通常以成本价售卖打印机，但随后高价售卖耗材墨盒并获得高额利润。在这里，打印机就是"剃须刀"，其低廉的价格刺激需求，使顾客不再采购其他品牌的打印机；墨盒就是"刀片"，因价高而获利。因为只有惠普的墨盒可以用于这些打印机，其他品牌（如佳能）的喷墨打印机的配套墨盒则不适用，所以喷墨打印机可以提供一种私有技术格式。在视频游戏行业中，企业也会使用类似的战略：制造商给视频游戏平台制定成本价，使顾客接受它们的技术，从而持续购买可以在其系统上运行的游戏，这样就可以从这种顾客忠诚上获利。

进攻性营销也是启动需求以在现有用户数量基础上获得较早领先的关键因素。大量的前期营销和销售店促销技术经常用来争取愿意承担新格式转换成本的早期潜在顾客。如果这些努力成功，它们就可以启动一个正反馈循环。索尼游戏平台又一次提供了一个好例子。索尼曾使用全国范围的电视广告来推介其游戏平台，目标瞄准特定的主要人群（18～34 岁），并在销售店展示，允许潜在买家试玩。

7.2.4 与竞争者合作

有许多次，多家公司几乎同时推出相互竞争的、不兼容的技术标准。很典型的是光盘产品。最初有四家企业（索尼、飞利浦、日本胜利公司和德律风根）使用各异的基础激光技术开发 CD 播放器。如果情况一直如此，市场中可能只会存在不相容的技术，以至于为飞利浦 CD 播放器生产的 CD 无法在索尼的 CD 播放器上播放。可想而知，同时向市场推出不兼容的技术可能会给顾客造成很大的困惑，而导致推迟购买，因此飞利浦和索尼决定相互妥协，合作开发这一技术。索尼贡献了其纠错技术，飞利浦贡献了其激光技术。合作的结果是行业中其他企业被迫转向索尼–飞利浦联盟，而日本胜利公司和德律风根则无人问津。更重要的是，唱片公司宣布支持索尼–飞利浦格式，不支持日本胜利公司和德律风根的格式。

日本胜利公司和德律风根于是先后放弃 CD 技术的开发。索尼和飞利浦的合作显得格外重要，是因为它们减少了行业的困惑，使单一的格式脱颖而出，加快了技术被市场接受的速度。合作对索尼和飞利浦来说是双赢的，不但驱除了竞争对手，而且使它们可以分享格式的成功。

7.2.5 授权格式

另一个经常被采用的战略是把格式授权给其他企业，让其生产基于该格式的产品。在格式方面领先的企业可以获得授权费，也可以通过产品供给获利，因为授权格式可以刺激需求，造成市场规模的扩大。日本胜利公司和松下在盒式录像市场许可 VHS 格式时就使用了这一战略。就像先前讨论的一样，除了松下坐落在大阪的工厂生产 VCR 之外，日本胜利公司也在松下的授权下生产 VHS 格式的播放器（索尼决定不向外授权 Betamax 技术，全部亲力亲为），所以 VHS 格式的播放器应用更加广泛。

要想在特定的环境中找到正确的战略，企业就需要考虑所有不同的战略战术，并采用那些在行业特定竞争环境中看起来最合适的战略以及对手可能采用的战略。虽然没有最佳战略战术组合，但企业必须基于自己的标准把迅速增加现有用户数量作为首要的目标。企业激发了自己格式的需求，就可以使消费者承担采用企业技术的转换成本，撬动可能存在的任何正反馈过程。避免采用有负面效应的战略也是很重要的。例如，虽然早期的接受者并不像后来的接受者那样对价格敏感，但通过制定高价从早期的接受者那里获取利润，则可能会出现如下不利效应：减缓产品需求的增长，被更具进攻性的竞争者掠走市场份额甚至建立起基于其格式的行业标准。

7.3 高技术行业的成本

在很多高技术行业中，开发产品的固定成本很高，但是生产一个额外单位的产品的成本却很低。对软件来说，这一点更明显。例如，据报道，微软开发 Windows Vista 花费了 50 亿美元，但是生产一个 Windows Vista 系统的新副本的成本几乎等于零。一旦 Windows Vista 开发完成，微软就会生产母盘，提供给诸如戴尔电脑等 PC 制造商，它们就会给每台售出的电脑预装一个副本。[7] 对微软来说，实质上没有额外成本，但是对每台安装 Windows Vista 系统副本的 PC，微软都会收取一笔可观的授权费。尽管微软开发产品的固定成本是 50 亿美元，但微软制作一个 Windows Vista 系统副本的边际成本接近于零。

许多其他高技术产品的成本拥有相似经济特性：很高的固定成本与很低的边际成本并存。大多数软件产品都有这样的特性，即使软件通过零售店销售、包装和分销增加边际成本，或者通过直销的方式，大幅增加边际成本，但这种特性依然存在。很多消费类电子产品存在相同的基本经济特性。开发 DVD 播放器或视频游戏平台的固定成本可能相当高昂，但额外生产一个单位产品的成本很低。一种新药的开发成本很高，通常估计至少需要 160 万美元（如果把所有失败的药物开发工作的成本都算上，那这个数字可能会更高）。[8] 但生产每颗额外药丸的边际成本只有几美分。

7.3.1 比较成本经济学

我们必须明白掌握成本结构为何如此具有战略意义，因为企业必须明白，在很多行业，当其努力扩大产量时，边际成本将上升（经济学家称之为收益递减规律）。为了生产一件额外产品，企业必须雇用更多的劳动力和投资更多的厂房和机器。从边际产量上讲，增加等量的资源并不能带来同样的产出，从而导致边际成本的增加。然而，在高科技背景下，收益递减规律并不适用，例如软件的生产或者通过电子通信网络增加一个"比特"数据的发送。

如图 7-5 所示，我们以甲、乙两个企业为例。甲企业是一家传统的制造商，面临着收益递减，所以在试图扩大产出时，边际成本上升。乙企业是一家高科技厂商，在产出增加时，边际成本一点都不上升。我们在图 7-5 中注意到，乙企业的边际成本曲线是一条接近横轴的平行线，这意味着其边际成本接近于零，且不受产出影响；而甲企业的边际成本则随着产出的增加而上升，反映了收益递减规律。乙企业低且平的边际成本曲线意味着其平均成本随着产出的增加持续下降，这是因为固定成本随着产量的增加而被分摊殆尽。相反，甲企业面临的边际成本递增则意味着其平均成本是一个 U 形曲线，与基础经济学教科书中所说的一致。为简单起见，我们假设两个企业以同样的价格（P_m）销售其产品，销量与产量都是 $0 \sim Q_1$。从图 7-5 中可以看到，当产出等于 Q_1 时，乙企业的平均成本比甲企业低得多，因而盈利也多得多（利润如图 7-5 阴影所示）。

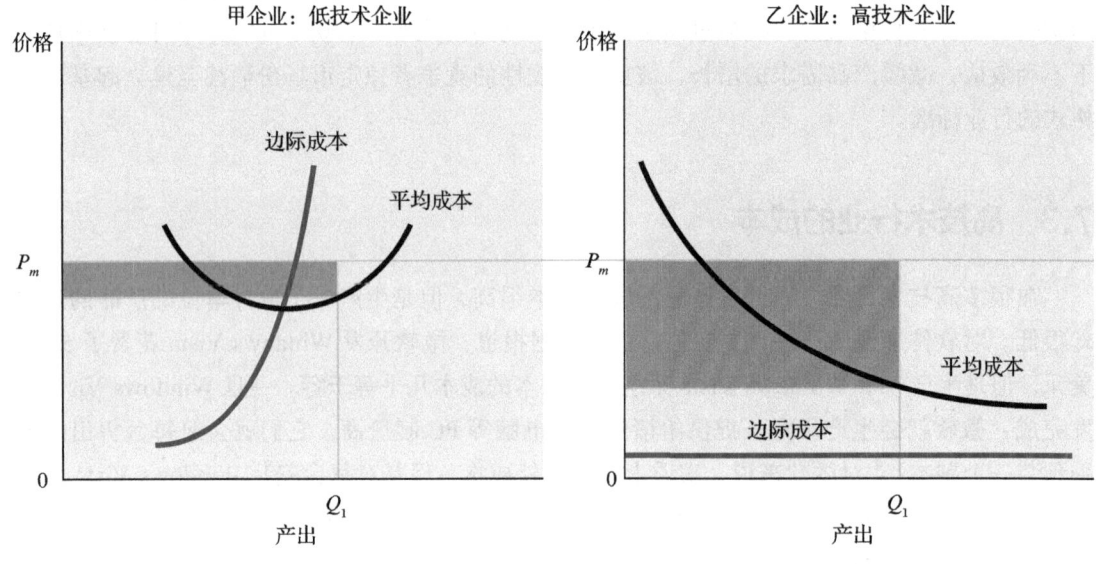

图 7-5　高技术行业的成本结构

7.3.2 战略意义

如果一个企业可以改变成本结构，从存在边际成本上升的结构向存在较高固定成本但较低边际成本的结构转变，其利润就会提高。20 年来，上述现象正出现在电子行业中。音乐录制过去以模拟技术为基础，随着产量的增加，边际成本上升，导致收益下降（如同图 7-5 中的甲企业）。20 世纪 80 年代和 90 年代，诸如 CD 播放器一样的数字系统取代了模拟系统。数字系统以软件为基础,这意味着生产一张唱片副本的边际成本相当低。结果,唱片公司能够降低价格,从而扩大需求,提高利润(其产品系统与图7-5中的乙企业很类似)。

然而,这一过程仍未结束。最近用于单曲副本的技术建立在互联网发布的基础上(例如,通过下载存进手机)。在这里,制作一首单曲副本的边际成本非常低。实际上,边际成本接近于零,并且不随产量上升。唯一的问题是成本较低的复制和发布音乐录音可能会导致非法共享,这将最终导致录制音乐的总体收入大幅度下降。根据国际唱片业联合会的数据,全球CD、磁带和数字下载量的收入从2000年的369亿美元下降至2010年的159亿美元。当我们考虑知识产权时,我们会更加详细地讨论版权问题。同样的转变开始发生在其他行业。很多企业建立起了有关如何从这一转变中获利的战略。这一方面的例子,我们可以看一下"战略行动7-2"中的索诺声(SonoSite)公司。

战略行动 7-2
通过数字化降低超声设备的成本

一段时间以来,超声仪器一直是医院里的一种非常重要的诊断设备。超声仪器利用声音的物理特性绘制人体软组织的图像。超声仪器可以绘制详尽的三维彩色器官图像,并利用造影剂追踪流过器官的液体。例如,心脏病医生可以使用超声以及注入血管的造影剂追踪流过跳动的心脏的血液流动。除了可见的诊断方法之外,超声也可以用来为内科医生提供一系列有重要价值的定量诊断。

现代超声仪器是复杂的设备,主流型号每台要花费大约25万~30万美元。这些仪器也是相当庞大的,约300磅重,需要用车运往医院。

几年以前,超声行业的领袖之一——高级技术试验所(ATL)的一个研究团队,提出了一个减小超声仪器体积并降低成本的方法。他们证明,通过软件可替换80%的固体电路,这一过程可以极大地减小超声仪器的体积和重量,从而生产出轻便的超声仪器。进一步地,通过把超声数字化(用软件代替硬件),他们可以显著地削减产出另一台仪器的边际成本,这样就能够低价销售以获得不错的利润。

他们有理由相信,便于携带而又价格低廉的超声仪器能够在全新的领域找到市场机会。例如,较小的超声仪器可以放在救护车上,或由战地医疗队带入战场,或由家庭医生买来在诊所使用。虽然他们也意识到,小而不贵的仪器的绘图质量和诊断技术想要与一流的大型机器的能力不相上下还有待时日(或许需要10年的时间),但是他们看到了机会,这种机会在于先前的超声企业由于其产品的昂贵和笨重而无法实现的市场利基。

这些研究者最终成为高级技术试验所中的一个项目团队,进而从高级技术试验所中分离了出来,成立了一家新企业,即索诺声。1999年底,他们推出了第一款便携产品,仅6磅重,价格是2 5000美元。索诺声的目标是大型的超声产品无法满足的市场利基:救护车治疗和无法承担昂贵设备的外国市场。2010年,公司销售了价值超过2.75亿美元的产品。2011年,富士胶片控股(Fujifilm Holdings)以9.95亿美元收购索诺声,扩大其医疗成像产品范围,并帮助其超越了主要的便携式超声设备生产商——通用电气。

当高科技企业面临高固定成本和低边际成本并存的环境时，战略重点就在于低成本的选择：有目的地推动价格降低，从而使销量增加。回过头再看图 7-5，你可以看到高科技企业的平均成本随产量迅速下降。这意味着，为了刺激需求可以降低价格，只要价格比边际成本下降得慢，每单位的边际利润在价格下降时就会提高。只要企业的边际成本低且不随产量上升，这个规律便是成立的。这一低成本促进高销量从而收获更广泛边际利润的战略成为一些非常成功的高技术企业的核心商业模式，微软就是如此。

7.4 获取先动优势

在高技术行业，企业常常要争取最先开发出具有革命意义的新产品，也就是说成为**先动者**（first mover）。根据定义，就某个革命性产品而言，先动者处于垄断地位。如果新产品满足了顾客的新需求，而且需求量很大的话，先动者就能获取可观的收入和利润。如此的收入和利润也就是在告诉潜在竞争对手如果模仿先动者就有钱可赚。如图 7-6 所示，由于没有很强的模仿障碍，模仿者会很轻易进入先动者创造的市场，攫取先动者的垄断利润，最后所有的市场参与者都只剩下很低的回报水平。

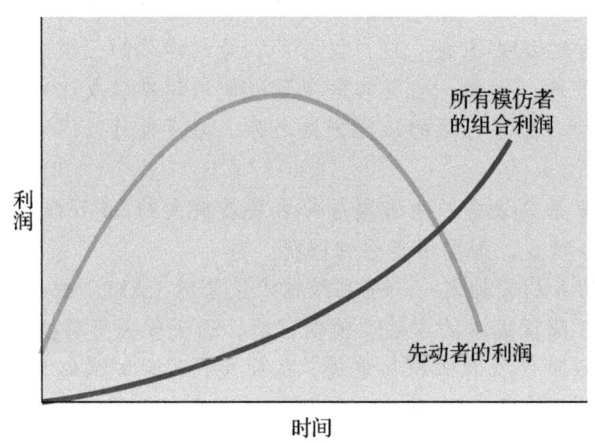

图 7-6　模仿对先动者利润的影响

尽管存在模仿，但一些先动者也有能力掠取丰厚的先动优势（开发新技术和新产品的优势），从而获得持续竞争优势。英特尔 1971 年推出了世界上第一款微处理器，直到今天，英特尔依然称霸微处理器市场。施乐曾推出世界上第一款复印机，以至于它在很长一段时间里都处于行业领先地位。思科 1986 年最早把 IP 路由器推向市场，到如今，思科在 IP 路由器的市场中仍然处于统治地位。1979 年微软推出了世界上第一款个人计算机软件应用"Microsoft BASIC"，它也一直是个人计算机软件的主要驱动程序。

一些先动者通过能够带来持续竞争优势的领先行动获得丰厚的优势。换句话说，它们可以限制或减慢模仿的程度。

但是，众多的反面例子也昭示着先动优势的获得并不是轻而易举，而且，实际上甚至存在**先动劣势**（first-mover disadvantages）——先动者的竞争劣势。例如，苹果公司最早推出了掌上电脑"苹果牛顿"（Apple Newton），但是这一产品最终折戟沉沙，而第二个进入者 Palm 公司却在苹果倒下的地方取得了成功。在商用喷气式飞机市场上，哈维兰公司（DeHavilland）最早推出了"彗星"（Comet）型号的飞机，但是第二个进入者波音公司（Boeing）靠 707 客机成了飞机市场上的常胜将军。

诚然，成为先动者并不一定会成功。就像我们看到的，能够获取先动优势的创新型企业与成为先动劣势的牺牲品企业之间的差别，恐怕就在于作为先动者采用的战略。不过，在考虑战略问题之前，我们还需要近距离考察一下先动优势和先动劣势的特征。[9]

7.4.1 先动优势

先动优势有五个主要来源。[10] 第一，先动者有机会发掘网络效应和正反馈循环，将顾客锁定于先动者拥有的技术。在 VCR 行业，索尼本来有机会通过许可技术的方式发掘网络效应，但最终索尼将先动优势让给了追随者松下。

第二，先动者可能会建立起相当高的品牌忠诚度，后进入者要打破这种忠诚必须付出很大的代价。的确，如果成功建立品牌忠诚的话，企业的名字就会在行业内家喻户晓，甚至将竞争对手的产品也包括在内。就像人们仍然使用"Xeroxing"来表示复印，使用"FedExing"来表示快递。

第三，先动者可以积累领先竞争对手的销量，因而获得与规模经济和学习效应（见第 4 章）相关的成本优势。先动者有了这些成本优势，就可以在新进入者入侵时随机应变地削减价格，保住市场份额，维持可观的利润。

第四，先动者可以创造顾客的转换成本，这样竞争对手进入市场抢走顾客就如同与虎谋皮。例如，无线服务提供商会给新顾客提供免费的无线电话机，但是顾客必须签一个合同，如果在特定的时间内（如一两年内）终止服务协议就要为电话机付款。因为一部无线电话机的真实成本是 100 ~ 200 美元，这意味着后进入者要克服的转换成本不小。

第五，先动者可以积累顾客需求、分销渠道、产品技术、过程技术等相关的有价值的知识。这种积累的知识会形成知识优势，这些优势对后进入者来说难以匹敌。例如，夏普公司是把用于笔记本电脑的液晶显示器商用化的先动者。这种显示器的制造过程非常困难，废品率很高。夏普积累了与生产过程相关的优势，让后进入者在产品质量和成本方面望尘莫及。

7.4.2 先动劣势

很多劣势与上述优势并存。[11] 第一，开拓者必须承担庞大的开拓成本，而后进入者可以避免。先动者必须摸索技术，开发销售渠道，培训最初顾客。这些不但花费大，而且耗时。相反，后进入者在市场开发和顾客培训方面就可以搭先动者的便车。例如，通用药物制造商与原始药物开发商相比，花费了很少的研发费用，因为它们可以复制早就成为成品的化学品或生物制品（也就是说，它们不需要探索解决方案的替代途径），而且它们可以绕过大部分临床检测过程。[12]

而且，先动者更易犯错，这是因为新兴市场具有很多的不确定性。后进入者可以对先动者的错误引以为鉴，改善产品或优化销售方式，在市场上供应更卓越的产品，从先动者手中抢夺可观的市场份额。例如，"苹果牛顿"失败的原因之一就是掌上电脑的手写软件不能识别连笔。Palm 公司作为第二个进入市场的企业，从苹果的失败中吸取了教训。它推出 PalmPilot 时，使用的软件甚至能识别涂鸦的字母，这样顾客就很乐于了解这种方法，并把数据输入掌上电脑。

第三，先动者面临着建立错误资源和能力的风险，这是因为它们关注的顾客群可能不能代表主流的市场特征。这就是我们在前面讨论的"跨越鸿沟"（crossing-the-chasm）问题。早期市场的顾客大多是创新者和早期接受者，与第一波大众市场接受者（早期多数派）有着不同的特征。先动者有将其资源和能力用于满足创新者及早期接受者需求的风险，而无法在早期多数派进入市场时进行转换。最终，先动者更容易陷入了早期市场和大众市场之间的鸿沟。

第四，当产品创新的基础技术发展迅速时，先动者可能会投资于低级的或没用的技术。先动者把产品的技术基础建立在技术的早期版本上，就可能因为故步自封从而使得技术很快过时。相反，后进入者能够超越先动者，推出基于后来版本技术的产品。在 20 世纪 80 年代的法国就出现了这样的问题，在政府的督促下，法国电信（France Telecom）最早推出了顾客在线服务——小型电传（Minitel）。法国电信免费推广简易的终端，顾客可以接通电话线用来浏览电话本。不久以后，在此基础上又加上了一些简单的服务，法国人就可以在线购物，管理银行账务，查询旅游信息、天气和新闻，这一切都发生在互联网发明之前。问题是参照网络标准，小型电传过于简陋而又无法升级，法国电信作为先动者吃了大亏。法国人使用个人计算机和互联网都很晚，就是因为小型电传的存在。直到 1998 年，仅有 1/5 的法国家庭拥有计算机，而美国是 2/5；仅仅 2% 的法国家庭接入互联网，而美国是 30%。政府决策的后果就是法国电信以及整个国家因为最先投资了原始版本的技术而推迟了采用革命性的互联网媒介的时间。

7.4.3 挖掘先动优势的策略

先动者面临的问题就是如何既能获取先动优势并建立持久竞争优势，同时又能避免先动劣势带来的风险。有三种基本的策略可以采用：独立发展创新并推向市场；通过战略联盟或合资的方法与其他企业合作发展创新并推向市场；把创新许可给别的企业，并允许它们开发市场。

最优策略的选择取决于以下三个问题的答案：

- 该创新型企业是否具有发掘创新和获取先动优势的辅助性资产？
- 模仿者复制企业创新的难度有多大？也就是说，模仿的障碍如何？
- 有能力迅速模仿创新的竞争者是否存在？

1. 辅助性资产

辅助性资产是发掘新的创新和获得竞争优势所需的资产。[14] 最重要的辅助性资产就是有竞争力的生产设备，它可以应对顾客需求的快速增长，同时保持很高的产品质量。最先进的生产设备可以使先动者迅速降至经验曲线以下，使生产瓶颈或产品质量问题不会发生。然而，上述生产和质量问题一旦发生，便无法确保顾客满意，也给模仿者进入市场创造了机会。例如，1998年，英姆纳克斯（Immunex）公司最早提出生物治疗类风湿性关节炎的革命性的方法。靠销售相关药品恩利（Enbrel），英姆纳克斯的销售实现了迅速增长，到2001年，其销售额达到7.5亿美元。不过，英姆纳克斯的产能不足。到2000年中期，英姆纳克斯已无法满足市场需求，而提高额外产能至少需要两年的时间。英姆纳克斯产能的瓶颈给市场中的追随者——强生（Johnson & Johnson）提供了机会来满足销售领域不断增长的需求，强生从2002年起开始销售恩利。英姆纳克斯的先动优势因重要的辅助性资产的不足而被削弱，这种资产就是用来满足需求的产能。

辅助性资产也包括营销诀窍、足够的销售力量、分销系统以及售后服务和支持网络。上述这些资产都有助于创新者建立起品牌忠诚，迅速切入市场。[15] 销量的增加进而帮助企业迅速降至经验曲线以下，并获得由规模经济和学习效应带来的持续成本优势。EMI公司作为CT扫描仪市场上的先动者，最终输给了像通用电气医疗系统那样既存的医疗设备公司，究其原因就是缺乏覆盖全球最大的医疗设备市场（美国）的营销技巧、销售力量和分销系统。

开发辅助性资产可能价格不菲，需要大量的资本注入。因而，先动者往往会败走麦城，而胜利者往往是那些规模大，同时在其他行业有成功经验的公司，依靠足够的资源，它们很快可以在新行业获得一席之地。因而，当一些企业开拓了新产品市场（如光盘和软盘市场）时，微软和3M公司就能够很快攻城略地。例如，网景（Netscape）凭借网景导航浏览器最早进入互联网浏览市场，而微软的IE浏览器却最终大获全胜。

2. 模仿障碍的大小

回顾第3章，我们发现，模仿障碍可以有效阻止竞争者对企业独特的能力和创新产品的模仿。尽管任何创新产品最终都会被仿制，但是模仿的障碍越大，竞争对手能够模仿的时间间隔越长，先动者建立的竞争优势也就越长久。

模仿障碍可以使创新者有时间在新兴市场建立起竞争优势和更大的进入障碍。例如，专利权就是应用最广的一种模仿障碍。施乐通过多个专利保护其复印技术，从而能够在17年之内拖延对其产品的重要模仿。但是，"迂回创新"（invent around）是对付专利权的捷径之一。例如，一项研究表明，大约有60%的受专利保护的创新产品在4年之内会遭遇"迂回创新"冲击。[16] 如果专利保护薄弱，企业可以通过发展产品和技术来减缓模仿。应用这一方法最著名的例子是可口可乐，其饮料的配方被秘密地传给数代人。不过，在这一问题上，可口可乐是个意外。据一项对100家企业的研究估计，企业决定开发新的重要产品或工艺的私有信息，在最初开发决策制定的12～18个月内就会被竞争对手知晓。[17]

3. 有力竞争者

有力竞争者是那些能够快速模仿领先者的企业。竞争者模仿领先者的能力主要取决于两个因素：研发（R&D）能力和辅助性资产的取得。通常，拥有模仿创新所需的研发技能和辅助性资产的竞争者越多，快速的模仿则越可能发生。

这里的研发能力指的是竞争对手对某个创新进行逆向工程（reverse-engineer）以查明运作原理并迅速开发出与之匹敌的产品的能力。我们以CT扫描仪为例。通用电气曾购买了EMI

生产的第一款CT扫描仪，其技术专家进行了逆向工程。虽然产品的技术相当复杂，但通用电气还是开发出了自己的版本，做到了迅速模仿EMI，并最终在CT扫描仪市场上取代了EMI的主导地位。

至于辅助性资产，它指的是竞争对手拥有的营销方法、销售技巧和生产能力等，这构成了模仿是否成功的决定因素。如果模仿者缺少关键的辅助性资产，却想获得成功，就不但要模仿创新本身，还要模仿创新者拥有的辅助性资产。就像AT&T公司1984年试图进入个人计算机领域那样，模仿的花费不小。AT&T缺乏足够的可以支撑个人计算机产品所需的营销方面的资产（销售力量和分销系统）。AT&T在进入个人计算机市场之后的4年，就损失了25亿美元，而且依然是市场中的"小伙计"，一部分原因就是辅助性资产的欠缺以及积累这种资源花费的时间较长。最终，AT&T退出了该领域。

4. 三种创新战略

辅助性资产、模仿障碍的大小和竞争者的能力这三个因素影响企业创新战略选择的方式，概括起来如表7-1所示。单独开发和营销创新的竞争战略在下列情况下更为有效：创新者拥有开发创新产品必需的互补性资产；创新产品的模仿障碍很大；有力竞争者数量有限。辅助性资产可以使创新产品快速开发和升级。巨大的模仿障碍给创新者充足的时间建立竞争优势，并实现由品牌忠诚和经验基础的成本优势带来的长期进入障碍。有力竞争者越少，它们当中任何一个竞争者成功克服模仿障碍并迅速模仿创新产品的可能性就越小。

表7-1 从创新中获利的战略

战略	创新者是否拥有所需的辅助性资产	模仿障碍是大还是小	行业内存在多少有能力的竞争者
独立发展	有	大	少
加入联盟	没有	大	中等
授权许可	没有	小	多

通过战略联盟和合资与其他企业共同开发和销售创新产品的竞争战略，在如下情况下很重要：创新者缺乏辅助性资产；模仿的障碍很大；存在一些有力的竞争者。在这样的条件下，加入一个已具备辅助性资产的联盟很重要。换句话说，就是与一个有力的竞争者结盟。从理论上说，这样的联盟应该实现互助互利，每个成员都能分享各自为政时无法实现的高利润。而且这一战略也具有化敌为友的好处。例如，EMI如果能和有力的竞争者合作开发CT扫描仪市场，比如同GE合作，而不是独立发展，那么EMI不仅可以获得更持久的竞争优势，而且会与一个强劲的对手形成统一战线。

第三种战略，授权许可，在如下条件下很重要：创新企业缺乏辅助性资产；模仿障碍小；存在众多有能力的竞争者。较小的模仿障碍与众多有力的竞争者加在一起，创新被快速模仿是板上钉钉的事。创新者缺乏辅助性资产也昭示着模仿者很快就会夺走原属创新者的竞争优势。上述这些因素，加上模仿使创新者的技术迅速地扩散，靠许可技术，创新者至少还可以在技术扩散的过程中分一杯羹。而且如果许可费相对不太高的话，潜在竞争对手自己开发有竞争力的或是更高级的技术的动力就会下降。杜比似乎就是采用了这样的战略，使自己的技术成为音乐和电影行业中减噪技术的标准（见"战略行动7-1"）。

7.5 技术范式转变

技术范式转变（technological paradigm shifts）发生在新技术到来时，这些新技术能够引起行业结构的革命，大大地改变竞争的属性，企业为了生存需要采用新的战略。技术范式转变最典型的例子就是以前发生的从胶卷相机向数码相机的转变（数字化的另一个例子）。半个多世纪以来，照相机行业的领军企业，如柯达（Kodak）和富士（Fuji），主要的收入来源是生产和销售传统的卤化银技术的胶卷。数字照相机的发展严重威胁着上述这些企业的商业模式。而且，数字照相机更像是专业照相机而不是普通照相机，柯达和富士几乎对数字照相机的科学知识一无所知。尽管柯达和富士都斥巨资开发数字照相机，但它们面临的竞争仍很激烈，比如来自索尼、佳能和惠普等企业独立开发的数码相机的竞争，来自 Adobe 和微软等开发出数字图像处理软件的软件开发商的竞争，来自惠普和佳能等开发出高质量的照片打印机的企业的竞争。在照相机行业，数字化替代可谓一日千里，传统的业内领军企业面对转变能否挺住犹未可知，而行业内新的弄潮儿可能在群雄逐鹿中脱颖而出。

如果柯达和富士真的一蹶不振，它们也不会是在行业技术范式转变中第一批被击败的大企业。20 世纪 80 年代早期，个人计算机技术给计算机行业带来了革命性的变化，这使得客户机网络取代了传统的大型主机和小型商用机。在大型机领域，诸如王安、Control Data 和 DEC 等曾经红极一时的企业最终都失败了，就连 IBM 也经历了十年的痛苦经历，在转型为商用电子产品供应商之前损失惨重。在原属它们的领地，微软、英特尔、戴尔和康柏等后起之秀逐步统治了新的计算机行业。

当今，许多人认为云计算的风险在于引领计算机行业的转变。微软，这家个人计算机软件业的主要企业对这种转变感到非常头疼。如果计算中心转移到云端，许多最新的应用储存在那里，如果一个人所需的所有的存取数据和运行应用都可以通过互联网浏览器来实现，那么个人计算机操作系统（如 Windows）的价值就会明显降低。和其他企业一样，微软很了解这些，这就是为什么该公司会把 Windows Azure 推广到云计算市场的原因。

上述例子给我们提出了四个问题：

- 当范式转变到来时，企业应如何应对？
- 范式转变后，为什么那么多行业的领军者走向失败？
- 作为利润丰厚的企业，行业的领军者采用什么战略能够提高在范式转变时生存的可能性，并成功走到技术革命带来的市场鸿沟的对岸？
- 市场的新进入者采用什么样的战略才能从范式转变中获利？

我们将在这一章余下的部分依次回答上述每一个问题。

7.5.1 范式转变和在位企业的失败

当行业存在下述两个条件中的一条或两条同时存在时，范式转变就很有可能发生。[19] 第一，行业中存在的技术已经成熟并接近或处于"自然极限"；第二，一种新的"突破性科技"已经进入市场，并正在从根本上占据在位大型企业使用现有技术难以满足的市场利基。

1. 技术的自然极限

理查德·福斯特（Richard Foster）就其所谓的技术 S 形曲线，明确了技术业绩与时间的关系（见图 7-7）。[20] 这一曲线展示了特定技术在整个周期中累计研发投资与业绩（或功效）的关系。在新技术的早期阶段，随着基础技术问题的解决，对新技术的研发投资倾向于产生快速的业绩成长。一段时间以后，累计研发的收益递减出现，业绩增长的速度减慢，技术开始接近自然极限，进一步的发展变得不可能。例如，人们有理由认为，商用客机业务在莱特兄弟发明最早的飞机之后的第一个 50 年里的发展比第二个 50 年快得多。事实上，世界上最大的商用喷气式飞机波音 747 是 20 世纪 60 年代设计的。所以，在商用飞机领域，我们处在收益递减区域，而且可能已经接近商用飞机技术改进的自然极限。

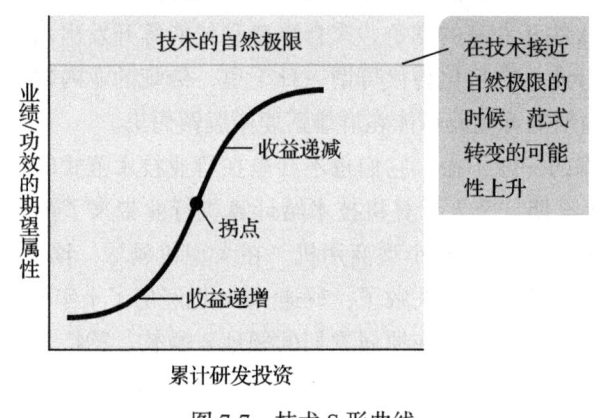

图 7-7　技术 S 形曲线

类似地，我们认为，硅基半导体芯片的业绩也正在接近技术的自然极限。在过去 20 年里，通过将更多的电子元件压缩进一个很小的硅片，半导体芯片的业绩经历了突破性的改进。在这一过程的帮助下，计算机功率提高，成本降低，体积变小。我们缩小电路线宽的能力已接近极限，以至于在单个芯片中，想要再加入一个晶体管都很困难。这种极限产生于物理的自然规律。光波用以在芯片上蚀刻电路，但人们无法蚀刻比所用光波波长更细的线路。半导体企业目前已经使用波长非常短的光（如深度紫外光）来蚀刻电路，但是，这一技术的深度使用存在极限，很多人相信，10 年之内这一极限就会到来。这是否意味着我们制造更小、更快、更便宜的计算机快要走到穷途末路了呢？恐怕不会。我们很可能会找到其他技术来代替硅基计算技术，使我们能够继续制造更小、更快、更廉价的计算机。事实上，一些异乎寻常的竞争技术已经开发出来，这些技术可能会取代硅基计算技术。这些技术包括自组织分子计算机、三维微处理技术、量子计算技术以及把 DNA 用于计算的技术。[21]

这些与范式转变有什么关系呢？福斯特说，当技术接近自然极限时，研究的热点会转到可能的替代技术上，在多项技术中迟早有一项会商业化并取代原有技术。也就是说，范式转变发生的可能性上升。因此，在接下来的 10 年或 20 年的某天，某种异乎寻常的技术将被开发出来并取代硅基计算技术，另外一种范式转变则会使计算机行业发生剧变。倘若这种转变能够发生，根据历史经验，从转变到来的那一刻起，当下大多数在计算机行业中叱咤风云的企业将会走向失败，新兴的企业将会变成行业的主导。

福斯特又把这一观点向前推了一步，需要注意的是，最初拥有替代技术的竞争者在生产满足消费者需要的产品的属性和特征方面，其效率不如既有企业。例如，在20世纪初汽车刚刚出现时，汽车把人从一个地点送到另一个地点的费用很高，但那时马和马车（原有技术）也不便宜。当汽车最初出现时，原有技术在运输人员上比汽车稍微好一点（见图7-8）。毕竟，最初的汽车很慢，噪声又大，还容易抛锚。而且，汽车要发挥作用离不开公路和加油站网络，当时这些网络并不存在，其他配套设施也是如此，马和马车在当时仍然是较好的运输模式，在某种程度上是因为这种运输相对便宜。

然而，上述比较忽视了一个事实，20世纪初，汽车技术刚刚位于S形曲线的起始阶段，随着主发动机问题的解决（也包括大量公路和加油站的建成），汽车技术在功效方面即将经历发展的春天。相比较而言，经历了3 000年的持续发展和改善之后，马和马车几乎确定处在其技术S形曲线的末端。结果是，汽车的快速发展迅速取代了马和马车以前优势运输模式的地位。在图7-8的T_1处，马和马车仍然优于汽车。但到T_2，汽车已经超越了马和马车。

福斯特指出，因为后续技术在一开始效率比原有技术低，所以现有企业及其顾客往往错误地留守原有技术，并且对于新技术的快速进步措手不及。一些人认为这是电动汽车行业的发展过程。虽然电动汽车与内燃汽车相比仍有技术劣势（如有限的范围、充电时间），并且其成本明显高于内燃汽车，可是，电池技术的显著改进在很大程度上可以解决技术缺点并同时降低车辆的成本。

最后一点就是，当不止一种有潜力的后续技术出现时，通常将构成后续技术集群，可是最后只有其中的一种能够成功（见图7-9）。如果事实果真如此，现有企业就会陷于不利的境地。即使能够意识到范式转变近在咫尺，现有企业也可能没有足够的资源投资所有的潜在替代技术。如果它们不幸投资错了（当整个过程充斥着不确定性时，就会很容易犯错），结果就是这些企业会被随后的发展拒之门外。

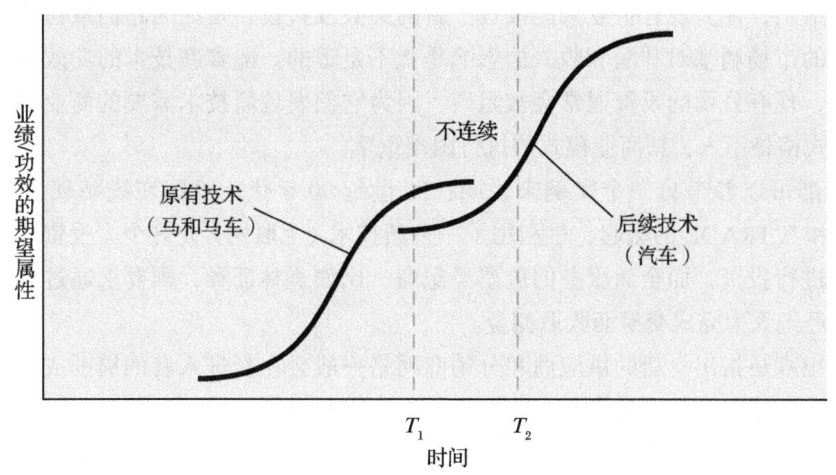

图7-8　原有技术与后续技术

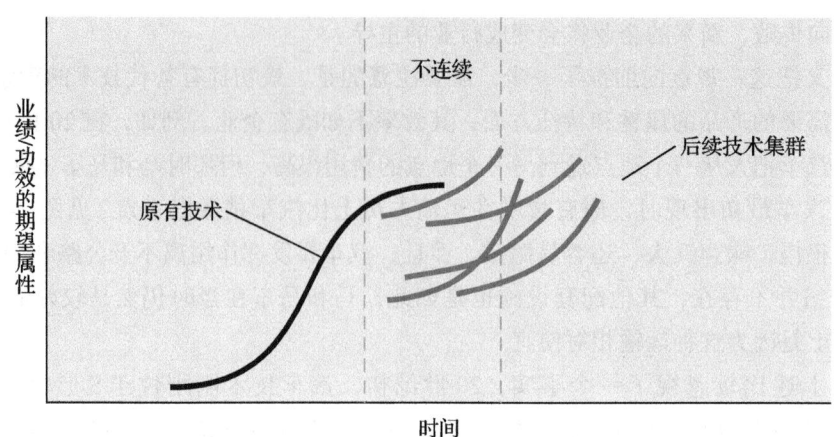

图 7-9　后续技术集群

2. 突破性技术

克雷顿·克里斯坦森（Clayton Christensen）在福斯特探索的基础之上进行了自己的研究，发展了突破性的科技理论，这一理论在高技术领域非常有影响力。[22] 克里斯坦森用突破性的技术来表示一种新技术，这种新技术远离市场主流，随后其功能不断提升，入侵主流市场。这样的技术具有突破性，因为它会重塑行业结构和竞争势态，通常会使现有企业衰亡。这些技术引起了范式转变。

克里斯坦森发现一个非常重要的事实，即现有企业通常能够意识到新技术的到来，但并不对新技术投资，这是因为它们认为"顾客就是上帝"，而顾客并不需要新技术。当然，这种现象大多数发生于新技术早期成长阶段，也就是仅仅在技术 S 形曲线的开端。一旦新技术的表现有了提升，顾客确实有了需要，直到这时，与现有公司比起来，后进入者已经积累了能够把新技术投入大众市场所需的知识。

除了过于听信顾客外，克里斯坦森还识别了其他一些造成现有企业很难采用突破性科技的因素。他指出，许多现有企业未能投资于新的突破性科技，是因为它们最初选择进入或者不进入这样的市场利基对利润和收入的影响是微不足道的。随着新技术的功效开始提升并入侵主要市场，现有公司的投资通常会被阻碍，因为它们发现新技术需要的商业模式与企业原有的商业模式格格不入，新商业模式的执行困难重重。

这两点都可以参考另一个案例来说明：20 世纪 90 年代，美国在线贴现股票经纪人如 Ameritrade 和 E*TRADE 的崛起，是利用了一种新技术（互联网）允许个人投资者以非常低的佣金对股票进行投资，而全面服务的股票经纪商，比如美林证券，则要求通过股票经纪人下订单，股票经纪人为完成交易而收取佣金。

克里斯坦森还指出，新的供应商和分销商网络一般会在新进入者的周围成长起来。在最初，不仅现有企业会忽视突破性科技，它们的供应商和分销商也是如此。这就给新的供应商和分销商创造了机会，它们可以进入市场为新进入者服务。新进入者成长的同时，相关的网络也会成长。克里斯坦森表示，最终新进入者和相关网络不但会取代现有企业，而且会取代与现有企业相关的供应商和分销商网络。我们按照逻辑推演，这种观点意味着，突破性科技可能会使行业内与现有企业相关的整个企业网络走向灭亡。

行业内受到技术范式转变冲击的现有企业通常需要应对束缚其适应能力的内部惯性力量，新进入者则无须这么做，因而具有一定的优势。新进入者不需要应对固有的和守旧的顾客群，也不需要处理过时的商业模式。相反，新进入者可以着眼于新技术的最优化，改善技术的绩效，顺应新技术的潮流进入市场，直到侵入主要市场，挑战现有企业，这时候新进入者可能已经拥有了战胜现有企业的能力。

7.5.2 现有企业的战略意义

尽管克里斯坦森揭示了一种重要的趋势，但现有企业面对突破性科技时注定会失败这一论断绝不是亘古不变的真理，比如我们从 IBM 和美林证券那里看到的事实。现有企业必须面对突破性科技带来的挑战。[23]

第一，拥有有关突破性科技如何带来市场革命的知识获取途径是一项有价值的战略资产。克里斯坦森调查的很多企业都失败了，这是因为它们对新技术所持观点太急功近利，并且向客户询问了错误的问题。它们问："你对新技术感兴趣吗？"它们本应该认识到随着时间的推移，新技术会迅速发展，如果换作问："如果随时间的推移，新技术的功用改进，你会对新技术感兴趣吗？"那么公司可能已经做出了非常不同的战略决策。

第二，很明显，对现有企业来说，投资于新出现的技术很重要，这些技术可能最终变成突破性科技。企业必须避免在新技术上打赌。就像我们已经指出的，在任何时候，都可能存在新技术集群的萌芽，任何一项技术都有可能最终变成突破性科技。能够产生可观现金流的大型现有企业，能够而且一般应该建立并确保重要的研发运作，投资开发这样的技术。而且，这些大企业应该收购首创且存在潜在的突破性科技的萌芽企业，或者进入联盟联合开发技术。收购开发潜在突破性科技的企业这一战略，思科曾经采用过，思科是互联网设备的主要供应商，其收购行为颇有名气。这一战略的核心就是行业领军企业必须认识到，企业开发突破性科技并减少自己的销售基础，比新加入者拿走销售基础要好。

然而，克里斯坦森提出了非常重要的一点：即使当现有企业确实着手对潜在的突破性科技进行研发投资时，由于内部力量对变革的压制，它们通常无法使自己的技术商业化。例如，当前能产生最多现金的部门的经理，可能会说他们需要最多的研发投资以便能保住市场地位，而且他们会游说高层管理者推迟对新技术的投资。在 S 形曲线的开始阶段，新技术的远景并不明朗时，公司内部对此会有很大的争论。结果，企业可能在新技术领域无法建立起竞争能力，于是蒙受损失。

此外，克里斯坦森还主张，新的突破性科技的商业化通常需要具有完全不同的成本结构与完全不同的价值链，即新的商业模式。例如，这可能需要不同的制造系统、不同的分销系统、不同的定价政策以及非常不同的毛利率和营业利润率。克里斯坦森表示，两种截然不同的商业模式在同一个组织内共存几乎是不可能的。如果我们试图让两种商业模式共存，原有的商业模式会使与突破性科技相关的商业模式无用武之地，这几乎是一定的。

要解决上述问题，需要创建一个专门开发新技术的自主运营部门。例如，在 20 世纪 80 年代初的几年中，惠普曾建立了一个非常成功的激光打印机业务。随后，喷墨打印技术出现了。企业中的一些人拒绝相信喷墨打印机将会吞食激光打印机的销售份额，所以他们主张惠普不应该生产喷墨打印机。对惠普来说幸运的是，高层管理者把喷墨打印技术看作一项潜在的突破性科技。因而，惠普高管向研发部门下拨了一笔可观的资金用于喷墨打印技术的商业化。进一步地，当技术足以向市场提供产品时，惠普在远离总部的地方成立了一个独立的喷墨打印机部门，它拥有生产、营销和分销职能。高管们知道喷墨打印机部门会吞食激光打印机部门的销售利润，但他们认为惠普中一个部门的销售被惠普的另外一个部门吞食总比被其他企业吞食强。惠普很幸运，结果证明喷墨打印机仅仅会影响激光打印机销售利润的边缘，但是两者都有赚钱的市场利基。虽然如此，这一结果并未影响以下信息的逻辑：如果你的企业正在开发一种潜在的技术，故而你能够把它置于独立的生产部门并给予其独立的权力，这将会增加成功的机会。

7.5.3 新进入者的战略意义

上述讨论对于新进入者应用也是有效的。新进入者或者攻击者与现有企业相比有一些优势。过时的商业模式的压力对新进入者不起作用，新进入者无须关心产品的商业化，也不必顾虑原有的顾客基础以及与原有供应商和分销商的关系。相反，新进入者能够全神贯注于新的突破性科技带来的机会，借助技术 S 形曲线发展的东风，与这一技术市场快速共同发展。但这也不意味着新进入者就可以高枕无忧。它们可能会被资本的欠缺所约束，或者必须对与快速成长相关的组织问题进行管理，更重要的是，它们需要找到一个把其技术从狭小的边缘利基带入大众市场的途径。

或许新进入者面临的最重要的问题是选择，即是与现有企业合作还是试图独立开发新的突破性科技并从中获利。尽管新进入者可以享受很多作为进攻者的优势，但缺乏把优势尽其所用的资源。如果这样，要获得这些资源，新进入者就可能要考虑与一个大型现有企业成立战略联盟。这时，主要的问题与我们早前讨论过的相同，也就是考察企业可以获取先动优势的三种战略：独立发展、加入联盟或授权许可。

本章小结

1. 在很多高技术行业，技术标准至关重要：可保障能力、打消顾客心中的迷惑、允许大量生产、降低成本、降低互补品供应的风险。
2. 网络效应与正反馈循环通常决定了哪一种标准可以主导一个市场。
3. 拥有标准可能是持续竞争优势的来源。
4. 建立一个专利标准使之成为行业标准，可能需要企业赢得对抗竞争和不兼容标准的格式战。赢得战争的战略包括生产互补品、启动杀手应用、进攻性定价和营销、授权许可技术以及与竞争者合作。
5. 很多高技术产品具有很高的开发固定成本，但是生产额外一单位产出的边际成本很低或接近于零。这一特征引起的成本经济性支持了这样的战略，即强调增加产销量来降低平均总成本的进攻性定价。
6. 先动者发展能够获取先动优势的战略是很重要的。企业可以选择如下三个战略：独立自主地开发和经营技术；与其他企业联合起来开发和经营技术；把技术授权许可给外部企业。上述选择取决于获取先动优势所需的辅助性资产、模仿障碍的大小以及竞争者的能力。
7. 当新技术能够带来行业结构的革命时，技术范式转变就会发生，这会大大地改变竞争的属性，企业需要采用新的战略才能生存。
8. 由于收益递减以及新的突破性科技正在改变市场利基的根基，因此当原有技术改进放缓的时候，技术范式转变更可能发生。
9. 通过投资技术或建立开发技术的独立部门，现有企业可以应对范式转变。

讨论问题

1. 高科技行业的不同之处是什么？是否所有行业都曾是高科技行业？
2. 为什么在高科技行业中标准如此重要？标准会带来什么竞争性影响？
3. 如果你在一家小企业工作，这家企业在一个萌芽市场处于领先地位。你的老板确信企业的前途一片光明，因为企业拥有60%的市场份额、行业内最低的成本以及质量最好、价值最大的产品。给你的老板写一个纸条，指出为什么他的假定可能是错误的。
4. 你工作的小企业已经开发出了一款个人计算机操作系统，它比微软的Windows操作系统更快、更稳定。企业可以追寻什么样的战略取代Windows，使新的操作系统成为行业主导性的技术标准？
5. 你是一个大型音乐唱片公司的经理。去年，音乐销售下降了10%，这主要是因为非法文件共享。你的老板要求你发展防止非法文件共享的战略。你会建议企业怎么做？
6. 重读"战略行动7-1"，在微软"零细分市场"威胁中，你认为手机或平板电脑的操作系统将会占统治地位吗？如果是，哪一个会占统治地位？为什么？

结篇案例

出现在手机支付领域中的一场战斗

到2014年，世界上有66亿个手机订阅服务，而且其中有23亿个是使用户能够访问移动网络的移动宽带订阅服务。手机支付系统向每个顾客提供在手机上执行金融交易的潜力，类似于使用个人计算机执行这些交易的方式。然而2015年，移动支付的统治地位还未被占有，而竞争中的移动支付机制和标准之间的斗争却正在展开。

在美国，几个大玩家（包括苹果、三星以及由谷歌、AT&T、T-Mobile和威瑞森共有的名为Softcard的合资公司）已经开发了基于智能手机近场通信（NFC）芯片的系统。NFC芯片能通过靠近一台设备在移动设备和销售点系统间通信。这个系统由苹果、三星和Softcard开发，能无线传输客户的信息，并以无线方式转移客户的信息，然后使用商业银行和信用卡系统（如Visa或万事达卡）完成交易。这些系统与现在使用信用卡的方式非常像，但是不用连线就能完成购买。

其他竞争者（如Square和PayPal）不要求手机有NFC芯片，但是相应地要用可下载的应用程序和Web来传送客户的信息。Square通过提供可以插入智能手机音频插孔的小型、免费的信用卡读卡器，获得了早期的声望。这些读卡器使得那些通常只使用现金的客户（如街头小贩和保姆）接受了主流信用卡。Square在2013年处理了300亿美元的支付，使得该公司成为硅谷增长最快的科技巨星之一。Square从每笔交易中收取约2.75%～3%的费用，但这必须与信用卡公司和其他金融机构分成。然而，在安装基数上，PayPal具有明显的优势，即拥有超过1.61亿的活跃注册账号。用户可以选择将其PayPal账户与他们的信用卡连接，或直接连接到其银行账户。PayPal还拥有一个服务Venmo，它可以帮助与类似Facebook的界面一样进行点对点交流，作为一种在不携带现金的情况下交易的方式，这种接口越来越受欢迎。如果交易主要使用信用卡，则Venmo收取3%的费用，但如果消费者通过绑定借记卡来使用Venmo，则可免除手续费。

如上所述，正在开发的一些系统不需要主要信用卡公司的参与，这意味着或许会避免数十亿美元的交易费。例如，PayPal和它的点对点系统Venmo不需要信用卡。包括沃尔玛、老海军、百思买、7-Eleven等在内的一大批企业也开发了自己的支付系统Current-C，顾客可在智能手机里下载应用程序，而商家可以直接从顾客的银行账户中扣除购买金额。这将使商家能够避免支付信用卡交易的2%～4%的费用，这将为参与商户节省数十亿美元。

对于顾客，影响采用的关键因素是方便性（客户必须在购买时输入密码吗？客户在个人的设备上可以轻松访问吗？）、欺诈风险（个人的身份和财务信息是否存在风险？）和交易地点（系统是否可以在任何地方使用？它是否支持点对点交易？）。对商家来说，欺诈也是一个很大的问题，特别是在交易没有得到第三方担保的情况下，另一个是成本（使用系统的固定成本和交易费用是多少？），Apple Pay在这方面有很大的优势，因为客户可以通过指纹付款。相比之下，Current-C有一个严重的便利性劣势，因为消费者必须在手机上打开应用程序，并在结账通道上扫描QR码。Apple Pay和Current-C都经历过欺诈问题，截至2015年年初，两个企业都出现了多次黑客攻击账户报告。

在美国，消费者中几乎有一半在2015年年初之前使用智能手机向商家付款。2014年手机支付交易额达520亿美元，当时预计2015年将达到670亿美元。

在世界的其他地区，移动银行替代品正在以更快的速度获取交易。例如，在印度和非洲，有大量的"无银行"或"欠银行"的人（没有银行账户或限制使用银行服务的个人）。在这些区域，手机用户比例大大超过信用卡比例。例如，在非洲预计有少于3%的人口有信用卡，但预估有69%的人拥有手机。特别是2009年，非洲最大的固网电话渗透率达到1.6%，这显示了移动技术在发展中国家"跨越"陆基技术的力量。所以，使这些人获得快速和廉价的资金转移的机会是巨大的。

印度领先的系统是由印度国家支付公司（NPCI）开发的银行间移动支付服务。NPCI利用其ATM网络（连接印度65个大型银行），创建了一个在手机上工作的个人对个人的手机银行系统。系统对每个直接连接到银行账户的个人使用唯一的标识符。在非洲的一些地区，那些没有银行账户的人比例更大，一个名为M-Pesa的系统（"M"表示"移动"，"Pesa"在非洲斯瓦希里语中代表"钱"），使任何有护照或国民身份证的个人都可以将钱存入他或她的电话账户里，并使用短消息服务（SMS）向其他用户转账。到2015年，M-Pesa系统里大约有1 220万移动用户。这个系统让肯尼亚人获得银行业务的比例从2009年的41%上升到2014年的67%。

到2015年早期，移动支付很明显成了一个改变游戏规则的机会，它可以加速电子商务的进程、智能手机的采用以及金融服务的全球影响力。然而，许多手机支付系统之间兼容性的缺乏以及哪种移动支付系统类型将占据主导的不确定性仍然对消费者和商业用途构成重大障碍。

资料来源：J. Kent, "Dominant Mobile Payment Approaches and Leading Mobile Payment Solution Providers: A Review," *Journal of Payments Strategy & Systems* 6 (4), 2012, pp. 315–324; V. Govindarajan and M. Balakrishnan, "Developing Countries Are Revolutionizing Mobile Banking," *Harvard Business Review*, Blog Network, April 30, 2012; M. Helft, "The Death of Cash," *Fortune* 166 (2), 2012, www.fortune.com; D. Pogue, "How Mobile Payments Are Failing and Credit Cards Are Getting Better," *Scientific American*, January 20, 2015, www.scientificamerican.com; M. Isaac, "Square Expands Its Reach into Small-business

Services." *New York Times*, March 8, 2015, www.nytimes.com; C. McKay and R. Mazer, "10 Myths about M-PESA: 2014 Update," *Consultative Group to Assist the Poor*, October 1, 2014; *United Nations Telecommunications Development Sector*, ICT Report, 2014.

讨论题

1. 对于个人和企业，使用手机银行系统的优势和劣势分别是什么？
2. 造成不同手机支付系统吸引或不吸引消费者、企业、银行和信用卡企业的主要方面各是什么？
3. 你认为在手机银行系统领域中有鼓励采用主流设计的驱动力吗？
4. 决定某个手机银行系统成功的因素有可能是什么？

第 8 章

全球环境中的战略

| 开篇案例 |

星巴克的全球化

30年前,星巴克只是一家在西雅图派克市场上卖优质焙烤咖啡的商店。现在,它已经在全球拥有超过20 000家咖啡零售店,其中有40%的商店在美国之外的50座城市。当公司的市场总监霍华德·舒尔茨从迷人的意大利旅行回来,带回意大利的咖啡馆经验后,星巴克从1980年便开始做起了当前的业务。舒尔茨后来成了公司的CEO,他说服了公司的所有者推行咖啡馆模式,舒尔茨经验也就此诞生。这个策略是售卖公司自己的优质焙烤咖啡、新鲜酿造的浓缩咖啡饮料、各种糕点、咖啡配件、茶和其他产品,并且将这些产品放置在经过高雅设计的咖啡馆里售卖。从一开始,该公司就专注于销售"第三空间体验"(换句话说,在工作地点和家以外的地方花费大量时间),而不仅仅是咖啡。该模式在美国取得了惊人的成功,在十年间,星巴克从一个不出名的小商店发展成为全美国最知名的品牌咖啡零售店之一。星巴克的这种模式让咖啡店成了休闲、与朋友聊天、读报纸、开商务会议或者上网的地方。

1995年,星巴克在整个美国已经有了700家商店,它便开始开发国外的机会。第一个目标市场是日本。星巴克与当地零售商Sazaby Inc.建立了合资企业,各持有该合资企业——星巴克日本50%的股权。星巴克总部最初对星巴克日本投资了1 000万美元,这是其首个直接在外国进行的投资。随后由于星巴克在日本的存在感不断增强，星巴克日本就获得了星巴克模式的授权。

为了保证日本的运营复制了北美的"星巴克经验"，星巴克总部派遣了一些员工去监督日本的业务。特许经营协议要求所有日本店铺的经理和员工像美国员工一样参加类似的培训班。这个协议也要求日本的商店沿用在美国建立的设计参数。2001年，公司宣布了与所有日本员工有关的股票期权计划，这是日本第一家这样做的公司。怀疑论者认为星巴克在海外不一定可以复制其在北美的成功，但到2014年，星巴克在日本拥有了1 034家商店和盈利业务。

有了日本的成功之后，星巴克开始实施积极的海外投资计划。1998年，星巴克花费8.4亿美元买下了西雅图咖啡，它是一家拥有60家连锁零售店的英国咖啡公司。一对来自西雅图的美国夫妇创建了西雅图咖啡，目的是在英国建立一家类似于星巴克的连锁店。到了2014年，其在英国已经拥有530家商店。20世纪90年代后期，星巴克在中国、新加坡、泰国、新西兰、韩国和马来西亚都开了店铺。在亚洲，星巴克最常见的策略是将其模式授权给当地运营商，以换取初始许可费用和商店收入的提成。像日本一样，星巴克坚持强化员工培训计划，严格规范商店的格式和布局。到2002年，星巴克在欧洲大陆积极扩张，主要是通过与当地公司合资。它留下足迹最多的国家是瑞士、法国和德国。

为了在一些国家获得成功，星巴克发现它必须调整其基本模式以适应当地的差异。例如，法国拥有浓厚的咖啡馆文化，但法国人认为星巴克的拿铁太淡、浓咖啡太烫，所以星巴克根据法国人的口味改变了饮品的调制配方。因为法国顾客喜欢在喝咖啡时坐着聊天，所以星巴克必须在每家商店增加更多的椅子。

因其全球足迹逐渐增加，星巴克也需要受到道德采购政策和环境责任的约束。现在，作为世界上最大的咖啡豆购买者之一，星巴克从2000年开始购买具有公平贸易认证的咖啡豆。其目标是能够让由合作社组织的小农户投资他们的农场和社区，以保护环境并发展那些在全球市场上竞争所必需的商业技能。简而言之，星巴克不仅正在试图用其影响力来改变全世界的人们购买咖啡的方式，还在试图改变有益于农场和环境的咖啡生产方式。到2010年，星巴克购买的75%的咖啡豆是具有公平贸易认证的，并且星巴克的增长目标是到2015年达到100%。

资料来源：Starbucks 10K, various years; C. McLean, "Starbucks Set to Invade Coffee-Loving Continent," *Seattle Times*, October 4, 2000, p. E1; J. Ordonez, "Starbucks to Start Major Expansion in Overseas Market," *The Wall Street Journal*, October 27, 2000, p. B10; S. Homes and D. Bennett, "Planet Starbucks," *BusinessWeek*, September 9, 2002, pp. 99–110; "Starbucks Outlines International Growth Strategy," *Business Wire*, October 14, 2004; A. Yeh, "Starbucks Aims for New Tier in China," *Financial Times*, February 14, 2006, p. 17; C. Matlack, "Will Global Growth Help Starbucks?" *Business Week*, July 2, 2008; Liz Alderman, "In Europe, Starbucks Adjusts to a Café Culture," *New York Times*, March 30, 2012.

本章概述

过去30年来的惊人发展之一就是市场全球化。由于跨境贸易和投资壁垒的降低，随着巴西、俄罗斯、印度和中国等国家经济的快速发展，被分割的国家市场正越来越多地融入更大的全球市场。在这一章中，我们将讨论在全球竞争环境中的这一阶段性转变对战略管理的影响。

本章首先主要讨论全球竞争环境中持续存在的变化。其次，讨论能通过国际扩张提高公司盈利能力和利润的几种途径，同时深入研究公司为获得全球市场竞争优势而采用的不同战略的优缺点。最后，讨论两个相关的战略问题：①管理者如何决定进入哪些海外市场，何时进入以及进入的规模；②为实现全球扩张并进入海外市场，公司应该采用怎样的手段和方法。

星巴克的全球扩张（见开篇案例）让我们提前看到了本章中将要探讨的一些问题。星巴克通过将其产品提供给通常缺乏本土竞争对手的市场来进行海外扩张，以提高其利润。现在，有超过40%的星巴克商店在其核心——北美市场之外。利用产品提供来实现更大的增长是全球扩张的普遍动机。在大多数情况下，星巴克的战略一直是使用在美国行之有效的同样的基本模式，我们称其为全球标准战略。然而，在某些已经有浓厚咖啡文化的国家（如法国）中，星巴克不得不调整其格局来捕捉当地的需求。我们称之为本土化战略。星巴克通常倾向于采用合资经营战略来进入海外市场，与本地公司合作，从经营合作伙伴那里了解每个国家市场的特征，从而增加成功进入的机会。正如我们将看到的那样，进入的战略选择是任何进行全球扩张的企业都需要重点考虑的。

我们将讨论星巴克案例中涉及的问题以及许多其他问题，当你学完本章内容时，你就会对公司在决定把业务扩展到海外以获得优越的盈利能力和利润增长时所面临的战略问题有一定的了解。

8.1 全球和国家环境

50年前，大多数国家市场都被巨大的国际贸易和投资壁垒所孤立。在那个时期，管理者只能对其参与竞争的国内市场进行分析。他们不需要对参与全球竞争给予太多关注，因为基本上没有全球竞争，而且进入很困难。他们也不需要对进入海外市场给予太多关注，因为成本往往过高。但现在这些已经改变了。国际贸易和投资的壁垒大部分已经消除，巨大的全球产品和服务市场已经形成，不同国家的公司正在以前所未有的规模互相进入各自的当地市场，从而增加了竞争的强度。竞争再也不可能被仅仅理解为发生在国家边境以内的事，管理者需要考虑全球化是如何影响他们公司的竞争环境的，以及为了利用尚未显现的机会和对付竞争的威胁应采取怎样的战略。在这一节中，我们将关注正在降低的国际贸易和投资壁垒所带来的风险，讨论分析不同国家竞争状况的模型。

8.1.1 生产和市场的全球化

在过去的半个世纪里，国际贸易和投资壁垒迅速降低。例如，发达国家间制造类产品贸易的关税税率从40%左右下降到4%。对一些产品（如信息技术）来说，关税税率已经达到了零。类似地，各国相继取消了禁止外国公司进入本国市场设立工厂或收购本国公司的规定。由于这两大发展，国际贸易总量和国外直接投资额都急剧上涨。自20世纪50年代起，世界商品贸易总量的增速就已经超过了世界经济的增速。1970～2012年，世界商品贸易总量增长了32倍，相比之下，世界经济规模仅增长了9倍。[1] 至于外商直接投资方面，1992～2013年，所有国家的外国直接投资总额增长超过550%，同时世界贸易总额增长了约150%，全世

界产量增长大概40%。² 这些趋势导致了生产和市场的全球化。³

随着公司利用国际贸易和削弱了的投资壁垒，并借机在全球分散其生产流程的重要部分，生产的全球化程度一直在加深。这样能够让公司利用国家间的生产要素（如劳动力、能源、土地和资本）、成本和质量上的差异来降低成本，提高利润。例如，波音公司787商用客机将近65%的价值是由外国公司创造的。其中35%主要由3家日本公司创造，还有20%由分别位于意大利、新加坡以及英国的公司创造。⁴ 波音公司将这么多生产工作外包给国外供应商的原因在一定程度上是，这些供应商在它们所承担的单个生产活动上的表现是全球最佳的。因此，由外国供应商制造特定部件的结果就是波音公司拥有更好的最终产品和盈利能力。

关于市场的全球化，有人说世界经济体系正在从一个各国市场之间因贸易壁垒和距离、时间、文化等障碍而彼此孤立的状态，转变成一个各国市场正在融合成一个巨大的全球市场的状态。全世界的消费者越来越多地需要和使用相同的基本产品。因此在很多行业中，谈论德国市场、美国市场或中国市场已经没有意义了，现在只有全球市场。可口可乐、花旗集团信用卡、星巴克的咖啡、麦当劳的汉堡、三星和苹果的智能手机、宜家的家具以及微软的Windows操作系统在全球范围内被接受就是这一趋势的例证。⁵

生产和市场的全球化趋势对行业内部的竞争可能有一些重要的影响。第一，行业边界不再止步于国家边界。因为很多行业已经在范围上全球化了，公司现有的和潜在的竞争者同时存在于本土市场和海外市场。只分析本土市场的管理者可能会因高效的海外竞争者的进入而被拖入无准备之战。生产和市场的全球化表明了全球的公司都会发现它们的本土市场正在遭到外国竞争者的攻击。例如，在日本，美国金融机构，如J.P.摩根，正在袭击日本的金融服务机构。在美国的手机市场上，韩国的三星正与苹果争夺智能手机的市场份额。在欧盟，曾经居统治地位的荷兰飞利浦公司在消费类电子行业的市场份额也已被日本的松下和索尼以及韩国的三星抢占。

第二，从国家市场向全球市场的转变加剧了各行业内的竞争。曾经的国家市场是由三四家公司主导的寡头垄断市场，面临着相对来说极少的海外竞争，而如今已转变成分散的全球行业的各个部分，在分散的全球行业中大量公司为了其在各个国家的市场份额而相互竞争。这种竞争有降低盈利能力的风险，并且对公司实现其效率、质量、顾客响应和创新能力的最大化越来越关键。在像柯达这样的曾经占主导地位但现在却破产的公司内发生的不愉快的重组和裁员正是对全球竞争强度加剧的反应，这与公司对其他事情的反应是一样的。然而，并不是所有的全球行业都分散化了。很多行业仍然是寡头垄断，只是变成了全球范围（而非国家范围）内的寡头垄断。例如，在电子游戏行业中，三家公司，即美国的微软以及日本的任天堂和索尼，在争夺全球的统治地位。在手机市场上，苹果与韩国的三星和中国的小米正进行全球性的竞争。

第三，虽然全球化为以前被保护的国家市场增加了进入威胁和竞争强度，但是这也为那些市场中的企业创造了巨大的机会。跨国贸易和投资障碍的持续降低为曾被保护的市场以外的很多企业打开了进入的大门。例如西欧、日本以及美国的公司由于尝试利用海外成长机会，从而加速了它们在东欧、拉丁美洲和南亚国家的投资。

8.1.2 国家竞争优势

尽管生产和市场正在全球化，但很多在某个行业内最成功的公司却仍然只聚集在少数几个国家。例如，很多世界领先的生物技术公司和计算机公司都在美国，很多最成功的消费类电子公司都在日本、韩国和中国。德国是许多出色的化学和工程公司的基地。这些事实说明了一个公司所在的国家也许对其在全球市场上的竞争地位有着重要的影响。

国家或地区的环境对设立于此的公司的全球竞争力有着重要影响，在一个关于国家竞争优势的研究中，迈克尔·波特提出了国家环境对公司全球竞争力会产生影响的四种属性。[6]

- 生产要素禀赋：一个国家在生产要素上的地位，如熟练的工人或在特定行业内竞争所必需的基础设施。
- 本地需求情况：对某个行业的产品或服务的本地需求状况。
- 相关和支持行业的竞争力：一个国家是否拥有具备国际竞争力的供应行业和相关行业。
- 竞争强度：一个国家对企业如何创建、组织、管理的规定以及国内竞争情况。

波特将这四种属性解释为"钻石"模型的组成部分，指出一个国家的企业在这四种属性都很出色的行业或战略群组中最可能成功（见图8-1）。他还说"钻石"模型中的属性形成了一个相互加强的体系，一种属性的效果取决于其他几种属性的情况。

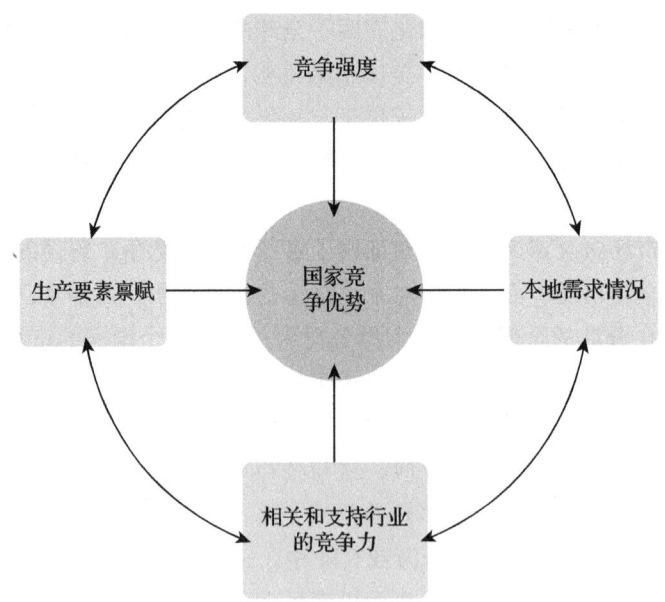

图8-1 国家竞争优势的"钻石"模型

资料来源：Adapted from M. E. Porter, "The Competitive Advantage of Nations," Harvard Business Review, March-April 1990, p. 77.

1. 生产要素禀赋

生产要素禀赋（生产要素的成本和质量）是某个国家在某个行业可能具有竞争优势的主

要决定因素。生产要素包括基本要素（如土地、劳动力、资本、原材料），以及高级要素（如技术知识、高水平管理、基础设施建设（公路、铁路和港口））。美国拥有的生物技术行业的竞争优势也许可以解释为高级生产要素（如技术知识）与一些基本要素的结合。在生物技术等行业内投资是有风险的，这种结合也许可以为用于支持新创企业的低成本风险投资提供一种可能。

2. 本地需求情况

本地需求在提供竞争优势升级动力上扮演了重要角色。公司一般对与它最为密切的顾客的需求最为敏感。因此，本地需求的特点对形成国产商品特性、提高企业创新能力和提高产品质量特别重要。如果一个国家的公司所面对的国内消费者见多识广、需求旺盛且能促使本地公司形成高水平的产品质量并生产创新性产品，那么这些公司就能获得竞争优势。日本见多识广、知识丰富的相机购买者帮助促进了日本的相机行业提高产品质量并推出创新型号。在移动电话设备行业可以找到相似的例子，斯堪的纳维亚半岛见多识广、需求旺盛的本地消费者在其他发达国家的手机需求量增长之前的很长一段时间里帮助推动了芬兰诺基亚和瑞典爱立信在移动电话技术上的投资。因此，诺基亚与爱立信如今成了全球移动电话设备行业的佼佼者。

3. 相关和支持行业的竞争力

一个行业获得国家竞争优势的第三个必备属性是拥有具备国际竞争力的供应商和（或）相关行业。一个行业的相关和支持行业对高级生产要素投资所获得的利益可以溢出到该行业，从而帮助其获得较强的国际竞争地位。瑞典在结构钢产品（如滚珠轴承和切割工具）上的强大实力是凭借着瑞典强大的特殊钢行业。瑞士在制药行业的成功与先前在技术上相关的染料行业在国际上取得的成功关系密切。这一过程的结果是一个国家内的成功行业将趋向于结成相关行业群。实际上，这是波特最广为流传的研究发现之一。德国的纺织服装就形成了这样一个集群，它包含了生产高品质棉花、羊毛、合成纤维、缝纫机针和各式各样纺织机器的行业。

4. 竞争强度

波特的模型中获得国家竞争优势必备的第四个属性是国内公司的竞争强度。波特在这里强调了两点：第一，不同的国家以不同的管理理念相区别。其管理理念或许能（也或许不能）帮助它们建立国家竞争优势。例如，波特提到，在德国和日本企业中，技术人员在高级管理层中占据优势。他将其归因为这些公司强调改进制造流程和产品设计。相反地，波特也提到，具有财务背景的人领导着许多美国公司。他认为这与美国公司缺乏对改进制造流程和产品设计的关注有关。他指出财务占主导地位会导致对短期财务回报最大化过度重视。根据波特的观点，这些不同的管理理念导致的后果之一是在那些以技术为基础的行业中，美国的竞争力相对丧失。在这些行业（如汽车行业）中制造流程和产品设计问题至关重要。

第二，国内市场强有力的竞争与行业内的创造力、持久竞争优势之间有很强的联系。竞争会促使公司寻找提高效率的方式，这会使得它们成为更好的国际竞争者。国内竞争产生了创新、改进质量、降低成本和投资升级换代的有关高级要素的压力。所有这些都促进了世界级竞争对手的产生。

5. 模型应用

刚刚描述的模型有助于管理者识别他们最重要的全球竞争者可能来自哪里。例如，在印度班加罗尔正在浮现一个计算机服务和软件企业集群，包括世界上两个发展最快的信息技术公司：印孚瑟斯技术公司（Infosys）和维布络公司（Wipro）。这些公司即将以进攻性竞争者的身份登上全球舞台。实际上这已经发生了，因为这两家公司最近都在欧盟地区和美国设立了办事处，以便更好地同西方对手（如IBM和惠普）竞争。

分析模型也可以帮助管理者决定他们在哪里开展生产活动。为了利用美国在生物技术领域的专长，许多外国公司在美国生物技术公司聚集的圣迭戈、波士顿和西雅图设立了分支机构。相似地，为了利用日本在消费类电子领域的成功，许多美国电子公司在日本设立了研究和生产机构，而这些机构通常是与它们的日本合作伙伴一同开设的。

最后，这个模型可以帮助一个公司估计其进入某个国家市场的艰难程度。如果一个国家在某个行业内具备竞争优势，这对想进入这些行业的外国企业来说可能会是一个挑战。例如，外国公司进入美国具有强竞争力的零售行业已被证实是十分困难的。像英国乐购（Tesco）和瑞典宜家这样成功的外国零售商都发现进入美国市场很艰难，这正是因为美国的零售行业在全世界是最具竞争力的。

8.2 全球性扩张、盈利能力和利润增长

全球性扩张能使公司提高盈利能力和利润增长率，但纯粹的国内企业无法做到。[7] 国际化运营的公司能够：

- 通过在国际市场上销售国内产品来扩张市场。
- 通过将自身价值创造活动分散到世界上那些能使它们的运营效率和效果达到最优的地方，实现区位经济。
- 通过将服务从中心区位辐射至广阔的全球市场，从经验效应中实现更大的成本经济，从而降低价值创造的成本。
- 通过利用外国业务开发的任何有价值的技能并将其转移到公司全球业务网络中的其他实体，从而获得更大的回报。

然而，正如我们看到的，企业通过追求这些战略来提高盈利能力和利润增长的能力受到不同国家或地区产品供应定制化需求、营销战略和业务战略的限制，也就是说，本地化势在必行。

8.2.1 利用产品扩张市场

公司可以通过将国内开发的产品或服务推向国际市场来提高增长率。实际上，几乎所有

的跨国公司一开始都是这样做的。例如，宝洁就是在国内开发出了最畅销的产品然后卖向全世界。同样，微软自成立以来一直致力于在世界各地出售其软件。福特、大众、丰田等汽车公司也是通过在国际市场上销售其在国内开发的产品来发展的。如果一家公司进入其他国家，而本土竞争对手缺乏有竞争力的产品，那么这种战略的收益就会更大。因此，丰田进入了北美及欧洲的广大汽车市场，凭借其上乘的质量和可靠性提供与当地竞争对手（福特和通用）不同的产品，从而实现了利润增长。

许多**跨国公司**（multinational companies）的成功不仅基于它们卖到国外的产品或服务，而且基于其产品背后的独特竞争力（特有技能）以及对那些产品或服务的营销。丰田的成功是基于其在汽车制造领域的独特竞争力，全球性扩张可以看作使这种独特竞争力产生更多回报的一种途径。同样，宝洁在全球的成功不仅基于它的系列消费产品，而且基于公司在消费品大众营销方面的能力。宝洁作为世界上最好的大众营销企业之一，能够将所有进入国家的本地竞争对手赶出市场，1950～1990年，宝洁在国际市场上快速成长。所以，全球性扩张是公司靠有价值的、稀有的和不可模仿的营销资源创造出更多利益的一个途径。

从事服务业的公司也是同样的道理，如金融机构、零售商、连锁餐厅、酒店等。扩展它们服务的市场通常意味着在海外复制其商业模式（尽管为了顾及当地的差异，新的商业模式会有一些变化，我们马上会对此进行细致的讨论）。例如，星巴克就正以其在国内发展的商业模式为蓝图开展国际业务，以此在美国以外的市场迅速扩张。

8.2.2 利用全球市场实现成本经济

除了使利润增长更迅速，公司通过全球性扩张提高其销售量还能帮助它实现规模经济带来的成本节约，从而提高利润。这样的规模经济有若干来源。第一，通过在其全球销量中分摊与开发新产品和设立生产机构相关的总固定成本，公司可以降低产品的单位成本。例如，微软以全球范围的需求为基础分摊其开发Window Vista所花费的50亿～100亿美元的成本，从而获得显著的规模经济。

第二，服务于全球市场可能会使公司对生产设备的使用强度增大，从而形成更高的产量、更低的成本和更强的盈利能力。例如，如果英特尔仅仅在美国市场上销售微处理器，那么它的工厂可能只需要实行单班制且一周只需安排五个工作日。但是同样的工厂要服务于全球市场，公司可能会实行轮班制且一周工作七天。换句话说，如果英特尔在全球市场上而不是仅在国内市场上销售产品，投资于那些工厂的资本就会得到更充分的利用，从而转变成更高的资本生产力和更高的投资回报。

第三，由于在全球销售产品扩大了企业规模，因此它们对供应商的议价能力也相应提高。这可能会降低其关键投入的成本，从而提高利润。例如，沃尔玛就以其巨大的销售量作为杠杆压低了支付商品供应商的费用。

除了规模经济带来的成本节约，将产品销向全球市场而不仅是国内市场的公司可能会通过学习效应实现更长远的成本节约。我们在第4章中第一次讨论了学习效应，并指出雇员的生产效率久而久之会随着产出数量的累计增长而提高。例如，在波音公司装配线上生产第一百架飞机的成本要远远低于第十架飞机，因为久而久之员工学会了怎样更有效地完成任务。将产品销向全球市场，公司销量有可能会更加迅速地提高，因此车间累计产量也会提高，这会导致更快的学习、更高的员工生产效率以及相对于因缺少国际市场而发展缓慢的竞争者的成本优势。

8.2.3 实现区位经济

前面探讨了国家间在很多方面的差异，包括生产要素、成本和质量的不同。这些差异表明一些地区较其他地区更适合生产某种产品和服务。[8]**区位经济**（local economies）是由在最适合的地区开展价值创造活动带来的经济利益。所谓最适合的地区可以是世界上的任何角落（假定运输费用和贸易壁垒都可以接受）。因此，如果产品的最好设计者居住在法国，公司就应该将设计操作设置在法国。如果大部分装配操作的生产劳动力在墨西哥，那么装配操作就应在墨西哥开展。如果最好的市场区域在美国，那么营销策略就应该在美国制定等。例如，苹果在加利福尼亚设计iPhone和开发相关软件，但是在中国完成最后的装配，这正是因为公司认为这些区域各自是世界上开展相应价值创造活动的最适合的地方。

将价值创造活动放在最适合该活动的地区开展可以产生以下两种效果：第一，可以降低价值创造活动的成本，从而帮助公司实现低成本定位；第二，可以使公司实现产品差异化，公司可以选择制定高价或维持低价并将差异化作为提高销量的方法。因此，实现区位经济的努力与业务层的低成本战略和差异化战略是一致的。

理论上，将各个价值创造活动安排在相应最优地区的公司比将所有价值创造活动集中在一个地区的公司更具竞争优势，且能更好地实现产品差异化，降低成本。在这个竞争压力日益增大的世界上，这样的战略也许会成为企业生存的迫切所需。

如果将交通运输成本和贸易壁垒考虑进来，区位经济的实现就会变得更复杂。新西兰或许拥有具有相对优势的低成本汽车组装工厂，但较高的交通运输成本造成其服务于全球市场时的区位不经济。将交通运输成本和贸易壁垒的因素考虑到成本等式中来可以帮助解释为何许多美国公司将它们的生产部门从亚洲迁到了墨西哥。作为价值创造活动的选址目标，相比很多亚洲国家，墨西哥拥有三大独特优势：较低的劳动力成本；靠近广大的美国市场，降低了交通运输成本；北美自由贸易协定（NAFTA）消除了墨西哥、美国和加拿大之间的许多贸易壁垒，增强了墨西哥作为北美市场生产基地的吸引力。因此，虽然与价值创造活动直接相关的成本很重要，但在选址时也必须考虑到交通运输成本和贸易壁垒。

8.2.4 利用全球子公司的技术能力

回顾第3章，竞争优势是基于有价值的、稀有的和不可模仿的资源，特别是过程知识、知识产权和组织架构。起初，许多跨国公司在本国内发展巩固其竞争优势的有价值的资源和能力，然后进行国际扩张，主要通过销售基于那些竞争能力的产品或服务。然而，由于更加成熟的跨国企业已经在外国市场上建立了附属公司的网络，因此创造价值的资源和能力的开发也可以在国外的子公司中实现。[9]跨国公司在其全球经营网络内的任何角落都能创造竞争能力，只要在那里的人们有机会、有动力去尝试新方法。帮助降低生产成本或提高感知价值，从而提高产品价格的资源和能力（如独一无二的过程知识）的创造并不是公司总部的专利。

将诞生于子公司内的有价值的资源应用到公司全球网络的其他部分可能会创造价值。例如，麦当劳就越发发现其国外的特许经营店是有财富价值的新想法的一个来源。面对法国市场的缓慢增长，当地的特许经营店开始做尝试，不仅仅是菜单，还包括餐厅的外观和主题。无处不在的"金色圆拱"不见了，这个快餐巨人的许多充满实用主义色彩的椅子、桌子和其他塑料制品也不见了。如今，法国的许多麦当劳餐厅都有硬木地板、暴露的砖墙，甚至是扶手椅。法国约930家店面中的一半上升到了一个美国人认不出来的层次。菜单上也出现了包括像佛卡恰鸡肉三明治这样的一些最著名的三明治，定价相比一般的汉堡高30%。至少在法国，这种战略似乎行得通。这种改变将同店销售额的增长幅度从每年1%提高到了3.4%。麦当劳的管理者对此印象深刻，正在考虑将同样的改变应用于一些销售额增长缓慢的市场，包括美国。[10]

这种现象为跨国企业管理者带来了新的重要挑战。首先，他们必须认识到例如独特的过程知识或知识产权这样有财富价值的资源在公司全球网络的任何角落都能够产生，而不仅仅是在公司总部。其次，他们必须建立激励体系，鼓励当地员工获得和建立新的资源和竞争力。这并不像听起来那么容易。创造新的竞争力包含着一定程度的风险。并非所有的新技能都会增加价值。麦当劳的国外子公司每发现一个能创造价值的点子，就可能伴随着若干次的失败。跨国公司的管理层必须建立激励机制鼓励员工承担必要的风险，同时必须对取得成功的人进行奖励，不对承担了风险而没有赚到钱的人进行不必要的惩罚。再次，当新资源和能力在子公司中诞生时，管理者必须对该能力有一个识别的过程。最后，他们必须扮演促进者的角色，帮助有财富价值的资源和能力在公司内部传播。

8.3 成本降低压力及当地响应压力

在全球市场上竞争的公司通常会面对两种竞争压力：成本降低压力和当地响应压力（见图8-2）。[11]这两种竞争压力使得公司产生了相互矛盾的需求。成本降低压力要求公司使其单位成本最小化。为实现这一目标，公司可能不得不将其生产活动安排在成本最低的地区，无论是世界上的哪个角落。公司也可能为了实现规模经济和学习效应带来的成本节约而不得不向全球市场提供标准化的产品。另外，当地响应压力要求公司顺应因消费者口味和偏好、商业习俗、分销渠道、竞争状况、政府政策等国家间的不同而形成的多样化需求，并差异化其产品和营销策略。由于国家间的差异化将导致大量重复建设以及缺少产品标准化，因此成本会上升。

一些公司，如图8-2中的A公司，面临的成本降低压力较高而当地响应压力较低，而另一些公司，如公司B，面临的成本降低压力较低而当地响应压力较高。事实上，很多公司处在公司C的位置上：它们同时面临着较高的成本降低压力和当地响应压力。处理这些相互矛盾对立的压力是一个困难的战略挑战，主要是因为当地响应会提高成本。

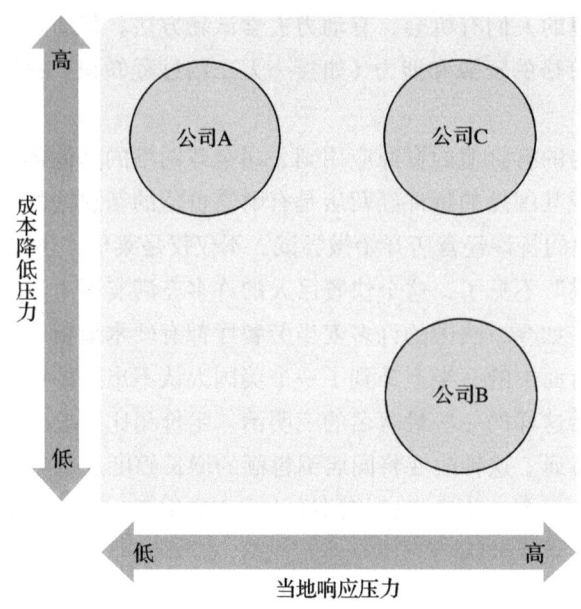

图 8-2 成本降低压力和当地响应压力

8.3.1 成本降低压力

在竞争激烈的全球市场，国际企业通常要面临降低成本的压力。为了应对这些压力，公司必须尝试降低价值创造的成本。例如，一个生产企业为了实现规模经济和区位经济，可能会在世界上最佳地区大量生产一种标准化产品，不管该地区在哪里。它也可能会将某些职能外包给低成本的外国供应商，以试图降低成本。因此，许多计算机公司将它们的电话客服外包给了印度，在那里能够以比美国低的工资水平雇用会说英语的合格技术员。同样地，沃尔玛可能也会迫使其供应商（制造企业）降低价格。事实上，沃尔玛施加在其供应商身上的降价压力已被认为是北美制造企业趋向于将生产部门迁往中国的主要原因。[12] 像银行这样的服务业可能会把一些诸如信息处理这样的后勤支持职能迁往工资水平较低的发展中国家。

在生产商品型产品的行业中，在非价格因素上实现有意义的差异化十分困难，价格是主要的竞争武器，成本降低压力会尤其大。服务于普遍需求的产品就属于这种情况。当不同国家消费者的口味和偏好相似或者相同时就存在共同需求，如散装化学品、石油、钢材、糖等类似产品。共同需求在很多工业用品和消费品上同样存在，如手持计算器、半导体芯片、个人电脑以及液晶屏幕。在主要竞争者位于低成本地区的行业中，在生产能力持续过剩的行业中，以及在消费者较强势且转换成本较低的行业中，成本降低压力也很大。许多评论人士指出，最近几十年世界贸易投资环境自由化促进了国际竞争的加剧，普遍地增加了成本压力。[13]

8.3.2 当地响应压力

消费者口味和偏好、基础设施与传统习俗、分销渠道及东道国政府要求的不同造成了当地响应压力。应对这一压力要求企业在国与国之间差异化其产品和营销策略来适应这些因素。而所有这些因素都有可能提高企业成本。

1. 消费者口味和偏好的不同

当消费者的口味和偏好可能由于历史和文化原因在国家间存在显著不同时，强大的当地响应压力就会出现。在这样的情形下，跨国公司的产品和营销信息必须加以定制以满足地区消费者的口味和偏好。在压力的驱动下，公司通常会将生产和营销的任务与职能委托给海外子公司。

例如，汽车行业在 20 世纪 80 年代和 90 年代初转向了制造所谓"世界汽车"的方向。一个构想是像通用汽车、福特和丰田这样的全球公司能够在全世界销售基本部件相同的汽车，而这种汽车源于集中的生产地区。如果这个构想能实现，那么这种战略将会使汽车公司从全球规模经济中获得显著的效益。然而，这一战略经常会因消费者的实际需求而搁浅。不同汽车市场上的消费者似乎一直都具有不同的口味和偏好，而这对汽车生产提出了不同型号的要求。北美消费者对皮卡表现出了强烈的需求。在南部和西部情况尤其如此，在那些地区许多家庭都拥有一辆皮卡作为第二辆或第三辆车。但是在欧洲国家，皮卡都被看作纯粹的公用车辆，通常由公司而非个人购买。因此，皮卡产品结构和营销信息需要根据北美和欧洲不同的需求而专门设计。

一些评论人士认为，消费者对本地定制的需求在全球范围内下降。[14] 根据这一论点，现代通信和交通技术为不同国家消费者的口味和偏好的融合创造了条件。其结果是出现了巨大的标准化消费品全球市场。麦当劳汉堡、可口可乐、GAP 服装、苹果 iPhone 和索尼电视机作为标准化产品在全球销售，这些产品在全球范围内的受欢迎程度常常被视为全球市场日益趋同的证据。

然而，这种理论可能并不适用于一些消费者产品市场。消费者口味和偏好的差异仍然存在于国家和文化中。跨国公司的管理者还没有奢侈到能够忽视这些差异，并且这些差异可能不会持续很长时间。关于一家发现了当地响应压力的重要性的公司的案例详见"战略行动 8-1"。

战略行动 8-1

MTV 网络的地区响应

MTV 网络已经成为全球化的标志之一。自 1987 年以来，建立于 1981 年的美国电视网络一直在北美以外的地区扩张，就在那段时间，它推出了 MTV Europe。MTV 网络指出，全世界每秒钟有超过两百万人在看 MTV，其中大多数在美国以外的地区。尽管其在国际上成功了，但 MTV 的全球扩张有一个薄弱的开始。在 20 世纪 80 年代，当 MTV 主要的节目是音乐短片时，它在整个欧洲播放的内容较为单一，几乎完全由讲英语的主持人主持的美国节目组成。MTV 网络的美国主管天真地认为欧洲人会很喜欢美国节目。尽管欧洲的观众对少数全球超级巨星拥有普遍的兴趣，但结果证明，他们的口味具有惊人的本土特色。在被更关注本地口味的当地竞争者抢走市场份额之后，MTV 在 1990 年改变了自己的策略。它将其原来的服务模式打破，变为针对国家或地区市场的"输入"。尽管 MTV 网络对这些不同的"输入"进行了创造性的控制，尽管所有的频道都有相似之处，如 MTV 在美国的那种狂热外观和感觉，但大量的节目与内容现在都具有了本土特色。

如今，越来越多的节目在构思上进行了本土化。尽管很多节目构思仍然起源于美国，但诸如《真实世界》的形式已经流行于不同的国家。在意大利，《MTV 厨房》将做饭和音乐倒计时结合。印度频道推出的 21 种国产节目由说带有本地口音英语的当地主持人主持，但许多内容仍然以当地受欢迎的表演者的音乐视频为主。这种本地化推动为 MTV 带来了巨大的收益，使其从本地模仿者那里获得了很多观众。

资料来源：M. Gunther, "MTV's Passage to India," *Fortune*, August 9, 2004, pp. 117–122; B. Pulley and A. Tanzer, " Sumner's Gemstone," *Forbes*, February 21, 2000, pp. 107–11; K. Hoffman, " Youth TV's Old Hand Prepares for the Digital Challenge," *Financial Times*, February 18, 2000, p. 8; presentation by Sumner M. Redstone, chairman and CEO, Viacom Inc., delivered to the Salomon Smith Barney 11th Annual Global Entertainment Media, Telecommunications Conference, Scottsdale, AZ, January 8, 2001, www.viacom.com; Viacom 10K Statement, 2005.

2. 基础设施与传统习俗的不同

国家间基础设施与传统习俗的不同也会产生当地响应压力，从而有了定制产品的需要。为了满足这一需要，公司也许不得不将生产制造职能委托给国外子公司。例如，北美的供电系统都是 110V 电压，而欧洲标准电压则是 240V。因此，考虑到这个基础设施上的不同，国内的电器必须定制以适应需要。传统习俗在国家间也会经常出现不同。在英国，人们靠左行车，这就产生了对右座驾驶汽车的需求，而在法国（以及欧洲其他国家），人们靠右行驶，因而需要的是左座驾驶汽车。

虽然很多国家间基础设施的不同主要是历史的原因，但有些却是最近的事。在无线电信行业，世界不同地区有着不同的技术标准。一个叫作 GSM 的技术标准在欧洲普及，而另一个标准 CDMA 在美国和亚洲部分地区却更为普遍。这些不同标准的关键问题在于为 GSM 设计的设备不能在 CDMA 网络上使用，反之亦然。因此，制造手机和转换器等基础设备的公司需要根据一国的技术标准定制其产品。

3. 分销渠道的不同

公司的营销策略可能不得不去适应国家间分销渠道的不同，可能有必要将营销职能委托给各国的子公司。例如在制药行业中，英国和日本的分销系统就完全不同于美国。英国和日本的医生不会心甘情愿地接受和回应美国式的销售高压。因此制药公司不得不在英国和日本采取不同于美国的营销策略——软性推销（而不是硬性推销）。

同样地，尽管波兰、巴西和俄罗斯在相同的购买力基础上有着相似的人均收入，但是这三个国家在分销渠道上却有着很大的差异。在巴西，超市承担了食品零售总量的 36%，波兰是 18%，而俄罗斯则不足 1%。[15] 它们在分销渠道上的不同迫使当地公司不得不改变它们的分销和营销策略。

4. 东道国政府要求的不同

东道国政府强加在企业身上的经济和政治要求可能会产生地区响应的要求。例如，制药公司要接受当地的临床测试、履行登记注册程序、受到价格限制，所有这些都要求公司有必要使其药品的制造和营销都适应当地的要求。不仅如此，在大多数国家，政府和政府专门机构明显控制着公共卫生服务预算，它们处于要求高水平地区响应的强势地位。更普遍的是，贸易保护主义、经济国家主义和本地分量规定（要求一定比例的产品要在本地制造）带来的威胁强制国际化企业进行本地制造。

5. 区域主义的兴起

典型的是，我们认为当地响应的压力源于国家在消费者口味和偏好及基础设施等方面的差异。而这种情况也经常出现，即在两个或两个以上国家组成的更广泛的区域内，有消费者口味和偏好、分配渠道以及东道国政府要求的趋同倾向。[16] 例如，我们有时会看到，共同的历史和文化，或建立一个有意尝试协调贸易政策、基础设施、法规等的贸易区域，会带来强大的融合力量。

对于区域，最明显的例子是欧盟，特别是体制力量正在趋向融合的贸易区内的欧元区国家。独立欧盟市场有独立的货币、共同的商业规制、标准的基础设施等，其创造力往往源于欧盟中地区间的差异，并且一个跨国界区域的创造力会比几个国家市场更大。的确，至少在经济层面，区域创造力就是欧盟的明确意图。

区域融合的另一个例子是北美，包括美国、加拿大，以及某些产品市场，如墨西哥。加拿大和美国有共同的历史、语言，以及大部分相似的文化，并且都是北美自由贸易协议（NAFTA）的成员。墨西哥在很多方面有很明显的差异，但它与美国等NAFTA的成员很接近。这意味着对某些产品（如汽车）市场来说，将其视为相对同质的区域市场的一部分可能是合理的。拉丁美洲区域与西班牙有相同的历史、文化继承和语言（葡萄牙的殖民地巴西是个例外），这意味着区域差异正在减弱。比如，包括中国香港、中国澳门以及中国台湾在内的大中华区是一个连贯一致的地区；在中东的大部分地区，强大的阿拉伯文化和共同的历史可能会限制国家差异。与此相似，俄罗斯、白俄罗斯和乌克兰等一些国家可能被认为是较大区域市场的一部分，至少对于某些产品是这样。

区域观点是很重要的，因为它可能表明了在区域而不是国家层面的本地化是适当的战略反应。例如，汽车制造商面向欧洲或北美地区制造汽车更有意义，而不是针对欧洲或北美的每个国家市场生产汽车。一个区域内标准化产品的能力会促使实现比每个国家都要求生产自己的产品更大的规模经济，从而使成本降低。同时，应该注意不要把这个观点推演得太广泛。欧盟的成员之间仍然存在深刻的文化差异，这可能需要在国家一级进行一定程度的本地定制。因此，管理者必须根据他们正关注的产品市场状况以及国家差异和区域融合的趋势的性质对合适的聚合水平做出判断。对汽车有意义的不一定适用于包装食品。

8.4 全球战略选择

当地响应压力表明一个公司也许不可能实现规模经济和区位经济的全部利益。一个单一的低成本地区不可能通过向全球市场销售一种标准化产品而从中获得规模经济效应。在实践当中，使产品适应地区情况的需要也许会阻碍这种战略的实施。例如汽车公司发现日本、美国和欧洲市场上的消费者需要不同种类的汽车,这种情况使得生产适应当地市场的产品变得很有必要。作为回应,诸如本田、福特和丰田这样的公司都在实施这样一种战略,其内容是开发从高端到低端的产品设计并且在以上这些地区建立生产部门,以便更好地服务地区需求。虽然这样的定制化服务能带来利润,但同时也会限制企业实现规模经济和区位经济的能力。

除此之外,当地响应压力也意味着企业不可能在全世界不同国家市场上成批量地利用与企业独特竞争力有关的技术和产品。企业为适应地区情况经常要做出妥协。尽管麦当劳被描述成标准化全球产品涌现和激增的引领者,但它也发现必须定制其产品供应(菜单)才能适应各国消费者不同的口味和偏好。

考虑到平衡公司商业模式中成本和差异化(价值)的需要,成本降低压力和当地响应压力强度的不同是如何影响公司战略选择的呢?公司在国际竞争中通常会在四种主要的战略中做出选择:全球标准化战略、本土化战略、跨国战略和国际化战略。[17] 每种战略的适用程度随着成本降低压力和当地响应压力的程度不同而变化。图 8-3 说明了这些战略各自最适合的情况。

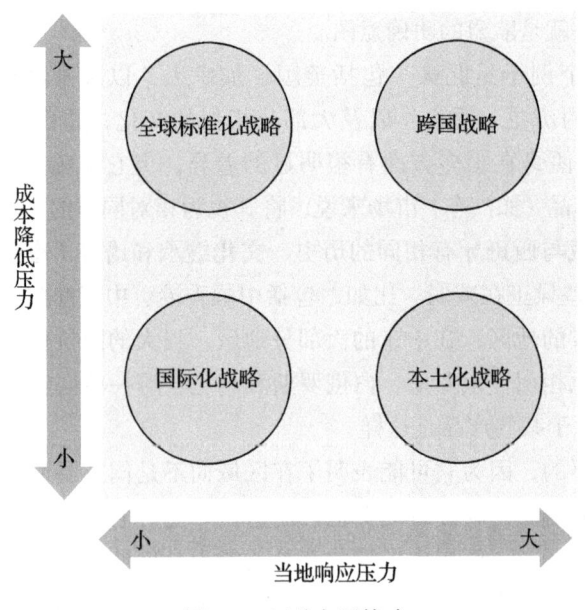

图 8-3 四种主要战略

8.4.1 全球标准化战略

实施**全球标准化战略**(global standardization strategy)的国家关注于获得规模经济和区位经济及其带来的成本降低,也就是说,它们的商业模式是在全球规模上实施低成本战略。实施全球标准化战略的公司的生产、营销和研发活动被集中在少数几个有利地区。这些公司并不试图定制其产品供应和营销策略以适应地区情况,因为定制牵涉到生产线的缩短和职能部门的复制,这些都会提高成本。相比之下,它们更愿意在全世界销售标准化产品,利用规模经济使利润最大化。它们也倾向于利用其成本优势来支持在世界市场上的侵略性定价。

当成本降低压力较大而当地响应压力较小时，这一战略最为有效。这种情况在很多工业产品行业越来越普遍，这些行业的产品经常服务于全世界的需求。例如，半导体行业的全球标准已经显现，从而带来了对标准化全球产品的巨大需求。因此，像英特尔、德州仪器和摩托罗拉这样的公司都实施了全球标准化战略。

这些状况并不总是发生在当地响应压力很大的消费品市场，一些消费品公司试图采用全球标准化战略以期降低它们的成本。

8.4.2 本土化战略

本土化战略（localization strategy）关注于定制公司的产品或服务以很好地适应不同国家市场的口味和偏好，从而提高利润。当国家间在消费者口味和偏好方面存在很大的不同且成本降低压力并不很大时，本土化战略最为适合。通过使产品供应适应本地需求，公司提高了该产品在当地市场的价值。而不利的一面是，由于牵扯到一些职能部门的重复设置和生产线的缩短，定制化服务限制了公司通过大规模生产标准化产品供应全球消费来降低成本的能力。然而，如果地区定制化服务增加的价值支持较高定价，从而使公司能够弥补高成本，或者定制化服务带来地区需求的大幅增长，使公司能够通过在地区市场实现规模经济来降低成本，那么这一战略或许还是有效的。

MTV是公司不得不实施本土化战略的很好的例子（见开篇案例）。如果MTV没有将其节目本土化以适应不同国家观众的需要，它的市场份额就会被地区竞争者瓜分，广告收入会降低，利润也会下降。因此，尽管提高了成本，但本土化战略对MTV来说是必要而紧迫的。

同时，认识到像MTV这样的公司仍必须对成本保持密切关注是很重要的。实施本土化战略的公司同样要有效率，并且只要有可能，就应该从其全球经营中获取一些规模经济。正如前文提到的，许多汽车公司发现必须根据地区市场需要来定制其部分产品，例如为美国消费者生产大型皮卡以及为欧洲和日本消费者生产省油的小型汽车。同时，这些公司也试图从它们的全球产量中获得一些规模效益。全球产量是通过使用不同型号间共同的汽车平台和零件以及在定位最佳、规模最优的工厂中制造那些平台和零件来实现的。通过这样设计产品，这些公司能够在使其产品供应本土化的同时获得一些规模效益。

8.4.3 跨国战略

我们已经说过，当成本降低压力很大而当地响应压力较小时，全球标准化战略最为有效。相反地，当地区响应要求强烈而成本降低压力适中或很小时，本土化战略最为有效。然而，当公司同时面对强大的成本压力和强大的当地响应压力会发生什么呢？管理者怎样才能平衡这两种的需求呢？根据一些学者的研究，答案是实施所谓的"跨国战略"。

巴特利特和戈沙尔两位学者指出，在今天的全球竞争环境中，竞争非常激烈，以至于公司必须尽其所能去应对成本降低压力和当地响应压力才能生存。它们必须试图从全球产量中实现区位经济和规模经济，在公司内部转移特殊竞争力和技术能力，同时还要注意当地响应压力。[18]

巴特利特和戈沙尔也提出，在现代跨国企业中特殊竞争力和技术能力不仅存在于本土国家，而且可以在公司的全世界任何一个分公司里发展。因此，他们认为技术和产品的流动不应该只遵循从母公司到国外子公司这一条路径。这种流动还应该有从国外子公司到母公司，以及从国外子公司到国外子公司这样的路径。换句话说，跨国公司也必须关注对子公司技术能力的利用。

本质上，**跨国战略**（transnational strategy）能同时实现低成本、不同市场产品的差异化以及在公司的全球子公司网络中促进不同子公司间的资源（如过程知识）流动。虽然可能听起来很有吸引力，但这种战略的实施并不容易，因为它将相互矛盾的需求置于公司之上。用差异化的产品来满足不同地理市场的地区需求提高了成本，这与降低成本的目标背道而驰。像3M和ABB（一家总部在瑞士的跨国工程企业）等公司就曾试图去开展跨国战略，但是发现在现实中很难去实施。

实际上，如何以最佳方式实施跨国战略是如今大型全球公司努力设法解决的最为复杂的问题之一。能完美实施这种战略的公司可能只是极少数，但是从很多公司那里可以借鉴到一些正确做法。例如，卡特彼勒公司与低成本竞争者（如小松公司）竞争迫使其寻找更大的成本经济。然而，国家间施工管理和政府法规的变化意味着卡特彼勒公司也必须响应地区需要。因此，卡特彼勒公司面临着成本降低和地区响应的双重压力。

为了解决成本降低压力，卡特彼勒公司重新设计了产品，使其能使用很多完全相同的零部件，另外公司为了满足全球需要以及实现规模经济，在最佳地区投资建立了一些大规模的零部件制造工厂。与此同时，公司扩大了集中的零件制造工厂且在其每一个主要全球市场都设立了组装工厂。在这些工厂中，卡特彼勒公司加入了地区产品要素，针对地区需要定制产品。因此，卡特彼勒公司能够在实现全球制造的很多利益的同时通过在国家市场之间对产品的差异化来回应当地响应压力。[19]20世纪80年代，卡特彼勒公司开始实施这一战略。到了21世纪，公司成功地使每个员工的产出率提高了一倍，显著地降低了其总成本。同时，仍然秉承以日本为中心这一全球战略的小松公司和日立（Hitachi）公司，在成本优势逐渐丧失的同时，其市场占有率也不断被卡特彼勒公司蚕食。

然而，建立一个能够支持跨国战略的组织是一个复杂而充满挑战的任务。实际上，有些人认为它过于复杂，因为创建一个可行的组织结构和控制系统所带来的战略实施问题是巨大的。在第12章中，我们会继续讨论这一话题。

8.4.4 国际化战略

有时，我们能找到那些发现自己因面临较低的成本压力和当地响应压力而处在幸运位置的跨国公司。这些公司通常销售一种满足共同需要的产品，但是由于它们并没有强大的竞争者，所以它们不会面临成本降低的压力。20世纪60年代，当施乐公司发明了复印机并将其商业化时，发现自己处在了这一位置上。复印机的技术被强大的专利保护着，因此在许多年里，施乐公司都没有竞争对手——它是处于垄断地位的。由于在大多数发达国家中，复印机都被认为具有较高价值，所以施乐公司能够将相同的基础产品卖向全世界并且索取相对较高的价格。同时，由于没有直接的竞争对手，公司不需要应对很大的最小化成本的压力。

历史上，施乐等公司在进行国际化经营时遵循了相似的发展模式。它们趋向于将产品开发部门（如研发部）集中在本土。同时，它们也趋向于在各主要国家或开展业务的地区建立制造和营销部门。虽然它们也许会提供一些产品和营销策略的定制化服务，但在规模上都很有限。大多数国际化公司的总部都对营销和生产策略保持着严格的控制。

实施这种战略的公司还有宝洁，宝洁曾经总是在辛辛那提开发创新性的新产品，然后大规模地转移到地区市场。微软也实施了相似的战略。微软大量的产品开发工作都在公司总部所在的雷德蒙德和华盛顿完成。虽然在其他地区也会进行一些本土化工作，但仅限于微软常用软件的生产，如 Office 外语版本。

8.4.5 战略随时间的变化

国际化战略的致命弱点是，随着时间的推移，竞争对手不可避免地会出现，如果管理者不采取积极主动的措施降低成本，他们的公司可能会被高效的全球化竞争对手迅速超过。这恰恰就是发生在施乐身上的。佳能等日本公司最终发明了自己的技术，绕过了施乐的专利，在高效的制造工厂生产出自己的复印机且定价低于施乐的产品，从而迅速从施乐那里抢占了全球市场份额。施乐的失败并不是由于竞争对手的出现（因为竞争对手最终必然会出现），而是由于其没有能够在高效的全球化竞争对手出现之前积极主动地降低成本。这个案例传达的信息是，一个国际化战略在长时间内可能并不可行，为了生存，能够实施该战略的公司需要先于竞争对手向全球标准化战略或者跨国战略转变（见图 8-4）。

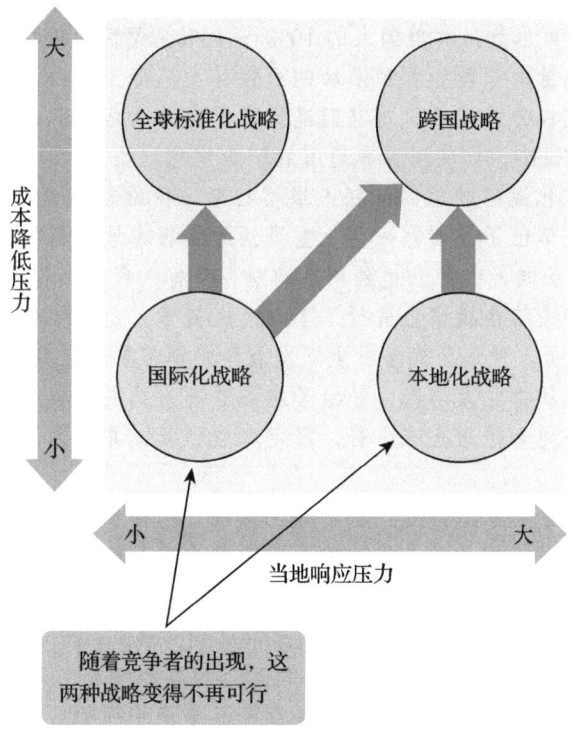

图 8-4　战略随时间的变化

本土化战略也是一样的道理。本土化可能会给公司带来竞争优势，但如果公司同时面临着积极的竞争对手，则其必须同时降低其成本，而要做到这一点，唯一的办法可能就是采取跨国战略。因此，随着竞争的加剧，国际化和本土化战略趋向于不可行，管理者需要将公司引向全球标准化战略或者跨国战略。"战略行动 8-2"将描述在可口可乐公司里这一过程是如何发生的。

战略行动 8-2

可口可乐公司的进入战略

可口可乐公司作为美国苏打水制造商的标志，一直是最具国际化的企业之一。1902 年，它迈出了跨出美国的第一步，进入古巴市场。直到 1929 年，可口可乐的标志已遍及 76 个国家。第二次世界大战期间，可口可乐公司为在各地战斗的美国士兵提供可口可乐。在此期间，公司在世界各地建造了多达 63 家瓶装加工厂。战后，它的全球化战略仍然在推行。因为它坚信美国市场已近成熟，而更多的机会在海外。到 2012 年，可口可乐公司已在超过 200 个城市里运营，并且其订单超过 80% 来自国际市场。

直到 20 世纪 80 年代初期，可口可乐公司的战略可以被描述为一个可观的本土化战略。本土化经营给予了高度的自主权，使管理人员可以按照自己认为合适的方式进行监督。这种战略在 20 世纪 80 年代和 90 年代在一位有才能的古巴移民的领导下发生了改变，这个人就是 1981 年成为可口可乐公司 CEO 的罗伯特·戈伊苏埃塔。戈伊苏埃塔重新调整可口可乐旗下的品牌，引入了减肥可乐、樱桃可乐等。他最初坚信美国与国际市场的主要区别是后者渗透水平比较低，人均消费可乐量只有美国人的 10%～15%。戈伊苏埃塔推动可口可乐成为全球化公司是通过以拥有大量的管理和营销活动的亚特兰大总部为中心，集中推广核心品牌，对外国瓶装公司控股，这样公司就可以对它们进行更严密的战略控制，可以在标准化和规模经济的基础上推行一体化战略，如使用世界通用的广告信息。

戈伊苏埃塔的全球化战略被他的继任人道格拉斯·伊维斯特继续采用。但到 20 世纪 90 年代，一体化战略已经落伍了，因为一些小型灵活的销售本地饮料的本地竞争者阻碍了可口可乐的发展。可口可乐公司开始无法达到预期的财务目标，伊维斯特于 2000 年辞职，由道格拉斯·达夫特代替。达夫特在战略上进行了 180 度大转弯。他坚信可口可乐公司需要把更多的力量用于本国管理人员。他认为战略、生产发展和营销都要适应本地需要。他解雇了 6 000 名雇员，其中许多是在亚特兰大总部，并给予本国管理人员更多自主权。在一次上市公司的罢工运动中，他声称公司会停止全球广告，限定广告预算，并把创意内容控制在本国管理人员手中。

从某种程度上来说，伊维斯特的行动受到了可口可乐在日本这个第二大盈利市场的经历的影响。可口可乐卖得最好的并不是碳酸饮料，而是在自动贩卖机上的灌装咖啡冷饮"乔治咖啡"。日本的经历指明产品应该按照本地口味和偏好进行定制化，并且可口可乐公司应该把更多的决策权下放给当地管理人员。

然而，朝本地化转变并没有使可口可乐公司达到预期的增长，到 2002 年，随着亚特兰大总部实施了对美国以外的不同国家的市场营销和产品生产管理的监督，公司朝着中心协调的趋势发展。但这时已经不是戈伊苏埃塔的一体化潮流的时代了。2004 年 3 月，在时任 CEO 内维尔·艾斯戴尔的带领下，高级管理人员在总部开会，回顾和帮助指导本地市场营销和产品的生产。然而，艾斯戴尔还主张制定的战略（包括定价、产品和市场营销信息）都应该因市场不同而异，与当地情况相符。换句话说，艾斯戴尔的战略居于戈伊苏埃塔战略和达夫特战略的中间点。此外，艾斯戴尔还强调利用国外好主意的重要性，如"乔治咖啡"。2007年，可口可乐与意大利最有名的咖啡制造商意利咖啡联盟，建立罐装或瓶装咖啡冷饮的全球特许经营。大约在2003年，可口可乐子公司在中国生产了一种低成本的无碳酸橙汁饮料，在那时成为最为畅销的饮料之一。鉴于这种饮料的潜在能力，可口可乐公司在亚洲的其他地方（如泰国）也推出了这种饮料，并获得了巨大的成功。

资料来源："Orange Gold," *The Economist*, March 3, 2007, p. 68; P. Bettis, "Coke Aims to Give Pepsi a Routing in Cold Coffee War," *Financial Times*, October 17, 2007, p. 16; P. Ghemawat, *Redefining Global Strategy* (Boston, Mass: Harvard Business School Press, 2007); D. Foust, "Queen of Pop," *Business Week*, August 7, 2006, pp. 44–47; W. J. Holstein, "How Coca-Cola Manages 90 Emerging Markets," *Strategy+Business*, November 7, 2011, www.strategy-business.com/article/00093?pg=0.

8.5 进入方式的选择

任何一家考虑进入另一个国家市场的公司都要确定进入的最佳方式或手段。主要的进入方式有五种：出口、许可经营、特许经营、合资公司以及全资子公司。每种方式都各有利弊，管理者必须仔细衡量并决定使用哪种方式进入。[20]

8.5.1 出口

多数制造业公司会以出口的方式开始它们的全球扩张，并且在不久后便会转换为其他方式来服务国外市场。出口有两个明显优势：省去了在东道国建立工厂的大量花费，而且出口有可能与规模经济和区位经济保持一致。在集中的地点生产，之后出口到其他国家，公司有可能从其全球销售量中实现巨大的规模效益。这就是索尼主宰全球电视市场、很多日本汽车公司侵入美国汽车市场，以及三星在电脑记忆芯片市场获得份额的原因。

出口也有若干缺点。首先，如果国外有成本更低的生产地点（如果公司能意识到区位经济从而转移生产地点），则从公司总部出口可能并不合适。因此，特别是对推行全球标准化战略或者跨国战略的公司来说，从价值创造的角度来看应该将生产设置在最有利的地方，然后从生产地向全球其他地区出口。这不是在反对出口，而是反对从公司所在国出口产品。例如，很多美国电子公司将生产转移到亚洲，因为那里有廉价且技术熟练的劳动力，它们从这些地方出口到全球，包括美国（就像苹果为 iPhone 做的一样）。

另一个缺点是高额的运输成本会使出口变得不经济，特别是对于散装产品。要解决这个问题，一种方法是将散装产品在某个地区集中生产，从而在大量生产获得经济效益的同时控制运输成本。很多跨国化工公司都是在某个地区集中制造它们的产品，用一套生产设备为该地区的多个国家提供服务。

关税壁垒也会使出口变得不经济，而政府利用关税壁垒的威胁使出口战略变得更加危险。例如，美国国会提高日本汽车进入美国的关税，从而降低日本汽车带来的威胁，使得很多日本汽车公司将生产基地直接建在了美国。

最后，在很多公司之间存在着一个惯例，那就是出口也可能会带来风险。一个公司可能将每个国家的市场活动委派给当地的代理商，但却不能保证代理商会为了公司的最大利益而行动。通常，海外代理商也会代理竞争对手的产品，这必然会导致忠诚的分裂。结果是代理商不可能做到像公司自己管理市场一样的效果。解决这个问题的一种方法是在东道国建立完全属于自己的子公司来管理当地市场。在这种情况下，公司可以通过在单一区域制造产品而获得成本优势，并在当地运用严密的市场控制战略。

8.5.2 许可经营

国际许可是一种允许国外的许可证持有者购买在其国家内生产本公司产品的权利的安排（一般来说，许可使用金与销售量有关）。许可证持有者会将大部分的资本用于海外的运营中。[21] 许可经营的优点是公司不需要承担开辟海外市场的成本和风险。许可经营也就成为那些缺乏海外运营资本的公司的一个理想选择。它同样适用于那些不想将大部分的金融资源用于不熟悉或者政策不稳定使得政治风险非常高的海外市场的公司。

虽然如此，但许可经营也存在三个严重的缺点。第一，它使得公司不能通过对海外市场的生产、市场和战略执行方面进行严密控制而实现所需要的规模经济和本地化，就像同时开展全球标准化战略和跨国战略的公司试图做的一样。通常，每个许可证持有者都会建立自己的制造流程。因此，原公司几乎不可能通过在一个集中的地区生产产品来实现规模经济和区位经济（本地化）。当这些经济效应变得重要时，许可经营可能就不再是海外扩张的最佳方式了。

第二，在全球市场上竞争就需要公司能够协调不同国家之间的战略行动，使得在一个国家获得的利润能够用于支持在另一个国家发动竞争性攻击的行动（利润的跨国补贴或流动）。然而，许可经营的本质严重限制了公司协调战略的能力。一个许可证持有者不可能让跨国公司拿走它的利润（超出许可使用金的部分），并将其用于支持其他国家许可证持有者的运营。

第三，对外国公司来说，将自己的技术诀窍授权给别人使用可能会给自己带来风险。对很多跨国公司来说，技术诀窍是构成公司竞争优势的基础，它们都想要在技术使用过程中维持对它的控制。但是，通过许可经营，一个公司可能很快地就失去对其技术诀窍的控制。以美国无线电公司（RCA）为例，RCA曾经将它的彩色电视机技术许可给一些日本公司。这些日本公司很快就习得了RCA的技术，并运用这些技术进入美国市场。现在日本公司在美国市场上拥有比RCA更大的市场份额。

有一些方法可以降低这种风险。一种方法就是与国外公司签订交叉许可协议（cross-licensing agreement）。在这种交叉许可协议下，公司可以将一些有价值的无形资产许可给国外的合作者，同时除了许可使用金外，公司也要求国外的合作方将自己的一些有价值的技术许可给公司。这样的协议被认为可以降低许可经营的技术风险，因为许可证持有者意识到如果它违反了交叉许可协议（如将技术直接用于和许可证颁发者竞争），那么许可证颁发者就会以牙还牙。换句话来说，交叉许可协议是合作方互相制约来降低它们之间互相攻击的可能性。[22] 这样的交叉许可协议在高科技行业越来越成为一种共识。例如，美国生物技术公司安进公司（Amgen）将自己的一种关键药物Nuprogene许可给日本的麒麟制药公司（Kirin）。这一许可允许麒麟制药公司在日本出售 Nuprogene，作为回报，安进公司收取特许使用金，并有权利在美国销售麒麟公司的一些产品。

8.5.3 特许经营

虽然特许经营比许可经营包含更加长期的委托关系，但从很多方面来讲，特许经营类似于许可经营。特许经营是一种特殊形式的许可经营，经销商除了将一些无形资产（通常是商标）出售给特许经营者，还要求特许经营者遵守严格的商业模式。经销商也会经常帮助特许经营者经营正在进行的业务。同许可经营一样，经销商也会获得根据特许经营者的营业额所计算的特许使用金。

许可经营通常适用于制造型企业，而特许经营则适用于服务型企业。麦当劳就是运用特许经营获得成长的一个很好的例子。麦当劳为特许经营者制定了经营餐厅的严格规范。这些规范涵盖了菜单、烹饪方法、员工政策及餐厅的内部设计和选址等各个方面。麦当劳还会为特许经营者组织供应链，提供管理培训和经济援助。[23]

特许经营的优势与许可经营类似。特别是经销商不需要亲自承担开拓一个外国市场的成本和风险，因为特许经营者会承担这些。因此，运用特许经营模式，一个服务型企业可以花费较低的成本，很快地建立起全球性的业务。

特许经营的缺点没有许可经营那么显著。因为主要是服务型企业经常使用特许经营模式，所以它们不需要去协调生产来实现经验曲线和区位经济。但是，特许经营可能会限制公司运用在一个国家或地区获得的利润去支持另一个国家或地区的竞争性攻击的能力。特许经营的另一个显著缺点是质量控制。特许经营协议的一个基础就是公司的品牌可以向消费者传递关于公司产品质量的信息。因此，当一个商务旅行者在香港入住四季酒店时肯定期待着能够得到跟纽约同样的房间质量、食物和服务。四季酒店的名字就被认为是始终如一的产品质量的保证。这也显示出一个问题：国外的特许经营者可能不会像经销商所期待的那样重视服务质量，而糟糕的服务质量对营业额的影响可能会超出特定的国家或地区而造成公司在世界范围内的声誉下跌。例如，如果该商务旅行者在香港的四季酒店有一次不满意的经历，那么他可能再也不去其他四季酒店，并且可能劝说他的同伴也不要去。公司与外国特许经营者之间的地理距离使得糟糕的服务质量很难被发现。此外，特许经营者数量庞大也会使质量控制变得困难，如麦当劳就有成千上万的特许经营者。

为了缩小质量问题的范围，公司可以在发展业务的每个国家或者地区设立一个子公司，可以是全资子公司，也可以是与国外企业共同建立的合资公司，以承担在某个特定国家或地区建立特许经营者的权利和职责。相邻地区企业的整合和有限数量的独立特许经营者能有效解决质量控制的问题。另外，由于子公司至少部分属于母公司（经销商），所以母公司可以在子公司中设立自己的经理来获得想要达到的质量监管水平。这样的组织安排在实践中非常流行，例如，麦当劳、肯德基和希尔顿酒店在发展国际业务时都采用了这种方法。

8.5.4 合资公司

与国外公司一起建立一家合资公司一直是一种受到青睐的进入新市场的方式。最典型的方式就是各注资一半，即合作双方各持有合资公司 50% 的股份，经营权则由双方共同组成的经理团队来行使。一些公司也建立自身控股的合资公司（如所有权分配为 51% 和 49%），这使得控股方能够进行更严密的控制。[24]

合资公司有很多优点。第一，公司可以从当地合作者所拥有的关于东道国的竞争条件、文化、语言、政治体系和业务体系等资源中获得利益。第二，当开拓一个国外市场的成本和风险较高时，公司可以与当地的合作者共同承担。第三，在一些国家中，出于政治方面的考虑，合资公司是唯一可行的进入模式。例如，很多美国公司发现，在日本，拥有一个日本的合资方比自己单独进入更容易开展业务。

尽管有这些优点，但是合资公司也存在着一些缺点和不足。第一，与许可经营一样，公司也面临着与合作者分享技术的风险。2002 年，波音公司与三菱重工打算设立一个合资公司，以使双方共同开发波音公司的一种新宽体喷气式飞机（即波音 787），这增加了波音公司无意间将商业航空技术泄露给日本公司的担心。但合资协议的设计可以将这种风险最小化。一种选择是在合资公司中占有较大比例的所有权，这使得占优势的一方可以对技术有更好的控制。但问题是很难找到一个愿意占有较少所有权的国外合作方。另一种选择是对相关核心竞争力的技术采取严格的保密措施，只与合作方共享其他技术。

第二个缺点是公司与合资公司不能像母公司对子公司那样实施严密控制来实现经验曲线或区位经济，以及在全球范围内协调对抗竞争对手。以德州仪器进入日本的半导体市场为例，当德州仪器在日本建立半导体设施时，它一方面是为了减少日本制造商的市场份额，另一方面是要限制它们的可用现金流入德州仪器的全球市场。也就是说，德州仪器是在进行全球战略协调。为了实施这一战略，德州仪器在日本的子公司的竞争战略要听从公司总部的指挥，并且日本子公司在必要时要赔本经营。几乎没有合资方愿意接受这样的条件，因为没有人愿意进行赔本的投资。事实上，很多合资公司想要高度自治来实现对战略决定的直接控制根本不可能成功。[25] 因此，为了实施这一战略，德州仪器在日本建立了全资子公司。

8.5.5 全资子公司

全资子公司是指母公司持有子公司 100% 的股权。要建立一家全资子公司，母公司可以选择在外国建立一家新的公司，或者收购一家当地的公司用于在当地市场上推销公司的产品。

建立全资子公司有三个优点。第一，当公司的竞争优势建立在对某项技术的控制基础上时，全资子公司因为能够降低技术泄漏的风险而成为首选的进入方式。所以，相对于合资公司和许可经营，很多高科技公司更加青睐全资子公司的方式。全资子公司可能是半导体、计算机、电子和制药等行业最喜欢的进入方式。

第二，全资子公司能为公司提供对外国业务的严密控制，需要时能够使公司进行全球战略协调，即将在一个国家获得的利润用于支持在另一个国家的竞争。

第三，如果公司期望通过一家或有限数量的制造工厂生产出标准产品来实现区位经济和规模经济，全资子公司可能是最好的选择。当成本压力很大时，公司通过配置价值链使得每个环节上的价值最大化可能是更加有利的。因此，一家子公司可能仅仅专门制造产品链上的某个部分或者最终产品的某些零件，可以在公司的全球系统内与其他子公司交换零件或产品。要建立这样一个全球产品系统需要对各个国家附属机构的运营高度控制，不同国家的附属机构要随时做好准备接受中心做出的关于怎样生产、生产多少和产品的价格是多少等决策。一个全资子公司必须遵从这些命令，而许可证持有者或者合资方却可以避免这样的从属地位。

另外，建立一个全资子公司是成本最高的开拓外国市场的方式。相比于合资公司可以与合资方共同承担成本和风险，或者是在许可经营中，由许可证持有者承担所有的成本和风险，全资子公司模式中母公司要承担建立海外业务的所有成本和风险。如果公司在东道国收购一家当地的公司则可以降低在新的文化环境中开展业务的风险。虽然收购会带来很多额外的问题（如试图去整合两种不一样的公司文化），而且这些问题可能会超出收购所带来的利益（收购相关问题将在第10章进行讨论）。

8.5.6 进入战略的选择

表 8-1 总结了不同进入方式的优点和缺点。公司必须对各方面进行权衡，从这些方式中选择一种最适合的进入方式。例如，当准备进入的这个不熟悉的国家拥有将外国独资公司国有化的案例时，公司会倾向于选择与当地的公司组建合资公司。这一做法的基本原理在于，当地的合资方可以帮助其在陌生的环境中开展业务，并在可能的情况下帮助它公然反对国有化（被同化）。但是，如果公司的独特竞争力是以专利技术为基础的，以合资公司的方式进入新市场可能意味着将专利技术泄露给合资方，合资公司的进入方式也就失去了吸引力。尽管存在这些风险，但是仍然有一些通用的、理想的进入方式可以选择。

表 8-1 不同进入方式的优点和缺点

进入方式	优点	缺点
出口	· 具有实现区位经济和规模经济的能力	· 运输成本高 · 关税壁垒 · 当地代理商问题
许可经营	· 发展成本和风险较低	· 不能实现区位经济和规模经济 · 不能参与全球战略协调 · 对技术专利缺乏控制
特许经营	· 发展成本和风险较低	· 不能参与全球战略协调 · 对质量缺乏控制
合资公司	· 有权使用当地合资方的资源 · 合资方会分担发展成本和风险 · 政策依赖	· 不能参与全球战略协调 · 不能实现区位经济和规模经济 · 对技术专利缺乏控制
全资子公司	· 能保护技术专利 · 具有参与全球战略协调的能力 · 具有实现区位经济和规模经济的能力	· 成本和风险较高

1. 独特竞争力和进入方式

当公司通过拓展国际市场，从差异化的产品中获取更大的回报（利润）时，公司将推行国际化战略，进入当地竞争者无法提供相同品质的产品的市场。对这样的公司来说，最理想的进入方式与公司的独特竞争力的性质有关。特别地，我们要注意区分在技术专利方面拥有独特竞争力的公司和在管理技巧方面拥有独特竞争力的公司。

如果一家公司的竞争优势（独特竞争能力）源于它对专利技术（如知识产权）的控制，那么应该尽可能避免运用许可经营或者合资公司来最小化失去技术控制的风险。因此，如果一个高科技公司想要利用在技术方面的独特竞争力在国外市场开展业务并从中获利，那么就应该采用全资子公司的方式。

尽管如此，这一规则也不能被看作是固定不变的。例如，许可经营或者合资公司的方式可以通过合同设计来降低许可证持有者或合资方窃取公司技术专利的风险。我们将在后面讨论战略联盟结构的章节中继续考虑设计的细节。如果公司认为其技术优势是短暂的，且预料到竞争对手会很快模仿出它的核心技术，那么公司会希望尽可能快地将技术许可给外国公司，以赶在模仿发生前让自己的技术在全球范围内得到扩散和接受。[26] 这样的战略有一些优点：将技术许可给竞争对手，可以阻止它们开发更好的技术；也可能会使自己的技术成为行业的主导设计，以此来获得更加稳定的许可使用金。除了这些情形，许可经营失去技术控制的风险很可能远远大于它本身的吸引力，因此要尽量避免使用这种方式。

像麦当劳或希尔顿酒店这样的服务型公司，它们的竞争优势都建立在管理技巧（如过程知识）的基础上。对这些公司而言，失去对管理技巧的控制而将其泄露给特许经营者或合资方的风险并不是很大，因为这些公司最有价值的资产是它们的商标，而这些商标一般受到相关商标国际法律很好的保护。基于这个事实，很多发生在以技术专利为基础的案例中的事情并不会发生在以管理技巧为基础的案例中。因此，服务型公司也偏爱在某个特定国家或地区利用特许经营和子公司的组合来控制特许经营人，子公司可能是全资子公司也可能是合资公司。在大部分的案例中，服务型公司发现与当地合资方建立合资公司来进入一个国家或地区的方式效果最好，因为合资公司在政治方面更容易被接受，而且更容易获得很多当地的资源和信息。

2. 成本降低压力和进入方式

成本降低压力越大，公司越倾向于采用出口方式和全资子公司方式的组合。通过在条件最佳的地方进行生产，然后将产品出口到其他各地，公司可能会实现巨大的区位经济和规模经济。这样，公司会想要将最终产品出口到更多国家的销售子公司，这些子公司都是全资子公司，有在某个国家独立分销的能力。对合资公司方式来说，很适合建立全资的销售子公司或者使用海外市场代理商，因为这能使公司对销售实施严密的控制以实现对全球分散价值链的协调。此外，对当地业务严密的控制可以使公司将一个市场所获得的利润用于提高在另一个市场中的竞争地位。因此，追求全球或跨国战略的公司更倾向于建立全资子公司。

8.6 全球战略联盟

全球战略联盟（global strategic alliances）是来自有着实际的或潜在的竞争对手的国家的公司之间的合作协议。战略联盟涵盖的形式很多，从只有一两个出资者的正式合伙的风险投资，到短期的合同协议。在短期的合同协议中，两个公司可能在一个特定的问题上互相合作，例如，生产一种新产品。

8.6.1 战略联盟的优势

公司与其竞争者形成战略联盟是为了达到一系列的目标。[27] 第一，战略联盟可能有利于公司进入外国市场。例如，很多公司认为，如果它们想要成功进入中国市场，就需要一个比较了解当地经营环境和具有良好经营关系的当地合作伙伴。因此，华纳与中国两家同行合伙在中国制作和发行电影。作为一个外国影视公司，华纳发现如果它要单靠自己在中国市场上制作电影，那么它的每部电影都要经过一个复杂的审批流程，还得分包给当地的电影公司代发行，这些都造成了华纳在中国制作电影的困难。但是，在中国公司加盟后，合资的电影就会经过一个直线式的审批流程，而且这个合资公司可以自己发行自己制作的电影。更重要的是，合资公司能够为中国电视台制作电影，这是外国独资电影公司做不到的。[28]

第二，战略联盟可以使联盟公司共担开发新产品和新生产线的固定成本（和相关风险）。波音公司与几家日本公司能够一起合作开发波音的新商业喷气式客机——波音787，就是因为这几家公司能够为波音公司分担开发客机的 80 亿美元的投资成本。

第三，战略联盟能够使联盟公司共享互补的技术和资产，这些技术和资产不依靠战略联盟很难独立获得。[29] 例如，2011 年，微软和诺基亚建立了战略联盟，旨在开发和营销手机，这些手机能使用微软的 Windows 8 操作系统。微软开发出了自己的软件工程技术，特别是开发出了 Windows 操作系统用于智能手机的版本，而诺基亚贡献了它的设计、工程和营销知识。它们合作推出的第一批手机于 2012 年进入市场。微软随后在 2013 年收购了诺基亚的手机业务。

第四，建立战略联盟能够帮助公司建立有利于公司的行业技术标准。这也是微软和诺基亚联盟的一个目标。在面对苹果（Apple）和谷歌的激烈竞争时，微软的想法是，将 Windows 8 打造成智能手机实际的操作系统。2012 年，谷歌的 Android 操作系统是全球使用最广泛的智能手机操作系统。

8.6.2 战略联盟的缺点

我们讨论到的优点十分重要，除此之外，一些评论人士也批评战略联盟给竞争对手提供了一个以低成本获取新技术或市场的机会。[30] 例如，几年以前，很多评论人士都在争论美国公司与日本公司的战略联盟都是日本隐含战略的一部分：在日本保持高回报、高附加值工作的同时，获得美国有竞争力的公司的项目工程师和潜存的生产技术。[31] 他们认为日本公司在机器设备和半导体行业上的成功是建立在从战略联盟中获得的美国的技术基础之上的，并且他们觉得美国加入联盟把新的发明输送到日本，并为最终产品提供销售和分销网络，这其实是在帮助日本。虽然这些交易会为美国带来短期的利润，但是从长远来看是在"挖空"美国公司，使它们失去在全球市场的竞争优势。

这些批评都有一个共识：（战略）联盟是有风险的。如果一个公司不够谨慎，那么它泄露的会比得到的更多。尽管很多公司的定位仍然看起来很极端，但却是很成功的战略联盟的例子，包括美国公司和日本公司间的联盟。很难去判断为了波音 787 客机而进行的波音和三菱的联盟，或者富士和施乐的长期联盟是否符合批评家的论点。在这些案例中，合作双方看上去都成功从联盟中获利。为什么一些战略联盟会给双方都带来利益,另一些联盟只能给一方带来利益而对另一方的利益却造成损害呢?接下来的章节将为这个问题提供答案。

8.6.3 让战略联盟发挥作用

国际战略联盟的失败率是很高的,例如,一项针对49个国际战略联盟的研究发现,2/3的战略联盟在形成的两年内都会陷入严重的管理和财务危机中,虽然这些问题大部分在最后都会得到解决,但是其中仍有33%的联盟最终是失败的。一个联盟的成功可能与三个因素有关:合作伙伴的选择、联盟的结构和管理联盟的方式。

1. 合作伙伴的选择

成功运行一个战略联盟的关键因素之一是选择正确的合作伙伴。好的合作伙伴有三个主要特征:第一,好的合作伙伴能够帮助公司达成战略目标,如获得市场准入,分担开发新产品的成本和风险,或者获得重要的核心竞争力。换句话说,合作伙伴要拥有公司缺少的、有价值的能力。第二,一个好的合作伙伴要认同公司建立联盟的目的。如果两个公司是为了完全不同的目的建立联盟,那么它们之间的关系不可能和谐,联盟也很有可能会失败。第三,一个好的合作伙伴不会仅仅为了自己的利益而试图利用联盟,也就是说不会只想占有对方的技术知识,而没有给予对方相应的回报。在这方面,在公平竞争中有很好的声誉并愿意保持这种声誉的公司将会成为很好的合作伙伴。例如,IBM参与了很多个战略联盟以至于伤害任何一个联盟合作方都是不划算的(得不偿失)。[33] 这样做会影响IBM作为一个好的联盟合作伙伴的良好声誉,也很难找到结盟的合作对象。因为IBM十分重视它的联盟,所以IBM很难做出那些饱受批评的机会主义行为。同样地,这种声誉使很多有与非日本公司组成战略联盟历史的日本企业,如索尼、东芝和富士等不可能(也并非完全没有可能)再去发展一个新的战略联盟合作伙伴。

为了选择有这三种特征的合作伙伴,公司需要综合研究所有潜在的联盟合作候选者。为了提高选到好的合作伙伴的可能性,公司应该尽可能多地收集关于潜在合作伙伴的中肯的、公开的信息;从第三方获取数据,特别是那些与有潜力者有过联盟合作经历的公司,或者与它们有交易往来的投资银行,又或是它们之前的雇员等;在开始联盟合作前尽可能多地了解潜在合作伙伴。最后一步应该包括与其高级管理人员(也可能是中层管理人员)面对面的会谈,以确定联盟决议是正确的。

2. 联盟的结构

在选择了一个合作伙伴之后,联盟应该通过结构设计来将公司可能泄露过多资源给合作方的风险降到双方可以接受的程度。第一,联盟应该保证不想转移的技术很难被转移(如果可能的话),在产品的设计、开发、生产和服务过程中,联盟应该设计好结构以防止敏感技术泄露给其他参与者。以通用电气和斯奈克玛公司(Snecma)为了研制商用飞机引擎的战略联盟为例,通用电气为了降低过度转移(资源或技术)的风险,用墙将某些生产过程隔离开来。这种模块化生产有效地切断了被通用电气视作核心竞争力的技术的转移,同时使斯奈克玛公司能够参与最后的组装(装配)环节。同样地,在波音公司和日本三菱公司共同研制波音787

的联盟中，波音公司也将研发、设计和市场功能这些被认为关系到其竞争地位的核心资源隔离开来，但允许日本方面分享其生产技术。波音公司同时也将与波音787生产无关的新技术隔离开来。[34]

第二，合约安全保障应该被写入联盟合作协议中，以防范来自合作方的**投机**（oppotunism）风险。例如，美国天合汽车集团（TRW）与日本大型汽车零件供应商组成了三个战略联盟，生产安全带、发动机阀和转向齿轮来卖给在美国进行生产的日本独资汽车装配厂。TRW在每个联盟协议中都有不准日本公司与其竞争，向美国汽车公司提供零件的相关约束条款。这样做使TRW避免了日本公司将联盟作为其进入北美市场的踏板而对TRW构成竞争威胁的情况。

第三，联盟的双方可以预先同意交换对方觊觎（或想要）的技术，从而保证获得公平的收益。交叉许可协议就是实现这一目标的方法之一。

第四，如果公司能预先从合作方那里获得有效的可信承诺，那么就可以降低联盟合作方的投机行为产生的风险，施乐和富士之间为在亚洲市场上生产复印机而进行的长期联盟可能是这一措施最好的例子。放弃了非正式协议和许可经营（富士最初想用这一方式），施乐坚持与富士各投资50%组成合资公司来服务包括日本在内的东亚市场。富士一开始就承诺投资人力、设备和设施等以保证联盟的运行，从而从投资中获利。为了组成合资公司，富士向联盟做出了可信承诺，有了这个承诺，施乐在将复印机技术转移给富士使用时就有了安全感。

3. 管理联盟的方式

一旦选择了合作伙伴并建立了适当的联盟结构，公司面临的任务就是使联盟的利益最大化。成功管理的一个重要因素就是对文化差异要敏感，管理风格的不同通常是文化差异造成的，在与合作方进行业务往来时，经理们要允许这些差异的存在。除此之外，要使联盟利益最大化还要在合作双方之间建立信任，并学会向合作伙伴学习。[35]

成功地管理联盟还需要在公司经理之间建立和谐的人际关系，这在有时候被认为是关系资本。[36]这是从福特和马自达成功的战略联盟中学习到的一课。福特和马自达建立的制度规定，经理们在会议中不但要讨论联盟的相关事务，而且要有时间去增进彼此的了解，这种做法形成的友谊帮助两个公司建立了相互的信任并促进了双方关系的和谐。个人关系也在公司间培养了非正式的管理网络，这一网络可以用来帮助解决在正式场合中（如在由两个公司的人员组成的联合委员会的会议上）产生的问题。

学术界曾经讨论过一个公司能从战略联盟中学习到多少知识主要取决于它向战略合作伙伴学习的能力。[37]例如，在一项为期五年的针对15个主要跨国公司战略联盟的研究中，加里·哈默尔（Gary Hamel）、伊夫·多茨（Yves Doz）和普拉哈拉德（C.K. Prahalad）关注于一些日本公司和西方（欧洲或美国）合作者组成的战略联盟。[38]在每个日本公司强于西方合作者的联盟案例中，日本公司都更加努力地学习，只有很少的西方公司会向日本合作对象学习。西方公司更倾向于把联盟看成一个分担成本和风险的工具，而不是一个向潜在竞争对手学习的机会。

通用汽车和丰田合作研制雪佛兰新星的联盟就是一个明显的学习不对称的例子。这个联盟是一个正式的合资公司——新联合汽车制造公司，双方各持有50%的股份，该公司在加利福尼亚州拥有一个汽车制造厂。从一个日本经理处了解到，丰田通过这个联盟实现了很多目标："我们学习了美国的物流知识，而且我们得到了管理美国工人的自信。"这些知识很快被传输到丰田在乔治敦和肯塔基州开设的工厂中。相比之下，虽然通用汽车获得了一个新产品——雪佛兰新星，但是一些通用汽车经理抱怨他们的新知识从来没有很好地被通用汽车内部使用，并认为他们应该组成一个团队向通用汽车的工程师和工人讲授日本体系。结果他们反而被分散安置到通用汽车不同的子公司中去了。

当进入一个联盟时，公司应该采取措施以确保能从联盟合作方学到东西，并将这些知识很好地运用到自己的组织中。一个方法是告诉所有的操作工人其合作伙伴的优点和缺点，并向他们解释清楚需要怎样的特殊技能（特长）来支持公司的竞争地位。这样的学习是有价值的，从联盟中学习到的知识将在整个组织中散播——这在通用汽车是没有发生的。为了散播这些知识，参与战略联盟的经理们应该被当作一种资源来帮助公司的其他人熟悉联盟合作方的技能或知识。

本章小结

1. 对一些公司来说，国际扩张是通过将源于独特竞争力的技术和产品转移到那些当地竞争者缺少这些技术的市场上来获取更多回报的一种方法。随着国际贸易壁垒的降低，行业扩张已经超出了国家的边界，但同时行业竞争强度和发展机会也提高了。
2. 由于国家间的差异，公司应该把每个价值创造活动都建立在当地实际情况之上，因为要素条件最有助于活动的效果。这一战略的目标就是获得区位经济。
3. 通过销售量的快速增加，由于规模经济和学习效应的存在，国际扩张可以帮助一个公司获得成本优势。
4. 对公司来说最好的战略取决于它要应对怎样的压力：成本降低压力或是当地响应压力。在生产日用品等产品的行业中，成本降低压力最大，因为价格是最主要的竞争武器；在顾客需求和偏好差异化严重，或者在基础设施、传统习俗、分销渠道或东道国政府要求等方面差异较大的地方，当地响应压力会更大。
5. 公司实行国际化战略是通过有限程度地地区定制化，将基于其独特竞争力的产品和技术转移到国外市场。
6. 实行本地化战略的公司，会根据当地条件定制它们的产品、市场战略和竞争战略。
7. 实行全球标准化战略的公司聚焦于通过规模经济和区位经济实现成本的降低。
8. 由于很多行业的竞争十分激烈，很多公司必须采用跨国战略。这一战略要求同时注重成本降低、转移技术和产品及地区响应。执行这样的战略是有些困难的。
9. 有五种不同的进入方式：出口、许可经营、特许经营、合资公司和全资子公司。最佳的方式选择取决于公司战略。
10. 战略联盟是与实际的或潜在的竞争对手之间的合作协议。战略联盟的优点是：它帮助公司进入国外市场，并有合作方来共同承担新产品和运营中的成本和风险，促进公司间互补技术的流动，同时帮助公司建立技术标准。
11. 战略联盟的缺点是公司要承担技术流失和将市场向联盟合作方开放却不能获得回报的风险。
12. 如果公司谨慎地选择合作对象并关注声誉，同时优化联盟结构以避免计划外的技术转移，那么就可以适当弥补联盟的缺点或不足。

讨论问题

1. 在图 8-3 中标出以下公司的位置：微软、谷歌、可口可乐、美国陶氏化学、辉瑞制药和麦当劳，并解释你的答案。
2. 识别以下行业中哪些是全球标准化行业，哪些行业更适合本地化：散装化学品行业、制药业、品牌食品行业、电影制片业、电视媒体业、个人电脑行业、航空运输业和时装零售业。
3. 讨论怎样随着公司战略和独特竞争力的变化来对国外业务进行控制，这样的关系与进入方式的选择有什么关联呢？
4. 放弃公司竞争优势的最好办法是向外国竞争对手许可专利技术。请对此观点进行讨论。
5. 什么样的公司可以通过与潜在竞争对手建立战略联盟获得更多好处？为什么？

结篇案例

福特的全球战略

艾伦·穆拉利 2006 年到福特任 CEO 之前，他已在波音公司任职很久。他很震惊地得知，该公司为欧洲生产了一款福特福克斯，而为美国生产了完全不同的款式。他那时说："你能想象欧洲有一款波音 737，而美国有另一款 737 吗？"由于福特的产品策略，它不能购买车辆的通用零件，也不能使用其欧洲的福克斯工厂为美国制造汽车，反之亦然。对于规模经济很重要的企业，这个结果将是高成本的。这些问题并没有限制福特福克斯，因为它为不同地区设计和制造不同的汽车的战略是福特的标准方法。

福特区域模式的长期战略是基于以下假设：消费者不同的品位和偏好需要大量的本地化定制。有人认为，美国人喜欢卡车和 SUV，而欧洲人喜欢更小型、节能的汽车。尽管有这样的差异，穆拉利仍然不能理解对于福克斯或锐际 SUV 这样在不同地区销售的小型汽车为什么不能建立相同的平台，也不能共享相同的部分。事实上，该战略可能与福特组织内不同地区的自主权有关，这深深地嵌入了福特作为历史上最古老的跨国公司之一的现实。

2008～2009 年全球金融危机爆发，世界汽车工业销量下滑幅度最大，穆拉利决定，福特必须改变传统做法，以控制成本。此外，他认为，除非福特利用其全球规模生产低成本汽车，否则福特将无法在中国和印度这样的大型发展中市场上进行有效竞争。结果形成了穆拉利的以建立几个福特可在世界各地使用的平台为目的的"一个福特"战略。

在这种战略之下，新款汽车（如 2013 年的嘉年华、福克斯和锐际）有着共同的设计、在共同的平台上制造、使用相同的零部件，且在全世界建立相同的工厂。最终，福特希望 2016 年仅用 5 个平台完成 600 多万辆汽车的销售。2006 年，福特用 15 个平台完成了 660 万辆汽车的销售。通过追求这一战略，福特可以分摊设计和模具的成本，并且可以在组件生产中获得更大的经济规模。福特表示，它将削减开发新车型的 10 亿美元成本中大约 1/3 的成本，并会大幅缩减其零部件的 500 亿美元年度预算。此外，因为不同工厂生产这些汽车在各个方面都是相同的，因此在一家工厂中通过实践获得的有用知识能快速地应用到其他工厂中，最终实现广泛且系统的成本节省。

福特希望这种战略能降低成本，使其提高在发达国家市场上的利润率，并在竞争激烈的发展中国家中（如中国，现在是世界上最大的汽车市场）以较低的价格获得较理想的利润，福特目前正在追赶其全球竞争对手

（如通用汽车和大众汽车）。事实上，穆拉利的目标是利用该战略将福特的销售额从2010年的550万美元增长到2015年的800万美元。

讨论题

1. 你认为历史上的福特为什么在不同地区制造了不同的汽车？福特历史战略的优点是什么？其缺点又是什么？

2. 为什么全球发展迫使福特重新思考其历史战略？

3. "一个福特"战略是如何让福特受益的？这种战略对于福特在像美国和欧洲等成熟的市场上以及在像中国这样的新兴市场上的竞争能力意味着什么？

4. 使用图8-3中总结出的四种基本战略，你会如何描述福特的全球战略？

注释

[1] World Trade Organization (WTO), *International Trade Statistics 2013* (Geneva: WHO, 2013).

[2] Ibid.; United Nations, *World Investment Report, 2013* (New York and Geneva: United Nations, 2013).

[3] P. Dicken, *Global Shift* (New York: Guilford Press, 1992).

[4] D. Pritchard, "Are Federal Tax Laws and State Subsidies for Boeing 7E7 Selling America Short?" *Aviation Week,* April 12, 2004, pp. 74–75.

[5] T. Levitt, "The Globalization of Markets," *Harvard Business Review,* May–June 1983, pp. 92–102.

[6] M. E. Porter, *The Competitive Advantage of Nations* (New York: Free Press, 1990). See also R. Grant, "Porter's Competitive Advantage of Nations: An Assessment," *Strategic Management Journal* 7 (1991): 535–548.

[7] Empirical evidence does seem to indicate that, on average, international expansion is linked to greater firm profitability. For recent examples, see M. A. Hitt, R. E. Hoskisson, and H. Kim, "International Diversification, Effects on Innovation and Firm Performance," *Academy of Management Journal* 40 (4) (1997): 767–98; S. Tallman and J. Li, "Effects of International Diversity and Product Diversity on the Performance of Multinational Firms," *Academy of Management Journal* 39 (1) (1996): 179–196.

[8] Porter, *Competitive Advantage of Nations.*

[9] See J. Birkinshaw and N. Hood, "Multinational Subsidiary Evolution: Capability and Charter Change in Foreign Owned Subsidiary Companies," *Academy of Management Review* 23 (October 1998): 773–795; A. K. Gupta and V. J. Govindarajan, "Knowledge Flows Within Multinational Corporations," *Strategic Management Journal* 21 (2000): 473–496; V. J. Govindarajan and A. K. Gupta, *The Quest for Global Dominance* (San Francisco: Jossey-Bass, 2001); T. S. Frost, J. M. Birkinshaw, and P. C. Ensign, "Centers of Excellence in Multinational Corporations," *Strategic Management Journal* 23 (2002): 997–1018; U. Andersson, M. Forsgren, and U. Holm, "The Strategic Impact of External Networks," *Strategic Management Journal* 23 (2002): 979–996.

[10] S. Leung, "Armchairs, TVs and Espresso: Is It McDonald's?," *The Wall Street Journal,* August 30, 2002, pp. A1, A6.

[11] C. K. Prahalad and Yves L. Doz, *The Multinational Mission: Balancing Local Demands and Global Vision* (New York: Free Press, 1987). See also J. Birkinshaw, A. Morrison, and J. Hulland, "Structural and Competitive Determinants of a Global Integration Strategy," *Strategic Management Journal* 16 (1995): 637–655.

[12] J. E. Garten, "Walmart Gives Globalization a Bad Name," *Business Week,* March 8, 2004, p. 24.

[13] Prahalad and Doz, *Multinational Mission.* Prahalad and Doz actually talk about local responsiveness rather than local customization.

[14] Levitt, "Globalization of Markets."

[15] W.W. Lewis. *The Power of Productivity* (Chicago, University of Chicago Press, 2004).

[16] For an extended discussion, see G.S. Yip and G. Tomas M. Hult, *Total Global Strategy* (Boston: Pearson, 2012); A. M. Rugman and A. Verbeke, "A perspective on regional and global strategies of multinational enterprises," *Journal of International Business Studies* 35 (1) (2004): 3–18.

[17] Bartlett and Ghoshal, *Managing Across Borders.*

[18] Ibid.

[19] T. Hout, M. E. Porter, and E. Rudden, "How Global Companies Win Out," *Harvard Business Review* (September–October 1982), pp. 98–108.

[20] This section draws on numerous studies, including C. W. L. Hill, P. Hwang, and W. C. Kim, "An Eclectic Theory of the Choice of International Entry Mode," *Strategic Management Journal* 11 (1990): 117–28; C. W. L. Hill and W. C. Kim, "Searching for a Dynamic Theory of the Multinational Enterprise: A Transaction Cost Model," *Strategic Management Journal* 9 (Special Issue on Strategy Content, 1988): 93–104; E. Anderson and H. Gatignon, "Modes of Foreign Entry: A Transaction Cost Analysis and Propositions," *Journal of International Business Studies* 17 (1986):

1–26; F. R. Root, *Entry Strategies for International Markets* (Lexington, MA: D. C. Heath, 1980); A. Madhok, "Cost, Value and Foreign Market Entry: The Transaction and the Firm," *Strategic Management Journal* 18 (1997): 39–61; K. D. Brouthers and L. B. Brouthers, "Acquisition or Greenfield Start-Up?" *Strategic Management Journal* 21 (1) (2000): 89–97; X. Martin and R. Salmon, "Knowledge Transfer Capacity and Its Implications for the Theory of the Multinational Enterprise," *Journal of International Business Studies*, July 2003, p. 356; A. Verbeke, "The Evolutionary View of the MNE and the Future of Internalization Theory," *Journal of International Business Studies*, November 2003, pp. 498–515.

[21] F. J. Contractor, "The Role of Licensing in International Strategy," *Columbia Journal of World Business*, Winter 1982, pp. 73–83.

[22] Andrew E. Serwer, "McDonald's Conquers the World," *Fortune*, October 17, 1994, pp. 103–116.

[23] For an excellent review of the basic theoretical literature of joint ventures, see B. Kogut, "Joint Ventures: Theoretical and Empirical Perspectives," *Strategic Management Journal* 9 (1988): 319–32. More recent studies include T. Chi, "Option to Acquire or Divest a Joint Venture," *Strategic Management Journal* 21 (6), 2000: 665–688; H. Merchant and D. Schendel, "How Do International Joint Ventures Create Shareholder Value?" *Strategic Management Journal* 21 (7) (2000): 723–737; H. K. Steensma and M. A. Lyles, "Explaining IJV Survival in a Transitional Economy Through Social Exchange and Knowledge Based Perspectives," *Strategic Management Journal* 21 (8), 2000: 831–851; J. F. Hennart and M. Zeng, "Cross Cultural Differences and Joint Venture Longevity," *Journal of International Business Studies*, December 2002, pp. 699–717.

[24] J. A. Robins, S. Tallman, and K. Fladmoe-Lindquist, "Autonomy and Dependence of International Cooperative Ventures," *Strategic Management Journal*, October 2002, pp. 881–902.

[25] C. W. L. Hill, "Strategies for Exploiting Technological Innovations," *Organization Science* 3 (1992): 428–441.

[26] See K. Ohmae, "The Global Logic of Strategic Alliances," *Harvard Business Review*, March–April 1989, pp. 143–154; G. Hamel, Y. L. Doz, and C. K. Prahalad, "Collaborate with Your Competitors and Win!" *Harvard Business Review*, January–February 1989, pp. 133–139; W. Burgers, C. W. L. Hill, and W. C. Kim, "Alliances in the Global Auto Industry," *Strategic Management Journal* 14 (1993): 419–432; P. Kale, H. Singh, and H. Perlmutter, "Learning and Protection of Proprietary Assets in Strategic Alliances: Building Relational Capital," *Strategic Management Journal* 21 (2000): 217–237.

[27] L. T. Chang, "China Eases Foreign Film Rules," *The Wall Street Journal*, October 15, 2004, p. B2.

[28] B. L. Simonin, "Transfer of Marketing Knowhow in International Strategic Alliances," *Journal of International Business Studies*, Vol 30 issue 3 1999, pp. 463–91; J. W. Spencer, "Firms' Knowledge Sharing Strategies in the Global Innovation System," *Strategic Management Journal* 24 (2003): 217–233.

[29] Kale et al., "Learning and Protection of Proprietary Assets."

[30] R. B. Reich and E. D. Mankin, "Joint Ventures with Japan Give Away Our Future," *Harvard Business Review*, March–April 1986, pp. 78–90.

[31] J. Bleeke and D. Ernst, "The Way to Win in Cross-Border Alliances," *Harvard Business Review*, November–December 1991, pp. 127–135.

[32] E. Booker and C. Krol, "IBM Finds Strength in Alliances," *B to B*, February 10, 2003, pp. 3, 27.

[33] W. Roehl and J. F. Truitt, "Stormy Open Marriages Are Better," *Columbia Journal of World Business*, Summer 1987, pp. 87–95.

[34] See T. Khanna, R. Gulati, and N. Nohria, "The Dynamics of Learning Alliances: Competition, Cooperation, and Relative Scope," *Strategic Management Journal* 19 (1998): 193–210; Kale et al., "Learning and Protection of Proprietary Assets."

[35] Kale et al., "Learning and Protection of Proprietary Assets."

[36] Hamel et al., "Collaborate with Competitors"; Khanna et al., "The Dynamics of Learning Alliances"; E. W. K. Tang, "Acquiring Knowledge by Foreign Partners from International Joint Ventures in a Transition Economy: Learning by Doing and Learning Myopia," *Strategic Management Journal* 23 (2002): 835–854.

[37] Hamel et al., "Collaborate with Competitors."

[38] B. Wysocki, "Cross Border Alliances Become Favorite Way to Crack New Markets," *The Wall Street Journal*, March 4, 1990, p. A1.

第 9 章

公司层战略：横向一体化、纵向一体化和战略性资源外包

| 开篇案例 |

康卡斯特和时代华纳的合并提议

2014年2月，康卡斯特和时代华纳宣布它们意图合并，这是一次价值达450亿美元的合并。这次合并形成了美国最大的有线电视和互联网服务提供商，该公司控股美国30强公司中的27家，并占有有线电视市场份额的3/4。然而，合并首先要得到司法部门（评估反垄断的相关问题）和联邦通信委员会（FCC，评估媒体交易对公众利益的影响）的批准。

康卡斯特和时代华纳认为该合并不会影响有线电视行业的竞争格局，因为各公司处于互不重叠的地理市场，所以客户不会失去选择有线电视服务的机会。它们认为合并可以促进企业投资，为客户提供更快的宽带和更可靠、更安全的网络，以及更好的家庭无线网络和更好的视频点播选择。正如康卡斯特的时任执行副总裁大卫·科恩（David Cohen）在参议院委员会面前说的："我可以向委员会保证，这项交易不会导致任何人的有线电视费用增加。"

然而，反对者认为合并后公司的规模和范围（特别是康卡斯特最近收购了环球NBC）会使企业的强大变得富有危险性。合并可能不会改变终端消费者可用的有线选项，但它肯定会改变内容提供商（如迪士尼或维亚康姆）或点播节目提供商（如Netflix、Cinema Now、Hulu等）的选择。合并后的公司对供

应商的议价能力也可能会形成其他电视或互联网供应商无法匹敌的成本优势，从而将竞争对手挤出市场。例如，卫星运营商 Dish Network 认为，合并后的公司可以利用其规模来强制内容提供商降低价格，而 Dish Network 等公司将处于竞争劣势。Dish Network 还认为，合并后的公司可能会通过在互联网（传入各用户家中）的"最后一公里"或互联网提供商之间的互联点改变流媒体速度，从而破坏 Netflix 或 Cinema Now 等的视频服务。为了支持这一点，Netflix 指出，康卡斯特已经要求 Netflix 支付"最终接入费"，以确保客户信号正常。如果有线电视公司削弱了点播节目提供商的信号，客户将放弃像 Netflix 这样的服务，并转向有线电视运营商提供的点播选项。参议员艾尔·弗兰肯（Al Franken）指出，康卡斯特 2010 年收购环球 NBC 时，通过将时代华纳视为激烈的竞争对手，捍卫了纵向一体化举措。"康卡斯特不能二者兼得，"弗兰肯说，"包括时代华纳也不能说分销商之间存在竞争是 2010 年批准 NBC 交易的原因，然后在几年之后转而又说批准这一交易的原因是与时代华纳之间缺乏竞争。"

对于康卡斯特前首席执行官布莱恩·罗伯茨而言，这次合并将因他曾经将公司发展成为一个价值 680 亿美元媒体巨头而成为巨型收购狂潮中的另一个里程碑。这笔交易对罗伯特·马库斯（Robert Marcus）来说是一个更加微妙的决定，当这笔交易宣布的时候，他在时代华纳才担任了两个月的首席执行官，而他将获得 7 990 万美元的离职补偿。为这笔交易提供咨询意见的投资银行家也获得了 1.4 亿美元。经过一年审查后，FCC 宣布审查需要更多时间，并将至少推迟到 2015 年 8 月再做决定。然而，许多行业观察家仍认为这笔交易会获得批准。

资料来源：V. Luckerson, "Dish Network Slams Potential Comcast-Time Warner Merger," www.Time.com, July 10, 2014; A. Fitzpatrick, "Time Warner Cable Outage Raises Questions about Comcast Merger," www.Time.com, August 28, 2014; A. Rogers, "Comcast Urges Congress to Back Time Warner Cable Merger," www.Time.com, April 11, 2014; D. Pomerant, "Netflix Calls on the FCC to Deny the Time Warner Comcast Merger," www.Forbes.com, August 26, 2014, p.1; A. Timms, "Deals of the Year 2014: Comcast Faces Screen Test," *Institutional Investor*, December 2014.

| 本章概述 |

管理层的首要目标是实现企业股东价值最大化。关于康卡斯特和时代华纳合并的开篇案例说明了公司如何横向整合，以实现更大的规模经济或提高对供应商和客户的议价能力。尽管这可能对消费者的利益有影响，但有利于康卡斯特和时代华纳的股东。

通常，公司层战略指的是管理层就如下事项进行战略决策：决定在哪些业务或哪些行业中参与竞争；在这些业务中，企业应该从事哪些价值创造活动；为实现长期盈利能力最大化，企业应如何进入、整合或者退出相关业务或行业。在制定公司层战略的过程中，管理层必须具备长远眼光，并且考虑不断发生改变的行业、产品、技术、顾客以及竞争对手将如何影响企业现有业务模式及其未来战略。之后，企业将决定采取某种具体的公司层战略，重新界定企业的业务模式以帮助企业利用机会、对抗威胁，进而提升其在动荡行业环境中的竞争优势。因此，公司层战略的主要目标就是确保企业能保持或提升其现有业务以及企业准备进入的任何一个新业务或新行业中的竞争优势和盈利能力。

本章作为两个部分中的第一部分将介绍公司层战略在重新定位和重新界定企业商业模式

中的作用。我们将讨论三种公司层战略：横向一体化、纵向一体化以及战略性资源外包，这些战略旨在提高企业在当前业务和产品市场上的竞争优势和盈利能力。而对于多元化战略，即进入新的行业或市场，我们将在下一章进行讨论。除此之外，我们还将讨论如何以最有利可图的方式进入新行业或新市场，或者退出某个行业或市场。到本章以及下一章结束时，读者将会明白不同层次的战略如何帮助企业创造成功的且有利可图的业务或多业务模式，还能辨别管理者为使企业长期盈利能力最大化而采用的不同类型的公司层战略。

9.1 公司层战略和多业务模式

公司层战略的制定是战略制定过程中的最后一部分。这些战略一直驱动着企业的商业模式，并决定着企业采取何种类型的业务层战略和职能层战略以使长期盈利能力最大化。我们已经在第5章中对业务层战略和职能层战略的关系进行了讨论。战略管理者利用企业独特竞争能力制定商业模式和战略以谋求成本领先地位和（或）产品差异化。第8章描述了为何全球战略也是这些基本原则的一种延伸。

在本章和下一章中，我们反复强调，为了增加利润，公司层战略应该能够使企业（或企业的一个或多个业务部门或单位）以更低的成本或差异化的方式执行价值链职能活动。企业只有选择了合适的公司层战略，才可以选择某种可以使其获得最大化收益或利润的价格策略（最低价格、平均价格或者溢价）。除此之外，公司层战略如果能够帮助企业降低行业内竞争强度以及减少破坏性价格竞争的威胁，就可以提升企业盈利能力。因此，企业应选择能促进公司商业模式成功，并推动企业在业务层获得持续性竞争优势的公司层战略。进一步地，竞争优势将带来更高的盈利能力。

其他企业常常选择把业务活动扩展到两个或更多的市场或行业。当企业决定扩张到新行业中时，必须在两个层面上建立起商业模式。首先，它必须为其参与竞争的每个行业中的每个业务单位或部门分别制定出商业模式和战略。其次，企业还必须制定一个更高层次的多业务模式（multibusiness model），以证明企业进入不同业务和行业的合理性。这一模式应能够说明进入新行业如何以及为何能使企业利用现有的职能竞争力和业务战略提高企业资本回报率。同时，多业务模式也应证明公司对多个业务或行业进行任何形式的投资都能提高企业盈利能力。例如，IBM可能会坚持认为，通过进入在线计算机咨询、数据存储和云计算领域，能够使其更好地与惠普、甲骨文和亚马逊等公司进行竞争。苹果公司会说，其进入数字音乐和娱乐领域使其遥遥领先于索尼、谷歌和微软等竞争对手。

本章首先聚焦企业通过采用横向一体化实现单一行业经营的优势。此后，本章将分析企业为什么采用纵向一体化进入新行业。在下一章中，我们将继续考察企业为进入新行业以提高盈利能力而采用的另一重要公司层战略——多元化战略。

9.2 横向一体化：单一行业战略

为了追求长期盈利能力最大化，管理者使用公司层战略来选择它们应该参与竞争的行业。

对很多企业来说，可盈利性增长和扩张往往要求企业采取各种方式，以确保能够持续成功地在单一市场或行业中参与竞争。换句话说，企业必须将其价值创造活动局限于某一特定业务或行业。诸如麦当劳和沃尔玛就是单一业务企业的榜样，麦当劳聚焦于全球速食店业务，而沃尔玛则聚焦于全球折扣零售业务。

单一行业经营可以使企业集中全部管理、财务、技术以及职能性的资源与能力成功地参与单一领域竞争。这对那些快速成长和变化的行业来说尤其重要，因为这些行业中的企业可能需要大量的资源和能力，但同时，通过建立竞争优势而获得的长期利润可能也是非常显著的。

单一行业经营的第二个优势是"恪守主业"，也就是说企业只待在自己最了解和最擅长的业务中。这样企业就不会犯如下错误：进入企业现有资源和能力难以有效创造价值的新行业，以及（或者）遭遇新行业中一系列全新且具备竞争能力的行业力量（如新竞争者、供应商以及顾客）所带来的始料未及的威胁。与其他许多企业一样，可口可乐也曾犯过这种战略错误。可口可乐曾经决定进军电影行业，因而收购了哥伦比亚影业公司（Columbia Pictures），它还曾收购过一个大型葡萄酒生产商。可口可乐发现自己不仅缺乏在新行业中参与竞争的竞争能力，而且也未能预见到这些行业中存在着像派拉蒙影业公司和嘉露酒业制造商等不同类型的竞争力量。最终可口可乐意识到，进入这些新行业侵蚀了企业价值，而非创造价值，降低了企业的盈利能力，因此赔本卖掉了新业务。

由于环境因素的不断变化，即使企业专注于单一行业，但要长期维持一种成功的商业模式和战略也是困难的。例如，技术的进步能使新竞争者进入市场或使客户的需要发生改变。10年前，电信行业所面临的战略问题是，如何建立固定电话服务网以更好地满足顾客对本地和长途通话服务的要求。然而，无线通话服务这种新的产品却正在崛起，并很快得到普及。固定电话服务商如威瑞森和AT&T公司很快改变了业务模式，为了生存，它们以无线公司的身份出现，降低了固定电话服务的价格，并提供宽带服务。

因此，即使是在一个行业中，战略管理者也很容易只见"树木"（全神贯注于当前产品的定位），不见"森林"（行业特性的不断改变所带来的新产品/市场机会）。对公司层战略的关注有助于管理者预测未来趋势、寻找恰当定位，进而使企业能够在不断变化的环境中成功应对竞争。战略管理者必须避免过度沉湎于对企业现有产品线的定位，而忽略了新的产品机会与威胁。苹果公司的成功就是由于它认识到数字娱乐所带来的产品机会正在不断增加。公司层管理者的任务就是分析新兴技术将如何影响企业的商业模式，以及这些新兴技术为什么会以及如何改变未来的顾客需求和顾客群体，企业应需要何种新的独特竞争力以应对这些变化。

横向一体化是管理者广泛使用的一种可以更好地定位企业的公司层战略，这个战略在开篇案例中已经讨论过。**横向一体化**（horizontal integration）是企业为获得规模和范围竞争优势，而收购或合并行业竞争对手的过程。**收购**（acquisition）是指一个企业利用其资本资源（如股票、债务及现金）购得另一企业的行为，而**合并**（merger）则是指实力相当的公司集中它们的资源，创造出一个新的组织的行为。

在很多行业中都发生过收购和合并事件。在航空领域，波音与麦道合并建立了世界上最大的航空公司；在制药行业，辉瑞收购了华纳-兰伯特成为最大的制药企业；为了合理化飞机数量,增强市场竞争力,全球的航空公司在不断地合并经营。各个企业都在努力获得优于竞争对手的竞争优势,收购和合并的节奏越来越快,其原因在于专注于单一行业的企业为提高竞争优势和盈利能力而明显加快横向一体化,并专注于企业的竞争定位,使得企业保持价值创造的领先地位。

9.2.1 横向一体化的好处

在进行横向一体化时,管理者决定将企业的资本用于购买行业内竞争对手的资产,并将此作为提高企业单一业务模式盈利能力的一种方式。当横向一体化能够降低成本,提升产品差异化,更广泛地利用竞争优势,降低行业内的竞争强度,增强议价实力时,利润和盈利能力就会得到提高。

1. 降低成本

横向一体化之所以能够降低企业的成本,是因为它可以创造持续增大的规模经济。假如有5个主要的竞争对手,且每家企业都在美国的某个地区经营一家工厂,而且没有一家工厂是满负荷运转。如果一家企业收购了其竞争对手并关闭了竞争对手的工厂,那么它的工厂就可以实现满负荷运转进而降低生产成本。在高固定成本的行业中,获得规模经济是非常重要的。在这样的行业中,大规模生产可以使企业将固定成本分摊在大量产品上,进而通过这种方式降低单位平均成本。例如,在电信行业中,建造可以提供网络极速的先进4G和LTE宽带网络的固定成本是极其高的,因此要使这样一种投资实现盈利,企业就需要拥有大量顾客。因此,像AT&T公司和威瑞森公司这样的企业就通过收购其他电信企业的方式来获取顾客,夯实顾客基础,提高了企业固定成本的利用率,从而降低了服务每一位顾客的成本。2011年,AT&T公司试图收购T-mobile公司,但是为了回应美国司法部和联邦通信委员会提出的反垄断问题,放弃了这一交易。近十年间,制药业中成百上千的收购活动都出于同样的考虑,即在这些收购活动中,合并的动机在于获得研发和营销方面的规模经济。建立一支全国范围内的药品销售力量的固定成本是非常高的,制药企业如辉瑞和默克就需要一个规模适度的产品组合以便能有效地使用销售力量。

当横向一体化能使企业减少资源重叠时,如企业不需要两个企业总部、两个独立销售力量等,企业就可以降低其成本。然而,这些成本节省往往被高估。例如,如果两个公司正在运营一个呼叫中心,而且这两个公司的运作都超过了运营这样一个中心的最低有效规模,则整合运营可能就会不经济;如果每个中心已经被最佳利用,综合呼叫中心可能需要与以前两个呼叫中心一样多的服务人员、电脑、电话线和房屋。同样,在20世纪90年代后期银行合并的一个原因就是可以通过整合信息技术资源来节省资金。然而,最终大多数合并银行意识到,它们潜在的开支节省在最好的情况下也微乎其微,而试图协调合并方的信息系统的成本很高。因此,它们大多数继续运行合并之前遗留下来的单独系统。

2. 提升产品差异化

当横向一体化能够提升产品差异化时,企业盈利能力也可能得到提升。例如,通过增加创新产品的数量,公司可以高价销售产品给顾客。例如,基于对新药投入的渴望,美国礼来制药向 ImClone Systems 公司支付了 65 亿美元以获得其最新的抗癌药物，以打败竞争对手百时美施贵宝公司。谷歌急于向用户提供在线优惠券，向 Groupon 支付了 60 亿美元，希望能填补其在线广告业务的利基市场，以增加其差异化优势，减少行业竞争。同样，如开篇案例，康卡斯特向 FCC 表示，与时代华纳有限公司的合并将使公司能够为客户提供更快、更可靠、更安全的互联网服务。

横向一体化可以使企业通过合并双方的产品线为顾客提供更多种类的产品，还可以将产品打包销售。**产品搭售**（product bundling）可以使顾客按照整体价格购买一套完整系列的产品。这就提升了企业产品线的价值，因为顾客往往可以通过购买一套产品而获得折扣，而且顾客也习惯于只与一个企业及其销售代表打交道。企业可以通过提升产品差异化来获取竞争优势。

交叉销售（cross-selling）是提升产品差异化的另一种方式，它是指企业充分利用自己与顾客已经建立的关系来向顾客销售其他种类产品或产品线的方式。这种方式之所以能提升产品的差异化，是因为它可以为顾客提供一套完整的解决方案，并满足所有顾客的特定需求。在计算机行业中，实现交叉销售和成为完整方案供应商是 IT 企业横向一体化的基本原因，因此 IT 企业一般都尽力为企业客户提供一套包括硬件和服务在内的解决方案，以增加其产品价值。提供一揽子解决方案可以为顾客节省时间和金钱，因为他们无须再与多个供应商打交道，而且一个销售队伍可以确保企业所有信息技术工作实现无缝连接。当横向一体化能够提升企业产品差异化的吸引力以及产品价值时，完整解决方案供应商就能获得市场份额。

3. 更广泛地利用竞争优势

对于具有可以在多个细分市场或地理位置进行价值部署的资源或能力的企业，横向整合可能会提供更有利可图的机会。例如，在零售业中，沃尔玛与供应商的强大议价能力及其卓越的库存物流效率使其比其他折扣零售商，如山姆俱乐部连锁店（价格较低的商店）更具有竞争优势。它还扩大了在进入超市业务时为客户提供的产品范围，并建立了全国连锁的沃尔玛超级购物中心，不仅销售杂货，还销售在普通沃尔玛商店销售的所有服装、玩具和电子产品。它也复制了沃尔玛的商业模式，但并不总是与在美国一样能取得成功，因为保证其物流效率（例如其中心辐射分配系统和由卫星跟踪库存）所使用的固定资产在地理上有限制（见"战略行动 9-1"）。

战略行动 9-1

沃尔玛扩张进入其他零售市场

2014 年，沃尔玛是世界上最大的公司，销售额为 4 857 亿美元，拥有超过 11 000 家店面和 220 万名员工。然而，随着美国折扣零售市场的成熟（沃尔玛占此市场收入的 70%），它开始寻求其他机会来发挥其卓越的零售能力和专长。在美国，沃尔玛在一般商品和价格较低的仓储超市（山姆会员商店）设计方面做得很好，除此之外，它还扩张成了销售百货的超级购物中心。这些商店可以直接利用沃尔玛对供应商的议价能力（对许多商品生产商来说，沃尔玛占其销售额的 70% 以上，它们没有协商价格和交付条件的能力），并从其高效率运输、管理和跟踪库存的系统中受益。沃尔玛在先进信息技术方面的投入相对较早：采用射频识别（RFID）标签和卫星实时跟踪库存这些技术的时间远远领先于竞争对手。沃尔玛能够实时知道每个库存物品何时出售，同时最大限度地降低库存成本，同时优化每家商店的库存组合。因此，与塔吉特或凯马特相比，沃尔玛每平方英尺的销售量和库存周转率都较高。它通过一个庞大的中心辐射分配系统处理库存，其中包括超过140个分销中心，每个分配中心在150英里半径范围内为约150家商店提供服务。然而，由于超级中心和山姆会员商店也在接近饱和，因此，增长变得越来越难以维持。沃尔玛开始追求其他类型的扩张机会，扩大到更小型的邻里商店、国际商店（其中许多是现有的连锁店），并正在考虑跟随有机食品的时尚潮流。沃尔玛在扩大到邻近的地理区域（如加拿大和墨西哥）方面进展顺利，然而其在海外扩张方面的成功并非一帆风顺。例如，沃尔玛进入德国和韩国的行为造成巨大损失，最终退出市场。沃尔玛进入日本也没有像希望的那样成功，从未在市场上占有很大的份额，导致了多年的亏损。面临的挑战是，沃尔玛进入这些市场之前，许多市场已经有了强大的竞争对手，并且这些市场并不是美国最初困窘的市场。此外，沃尔玛的IT和物流优势不容易被应用到海外市场——它们需要大量的前期投资，在没有实现巨大市场规模的情况下很难做到收支平衡。这就引发了以下重要问题："沃尔玛的哪些优势可以在海外应用哪些市场？在北美地区，沃尔玛的产品多样化这一方面更好吗？它是否可以重新考虑其增长目标？"

资料来源：www.walmart.com.

4. 降低行业内的竞争强度

横向一体化可以通过两种方式来降低行业内的竞争强度。第一，正如我们在第6章中讨论的，收购竞争对手或与竞争对手合并可以消除行业内的过剩产能，而产能过剩常引发价格战。通过移出过剩产能，横向一体化可以创造出一个更加缓和的竞争环境，在这样的环境中，价格可能会稳定下来，甚至还会上升。

第二，通过减少行业内竞争者的数量，横向一体化常使得竞争对手之间能更容易达成隐蔽价格合谋，也就是不通过沟通而达成的合作（通过公开沟通固定价格是非法的）。通常，一个行业中的竞争者数量越多，就越难达成非正式的价格协议，而由行业主导者实施的价格领导则降低了价格战爆发的可能性。通过提高行业集中度以及实现垄断，横向一体化能够使竞争对手之间更容易建立隐蔽合谋。

这两种动机看起来也适用于解释甲骨文公司的众多软件收购。企业软件行业的产能明显过剩，主要竞争公司向顾客提供折扣价，这导致价格战和利润率的降低。甲骨文公司希望能够消除过剩的行业产能，从而减少价格竞争。

5. 增强议价实力

最后，有些公司通过横向一体化来增强对供应商和客户的议价实力，从而以牺牲供应商和客户的利益为代价提高自己的盈利能力。通过横向一体化提升行业集中度，一个企业就可以变为供应商的超级大买家，并利用这一地位压制投入要素的价格，从而降低自己的成本。世界上有名的采用该战略的例子是沃尔玛，并且对这种战略的追求也可能是开篇案例中描述的康卡斯特和时代华纳合并的主要原因。竞争对手之间的合并也使公司对客户的议价能力更强：通过控制较大比例的行业产品，公司可以提升其提高价格和利润的能力，因为客户对供应商的选择较少，并且更依赖于公司的产品。当企业拥有更大能力来提高顾客的产品购买价格，或者压低供应商提供投入要素的价格时，它的市场力量就得到了增强。

9.2.2 横向一体化的问题

尽管横向一体化可以通过多种方式明显地强化企业的商业模式，但是这一战略还存在一些问题、局限和风险。横向一体化战略的实施对管理者来说并不是一件容易的事情。正如我们在第 10 章所分析的，如下原因将经常导致并购不能带来预期收益：不同企业文化合并带来的问题，敌意收购导致被收购企业经理层的高流失率，管理者往往高估并购带来的收益，而对业务流程融合中会出现的问题估计不足。

在美国，当企业使用该战略成为行业中的主导者之后，如果企图继续使用该战略扩张企业，将会使企业与联邦贸易委员会（Federal Trade Commission，FTC）和司法部（Department of Justice，DOJ）发生冲突，因为这两个机构主要负责执行反垄断（托拉斯）法。反垄断机构担心市场势力被滥用，而且它们认为对消费者来讲多些竞争总归是更好的。当行业中的一些企业通过并购抬高价格，从而滥用市场势力时，反垄断机构可能会进行干预。FTC 和 DOJ 会尽力阻止主导厂商可能会利用自身的市场势力来挤垮潜在的竞争对手的行为，比如当新的竞争对手进入该市场时，它们可以通过削价将竞争对手挤出，而一旦威胁消除，主导厂商就会再次提高价格。

基于这些担心，一旦 FTC 认为某一并购将导致力量过度集中，进而未来存在滥用市场势力的可能时，该并购就会被阻止。正是因为担心出现这一问题，卫星广播公司 Sirius 和 XM 公司的并购计划被搁置数月，直到顾客有更多的方式（如电脑和手机等）来获得高质量的无线节目时才明确，在这个行业中潜在竞争依然存在。如开篇案例，2015 年，FTC 仍然在监控时代华纳和康卡斯特的合并，评估其是否会损害公众利益。

9.3 纵向一体化：进入新行业以加强核心商业模式

许多采用横向一体化来强化自身商业模式，进而改善竞争地位的公司，也会出于同样的目的而采用纵向一体化这一公司层战略。然而，企业在采取纵向一体化时，会进入新行业，为核心行业的商业模式提供支持，核心行业是企业竞争优势和盈利能力的主要来源。因此，企业必须针对这一点制定一个多业务模式，并说明如何利用纵向一体化进入新行业，从而提高企业的长期盈利能力。判断纵向一体化所追求的模式应基于公司进入能增加核心产品价值的行业。因为这样做可以提升产品差异化，并降低产品成本，进而提高盈利能力。

采用**纵向一体化**（vertical integration）战略的企业，可以通过两种方式来扩张其业务：一是向后扩张进入原材料生产领域（后向一体化），一是向前扩张进入使用、分销或者销售企业产品的行业（前向一体化）。要进入某个行业，企业既可以建立该行业所需的、能够进行有效竞争的价值链，自行开展该项业务，也可以兼并行业内的现有企业。钢铁企业利用自己的铁矿厂来供应铁矿石就是后向一体化的一个例证。而个人计算机生产商利用自己的零售店销售个人计算机则例证了前向一体化。例如，2001年苹果公司进入了零售业，当时它决定建立自己的苹果连锁店，并利用连锁店来销售自己的计算机和iPod。IBM是一家高度纵向一体化的企业，它既通过后向一体化进入芯片和硬盘行业，并把生产的芯片和硬盘装入自己生产的计算机中，也通过前向一体化进入软件和咨询服务行业。

图9-1展示了一个典型的从原材料到顾客的价值增值链的四个阶段。对一个位于最终装配阶段的企业来说，后向一体化意味着进入零部件加工和原材料生产领域，前向一体化则意味着进入分销和销售（零售）领域。在价值增值链的每个阶段，产品的价值都得到了增加，也就是说在这一阶段，企业将前一阶段生产的产品在某些方面做了更改，以便更改后的产品对链条下一阶段的企业具有更高的价值，并在最终对顾客具有更高的价值。特别值得注意的是，价值增值链上的每个阶段都有一个或多个独立的行业，在这些行业中，有不同类型的企业参与竞争。此外，在每个行业内部，每家企业都有一个我们在第3章中所讨论的由价值创造活动组成的价值链：研发、生产、市场营销和销售、客户服务等。换句话说，我们可以认为价值增值链跨越多个行业，嵌入其中的是每个行业内各个企业的价值链。

图9-1 从原材料到顾客的价值增值链的四个阶段

作为价值增值链概念的一个例子，思考一下个人计算机生产过程中每个行业中的企业是如何为最终产品的产生而做出贡献的（见图9-2）。链条的第一阶段是原材料企业，它们生产特殊的陶瓷、化学品以及金属。比如，日本京瓷公司（Kyocera）为半导体生产陶瓷底座。然后，这些处于链条第一阶段的公司把它们的产品卖给个人计算机零部件生产商，如英特尔和AMD，这些零部件生产商再将采购来的陶瓷、化学品和金属加工成个人计算机零部件，如微处理器、硬盘驱动器和内存芯片。在这个过程中，它们对采购来的原材料进行了增值。在第三阶段，这些个人计算机零部件又被卖给个人计算机组装公司，如苹果、戴尔以及惠普等，这些企业进而将个人计算机零部件组装成最终的个人计算机，也就是对购买的零部件进行增值。在第四阶段，加工完的个人计算机要么通过网络直接卖给最终顾客，要么卖给诸如百思买和史泰博等零售商，进而将产品分销和出售给最终顾客。由于分销和出售个人计算机的公司可以让顾客接触到产品，从而可以为顾客提供服务和支持，因此它们也为产品增加了价值。

这样在从原材料到顾客的链条中的每个阶段，不同行业的企业都为产品增加了价值。从这个角度来看，纵向一体化要求企业必须做出选择，即企业应该在从原材料到顾客这一链条中的哪个或哪些行业中经营和参与竞争。企业究竟做何选择取决于在价值链中的某个阶段的现有业务会如何提升产品差异化或降低成本,下面我们将对此进行讨论。

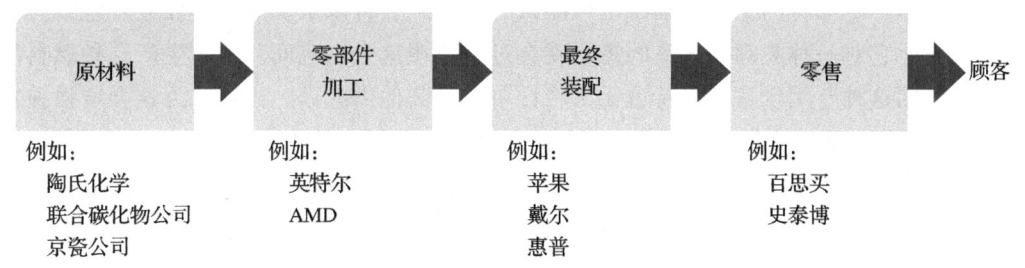

图 9-2　个人计算机行业从原材料到顾客的价值增值链

9.3.1　通过纵向一体化提高盈利能力

正如前面提到的,为了强化原有核心商业模式以提升竞争地位,企业会进行纵向一体化。[1] 当纵向一体化能够满足以下条件时就可以提升产品差异化、降低成本、降低行业内的竞争强度:促进专用资产投资、提高产品质量、优化顺序。

1. 促进专用资产投资

专用资产旨在用于执行某一特定任务,而在次优用途上其价值将显著降低。[2] 这项资产可以是一个对某公司有特定用途的设备,或者企业或员工通过培训和经验获得的专业知识和技能。企业之所以投资于专用资产,是因为这些资产可以使企业降低成本或者更好地实现产品差异化。例如,丰田公司投资于高度专业化的技术,从而使企业开发出比竞争对手质量更高的产品,苹果公司也是如此。因此,专用资产可以帮助企业在业务层面获得竞争优势。

正如企业使用投资于本行业内的专用资产来构建竞争能力一样,供应商也有必要对生产某一特定需要的投入品进行专用资产投资。通过投资于这些资产,供应商可以生产高质量的投入品,从而能够给顾客带来差异化的优势,或者可以以更低的成本生产投入品,进而能向顾客索取更低的价格来保持业务。然而,对于处在原材料到顾客的价值增值链上相邻阶段的企业,要说服它使其投资于专用资产往往是比较困难的。为了获得专用投资带来的利益,一个企业通常需要进行纵向一体化,进入相邻行业中并自我投资。为什么会出现这种情况呢?

想象一下,福特开发了一种独特的燃料注入系统,这种系统可以大幅度地提高燃料利用率,从而将福特的汽车与竞争对手的汽车区别开来,福特借此获得竞争优势。福特这时需要决定,是自行生产该系统(纵向一体化),还是将该生产任务外包给一个独立的供应商来生产。生产这种新系统需要大量资金投资于专用设备,而这种专用设备又只能为一种目的而使用。换句话说,由于它的独特设计,这种设备不能用来为福特或任何其他汽车制造商生产任何其他类型的燃料注入系统。因此,这是一种专用资产的投资。

我们再从独立供应商的角度来考虑,决定是否要做出这项投资。供应商或许会认为一旦它做出了这项投资,它的业务就需要依赖福特了,因为福特是唯一需要由这种专门设备生产的燃料注入系统的客户。供应商会意识到,这将使福特在谈判中处于一种有利的地位,而福特可以利用这种地位优势来压低价格。考虑到这种投资带来的风险，供应商可能会拒绝投资于这种专用设备。

再来考虑一下福特的立场。福特也可能认为，如果它将该系统的生产任务外包给一个独立的供应商，它对一种关键投入品的需要就会过于依赖这个供应商。由于生产这种燃料注入系统需要使用这种专用设备，福特也无法将订单转给其他供应商。福特认为这会增强独立供应商的议价实力，而这个供应商可能会利用这种实力索要更高的价格。

这种由投资专用资产所导致的相互依赖的情况，会使福特不太愿意将该产品交由高效的供应商生产，同样也使供应商不太愿意承担这种风险性投资。这个问题源于缺乏信任，即福特和供应商都不相信对方在这种情况下会规规矩矩办事。信任的缺乏源于被**要挟**（holdup）的风险，也就是一旦对专用资产进行了投资就会被贸易伙伴利用。[3] 由于这种风险的存在，福特认为，获得这种新的燃料注入系统最安全的方式就是自己生产。

从该案例推而广之，如果获得竞争优势要求一个公司投资于专用资产，这样才能同另外一家公司进行交易，要挟的风险则是一个制约因素，从而导致无法开展该项投资。结果就是，企业可能会失去专业化带来的更高的盈利能力潜力。为了防止这种损失，企业往往在价值增值链上通过纵向一体化进入相邻的阶段。从历史上来看，围绕专用资产的问题往往驱使汽车制造商进行后向一体化，进入零部件生产领域；驱使钢铁企业进行后向一体化，进入矿石生产领域；驱使计算机企业也进行后向一体化，进入芯片生产领域；驱使制铝企业进行后向一体化，进入铝土矿开采领域。这样的企业通常会进行**渐进式整合**（tapered integration），从而使公司生产一些投入并购买一些投入。从供应商那里采购部分或大部分需要的产品可以使企业利用市场的优势（例如，从相互竞争提高质量或降低产品成本的供应商中进行选择）。同时，通过内部生产满足一些投入需求，降低被供应商要挟的可能性来提高公司的议价能力。从事投入生产的公司也能更好地评估该投入的外部供应商的成本和质量。[4]

2. 提高产品质量

通过进入价值增值链其他阶段的行业，企业可以提高核心业务的产品质量，加强其差异化优势。例如，控制零部件（如前例中的燃料注入系统）的可靠性和性能，可以提高企业在豪华车市场的竞争优势，使其可以索取高价。香蕉行业的情况也说明了纵向一体化在保持产品质量方面的重要性。历史上，进口香蕉的食品企业面临的一个问题是，进口进来的香蕉质量不可靠，送到美国货架上的香蕉要么是熟过了，要么是不够熟。为了改善这一问题，像通用食品（General Food）这样的美国主要食品公司就进行了后向一体化，收购了香蕉种植园，这样它就可以对香蕉的供应进行控制了。因此，它现在就可以在最佳的时间来分销和销售统一质量标准的香蕉，从而更好地满足顾客需求。一旦顾客知道他们可以信任这些品牌的质量，他们就愿意支付更高的价格获得该产品。这样，通过后向一体化而拥有香蕉种植园的所有权，香蕉公司建立了顾客信心，这反过来使得它们可以索取更高的价格。

同样的考虑也可以促进前向一体化。如果要保持复杂产品必要的售后服务标准，拥有零售店就是必要的。例如，20 世纪 20 年代，柯达拥有自己的零售店来分销摄影器材，因为它感到没有多少零售店具有销售和服务其产品的技术。截至 20 世纪 30 年代，柯达认为它不再需要拥有自己的零售店了，这是因为其他零售商已经开始能够为柯达的产品提供满意的分销和服务。于是，它从零售业退出。

麦当劳使用纵向一体化战略来确保产品质量并提高效率。20世纪90年代，麦当劳面临的一个问题是：经过几十年的迅速发展，快餐市场开始出现市场饱和的信号。麦当劳的反应是迅速减缓国外扩张。1980年，新开连锁餐馆中28%是在国外；1990年，已增加到60%；到2000年，增加到70%；2014年，麦当劳在美国国内有14 350家连锁店，21 908家连锁店开遍美国以外的110个国家和地区。[5] 对于麦当劳价值创造技巧的复制是成功进行全球扩张的关键，是麦当劳在本国以及国外经营成长的支柱。麦当劳在美国的成功是基于一套与供应商紧密联系的定式，是国家范围的市场营销和对连锁店经营程序的紧密控制。

麦当劳面临的最大的全球问题是在其他国家复制了美国的供应链。它的国内供应商非常忠于公司，因为它们的命运与麦当劳的成功是紧密相连的。麦当劳对于所使用的原料采用非常严格的规定，这是它保持一致性和质量控制的关键。而在英国，麦当劳在让当地面包店制作汉堡面包上遇到了问题。在经历了两个当地面包店的问题后，麦当劳使用纵向一体化的后向一体化战略，建立了自己的面包店供应给英国零售店。当麦当劳决定在俄罗斯开店时，它发现当地供应商无法生产出符合麦当劳要求质量的原料。它便实施纵向一体化战略，通过当地的食品行业，进口土豆种子，播种并间接管理日常农场、放牧、蔬菜种植等。它还需要花费巨大成本建设世界最大的食品加工厂。在南美，麦当劳还购买了巨大的阿根廷牧场，用于饲养本部使用的牲畜。简言之，纵向一体化战略使麦当劳确保了产品质量，降低了全球成本。[6]

3. 优化顺序

有时，当纵向一体化带来更快、更容易和更具成本效率的计划、协调和产品转移（比如原料和零部件在供应链相邻阶段转移）时，一些重要的战略优势可能由此而获得。[7] 当企业想实现JIT存货系统的好处时，上述优势可能是至关重要的。例如，20世纪20年代，福特的后向一体化就允许其从生产线紧密的协调和安排中获利。福特后向一体化进入了钢铁铸造、铁矿运输和铁矿开采（位于密歇根北部）行业。福特的运送能力非常协调，卸在大湖区福特钢铁铸造厂的铁矿石在24小时之内就会被加工成发动机组，这使福特的成本得以降低。

9.3.2 纵向一体化面临的问题

纵向一体化通常用来强化企业的商业模式，提高利润水平。然而，当纵向一体化导致如下情况发生时，相反的情况可能出现：成本上升、技术迅速变化、需求难以预测。有时候这些不利情况相当严重，以至于纵向一体化造成利润水平降低，而不是提升。在这种情况下，企业就不再纵向整合，而是退出与行业价值链相邻的行业。例如，曾经高度纵向一体化的福特，当更有效的特种钢产品出现并能够以低价格供应时，便毅然卖掉了其涉及的所有铁矿开采和炼钢企业。

1. 成本上升

虽然纵向一体化通常会使企业的成本降低，但如果企业不断犯错误，比如企业不顾独立的外部供应商能以低价提供同样的原料，而一意孤行地从自己旗下的供应商那里购买原料，那么企业的成本也会上升。例如，几十年来，通用汽车自己旗下的供应商为其汽车提供了60%的零部件，这一数字高过其他所有的汽车制造商，这也使通用汽车成为全球成本最高的汽车制造商。2000年，它不再纵向整合，卖掉了许多大型零部件公司，如它的电子元件供应商德里（Delhi）。由此看来，当公司旗下供应商的成本变得比其他独立供应商的成本更高时，纵向一体化战略就成了主要劣势。那么，公司旗下供应商是如何发展成高成本结构的呢？

例如，公司旗下的供应商或内部供应商知道，它们总是可以把零部件卖给自己公司的汽车制造部门——它们拥有一个稳定的顾客。当公司旗下的供应商不必与独立的供应商争订单时，它们就没有动力去寻找降低成本和提高质量的方法。事实上，内部供应商会把任何成本增加以更高的**转移成本**（transfer prices，企业内部的一个部门向另一个部门索要的产品价格）的形式简单地传递给汽车制造部门。相反，独立的供应商不得不持续地提高效率以维持其竞争优势，而内部供应商无须面对如此的竞争，结果就是上升的成本降低了整个公司的利润水平。

官僚成本这一术语指的是，解决由管理无效率引起的交易困难问题，以及对业务单位之间，为了促进差异化和降低企业成本结构而进行的交易或管理产生的成本。官僚成本之所以变成企业成本结构的重要组成部分，是因为要降低或消除管理无效率需要耗费的大量管理时间和努力，比如由企业旗下的供应商失去提高效率和创新的动力而引起的管理无效率就是如此。

2. 技术迅速变化

当技术迅速发生变化时，纵向一体化可能会把企业桎梏于陈旧、无效的技术，制约其向能够强化商业模式的新技术转变。[8]让我们看一看索尼公司，它因采用后向一体化战略而成为用于电视和电脑显示器上的阴极射线管（CRT，现在已经过时了）的领先制造商。由于索尼停留在过时的CRT技术上，所以它很晚才认可未来的宽屏液晶二极管（LCD）屏，而没有退出CRT业务。索尼对改变技术的抵制迫使它进入与三星的战略联盟，以获得用在自己BRAVIA电视上的LCD屏。结果，索尼失去了竞争优势，导致了大部分市场份额的丢失。这样，当纵向一体化阻止企业采用新技术或阻止为了与技术变化相适应而使供应商或分销系统变更时，它就变成了不折不扣的不利情况。

3. 需求难以预测

假设企业核心产品（如汽车和洗碗机）的需求可以预测，而且企业知道每月或每年需要制造多少单位的产品。在这样的条件下，由于能够让企业安排和协调沿着价值增加链的产品流，因此纵向一体化会带来本质上的成本节约。然而，假设汽车或洗碗机的需求是大幅波动而且难以预测的。这时，如果汽车的需求骤然下降，汽车制造者可能会意识到将不再需要其仓库内的全部零部件，这成为利润水平下降的罪魁祸首。因此，由于沿着价值增值链的产品数量或产品流难以管理，所以当需求难以预测时，纵向一体化的风险可能会很大。

例如，一家个人计算机制造商可能后向一体化收购一家芯片供应商，这样它可以精确它每月所需要的芯片数量。然而，如果移动计算设备的受欢迎程度下降而导致需求量下降，以至于个人计算机制造商发现由于无法以最大产能生产，所以被锁定在现在已经无效的业务中，其成本也会上升。高速环境变化（如技术变革、客户流动的变化以及制度规范或竞争动力的重大变化）对整合起到阻碍作用，因为该公司的资产投资有更快过时的风险。很明显，战略管理者必须对在价值增值链上后向（向上游）或者前向（向下游）进入相邻行业，来扩张企业边界这一手段的优势和劣势进行仔细评估。尽管先前进入制造重要零部件的新行业可以赚取更多的利润，然而由于全球许多低成本的零部件供应商参与竞争，这一做法就没有任何经济意义了。纵向一体化投资的风险和收益必须不断地被评估，此时企业既愿意纵向非一体化也愿意纵向一体化，以强化其核心商业模式。最后，部分纵向一体化可能比全面纵向一体化的官僚成本更低，这是因为部分纵向一体化给内部供应商创造了削减营业成本的动机，注意到这一点很重要。不过，可以有其他方式来实现这一点，下面将会讨论。

9.4 纵向一体化的替代选择：协作关系

既获得由纵向一体化带来的差异化和成本节约，又不必承担与这一战略相关的问题和成本，这可能吗？换句话说，除了纵向一体化，还有其他的公司层战略，既可以让管理者实现纵向一体化优势，又可以让其他企业进行上下游活动（自己不参与）吗？如今，很多企业已经发现，它们能够实现许多与纵向一体化相关的好处，靠的是与沿着价值增值链行业中的企业达成长期的协作关系，也称为**准一体化**（quasi integration）。这种举措可能包括分担生产资产或库存投资费用，或提供长期供应或购买担保。苹果公司决定为其供应商投资生产设备就是一个很好的例子（见结篇案例）。

9.4.1 短期合同和竞争性报价

很多企业使用持续一年甚至更短的短期合同来确定从供应商那里购买的原材料或零部件，或者向分销商销售产品的价款和条件。一个典型的例子是，汽车制造商使用竞争性报价战略，让众多独立的供应商竞相成为企业的特定零部件的供应商，在细节上以相对最低的价格达成一致。例如，通用汽车一般邀请来自全球的生产特定零部件的供应商出价，并与提出最低报价的供应商签订一年的合同。一年合同到期以后，再一次通过竞争性报价形成合同，最低成本的供应商将更有可能赢得合同签订机会。

通用汽车这一战略的优势是，迫使供应商在价格上竞争，这可以降低其投入的成本。不过，通用汽车对单个供应商没有长期承诺，这将会导致谈判过程变得艰难。由于这个原因，预期的供应商很可能不愿大量投资于专用资产，而这些专用资产恰恰是生产高质量和优良的零部件所必需的。而且，它们也会拒绝很紧凑的时间安排，虽然这将促使通用汽车获得来自JIT库存系统的效益，但这增加了供应商的经营成本，从而降低其利润水平。

结果，由于企业缺乏对供应商的长期承诺，导致供应商可能拒绝投资于专用资产，这样，企业就难以实现差异化和成本优势。当然，当对紧密合作的需要微不足道，或是改善产品质量、降低成本不需要对专用资产进行投资时，这也就不再是问题。在这样的情况下，竞争性报价可能是最优的战略选择。然而，当上述需求可观时，竞争性报价战略可能具有重大缺陷。

9.4.2 战略联盟与长期合同

不同于短期合同，购买商与供应商间的**战略联盟**（strategic alliances）是长期协作关系，两家公司都同意进行专用资产投资并承诺合作以寻求降低成本或提高产品质量的方法，从合作关系获利。靠建立长期稳定的关系形成战略联盟，是纵向一体化的一种替代选择；它允许两家企业以同样的方式分享纵向一体化带来的利益，同时能避免管理价值增值链上的相邻行业所带来的问题（官僚成本），例如，公司旗下供应商因动力欠缺而管理无效的问题，以及即使技术在迅速变化，但公司仍锁定于旧技术的问题等。

让我们看看几十年前很多日本汽车制造商与其零部件供应商（看板系统）达成的协作关系。汽车制造商及其供应商一起努力找出使价值增值的方式——例如，靠合作实施 JIT 库存系统，或分享改善质量和降低装配成本的零部件设计。作为这一过程的一部分，供应商在专用资产方面进行实实在在的投资，以更好地服务于特定的汽车制造商，由此产生的任何成本节省由汽车制造商和供应商共同分享。这样，日本的汽车制造商已经能够获得很多纵向一体化的利益，而无须进入新行业并拥有新企业。

类似地，零部件供应商也能获益，这是因为随着它们供应的顾客（企业）的成长，它们的业务和利润水平也会增长。它们可以用它们的利润投资更多的专用资产。[10] 零部件供应商将计算机芯片外包给大量台湾地区的半导体制造公司就是一个有趣的例子，它们为 NVIDIA、宏碁和 AMD 等许多公司制造芯片。建造具有先进水平的芯片工厂所必需的投资成本超过 100 亿美元。台湾地区的半导体制造公司能够进行如此巨额（且有风险）的投资是由于它与计算机芯片合作伙伴的长期协作关系。各方都认识到它们可以从外包合作中获益。由于各方都想实现利润最大化并降低风险，所以台湾地区的半导体制造公司与计算机芯片公司之间就不会有激烈的讨价还价。

9.4.3 建立长期合作关系

考虑到当一家企业为了与其他企业交易而投资于专用资产时，它对欺诈的恐惧度及被欺诈的可能性就会提高，一家企业如何与另一家企业建立长期稳定的战略联盟呢？像通用汽车和尼桑这样的企业是如何设法与供应商发展出如此持久的互利关系的呢？

要确保长期合作关系的成功，减少一家企业背离协议，试图欺骗另一家企业的机会，企业可以采取几个策略。其中一个策略就是，对投资于专用资产的企业来说，它需要取得来自其合作伙伴的一个抵押品。另一个策略是，双方达成一个可靠的承诺，以建立长期信任关系。[11]

1. 取得抵押品

取得抵押品（hostage taking）本质上是确保合作伙伴在交易中获取议价实力的手段。波音和诺思罗普（Northrop）之间的合作关系就反映了这一情况。诺思罗普是波音商用飞机部门的主要承包商，为波音提供了很多零部件。为了满足波音的特殊需求，诺思罗普必须进行大量的专用资产投资。理论上，由于上述投资，诺思罗普不得不依赖波音，波音则可以通过将转到其他供应商作为资本，向诺思罗普要求低价。然而，实际上波音几乎不可能这么做，这是因为波音对诺思罗普的防卫部门来说也是一个主要的供应商，波音为其隐形轰炸机提供很多零部件。为了满足诺思罗普的需求，波音也必须进行重要的专用资产投资。这样，两家企业是相互依赖的。波音不可能违背与诺思罗普的任何价格协议，因为它知道，如果这样做的话，诺思罗普也会以牙还牙。两家企业都有来自对方的抵押品，即对方企业做出的专用资产投资，这可以保证双方都不会试图背叛先前的价格协议。

2. 可靠的承诺

可靠的承诺（credible commitment）是支持企业间长期关系发展的可信允诺或保证。要理解可靠性的概念，我们可以看一看下面通用电气和IBM的关系。通用电气是IBM高级半导体芯片的主要供应商，很多芯片是IBM定制的。为了满足IBM特殊的需求，通用电气不得不在专用资产上进行大量投资，而这些资产除此之外没有其他价值。结果，通用电气依赖IBM，承担IBM利用这种依赖进而降低价格的风险。不过，通用电气也让IBM签订了一个合同，让IBM承诺连续十年从通用电气购买芯片，用此办法降低风险。另外，IBM同意分担开发定制芯片所需的专用资产的成本，因此减轻了通用电气的投资负担。这样，把公开的承诺置于长期合同之中，并在芯片开发过程中投入一部分资金，靠这样的方法，IBM做出了持续购买来自通用电气的芯片的可靠的承诺。当一个公司违反与其伙伴的可靠承诺时，其后果不堪设想，正如我们在"战略行动9-2"中所讨论的。

3. 维持市场纪律

就像企业追求纵向一体化面临的内部供应商惰性和无效率的问题一样，与其他生产零部件的企业建立战略联盟的企业，要承担如下风险：由于与自己联盟的企业变得日益松懈和无效率，造成成本上升。之所以会有这样的风险，是因为这些供应商明白它们不必与其他供应商竞争企业的业务。结果是，企业想要寻求建立长期的战略联盟，就需要拥有某种力量，用此来约束合作伙伴（如果需要的话）。

针对供应商带来的这种风险，企业有两个绝招。第一，包括长期合同在内的所有合同需要定期签订，通常是每隔3～5年，也要让供应商知道，如果无法完成承诺，企业可能会拒绝续签合同。第二，一些企业使用**平行来源政策**（parallel sourcing policy）与供应商建立长期关系，也就是说对于同一零部件，它们与两家供应商达成长期合同（就像丰田的做法一样）。[12] 这样的安排为企业应对不合作的供应商提供了保障，这是因为供应商明白，如果它未能履行协议，企业可以把所有的业务转向另一家供应商。这一威胁几乎无须付诸实施（就能实现目的），这仅仅是因为如下事实：企业及其供应商明白，平行来源政策正在发挥作用，一个供应商在短时间内就可以被替换，这也为企业和供应商之间的关系注入了市场规律的元素。

JIT库存系统作为降低成本、提升质量和强化差异化的方式，其重要性日益凸显，由此，在广泛的领域建立战略联盟的压力也与日俱增。战略联盟的数量，特别是全球性战略联盟的数量逐年上升，原因是马来西亚、韩国和中国的全球低成本供应商的存在，使得纵向一体化越来越不流行。

战略行动 9-2

eBay 改变对卖家的承诺

自从 1995 年 eBay 创建以来，有成千上万的卖家在其网站上进行广告和销售，并且它一直在培养与卖家的良好关系。然而随着时间的推移，eBay 为了增加收入和盈利，逐渐提高卖家在其网站陈列产品、插入图片、使用在线支付服务所需缴纳的费用。尽管这样做降低了卖家的利润率，从而引起了一些卖家的不满，但 eBay 继续进行其他广告宣传以吸引更多买家关注其网站，这样卖家可以得到更好的卖价，也提高了他们的总体利润。结果，卖家中大部分仍然对 eBay 的收费结构感到满意。

当一位新的首席执行官约翰·多诺霍接替了将 eBay 建设成为网站巨头的长期首席执行官梅格·惠特曼的职位时，这些政策发生了改变。到 2008 年，eBay 的利润增长速度令投资者感到不满，股票价格随即跌落。为了提升业绩，多诺霍的首要行动是对 eBay 的收费结构和反馈政策进行全面改革。新的收费结构将减少当前卖家的陈列成本，但增加了已完成销售和支付的后端佣金。对小型卖家来说，他们的利润已经很微薄，这些收费的增加对他们来说是难以承受的。另外，eBay 还声称今后它会阻止那些给予买家差评（如买家没有对此次购买付款，或买家很长时间才付款等）的卖家。eBay 的反馈系统的开发是它成功的源泉。它使得买家确信他们在与有信誉的卖家交易，反之亦然。所有的卖家和买家都有反馈分数，使他们的业务有好坏之分。这些得分有助于降低在线交易产生的风险。多诺霍声称这种改革的实施是为了改善买家的体验，因为许多买家抱怨如果他们给予卖家差评，卖家也会给买家差评。

然而直到 2009 年，这些改革导致了 eBay 与成千上万卖家之间的冲突，因为卖家认为他们被这些改革所害。他们糟糕的情绪演变成一场反叛。所有互联网上的博客和论坛都充斥着这样的消息，声称 eBay 抛弃小型卖家并正在将他们赶出市场，取而代之的是对 eBay 盈利贡献更大的大型卖家。多诺霍和 eBay 收到了大量的敌意电子邮件，卖家还威胁称他们要将业务转到别处，例如两个试图进入 eBay 市场的公司——亚马逊和雅虎。卖家还组织了为期一周的联合抵制行动，以不陈列产品来表达他们的不满和敌意。许多卖家确实关闭了他们在 eBay 的在线店面，转到了亚马逊，亚马逊 2011 年宣布其网站的月浏览量和点击率首次超越 eBay。eBay 与卖家的承诺底线急剧下降。eBay 因改革而酿成的苦果使未来的业绩遭到重创。

意识到这种改革的效果适得其反，多诺霍回顾这次事件的历程，取消若干收费，增加并修改了反馈系统，卖家和买家可以以一种公正的方式提出评价意见。这些改变的确改善了卖家的敌意，并抚平了卖家对 eBay 的敌对情绪，但以前 eBay 与卖家共享的团队关系大部分消失了。这个例子表明，寻找维护协作关系的方法，如通过提前试水，询问卖家对收费的看法以及对改革的反馈，可以避免许多由此产生的问题。

资料来源：www.ebay.com.

9.5 战略性资源外包

要强化企业的核心商业模式，纵向一体化和战略性资源外包都是管理跨行业价值链的可选方式。不过，由于低成本的零部件供应商存在，当今许多专业公司能够作为公司自身价值增值活动中的某一环节存在，以这样一种方式推动企业实现差异化优势或降低成本。例如在结篇案例中，苹果公司发现通过中国的富士康公司组装其手机不仅可以节约成本，而且可以快速吸收设计变化并扩大生产。

战略性资源外包（strategic outsourcing）是企业决定把一个或多个价值链活动或职能交由一些独立的专业公司来完成，这些专业公司把所有的技能和知识仅仅用于一种类型的用途，如制造职能，或者也可能仅仅是某种职能表现出来的一种活动。例如，很多企业往往把退休金系统的管理外包，而把其他人力资源管理活动保留在企业内部。当企业选择把某种价值链活动外包时，它选择的往往是缺乏价值创造能力的活动，以此来强化其商业模式。

很多企业已经开始把管理者认为非核心、非战略性的活动外包，这意味着这些活动不构成企业独特竞争能力和竞争优势的来源。[13] 现在，大多数公司把制造或一些其他价值链活动外包给国内外公司。据估计，在降低成本的压力下，全球生产制造的60%都外包给了制造专业公司。进行外包的知名企业包括：耐克（已经不制造运动鞋）、盖普（已经不生产牛仔裤和服装）及微软（不再做Xbox游戏机控制台）。它们的产品在合同的约束下在全球低成本的地方生产组装。

尽管制造可能是最流行的战略性资源外包形式，但其他一些非核心的活动也会被外包。微软已经把其整个顾客技术支持业务长期外包给独立的公司，戴尔也是如此。两个企业在印度都有大量的顾客支持业务，印度的雇员技术精湛，但需要支付的报酬只是美国同类雇员的零头。英国石油公司几乎把所有的人力资源管理职能外包给了Exult公司（一家位于美国圣安东尼奥的公司），合同价值6亿美元，为期5年；几年以后，Exult获得了10年11亿美元的合同，负责管理美国银行15万名雇员的人力资源管理活动。类似地，美国运通（American Express）以7年价值40亿美元的合同把所有的IT职能外包给IBM。北美的IT外包市场总价值超过2 500亿美元。2006年，IBM宣布，它正把其购买职能外包给一家印度公司，这样每年可以节省20亿美元，此后，它的外包量继续增加。例如，2009年，IBM宣布解雇美国5 000名IT雇员，转而把工作交给印度公司。[14]

企业进行战略性资源外包，用这种方法强化其商业模式，提高利润水平。战略性资源外包的过程一般以战略管理者识别出构建企业竞争优势基础的价值链活动为起点，而这些价值链活动显然应该留在企业内部，以免竞争对手模仿。然后，管理者系统地审查各种非核心职能，评估这些职能由专门从事这些活动的企业去行使是否会更有效。因为这些企业专门从事特定活动，它们能够以更低成本或更加差异化的方式从事这些活动。如果管理者认为外包存在差异化或成本优势，他们就会把这些活动外包给专业公司。

图9-3表明了企业实施战略资源外包前后基本价值链活动和企业边界的情况。在这个例子中，企业决定把生产和客户服务职能外包给专业公司，企业内仅留下研发以及市场营销和

销售职能。一旦实施了资源外包,本企业与专业公司之间的关系就可以概括为长期合同关系,丰富的信息在本企业和签订合同的专门组织之间共享。**虚拟企业**(virtual corporation)这一术语,用来形容实施广泛的战略性资源外包的企业。[15]

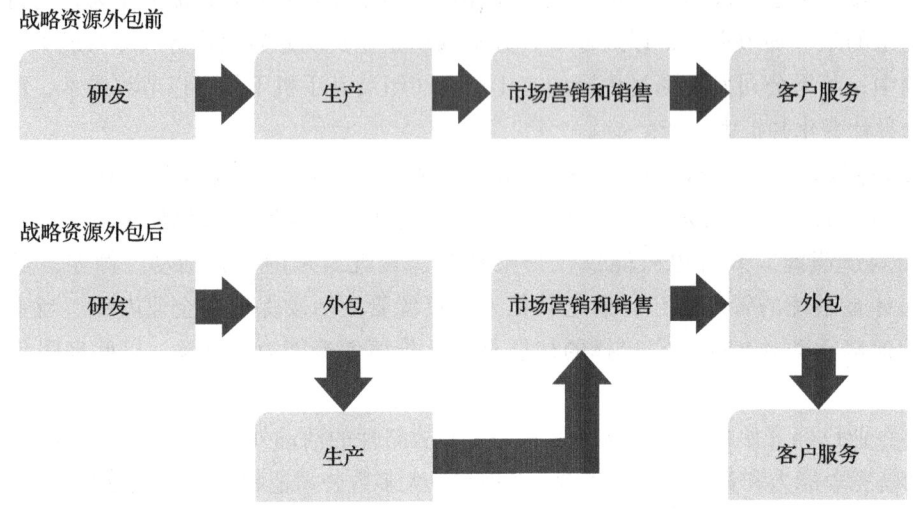

图 9-3　战略性资源外包基本价值链活动和企业边界的情况⊖

9.5.1　战略性资源外包的好处

战略性资源外包有以下几个好处。它有助于企业:降低成本;提高差异化水平;[16]强化核心竞争力。

1. 降低成本

当必须付给履行特定价值链活动的专业公司的资金,少于企业自己(内部)履行这一活动耗费的成本时,战略性资源外包可以降低成本。专业公司比企业自己在履行某活动时往往耗费的成本更低,这是因为专业公司能够实现规模经济或其他效率。例如,履行人力资源管理活动,比如支付和报酬系统,需要在复杂的人力资源管理信息技术上进行不菲的投资,对一家企业来说,购买 IT 代表着巨额的固定成本。但是,通过把很多单个企业对人力资源管理信息技术的需要汇集在一起,专门从事人力资源管理的企业,如 Exult 和 Paychex,在 IT 方面可以获得单个企业不可能实现的规模经济。这些成本节省中的一部分会以低价格的形式传递给委托企业,这降低了它们的成本。这一机制在制造业务外包中也可发挥作用。再如,专门的制造商如富士通、伟创力和捷普电路斥巨资建立了有规模效率的制造设施,然后可以用巨大的产出数量来分摊资本支出,降低单位成本,从而能够生产特定的产品,如苹果的 iPod 和摩托罗拉的 XOOM,生产成本比原企业还低。

专业公司也可能比仅为自己履行活动的企业更快地获得与学习效应相关的成本节省("学习效应"相关内容见第 4 章)。例如,像伟创力这样的企业为几个不同的企业生产相似的产

⊖ 译者根据原文表述对此图进行了修改。——译者注

品，因此能够很快建立起数量上的积累，比任何委托企业都能更有效地学习如何管理和经营制造过程。这不但能降低专业公司的成本，而且能使专业公司向委托企业索要的价格比委托企业自己生产的价格更低。

专业公司也往往能够以比其他企业更低的成本履行某个活动，这是因为它们位于全球低成本的区位。例如，在中国，富士康工人组装苹果手机每天收入不足17美元，如果将其转移到美国生产需要大概65美元。[17] 同样，耐克之所以把跑鞋的制造外包给中国的鞋厂，也是因为中国更低的工资率。尽管自2010年以来工人的工资已经翻番，但是中国的专业公司如今能够以比在美国制造低得多的成本生产跑鞋。尽管耐克本可以在中国建立自己的业务来制造跑鞋，但这需要大量的资本投资，并会限制其向成本更低的地区（如越南）的生产转移能力。许多公司因为越南的工资更低而向那里转移。所以，对耐克和大多数其他消费品企业来说，把制造活动外包，既能降低成本，又能保持灵活性，即使劳动力成本变化，也能转移到更合适的地区，这是处理生产最有效的方式。

2. 提高差异化水平

通过把某种非核心活动外包给专业公司，企业也可能更好地使其最终产品差异化。为了让这种情况发生，专业公司履行活动的质量必须比本企业履行同样活动时更优秀。例如，在质量的可靠度量方面，专业公司在准确履行活动过程中，可能实现更低的废品率，这是因为专业公司只关注这一项活动，并且在这一领域发展出了强有力的独特竞争力。另外，就是合同制造商本身的优势。像创伟力这样的企业，已经开发了六西格玛方法（见第4章），降低了与产品制造相关的瑕疵率。这样，它们能够为委托方生产以卓越质量为基础的更可靠的产品，这能够使产品更好地差异化。

当专业公司在质量度量方面独树一帜时，向专业公司的外包还有助于企业提高产品差异化水平。例如，戴尔在美国顾客服务方面的杰出表现就是一种差异化因素，而且戴尔把PC维修和维护职能外包给专业公司。从戴尔那里买了产品并面临问题的顾客可以通过电话获得良好的帮助，如果证明计算机上的零部件存在故障，几天之内，一位维护人员就会被派去更换这一零部件。在这一服务方面的良好表现使戴尔脱颖而出，有助于确保顾客重复购买，这也是惠普千方百计也要达到戴尔标准的服务质量的原因。以类似的方式，汽车制造商会把特定种类的汽车零部件，如微晶片和前大灯的设计活动，外包给在这些特定种类设计方面威名远扬的专业公司。

3. 强化核心竞争力

战略性资源外包的最后一个好处是，它允许企业管理者把精力和企业资源用于那些具有最大的创造价值和竞争优势潜力的核心活动。换句话说，企业可以强化核心竞争力，进而外推价值创造边界，为顾客创造更多的价值。例如，思科之所以能在互联网路由器行业中保持领先地位，是因为它致力于建立在产品设计、营销和销售以及供应链管理方面的竞争能力。一些对行业竞争优势来说很重要的核心活动，企业对它们予以关注能够更好地降低履行这些活动的成本，进一步使最终产品更具差异化优势。

9.5.2 战略性资源外包的风险

虽然把非核心活动外包具有很多好处，但同样有风险相随，比如被要挟的风险、增加竞争对手的风险，以及重要信息丢失和丧失学习机会的风险。在一个特定活动外包之前，管理者必须评估这些风险，尽管采取合适的措施可以降低这些风险。

1. 被要挟的风险

此处所谓的被要挟的风险指的是，企业会变得过度依赖于承包活动的专业公司，专业公司利用这一事实背弃先前的协议而提高要价的风险。和战略联盟一样，被无理要价的风险可以通过外包给几个供应商和实施平行来源政策来降低，就像丰田和思科所做的那样。而且，当几个不同供应商中的任何一个能够更好地履行活动时，合同在未来将不被续签的威胁通常足以避免选定的供应商与企业讨价还价。例如，尽管IBM与相当广泛的企业达成提供IT服务的长期合同，但它几乎不可能在签订合同之后提高要价，原因是它很清楚这样的行为将会降低在将来续约的机会。而且，由于在IT服务领域，IBM有许多强有力的竞争对手，如埃森哲（Accenture）、凯捷咨询和惠普，所以IBM更愿意做的是给委托方带来可观的价值而不是无理要价。

2. 增加竞争对手的风险

企业雇用制造商进行生产有助于建立一个行业范围的资源，进而降低该行业的进入壁垒。在拥有高效率、高质量的制造商的行业，大型企业可能会发现，它们的规模不再能够为竞争压力提供保护，它们对固定资产的高额投资可能会成为制约因素，而不是优势的来源。[18] 此外，制造外包实质上是在帮助制造商描绘自己的学习曲线。随着时间的推移，制造商的能力不断提高，使其在企业中具有更大的制造优势。许多行业的制造商随着时间的推移扩大了其活动的范围，提供了更广泛的服务（如组件采购、可制造性再设计、测试、包装和售后服务），并可能生产自己的最终产品与客户竞争。例如，曾经承包美国和欧洲电子商品制造的制造商逐渐发展成为日本和韩国现在的电子制造巨头。

3. 重要信息丢失和丧失学习机会的风险

当企业把活动外包时，不够谨慎的企业可能会丢失重要的竞争信息。比如，很多计算机硬件和软件企业已经把顾客技术支持功能外包给专业公司。尽管从成本和差异化的角度来看，外包起到了很好的作用，但是这也可能意味着失去与顾客接触的关键点和重要的反馈来源。顾客的抱怨可能是重要的信息，对未来产品设计而言是富有价值的资料，但是如果从事顾客技术支持活动的专业公司不能清楚地把这些抱怨传递给企业，企业可能就会失去这些信息。同样地，自己生产的公司会获得技术改进的相关信息，从而降低成本或者生产更优质的产品。因此，外包生产的公司会丧失提高产品设计能力的机会，公司有可能变得"空洞"。[19] 但这不是反对外包的理由：在一定程度上，这是要确保外包的专业公司与本企业之间有良好的信息沟通。例如，戴尔花费了很大的精力确保负责提供技术支持和在线维护的专业公司把所有对产品的差评和其他问题的相关数据收集并传达给戴尔，以便戴尔能够设计出更好的产品。

本章小结

1. 一个公司层战略应该允许企业（或一个或多个业务单位），以更低的价格或带来差异化和溢价的方式，履行一个或更多的价值创造职能。
2. 横向一体化的公司层战略通过降低成本，依靠差异化提高企业产品的价值，复制商业模式，在行业内缓和竞争状态，以便降低价格战的风险，以及提升对供应商或买方的议价能力，来提高企业商业模式的盈利能力。
3. 与横向一体化相关的缺点有两个：与兼并和收购相关的各种误区；这一战略可能会使企业与反垄断当局陷入直接冲突的境地。
4. 纵向一体化可以提升企业在既有行业核心业务活动中的盈利能力，能通过帮助企业建立进入障碍、促进专用资产投资、维护产品质量以及优化价值链相邻阶段的顺序来促进企业获取竞争优势。
5. 纵向一体化的劣势包括：企业内部供应商的无效率会导致官僚成本上升；忽视能为企业创造资源和能力的潜在因素；对快速改变的环境缺乏灵活性。达成长期合作可以使企业无须承担相同程度的官僚成本，进而获得与纵向一体化相关的种种好处。然而，为了避免过于依赖合作伙伴的风险，企业需要寻求来自合作伙伴的可靠承诺，或者促成相互抵押的状态。
6. 外包非核心的价值创造活动可以降低企业成本，提高产品的差异化，充分利用稀缺资源，同时也能使企业对快速变化的市场条件做出迅速反应。然而，如果企业把重要的价值创造活动外包，或者对于关键供应商提供的这些活动过于依赖，战略性资源外包也会产生不利影响。

讨论问题

1. 在什么情况下横向一体化与利润最大化的目的是一致的？
2. 公司的内部价值链和行业价值链的区别是什么？纵向一体化与行业价值链的关系是什么？
3. 在过去，为什么GM和福特后向一体化进入零部件制造行业是有利可图的？两个企业现在又为什么都试图从外部供应商那里购买更多的零部件？
4. 公司会把什么价值创造活动外包给独立供应商？外包这些活动的风险是什么？
5. 如果一家企业要与其具有共同利益的供应商建立长期合作关系，你会推荐采取什么措施？

结篇案例

苹果公司的资源外包和纵向一体化

2011年2月，在"硅谷杰出人物"晚宴上，美国时任总统奥巴马问苹果公司的乔布斯："有哪些制造iPhone的工作将在美国开展？"乔布斯回答："这些工作不会回来。"苹果公司管理者认为海外工厂提供了优越的规模经济、灵活性、勤快的劳动力和熟练的工业技能。"美国制造"对苹果公司来说，没有任何意义。

以中国工厂对苹果公司需求的卓越响应为例，一位执行官描述了一个前段时间发生的事件，当时苹果公司在iPhone计划交付商店的前几周，就想对其iPhone生产进行改进。在最后一刻，苹果重新设计了屏幕，新屏幕在午夜到达中国工厂。幸运的是，8 000

名工人当时就在工厂宿舍里休息，他们被唤醒，在吃了点饼干并喝了些茶之后便投入了工作，在30分钟内就将玻璃屏幕装入了倒角框架。之后该厂每天都能生产10 000台iPhone手机。管理人员说："这样的速度和灵活性令人震惊，在美国没有任何一家工厂可以比拟。"

"富士康城"是iPhone组装的基地，拥有23万名员工，其中许多人每周工作6天，每天工作时间长达12个小时。富士康在亚洲、东欧、墨西哥、巴西等地开设了数十个工厂。据估计，富士康为世界40强企业组装消费类电子产品。除了苹果公司之外，它的客户还包括亚马逊、戴尔、惠普、摩托罗拉、任天堂、诺基亚、三星和索尼。富士康可以在一夜之间雇用数千名工程师，并将他们妥善安置，这是美国公司无法做到的。装配机器需要近8 700名工业工程师来监督制造iPhone所需的20万名装配线工人。苹果公司分析师估计，在美国可能需要9个月才能找到这么多合格的工程师，但在中国只需要15天。而且，中国的优势不仅在组装上，它还有提供整个供应链的优势，正如苹果公司执行官所说："整个供应链现在都在中国，你需要1 000个橡胶垫片？这是隔壁的工厂可以生产的。你需要100万个螺丝？那个工厂在隔壁街区。你需要那个螺丝有点不同？那可能需要三个小时。"苹果的64 000名员工中，近1/3是在美国之外。针对不支持本国就业的批评，苹果公司管理人员回答："我们的手机远销100多个国家，我们唯一的责任就是创造最好的产品。"

虽然苹果公司反映了战略性资源外包的机会，但它比大多数计算机或智能手机公司更加纵向一体化。苹果公司决定自己生产硬件和软件，把它们紧紧地捆绑在一起，并在自己的零售店售卖，这一决定有很多人知晓并展开了激烈争论。然而，纵向一体化并没有结束。苹果还花费数十亿美元购买了生产设备，用于装备将由其他人管理的、新的和现有的亚洲工厂（这是准纵向一体化的例子），然后要求这些工厂专门为苹果生产。通过提供前期投资，苹果公司在投资卓越的技术或规模时，为其供应商排除了大部分风险。几十年来，计算机和手机行业的特点是商品化和降低成本。供应商必须努力降低成本才能赢得竞争性投标，而标准化生产设施胜过专用设施，因为它们使得供应商能够通过与多个买家合作来平衡波动。这意味着大多数计算机和手机行业的供应商都可以生产出具有成本效益的硬件，而不是极其卓越的硬件。苹果公司在技术和能力方面的策略使其能够诱使其供应商对超出行业标准的技术进行专门投资，并拥有能够实现快速扩张的产能。最终的结果是，苹果公司开发出优异、灵活的技术，使其竞争对手无法匹敌。

微软似乎认识到了苹果公司控制设备设计和生产策略的优势，微软于2011年6月18日宣布，也将设计和生产自己的平板电脑。它还推出了专属的微软零售连锁店，看起来与苹果商店非常相似。然而，这一战略的成功远远没有得到保证。虽然微软可以模仿苹果公司的个别一体化战略，但它却缺乏紧密结合的生态系统，而苹果公司不仅已经围绕这些战略发展出了这样的生态系统，而且拥有几十年的实施经验。

资料来源：C. Duhigg and K. Bradsher, "How the U.S. Lost Out on iPhone Work," *New York Times*, January 21, 2012, p. 1; C. Guglielmo, "Apple's Secret Plan for Its Cash Stash," *Forbes*, May 7, 2012, pp. 116–120.

讨论题

1. 苹果公司将其生产外包给中国工厂的优势和劣势有哪些？
2. 在选择外包公司时，需要考虑哪些因素？
3. 苹果公司会因为什么将其生产转移回美国？
4. 为什么苹果公司比其他计算机公司采取更多的纵向一体化战略？
5. 有什么因素可以帮助或者阻碍微软获得苹果公司从纵向一体化中取得的优势？

注释

1. This is the essence of Chandler's argument. See A. D. Chandler, *Strategy and Structure* (Cambridge: MIT Press, 1962). The same argument is also made by J. Pfeffer and G. R. Salancik, *The External Control of Organizations* (New York: Harper & Row, 1978). See also K. R. Harrigan, *Strategic Flexibility* (Lexington: Lexington Books, 1985); K. R. Harrigan, "Vertical Integration and Corporate Strategy," *Academy of Management Journal* 28 (1985): 397–425; F. M. Scherer, *Industrial Market Structure and Economic Performance* (Chicago: Rand McNally, 1981).

2. O. E. Williamson, *The Economic Institutions of Capitalism* (New York: Free Press, 1985). For another empirical work that uses this framework, see L. Poppo and T. Zenger, "Testing Alternative Theories of the Firm: Transaction Cost, Knowledge Based, and Measurement Explanations for Make or Buy Decisions in Information Services," *Strategic Management Journal* 19 (1998): 853–878.

3. Williamson, *Economic Institutions of Capitalism*.

4. J. M. deFigueiredo and B. S. Silverman, "Firm Survival and Industry Evolution in Vertically Related Populations," *Management Science* 58 (2012): 1632–1650.

5. www.mcdonalds.com.

6. Ibid.

7. A. D. Chandler, *The Visible Hand* (Cambridge: Harvard University Press, 1977).

8. Harrigan, *Strategic Flexibility*, pp. 67–87. See also A. Afuah, "Dynamic Boundaries of the Firm: Are Firms Better Off Being Vertically Integrated in the Face of a Technological Change?" *Academy of Management Journal* 44 (2001): 1121–1228

9. K. M. Gilley, J. E. McGee, and A. A. Rasheed, "Perceived Environmental Dynamism and Managerial Risk Aversion as Antecedents of Manufacturing Outsourcing: The Moderating Effects of Firm Maturity," *Journal of Small Business Management* 42 (2004): 117–134; M. A. Schilling and H. K. Steensma, "The Use of Modular Organizational Forms: An Industry-Level Analysis," *Academy of Management Journal* 44 (2001): 1149–1169.

10. X. Martin, W. Mitchell, and A. Swaminathan, "Recreating and Extending Japanese Automobile Buyer-Supplier Links in North America," *Strategic Management Journal* 16 (1995): 589–619; C. W. L. Hill, "National Institutional Structures, Transaction Cost Economizing, and Competitive Advantage," *Organization Science* 6 (1995): 119–131.

11. Williamson, *Economic Institutions of Capitalism*. See also J. H. Dyer, "Effective Inter-Firm Collaboration: How Firms Minimize Transaction Costs and Maximize Transaction Value," *Strategic Management Journal* 18 (1997): 535–556.

12. Richardson, "Parallel Sourcing."

13. W. H. Davidow and M. S. Malone, *The Virtual Corporation* (New York: Harper & Row, 1992).

14. J. Krane, "American Express Hires IBM for $4 Billion," *Columbian*, February 26, 2002, p. E2; www.ibm.com.

15. Davidow and Malone, *The Virtual Corporation*.

16. Ibid.; see also H. W. Chesbrough and D. J. Teece, "When Is Virtual Virtuous? Organizing for Innovation," *Harvard Business Review*, January–February 1996, pp. 65–74; J. B. Quinn, "Strategic Outsourcing: Leveraging Knowledge Capabilities," *Sloan Management Review*, Summer 1999, pp. 9–21.

17. C. Duhigg and K. Bradsher, "How the U.S. Lost Out on iPhone Work," *New York Times*, January 21, 2012, p. 1.

18. Schilling and Steensma, "The Use of Modular Organizational Forms."

19. R. Venkatesan, "Strategic Sourcing: To Make or Not to Make," *Harvard Business Review*, November–December 1992, pp. 98–107.

第 10 章

公司层战略：相关与非相关多元化战略

| 开篇案例 |

酩悦·轩尼诗-路易·威登：在保持完美的同时不断做大

1854 年，路易·威登（Louis Vuitton）在巴黎创立了一家制作箱子的公司。他发现，因为圆形的顶部，大多数的箱子都很难堆放，于是他开始用 Trianon 帆布生产平底方形的箱子，这种箱子严密性好并且轻便。这种款式逐渐流行起来，竞争对手相继模仿他的设计。为了避免被模仿，他在制作箱子时开始设计特殊的图案和标识，创造出了今天 LV 产品的标志性外观。在他去世之后，他的儿子乔治·威登继承了公司并且将其拓展到全世界。1893 年，乔治·威登在芝加哥世界博览会上展出了这种箱子，在纽约、芝加哥以及费城巡回展出并向零售商出售。在之后的 80 年中，LV 的商店开遍全世界，包括孟买、伦敦、华盛顿、布宜诺斯艾利斯、台北、东京以及首尔。1987 年，酩悦·轩尼诗和路易·威登合并为酩悦·轩尼诗-路易·威登（LVMH）集团，逐渐发展成全球最大、最著名的奢侈品公司之一。

LVMH 集团拥有的许多品牌甚至比 LV 的历史更悠久：酩悦香槟（Moët & Chandon），是成立于 1743 年的香槟酒公司；凯歌香槟（Veuve Clicquot Ponsardin）的历史可以追溯到 1772 年；轩尼诗（Hennessy，用上好的白兰地制成）起源于 1765 年；娇兰（Guerlain）成立于 1829 年；集团中最古老的公司伊甘酒庄（Château d'Yquem）从 1593 年就开始制作葡萄酒。每一家公司都带来了传统的工艺和忠实的顾客。然而，到目前为止，LVMH 集团中最大的品牌仍然是 LV，其销售额约占总销售额的 1/3，利润几乎占总利润的一半。

LVMH 集团不断发展多元化，奢侈品行业多元化发展得益于伯纳德·阿诺特（Bernard Arnault）。阿诺特于 1984 年从一个破产出售的工业集团里买下迪奥，自此开始进入奢侈品行业。在之后的几年里，他收购了 LV，当时的 LV 拥有 125 家门店。与此同时，他将其改造成了拥有 60 多个品牌的奢侈品集团。他的第一个举措是把生产和分销从许可证持有人开始恢复品牌的奢华性。之后的几年，他收购了纪梵希（Givenchy）、芬迪（Fendi）、凯卓（Kenzo）、宝格丽（Bulgari）、丝芙兰（Sephora）、泰格豪雅（TAG Heuer）等。2014 年，LVMH 在巴黎设立了一个令人惊叹的新艺术中心——路易威登基金会。该中心由世界知名建筑师弗兰克·盖里（Frank Gehry）设计，这为集团带来了大量的关注。

也许很讽刺，奢侈品的利益来自规模经济：一个大型的奢侈品集团可以通过它的分销范围和品牌管理专长帮助一个新兴的品牌更加快速地成长。"重点资金"用于提高声望。在交通发达的有利位置开一家门店，例如在伦敦的邦德街需要花费 1 600 万美元。最重要的是，供应商需要花钱装修门面，而且每年要交大约 150 万美元的租金。大型的奢侈品集团可以做这样的投资，等待收支平衡，但小品牌通常做不到。而且，大型奢侈品集团对时尚杂志有更强的议价能力，有更多的渠道参加时尚展示，对"关键决策者"有更大的影响力。因为它们可以为经理人提供更宽广的职业道路，所以它们可以吸引和留住许多杰出的经理人才。例如在 LVMH 集团中，经理人可以从时尚界跨到酒界或珠宝界发展，可以在一系列世界上最大的城市中居住，可以丰富他们的经历，提高营销能力。

根据贝恩公司的数据，在过去的 20 年里，奢侈品消费者数量增长已经超过三倍，达到 3.3 亿人，他们在奢侈品上的花费达到了全球 GDP 的两倍。大多数新的购买者并不是超级富豪，而是"只是富裕"，年收入达 18.8 万美元。奢侈品制造商都在争相抢占这个市场，它们不得不在全球范围内小心平衡增长，同时保持工艺呈现和高端性。发展得太快或太广会因太容易得到而使奢侈品牌受损。

到 2014 年，LVMH 集团的总收入大约为 310 亿美元，净利率为 18.4%。仅在 LV 名下的门店就超过 400 家。LVMH 集团证明一家公司可以做大并且全球知名，拥有极高的声誉以及高端奢华的品牌。正如阿诺特所说："1989 年人们就认为 LV 做得很大了，而如今的规模是当时的 10 倍。"

资料来源：www.lvmh.com; Anonymous, "Beauty and the Beasts: The Business Case," *The Economist*, December 13, 2014, pp. 6–8; Anonymous, "Exclusively for Anybody," *The Economist*, December 13, 2014, pp. 3–5; Yahoo Finance.

| 本章概述 |

多元化可以创造价值，也可能毁灭价值。正如在开篇案例中，多元化使得 LV 利用其品牌专长、分销范围、影响力和资本资源帮助新的品牌发展，比其依靠本身发展可以增加更多利润。然而，如结篇案例中的花旗银行，其过度多元化使公司丧失了在消费者零售银行业务方面的关键优势，管理者很难在组织内进行充分的监督。多元化对于管理者来说极具诱惑力，他们很容易高估潜在的协同效应，更难意识到这些。

本章将讨论相关和非相关多元化公司层战略的机遇与挑战。多元化战略就是企业决定利用原有的独特竞争能力和业务模式，进入一个或一个以上的新行业的战略。我们会考察相关和非相关多元化的多业务模式基础。随后，我们会讨论公司实现多元化战略的三种不同方式：内部投资、收购和合资。在本章的最后，读者将会理解企业多元化以及进入新市场或新行业的优劣势。

10.1 通过多元化提高利润率

多元化（diversification）是企业进入区别于核心或初始行业的新行业，制造可以在新的市场销售并获利的新型产品的过程。建立在多元化基础上的多业务模式，致力于寻求利用企业独特竞争能力的某种方式，制造出在新行业中能获得顾客高度认可的产品。**多元化公司**（diversified company）就是在两个或两个以上的行业内进行生产和销售产品的企业。例如在第9章讨论的商业模式，多元化战略应该能够使企业或其独立的业务单位在价值链功能的一个或多个方面取得成功，比如降低成本、允许差异化或赋予企业定价选择权，这将有助于企业更好地应对行业内竞争。

大多数公司在企业产生自由现金流时，会优先考虑多元化。自由现金流就是除去企业在原有行业投资的融资需求和所有负债的偿还保证之外的现金。[1] 换句话说，自由现金流是在原有行业做再投资仍有利可图时，所需资金之外的现金（现金只是资本的另一个名称）。当企业产生了自由现金流时，管理者必须做出决策，要么通过高额红利支付的方式把资本还给股东，要么进行多元化投资。从理论上说，任何自由现金流都属于企业的所有者，即股东。为了使多元化有意义，把自由现金流投资于多元化机会的回报，也就是它未来的资本回报率（ROIC），必须超过股东获得的现金价值。如果公司没有向股东支付现金，那么股东就会承担一定的机会成本，这个机会成本等于下一次这些资金的最佳用途（如同风险同回报、高风险高回报或者低风险低回报）。因而，多元化战略必须通过"更好的"测试：公司通过多元化必须比之前更有价值，这些价值不能是多元化经营成本导致的完全资本化（当考量多元化创造价值时必须将进入新市场的成本考虑在内）。尽管管理者拒绝将红利投资到多元化中，但是当他们想在未来有更多现金流（或是更高的红利）时必须这么做。

有五种主要方式可以让基于多元化建立的多业务模式提高企业的盈利能力。要让多元化提高企业的盈利能力，战略管理者要做到：在不同行业的不同业务单位之间转移竞争能力；利用竞争能力在新行业发展新的业务；为了实现范围经济，在不同业务单位之间共享资源和能力；运用产品搭售策略；利用可以改善企业内所有业务单位绩效的一般组织能力。

10.1.1 跨行业转移竞争能力

转移竞争能力（transferring competencies）是指，把在某个行业的业务单位中培育出来的竞争能力移植到在其他行业运营的业务单位中。第二个业务单位通常是企业收购来的。把多元化战略建立在竞争能力转移基础之上的企业相信，它们可以把其一项或多项独特竞争能力转移到价值链活动（如生产、营销、物料管理和研发）中，从而显著强化被收购业务单位或企业的业务模式。例如，长久以来，菲利普·莫里斯公司在产品开发、顾客营销和品牌定位方面开发了一些独特的竞争能力，这使该企业成为烟草行业的领导者。基于对获利机会的敏感，菲利普·莫里斯公司收购了米勒酿酒（Miller Brewing），那时候米勒在酿酒行业还是比较弱小的竞争参与者。此后，为了给米勒酿酒创造出有价值的产品，菲利普·莫里斯公司给了米勒酿酒几个最好的营销专家，他们把从菲利普·莫里斯公司获得的技能用于米勒平平无奇的酿酒业务（见图10-1），结果创造出了米勒清啤（Miller Light）——世界上第一种低度啤酒，而且在一场营销战役过后，从市场份额上来说，米勒酿酒已经从在酿酒行业的第六位跃居行业的次席。

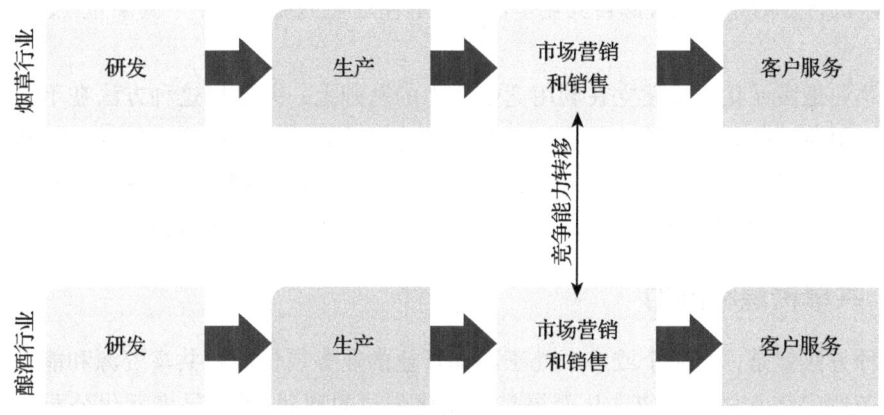

图10-1 菲利普·莫里斯公司的竞争能力转移

把多元化战略建立在竞争能力转移基础之上的企业，倾向于收购与其原有业务活动相关的新业务，这是因为它们在一个或几个价值链功能之间具有共性。所谓**共性**（commonality）就是，在两个或多个业务单位共享或使用某一功能时，那些能够更有效地创造更多价值的属性。

例如，米勒的酿酒行业与菲利普·莫里斯的烟草行业是有关联的，因为可能存在重要的营销共性；啤酒和烟草都是大众市场的消费品，品牌定位、广告和产品开发技能对新产品的成功都是至关重要的。一般说来，这样的竞争能力转移能够提高利润率的条件是：降低多元化公司的一个或多个业务单位的成本；使一个或多个业务单位的产品更好地差异化。这两者都会给相应的业务单位以价格选择权，决定是降低产品价格以提高市场份额，还是采取产品溢价。

为了提高利润率，转移的竞争能力必须涉及未来能成为特定业务单位竞争优势来源的价值链活动。也就是说，所转移的独特竞争能力必须具有实在的战略价值。然而，屡见不鲜的是，众多企业假定其价值链之间的任何共性对于创造价值都是有效的。当试图转移竞争能力时，它们发现预期的收益并没有如期而至，这是因为不同的业务单位并没有共享一些重要的共性。例如，可口可乐公司收购美汁源公司的案例无疑是非常成功的，因为可口可乐公司充分利用了两个公司全球化分配和市场销售渠道等共性；相反，可口可乐公司曾收购哥伦比亚电影公司，想利用对方的市场营销能力制作轰动一时的电影，但这个决定却是一场灾难，造成了公司几十亿美元的损失。最终，可口可乐公司被迫将哥伦比亚电影公司转售给了索尼，索尼在其热门电影的基础上开发出了众多成功的 PlayStation 游戏。

10.1.2 利用竞争能力发展新的业务

公司可以**利用竞争能力**（leveraging competencies）在其他行业中发展新的业务。例如，苹果公司利用在 PC 硬件和软件领域的竞争能力进入了手机行业。毫无疑问，多业务模式成立的前提条件是，构成某一行业竞争优势来源的一系列独特竞争能力，也可能用于为不同行业的新业务单位创造差异化或低成本的竞争优势。例如，佳能使用其在精密仪器、精细光学和电子图像方面的独特竞争能力生产激光打印机，这是佳能在新行业中发展的新业务。佳能在激光打印机行业的竞争优势源自其竞争能力能够使佳能低成本地生产高质量（差异化）的打印机。

许多企业把多元化战略建立在利用竞争能力的基础上，并且用这种方法在不同的行业发展新的业务单位。微软利用其在计算机行业长期的经验和关系，以及在软件开发和市场营销方面的技能，在新的行业中创造和经营了新的业务单元，例如视频游戏（Xbox 视频游戏和游戏机）、在线门户和搜索引擎（如 MSN 和 Bing），以及平板电脑（Surface）。

10.1.3 共享资源和能力

第三种方法就是，当两个或多个处于不同行业的业务单位能够共享资源和能力时，可能能够实现范围经济和协同效应，从而提高多元化公司的利润。[2] 如果多元化公司的一个或多个业务单位能够更好地共用、分享和利用诸如熟练的雇员、仪器、生产设备、分销渠道、广告宣传和研发实验室等昂贵的资源与技术，从而实现成本节约或差异化优势，那么，**范围经济**（economies of scope）就会出现。如果不同行业的业务单位可以共享资源或职能，它们就能够共同降低成本。这也就是所谓的在价值创造方面"2+2=5"而非等于 4 的协同效应。[3] 如开篇案例中提到的，LVMH 集团利用其分销渠道和在时尚媒体中的影响力帮助新的品牌快速抢占国际市场，实现盈利。同样地，通用电气将其消费品广告、销售和服务活动广泛用于各种产品，如照明产品、机械器具、空调和电热炉等，这样就削减了产品的单位成本。

削减成本的方式主要有两种。第一，存在跨业务单位共享资源的企业的成本要低于那些只在一个行业中经营且要承担所有开发资源和能力的成本的企业。例如，宝洁既生产纸尿裤，又生产卫生纸、纸巾，其吸水耐用性对所有纸制品都有价值（图 10-2 中仅展示了两个）。由于两种产品需要同样的属性（即吸水耐用性），宝洁可以在两个业务间分摊生产吸水纸制品的成本。同样，因为两种产品卖给同样的客户群体（超市），宝洁可以使用同样的销售力量销售两种产品（见图 10-2）。相反，只生产纸巾或只生产纸尿裤的竞争者，不可能获得同样的经济性，在研发或销售力量方面不得不投入得更多。最终的结果是，在其他条件相同的情况下，相比缺乏共享资源能力的企业，宝洁的花费更低，却可以获得更高的 ROIC。

同样地，耐克最初只生产跑鞋，后来它意识到可以利用其在运动员和运动赛事中的品牌形象进入其他运动鞋类、服饰类以及墨镜和耳机配件等行业。耐克通过与运动员和赛事的关系为自身增加了背书，使得这些产品极具差异性；耐克还能够在更广泛的产品范围内摊销其品牌建设活动的成本，从而实现范围经济。

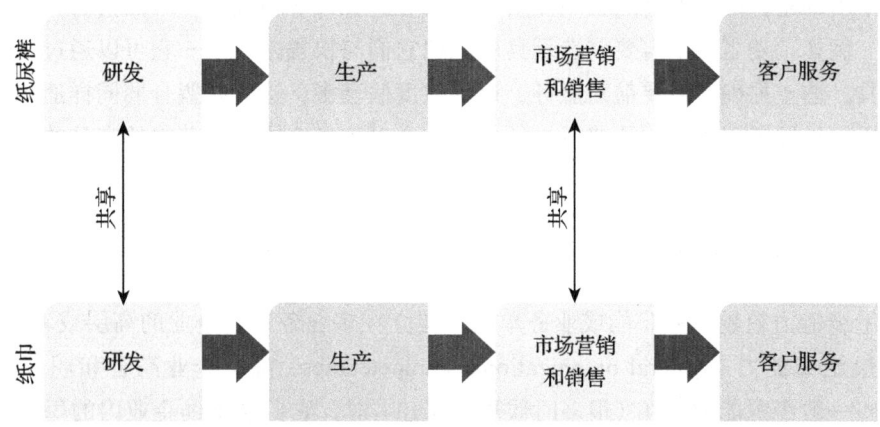

图 10-2　宝洁的资源共享

再强调一遍，只有在企业原有业务单位与新业务单位的一个或多个价值链功能之间，存在明显共性，带来提升盈利能力的协同效应的时候，多元化才可能实现范围经济。而且，管理者必须知道，在企业内获得范围经济所必需的协调成本，往往超过多元化战略能够创造的价值。[4]正如在结篇案例中，尽管花旗银行预计通过收购整合业务将节省大量成本，并且从交叉销售中会获得增加收入的机会，但是一些协同效应变得很小或难以实现。这样看起来，花旗银行的协调成本（大量损失是由于错误估计投资活动而造成的）可能已经远远超过协同效应带来的收益。因此，只有当资源和能力共享能给一个或多个企业新的或原有的业务单位带来显著的竞争优势的时候，企业遵循基于获得范围经济的多元化战略才有意义。

10.1.4　运用产品搭售策略

在寻求以新的方式实现产品差异化的过程中，越来越多的企业选择进入相关行业扩张和延伸产品线，以便能够满足顾客对全部相关产品系列的需求。这种情况在通信行业正悄然发生，对于有线电话服务、无线电话服务、高速互联网接入、电视节目、在线游戏、点播视频，以及这些服务的一些组合，顾客越来越倾向于一揽子价格。为了满足这一需求，AT&T、威瑞森等大型通信公司已经开始收购能够提供上述一项或几项服务的其他公司；另外，像美国康卡斯特电信公司这样的有线电视服务公司，则开始收购能够给顾客提供电话服务的其他企业或与它们建立战略联盟；等等。2010年，美国康卡斯特电信公司收购了通用电气集团旗下的美国全国广播公司（NBC），从而获得其内容节目资料库的控制权，目的无疑也是向顾客提供价格更低的一揽子产品或更好的服务。

就像制造业的企业努力减少供应商成员的数量，以实现成本降低、质量提升一样，最终顾客也希望获得产品搭售的便利和价格优惠，如谷歌或微软的基于云计算的、商业化的、面向业务的网络应用程序等。另外一个产品搭售的例子来自医疗设备行业，在这个行业中，很多企业曾经生产不同种类的产品，如手术室器材、超声仪器、磁像存储和X光设备，为了能够给医院提供全部系列的医疗设备，这些企业也已经开始相互兼并。这一发展历程是由医院推动的，因为它们希望获得与单个供应商打交道的便利。

必须指出的是，产品捆绑通常不需要共同拥有。在许多情况下，产品搭售可以通过市场合同实现。例如，麦当劳不需要制造玩具就能把它们与快餐搭售——它可以通过供应合同购买这些玩具。迪士尼确实需要航班服务，以提供度假套餐，这时联盟合同同样适用。要想让产品搭售更好地服务于多元化战略就必须在那些通过市场合同无法获得的产品的生产者之间进行协调。

10.1.5 利用一般组织能力

一般组织能力超越单一职能或业务单位，建立在多业务经营企业的高层或者公司层面。通常，**一般组织能力**（general organizational competencies）源于企业高管和职能专家的技能。当这些一般组织能力存在（很多时候事与愿违）时，它们会帮助企业内的每个业务单位获得比作为独立企业各自为政时更好的业绩表现，这样也就会提高整个公司的利润水平。[5]我们将讨论能够带来卓越绩效的三种一般组织能力：企业家式能力、组织设计能力、战略管理能力。

1. 企业家式能力

企业的确可以产生可观的超额现金流，但是要很好地利用它，管理者就必须识别新机会，并且能利用这些机会在原有的及新行业持续地创造升级产品和新产品。相对来说，似乎有一些企业能够更好地刺激管理者的企业家式行为，如苹果、3M、谷歌和三星等。这些企业能够推动形成企业家精神，原因在于它们拥有刺激管理者企业家式行动的组织文化。[6]正因如此，这些企业能够比其他企业更快地创造可盈利的新业务单位，这也促进了这些企业多元化程度的加深。在这一章的后面部分中，当我们讨论内部投资时，我们将强调有利润的新业务的产生所需的几个机制。现在我们注意到，要成为企业家式企业，必须做到：鼓励管理者承担风险；给予管理者追求新奇想法的时间和资源；不因为新主意的失败而惩罚管理者；确保企业不要过度浪费现金流而追求那些高风险的投资，也就是说，产生可观投资回报的可能性比较低的投资是不可取的。要想实现上述这些，对战略决策者来说无疑是个严峻的挑战。因为企业必须在鼓励风险承担的同时，限制所承担风险的量。

具有企业家式能力的企业成功实现了这种平衡。3M的公司目标是，40%的年收入要来自最近4年推出的产品，这一目标使管理者能够致力于开发新产品和进入新业务。3M公司著名的15%准则，已经被许多公司所仿效，这一准则给予了雇员追求新奇想法的时间。3M公司长期贯彻的帮助顾客解决问题的承诺，有助于确保新业务产生的思路是顾客导向的。公司为创造了成功新业务的雇员庆祝，这有助于强化企业家精神和风险承担准则。类似地，公司还存在着一种失败不被追究但应当视为学习经验的准则。

2. 组织设计能力

组织设计能力（organizational design skills）即企业的管理者建立激励和协调雇员高效工

作的结构、文化和控制系统的能力。组织设计是影响企业家能力的一个重要因素，也是企业创造能给企业带来竞争优势的职能竞争力的一个重要决定因素。战略管理者做出的组织设计决策，如应给予低层次管理者多少自主权，组织文化中应包含什么样的行为准则和价值观，甚至如何设计总部大楼以鼓励员工自由讨论和交流想法，是决定多元化企业从其多元化商业模式中获利的能力的重要因素。有效率的组织结构和控制能促使业务单位（部门）经理追求其单位绩效的最大化。而且，好的组织设计有助于避免很多组织深为所困的惰性，当雇员全神贯注于现有市场、捍卫竞争地位时，他们往往丧失对足以有效盈利并改变行业界限的新生的和进步的事物的洞察力，这样上述惰性就会出现。

本书的最后两章将深度审视这些问题。为了多元化的成功，企业必须能够持续管理和改变其组织结构和文化，从而激励和协调员工更高效地工作，并发展可以实现竞争优势的资源和能力。使企业组织结构与战略相一致，是一项复杂而又永无止境的任务，只有那些拥有卓越组织设计能力的高级管理人员能够做到。

3. 战略管理能力

为了让多元化提高利润水平，企业高层和公司管理者必须具有卓越的战略管理能力。他们必须具有某些无形的、难以界定的治理技能，这些治理技能要求以一种能够使业务单位表现得比作为独立的企业时更好的方式管理这些业务单位。[7] 这些治理技能是稀缺的、有价值的。某些 CEO 和高层管理者已经掌握了这些技能，拥有了管理复杂业务并推动业务单位的领导者获取卓越绩效的能力。这样的 CEO 或高层管理者并不鲜见，比如通用电气的杰夫·伊梅尔特、苹果的史蒂夫·乔布斯和甲骨文的拉里·埃里森等。

在多元化企业中，一种尤为重要的治理技能就是，判断业绩不良的业务单位的症结所在，并懂得采取适当的措施解决问题，决定是建议业务单位高层管理者采用新战略，还是用能更好地解决问题的管理团队取而代之。具有这样治理技能的管理者，一般来说非常善于考察业务单位经理的信息，并帮助他们对战略问题全面考虑。"战略行动 10-1"中讨论的联合技术公司（UTC）为此提供了案例。

战略行动 10-1

联合技术公司的口袋里有"王牌"（ACE）

位于美国康涅狄格州哈特福德的联合技术公司，是一家集团公司，它旗下拥有一系列从事不同业务、处于不同行业的企业。联合技术公司有两个主要的业务单元：航空航天和建筑系统。其旗下航空航天业务包括西科斯基（Sikorsky）飞行器、普拉特－惠特尼（Pratt & Whitney）发动机，以及由汉胜（Hamilton Sundstrand）和古德里奇（Goodrich）合并而成的联合技术航空航天系统；建筑系统业务包括奥的斯（Otis）电梯，开利（Carrier）空调，火灾检测和安全业务，如集宝（Chubb）、凯德（Kidde）、爱德华（Edwards）、芬沃（Fenwal）、马里奥夫（Marioff）、苏普拉（Supra）和智能科技（Interlogix），以及一些开发业务自动化系统（如自动控制亮度和温度）的业务，如奥莱斯（AutomatedLogic）、Onity、莱内尔（Lenel）和 UTEC。如今，投资者对于像联合技术公司这样的业务横跨多个行业的企业颇为不满。人们越来越强烈地认识到，当企业以独立的实体经营时，管理者可以把企业的业务模式打理得更好。联合技术公司怎么证明把所有这些企业放到一个集团里同样合理呢？为什么集团化比这些企业单独经营能够带来更多的利润呢？在过去的十年里，很多诸如泰科（Tyco）和德事隆（Textron）这样的集团公司的董事长和CEO已经认识到，多元化经营使他们集团公司的利润水平不是上升而是下降。结果，很多集团公司宣告解体，分化为多个独立经营的实体。

联合技术公司的CEO乔治·大卫声称，他已经创造了一种独特、成熟的多业务模式，可以通过联合技术公司的多元业务增加价值。大卫于1975年作为CEO助理加入奥的斯，但不到一年，奥的斯就被联合技术公司收购了。在那个年代，美国的企业界奉行着"越大越好"的理念，无论什么形式的兼并或收购，都被看作使利润增长的最好方式。联合技术公司先是让大卫去管理在南美的业务，不久又让他去负责日本方面的经营。奥的斯曾与松下组成联盟，开发一款供应日本市场的电梯Elevonic 401，其在日本的建筑中广泛安装之后，被证明是一场灾难。它比日本其他企业出产的电梯更容易出故障，而顾客关心的恰恰就是电梯的可靠性和安全性。

松下对这款电梯的失败感到非常难堪，委派其全面质量管理（TQM）专家伊藤让（Yuzuru Ito），负责领导奥的斯的工程师团队查明电梯质量如此不堪的原因。在伊藤让的指导下，所有的雇员，包括经理、设计师和制造电梯的产品工人，一起分析电梯运转不良的原因。这一全面的调查对电梯的全面重新设计起到了很大的帮助作用，而且新改进的电梯在世界范围内的发售取得了巨大的成功。奥的斯在全球电梯市场的份额大幅上升，其中的一个结果就是大卫在1992年被任命为联合技术公司的总裁。他负责在整个集团公司范围内削减成本，其中包括格外重要的普拉特-惠特尼公司。最终，他成功地降低了联合技术公司的成本，提高了ROIC，这也让他在1994年被任命为CEO。

此时，大卫已经能够统领联合技术公司的所有子公司，他认为使联合技术公司利润水平提高（当时已经出现不好的苗头）的最好办法是，找到改善所有成员公司效率和质量的办法。他说服伊藤让来到哈特福德，让其负责推广给奥的斯带来改变的方法。由此，伊藤让便开始着手开发联合技术公司的全面质量管理系统，这就是后来为外界所知的"取得竞争优势"（Achieving Competitive Excellence，ACE）管理系统。

ACE是一系列的任务和程序，应用范围覆盖从清洁工到高管的所有雇员，用来分析产品制造方式的所有方面。其目标是找到改善质量和可靠性的方法，降低产品的制造成本，特别是找出让下一代产品表现更好的方式，也就是鼓励技术创新。大卫让每个岗位、每个层次的每个员工都对增长负责，一步一个脚印，生产出让企业在所处行业中立于不败之地的创新产品和效率更高的产品，把企业推回到价值创造的前沿。

大卫把这些技术过程看作规则，并用来提高联合技术公司旗下所有企业的业绩。通过这些技术，他给联合技术公司创造了额外的价值，证明了其拥有和经营如此多元化的业务是有效的。大卫的成功可以从企业在他接管的这十年所获得的业绩中看出来：他把联合技术公司的每股收益翻了两番，联合技术公司一直都在道琼斯工业平均指数的企业中位列前三名，企业在投资者回报方面的表现一直优于另外一家巨型集团公司——通用电气。

大卫及其经理们认为，联合技术公司从过程规则中所获得的收益永远不会终结，这是因为其自己的研发（每年投资超过25亿美元）一直在产生能给所有业务带来好处的产品创新。联合技术公司认识到其改进过程的技能对制造业企业来说难能可贵，所以联合技术公司的战略是仅仅收购那些制造的产品能够从ACE系统中获益的企业,比如它对集宝的收购。同时,大卫仅仅对有潜力在所处行业保持领先的企业投资,当然要价也会高出平均水平。他的收购使联合技术公司原有业务的竞争能力得到强化。例如,他收购了一家名叫Sunderstrand的企业,这是一家领先的航空航天和工业体系企业。他把这家企业与联合技术公司的Hamilton航空部门联合,创建了汉胜(Hamilton Sunderstrand),它目前是波音的主要供应商,并且其制造的产品要价较高。2011年10月,联合技术公司为了加强航空业务,以220亿美元的价格收购了飞机零部件重要制造商——古德里奇公司。

资料来源:http://utc.com.

与战略管理能力相关的是,多元化企业高层管理者具有的识别效率低下、管理不善的企业,然后将它收购并重构以改善其业绩,从而改善整个公司的利润水平的能力。这就是所谓的**转变战略**(turnaround strategy)。[8] 通常可以通过以下几种方式来改善被收购公司的业绩。

- 母公司通常把被收购公司的高管人员替换为更富进取精神的高管团队。
- 新任的高管团队会卖掉花费高的资产,比如业绩不佳的业务单位、管理层专机、豪华的公司总部大楼等,并通过解雇部分员工来减少成本。
- 新任高管团队会想出新的策略来改善被收购公司的业绩,想方设法改善其效率、产品质量、创新能力和顾客响应能力。
- 为了激励新任高管团队和被收购公司的其他雇员朝着上述目标努力工作,应引入与企业利润挂钩的绩效薪酬体系,以奖励所有努力工作的员工。
- 母公司通常会为所有员工设置业绩目标,这些目标是极具挑战性的且较难实现的,因此可以驱使员工努力工作来改善企业的效率和绩效。这也使新任高管清楚,在给定的时间内业绩没有改善到既定的目标,他们就有可能被换掉。总之,母公司管理层要建立一套奖罚体系,以促使被收购企业的新任高管团队想出能改善企业绩效的策略。

10.2 两种类型的多元化

在上一节中,我们讨论了企业可以利用多元化把其业务模式和战略移植到其他行业中,以提升长期盈利水平的五种主要方式。按照多元化实现盈利能力提升的方式不同,我们可将企业多元化战略划分为相关多元化和非相关多元化。[9]

10.2.1 相关多元化

相关多元化(related diversification)是这样一种战略,即在新行业中建立一个业务单位,这个业务单位与企业原有的业务单位在某些方面相关,或是新的和原有的业务单位在价值链功能之间存在共同点。这一战略的目标是获得来自转移和利用独特竞争能力、共享资源和产品搭售等方面的好处。

相关多元化背后的多业务模式的基础是，充分利用新的和原有的业务单位之间在技术、制造、营销和销售方面的共性，这些共性能够成功地增强一个或多个业务单位的竞争优势。图 10-3 给出了不同业务单位不同功能之间的共性或者联系的一些例子。能够形成的联系数量越多，增强竞争优势和增加利润的潜力就越大。

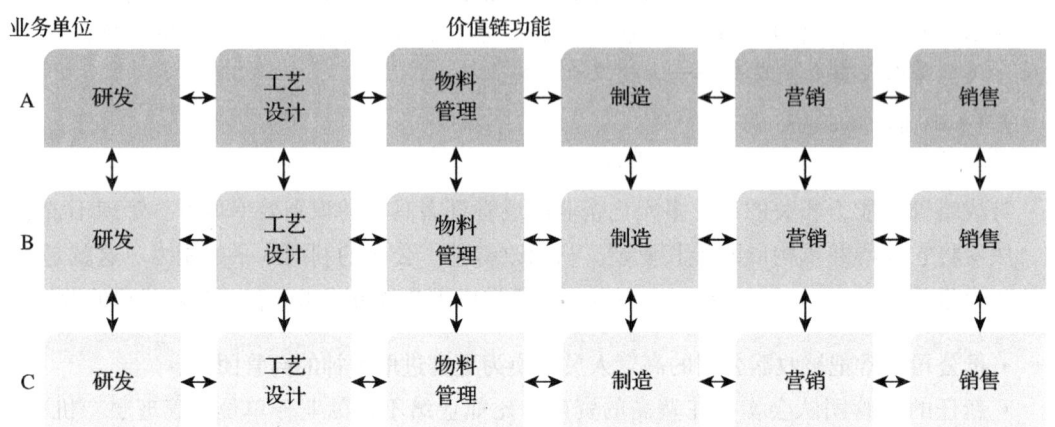

图 10-3　三个业务单位之间的价值链功能共性

相关多元化的另一个潜在优势是，企业可以把其拥有的任何一般组织能力，用来提升全体业务单位的绩效。正如谷歌、苹果和 3M 公司所做的那样，战略管理者应努力创造鼓励企业家精神的组织结构和组织文化。除了这些一般组织能力，这些公司还有一套在不同业务单位之间共享的不断努力改进的特殊竞争能力。

10.2.2　非相关多元化

非相关多元化是一种公司层战略，公司发展与本企业不相关的行业，通过内部资本市场，使用一般组织能力或两者兼有来增加收入。**内部资本市场**（internal capital market）是指企业总部评估业务单位绩效并在其中分配资金的情况。将盈利但业务投资机会差的单位所产生的现金交叉补贴需要现金的业务，这样做对长期盈利有很大的希望。大型多元化公司比小公司更容易从其内部业务中获得自由现金或者在外部资本市场上获得廉价资金。例如，通用电气的大量资本储备和良好的信用评级使其能够在其公司范围内为先进技术业务（如太阳能、海底石油装备、航空电子学、光子学）提供资金，否则由于这些业务固有的不确定性，它将为获得资金付出高昂的代价（以股权或者利息的方式）。

然而，内部资本市场的效益被外部资本市场（银行、股票持有者、投机资本家、天使投资人等）的效率所限制。如果外部资本市场非常有效，那么管理者就不能利用内部现金来交叉补贴企业创造额外价值。本质上，内部资本市场是一种套利策略，管理者通过比外部资本市场更好的企业内部投资决定来赚钱，通常是由于他们拥有较好的信息。因此，通过内部资本市场产生的价值与外部资本市场的低效率成正比。在美国，资本市场变得公平有效是由于：证券交易委员会（SEC）制定的报告要求、大量的调查分析者、一个庞大且有活力的投资市场、强有力的沟通体系、强有力的合同法。公司通过内部资本市场创造显著价值是不常见的。因此，很少有大型企业集团能幸存下来，而且许多幸存下来的企业都处于折价状态（也就是说，它们的股票比同行业的公司的股票价值更低）。另一方面，在效率较低的资本市场中，企业集团有可能会创造巨大的价值。例如，塔塔集团（Tata Group）是印度极其庞大的多元化的企业控股集团。它成立于19世纪初期，承担了许多其创始人认为的对于印度至关重要的项目（如铁路运输系统开发、酒店和电力生产）。缺乏能保护投资者和银行家的完善的投资市场和合同法，意味着印度的企业家往往难以获得资金，或他们只能以非常高的成本获得。而塔塔集团能够以相对独立企业比较低的成本使用交叉补贴来为项目提供资金。此外，公司的声誉是履行其承诺的坚定保证（在没有强有力的合同法的情况下尤为重要），与政府长期深厚的关系使其在获得许可证方面具有优势。

追求非相关多元化战略的公司一般无意在业务单位之间转移、利用竞争能力或进行除了现金和一般组织能力以外的资源共享。如果集团的战略管理者拥有管理不同行业公司的特殊才能，那么其战略就能带来超额的业绩和利润。但现实是，他们往往不具备这样的能力，正如本章下面要讨论的。很难得的是，有些公司（如"战略行动10-1"中的UTC公司）的战略管理者具备这样的特殊才能。

10.3 多元化的弱点和局限

正如我们讨论过的，诸如3M、三星、联合技术、思科这样的企业都从追求多元化战略的过程中获益颇多，并且具有长期持续的盈利能力。然而，其他许多实施多元化的企业，诸如通用汽车、泰科和飞利浦却惨遭失败并且没有盈利。基于多元化的商业模式会导致竞争优势丧失的原因主要有三个：行业和企业内部的变化、为了错误的理由而多元化、过度多元化导致官僚成本增加。

10.3.1 行业和企业内部的变化

多元化是一个复杂的战略，要实施这一战略，高层管理者必须具备企业家式能力，能够感知有利可图的新机会，能够贯彻使多元化获益的战略。然而，随着时间的推移，企业的高管团队会发生变化：有时候，最有能力的管理者会离开，加盟其他企业而成为CEO；有时候，成功的CEO决定退休或辞职。当这些管理者离开时，一些远见卓识也会随之而去。一般而言，继任者可能会欠缺成功追求多元化所必需的技能或责任感。因此，多元化公司的成本会增加，甚至完全吞噬掉战略已产生的收益。

随着时间的变化，环境也可能飞速变化，而且难以预测。当新的技术使行业界限变得模糊，企业竞争优势的来源可能会被破坏。例如，到了2011年，苹果的iPhone和iPad已明显成为任天堂和索尼移动游戏机方面的直接竞争者。如果这样的重大技术变革发生在企业的核心业务中，那么公司曾经从转移和利用竞争能力中获得的利益将会消失，企业相关行业的所有业务都会变得业绩不佳，因为它们没有新的技术可用，正如索尼。因此，多元化的一个主要问题就是，这一战略的未来（成功与否）难以预测，一家公司要想从中长期获益，管理者必须拿出收购时的决心去剥离某些业务。遗憾的是，研究表明，管理者一般不会这样做。

10.3.2 为了错误的理由而多元化

正如我们已经讨论过的，如果企业追寻多元化，其管理者必须清楚地知道，他们进入新行业将会如何向顾客提供更有价值的新产品，从而增加企业的利润。然而，长期以来，即使多元化战略的利润率下降，原因可能就是我们曾经指出的，但是管理者还是不愿意接受他们战略失败的现实。尽管他们心里很清楚，应该剥离那些不盈利的业务，但他们还是编造各种理由不去做。

例如，曾经被广泛使用（但错误）的支持多元化的理由是，多元化有助于风险分摊。风险分摊的理念基于企业可以通过收购和经营商业周期不同的行业，减少收入和利润的大幅波动（严重的话会导致股价大幅下跌）。商业周期就是基于顾客需求变化的预期，处于某一行业的公司未来收入和利润上升或下降的趋势。例如，在经济衰退期，由于食品是必需品，所以连锁超市的利润相对稳定；由于顾客希望自己购买的物品能物超所值，西夫韦、克罗格以及"一元店"的销售额实际上是上升的；而汽车、奢侈品等商品的需求则大大缩水。很多CEO认为，进入商业周期不同的行业，会使他们某些业务的销量和收入上升，而另一些则会下降。长时间来看，最终结果是获得更稳定的收入和现金流。为了风险分摊而多元化的例子是美国钢铁公司进入石油和天然气行业，以试图抵消钢铁行业周期性下跌的不利影响。

这个观点忽略了两个重要的事实。第一，股东只要持有多元化的个人股票组合就可以很轻易地降低内在风险，他们这样做的成本要比企业多元化低。因此，试图通过多元化分摊风险代表着一种资源的无效使用，但是，利润应该以股利增加的形式返还给股东。第二，这方面的研究表明，公司多元化并不是分摊风险的有效方法，这是因为不同行业的业务周期的预测存在内在的困难，一家多元化企业可能会发现它所处的所有行业会同时面临总体的经济衰退。如果这种情况出现，企业很可能会走向深渊。[10]

另一个支持多元化的错误理由是，当核心业务陷入困境时，多元化可以通过进入新行业来解救核心业务，并实现长期利润增长。柯达就曾犯过这样的错误。20世纪80年代，柯达面临的来自日本低成本竞争者（如富士）的竞争日趋激烈，加上数字革命的到来，导致柯达的收入和利润开始陷入停滞，不久之后便开始下降。其管理者本应该尽其所能削减成本，但与此相反，柯达使用尚存的自由现金流，花费数百亿美元试图进入诸如医疗保健、生物和计算机硬件等新行业，如此不顾一切去寻找增加利润的方式无疑是错误的。

上述做法之所以彻底失败，是因为柯达进入的每一个行业，都存在着强势的企业，如3M、佳能和施乐，而柯达的高管欠缺为其新业务单位建立竞争优势的一般组织能力。而且，柯达进入的行业越多，面临的威胁范围就越大，应对这些威胁所花的时间也就越多。最终，它在改善核心的胶片业务的业绩方面能够投入的时间被压缩，胶片业务的业绩持续下滑。

实际上，柯达的多元化仅仅是为了增长，但增长并不能为股东创造价值；对多元化战略来说，增长只是副产品，而不是目标。然而，于事无补的是，企业多元化仅仅为了增长，而全然不顾任何战略优势的获得。[11] 事实上，很多研究都表明，过度的多元化会降低而不是提高公司的利润率。[12] 也就是说，很多企业追求的多元化战略不但不能创造价值，反而会降低价值。[13]

10.3.3 过度多元化导致官僚成本增加

在很多情况下，多元化未能提高利润率的一个主要原因就是多元化的官僚成本超出了这一战略创造的价值（即公司依靠多元化生产或销售更大规模产品，使得成本降低而获得的利润增加）。正如我们在上一章中提到的，**官僚成本**（bureaucratic costs）是与解决交易困难相关的成本，当企业试图获得转移、共享和利用竞争能力的好处时，企业的业务单位之间、业务单位与公司总部之间的这种交易困难就会增加。官僚成本也包括使用一般组织能力解决管理和职能无效性的成本。在多元化组织内部，官僚成本的水平是下面两个因素的函数：企业中业务单位的数量，以及要实现多元化优势所需的在不同业务单位之间协调的程度。

1. 业务单位的数量

企业中业务单位的数量越多，公司高管对每个业务的复杂性保持了解的难度就越大。高管甚至没有时间对每个业务单位进行评估。这一问题曾在20世纪70年代的通用电气中出现，那时候增长欲望极强的通用电气时任CEO雷吉·琼斯（Reg Jones）收购了很多新业务。正如琼斯曾经谈到的：

"我曾经试图仔细地阅读（来自每一个业务单位的）每一份计划。这一努力耗费了我不知多少时间，这也给公司行政办公室带来了极大的负担。过了一段时间，我开始意识到，不管我们工作多么努力，也不可能实现对四十几个业务单位的计划的深入了解。"[14]

扩张性多元化企业的高管没有能力一直保持卓越的多业务模式，这可能会导致重要的资源配置决策仅仅建立在对每个业务单位竞争地位最表层分析的基础上。例如，一个有前途的业务单位可能得不到投资资金，而其他业务单位可能获得远比在经营中有效地再投资所需的资金多得多的资金。而且，因为远离业务单位的日常经营，公司高管可能会发现，业务单位经理试图掩盖业绩不佳的信息，以便能够保住工作。例如，业务单位经理可能会把不佳的业绩表现归咎于困难的竞争环境，尽管这可能是他们无法创建成功的业务模式造成的。由于类似问题的增多，高管需要投入大量的时间和精力去解决，从而增加了官僚成本，也使得多元化创造的价值（如共享或利用竞争能力等）消失。

2. 业务单位之间的协调

建立在转移、共享和利用竞争能力基础上的多元化战略，如果要实现价值，就需要协调，这是官僚成本的主要来源。监督和管理业务单位之间的协作所需要的组织（层级）机制，比如跨业务单位的团队和管理委员会的运作，也是官僚成本的一种来源。这种来源与精确测度业绩有关，在对与其他业务单位转移和共享资源的业务单位的单独利润贡献进行测度时就会出现。假设一家公司拥有两个业务单位，一个生产家庭用品（如液体皂和洗衣液），另外一个生产包装食品。两个业务单位的产品都通过超市销售。为了降低价值创造的成本，母公司决定使用类似于图 10-4 描述的协调模式，让每个业务单位共担营销和销售职能的费用。公司由三个部门组成：家庭用品部门、包装食品部门和市场营销部门。

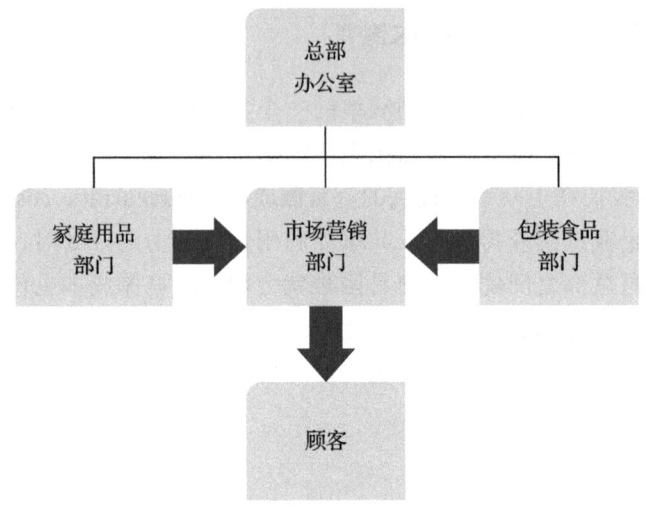

图 10-4　业务单位之间的协调模式

尽管这样的安排可能带来可观的成本节约，但这也会引发大量的控制问题，最终导致官僚成本问题。例如，如果家庭用品业务的业绩开始下滑，要鉴别谁应当承担责任，是家庭用品部门的责任，还是营销部门的责任，可能比较困难。甚至，每一方可能都会认为另外一方应对不佳的业绩负责。尽管高管若对两个部门进行深度审查，这类的问题是可以解决的，但这么做的官僚成本（耗费的时间和努力）会冲抵多元化获得的价值。在"战略行动 10-2"中，我们讨论的辉瑞公司就明显要降低官僚成本。

总之，多元化可能是一个收益很多的战略，但是由于复杂的多业务模式，它同时也是最为复杂和难以管理的战略。就算是过去成功实行该战略的公司，也可能会由于企业外部行业环境和内部条件的改变，或是因为业务单位的竞争优势被掠夺（如索尼），或是因为实施这一战略的官僚成本上升，很快失去竞争优势。因此，官僚成本的存在为企业多元化战略实现盈利，在业务单位数量上设置了限制。只有当与扩张组织边界、经营更多的业务活动相关的官僚成本没有超过多元化战略创造的价值的时候，企业的多元化才有意义。

战略行动 10-2

辉瑞公司的官僚成本是如何先升后降的

辉瑞公司是全球最大的医药公司之一，其 2014 年销售额约达 500 亿美元。它的研究者开发了一些非常成功且高利润的药品，如第一种降血脂药——立普妥。但是，21 世纪初，公司在开发新的畅销药品时却遭遇了立普妥失去产权保护等重大问题。虽然立普妥曾带给公司每年 130 亿美元的利润，但是后来它的销售额快速下降。到 2012 年，立普妥仅售 39 亿美元，辉瑞公司极需要寻找使产品生产流程更有效的方式。一个叫马丁·麦凯的管理者认为他知道该怎么做。

辉瑞公司总技师退休时，他的副手麦凯告诉首席执行官杰弗里·金德勒他想接替这个职位，而金德勒也正有此意，他希望公司可以有新鲜血液来解决目前的问题。麦凯认为他需要快速制订一项令人信服的计划来改变辉瑞公司研究者开发新药品方式，得到金德勒的支持并得到这个职位。麦凯制订了一个详细的计划，以改变公司成千上万研究者做决定的方式，确保公司的资源、能力和资金的利用最大化。金德勒看完计划后，被深深地打动了，随后提升麦凯为总技师。那么，他的计划是什么呢？

辉瑞公司在与其他两家大型医药公司——华纳–兰伯特、法玛西亚进行合并后得到了快速的发展。麦凯意识到了辉瑞公司不同药品部门决策冲突愈演愈烈。这些冲突造成了辉瑞公司的组织架构越来越复杂、总部规模越来越大。随着公司管理者和层级的增多，对整合这些活动的委员会提出了更多的需求。但是，在会议上，各个部门的管理者极力推进他们最感兴趣的药品的生产。为了争夺开发药品的资源，他们会经常在会议上争吵。简言之，麦凯认为公司过多的管理者和委员会造成了这些冲突，因为每个人都想说服其他管理者和首席执行官推进他们感兴趣的药品，从而严重影响了公司的业绩。另外，尽管辉瑞公司早年因创新而成功，但是公司内部冲突形成的官僚文化导致了决策质量的下降（对识别真正有前景的新药造成了更大的困难）和官僚成本的上升。

麦凯减少冲突、降低成本的计划就是大刀阔斧地将研究者和高层管理者之间的管理层级从14层压缩到7层，这也意味着解雇成千上万的管理者。另外，他还取消了产品研发委员会，他认为它的争辩耽误了将新药品发展成畅销药品的进程。简化层级之后，他还减少了研究者必须遵从的制度条例，这些条例大多是没有必要的，而且容易引发冲突。他和他的团队还削减了那些会拖延革新进程的报告。例如，研究员之前习惯于每月、每季度向高层管理者递交每种产品的研发进度报告。现在，麦凯要求他们要么提供月度报告，要么提供季度报告。

正如你所料，麦凯的计划在公司引发了不小的波动，因为管理者都想保全自己的位置，而研究者则极力保护他们正在研发的药品。然而，麦凯态度坚决，并在首席执行官的支持下将计划正式提上日程。首席执行官希望这项计划能够创造一个新的产品研发过程，授予研究者更多权力，并激发创新精神和企业家精神。新的工作流程不仅解放了研究者，还减少了冲突，提升了新药品生产的速度。

资料来源：www.pfizer.com.

10.4 战略选择

10.4.1 相关多元化与非相关多元化

因为相关多元化可以共享很多竞争能力，有人可能会认为它比非相关多元化更容易增加利润，所以相关多元化是更好的战略。然而，一些企业实施非相关多元化创造了同样的甚至更多的价值，因此，非相关多元化必定也有一些实质性的好处。一家实施非相关多元化的企业不一定需要跨业务单位的协调，所以其要面对的官僚成本仅包括业务数量增加带来的成本。相反，相关多元化要想获得利用独特竞争能力带来的好处，就必须在业务单位之间进行协调。

因此，相关多元化面对的官僚成本就来自两个方面，一是业务单位数量的增加，二是协调各业务单位的开销。虽然相关多元化与非相关多元化相比，可以在多个方面创造价值，但是要创造价值，相关多元化也要承担更高的官僚成本。这些成本可能会抵消收益，使实施相关多元化战略所获得的利润不如实施非相关多元化战略获得的利润高。

那么在这两个战略之间，企业该如何选择呢？这一选择取决于每种战略的收益减去官僚成本之后的比较。当满足下面条件时，企业实施相关多元化是合理的：企业的竞争能力可以跨很多行业应用；企业具有卓越的战略能力，能够控制官僚成本——也许能靠鼓励企业家精神或发展价值创造型组织文化来实现。

按照同样的逻辑，企业在如下条件下，追求非相关多元化是合理的：每个业务单位的职能能力，在其他行业几乎没有用武之地，但是企业高管具有改善业绩不佳业务并从中获利的能力；公司管理者具有改进业务单位竞争优势和控制甚至削减官僚成本的特殊组织设计能力。诸如"战略行动 10-1"中的 UTC 公司等一些管理较好的公司，都有能成功追求非相关多元化战略并获得回报的企业管理者。

10.4.2 公司层战略网络

最后，我们有必要注意到，当一些企业在相关多元化战略和非相关多元化战略之间进行抉择的时候，它们其实可以畅通无阻地同时实施两种战略。公司层战略的目的是提高企业的长期盈利能力。只要战略管理者权衡了利弊，认为由此而获得的多业务模式经得起考验，公司就可以实施多元化战略。图 10-5 展现了索尼如何建立公司层战略网络从而进入各种行业的情况。这个战略网络在 21 世纪初被证明是一项错误，因为它不仅削弱了多元化的优势，而且增加了成本。

索尼的核心业务是消费类电子产品，因其新颖的产品闻名世界从而成为世界领先品牌。为了保证其电子产品的质量，索尼为其电视机、DVD 播放机等制造了大部分的电子元件，从这个意义上来说，索尼实施了后向一体化战略。索尼也进行了前向一体化，2004 年收购了哥伦比亚影业公司和 MGM 之后，索尼开始在电影行业经营。为了与苹果公司竞争，索尼在专门的购物中心里开设了连锁零售店。此外，索尼还开发了自己的业务单位，如在计算机和小型智能电话行业经营，在这一过程中索尼分享和利用其独特的竞争能力，这是一种相关多元化战略。最后，在决定进入家用电视游戏行业并开发出足以与任天堂一较高下的 PlayStation 游戏机的过程中，索尼实施了非相关多元化战略。21 世纪初期，这一部门对索尼总利润的贡献超出了其核心电子业务，但公司总体运营情况仍不令人满意。

如上所述，由于过多行业的多元化模式导致索尼公司的利润大幅下降。索尼虽然实行多元化，但每个业务单位都非常注重高质量产品的研发，从而导致成本上升，甚至超过多元化本身带来的利润。另外，索尼给予每个业务单位高度自主权，而这一战略导致每个业务单位都以牺牲公司整体多元业务模式的代价来追求自身目标，从而导致成本上升、利润下降。尤其是，业务单位之间不共享知识等资产，这使得它的竞争者，比如三星，能够迎头赶上，甚至在手机及平板液晶电视领域超过它。

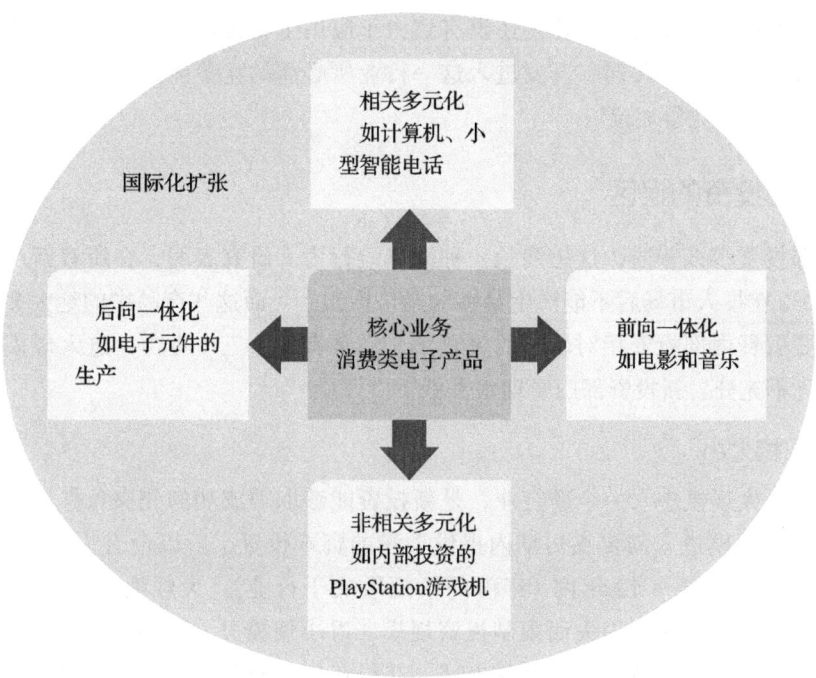

图 10-5　索尼的公司层战略网络

10.5　进入新行业：内部投资

我们讨论了价值管理者所追求的相关和非相关多元化战略（实施这些战略伴随风险和挑战）。我们现在讨论企业进入新行业可以采用的三个途径：内部投资、收购和合资。在接下来这一部分中，我们将考察内部投资的正反两方面的意见。在这之后，我们再考察收购和合资。

10.5.1　内部投资的吸引力

内部投资通常用来贯彻公司层战略，主要是当企业在核心业务模式中掌握一种或多种独特竞争能力，而这种能力可以在新行业中利用和重组时使用。**内部投资**（internal new venturing）是转移资源、在新行业创造新的业务单位或部门的过程。一般来说，如果企业业务模式的基础是利用它所拥有的技术和设计能力在相关市场或行业创造新型产品，那么它将倾向于以内部投资的方式进入新市场或新行业。如此而言，实施相关多元化的技术型企业，比如曾经以玻璃纸、尼龙、氟利昂、特氟纶等产品开拓了多个新市场的杜邦，最可能使用内部投资的方式进入新市场。3M 在利用内部生成的想法创造新产品和改进新产品方面，具有近乎传奇的本领，这使 3M 能够在新的市场上占据主导地位。类似地，惠普也是通过内部投资进入了计算机和打印机领域。

企业也可以使用内部投资进入新生行业或萌芽行业——在这样的行业中，没有任何企业已经发展出足以占据行业统治地位的竞争能力或业务模式。例如，20 世纪 70 年代末 80 年代初，某公司经过深思熟虑决定进入生物技术领域，生产除草剂和抗虫害的种子。在那时候，生物技术领域刚刚开始发展，行业内还没有致力于应用生物技术生产农业产品的企业。而该公司则在内部新建了一个部门，开发进入这一行业所必需的竞争能力，并在这一新兴行业中逐渐巩固其强有力的竞争地位。

10.5.2　内部投资的误区

无论内部投资多么普遍，这始终是一种高风险行为。研究表明，在所有新产品中，大概有33%～60%在投入市场后不能产生足够的经济回报，[15]而这些产品中的绝大多数是内部投资的结果。要解释内部投资相对较高的失败率，通常有如下三个理由：进入规模太小、新投资产品商业化不充分、新投资部门管理水平低下。[16]

1. 进入规模太小

研究表明，大规模进入一个新行业，是新投资能够取得成功的先决条件。这意味着，为了开发产品，大规模进入需要在短期内提供大量的资本投资，所以会有失败后的大量损失。但从长期看，一般在5～12年内（年份的长短取决于行业），大规模进入会带来巨额的收益，而为了减少可能带来的损失而限制投资规模，以小规模进入则相形见绌。[17]因为大规模进入可以快速实现规模经济，建立品牌忠诚，获得新行业的分销渠道等，这些都有助于新投资的成功。相反，小规模进入可能会发现自己由于无法实现规模经济而导致成本较高，有利市场地位的缺失进一步限制了建立品牌忠诚、获得分销渠道等方面的能力。当企业试图进入的是既有行业，盘踞在行业中的企业拥有规模经济、品牌忠诚和分销渠道时，上述规模经济的获得变得尤为重要。既然如此，新进入一个行业要想取得成功，就不得不进行大量投资。

图10-6描绘了对成功的小规模投资和大规模投资来说，进入规模与利润率随着时间变化的关系。该图显示，成功的小规模进入初始的损失确实比较低，但是，从长期来看，大规模进入会产生更多的回报。不过，由于大规模进入的高成本及高风险，很多企业错误地选择了小规模进入战略，这通常意味着企业无法获得长期成功所需的市场份额。

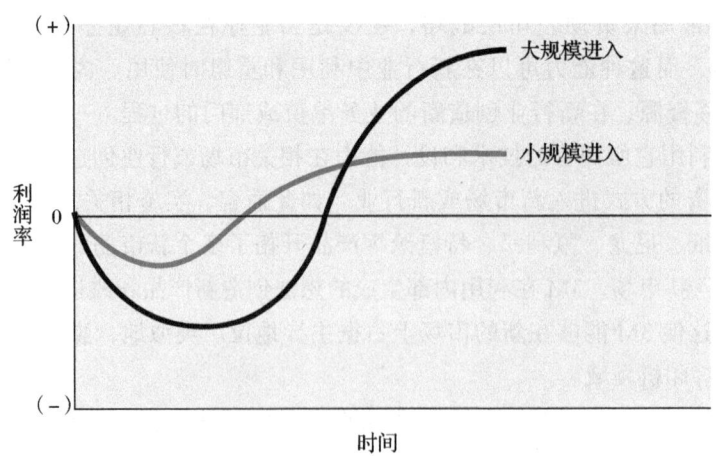

图10-6　小规模进入、大规模进入与利润率的关系

2. 新投资产品商业化不充分

很多内部投资由使用新技术或高级技术为顾客创造更好的产品以及超越竞争对手所驱动。但是，要想成功商业化，产品的开发必须以顾客需求为基础。如果企业忽视市场上的顾客需求，而只关注新产品在技术上的可能性，很多内部投资可能就会以失败而告终。[18]这样的话，产品以没有市场需求的技术为销售基础，或者企业无法在市场上准确定位或差异化产品来吸引顾客，新的投资就可能会失败。

例如，我们看一看 NeXT 推广的台式计算机，NeXT 公司是由苹果公司的创始人史蒂夫·乔布斯创办的。NeXT 系列没有获得市场份额，是因为这种计算机包含着一系列顾客并不需要的昂贵的技术，如光盘驱动和高保真音质技术。尤其是光盘驱动，之所以不受欢迎是因为从使用软盘驱动的计算机向使用光盘驱动的 NeXT 计算机转换是一个艰难的过程。换句话说，NeXT 之所以失败，是因为它的发明者太热衷于技术的前沿性，而忽视了顾客需求。所幸的是，乔布斯在成功地实现了苹果 iPod 的商业化之后，一雪前耻，如今的 iPod 是市场上卖得最好的 MP3 播放器之一。而他本人也被 2010 年的《财富》杂志评选为十年最佳 CEO。此外，苹果公司还在智能手机市场上树立了标杆，并且 iPad 自 2010 年面世之后也迅速占据了市场主导地位。

3. 新投资部门管理水平低下

新投资过程和新投资部门的管理进一步带来复杂的组织问题。例如，一些企业经常犯的错误是，通过同时建立很多不同的内部投资部门，试图提升制造成功产品的机会。[19]这种在部门之间分散风险的"散弹枪"做法，使企业产生大量的现金流需求。有时，公司为了保证整体的盈利性，不得不削减每个业务单位的投资，结果最好的投资机会反而缺乏成功所需的资金。[20]另一个常见错误是，公司管理者没有进行大量的必要预先规划，以确保新投资的商业模式的合理性，以及包含了成功所需的必要因素。有时，管理者甚至将这一程序委托给支持这项新技术的科学家和工程师。由于只专注于技术上的研究，管理者创新出的产品战略和商业价值都非常小。管理者和科学家必须合力弄清楚项目带来的产品如何及为何能具有竞争优势，并且必须在产品进入市场之前建立管理投资的战略目标和时间表。

隐含在新投资过程中的时间和成本的估计失误会构成进一步的错误。很多企业对时间框架具有不切实际的预期，还期望利润会迅速流入。研究表明，一些企业信奉"如果第三年不能获得利润就关闭新业务"的经营哲学。这显然是不切实际的观点，因为我们说过，在一项投资大量产生利润之前，至少需要五年甚至更久的时间。

10.5.3 内部投资的成功方针

为了避免上述误区，企业应该采取一种慎重考虑的、结构化的方式来管理内部投资。新投资以研发开始，用探索性的研究（"研发"中的"研"）来提高基础的科技水平，用开发性研究（"研发"中的"发"）来找到和完善技术的商业性用途。具有成功内部投资经验的企业通常擅长"研""发"两个方面，这有助于提高基础的科技水平，并找到商业性用途。[21]要增强基础科技，对企业来说至关重要的是与大学建立密切的联系（大学是新技术和科技知识的摇篮），并确保深知研发重要性的科学家控制资金。如果"发"做得不够，那么即便基础研究做得再好，也无法给公司创造商业价值，为此，公司需要采取一系列措施确保好的技术生产出好的、有商业价值的产品。

第一，很多企业给业务单位经理调拨一些研究资金，让他们负责物色和筛选他们认为最有可能产生商业利益的研究项目。

第二，为了有效利用研发技能，企业的高管必须不断地阐释商业模式中的战略目标，并向科学家和工程师清楚地传达。[22]

第三，为了提高新产品成功商业化的概率，企业也必须促进研发与市场之间的紧密联系。只有让营销识别出顾客最重要的需求并将这些需求传递给科学家，才能保证研发项目真正地满足市场需求。

第四，企业也应该培育研发与制造的密切联系，目的是确保企业有能力制造其研发出的新产品。很多企业组建跨职能项目团队来监视新产品的开发，从一开始就注意市场导向，借此成功地整合了不同职能部门的活动。这一方式可以显著地节省从新产品到市场这一过程的时间。例如，研发正为设计而做，制造设备正在到位，一场营销战役正在打响，向顾客展示新产品将会给他们带来多大的利益，这样的过程恰到好处。

第五，因为大规模进入通常会带来更高的长期利润，企业可以考虑扩大规模，以促进内部投资的成功。在产品上市之前，企业应该建造有效规模的生产设施，并为营销分配较高的预算以打响快速构筑市场地位和品牌忠诚的战役。公司高管应该临危不乱，积极面对即将存在的初期损失，只要市场份额在扩张，产品终将获得成功。

10.6 进入新行业：收购

在第9章中，我们解释过收购是企业实施横向一体化战略最主要的途径之一。除此之外，收购也是企业实施纵向一体化和多元化战略的基本方式。因此，我们有必要了解为了贯彻公司层战略进行收购的好处和风险。

10.6.1 收购的吸引力

如果企业缺乏在新行业竞争的独特竞争能力，企业就用资产购买一家具有这些能力的现存企业，这时候企业就是用收购来追求纵向一体化或多元化战略。当企业需要迅速在一个行业确立一定的地位时，企业更可能采用收购的方式。通过内部投资进入一个新行业是相对迟缓的过程，而收购是使企业快速在新行业确立地位的方式。企业可以在几个月内购买一家具有强势竞争地位的领导企业，而无须通过内部投资花费几年的时间去确立市场的领导地位。因此，如果速度至关重要，那么收购则是最合理的进入方式。例如，英特尔之所以采用收购的方式建立起通信新品业务，就是因为它意识到这一市场发展迅速，而内部发展所需的竞争能力遥遥无期。

另外，一般而言，我们觉得在一定程度上收购的风险比内部投资要小，这是因为它包含较小的商业不确定性。由于内部投资包含失败的风险，对其未来盈利能力和现金流的预测是比较困难的。相比之下，当企业采取收购战略时，被收购的企业一般是具有一定声望的，而且它的市场份额和盈利能力都是比较容易估计的。

最后，企业要想涉足进入壁垒比较高的行业，收购也是一种颇有吸引力的方式。我们回顾一下第2章就会想起进入壁垒的高低与产品差异化（品牌忠诚度）、绝对成本优势以及规模效益等因素有关。如果这些壁垒相当高，企业就会发现通过内部投资的方式进入一个行业是非常困难的，因为企业需要大规模的生产设备，花费巨额的广告费用来建立产品忠诚度，而这是非常困难的目标，没有大量的资本投资一般是难以实现的。但如果企业收购一个行业中的现有企业，它就可以绕过大多数的进入壁垒，因为被收购企业已经具有了相当的规模效益和品牌忠诚度。一般来说，一个行业的进入壁垒越高，企业越是倾向于采取收购的方式进入该行业。

10.6.2 收购的误区

由于这些原因，收购向来是一种企业普遍用来追求多元化战略的工具。然而，正如我们前面提到的，尽管它受欢迎，但研究发现很多收购行为并没能给收购的企业增加价值，反而常常以侵蚀企业价值告终。一项针对700起大型收购案例的研究发现，尽管这些案例中有30%确实为收购企业创造了价值，但也有31%损害了企业价值，剩下的则没有显示出多少作用。[23]大量证据表明，很多收购行为并没有为企业带来预期的收益。[24]一项针对被收购方业绩变化的研究发现，企业的利润水平和市场份额常常在实行收购后呈现下降的趋势。这说明很多收购行为是在侵蚀而不是创造企业价值。[25]

收购不能为企业创造价值可能源于四个原因：企业在整合不同组织结构和文化时往往会遇到困难；企业过高估计收购会带来的潜在经济利益；收购行为是代价高昂的；企业往往不能够仔细筛选其收购的目标，也没能意识到它们商业模式存在的重大问题。

1. 整合被收购企业遇到困难

一旦已经实施收购，收购企业就需要用自己的组织结构和文化去整合被收购企业。整合意味着接受共同的管理和财务控制体系，对接收购企业和被收购企业业务，建立信息和人员共享的行政机制以及创造共同的文化。[26]经验表明，在企业试图整合双方的行为过程中会发生很多问题。例如，当戴姆勒-奔驰收购克莱斯勒后，两家公司发现，戴姆勒-奔驰更加正式和层级化的文化惹怒了一直习惯于宽松且富有创业精神文化的克莱斯勒员工。此外，尽管戴姆勒-奔驰希望更快速地从克莱斯勒的新产品开发流程中受益，但它很快意识到，为了做到这一点，它必须采用更加模块化的方法来生产汽车，如通过重新使用不同车型的平台，这与戴姆勒-奔驰长久以来强调的汽车设计的整体基础相违背。最终，收购的预期优势鲜少实现。在为克莱斯勒支付约360亿美元（通过股票互换）后，戴姆勒-奔驰最终不得不向瑟伯罗斯资本管理公司另外支付了6.5亿美元，以摆脱克莱斯勒。[27]

很多被收购企业会经历高比例的管理人才流失，这往往是因为它们的员工不喜欢收购企业的行为方式——它的组织结构和企业文化。[28]研究显示，管理人才和专业技能的流失、部门之间时常出现的摩擦带来的损害，都会给被收购企业的绩效带来实质性的损害。[29]另外，收购方为了收购往往举借大量债务，一旦被收购方商业模式的这些管理问题逐渐清晰，收购方往往发现自己没有能力去偿还这些债务。

2. 过高估计经济利益

即使企业发现整合没那么困难，它们也往往会过高估计合并企业的未来利润。它们会过高估计收购能带给它们的竞争优势，所以往往花的钱要超过目标企业的实际价值。这种问题的产生主要归咎于企业高层管理者的盲目自大（这被称为"傲慢假说"）。[30] 企业高层管理者常常因自己在企业中可以升到这样高的位置而变得自负，这种自负会对他们的战略决策产生很大的负面影响。可口可乐公司收购一系列中等规模的葡萄酒企业就说明了这一点。可口可乐公司觉得葡萄酒就是饮料，市场营销方面的管理行家可以制定足以主宰美国葡萄酒行业的战略。但是在收购了 3 家葡萄酒企业，经历了 7 年获利甚微的状况之后，可口可乐公司不得不承认，葡萄酒和软饮料是非常不同的产品，它们有不同的产品特色、定价体系和分销网络。最后，可口可乐公司不得不将它的葡萄酒业务卖给了约瑟夫·西格拉姆（Joseph E. Seagram），这让可口可乐公司遭受了巨大的损失。[31]

3. 收购的代价高昂

或许收购失败最重要的原因就是要收购那些产品畅销的企业代价是很高的。而收购的代价抵消了前面提到的各种预期的收益。一个原因是，如果收购方不能在目标企业当前市价的基础上提供一个相当程度的溢价，目标企业管理层是不会同意出售企业的。溢价一般要超过股票价值的 30%～50%，否则目标企业的股东也不会愿意出售他们的股份。因此，收购企业必须能确保在收购之后，被收购企业增加的价值至少要与收购之前持平，否则，收购时支付的溢价就是不合算的。总而言之，相比"捡便宜"，企业更容易超额支付收购目标企业，研究也显示，管理者经常为收购而多付款项。[32]

支付如此高的溢价，收购公司必须确保其可以利用收购来产生未来利润，以为目标企业的高价辩护。考虑到行业环境的快速变化以及我们之前讨论的其他问题，如整合被收购企业等，这并不是一件容易完成的任务。这就是对收购方企业来说很多收购无利可图的主要原因。

由于投资者对收购方最终支付的价格存在投机倾向，致使收购过程中股票价格不断上升，因此收购方最后不得不支付这个溢价。在谈判的过程中，如果两家或多家企业同时申购目标企业，上述哄抬股价的情形会更加严重。另外，当很多收购行为同时发生在特定部门或行业的时候，潜在的目标企业的价格会被众多投资者哄抬，他们投机性地认为在不久的将来对这些企业的申购就会出现，就这样进一步提升了收购的成本。例如在通信领域，为了确保能够满足顾客对先进的设备的需求，很多大企业进行疯狂收购，这时候上述收购成本就被大幅提升。北电（Nortel）、阿尔卡特－朗讯（Alcatel-Lucent）都竞相购买正在开发新通信设备的小公司。结果是，众多投资者哄抬了这些小公司的股价，收购价格大幅上涨。当通信泡沫破裂时，收购方企业发现它们已经因为收购而严重超额支出，从而不得不承担巨额的损失。北电更是被迫申请破产并变卖资产，而阿尔卡特－朗讯的股价下跌了近 90%。

4. 收购前评估不足

这些企业出现的问题说明，高管对收购前的评估工作做得不够，或者说对收购创造的潜在价值评估不足。研究发现，收购失败的一个原因是，管理者收购其他企业的决定缺乏对潜在收益和成本的全面分析。[33] 的确，在很多情况下，在收购完成之后，许多收购方企业发现，它们买下的是一家陷入麻烦的企业，而非运行良好的企业。很显然，目标企业为了让它们的财务状况好看些，管理者通常会篡改公司资料或财务报表，收购方必须对这些进行警惕、深入的掌控。2009年，IBM曾有意收购芯片制造商太阳微系统公司（Sun Microsystems），但是经过一周的仔细盘点，IBM发现该公司的客户基础远没有它期望的稳定，从而将报价降低了10%。2010年，这家公司被甲骨文以74亿美元收购，在此之后的5年里，太阳微系统公司造成了甲骨文利润的下滑，但甲骨文时任CEO埃里森却始终坚持投资太阳微系统公司的技术，到2015年，他的投资终于获得了回报。[34]

10.6.3 成功收购的指导方针

为了能够规避误区，成功完成收购，企业定位和评估收购行为需要遵从以下程序：目标识别和预评估、申购战略、整合、经验总结。[35]

1. 目标识别和预评估

完备的收购前评估能够加深企业对潜在收购对象的了解，降低买到存在商业模式缺陷等潜在问题的业务的风险。这也会使得对涉及收购问题的评估更加实际，从而企业可以为如何整合新业务、协调组织结构和文化做出计划。评估的第一步就应对收购的战略意图做出详细的评价；对企业类型进行识别，以便确定理想的收购对象；将收购目标与其他可能的收购目标进行比较，全面分析收购对象业务模式的优势和劣势。

其实，收购方企业应该挑选一组最具收购潜力的目标，并使用一系列标准对每一个收购对象进行评估，主要标准如下：财务状况、独特竞争能力和竞争优势、变化的行业界限、管理能力、公司文化。这样的评价将有助于企业识别每一个收购对象的优势、劣势、机遇和威胁（SWOT），从而找到最理想的收购对象。例如，衡量收购方和被收购方之间潜在的经济规模和范围，这将有助于收购方发现潜在的整合问题，如收购方和被收购方的企业文化整合问题。2004年，微软和SAP（世界上顶级的企业资源计划（ERP）软件提供商）曾坐在一起讨论微软一项收购的可能性。两家企业都认为，虽然合并的战略理由非常充分（两家公司合并后可以主导满足全球大多数跨国公司的计算机软件市场），但创造一个能够成功地整合全球成千上万雇员以及两种截然不同的组织文化的组织结构是难以应对的难题。

企业把潜在收购对象的数量减少到最合意的一到两个之后，就需要接洽专业的第三方机构，比如像高盛和美林这样的投资银行，它们往往能够就潜在收购行为的吸引力、目前行业的竞争情况等提出有价值的意见，而且它们也能处理与收购相关的很多具体问题，比如如何选择最理想的申购战略、如何压缩购买成本等。

2. 申购战略

申购战略的目标是降低收购目标公司必须支付的价格。一家公司实现对另外一家公司收购的最有效方式是提出友好的接管申请，也就是说，两家公司以友好的方式实现合并，并同时满足双方股东和高管的需求。友好的接管有助于防止投机者哄抬股价。相反，如果是恶意收购，比如甲骨文公司和仁科公司（PeopleSoft）之间、微软和雅虎之间，在收购过程中，投机者经常哄抬目标企业的股价，他们预测收购者会因志在必得而自抬收购价格，或者其他企业提出令目标公司高管更满意的报价。

优秀申购战略的另一个关键要素是时机。例如，汉森（Hanson PLC，追求非相关多元化最成功的公司之一）过去一直寻找本质上良好但受制于行业周期或由某一个部门业绩不佳带来短期问题的公司。在股票市场上，这样的公司的价值通常被低估，所以能够避免收购溢价。有了好的时机，企业就可以进行廉价的收购。

3. 整合

即使做好了评估和申购，但如果收购方企业没有整合被收购企业的运营并发展出切实可行的多业务模式的组织设计技能，收购也可能失败。整合应该着重于收购的潜在战略优势，如营销、制造、物流、研发、财务或管理资源等方面的共享。此外，还要去除冗余设备和职能，甚至抛弃被收购公司的多余业务单位。

4. 经验总结

有研究表明，经常收购其他公司的企业可能会在收购的过程中变得越来越专业，并从中产生可观的价值。[36] 它们从经验中学习，发展出如何更有效地、更有力地实施收购的体系。典型例子就是泰科，该公司从不实施恶意收购。它仔细审查目标公司的账目，收购有助于其达到行业内临界值的公司，快速行动以节省收购后的成本，创立一到两级管理层去管理被收购方，并且在被收购的单位中建立以利润为基础的激励性报酬体系。[37] 随着时间的推移，泰科趋向于发展壮大以及多元化，而投资者和管理层怀疑它并没有产生如此多的价值。2007年，泰科的保健和电子部门被分拆。2012年，泰科又被分成三个部分，各个部分有其自己的股票：泰科安防与消防、ADT（提供住宅和小型企业的安全装置）以及流体控制（出售水和流体阀门及控制装置）。[38]

10.7 进入新行业：合资

进入处于初始期或成长期的新行业时，最常用的进入方式是合资，即合并两家或两家以上企业的创立新企业的过程。假设一家企业正在考虑在一个新生行业创立一个新企业，因为企业必须投入大量必要资本以便在新市场中开展生产和销售商品所需的价值链活动，所以这样的投资活动往往涉及巨大的风险和成本。另外，由于新生行业并没有既定龙头企业，收购可能是危险的提议，即使有，收购起来也会耗资巨大。

在这种情况下，合资通常是最适合的手段，这是因为合资能够帮助企业与其他企业共同分担建立新业务的风险和成本。当企业能够分享互补的技能和竞争能力时，尤其如此。联合技术公司和陶氏化学公司曾按各50%的投入比例合资成立为航空航天业制造塑料复合材料配件的公司。当时，联合技术公司已经涉足了航空航天业（生产西科斯基直升机），而陶氏化学公司拥有开发和制造塑料复合材料的技能。这一联盟需要联合技术公司贡献先进的航空航天技能，陶氏公司贡献开发和制造塑料复合材料的技能。通过合资，两个企业都可以涉足新的产品领域。这也使得它们能够实现相关多元化的利益，而不必合并它们的业务，也不必承担独自开发新产品的风险和成本。因此，两个企业都可以享受进入新市场的价值创造优势，而无须承担上升的官僚成本。

虽然在多数情况下合资可以给每个成员企业带来好处，但也会出现问题。第一，合资约定企业分担发展新业务的风险和成本的同时，也共享成功的收益（如果能够成功的话）。所以，如果某一成员的技能比另一成员的技能更重要，却达成五五分成的协议，这一成员将不得不把一部分利润转让给其他成员。随着时间的推移，这会导致冲突，使合作关系变质。第二，合资各方可能具有不同的经营哲学、投资期或投资偏好，于是在如何经营合资企业方面，难免会有冲突。这些问题可能会破坏合资企业，使之走向失败。

第三，参与合资的好处是公司间经常紧密联系，促进技术的学习和转移，而存在的危险是无意丢失公司间的专有信息。[39] 即使合作合同中有保护各参与者知识产权的条款，也很难真正防止这种现象。知识分散在大量员工身上使得保密条款很难实施。[40] 参与合资的企业可能面临着将企业特有的重要能力泄露给合作伙伴的风险，合作伙伴可能会使用这种能力与其进行竞争。例如，有了陶氏化学公司在塑料复合材料方面的专家之后，联合技术公司可以选择终止联盟关系，并自己生产这些材料。正如我们在上一章所讨论的，如果陶氏化学公司有了联合技术公司的可靠承诺，风险可以减少到最小，事实上陶氏化学公司也是这样做的。要生产合资企业能够生产的产品，联合技术公司必须投资于昂贵的专用资产。

10.7.1 结构重组

很多企业为了增加利润，扩张进入新行业。然而，有时候它们也需要退出行业以实现同样的目标，甚至需要将现有的企业拆成独立的几个企业。**结构重组**（restructuring）是重新组织和剥离业务单位，退出行业以重新聚焦企业核心业务并重新建立独特竞争力的过程。[41] 为什么那么多的企业要进行结构重组，它们又是如何实行重组的呢？

10.7.2 为什么要进行结构重组

近年来，多元化企业进行结构重组的一个主要原因是它们的股票在股市上的估值产生了多元化折价，即与多元化程度低的企业相比，高度多元化的企业的股票估值相对企业收益来说要低。[42] 在投资者看来，投资高度多元化的企业不那么具有吸引力，原因有四个：第一，正如我们前面所讲，投资者感到这些企业不再具有能支撑其参与多行业经营的多业务模式。第二，高度多元化企业的合并财务报表相当复杂，无法从中看出它各个业务单位的独立绩效，从而掩盖了其多业务模式究竟成功与否的事实。因此，在投资者眼中，这样的企业要比只在一个行业中经营、竞争优势和财务报表更容易理解的企业风险更大。因此，结构重组可以通过将多元化企业拆成多个独立企业的方式刺激股东回报率。

多元化折价的第三个原因是，很多投资者的经验告诉他们，企业管理者往往追求过度的多元化，或者由于错误的原因而实行多元化，这样会减少利润。[43] 例如，有些高层管理者为了自己的利益追求增长。他们是"帝国"的建造者，他们将企业的经营领域扩展到官僚成本超过多元化创造的额外价值的地步。这样，结构重组就变成了一种应对因过度多元化而造成财务绩效下降的措施。

导致结构重组的最后一个原因是,战略管理上的创新降低了纵向一体化或多元化的优势。例如,几十年以前,人们不太了解企业和它的供应商之间的长期合作关系或者战略联盟,能够成为纵向一体化的一个可行的替代方式。而对于管理供应链,大多数企业只考虑了两个可选方案:纵向一体化或者竞标。正如我们在第9章中所讨论的,在很多情况下,长期合作关系可以创造出最大的价值,因为这可以避免产生大量的官僚成本,或者可以无须面对市场约束。由于上述战略创新的出现并扩展到整个商业世界,纵向一体化的相对优势就下降了。

本章小结

1. 当企业正在创造自由现金流(自由现金流是指那些超过维持最初或核心业务竞争优势的财务资源),管理者常常首先考虑多元化。
2. 一个多元化的企业可以通过以下方式创造价值:跨行业转移竞争能力;利用现有竞争能力发展新的业务;共享资源和能力,以实现范围经济;运用产品搭售策略;利用一般组织能力;运行内部资本市场,提升多元化企业内部所有业务单位的业绩。多元化的官僚成本是企业内业务单位的数量和业务单位之间需要协调的程度的函数。
3. 由分摊风险或获得更大增长的欲望所驱动的多元化,通常与价值的消失相联系。
4. 企业进入新行业通常有三个途径:内部投资、收购和合资。
5. 当企业在原有业务领域拥有一系列有价值的竞争能力,而且这些能力可以在进入新业务或新行业的过程中被利用和重组时,企业通常用内部投资的方式进入新行业。
6. 许多内部投资之所以失败,是因为进入规模太小、新投资产品商业化不充分和新投资部门管理水平低下。避免失败的准则包括选择和管理项目、整合研发与营销过程以提高投资方案的商业化水平,以及以大规模进入。
7. 当企业缺乏在新的市场竞争的重要竞争能力(资源和能力)时,收购通常是进入新行业最好的方式,它可以用合理的价格购买拥有上述竞争能力的企业。当目标行业的进入壁垒很高,以及企业不想耗费时间、承担开发成本和内部投资风险时,收购也是最合理的选择。
8. 很多收购之所以失败,是因为收购后整合遇到困难、高估收购能带来的经济利益、收购代价高昂以及收购前评估不足。避免收购失败的准则包括目标识别和预评估、有效的申购战略、整合(积极尝试把被收购的企业纳入收购方企业组织之中),以及经验总结。
9. 在以下两种情况下,以合资方式进入新行业最为常见:与建立新业务相关的风险和成本超出企业自己愿意承担的部分;与拥有补充性技能和资产的其他企业合作建立新业务,企业可以提高成功的概率。
10. 结构重组常常是对以下情况的一种反应:绩效欠佳的多业务模式;过于复杂的合并财务报表;由于高层管理者建立"商业帝国"的雄心所导致的过度多元化;战略管理过程的创新削弱了纵向一体化和多元化的优势。

讨论问题

1. 企业何时更可能选择相关多元化?企业何时更可能选择非相关多元化?
2. 在什么情况下要进入一个新市场或新行业选择并购的方式最好?在什么情况下内部

投资是最优方式?
3. 假设 IBM 为了提供在线云计算及数据服务和企业与个人的宽带接入服务，要进入通信业务领域。你建议它用什么方式进入？为什么？
4. 在什么情况下合资是进入新行业的有用方式？
5. 看一看霍尼韦尔（Honeywell）的业务组合（详见 www.honeywell.com）。霍尼韦尔涉足了多少个不同的行业？你会把霍尼韦尔描述成一家相关多元化还是非相关多元化企业？你认为霍尼韦尔的多元化战略是否提高了其利润水平？

结篇案例

花旗集团：多元化的机遇与挑战

花旗集团是全球知名的多元化金融服务公司，2015年，其市值高达701亿美元。然而，它一路走来并不总是顺利的。从20世纪90年代末到2010年，公司的多元化发展及其在抵押贷款危机中受到的影响，使得公司一度陷入困境，引起了人们对美国历史最悠久、规模最大的银行之一的花旗银行即将倒闭的担忧。

花旗集团的历史可以追溯到1812年，由一些商人为了应对美国第一银行被废除而创办（由于托马斯·杰斐逊认为经济集中控制存在风险，因此第一银行的执照被宣告失效）。由亚历山大·汉密尔顿领导的商人创建了纽约城市银行，1812年，他们希望能够复制第一银行的规模优势。该银行在美国崛起成为世界重要力量中发挥了重要作用，其中包括贷款支持1812年战争采购军备，资助19世纪中期的联盟战争，后来开创对外贸易，这帮助美国在20世纪初期登上世界舞台。1929年，它成为世界上最大的商业银行之一。

该银行的资本资源及其值得信赖的品牌使其成功实现个人银行业务的多元化。例如，它首先推出了复利储蓄账户、无担保个人贷款、支票账户和24小时 ATM 机等。然而，其业务几乎完全属于传统的对私银行服务。随着一个新概念——"金融超市"的兴起，这些都发生了变化。

20世纪90年代，金融界对同一家银行范围广泛的金融服务的价值感到震惊。为什么你在新泽西州的储蓄账户、你在加利福尼亚州的股票经纪人和你在马里兰州的保险代理人可以在一个屋檐下呢？合并这些服务将带来许多"交叉销售"的机会：通过向其提供其他金融产品，可以更充分地利用每个公司的客户群。此外，通过整合信息技术、客户服务和计费等操作可以实现成本节约。1989年，桑迪·威尔已经开始创建自己的"金融超市"，其中包括旅行者保险、安泰、普美利加、所罗门兄弟和美邦控股，他说服了花旗公司当时的董事长兼首席执行官约翰·里德，让两家公司合并。旅行者集团以700亿美元买下了花旗公司的所有股份，并以原股份2.5倍的数量增发股票。因此，每家公司的现有股东拥有约一半的新公司。这次合并形成了一家拥有7 000亿美元资产、市值为1 400亿美元的公司。后来更名为花旗集团，如今已是世界上最大的金融服务机构之一。

不幸的是，几乎完全同时，互联网使得实体"金融超市"过时了：最明显的就是出现了线上"金融超市"。使事情变得更糟的不是交叉销售，而是花旗集团和旅行者集团的部门之间开始彼此争斗以保护它们的势力范围。巩固后台运营的挽救也被证明是微薄的且昂贵的。例如，协调每个公司的信息技术系统十分昂贵，最终决定将系统保持原样。虽然合并后的公司解雇了超过10 000名员工，但确实很难辞掉高管，有些人将花旗与诺亚方舟相比，该公司保留过多"联合"管理人员（比如联合首席执行官威尔和里德）。银行分析师梅瑞狄斯·惠特尼（Meredith Whitney）说："花旗集团已经成为'从未整合的公司'，企业之间没有沟通。有数十种技术系统和数十种会计分类账。"

为了提高收益，花旗集团开始投资次级贷款，将贷款捆绑到称为抵押债务的抵押担保证券（CDO）中规避风险。即使它知道其所承担的风险规模，也无济于事了。宽松的贷款政策导致了大量质量差的抵押贷款，其中绝大多数是可调整利率的抵押贷款（初始利率很低，但会随时间增加）。这与住房价格大幅下滑一并使得购房者在利率上升的情况下不可能再进行抵押贷款——他们房子的价值比他们借的贷款还便宜。拖欠期限和止赎权飙升，意味着持有这些抵押贷款的银行的资产价值正在迅速下降。花旗集团股东于2006年诉讼指控公司使用"与CDO相关的准庞氏骗局"虚假表示其拥有健康的资产基础，隐瞒公司面临的真实风险，但即使花旗集团当时的首席执行官查尔斯·普林斯也不知道该公司投资抵押贷款相关资产的金额。普林斯在2007年9月的一次会议上发现，该公司拥有430亿美元的抵押资产，但托马斯·马赫拉斯（负责监督银行交易）保证一切都很好。该公司很快就出现了数十亿美元的亏损，其股价下跌至十年来的最低点（见图10-7）。对于证券交易委员会前总会计师林恩·特纳来说，花旗集团的危机并不奇怪。他指出，花旗集团太大，没有适当的管制，对于代表公司冒险的个人缺乏足够的责任心，使得这些问题不可避免。企业合并造成利益冲突，花旗集团的管理者缺乏准确评估外来金融工具激增的风险的能力。由于这个问题的真实范围显露出来，花旗集团发现自己已经处于非常恶劣的境地。抵押资产的损失很有可能会摧毁整个公司，甚至连利润丰厚的业务都不放过。

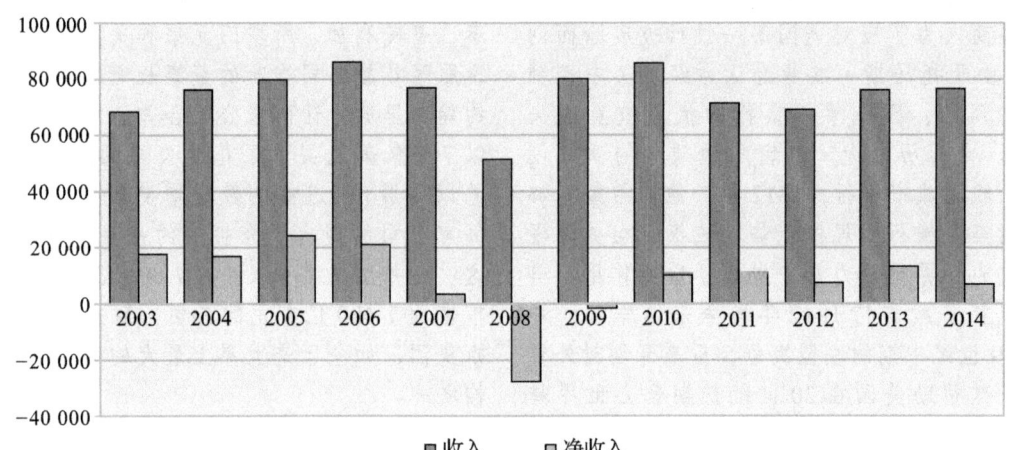

图10-7　花旗银行2003～2014年的收入和净收入（百万美元）

虽然美国政府用450亿美元的救助使其免于失败（由于担心花旗集团的失败会导致更大的经济崩溃——"大而不倒"），花旗集团开始精减员工并卖掉它所能卖掉的一切，拆除了"金融超市"。在接下来的两年中，它削减了8万多个岗位，并出售了美邦、菲布罗（商品交易单位）、大莱卡（信用卡）、日本经纪业务、普美利加等。此外，为了筹集资金，该公司将其5%的股权以75亿美元的价格出售给了阿布扎比投资部门，然后2008年向包括沙特阿拉伯王子阿尔瓦利德·本·塔拉勒在内的一批投资者出售股票募集了120亿美元。它还重组为两个运营单位：花旗公司（零售和机构客户业务）、花旗控股（经纪和资产管理）。这种重组有助于将花旗的银行业务从其希望出售的风险较高的资产中分离出来。

2010年，花旗集团终于恢复盈利。它偿还了美国政府的贷款，其经理人和投资界人士也松了口气，乐观地认为最糟糕的日子结束了。2014年，花旗集团的收入达到769亿美元，净收入为73亿美元。今天，其收入的约50%来自个人业务（零售银行业务、信用卡、抵押贷款和中小企业的商业银行业务）；只有40%来自机构客户业务（为企业、政府、机构和超高净值个人提供投资和银行服务）；而花旗控股的收入占比不到10%。

花旗集团的一连串事件严重破坏了投资界对"金融超市"模式的信心，即使在抵押贷款危机之后，也很难评估多元化公司的收益和损失程度。不过，有一件事是清楚的：一个非常庞大、复杂的组织难以在公司内部提供充分、有效的监督。这会使问题在被检测到之前就变得很有威胁。花旗集团的管理者知道他们要在未来更加仔细思考自己的业务选择，以及如何管理这些业务之间的关联性。

资料来源：R. Wile, "Dramatic Highlights from Citi's 200-Year History," *Business Insider*, April 4, 2012, www.businessinsider.com/ presenting-a-history-of-citi-2012-4?op=1); "About Citi—Citibank, N.A.," www.citigroup.com; M. Martin, "Citicorp and Travelers Plan to Merge in Record $70 Billion Deal," *New York Times*, April 7, 1998, p. 1; A. Kessler, "The End of Citi's Financial Supermarket," *The Wall Street Journal*, January 16, 2009, p. A11; "Fall Guy," *The Economist*, November 5, 1998; E. Dash and J. Creswell, "Citigroup Saw No Red Flags Even as It Made Bolder Bets," *New York Times*, November 22, 2008, p. 14; P. Hurtado and D. Griffin, "Citigroup Settles Investors' CDO Suit for $590 Million," Bloomberg.com, August 29, 2012; D. Ellis, "Citi Plunges 26%–Lowest in 15 Years," CNNMoney.com, November 20, 2008; Citigroup 2014 10-K.

讨论题

1. 花旗集团的管理者认为创建"金融超市"的好处是什么？
2. 为什么"金融超市"的概念没有像花旗管理层预期的那样获得回报？
3. 你认为为什么不同公司的合并十分困难呢？
4. 管理一个大型多元化金融公司所面临的挑战是什么？

注释

[1] This resource-based view of diversification can be traced to Edith Penrose's seminal book, *The Theory of the Growth of the Firm* (Oxford: Oxford University Press, 1959).

[2] D. J. Teece, "Economies of Scope and the Scope of the Enterprise," *Journal of Economic Behavior and Organization* 3 (1980): 223–247. For more recent empirical work on this topic, see C. H. St. John and J. S. Harrison, "Manufacturing Based Relatedness, Synergy and Coordination," *Strategic Management Journal* 20 (1999): 129–145.

[3] Teece, "Economies of Scope." For more recent empirical work on this topic, see St. John and Harrison, "Manufacturing Based Relatedness, Synergy and Coordination."

[4] For a detailed discussion, see C. W. L. Hill and R. E. Hoskisson, "Strategy and Structure in the Multiproduct Firm," *Academy of Management Review* 12 (1987): 331–341.

[5] See, for example, G. R. Jones and C. W. L. Hill, "A Transaction Cost Analysis of Strategy Structure Choice," *Strategic Management Journal* 2 (1988): 159–172; O. E. Williamson, *Markets and Hierarchies, Analysis and Antitrust Implications* (New York: Free Press, 1975), pp. 132–175.

[6] R. Buderi, *Engines of Tomorrow* (New York: Simon & Schuster, 2000).

[7] See, for example, Jones and Hill, "A Transaction Cost Analysis," and Williamson, *Markets and Hierarchies*.

[8] C. A. Trahms, H. A. Ndofor, and D. G. Sirmon, "Organizational Decline and Turnaound: A Review and Agenda for Future Research," *Journal of Management*, 39 (2013): 1277–1307.

[9] The distinction goes back to R. P. Rumelt, *Strategy, Structure and Economic Performance* (Cambridge: Harvard Business School Press, 1974).

[10] For evidence, see C. W. L. Hill, "Conglomerate Performance over the Economic Cycle," *Journal of Industrial Economics* 32 (1983): 197–212; D. T. C. Mueller, "The Effects of Conglomerate Mergers," *Journal of Banking and Finance* 1 (1977): 315–347.

[11] For reviews of the evidence, see V. Ramanujam and P. Varadarajan,

"Research on Corporate Diversification: A Synthesis," *Strategic Management Journal* 10 (1989): 523–551; G. Dess, J. F. Hennart, C. W. L. Hill, and A. Gupta, "Research Issues in Strategic Management," *Journal of Management* 21 (1995): 357–392; D. C. Hyland and J. D. Diltz, "Why Companies Diversify: An Empirical Examination," *Financial Management* 31 (Spring 2002): 51–81.

[12]M. E. Porter, "From Competitive Advantage to Corporate Strategy," *Harvard Business Review* (May–June 1987): 43–59.

[13]For reviews of the evidence, see Ramanujam and Varadarajan, "Research on Corporate Diversification"; Dess et al., "Research Issues in Strategic Management"; Hyland and Diltz, "Why Companies Diversify."

[14]C. R. Christensen et al., *Business Policy Text and Cases* (Homewood: Irwin, 1987), p. 778.

[15]See Booz, Allen, and Hamilton, *New Products Management for the 1980s* (New York: Booz, Allen and Hamilton, 1982); A. L. Page, "PDMA's New Product Development Practices Survey: Performance and Best Practices" (presented at the PDMA 15th Annual International Conference, Boston, October 16, 1991); E. Mansfield, "How Economists See R&D," *Harvard Business Business Review* (November December 1981): 98–106.

[16]See R. Biggadike, "The Risky Business of Diversification," *Harvard Business Review* (May–June 1979): 103–111; R. A. Burgelman, "A Process Model of Internal Corporate Venturing in the Diversified Major Firm," *Administrative Science Quarterly* 28 (1983): 223–244; Z. Block and I. C. MacMillan, *Corporate Venturing* (Boston: Harvard Business School Press, 1993).

[17]Biggadike, "The Risky Business of Diversification"; Block and Macmillan, *Corporate Venturing*.

[18]Buderi, *Engines of Tomorrow*.

[19]I. C. MacMillan and R. George, "Corporate Venturing: Challenges for Senior Managers," *Journal of Business Strategy* 5 (1985): 34–43.

[20]See R. A. Burgelman, M. M. Maidique, and S. C. Wheelwright, *Strategic Management of Technology and Innovation* (Chicago: Irwin, 1996), pp. 493–507. See also Buderi, *Engines of Tomorrow*.

[21]Buderi, *Engines of Tomorrow*.

[22]See Block and Macmillan, *Corporate Venturing*; Burgelman et al., *Strategic Management of Technology and Innovation,* and Buderi, *Engines of Tomorrow*.

[23]For evidence on acquisitions and performance, see R. E. Caves, "Mergers, Takeovers, and Economic Efficiency," *International Journal of Industrial Organization* 7 (1989): 151–174; M. C. Jensen and R. S. Ruback, "The Market for Corporate Control: The Scientific Evidence," *Journal of Financial Economics* 11 (1983): 5–50; R. Roll, "Empirical Evidence on Takeover Activity and Shareholder Wealth," in J. C. Coffee, L. Lowenstein, and S. Rose (eds.), *Knights, Raiders and Targets* (Oxford: Oxford University Press, 1989), pp. 112–127; A. Schleifer and R. W. Vishny, "Takeovers in the 60s and 80s: Evidence and Implications," *Strategic Management Journal* 12 (Special Issue, Winter 1991): 51–60; T. H. Brush, "Predicted Changes in Operational Synergy and Post Acquisition Performance of Acquired Businesses," *Strategic Management Journal* 17 (1996): 1–24; T. Loughran and A. M. Vijh, "Do Long-Term Shareholders Benefit from Corporate Acquisitions?" *Journal of Finance* 5 (1997): 1765–1787.

[24]Ibid.

[25]D. J. Ravenscraft and F. M. Scherer, *Mergers, Sell-offs, and Economic Efficiency* (Washington, DC: Brookings Institution, 1987).

[26]F. Bauer and K. Matzler, "Antecedents of M&A Success: The Role of Strategic Complementarity, Cultural Fit, and Degree and Speed of Integration," *Strategic Management Journal* 35 (2014): 269–291.

[27]C. Isidore, "Daimler Pays to Dump Chrysler," *CNNMoney* (May 14, 2007).

[28]See J. P. Walsh, "Top Management Turnover Following Mergers and Acquisitions," *Strategic Management Journal* 9 (1988): 173–183.

[29]See A. A. Cannella and D. C. Hambrick, "Executive Departure and Acquisition Performance," *Strategic Management Journal* 14 (1993): 137–152.

[30]R. Roll, "The Hubris Hypothesis of Corporate Takeovers," *Journal of Business* 59 (1986): 197–216.

[31]"Coca-Cola: A Sobering Lesson from Its Journey into Wine," *Business Week* (June 3, 1985): 96–98.

[32]J. Harford, M. Humphery-Jenner, and R. Powell, "The Sources of Value Destruction in Acquisitions by Entrenched Managers," *Journal of Financial Economics* 106 (2012): 247–161; F. Fu, L. Lin, and M. C. Officer, "Acquisitions Driven by Stock Overvaluation: Are They Good Deals?" *Journal of Financial Economics* 109 (2013): 24–39.

[33]P. Haspeslagh and D. Jemison, *Managing Acquisitions* (New York: Free Press, 1991).

[34]J. Burt, "Oracle Continues to Grow Hardware Business 5 Years After Sun Deal," *eWeek* (February 16, 2015): 1.

[35]For views on this issue, see L. L. Fray, D. H. Gaylin, and J. W. Down, "Successful Acquisition Planning," *Journal of Business Strategy* 5 (1984): 46–55; C. W. L. Hill, "Profile of a Conglomerate Takeover: BTR and Thomas Tilling," *Journal of General Management* 10 (1984): 34–50; D. R. Willensky, "Making It Happen: How to Execute an Acquisition," *Business Horizons* (March–April 1985): 38–45; Haspeslagh and Jemison, *Managing Acquisitions*; and P. L. Anslinger and T. E. Copeland, "Growth Through Acquisition: A Fresh Look," *Harvard Business Review* (January–February 1996): 126–135.

[36]M. L. A. Hayward, "When Do Firms Learn from Their Acquisition Experience? Evidence from 1990–1995," *Strategic Management Journal* 23 (2002): 21–39; K. G. Ahuja, "Technological Acquisitions and the Innovation

Performance of Acquiring Firms: A Longitudinal Study," *Strategic Management Journal* 23 (2001): 197–220; H. G. Barkema and F. Vermeulen, "International Expansion Through Startup or Acquisition," *Academy of Management Journal* 41 (1998): 7–26.

[37]Hayward, "When Do Firms Learn from Their Acquisition Experience?"

[38]N. Zieminski, "Tyco Shareholders Approve Three-Way Break-Up," Reuters, September 17, 2012.

[39]A. C. Inkpen and S. C. Currall, "The Coevolution of Trust, Control, and Learning in Joint Ventures," *Organization Science* 15 (2004): 586–599; D. C. Mowery, J. E. Oxley, and B. S. Silverman, "Strategic Alliances and Interfirm Knowledge Transfer," *Strategic Management* 17 (1996): 77–91.

[40]M. A. Schilling, "Technology Shocks, Technological Collaboration, and Innovation Outcomes," *Organization Science* 26: 668–686.

[41]For a review of the evidence and some contrary empirical evidence, see D. E. Hatfield, J. P. Liebskind, and T. C. Opler, "The Effects of Corporate Restructuring on Aggregate Industry Specialization," *Strategic Management Journal* 17 (1996): 55–72.

[42]A. Lamont and C. Polk, "The Diversification Discount:Cash Flows Versus Returns," *Journal of Finance* 56 (October 2001): 1693–1721; R. Raju, H. Servaes, and L. Zingales, "The Cost of Diversity: The Diversification Discount and Inefficient Investment," *Journal of Finance* 55 (2000): 35–80.

[43]For example, see Schleifer and Vishny, "Takeovers in the '60s and '80s."

PART 4

第四部分

战略执行

第 11 章　公司治理、社会责任和伦理
第 12 章　组织战略实施

第 11 章

公司治理、社会责任和伦理

| 开篇案例 |

星巴克：站在社会问题的立场上

霍华德·舒尔茨于 1978 年创立星巴克时，他想创建一家真正关心员工福利的公司。霍华德·舒尔茨受他父亲影响很大，曾说他的父亲"奋斗了很多年，却从来没有一年收入超过 20 000 美元，也不曾受到雇主的重视，长此以往，身心备受煎熬。我希望我们的员工知道我们重视他们"。他认为员工的快乐是提高竞争力的关键。正如他所说："没有深信管理层承诺的员工，我们就无法实现我们的战略目标。我们可持续发展的唯一优势就是我们员工的素质，我们正通过从我们的劳动成果中获得自豪感和利益，建立一个全国零售公司。"

舒尔茨赋予了一个企业文化，设立了卓越员工福利和员工股权计划的目标。虽然星巴克执行了几乎苛刻的咖啡质量和客户服务标准，但星巴克对员工的文化建设却非常重视。员工有权不经过管理层做出决定，星巴克鼓励员工将自己视为业务合作伙伴。星巴克希望员工用最好的判断力来做出决定，并且会站在员工的身后支持他们。这些都是通过慷慨的薪酬福利计划来加强的。

2000 年，舒尔茨宣布辞去首席执行官职务，离开公司，追求在其他企业的发展（尽管他仍是董事会主席）。然而，在星巴克开始遭受净收入下滑和股价下跌之后，舒尔茨 2008 年恢复掌舵。舒尔茨称他那个有争议的计划"转型议程"

是投资星巴克员工、环境和社区的，不会削减成本和劳动力。舒尔茨的计划包括：

- **有竞争力的员工薪酬计划，包括非管理合伙人的股权薪酬**。2013年，公司发放了2.3亿美元的股利。2015年，星巴克给所有的咖啡师和监管人员加薪，并在美国范围内提高了员工的起薪水平。2015年，星巴克美国的咖啡师每小时能赚7.59～10.92美元，另外还有每小时0.33～1.19美元的小费，这些都取决于咖啡店的位置和员工的经验。
- **行业领先的医疗保健福利以及401K全职和兼职人员的福利**。其他公司通常只对每周至少工作30个小时的兼职人员提供健康福利。星巴克打破了行业标准，为每周至少工作20个小时的员工提供福利。
- **学费报销**。2014年6月，星巴克公布了"大学成就计划"，每周工作超过20个小时的员工可以争取机会，通过亚利桑那州立大学的在线项目，获得学士学位。
- **道德采购计划**。星巴克的咖啡必须从遵守星巴克"C.A.F.E."标准的供应商处购买。这些标准涉及产品质量、经济责任和透明度（例如，供应商必须提供证据证明星巴克支付的价格合理）、社会责任（例如，第三方验证者提供审核结果，以确保供应商提供了安全、公平和人道的工作和生活条件，包括最低工资要求、禁止雇用儿童和强迫劳动）和环境导向（例如，处理废物、保护水质和减少农用化学品使用的措施）。

无论投资者和消费者是否曾受到"议程"的吸引，舒尔茨的回报都令人鼓舞，或许刚刚复苏的经济体还不明显，但是星巴克的股价和资产负债表已经焕然一新。收入和净收入再次开始攀升，截至2014年9月，星巴克的销售额已经达到164亿美元——相当于舒尔茨以CEO的身份回归公司前销售额的160%，创历史新高。除此之外，星巴克当时的净利润率为12.6%，资产收益率为9.2%，成为世界上最赚钱的食品零售商之一。

2014年年底和2015年年初，舒尔茨决定利用公司在世界上的影响力，开始谈论同性恋婚姻（舒尔茨支持）、枪支法律问题（舒尔茨要求人们不要携带枪支到他们的岗位上，即使是在允许的地方）和退伍军人待遇问题（2014年3月，舒尔茨投入了3 000万美元的私有资金，用于退伍军人创伤后应激障碍治疗及其他方案，并表示到2018年前雇用1万名退伍军人及其配偶）。

星巴克似乎卷入了与核心活动几乎没有任何关系的问题里。批判者认为这种做法可能会使公司与一些消费者和投资者疏远，并产生公司可能无法想象的后果。正如舒尔茨所说："我可以告诉你，当我走进一个房间，说我们现在要招聘退伍军人时，这些人并不赞同。"但他补充道："我认为公司的规模以及平台足以让我们能够在争议中发声，这是为了变得更好……我们正在努力重新定义自己的角色以及上市公司的责任。"

资料来源：C. Birkner, "Taking Care of Their Own," *Marketing News*, February, pp. 44–49; M. Rothman, "Into the Black," *Inc*., January, 1993, p. 58; D. Ritter, "3 Reasons It's Hard to Hate Starbucks," *Wall Street Cheat Sheet*, July 6, 2014; www.usatoday.com, A. Gonzalez, "Starbucks as Citizen: Schultz Acts Boldly on Social, Political Issues," *Seattle Times*, March 15, 2015; www.seattletimes.com, www.starbucks.com (accessed April 28, 2015); Yahoo Finance, Hoovers.

| 本章概述 |

在本章中，我们将深入讨论旨在确保管理者按照股东价值最大化原则行事的治理机制。同时，我们也会讨论管理者在多大程度上需要关注其他利益相关者（如员工、供应商和顾客）的利益。正如在开篇案例中，舒尔茨很好地说明了一些公司如何将广泛的利益相关者的需求纳入其战略。平衡各利益集团的不同需求对于公司所有者（股东）具有长期的积极作用，良好的治理机制会反映这一问题。此外，我们将利用一定篇幅回顾战略决策的伦理含义，并且我们将讨论如何保证管理者基于强有力的伦理准则来制定公司的战略决策。

11.1 利益相关者与公司绩效

利益相关者（stakeholders）是指对公司，即公司行为和业绩拥有利益、诉求或股权的个人或团体。[1] 利益相关者包括股东、债权人、员工、顾客、公司经营所在的社区以及公众。利益相关者可以被分为内部利益相关者和外部利益相关者两类（见图11-1）。**内部利益相关者**（internal stakeholders）主要有股东和员工，其中员工包括执行官、其他管理者以及董事会成员。**外部利益相关者**（external stakeholders）是指除内部利益相关者以外，对公司具有一定诉求的个人或团体。典型的外部利益相关者包括顾客、供应商、债权人（包括银行和债券持有人）、政府、工会、社区以及公众。

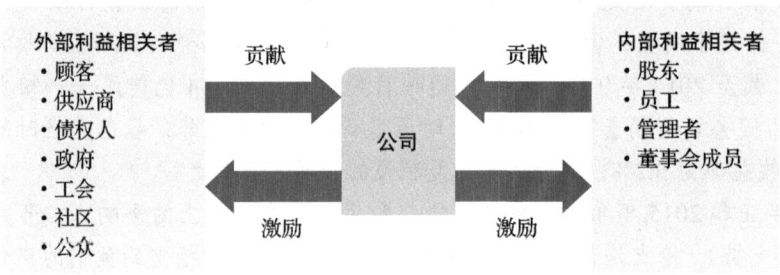

图11-1 利益相关者和企业的互动关系

所有的利益相关者与公司都存在着互动关系。如图11-1所示，各利益相关者均为公司提供重要的资源（或者贡献），同样，各方需要公司满足它们的利益需求（通过激励）。[2] 股东为企业提供风险资本，而他们需要管理者通过努力实现最高水平的资本回报率。债权人以及一些特殊债券的持有人以债务的形式同样为公司提供了资本，他们要求公司按时归还本金及利息。员工为公司提供劳动力和技能，他们要求公司为其支付相应的报酬，希望公司可以为其提供满意和具有安全性的工作条件以及良好的工作环境。顾客给公司带来了收益，他们要求公司为其提供与价格相当并且质量可靠的产品。供应商为公司提供投入要素，他们要求公司为其提供收入以及形成值得依赖的客户关系。政府为公司提供那些有利于公司经营以及塑造公平竞争环境的规范与准则，政府需要公司严格遵守这些规范与准则。工会有助于公司拥有高效的员工，工会要求公司根据它们所提供的员工做出的贡献大小为其支付相应的费用。社区为公司提供区域性的基础设施，而社区同样会希望公司承担相应的责任。公众为公司提供国家性的基础设施，而公众也会要求公司可以为保障他们高质量的生活而做出相应的贡献。

公司制定战略时必须考虑利益相关者的诉求，否则利益相关者就可能会撤销他们对公司的支持。例如，股东会卖掉手中的股份，债券持有者会对新债券索要更高的利率，员工可能会辞职，顾客可能会从其他厂商那里购买产品。此外，供应商也会寻找更加可靠的客户。工会会发起导致生产中断的劳工纠纷。政府会对公司及其高层管理者提起民事或刑事诉讼，导致公司被罚款，或高管被判刑。社区会禁止公司利用当地的基础设施，而当公司的某项活动破坏了公众的生活质量时，公众便会组织起来以抵制公司的活动对公司形成压力。上述任何一种回应行为都可能会对公司产生毁灭性的影响。例如，Witold Henisz、Sinziana Dorobantu 和 Lite Nartey 就利益相关者反对金矿的影响进行的一项研究发现，与外部利益相关者的合作关系的价值是黄金本身的市场价值的两倍。[3] 正如加布里埃尔资源（Gabriel Resources）前首席运营官 Yani Roditis 所说："以前，金矿的价值基于三个变量——地下黄金总量、开采成本和世界黄金价格。今天，我可以向你们展示两个在这三个变量上相同的矿山，但它们的估值却相差一个数量级，为什么呢？因为一个有地方的支持，另一个没有。"

11.1.1 利益相关者的影响分析

通常，一家公司无法满足所有利益相关者的诉求。不同利益相关者之间的目标可能会存在冲突，并且在实践中公司没有足够的资源去管理所有的利益相关者。[4] 例如，因为顾客要求合理的产品价格，而股东要求更高的投资回报，因此，工会对员工高工资的要求就可能会与顾客和股东的目标产生冲突。对此，公司通常必须进行一个选择。而在此过程中，公司必须识别出最重要的利益相关者，然后制定出可以最大程度地满足他们要求的战略。利益相关者的影响分析可以帮助公司对关键利益相关者进行识别。其基本过程主要包括以下五个步骤：

- 识别利益相关者。
- 识别各利益相关者的利益与关注点。
- 根据前两步的结果，识别出哪些利益相关者的要求更可能实现组织盈利。
- 从组织的视角识别出最为重要的利益相关者。
- 识别出由此引发的战略挑战。[5]

上述分析过程可以帮助公司识别出对其生存最为关键的利益相关者，并且确保公司可以满足他们的首要需求。大部分公司按照上述过程得到了如下结论：公司要想生存与发展，必须首先满足三类利益相关者的要求，即顾客、员工和股东。

11.1.2 股东的独特作用

出于各种合理的理由，一家公司通常将其股东置于与其他利益相关者不同的位置。股东是法律意义上的公司所有者，并且为公司提供了使得公司得以正常运营的主要资金，即**风险资本**（risk capital）。由于不存在明确的承诺以保证股东在未来可以收回其投资，或获得可观的投资回报，因此，股东所提供的资本一般被视为风险资本。

通过一些商业事件我们可以非常清楚地看到风险资本的本质特征。多数购买过华盛顿互惠银行（该公司是位于西雅图的大银行以及住房贷款银行）股票的投资者相信他们的投资都是低风险的。公司多年来遍布各地并每年支付逐年增加的固定股利。公司拥有庞大的分支网络以及数十亿美元存款。然而，21世纪的头十年，华盛顿互惠银行也提供风险不断增加的担保贷款。据报道，该银行不断给人担保却不曾证实这些人是否有资金能够按时偿还。到2008年，很多借贷者开始拖欠贷款，华盛顿互惠银行的贷款组合因此减值几十亿美元，严重破坏了资产负债表状态。如此大的损失也令银行存款人开始担忧银行的稳定，于是在11月取走近160亿美元的存款。由此，银行的股价也一路从2008年最初的40美元跌至2美元。就在银行面临破产之时，联邦政府介入，控制银行资产并促成了其与JP摩根的交易。华盛顿互惠银行的股东什么都没能得到，彻底垮台。

在过去10年里，由于越来越多的雇员通过员工持股计划（ESOP）成了其所在公司的股东，因此，股东回报最大化的观点又受到了进一步的重视。例如，在沃尔玛，只要其员工在公司中任职一年以上便有资格参与员工持股计划。在员工持股计划中，公司给予员工购买本公司股票的机会，有时候员工可以按照低于市场价格的折扣价格购买公司股票。公司为员工支付一定比例的购买成本。员工持股计划促进了员工成为公司的股东，从而使得股东回报最大化的思想得到更进一步强调，因为实现股东回报最大化实际上满足了两类利益相关者：股东和员工。

11.1.3 盈利能力、利润增长以及利益相关者的诉求

由于股东在公司中具有独特的地位，因此，管理者通常会制定可以使得股东投资回报最大化的战略。正如第1章提出的，股东实现其回报的方式有两种：股利和资本利得（即通过股票价格上涨所形成的差价）。对管理者而言，保证未来可以产生满意的股利以及实现较高股票价格的最好方式是实现公司长期利润（利用资本回报率度量）以及利润增长的最大化。[6]

正如第3章分析的那样，资本回报率是能够较好地衡量公司盈利能力的指标。该指标的大小告诉管理者他们使用资本（包括股东所提供的风险资本）的效率如何。资本回报率大于零意味着公司的收益在弥补运营过程所需的费用后仍有剩余，该剩余便提高了所有者权益的价值，因此，资本回报率大于零可以增加公司的价值，从而使得股票价格提高。因为利润会分摊到每只股票之中（即每股盈利），因此，如果公司的利润处于上涨的状态，那么，每只股票的价值就会提高，每股盈利也会上升。正如本书所阐述的问题，一家公司如果希望提高利润，那么它必须从事如下工作：增加产品和服务的边际收入；在日益增长的市场中保持利润和收益；保持收益的同时从竞争对手处获得市场份额；通过创新、区域化扩张、多元化，进入新的市场。

尽管为了实现股东价值最大化，管理者需要努力提高利润的增长率，但是盈利能力与利润增长之间的关系较为复杂，例如，一家公司为了获得未来利润的提高，它可能需要进行一定的投资，从而会降低当前的利润率。管理者的任务之一便是寻找到盈利能力和利润增长之间的最优权衡点。[7]过于强调当前的利润就会牺牲未来盈利能力以及利润的增长；同样，过分关注利润增长可能会降低当前的盈利能力，这两种情况均不利于吸引股东的投资。在不确定

的环境中，未来的情况是不可知的，因此在当前盈利能力与未来利润增长之间寻找平衡点的过程既是一门科学也是一门艺术，但无论如何，这项工作是管理者必须做的。

提高当前公司盈利能力以及未来利润增长不仅可以实现股东价值最大化，而且可以满足其他利益相关者的诉求。如果一家公司的利润为正，并且处于上升的状态，那么，公司就可以为高效的员工提供更高的工资，为员工创造更多的福利，例如，为员工缴纳人身保险等，从而可以更好地满足员工的需求。此外，高盈利能力以及高利润增长的公司将具有较高的债务偿还能力，从而满足债权人（包括债券持有人）对安全性的需求。拥有较高利润的公司可以更好地承担慈善责任，从而满足社区与公众的要求。因此，制定可以实现长期盈利能力与利润增长最大化的战略与许多利益相关者的诉求是一致的。

利益相关者管理需要考虑公司实践如何在短期内影响利益相关者，从长远来看，要与利益相关者建立信任和知识共享，以及保持公司的盈利能力和增长，使其能够在未来为利益相关者提供利益服务。[8] 例如，如果公司过度地支付员工的工资，那么在该时期员工在短期内会具有较强的满足感，但是公司的这种行为会提高公司的成本结构，并且限制了公司在市场竞争中获取竞争优势的能力，从而降低了公司的长期盈利能力，最终损害了公司在未来提高员工收入的能力。如果公司真正地关心员工的需求，那么公司需要提高员工的生产效率，从而保证未来收入的增加。如果劳动生产率得到提高，每单位收入所包含的劳动成本便会下降，从而利润便会上升，那么，公司就可以为员工支付更高的工资，提供更高水准的福利。

当然，并非所有的利益相关者都希望公司实现长期盈利能力及利润增长的最大化。供应商更加希望将其产品和服务出售给目前就拥有高利润的客户，因为只有这样，他们才可以确保客户可以按照约定支付费用。与此相似，客户也可能愿意购买那些目前利润较高的厂商的产品和服务，因为这样的厂商可以为客户提供长期的售后服务与支持。但是，无论是供应商还是顾客都不希望公司是以牺牲他们的利益为代价来实现该公司的盈利能力最大化。在一定程度上，供应商希望可以提高自身产品和服务的价格，以榨取对方的利润，而顾客希望可以降低产品的价格。通过打破价值创造和价值获取的传统解释，将其分为更细微的类别，这些分类显示了多个利益相关者如何创建和获取价值。[9] 如图 11-2 所示，创造的总价值是其雇用的资源的机会成本与其客户的支付意愿之间的差距。然而，价值是由不同的利益相关者创造和获取的。供应商以销售给公司的产品和服务的形式创造并获取价值；员工和管理者通过劳动创造价值，以薪酬和其他福利的形式获取价值；政府提供公司经营所需的广泛基础设施，以税收形式获取价值的形式创造价值；债权人和股东通过向可以用于资助其业务的公司提供资本来创造价值，并以利息、股利和留存收益的形式获取价值。最后，顾客以消费者盈余（他们为商品支付的价格与他们真正愿意付出的代价之间的差异）的形式获取价值。

尽管通过讨论可知，长期利润能力和利润增长的最大化是满足许多关键利益相关者诉求的最好方式，但是在此需要注意的问题是，公司追求长期盈利能力和利润增长最大化的方式必须符合法律以及社会期望的要求。完全没有束缚地追求利润可能会导致其行为违反政府法规、违背公众意愿，或者引发伦理问题。政府已经制定了广泛的法规以约束公司的经营行为，包括反垄断法、环境保护法以及涉及员工健康和公司环境安全方面的法律。管理者在制定战略时必须遵守这些法律的规定。

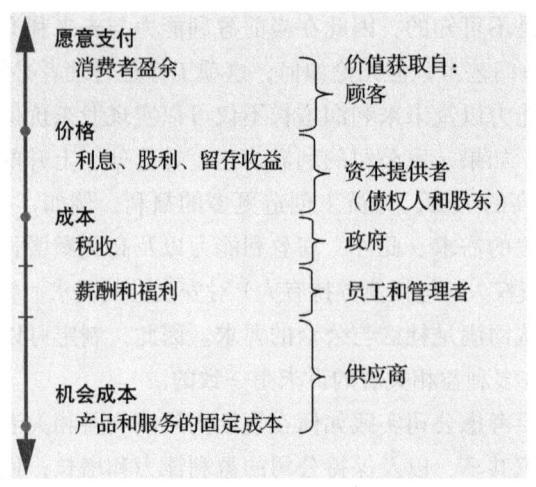

图 11-2　多个利益相关者群体的价值创造和获取

资料来源：Adapted from R. Garcia-Castro and R. Aguilera, "Increasing Value Creation and Appropriation in a World with Multiple Stakeholders," *Strategic Management Journal*, 36 (2015): 137–147.

然而不幸的是，有大量证据表明，在追求更大盈利能力和利润增长时，管理者可能会倾向于跨越合法与违法的分界线。例如，2003 年，美国空军解除了与波音公司一份价值 10 亿美元的卫星发射合同，因为波音公司获取其竞争对手洛克希德·马丁公司（Lockheed Matin）上千页专利信息的事情被发现了。波音公司为了成功竞标卫星发射合同而利用了该信息。紧接着，如下事情遭到曝光：波音公司的首席财务官迈克·西尔斯（Mike Sears）为一位政府官员达琳·德鲁扬（Darleen Druyun）在波音公司谋取了一份待遇丰厚的工作，而此时德鲁扬正在参与评估是否应将一份为美国空军制造运油飞机的价值 170 亿美元的合同交给波音公司。波音公司击败了来自空客公司的强力竞争而赢得合同，德鲁扬也受雇于波音公司。很明显，这份工作对空军决策有重大影响。波音解雇了其首席财务官和德鲁扬，此后不久，波音公司的首席执行官菲尔·康迪特（Phil Condit）也宣布辞职，在一份委婉的声明中，他愿意为自己作为领导者的任职期间波音公司发生的违背伦理的事件负责。[10]

在另一个案例中，阿彻丹尼尔斯米德兰公司（Archer Daniels Midland）作为世界上最大的农产品生产商之一，被联邦调查局发现在全球市场上试图系统性地与其他生产商合谋共同控制价格，最终导致其首席执行官被捕入狱。在另一个价格联盟的案例中，由于与另一同行佳士得拍卖行进行了长达 6 年的价格联盟，76 岁的苏富比拍卖行主席被判入狱，而该拍卖行前首席执行官也被逮捕（见"战略行动 11-1"）。

战略行动 11-1

苏富比拍卖行和佳士得拍卖行的价格垄断

苏富比拍卖行（Sotheby's）和佳士得拍卖行（Christie's）是世界上最大的两个艺术品拍卖行。20 世纪 90 年代中期，两家公司控制着当时价值大约 40 亿美元艺术品拍卖市场中 90% 的份额。一般来讲，拍卖行通过获得拍卖佣金来赚取利润。在行情不错时，有些拍卖佣金甚至可以高达10%，但在20世纪90年代早期，拍卖行业的不景气使得可用于拍卖的艺术品的供应出现枯竭。由于苏富比拍卖行和佳士得拍卖行都极需要艺术品，因此卖方就促使两家拍卖行相互竞争，进而使佣金下降到2%甚至更低。

为了努力控制这一局面，在一家创办于1993年的汽车停车场里，苏富比拍卖行的CEO德德·布鲁克斯（Dede Brooks）与佳士得拍卖行CEO克里斯托弗·戴维奇（Christopher Davidge）举行了一系列秘密会晤。布鲁克斯声称他正遵照老板阿尔弗雷德·陶布曼（Alfred Taubman）的命令行事，阿尔弗雷德·陶布曼既是苏富比拍卖行的主席，又是该拍卖行的控股股东。根据布鲁克斯的说法，陶布曼已同佳士得拍卖行主席安东尼·坦南特（Anthony Tennant）达成协议，双方将在脆弱的拍卖行市场上携手合作，限制价格竞争。会谈当中，布鲁克斯和戴维奇达成了一个固定的且不具协商可能性的佣金结构，即在市场规模不断下滑的背景下，佣金结构将从单宗10万美元收费10%到单宗500万美元收费2%不等。实际上，这是布鲁克斯和戴维奇正在消除彼此之间的价格竞争，进而确保两家拍卖行都能赚取更高的利润。价格垄断协议从1993年开始一直持续了6年，直到联邦调查人员发现了这个合谋行为，并对苏富比拍卖行和佳士得拍卖行提出控诉。

随着内部合谋交易的公开，律师代表号召被苏富比拍卖行和佳士得拍卖行欺诈的卖家采取集体诉讼。最后，大概100 000个卖家加入了集体诉讼，拍卖行花费了5.12亿美元才将此事摆平。与此同时，拍卖行还承认操纵价格，并向美国反垄断当局支付了4 500万美元的罚款。作为主要的参与者，佳士得主席坦南特因是英国公民，在美国能免遭起诉（价格联盟不是一种可以引渡罪犯的违法事件）。佳士得拍卖行的首席执行官戴维奇与检察官达成了协议，并以向当局交出犯罪证据来换取大赦。布鲁克斯还与联邦检察官进行了合作以避免牢狱之灾（2002年4月，他被判处3年缓刑，6个月家庭监视居住，1 000小时的社区服务以及35万美元的罚款）。由于最终被所有先前同伙孤立，陶布曼被判处1年监禁，并罚款750万美元。

资料来源：S. Tully, "A House Divided," *Fortune*, December 18, 2000, pp. 264–275; J. Chaffin, "Sotheby's Ex CEO Spared Jail Sentence," *Financial Times*, April 30, 2002, p. 10; T. Thorncroft, "A Courtroom Battle of the Vanities," *Financial Times*, November 3, 2001, p. 3.

诸如此类的事情引发这样一个问题：为什么管理者要采取如此冒险的行为？众所周知的代理理论中的大量学术研究解释了为什么管理层可能从事那些并不合法，或者至少不符合股东利益的行为。

11.2 代理理论

代理理论关注的是业务关系当中由于决策制定权的委托授权而产生的问题。代理理论提供了一种可以帮助理解为什么管理层不能总是按照利益相关者利益最优化原则行事，为什么他们有时有不道德的行为甚至非法行为的方法。[11] 虽然代理理论最初提出的目的是理解管理层与股东之间的关系，但其基本原理已拓展并涵盖了管理层与雇员等其他主要利益相关者之间的关系，以及企业内部不同管理层级之间的关系。[12] 虽然本节关注的焦点是高级管理层和股东之间的关系，其中部分基本原理也可以应用于高层管理者与其他利益相关者、高层管理者与下一级管理层之间的关系上。

11.2.1 委托代理关系

代理理论的基本观点是相对简单明了的。首先，无论何时，只要一方将决策制定权或资源控制权授予他方，代理关系就产生了。授权人就是委托人，被授权人就是代理人。股东和高级管理人员的关系就是代理关系的典型例子。股东作为委托人向公司提供风险资本，但是他们把对资本的控制权授予了高级管理人员，特别是首席执行官，而首席执行官作为代理人则被期望能够以与股东利益最大化相一致的方式利用资本。正如我们所看到的，这意味着使用该资本的目的是实现公司长期盈利能力和利润增长最大化。

该代理关系在公司内部持续向下传递。例如，在大型复杂的多业务公司中，高级管理人员不可能做出所有重要决策，所以他们把对资本资源的决策权和控制权授予各业务部门经理。因此，正像 CEO 等高级管理人员是股东的代理人，业务部门经理是 CEO 的代理人（在此关系中，CEO 是委托人）。CEO 相信业务部门经理将采用最有效的方式来使用其所控制的资源，从而确保他们能实现部门绩效的最大化，进而帮助 CEO 实现整个公司业绩的最大化，并最终完成对股东的代理责任。更一般地，只要管理者把权力下放给他们的下一级管理人员，并给予他们控制资源的权力，代理关系就确立了。

11.2.2 代理问题

尽管代理关系总体上运转良好，但如果代理人和委托人有各自不同的目标，或者说代理人行动时并不以委托人利益最大化原则行事，代理关系也可能会出现一些问题。代理人之所以能够做到这一点，是因为委托人与代理人之间存在着**信息不对称**（information asymmetry）：代理人对自己所管理的资源，总是能比委托人拥有更多的信息。代理人可以利用任何信息不对称的优势来误导委托人，并以牺牲委托人利益为代价实现自身利益最大化。

就股东而言，之所以存在信息不对称就是因为他们将决策制定权授予 CEO 这一代理人，CEO 借助自身在企业内部的职位，能够比股东对企业运营有更加清楚的了解。事实上，CEO 确实可能不愿意就企业某些信息与股东分享，因为这种行为同时也给竞争对手提供了帮助。从更一般意义上讲，正像 CEO 的下属就其控制的资源而言很可能相对于 CEO 拥有信息优势，忙碌于企业日常运营的 CEO 必然比股东更有信息优势。

委托人和代理人之间的信息不对称不一定是坏事，但信息不对称却使得委托人难以判断代理人的表现，进而也无法有效确保代理人对其使用受托资源的表现好坏负责。委托人与代理人的关系中天然存在着一定程度的业绩模糊性：委托人不能肯定代理人是否按照委托人利益最优化原则行事。他们不能确切了解到代理人是否尽可能地有效使用受托资源。这种模糊性被扩大是由于代理人必须从事在不同时间范围各有产出的行为。例如，投资研发可能会降低利润，但有助于确保公司未来盈利。只奖励直接绩效结果的委托人可能会导致代理人的短视行为。从某种程度上讲，委托人必须相信代理人正在做正确的事情。

当然，这并不是盲目信任：委托人应运用某些合理的机制来监督代理人、评估其业绩，并在需要时采取必要的纠正措施。正如我们很快就要看到的，董事会就是这样一种机制，因为董事会承担的部分职能就是代表股东来监督和评价高级管理人员。在德国，共同决定法

(*Mitbestimmungsgesetz*)要求拥有2 000名以上雇员的公司拥有代表员工利益的董事会——接近一半的公司监事会成员必须代表员工。其他机制也服务于同样一个目的。在美国，国有公司必须依据公认会计准则（GAAP），定期向证券交易委员会（SEC）递交详细的财务会计报表。这项条款存在的目的就是向股东提供有关经理层如何有效使用受托资本的一致、详细的信息。同样，公司的内部控制系统也能帮助CEO确保下属尽可能有效地使用受托资源。

尽管有治理机制全面地评估和控制系统，委托人与代理人之间总是存在着一定程度的信息不对称，而且这一关系总要涉及信任问题。不幸的是，不是所有的代理人都值得信任。少数代理人为了个人私利会故意误导委托人，有时行事违反道德要求，甚至在程序上触犯法律，或者采取一些永远都不能被委托人宽恕的行为。

委托人和代理人的利益并不总是一致的，彼此之间存在分歧。例如，有些学者认为，与其他许多人一样，高级管理人员也受地位、权力、工作保障欲望和收入等因素驱动。[13]凭借他们在公司内部的地位，CEO等管理人员可以利用他们对公司资金的支配权和控制权，以牺牲股息为代价满足自身这些欲望。CEO可能会利用自己的地位，不是将公司资金以增加股东回报的目的进行投资，而是将公司资金应用于各种福利形式，如公务机、奢侈办事处、公费异国风情游。经济学家将这种行为称为**在职消费**（on-the-job consumption）。[14]

除了进行在职消费，CEO以及其他高级管理人员可能会利用其对董事会的影响力或控制力要求董事会薪酬委员会通过薪酬增加方案，满足其提高收入的欲望。美国行业评论家认为非正常支付已成为一个普遍存在的问题，高级管理人员为了自己的利益而牺牲了股东和其他员工的利益。他们指出，由于非常随意的股票期权授予使CEO能在上涨的股票市场中获得巨额红利，CEO薪酬增加的速度已远远超过普通员工，即使公司与竞争对手相比表现不佳时也是如此。[15] 1980年，《商业周刊》对美国500家最大企业CEO的调查表明，他们的平均收入是蓝领工人的42倍。而1990年，这一数字已增至85倍。2013年，美国劳工联合会的数据库显示，CEO的平均收入是蓝领工人的331倍。[16]

批评者痛恨的是一些CEO薪酬的多少和他们的公司业绩之间明显缺乏联系。[17] 2010年，格拉夫·克里斯托（Graef Crystal）的一项研究评估了CEO薪酬与其绩效之间的关系，并得出结论，二者实际上没有关系。例如，根据克里斯托的研究，如果首席执行官们根据股东回报获利，2009年哥伦比亚广播公司（CBS）的首席执行官莱斯利·穆恩斯（Leslie Moonves）的4 320万美元薪酬就应该扣除2 800万美元。[18]批评者认为，CEO薪酬与其绩效不成比例就是代理问题的一个明显的例子。然而，为了应对来自股东的压力，近年来，越来越多的公司已经开始采取使CEO薪酬与其绩效联系更加紧密的薪酬措施。例如，在空气化工产品公司，当每股收益低于2012年9%的增长目标时，首席执行官约翰·麦格拉德（John McGlade）年度奖金将削减65%。他的股票收益也会随之减少，总计减少其直接收益的19%，约910万美元。[19]

另外一个担忧就是CEO可能会为了满足自己对社会地位、安全、权力和收入的需求，进行"帝国建造"（empire building），如试图收购新公司来通过多样化扩大公司的规模。[20]尽管这种扩张可能会抑制该公司的长期盈利能力和股东回报，但它却增加了CEO控制的"帝国"规模，依此类推，CEO的地位、权力、安全和收入都将得到满足（公司规模与CEO薪酬之间有很大的关系）。一些高级管理人员不是通过寻求盈利能力和利润增长之间的平衡来最大限度地增加股东回报，而是通过收购新的业务，牺牲长期盈利能力来换取更快的公司增长。例如，20世纪70年代中期，通用水务公司（Compagnie Générale des Eaux）主要是一家水务和废物管理公司，在法国当地的经营接近垄断，为股东创造了强劲、稳定的现金流。然而，20世纪80年代和90年代，由CEO盖伊·德乔尼（Guy DeJonany）和他的继任者让-玛里·梅西埃（Jean-Marie Messier）进行的一系列富有成效的债务融资，迅速将公司打造成了世界上最大的媒体和电信帝国之一，更名为"Vivendi"（维旺迪）。后来，在21世纪初，随着技术、媒体和电信泡沫的破裂，维旺迪帝国在债务负担的压力下崩溃了。法国和美国法院对梅西埃进行了调查，指控其误导股东、挪用资金、增加公司的风险。最终他被罚款并强制辞职。[21]

图11-3反映了公司长期盈利能力与收入增速之间的关系。没有实现增长的公司可能正在错失一些盈利性的机会。[22] 中等水平的销售收入增速 G^* 将使公司最大限度地提高长期盈利能力，并最终获得了 Π^* 数量的收益。因此，图11-3中 G_1 水平的增速不符合盈利能力最大化（$\Pi_1 < \Pi^*$）。同样的道理，企业要想获得超过 G_2 水平的收入增速，就必须通过进入边际利润更低的市场部门或者通过多元化战略进入企业并不熟悉的领域。结果就是企业只能以牺牲盈利能力换取销售收入增速，也就是说，超过 G^* 点后，为支持未来增长而进行的投资并不能产生足够的回报，从而导致公司盈利能力下降。但是，G_2 水平的增速则可能是受CEO"帝国建造"驱动的，因为"帝国建造"可以提升其权力、地位以及收入。在 G_2 这一增速水平下，盈利能力只有 Π_2 水平。因为 $\Pi^* > \Pi_2$，以这一水平增长的公司很明显无法实现长期盈利能力或股东财富最大化。

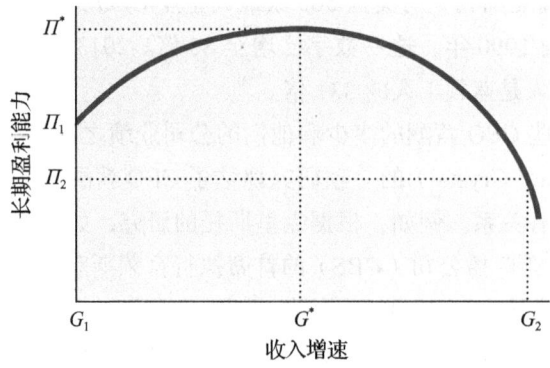

图11-3 公司长期盈利能力与收入增速之间的平衡

21世纪初，代理问题的严重性得到重视，当时一系列丑闻席卷企业界，其中许多丑闻是由高级管理人员追逐私利、公司治理机制无法有效地抑制高管人员的越轨行为导致的。2003年调查显示，霍林格国际公司的CEO康拉德·布莱克（Conrad Black）利用"暗道"将公司资金转移给了他的家人和朋友（参见"战略行动11-2"了解更多有关霍林格国际公司和布莱克事件的细节）。2001~2004年，包括安然公司、世通公司、泰科公司、国际联合电脑公司、南方保健公司、阿德尔菲亚通信公司、戴纳基公司、荷兰皇家壳牌公司、意大利大型食品公司帕玛拉特在内的许多大型公司爆出了财务丑闻。在安然，公司向股东、雇员以及与之存在特殊伙伴关系的监管机构（监管机构无法接触到资产负债表）隐瞒了大约 270 亿美元的负债。在帕玛拉特，很明显的是经理层"发明"了 80 亿～120 亿美元公司从来没有出现的资产以填充企业的资产负债表。在荷兰皇家壳牌公司，高管故意把公司的石油储备价值夸大了 1/5，即增加了实际上并不存在的 40 亿桶原油，从而使公司看起来比实际更有价值。在其他公司，一般情况下收益也被人为地夸大了数亿美元，泰科公司则夸大了数十亿美元，而世通公司在 2001 年的成本支出上少报了 30 亿美元。在所有这些案例中，所有会计欺诈行为的主要动机似乎就是为了向股东提供一个比实际状况更好看的企业业绩，从而确保高级管理人员获得更高的薪酬。[23]

非常重要的一点是我们要牢记代理问题并不仅限于高级管理层与股东之间的关系。CEO 与下属之间，以及下属与下属的下属之间的关系也面临着代理问题的困扰。下属可能会利用其对信息的控制来歪曲其部门的真实业绩，从而提高自身报酬，增加工作安全性，或者确保获得超过应得份额的公司资源。

面对这些代理问题，委托人的挑战是：塑造代理人的行为，从而确保他们能按照委托人设定的目标行事；减少代理人与委托人之间的信息不对称；建立机制，以清除那些不能依照委托人目标行事，甚至误导委托人的代理人。委托人将尝试通过一系列的治理机制应对这些挑战。

战略行动 11-2

霍林格国际公司的谋私交易

1999～2003 年，霍林格国际公司时任 CEO 康拉德·布莱克和 COO 大卫·拉德勒（F. David Radler）将现金和资产非法转移给他们自己、家庭成员和其他企业内部人士。霍林格国际公司是一个全球出版帝国，拥有世界各地的报纸，如《芝加哥太阳报》《每日电讯报》（伦敦）、《国家邮报》（多伦多）和《耶路撒冷邮报》（以色列）等。美国证券交易委员会执法部主任史蒂芬·卡特勒（Stephen Cutler）说："布莱克和拉德勒滥用他们对上市公司的控制权，将其视为'个人存钱罐'。被告通过一系列欺骗性计划和错误陈述来欺骗股东，不履行保护公众股东利益的责任。"在被称为"暗道"的行动中，布莱克和拉德勒从事了一系列谋私交易，例如以低于市场的价格（有的甚至低于 1 美元）将霍林格国际公司的一些报纸出售给布莱克和拉德勒私人持有的公司。他们还直接以"非竞争性付款"的幌子克扣公司资金。管理人员滥用企业特权，使用公司专机飞往南太平洋度假，并花费公司资金 62 000 美元在公园大道上的一处高档纽约公寓花园给布莱克的妻子举办了奢华的生日聚会。布莱克的不正当收益估计超过 4 亿美元，而这次丑闻使股东价值损失了 20 亿美元。虽然布莱克被判监禁 6.5 年，但他最终只服刑了 42 个月。

资料来源：S. Taub, "SEC Charges Hollinger, Two Executives," CFO, November 16, 2004; www.cfo.com, U.S. Department of Justice, "Former Hollinger Chairman Conrad Black and Three Other Executives Indicted in U.S.–Canada Corporate Fraud Schemes," indictment released November 17, 2005; "Ex-Media Mogul Black Convicted of Fraud," Associated Press, July 13, 2007; A. Stern, "Ex-Media Mogul Conrad Black Sent Back to Prison," Reuters, June 24, 2011.

11.3 治理机制

治理机制是委托人用以协调委托人与代理人，并用于监督和控制代理人的机制。治理机制的目的是减小代理问题的范围和频率，帮助确保代理人能够以与委托人利益最大化相一致的方式行事。在本节中，主要的焦点集中在促使高级管理层（即代理人）和他们的委托人——股东之间利益相一致的治理机制。但是，不能忘却的是，治理机制也用于协调业务单元经理与其上级和下级之间的利益关系。

在这里，我们来看看协调股东和管理层利益的四种主要治理机制：董事会、股权激励计划、财务报表和审计员，以及收购约束。最后讨论公司内部的治理机制，以协调高级和低级管理人员。

11.3.1 董事会

董事会是公司治理体系的核心，董事会成员由股东直接选举产生，根据公司法，他们代表公司的股东利益。因此，董事会可以对公司的行为承担法律责任。它在公司内部决策的顶端，可以监控公司的战略决策，并确保这些决策与股东的利益相一致。如果董事会认为公司战略不符合股东的利益最大化目标，它可以采取措施，如投票否决管理层向董事会的提名或董事会自己提交提名。除此之外，董事会拥有雇用、解聘以及向雇员特别是CEO支付报酬的法定权力。[24] 董事会也承担着确保审计过的公司财务报表能够真实地展现公司财务状况的责任。因此，董事会存在的目的就是减少股东与管理层之间的信息不对称，并代表股东监督和约束管理层的行为。

典型的董事会由内部董事和外部董事共同组成。**内部董事**（inside directors）是诸如CEO之类的公司高级雇员。他们存在于董事会是因为他们拥有关于公司活动的有价值的信息。没有这些信息，董事会无法充分地行使其监督职能。但因为内部董事是公司的全职员工，他们的利益常常与他们的管理层相一致。因此，需要引入外部董事来增加监督和评估过程的客观性。**外部董事**（outside directors）不是公司的全日制员工。他们中许多是同时在几家公司董事会任职的全职专职董事。由于有必要维护自己作为一个具备胜任能力的外部董事的声誉，因此他们有动力尽可能客观、有效地完成自己的工作。[25]

毋庸置疑的是，许多董事会极好地完成了它们被授予的职能。例如，当苏富比的董事会发现本公司与佳士得进行价格合谋时，董事会成员迅速行动并罢免了公司CEO和拍卖行主席的职务（见"战略行动11-1"）。但并不是所有的董事会都做了它们应该做的事情。正在走向破产的能源企业安然公司的董事会就曾签字同意了审计过的公司财务报表，但这随后被证明是极具误导性的。

现有公司治理体系的评论家指责董事会中的内部董事经常主导外部董事。内部董事可以利用他们在管理层级的位置来对董事会接受何种公司专属信息施加控制。因此，他们能以使自己处于更为有利位置的方式提供信息。除此之外，由于内部董事拥有关于公司运营的丰富知识，而这些丰富的知识和对信息的控制是权力的来源，相较于外部董事，内部董事在影响董事会决策制定方面能处于更加有利的位置。董事会可能会受制于内部董事，并且只是充当了管理层决策的"橡皮图章"而无法守护股东利益。

一些观察家认为许多董事会被公司CEO支配,特别是当CEO同时也是公司董事会主席时更是如此。[26]为了支持这个观点,他们指出无论是内部董事还是外部董事经常是由CEO个人提名的。常见的内部董事在管理层级上就是CEO的下属,因而内部董事不可能批评老板。首席执行官提名的外部董事也不能客观评价CEO。有时CEO会作为对方的董事会外部董事,形成"连锁董事",这可能会诱使他们相互采取行动保护利益。董事会的忠诚偏向于CEO,而不是股东。进一步来说,同时兼任董事会主席的CEO可能会控制董事会的议事日程,从而转移对其领导能力的任何批评。值得注意的是,虽然股东表面上投票选举董事会成员,但如果董事会成员没有获得多数票,法律上不会要求他们辞职。机构投资者理事会(代表养老基金、捐赠者和其他大型投资者)于2012年发布了"僵尸董事"名单(指那些尽管被股东反对但仍然被留在董事会的董事)。该名单涉及波士顿啤酒公司、劳拉空间通信公司和美国有线电视公司等多家公司。事实上,美国有线电视公司被列出了三名董事,他们2010～2012年被其股东投票反对两次,但仍留在董事会。[27]

21世纪初,在企业界遭受了大量指责之后,有清晰迹象表明许多公司的董事会正逐渐摆脱只充当高管层"橡皮图章"的角色,并在公司治理当中开始发挥更加积极的作用。从某种程度上讲,是新法案推动了董事会角色的转变,例如,美国的《2002年萨班斯-奥克斯利法案》(以下简称《萨班斯法案》)强化了监管公司报告和公司治理的规则。同样非常重要的是,部分法院越来越倾向于让董事对公司虚假公告负责。诸如养老基金等实力强大的机构投资者在发挥自己的影响力方面也表现得更为主动,经常推动董事会增加外部董事比例、促成董事会主席与CEO两职分离以及要求董事会主席扮演外部董事的角色。这些努力达成了一定的效果,截至2012年11月,标准普尔500指数中有43%的公司分离了董事会主席和CEO职位,这一比例与10年前相比,上升了25%。[28]董事会主席与CEO两职分离限制了公司内部董事特别是CEO控制董事会的能力。当然,我们仍然必须承认董事会并不能完全像理论上应该做的那样去工作,还需要其他一些机制来协调股东与经理层之间的利益。

11.3.2 股权激励计划

根据代理理论,减小代理问题范围的最好方式就是委托人通过绩效薪酬体系为代理人建立一些激励机制,从而使代理人能够依照委托人利益最大化原则行事。在股东和高管层的案例中,股东可以通过将高管层的薪酬与股价表现结合起来,鼓励高管层采取能够最大化企业长期盈利能力和利润增长的战略,由此实现股东股票收益的最大化。

通常,大多数的绩效薪酬体系就是向管理者提供**股票期权**(stock options):一种以某一事先确定的价格(行权价)在未来某时点(通常在授权日后的10年之内)购买公司股票的权利。通常来讲,行权价就是期权最初授予时的股票交易价格。股票期权背后的逻辑就是激励管理层采取提升公司股价的战略,因为一旦这样做,他们将能增加自身股票期权的价值。另一种以股票为基础的薪酬绩效体系就是一旦管理层能实现预先设定的绩效目标,就赠予管理层股票。

许多学术研究显示,向高管层提供以股票为基础的薪酬激励计划(如股票期权和股票赠予）能有效协调管理层与股东之间的利益。例如，一项研究发现当管理者是公司大股东时，他们可能更多地站在股东角度上考虑并购决策对股东回报的影响。[29] 另一项研究的结果表明，如果管理层同时是公司大股东的话，他们将不愿意采取那些只是最大化公司规模而非公司盈利能力的战略。[30] 从更一般意义上讲，我们很难否认因执行股票期权而迅速富裕的机会，是快速增长的企业的雇员每周工作 6 天、每天工作 14 小时的主要动因。

然而，授予股票期权的做法变得越来越有争议。许多高管通过多年前获取的股票期权行权而赚取巨额红利。尽管批评家们并不否认这些股票期权的确能激励管理者改善公司绩效，但他们还是认为这些期权的授予过于慷慨。之所以担心这些是因为授权的股票期权行权价格是如此之低，以至于 CEO 可以不费吹灰之力就能通过行权获取巨额回报，甚至当公司在股票市场表现欠佳时也能获取巨额收益。事实上，2005 年和 2006 年就出现了一起严重的代理问题事件，当时美国证券交易委员会对曾经授予高管股票期权的多家公司开始进行调查，这些公司授予股票期权的时间很明显地被推迟到股价较低的时点，从而使高管能够比原计划股权授予当日赚更多的钱。[31] 到 2006 年年末，美国证券交易委员会对大约 130 家可能与股票期权日期相关的欺诈行为进行调查。一些大公司也在调查名单里面，如苹果公司、捷普集团（Jabil Circuit）、联合健康集团（United Healthcare）以及家得宝公司（Home Depot）。[32]

其他针对股票期权的批评者包括著名投资者沃伦·巴菲特（Warren Buffett）在内，抱怨大量授予的股票期权将增加公司在外的流通股票数量，从而稀释了股东的股权比例，因此这些股票期权应列示在公司账目上，并被看作与利润相对应的成本。在实行至 2005 年的会计准则下，股票期权并不像工资和奖金那样计提费用。但是这一切都已改变，结果是许多公司开始减少使用股票期权。例如在微软公司，尽管公司长期以来一直向表现优异的雇员提供慷慨的股票期权，但是 2005 年股票期权被股票赠予替代了。要求高级管理层在公司持有大量股份也有其缺点：在他们管理的公司中拥有大部分个人财富的经理人可能不够多元化。这可能导致过度的风险厌恶行为或过度的公司多元化。

11.3.3 财务报表和审计员

根据公认会计准则，在美国公开上市的公司都要按美国证券交易委员会的要求提交季度报告和年度报告。这一要求的主要目的在于提供有关股东的代理人——公司高管是如何运营企业的一致的、详细的、准确的信息，为了确保管理者没有提供虚假的财务信息，美国证券交易委员会要求会计报告应经由独立并且可信的会计公司审计。其他发达国家也存在类似的监管规则。如果该体系能够按照预想的那样运转，股东就有足够的理由相信财务报表中包含的信息应能准确地反映公司各项事务的状态。而且，这些信息能帮助股东对其投资企业的盈利能力进行核算，并将该公司与竞争对手的资本回报率进行对比。

不幸的是，至少在美国这一体系并没有像预期的那样运转。尽管大量的公司在其财务报表中提供了准确的信息，大量的审计员也确实在审计这些信息时做了出色的工作，还是有大量证据表明，在一定程度上，审计员的让步纵容少数公司滥用了该体系。在已经破产的能源企业安然公司中，这是一个显而易见的问题，安然首席财务官和其他高管人员通过制造表外合伙企业，向投资者曲解了公司真实的财务状况，并对公众隐瞒了安然公司负债的真实情况。安达信会计师事务所（Arthur Anderson）作为安然公司的审计机构很明显参与了这起欺诈事件，这直接违背了其诚信的职责。安达信与安然公司之间还签订了利润丰厚的咨询合同，因此，为了不破坏该合同，安达信并没有质疑安然公司财务报表的准确性。在这一合谋欺诈事件中，股东损失最为惨重，他们依赖那些并不准确的信息做出了自己的投资决策。

近些年来，大量的案例显示了管理者操纵财务报表而向公司投资者传递被歪曲了的公司财务状况（如在结篇案例中惠普对 Autonomy 的指控）。最典型的动机就是夸大公司的收入或收益，从而激发投资者的热情以推动股价上涨，这使管理者有机会从股票期权授予中套现，从而获得巨额个人收益，很明显这是以牺牲那些被报告误导的股东为代价的。

诸如安然等公司提供虚假财务报表，使得我们非常有理由质疑审计过的财务报表所包含的信息的准确性。作为回应，2002 年美国通过了《萨班斯法案》，该法案标志着 20 世纪 30 年代以来会计准则和公司治理程序最大幅度的修改。另外，《萨班斯法案》为会计公司建立了一个新的监督委员会，要求 CEO 和 CFO 在他们公司的财务报表上背书，并禁止公司雇用同一家会计公司进行审计和咨询服务。

11.3.4 收购约束

鉴于公司治理机制存在的缺陷，显然在某些公司里代理问题依然存在。而股东仍拥有某些剩余期权，他们可以随时卖出自己的股票。如果大量的股东开始这样做，公司股票的股价将会下跌。如果股价下跌得足够多，公司股票的市场价值可能还没有资产的账面价值高。此时，该公司可能就成为一个有吸引力的并购目标，面临被另外一家公司购买的风险，而这违背了该公司管理层的意愿。

被另外一家公司并购的风险就是众所周知的**"收购约束"**（takeover constraint）。收购约束限制了管理层可能采取那些将自身利益凌驾于股东利益之上的战略和行动。如果他们无视股东利益，导致公司将被收购，高管一般情况下也会丧失其独立性，并可能因此而丢掉工作。因此，收购的威胁能够有效地约束管理层的行为，并限制了代理问题向最糟糕的情况发展。

20 世纪 80 年代到 90 年代初期，收购约束经常被蓄意收购的公司采用：个人或者企业一旦认为公司管理层采取的战略与股东财富最大化不一致，就会大量购买该公司的股票。收购方认为如果这些表现较差的公司能够采用其他战略，它们将能为股东创造更多的价值。收购方购买公司股票是为了接管该业务并使其更有效率地运转，或者是为了推动高管层的变化，用一个能够在更大程度上实现股东回报最大化的团队替换现有团队。收购方受收益而非利他主义驱动。如果它们能够成功达成收购竞标，它们将采取那些能给股东（也包括自己）带来更大价值回报的战略，即使收购竞标失败，收购方也能够获取巨额财富，因为它们持有的股权将由企业以可观的溢价赎回。这种被称作**"绿色邮件"**（greenmail）的收益的来源也引起了有关其益处的大量讨论和争议。尽管有人宣称强行收购带来的威胁能够驱使公司管理层更好地经营企业，从而有利于改善公司绩效，但也有人认为这缺乏证据。[33]

虽然从 20 世纪 90 年代早期以来，恶意收购事件已明显减少，但这并不表明收购约束就不再发挥作用。21 世纪初特有的环境使恶意收购更为困难。20 世纪 90 年代的繁荣使得许多公司过度负债：美国企业带着资产负债表上创纪录的负债进入了 21 世纪。这些公司的债务程度限制了公司进行收购，尤其是恶意收购的能力，因为这些收购通常是非常昂贵的。除此之外，在 20 世纪 90 年代股票市场泡沫时期，许多公司的市场价值与基本面大相径庭，甚至在股票市场某些板块（如科技板）出现大幅跳水之后，相对于历史标准而言，市场价值仍然偏高，从而使得那些即使针对运营糟糕、亏损企业的恶意收购也显得昂贵。然而，收购行为趋向于周期化，似乎一旦股票市场和公司资产负债表上的过度负债消失，收购约束又会卷土重来。需要记住的是，收购约束是治理机制中可采取的最后手段，通常只有当其他治理机制失败时才会使用。

11.3.5　公司内部治理机制

到目前为止，本节主要聚焦于设计治理机制以减少股东与管理层之间可能存在的代理问题。由于在公司内部也存在代理关系，因此不同层级之间的管理层也存在代理问题。在下面的部分中，我们将探讨如何通过使用战略控制体系和激励体系这两种互补的治理机制来协调更高一级管理层与其雇员之间的动机和行为，从而减少公司内部的代理问题。

1. 战略控制体系

战略控制体系是公司内部建立的用以减少不同层级管理层间代理问题的主要治理机制。这些体系包括制定正式的目标、评价以及反馈体系，从而使管理层能有效评估公司是否正在执行最大化长期盈利能力所必需的战略，特别是是否正在获取卓越的效率、质量、创新以及顾客响应。我们将在第 12 章中更加详细地加以讨论。

战略控制体系具有如下目的：建立能够评估绩效的标准和目标；建立一个固定的度量、监督绩效的体系；将实际绩效与已确立的目标进行对比；评估结果并在必要时采取纠正措施。用治理的术语来讲，高层管理者的目标应是在法律和伦理约束下最大化股东价值，而战略控制体系的目的就是确保作为高层管理者代理人的下一级管理者能够按照与高层管理者目标相一致的方式行事。

一个越来越具有影响力的模型就是平衡计分卡，该模型将指导管理层通过制定正确的战略控制体系的过程来改善组织绩效。[34] 管理层一直主要采用诸如资本回报率等财务绩效指标来评估组织绩效。根据平衡计分卡模型，财务信息是非常重要的，但只是依据财务绩效还远远不够。如果管理层旨在掌握组织绩效的真实情况，财务信息还必须由反映组织运营状况的绩效指标来补充，以帮助企业获取竞争优势的四个基石：效率、质量、创新和顾客响应。财务结果只是简单地向战略管理者提供其采取决策的结果，而其他指标则借助向管理者提供组织在构建驱动未来绩效的过程中，组织现在处于何种位置的信息来使绩效的状况更加清晰。

平衡计分卡运作方式的一个版本如图 11-4 所示。根据组织的使命和目标，战略管理人员根据多个角度制定了一套评估绩效的指标，比如：

- 财务视角：如资本回报率、现金流和收入增长。
- 顾客视角：如满意度、产品可靠性、准时交货率和服务水平。

- 内部视角：如效率、及时性和员工满意度。
- 创新与学习：如引入的新产品数量、某一界定时间内新产品销售占销售收入的比例、相对于竞争对手开发新一代新产品所需要的时间、研发生产率（即成功生产某一产品需要多少的研发投入）。

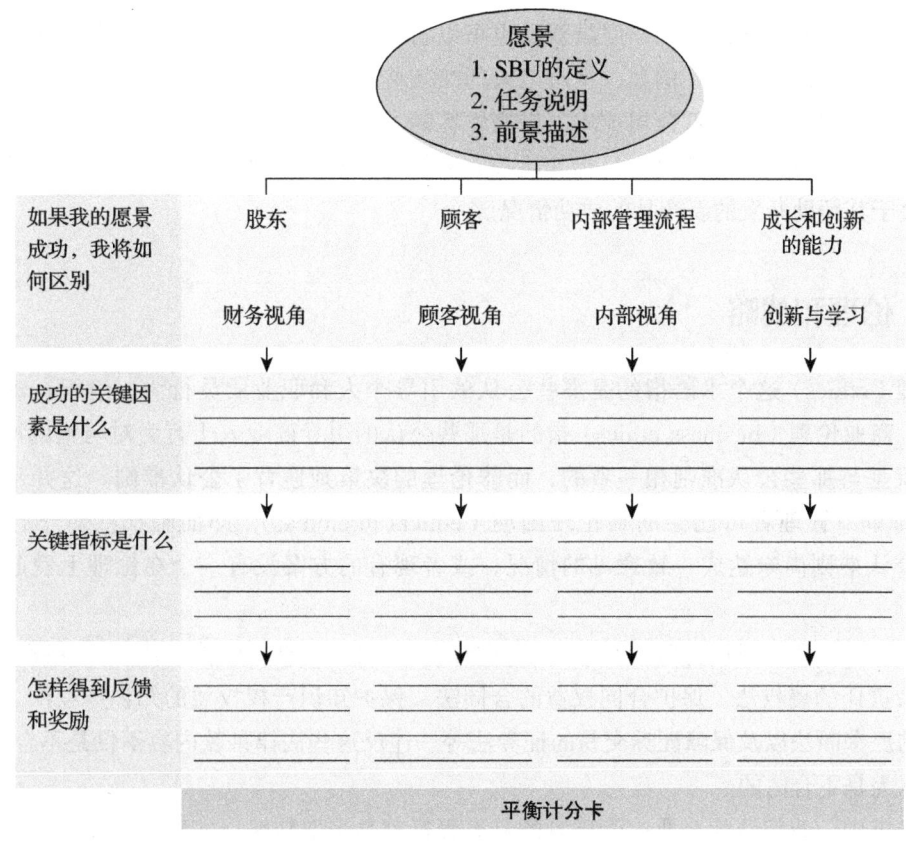

图 11-4 平衡计分卡运作方式

正如平衡计分卡的发明人卡普兰和诺顿所说："可以将平衡计分卡看作飞机驾驶舱里的仪表盘和指示器。对于驾驶飞机这项复杂的工作，飞行员需要有关飞行的诸多方面的详细信息。他们需要有关油料、飞行速度、高度、方向、目的地以及其他综合反映现在和预期环境的指标。单纯地依赖一个工具可能是致命的。同样地，今天管理一个组织的复杂性也要求管理者必须能同时看到各个领域的绩效状况。"36

基于在平衡计分卡中用全面的指标进行评估，战略管理者在重新评估公司使命、目标以及采取正确的行动解决问题、限制代理问题或者借助组织战略和结构改变利用新的机遇以实现战略控制目的时，就能处于更为有利的位置。

2. 员工激励

单纯的控制体系本身可能并不能完全使股东、高级管理层以及组织所有成员之间的积极性协调一致。为了推动这一目标实现，企业也经常采用正向的激励体系以激励员工朝实现长期盈利能力最大化这一中心目标前进。正如先前提到的，员工持股计划和股票期权授予方式一样，也是一种正向激励形式，20世纪90年代，员工持股计划和股票期权授予在许多组织内部得以向基层深入推进，这意味着公司不同层级的员工都适用于该计划。这一体系背后的逻辑简单明了：意识到股价以及自身财富取决于公司盈利能力，雇员将努力实现盈利能力最大化。

除了基于股票的薪酬体系，雇员薪酬也可以与获取卓越效率、质量、创新以及顾客响应相关联的目标联系在一起。例如，生产工人的绩效奖金可能取决于质量和生产目标的完成情况，达成这些目标能够降低公司成本、提高顾客满意度以及提升公司盈利能力。同样地，销售员的绩效奖金可能取决于销售目标的超额完成情况，而对于研发人员的绩效奖金依情况而定，取决于其帮助开发的新产品的成功情况。

11.4 伦理和战略

伦理（ethics）这个术语指的是那些公认的引导个人和职业成员行为、组织行动对与错的准则。**商业伦理**（business ethics）指的是那些公认的引导商业人士行为对与错的准则。伦理的决策是与那些公认准则相一致的，而非伦理的决策则违背了公认准则。这并不像听起来这么简单。管理者可能会面临**伦理困境**（ethical dilemmas），即面临那些对于什么是对与错的公认准则尚未达成一致意见的情况，或者现有的方案没有一个在伦理上看起来能够接受。

当今社会，我们习以为常的是非观不仅被高度认可，甚至已经修订成法。在商界，也有控制产品责任的侵权法、保护合同权益的合同法、保护知识产权权益的知识产权法、控制竞争行为的反垄断法以及保障证券交易的证券法等。违反这些法律条款内容不仅是不合伦理的，而且被认为是不合法的。

在本书中，我们认为企业中管理者的首要目标就是采取战略以实现长期盈利能力以及企业利润增长最大化，从而提高对股东的回报。当然，战略也必须与指导企业行为的法律相一致：管理者在试图最大化企业盈利能力时必须依法行事。正如我们在本章中看到的有许多管理者违反法律的案例。进一步来讲，管理者可能利用我们法律体系中的模糊或灰色地带，采取那些在法律意义上充其量只是违法嫌疑，而在现实情况中很明显是违背伦理的举动。但是，我们需要意识到行为的非伦理已远超越法律的限制范围。例如在开篇案例中，我们描述了星巴克如何远远超出法律的基本要求，以确保其咖啡是从使用安全、公平、人性化的工作和生活条件（包括最低工资要求、禁止雇用儿童和强迫劳动）的供应商处购买的。Surroca、Tribó和Zahra对110家跨国公司的研究发现，跨国公司在处理本国利益相关方的压力和法律问题时，通常只是将它们对社会不负责任的做法转移到其海外子公司，特别是当子公司与跨国公司的联系不明显时，这表明管理者知道这种行为是不道德的，不想与之相关联，但仍然继续执行。[37]

在本节中，我们可以更加清晰地看到管理者制定战略时所面临的伦理问题，也可以看到管理者为了确保战略决策不但合法而且合乎伦理所采取的措施。

11.4.1 战略中的伦理问题

战略管理者面临的伦理问题覆盖面非常广泛，但是大多数情况下这些伦理问题主要源于企业目标或者管理者个人目标与股东、顾客、雇员、供应商、竞争对手、社区以及公众等重要利益相关者基本权利之间的潜在冲突。利益相关者拥有被尊重的基本权利，因而违背这些权利是不合伦理的。

股东有权利获得有关其投资的及时、准确的信息（在财务报表中），而违背这些权利是不合伦理的。顾客有权利获知其所购买的产品和服务的全部信息，包括有权利获知所购产品将可能如何给自己及其他人带来伤害的信息，而限制顾客获取这些信息就是不合伦理的。雇员有权利要求获得安全的工作条件、所执行工作的公平报酬以及管理者的公平对待。供应商有权利要求合同得到遵守，企业不能利用自身与供应商实力的非对等性采取机会主义行为要求重签合同。竞争对手有权利期望企业遵守竞争规则，而且不要违反反垄断法的基本准则。社区和公众及其政府里面的政治代言人有权利要求企业尊重社会对企业的基本期望，例如，不要倾倒有毒污染物，或者对政府合同不得要价过高。

站在利益相关者角度来看商业伦理的人们通常认为，管理者承认并尊重利益相关者基本权利的行为是明智的，因为这样做能够确保得到利益相关者的支持，最终受益的是公司及其管理者。其他人对伦理的看法超越了工具性的观点，认为在很多情况下，按伦理标准行事是唯一正确的选择。他们认为企业需要认识到它们"身份高，责任重"（noblesse oblige），"身份高，责任重"是法语中的一种说法，意思是高尚的、慈善的行为是地位较高的人的责任，他们应回馈使他们获得成功的社会。对企业来讲，它的意思是成功企业应承担包含慈善行为在内的道德责任。

当管理者决定将他们的个人目标或企业的目标放在一个或更多利益相关者群体的根本权益之上时，不合伦理的行为便会经常在企业内部出现（换句话说，不道德行为可能源于代理问题）。这种行为最常见的例子包括谋私交易、信息操纵、反竞争行为、对公司所在价值链上的其他企业（包括供应商、互补品提供商和分销商）进行投机性剥削、不合格的工作条件、环境恶化以及腐败等。

当管理者想方设法用公司的钱谋取私利时，**谋私交易**（self-dealing）就发生了，我们在本章已经讨论了几个例子（如霍林格国际公司的康拉德·布莱克）。当管理者为了加强自己的财务地位或公司的竞争地位而运用自己对公司数据的控制权歪曲或隐藏信息时，**信息操纵**（information manipulation）便发生了，如结篇案例中惠普对Autonomy公司的指控。正如我们所看到的，许多财务丑闻是对财务数据的故意操作导致的。对于非财务数据，信息操纵同样会发生。当烟草公司的管理者压制内部有关吸烟带来的健康问题的研究，践踏消费者获知吸烟危害健康的准确信息的权利时，信息操纵就发生了。当证据公布于众时，律师便对烟草公司提起了集体诉讼，认为烟草公司故意对吸烟者造成伤害，向消费者推广已知会对消费者造成危害的产品，因此烟草公司触犯了侵权法。1999年，烟草公司遭到了一起诉讼，这起诉讼是国家为了弥补因吸烟所致疾病花费掉的医疗保健开支而发起的，最后国家总共获赔2 600亿美元。

反竞争行为（anticompetitive behavior）包括一系列为了挫伤现实存在的或者潜在的竞争对手以加强公司未来、长期发展前景的动作和行为，最常使用的是垄断力量。例如，在20世纪90年代，美国司法部门声称微软利用其在操作系统上的垄断强迫PC制造商把微软的网络浏览器、IE浏览器和Windows操作系统捆绑销售，并将IE浏览器直接摆在了计算机桌面上。据报道，微软告诉PC制造商如果它们不这样做，微软将不会提供给它们Windows操作系统。由于PC制造商不得不通过拥有操作系统来出售它们的机器（计算机），这就是一个强大的威胁。这种违反反托拉斯法的捆绑销售行为导致了另外一家提供网络浏览器的竞争对手——网景（Netscape）的破产。在这一案件中，法院裁决微软确实滥用了它的垄断力量，根据2001年签署的判决同意书，微软被强制终止这种行为。

抛开是否合法的问题不说，微软所采取的这种竞争行为至少有三点是不道德的（不符合伦理标准的）：第一，它通过不公平地限制最终消费者的选择而侵犯了他们的利益；第二，它侵犯了行业价值链下游的参与者的利益，在这一案例中是PC制造商，微软强迫它们将一个特殊的产品放入它们的设计中；第三，它侵犯了竞争对手自由、公平交易的权利。

在公司参与的价值链中**投机性剥削**（opportunistic emploitation）其他参与者是另一种不道德的行为。这种形式通常发生在当一个公司的经理想要单方面地重新签订与供应商、购货商（买方）或是互补品提供商等的合同条款时，通常会利用自身的强势力量，选择对本公司更有利的方式使修订后的合同通过。例如，20世纪90年代末，波音公司与钛金属公司（Titanium Metals Corporation）签订了20亿美元的合同以连续十年内每年购买特定数量的钛金属。2000年，当钛金属公司花费了1亿美元扩大产能以满足合同需要时，波音公司要求重新谈判，以获得更低的价格，并取消最低购买量合同。作为钛金属公司最主要的购买方，波音公司认为可以利用这种力量来迫使修订合同通过，而且钛金属公司的投资也使得它不可能放弃这一交易，然而钛金属公司立即以违反合同为由将波音公司告上法庭。最终通过庭外协议，波音公司同意向钛金属公司支付财务上的损失（据报道为6 000万美元），并签订了新的购买合同。[38] 不管这一行为合法与否，它都是不合伦理的，因为它损害了供应商与购买方通过谈判达成合作，进行公平、公开交易的权利。

当经理人员在工作条件上投资不足或者付给雇员低于市场水平的工资以降低生产成本时，**不合格的生产条件**（substandard working conditions）就会增加。这种行为的极端例子发生在企业在工作场地监管缺失的国家建立生产线，而诸如美国等发达国家已经建立了这样的监管。例如，俄亥俄艺术公司（Ohio Art Company）由于新闻报道而卷入了道德风暴中，据报道称俄亥俄艺术公司将它非常受欢迎的神奇画板玩具的生产从俄亥俄州转移给了海外的一家供应商，在那里雇员要进行超长时间的工作，而且每小时仅仅获得24美分的报酬，远远低于当地法定的每小时33美分的最低工资标准。此外，据报道，生产每天从早上7:30开始一直持续到晚上10:00，中间只有午饭和晚饭的休息时间，周六和周日也像平常一样工作，即工作时间为每周7天、每天12小时，或者是每周84小时，远远高于当地政府规定的每周40小时的工作标准。这样的工作条件按照当地法规的说明（很难强制执行），很显然损害了当地雇员的利益。俄亥俄艺术公司用这样的供应商符合伦理吗？很多人都会说"不"。

当公司的行为直接或间接造成污染或其他形式的生态破坏时，**环境恶化**（environmental

degradation）就会发生。环境恶化损害了当地社区和公众享受诸如清洁的空气和水、免受有毒化学物质污染的土地以及管理良好的森林等权益。

最后，当经理们通过行贿来获得利润丰厚的商业合同时，**腐败**（corruption）就会滋生。例如，哈里伯顿财团（Halliburton）曾经利用 18 000 万美元的贿赂赢得了在尼日利亚建设天然气设施的有利合同。[39] 同样，2006～2009 年，西门子被判定以数亿美元的贿赂来获得销售合同，该公司最终被迫支付巨额罚款。腐败很显然是不合伦理的，因为它损害了很多人的利益，包括竞争对手在公平竞争环境下进行合同投标的权利，以及当有政府官员参与时，公民期望政府官员以当地社区或国家的最佳利益为出发点开展工作的权利，而不是利用腐败性支付（商业贿赂）中饱私囊。

11.4.2 非伦理行为的根源

为什么一些经理会有不合伦理的行为？是什么促使他们破坏公认的是非原则，践踏一个或多个利益相关者群体的利益或是直接违反法律？尽管这个问题并没有直接的答案，但其中存在一些基本规律。[40] 第一，很重要的一点是要认识到商业伦理是与**个人伦理**（personal ethics）分不开的，而个人伦理是公认的支配个人行为的是非观。作为个人，我们接受的教育告诉我们，说谎和欺骗是不对的，行事正直和诚实是正确的，要坚持自己认为正确和真实的事与物。指导我们行为的个人伦理原则来源广泛，包括我们的父母、我们的学校、我们的宗教信仰和媒介。一个人的个人伦理原则对于他们作为商业人士的行为发挥了重要的作用和影响，一个拥有很强的个人伦理观的人不太可能在商业活动中运用不道德的方式，特别是他不太可能参与到谋私交易中，而是会正直、诚实地行事。

第二，很多对于商业活动中非伦理行为的研究都有这样的结论：商业人士有时候并没有意识到他们的行为是不合伦理的，主要是因为他们没有问这样一个相关的问题：这个决定或行为是符合伦理的吗？相反，对于他们所认知的东西，他们会通过明确的商业计算再做商业决策，但他们忘记了这样的决策可能存在重要的伦理问题。[41] 这一过程中存在的不足是没有将伦理考虑或伦理自律规范引入商业决策，耐克公司和其他纺织公司的经营情况可能就是这样，经理们最初与承包商合作经营的工厂被称为"血汗工厂"，其特点是工作时间长、工资低、工作条件差。这些决定很可能都是基于合理的经济逻辑做出的。承包商可能是基于一些商业变量，如成本、配送和产品质量等做出选择的，但当时主管经理们很可能忘记问："这个承包商会怎样对待它的工人？"如果他们完全不考虑这个问题，他们肯定是因为觉得这是承包商应该关注的，而不是他们。

遗憾的是，很多商业风气并不鼓励人们去考虑商业决策的伦理后果。导致商业活动中非伦理行为的第三个原因是：不重视商业伦理和以经济利益为所有决策出发点的组织文化。有些人可能认为个人生活的道德原则不适用于他们在工作中的决定，或者他们在公司内的决定并不真正属于他们，而仅仅是作为公司的代理人做出的。与此相关的第四个导致非伦理行为的原因可能是来自高层管理者实现业绩目标的压力，而这些目标通常是难以实现的，只能通过走捷径、抄近路的方式或是采取非伦理的方式来获得。因此，实现目标的压力会导致他们以不同的方式行事。

组织文化可以将社会认为非伦理的行为合法化，特别是当这一行为与不现实的业绩目标相关联时，例如不顾成本地一味追求短期经济效益最大化。在这种情况下，经理人员非常有可能违反他们自己的个人伦理而采取不合伦理的行为。出于同样的原因，组织文化也可以起到相反的作用，强化对伦理行为的要求。例如，REI 公司在重视环境可持续性、尊重个人和可信赖方面有着强烈的文化追求。该公司通过制定年度环境管理报告、为所有工作人员（包括兼职员工）提供医疗福利、提供不需要个人缴费的退休金计划、帮助员工为他们所在的社区做出贡献或购买装备以实现员工的户外挑战追求，来塑造它的组织文化。自 1998 年以来，该公司每年都会入选《财富》100 强企业榜单。

这样就有了第五个造成非伦理行为的原因：非伦理的领导。领导者帮助建立一个组织的文化，而且他们也为组织中的其他人做出榜样。公司中的其他雇员都会学习领导者的样子，如果这些领导者没有按照合乎伦理的方式行事，那么雇员们很有可能也不会这样做。这不在于领导者说的话，而在于他们所做的事。失败的能源企业安然公司的前 CEO 肯·雷（Ken Lay）就是一个很好的例子。雷一边在公开场合不断强调安然公司的伦理准则，另一边却同时进行着很多非伦理的行为。另外，他也没有对那些通过参与腐败的能源贸易计划而使公司收入膨胀的下属进行惩罚。这样的行为向安然的雇员们传递了一个很清楚的信息：非伦理行为如果可以提高收入就是可以容忍和原谅的。

11.4.3 合乎伦理地行事

那么怎样才能保证经理们将伦理纳入考虑范围呢？在许多情况下，这个问题不存在明确的答案，因为大部分令人烦恼的伦理问题包含很现实的困扰，且没有很明显的正确行动。尽管如此，经理们应该而且必须做至少七件事来保证在做商业决策时，遵守基本的伦理原则，且将伦理问题纳入考虑范围成为一种常用规则。这七件事是：偏好于聘用和提拔对个人伦理有充分认知的人；建立重视伦理行为的组织文化；企业中的领导者不仅要清晰地表达和形容符合伦理的行为，也要让行为在某种程度上与其描述一致；在企业决策制定的过程当中需要人们考虑到伦理维度；设置伦理执行官；实施强硬的治理政策；怀着道德勇气行事。

1. 聘用和提拔

很明显，公司应该聘用那些有强烈道德责任心而不会有不道德或违法行为的人。同样地，你很可能期望公司不要提拔那些行为不符合公众道德标准的人，或者直接解雇他们。但是做到这个是非常困难的。

公司该做些什么来保证不去雇用那些道德品质不好的人呢，尤其是当那些人有意识地把自己的这个缺点隐藏起来时（事实上，不道德的人会把自己的本性隐藏得很好）？公司可以给准员工做心理测试来试着分辨他们的道德倾向，也可以根据前公司员工的看法来考察准员工的道德状况，比如使用调查信或者通过与曾和这名准员工共事过的人谈话得到信息。后一个办法并不罕见，而且确实影响聘用过程。至于提拔有过道德不良记录的人这种事，在那些组织文化看重道德行为且领导者按章办事的公司里应该不会发生。

2. 组织文化和领导层

为了培养伦理行为，公司需要建立一种高度注重伦理行为的组织文化。有三个行动非常重要。首先，公司必须清楚地将伦理行为的价值观突出出来。许多公司现在利用制定**伦理准则**（code of ethics）来达到这一目的，伦理准则即公司要遵守的一项关于伦理优先的正式声明。事实上，纽约证券交易所和纳斯达克上市服务公司都要求上市公司制定道德风险准则，为道德风险认定和处理提供方案，提供报告不道德行为的机制，并提出确保迅速采取行动打击侵权行为的程序。[42] 公司有时也将伦理声明纳入阐明企业价值观或使命的文件。例如，食品和消费品大王联合利华有这样一条伦理准则："我们不会以任何形式强制使用劳务或童工，并且没有员工会直接或间接地行贿或者受贿。任何贿赂都必须立即被抵制并报告管理层。"[43] 联合利华的准则非常清晰地将信息传达给组织内的每一位经理和员工。来自国家商业道德调查的数据显示：由美国非营利组织伦理资源中心管理的公司发现，拥有强大、实施良好的道德计划的公司道德不端行为明显较少。

用伦理准则或其他文件清晰地表达完整价值观之后，重要的是公司的领导者通过反复地强调它们的重要性并将其付诸实施来赋予这些词汇生命和意义。也就是说，要利用任何相关的机会强调商业伦理的重要性，并且确保重大商业决策不仅能获得很好的经济效益，而且是符合伦理的。一些公司已经向前更进了一步，它们雇用独立的公司来审计自己并确保它们的行为符合伦理准则。例如耐克，近几年已经聘用了独立的审计机构来保证它的分销商履行耐克的行为准则。

最后，建立高度注重伦理行为的组织文化需要激励和奖励体系，包括奖励遵守伦理的人和惩罚不遵守伦理的人的晋升体系。

3. 决策制定过程

除了在组织内部建立正确的伦理文化外，商业人士必须能够系统地思考决策当中的伦理内涵。为了做到这一点，他们需要一个伦理指南和关于决定个人权利和正义的信仰。一些伦理专家也提出了一些直接的实践指南或伦理法则，来判断一项决策是否符合伦理。如果一位商业人士能对以下每个问题给出肯定的答案，那么这项决策就是符合伦理的：

- 我的决策是否符合组织环境中典型的价值观和标准（像伦理准则或其他公司声明中写的那样）？
- 我愿意向所有受该决策影响的利益相关者沟通该项决策吗，比如通过登报或上电视？
- 与我有重要私人关系的人，比如家庭成员、朋友或其他公司的经理，会赞同这个决策吗？

4. 伦理执行官

为了确保公司以符合伦理的方式行事，很多公司现在设立了伦理执行官。这些人的责任是保证所有的员工被训练得有伦理意识，在公司决策过程中贯穿伦理因素，并且确保公司的伦理准则被遵守。伦理执行官也可能负责审计决策来确保决策与伦理准则一致。在许多公司里，伦理执行官也作为内部监督专员，负责处理员工的机密查询、调查员工或其他人的抱怨、报告调研结果，并提供改进建议。

联合技术公司是一家大型航空航天公司，在全世界的收入超过600亿美元，早在1990年它就有一个正式的伦理准则。现在有大约450名"业务实践执行官"（这是该公司伦理执行官的名称）在联合技术公司任职，负责确保准则的执行。联合技术公司还在1986年建立起监督专员项目，让员工对伦理问题进行匿名反馈。[44]

5. 强大的公司治理

强大的公司治理程序用来确保经理们遵守伦理标准，尤其是让高级经理不要从事谋私交易或信息操纵。强大公司治理程序的关键是独立的董事会，它将确保高级管理者对谋私交易负责，并能对管理者提供给它的信息进行质询。如果泰科、世通和安然这样的公司有强大的董事会，它们就不会因会计丑闻而瓦解，或者那些高管将能把这些公司的资金当作自己私人财富一样来对待。

强大的治理有五个基石。一是由多数外部董事组成的董事会，外部董事在公司没有管理职责，愿意并能够保证高管负责，他们与公司的重要内部人士没有商业关系。外部董事应该独立和廉正，他们的声誉建立在独立的行事能力的基础上。二是CEO与董事长两职分离，并且董事长由外部董事担任。当CEO兼任董事长时，他就可以控制议事日程，从而加强其个人的日程工作（这可能包括谋私交易）或限制对当前公司政策的批评。三是董事会应建立一个完全由外部董事组成的薪酬委员会。薪酬委员会制定高管的薪酬水平，包括股票期权等。通过确保薪酬委员会相对于管理者的独立性，可以减少谋私交易的机会。四是审核公司财务报表的董事会审计委员会同样要由外部董事组成，进而可以独立地质疑公司的财务报表。五是董事会应该使用真正独立并没有利益冲突的外部审计者。许多的会计丑闻就是外部审计者与公司合谋，为了不损害合谋的利益，他们不会严厉地质疑公司管理者。

6. 道德勇气

非常重要的一点是，有时候管理者和其他人需要拥有巨大的道德勇气。道德勇气能够使管理者远离那些利润丰厚但违背伦理的决策，赋予员工对那些命令他们做违背伦理行为的上司说不的力量，并给员工勇气用媒体来告发公司里出现的非伦理行为。但道德勇气来之不易，在许多知名的案例中，有人因告发公司而丢掉了工作。

公司可以通过承诺不对具备道德勇气、对上司说不、投诉违背伦理行为的员工进行惩罚，来强化员工的道德勇气。例如，联合利华的伦理准则包含如下条款：

根据联合秘书会（Joint Secretaries）规定的程序，任何违反伦理准则的事情都必须报告。联合利华的董事会不会对管理者因为遵守这些准则以及其他强制性政策和指示所造成的损失提出批评。联合利华的董事会期望员工对他们自身或高级管理层任何的违规或违规嫌疑进行关注。联合利华还制定了一条能使员工进行秘密报告的条款，并且任何员工不会因为这样做而受到伤害。

这个声明使得员工拥有道德勇气。公司也可以建立一条"伦理热线"，让员工向公司伦理执行官匿名投诉。

7. 结束语

上面讨论的举措可以确保管理者在制定决策时，充分认识到伦理的重要性，并且不会违反基本的伦理规范。同时，不是所有的伦理困境都有一个清晰、直接的解决办法——这就是它们被称为困境的原因。不管怎么说，总有一些公司显然不应该做的事，也有一些它们显然应该做的事，但是也有一些情况会使管理者陷入真正的困境。在这些情况下，应对那些有能力处理复杂又麻烦的情况，并且尽可能做出正确的权衡决策的管理者进行奖励。

本章小结

1. 利益相关者是指对公司，即公司行为和业绩拥有利益、诉求或股权的个人或团体。
2. 利益相关者与公司是交换的关系。他们为组织提供重要资源（或贡献）并（利用激励因素）换回让他们满意的利益。
3. 公司不可能总能满足所有利益相关者的诉求。不同群体的目标可能相互冲突。公司必须识别出最重要的利益相关者并给予最高优先权来满足他们的需要。
4. 股东是公司的法定所有者和风险投资的提供者，风险投资是公司业务运营的主要资金资源。因此，股东在利益相关者团体中拥有独特的角色。
5. 最大化长期盈利能力和利润增长是最大化股东回报的方法，这也与满足几个其他关键利益相关团体的诉求相一致。
6. 当采取最大化盈利能力的战略时，公司有义务在法律的限制之内并使用与社会期望一致的方式来行事。
7. 无论何时只要一方将决策权或资源的控制权委托给另一方，代理关系就产生了。
8. 代理问题的本质是委托人和代理人的利益并不总是一致的，一些代理人可能会利用信息不对称，以牺牲委托人利益为代价实现自身利益的最大化。
9. 许多治理机制用来限制股东和管理者之间的代理问题。这些治理机制包括董事会、股权激励计划、财务报表和审计员、收购约束。
10. 伦理这个术语指的是公认的引导个人、专业人士和组织行为的关于对与错的准则。商业伦理是公认的引导商业人士行为的对与错的准则，而伦理战略就是不能违背这些公认准则的战略。
11. 非伦理行为根源在于：不正确的个人伦理观念；对伦理问题的重要性缺乏认知能力，比如当外国子公司和母公司之间存在心理和地理差距时，伦理观念难以融入战略及运营决策制定；功能失调的文化；领导者不按伦理方式行事。
12. 为了确保企业在做决策时能考虑到伦理问题，管理者应该：聘用和提拔个人道德修养良好的人；建立一个高度注重伦理道德的组织文化；确保领导者不仅能清晰地描述伦理行为，还要能以身作则坚守伦理；在决策制定过程中要充分考虑道德伦理的方面；设置伦理执行官；建立强有力的公司治理程序；拥有道德勇气，也鼓励他人具有道德勇气。

讨论问题

1. 近10年代理问题在美国公司有多常见？20世纪90年代末期，互联网公司的IPO出现了一次繁荣景象。繁荣的原因是对没有收入或盈利的互联网初创企业的高度评价。这次繁荣在 2001 年突然结束了，因为纳斯达克股票交易市场崩盘，损失了几乎 80% 的价值。你认为在这次繁荣中受益最大的是谁？是那些公司的投资者（股东）、管理者，还是投资银行？

2. 资本回报率最大化与股东回报最大化是否一致？

3. 为了降低管理者以牺牲股东权益为代价追求个人利益的可能性，公司应当如何构建战略制定过程？

4. 在国有企业中，CEO 应该兼任董事长吗（如果当前法律允许的话）？可能存在的问题是什么？

5. 解雇本国长期劳动力，而将生产外包给劳动力成本更低的发展中国家，在什么情况下是合乎伦理、得到拥护的？

6. 对于劳动力缺乏的公司，雇用非法移民是否合乎伦理？

结篇案例

惠普对 Autonomy 公司的灾难性收购

2011 年，惠普在很多方面同时进行着改变。它已经决定放弃平板电脑，并考虑是否退出一年收入 400 亿美元的 PC 业务。该公司还有一名新的首席执行官李艾科（Leo Apotheker，以前是德国软件公司 SAP AG 的负责人），他意图进行一场影响巨大的收购，将该公司从主要的硬件制造商转变为快速发展的软件公司。该公司还拥有董事会新任董事长雷·莱恩（Ray Lane），他也是一名软件专家，并且是甲骨文公司的前任总裁。

李艾科提出购买两家中型软件公司，但两起收购提案最终都告吹了。第一起是被董事会财务委员会拒绝了；第二起是在谈判价格时告吹了。李艾科沮丧地告诉莱恩："我的软件公司完了。"

2011 年的夏天，李艾科提出收购一个英国公司 Autonomy，这个公司制作的软件是用来搜索文本文件、视频文件和其他公司文件中的信息的。莱恩对这个想法很感兴趣。当李艾科于 2011 年 7 月向董事会提出建议时，董事会中一半的成员在忙于分析放弃 PC 业务的决定，所以只有一半的董事会成员评估了此收购建议。董事会批准了收购 Autonomy 的价格——超过其市值约 50%，高于其营业利润的 15 倍。惠普在 2011 年 8 月 18 日宣布实施收购，并在同一天宣布将放弃其平板电脑业务，并正在考虑退出 PC 行业。收购的价格最终为 111 亿美元，相当于 Autonomy 公司 2010 年收入的 12.6 倍。值得注意的是，即使只看票面价值，60 亿美元的标价也不值得购买，惠普的股价在收购的第二天便下跌了 20%。

在公布后的几天内，惠普的股价持续下滑，投资界的股东和其他投资者的强烈抵制正在肆虐。莱恩询问惠普的顾问公司是否可以退出交易，结果被告知根据英国的收购规定，如果惠普能够证明 Autonomy 公司的金融行为不当，退出才是有可能的。于是，惠普开始疯狂地检查 Autonomy 公司的财务状况，希望能够摆脱这个交易。惠普最大的股东和其他高级管理人员对此表示坚决反对，惠普在收购公告后不到一个月的时间里，于 2012 年 9 月 22 日解雇了李艾科，他担任首席执行官只有 11 个月。

到 2012 年 5 月，显然 Autonomy 公司不会达到其收入目标，Autonomy 公司的创始人麦克·林奇（被要求留下经营公司）被解雇。2012 年 11 月末，惠普冲减了 88 亿美元的收购账面价值，基本上承认该公司的价值已比当时的收购价格少了 79%。然后，相互指责推诿就开始了。惠普将超过 50 亿美元的账面价值损失归因于"某些前 Autonomy 员工的故意行为，以鼓吹公司的基本财务指标，误导投资者和潜在买家……这些失实陈述和不完全披露严重影响了管理层在交易时客观评估 Autonomy 公司的能力"。

麦克·林奇否认了这一指控，坚持认为 Autonomy 公司不会犯错，认为德勤的审计师已经审批了财务报表，并指出该公司遵循英国会计准则，这在某些方面与美国规则有所不同。林奇还指责惠普管理层收购不妥，他说："惠普自从收购以来，对 Autonomy 公司的经营和财务管理不善，这 50 亿美元的减值是不是应该归因于惠普的经营管理和财务管理不足呢？为什么惠普的高级管理层要等六个月才向股东通报与 Autonomy 公司有关的重大事件的可能性？"

许多股东和分析师也指责惠普，他们认为这笔交易被过分地高估了。桑福德-伯恩斯坦公司分析师托尼·萨科纳吉（Toni Sacconaghi）写道："我们可以看到，购买 Autonomy 公司是自毁价值的决定。"Needham & Company 分析师理查德·库格勒（Richard Kugele）写道："惠普可能已经因为这起价格超过 100 亿美元的代价高昂的收购而损失掉了华尔街对它的信心。"李艾科回应说："惠普有一个基于 D.C.F. 模型的非常严格的流程，我们所有的收购都遵循这个流程。我们非常详细地做了分析，我们觉得为 Autonomy 付出了非常公平的代价。"然而，当莱恩受到质疑时，他似乎对于收购进行的任何现金流分析都不熟悉。他指出，他相信价格是公平的，因为 Autonomy 公司对惠普的战略眼光是独一无二的。

根据《财富》杂志的一篇文章，惠普首席财务官凯瑟琳·莱斯雅克（Catherine A. Lesjak）在交易实施之前就表示反对，认为这不符合股东的利益最大化，而且惠普会无法承受。此外，Autonomy 公司的外部审计师明确通知惠普（在宣布前几天的一次电话通话中），Autonomy 公司的一名执行官提出了对该公司会计的指控，但是一项审查认为这些指控毫无根据，而且从未被转交给惠普的董事会或 CEO。

2012 年第三季度，惠普损失了 69 亿美元，主要是因为 Autonomy 公司的混乱。它的股票交易价是 13 美元——比 Autonomy 收购协议宣布时的价格低了近 60%。2013 年 4 月 4 日，莱恩卸任董事长一职（尽管他继续担任董事会成员）。

Autonomy 公司是否有意夸大其财务指标？李艾科和莱恩对"变革性收购"的渴望是否会使他们对 Autonomy 公司的评估变得粗略？或者是否由于更平常的原因或整合失败而导致 Autonomy 失去了价值？金融执法人员正在努力回答这些问题，但无论其根本原因如何，萨科纳吉指出，Autonomy 公司收购案"可能会沦落成为美国企业历史上最糟糕、最具破坏性的交易案例"。

资料来源：J. Bandler, "HP Should Have Listened to Its CFO," *Fortune*, November 20, 2012; www.fortune.com, J. B. Stewart, "From HP, a Blunder That Seems to Beat All," *New York Times*, November 30, 2012; www.nytimes.com, M. G. De La Merced, "Autonomy's Ex-Chief Calls on HP to Defend Its Claims," *New York Times*, Dealbook, November 27, 2012, www.nytimes.com/pages/business/dealbook; B. Worthen and J. Scheck, "Inside H-P's Missed Chance to Avoid a Disastrous Deal," *The Wall Street Journal*, January 21, 2013, pp. A1–A16.

讨论题

1. 你认为李艾科为什么那么渴望完成一起收购？
2. 为什么大多数收购会导致支付超过市场价格的溢价？Autonomy 50% 的溢价是否合理？
3. 李艾科以 50% 的溢价提出收购是不道德的吗？Autonomy 接受这样的价格是否不道德？谁是这起高价收购的最终受害者？
4. 惠普和 Autonomy 本可以采取什么不同的行动，来避免公众的强烈抵制和股价下跌？

注释

1. E. Freeman, *Strategic Management: A Stakeholder Approach* (Boston: Pitman Press, 1984).

2. C. W. L. Hill and T. M. Jones, "Stakeholder-Agency Theory," *Journal of Management Studies* 29 (1992): 131–154, and J. G. March and H. A. Simon, *Organizations* (New York: Wiley, 1958).

3. W. Henisz, S. Dorobantu, and L. Nartey, "Spinning Gold: The Financial Returns to Stakeholder Engagement," *Strategic Management Journal*, 35 (2014):1727–1748.

4. Hill and Jones, "Stakeholder-Agency Theory," and C. Eesley and M. J. Lenox, "Firm Responses to Secondary Stakeholder Action," *Strategic Management Journal* 27 (2006): 13–24.

5. I. C. Macmillan and P. E. Jones, *Strategy Formulation: Power and Politics* (St. Paul: West, 1986).

6. T. Copeland, T. Koller, and J. Murrin, *Valuation: Measuring and Managing the Value of Companies* (New York: Wiley, 1996).

7. R. S. Kaplan and D. P. Norton, *Strategy Maps* (Boston: Harvard Business School Press, 2004).

8. J. S. Harrison, D. A. Bosse, and R. A. Phillips, "Managing for Stakeholders, Stakeholder Utility Functions, and Competitive Advantage," *Strategic Management Journal* 31 (2010): 58–74.

9. R. Garcia-Castro, and R. Aguilera, "Increasing Value Creation and Appropriation in a World with Multiple Stakeholders," *Strategic Management Journal*, 36 (2015): 137–147.

10. A. L. Velocci, D. A. Fulghum, and R. Wall, "Damage Control," *Aviation Week*, December 1, 2003, pp. 26–27.

11. M. C. Jensen and W. H. Meckling, "Theory of the Firm: Managerial Behavior, Agency Costs and Ownership Structure," *Journal of Financial Economics* 3 (1976): 305–360, and E. F. Fama, "Agency Problems and the Theory of the Firm," *Journal of Political Economy* 88 (1980): 375–390.

12. Hill and Jones, "Stakeholder-Agency Theory."

13. For example, see R. Marris, *The Economic Theory of Managerial Capitalism* (London: Macmillan, 1964), and J. K. Galbraith, *The New Industrial State* (Boston: Houghton Mifflin, 1970).

14. Fama, "Agency Problems and the Theory of the Firm."

15. A. Rappaport, "New Thinking on How to Link Executive Pay with Performance," *Harvard Business Review*, March–April 1999, pp. 91–105.

16. AFL-CIO's Executive Pay-Watch Database, www.aflcio.org/Corporate-Watch/CEO-Pay-and-You.

17. For academic studies that look at the determinants of CEO pay, see M. C. Jensen and K. J. Murphy, "Performance Pay and Top Management Incentives," *Journal of Political Economy* 98 (1990): 225–264; Charles W. L. Hill and Phillip Phan, "CEO Tenure as a Determinant of CEO Pay," *Academy of Management Journal* 34 (1991): 707–717; H. L. Tosi and L. R. Gomez-Mejia, "CEO Compensation Monitoring and Firm Performance," *Academy of Management Journal* 37 (1994): 1002–1016; and J. F. Porac, J. B. Wade, and T. G. Pollock, "Industry Categories and the Politics of the Comparable Firm in CEO Compensation," *Administrative Science Quarterly* 44 (1999): 112–144.

18. J. Silver-Greenberg and A. Leondis, "CBS Overpaid Moonves $28 Million, Says Study of CEO Pay," *Bloomberg News*, May 6, 2010.

19. "'Pay for Performance' No Longer a Punchline," *The Wall Street Journal*, March 20, 2013.

20. For research on this issue, see P. J. Lane, A. A. Cannella, and M. H. Lubatkin, "Agency Problems as Antecedents to Unrelated Mergers and Diversification: Amihud and Lev Reconsidered," *Strategic Management Journal* 19 (1998): 555–578.

21. M. Saltmarsh and E. Pfanner, "French Court Convicts Executives in Vivendi Case," *New York Times*, January 21, 2011.

22. E. T. Penrose, *The Theory of the Growth of the Firm* (London: Macmillan, 1958).

23. G. Edmondson and L. Cohn, "How Parmalat Went Sour," *Business Week*, January 12, 2004, pp. 46–50; and "Another Enron? Royal Dutch Shell," *Economist*, March 13, 2004, p. 71.

24. O. E. Williamson, *The Economic Institutions of Capitalism* (New York: Free Press, 1985).

25. Fama, "Agency Problems and the Theory of the Firm."

26. S. Finkelstein and R. D'Aveni, "CEO Duality as a Double Edged Sword," *Academy of Management Journal* 37 (1994): 1079–1108; B. Ram Baliga and R. C. Moyer, "CEO Duality and Firm Performance," *Strategic Management Journal* 17 (1996): 41–53; M. L. Mace, *Directors: Myth and Reality* (Cambridge: Harvard University Press, 1971); and S. C. Vance, *Corporate Leadership: Boards of Directors and Strategy* (New York: McGraw-Hill, 1983).

27. J. B. Stewart, "When Shareholder Democracy Is a Sham," *New York Times*, April 12, 2013.

28. "Goldman Union Deal Lets Blankfein Keep Dual Roles," Reuters, April 11, 2013.

29. W. G. Lewellen, C. Eoderer, and A. Rosenfeld, "Merger Decisions and Executive Stock Ownership in Acquiring Firms," *Journal of Accounting and Economics* 7 (1985): 209–231.

30. C. W. L. Hill and S. A. Snell, "External Control, Corporate Strategy, and Firm Performance," *Strategic Management Journal* 9 (1988): 577–590.

31. The phenomenon of back dating stock options was uncovered by academic research, and then picked up by the SEC. See Erik Lie, "On the Timing of CEO Stock Option Awards," *Management Science* 51 (2005): 802–812.

32 G. Colvin, "A Study in CEO Greed," *Fortune*, June 12, 2006, pp. 53–55.

33 J. P. Walsh and R. D. Kosnik, "Corporate Raiders and Their Disciplinary Role in the Market for Corporate Control," *Academy of Management Journal* 36 (1993): 671–700.

34 R. S. Kaplan and D. P. Norton, "The Balanced Scorecard—Measures That Drive Performance," *Harvard Business Review,* January–February 1992, pp. 71–79, and Kaplan and Norton, *Strategy Maps* (Boston: Harvard Business School Press, 2004).

35 R. S. Kaplan and D. P. Norton, "Using the Balanced Scorecard as a Strategic Management System," *Harvard Business Review,* January–February 1996, pp. 75–85, and Kaplan and Norton, *Strategy Maps*.

36 Kaplan and Norton, "The Balanced Scorecard," p. 72.

37 J. Surroca, J. A. Tribó, and S. A. Zahr, "Stakeholder Pressure on MNEs and the Transfer of Socially Irresponsible Practices to Subsidiaries," *Academy of Management Journal*, 56 (2015): 549–572.

38 "Timet, Boeing Settle Lawsuit," *Metal Center News* 41 (June 2001): 38–39.

39 N. King, "Halliburton Tells the Pentagon Workers Took Iraq Deal Kickbacks," *The Wall Street Journal,* 2004, p. A1; "Whistleblowers Say Company Routinely Overcharged," *Reuters,* February 12, 2004; and R. Gold and J. R. Wilke, "Data Sought in Halliburton Inquiry," *The Wall Street Journal,* 2004, p. A6.

40 S. W. Gellerman, "Why Good Managers Make Bad Ethical Choices," *Ethics in Practice: Managing the Moral Corporation*, ed. K. R. Andrews (Harvard Business School Press, 1989).

41 Ibid.

42 S. Hopkins, "How Effective Are Ethics Codes and Programs?," *Financial Executive*, March 2013.

43 www.unilever.com/company/ourprinciples/.

44 www.utc.com/governance/ethics.

第12章 组织战略实施

| 开篇案例 |

谷歌的组织变革

2011年4月,谷歌两个创始人之一拉里·佩奇出任CEO。佩奇曾在1998～2001年担任谷歌的CEO,后来埃里克·施密特接任。10年后施密特决定辞职并将权力交还给佩奇,佩奇的第一个任务就是把公司改组为业务单元。

在施密特的领导下,谷歌的职能型结构主要由两大部门——技术工程部门和产品管理部门构成。技术工程部门负责设计、搭建和维护谷歌的产品。产品管理部门专注于销售谷歌的产品,特别是其广告服务。但是,这个结构不包含YouTube和Android团队。这两个团队都是收购来的,它们被授予足够大的自主权独立运营自己的业务。值得注意的是,两者生成的新产品创意比谷歌自己内部生成的许多新产品创意更成功。

谷歌宣称其职能型结构的优点在于扁平化、层级少、控制幅度广。谷歌是鼓励创新的。的确,描述谷歌"自下而上"的新产品开发流程的文章很多。谷歌鼓励工程师将20%的时间花在自己选择的项目上,允许他们自行组建团队来形成产品创意,而且他们可以通过一个正规的流程,最终向佩奇和谷歌的另一个创始人谢尔盖·布林展示他们的产品创意,以获得将这些产品推向市场的资金。通过此过程产生的产品包括谷歌新闻、谷歌地球、Gmail和Google Apps。

到2011年,这种结构的局限性越来越明显。产品一旦被开发出来,工程师对该产品的责任感很容易缺失。核心工程师可能会转向其他项目，导致很多项目停留在测试阶段多年，基本上成为未完成的产品。没有人真正负责这些产品并将其发展成为独立业务。许多工程师抱怨说，新产品的批准过程已经陷入繁文缛节，进程太慢。这种在谷歌是一个小型创业公司时运作良好的结构一直没有做过改变。搜索式广告收入仍然是公司收入的主要来源，但是该结构并没有反映出谷歌已经成为一个多业务的公司。谷歌内部确实存在问题，因为尽管它创造了许多新产品，但谷歌仍然依赖搜索式广告来获得大部分收入。

佩奇解决这个问题的办法是将谷歌重组为七个核心业务单元：搜索、广告、YouTube、移动（Android）、Chrome、社交（Google+和Blogger）以及商务（Google Apps）。一个高级副总裁负责一个业务单元，他们直接向佩奇汇报，每个业务单元的命运完全由分管的副总裁掌握。想要开发一个新产品不再需要在董事会上说服整个公司的高管。产品发行后，工程师和管理人员也不能抛下像曾经停留在测试版多年未完成的Gmail那样的重要产品而转去做别的事情。谷歌的一位发言人说："现在工程师不仅要负责产品交付，还要负责改进和维护产品。"

资料来源：Miguel Helft, "The Future According to Google's Larry Page," *CNNMoney*, January 3, 2013; Liz Gannes, "GoogQuake: The Larry Page Reorg Promotes Top Lieutenants to SVP," *All Things Digital*, April 7, 2011; Jessica Guynn, "Google CEO Larry Page Completes Major Reorganization of Internet Search Giant," *Los Angeles Times*, April 7, 2011.

本章概述

在本书前面的内容中，我们注意到，战略是通过企业的组织安排和在职能层面采取的行动来实现的。我们在第4章和第5章中讨论了实施不同业务层战略所需的职能性操作。在本章中，我们将介绍如何使用组织安排来实施企业的业务层战略、公司层战略和全球战略。

开篇案例引出了本章将讨论的一些问题。像大多数新企业一样，谷歌一开始使用的也是职能型结构，谷歌组织流程的设置也是鼓励产品创新的。当公司规模相对较小，专注于提供搜索引擎这一单一业务时，这种组织安排效果良好。但是，随着公司规模的不断扩大以及业务的多元化，许多新产品的获利达不到预期。为了提升新业务的业绩，谷歌前CEO拉里·佩奇在谷歌创建了事业部制结构，每个业务单元或事业部完全负责各自业务的运营和最终的业绩。

谷歌不是第一家想要解决随着自身发展以及新产品开发而产生的公司管理问题的企业。出于自身发展和多元化的需要，企业从职能型结构向事业部制结构发展实际上早有实践。适合管理单一业务的组织安排不适合管理像谷歌这种多元化、多业务的企业。谷歌希望通过重组，增加盈利的多样化业务。

12.1 组织架构

在这一章中，我们使用**组织架构**（organizational architecture）一词表示公司的整体组织安排，包括其正式的组织结构、控制系统、激励制度、组织文化、组织过程和人（或人力资本）。[1] 图12-1展示了这些元素之间的关系。

关于**组织结构**（organizational structure），我们将讨论三个部分：一是企业决策责任的地位（如中央集权或权力下放），二是组织正式划分为如职能部门、产品部门和公关部门等子单位，三是建立协调子单位活动的整合机制。

控制（controls）是用于衡量子单位业绩，并对管理者运营这些子单位的效果做出判断的指标。**激励**（incentives）是用于鼓励员工做出公司所希望的行为的机制，激励与绩效指标密切相关，例如，通用电气照明业务主管的激励可能与该部门的业绩有关。

组织文化（organizational culture）是指组织员工共享的规范和价值体系。正如社会有文化一样，组织也有文化。组织是人们团结合作执行集体任务的团体。它们有自己独特的文化和亚文化模式。[2]正如我们将看到的那样，组织文化可以对公司的表现产生深远的影响。

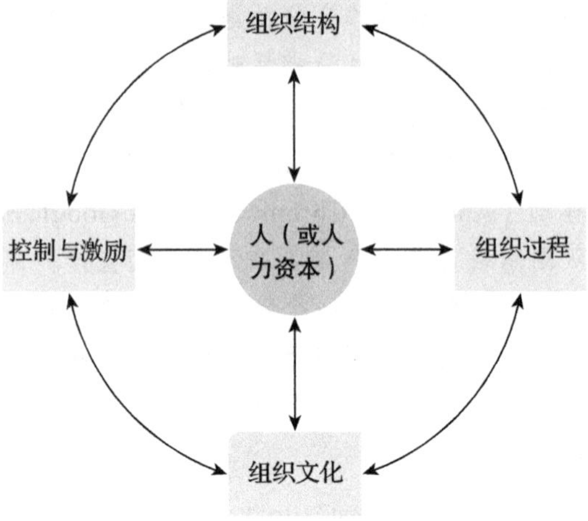

组织过程（organizational process）是指在组织内进行决策和工作的方式，例如，制定战略的过程、决定如何在企业内部分配资源的过程、开发新产品的过程，以及评估经理的业绩和提供反馈的过程。过程在概念上不同于组织内决策职责的位置，尽管这两者都涉及决策。例如，虽然 CEO 可能最终有责任决定公司的战略是什么（即决策责任是集中的），但他做出决定的过程可能包括征求下级管理者及员工的意见和批评。

©2017 Cengage Learning

图 12-1　组织架构

我们所说的**人**（people）不仅仅指组织内的员工，还指用来招聘、补偿、激励和留住这些人的策略以及他们在技能、价值观和导向方面的人员类型。总的来说，组织内的人——员工，构成了企业的人力资本。在第 3 章和第 4 章中，我们已经讨论了为了执行公司战略，人力资源在招聘、培训、发展和补偿员工方面的作用。因此，这里将不再赘述。然而，要特别注意，组织人力资本的价值超过了每个员工的技能和能力的总和。从这个意义上说，大多数价值是具有关联意义的，员工在组织内可以实现的价值是他们作为独立承包商难以实现的。换句话说，组织架构的其他元素会创造一个环境，在这个环境中，人们可以做出非凡的事情。

例如，苹果的产品设计主管乔尼·伊夫（Johnny Ive）显然是一名技术娴熟的人士。但如果伊夫不在苹果工作，没有苹果在组织结构、控制系统、激励制度、组织过程和组织文化方面支持他将电子设备设计成一种时尚宣言，而不仅仅是一种计算工具，他可能不会有这样的影响。换句话说，伊夫的人力资本大部分是他的技能和苹果组织结构相结合的结果。

根据这个例子和图 12-1 中的箭头所示，组织架构中的各个元素不是彼此独立的：每个元素都与其他元素相互影响。另一个明显的例子是关于人的战略。人力资源可以主动雇用内在价值观与企业在组织文化中强调的内在价值观相一致的人员，架构中的人这一元素可以用来加强组织的主流文化。努力获得竞争优势和最大化业绩的企业，要注意实现架构各元素之间的内部一致性，架构必须支持企业的战略和职能活动。

12.2 组织结构

组织结构可以从三个维度来考虑：一是**垂直分化**（vertical differentiation），它指的是决策责任在一个结构中的位置（即中央集权或权力下放），以组织结构中的层级数量（即组织结构是锥形还是扁平）。二是**横向分化**（horizontal differentiation），这是指将组织正式划分为子单位。三是建立**整合机制**（integrating mechanisms），这是协调子单位的机制。我们将依次进行讨论。

12.2.1 中央集权和权力下放

企业的垂直分化决定了决策权力集中在哪里。[3] 生产和营销决策是集中在高级管理者手里，还是下放到下级管理者手里？研发决策的责任应放在哪里？重要的战略和财务决策是下放到业务单元，还是集中在高级管理者手里？等等。中央集权和权力下放都有各自的论据。**中央集权**（centralization）是决策权力集中在高级管理者手中的情况，**权力下放**（decentralization）是决策权归属于下级管理者或其他员工手中的情况。

1. 中央集权的论据

中央集权主要有四个论据。

第一，中央集权有利于相互协调。例如，有一家在加利福尼亚州有组件制造业务并在西雅图有组装业务的公司。这两个业务可能需要协调，以确保产品从组件操作顺利流向组装操作，这可以通过公司总部集中的生产调度来实现。

第二，中央集权可以帮助确保决策与组织目标一致。当决策权力下放到下级管理者手中时，这些管理者可能会做出与高管层目标不符的决策，重要决策的集中化可以将这种情况发生的概率降至最低。例如，主要战略的决策往往集中决定，以确保整个组织朝着同一个方向前进。从这个意义上来看，中央集权是控制组织的一种方式。

第三，中央集权可以避免在组织内的各种子单位中出现重复的活动。例如，许多企业将其研发职能集中在一个或两个地方，以确保研发工作不会重复。同样，生产活动也可集中在主要地点，以消除重复活动，实现规模经济，降低成本。购买决定也是如此。例如，沃尔玛将所有采购决策集中在阿肯色州总部，利用强大的议价能力，总部的采购经理可以降低沃尔玛在其商店销售的商品所付出的成本。然后沃尔玛以较低的价格将这些存货出售给消费者，使公司的市场份额和利润得到增长。

第四，通过将权力集中在一个人或一个管理团队手中，可以让高层管理者掌握必要的重大组织变化的决策权力。通常，寻求组织变革的公司会将权力集中在一个关键的个人或团队手中，为公司指明新的战略方向，重新进行组织架构。然而，一旦决定了新的战略和组织架构，决策的分散化就会更为顺利。换句话说，决策权的暂时集中往往是组织变革的重要一步。

2. 权力下放的论据

权力下放有五个主要论据。

第一，当决策权力集中时，高层管理者可能会负担过重。中央集权增加了高层管理者必须处理的信息量，这可能导致信息过载和决策不善。[4] 权力下放可以将更多例行的问题委托给下级管理者，减少高层管理者必须处理的信息量，从而给高层管理者腾出更多的时间，将重点放在关键问题上。

第二，动机研究有利于权力下放。长期以来，行为科学家一直认为，当人们对自己的工作具有较大程度的自由权和控制权时，他们会愿意为自己的工作付出更多的努力。权力下放背后的逻辑就是，如果员工可以被授予更多的工作责任，他们会更加努力地工作，从而实现生产率的提高和成本的降低。

第三，权力下放会释放更大的灵活性——公司能够更快速地应对环境变化。在一个中央集权的公司中，一项决策需要层层批准，这可能会严重影响决策的速度，使公司难以快速应对环境变化。[5] 这会导致其处于竞争劣势。管理者将决策权力下放到组织内的较低级别就可以解决这一问题。因此，在沃尔玛，当采购决策集中化后，它便可以实现采购的规模经济。定期定价和存货决策权则被下放到具有某些价格控制权的个体店经理手中，他们可以根据当地情况决定存货量。这使得个体店经理能够快速响应本地环境的变化，如需求下降或当地竞争对手的行动。

第四，权力下放可以引发更好的决策。在一个权力下放的结构中，决策更依赖于拥有信息更多的人而不是层级更高的人。宝洁公司首席执行官直接对德国洗涤剂业务做出营销决策可能意义不大，因为他可能不太了解相关的专业知识和信息。相反，如果这一决策权被下放到当地营销经理手中，他们做出的决策可能更符合德国市场状况。

第五，权力下放可以增强控制。权力下放适用于建立了相对自主的、独立的子单位的组织。**自主子单位**（autonomous subunit）具有日常运营所需的所有资源和决策权，自主子单位的管理者要对子单位的业绩负责。授予子单位管理者对影响子单位业绩的决策的责任越多，他们对绩效不佳的借口就越少，他们也就越负责。因此，通过授予个体店经理定价和决定存货量的权力，沃尔玛的高层管理者能够让当地个体店经理对其商店的业绩负责，从而增强高层管理者实施控制的能力。正如中央集权是组织中维持控制的一种方式一样，权力下放是另一种方式。

3. 中央集权与权力下放之间的选择

中央集权与权力下放之间的选择并不是绝对的。根据决策的类型和公司的战略，选择中央集权或权力下放是各有原因的。我们已经看到沃尔玛是如何集中采购决策权与分散定价和存货决定权的，同样，微软在其 Redmond 企业园区也为其 Windows 操作系统集中了主要的开发活动，但是将其业务的营销和销售权责下放到了每个国家和地区的地方管理层。虽然中央集权和权力下放之间的选择取决于具体情况，但仍可以做出一些重要的概括。

第一，关于公司整体战略、主要财务支出、财务目标和法律问题的决策权在大多数组织中集中于高级管理层。而根据公司的战略和环境条件，与生产、销售、研发和人力资源管理有关的职能型决策则不一定会集中。

第二，当实现经济规模是一个重要目标时，权力往往会更集中。由于公司试图消除重复并实现规模经济，采购和生产决策通常是集中的。相比之下，销售决策往往会较为分散，因为在这方面上往往不需要考虑规模经济。

第三，当适应当地市场比较重要时，权力下放通常是有利的。如果当地市场的条件差异很大，市场营销和销售决策权往往会被分散到当地的营销和销售经理手中。跨国公司，如联合利华等消费品企业，就集中决定采购和生产决策，以实现规模经济，但是由于竞争条件因国而异，因此需要当地品牌经理进行营销和销售决策。[6]

第四，权力下放在高度不确定和快速变化的环境中是有利的。当公司所在市场的竞争状况变化较快，新技术和竞争对手以难以预料的方式出现时，中央集权会因为决策步伐较慢而使企业处于竞争劣势。因此，许多高科技公司的业务分散程度要高于在更稳定和可预测的环境中运营的公司。[7]例如，在谷歌，低层次的员工可以提出新的业务想法，并游说高层管理者以获得发展这些想法的权力（见开篇案例）。在更稳定和可预测的环境中运营的公司，如汽车公司，可能无法实现战略制定的权力下放。错误选择中央集权和权力下放的生动例子详见"战略行动 12-1"。

战略行动 12-1

联邦应急管理局和卡特里娜飓风

2005 年，联邦应急管理局（FEMA）应对卡特里娜飓风（Hurricane Katrina）对新奥尔良的破坏性影响，是一个错误选择中央集权和权力下放而付出代价的生动例子。飓风淹没了城市的绝大部分，居民被迫撤离。然而，负责救灾的联邦机构 FEMA 受到广泛的批评，因为面对成千上万无家可归的穷人处于困境，它的反应非常缓慢。飓风发生数天之后，数千名无家可归的人仍挤在新奥尔良超级圆顶体育馆内，缺乏食物和足够的卫生设施，却不见 FEMA 的踪影。

事后揭露，FEMA 反应缓慢的一个原因是，曾经的自治机构在 2001 年 9 月 11 日以后被国土安全部直接监管。显然，FEMA 官员觉得在行动之前他们必须和上级讨论救援工作，这使得该机构在灾难发生初期的关键时刻浪费了很多时间，大大制约了其反应速度，导致救灾工作的效果不如以往。此外，FEMA 管理不善。其首席执行官迈克·布朗（Mike Brown）在救灾方面没有任何经验。另外，该机构还被削减了预算。

在一项对 FEMA 高度不满的报告中，美国参议院委员会在负责审查对卡特里娜的反应时引用了"敏捷失败"，并得出结论，认为各级政府的反应计划缺乏灵活性和适应性，往往耽误了反应的最佳时间。换句话说，决策过程过于集中、官僚主义和僵化。在这种情况下，权力下放才是更好的选择。

资料来源："A failure to innovate: Final report of the select bipartisan committee to investigate the preparation for and response to Hurricane Katrina". United States Government Printing Office, February 17th, 2006. *The Economist*, "When Government Fails – Katrina's aftermath", September 2005, page 25.

12.2.2 锥形层级结构和扁平式层级结构

垂直分化的第二个方面是组织结构中的层级数量。**锥形层级结构**（tall hierarchies）中层级较多，**扁平式层级结构**（flat hierarchies）中层级较少（见图 12-2）。大多数公司从小规模开始发展，通常组织结构中只有一个或最多两个层级。随着管理层的发展，管理层发现，他们可以处理的信息量以及可以控制的日常操作数量有限。为了避免被架空而失去控制权，他们往往会为管理层级增添另外一层，雇用更多的管理者并授予他们一定的决策权。换句话说，随着组织越来越大，层级往往会越来越多。此外，组织会参与越来越多的活动，产品线会扩大，并向价值链中相邻的活动中拓展以实现多元化、纵向一体化或扩展到新的地区和国家市场。这会带来协调和控制的问题，而面对这一问题，组织接下来的反应则是再增加一个层级。在管理层有太多工作要做时，在组织结构中增加层级的问题会越来越突出。增加的层级数量部分取决于管理者掌握的有效控制幅度。

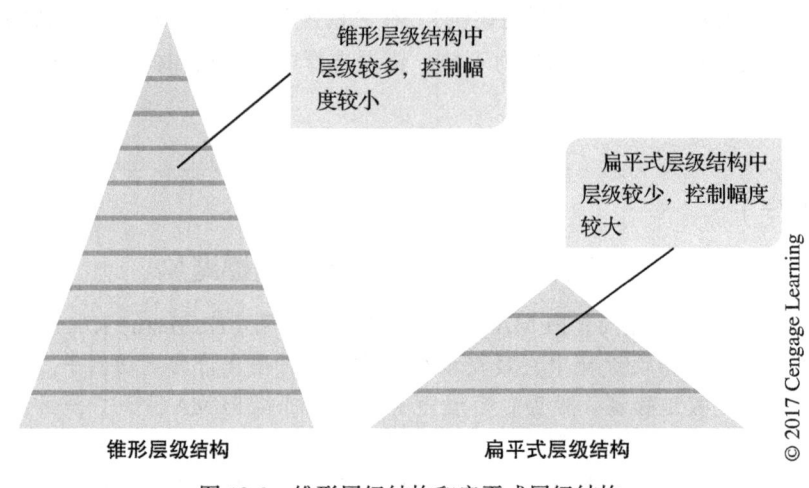

图 12-2　锥形层级结构和扁平式层级结构

1. 控制幅度

控制幅度（span of control）是指管理者拥有的直接下属的数量。曾经，人们认为最佳的控制幅度是 6 个下属。[8]这个观点认为，如果一个管理者负责的下属超过 6 个，他就很难对事件进程进行追踪控制以防止失败的发生。现在我们认识到这种关系并非如此简单。管理者能够负责的直接汇报人数取决于被监督工作的性质、下属业绩的可见性、组织内部权力下放的程度。一般来说，如果下属的工作是常规的，而且下属的业绩是可见的且容易测评的，如果下属有权自己做出许多决定，并且不必请示上级或经上级批准，那么管理者可以在较宽的控制幅度内运作。控制幅度设置多宽合适是一直在争论的话题，但如果条件允许，管理者有效管理的直接下属可以多达 20 个。

总之，随着组织的发展，参与的活动越来越多，管理层级也越来越多。但是到底管理层级应设置多少则取决于控制幅度的可行程度，而控制幅度的可行程度又取决于正在执行的工作的性质、下属业绩的可见性以及组织内权力下放的程度。重要的是，管理者可以通过组织设计来影响下属绩效的可见性和权力下放的程度，从而限制组织规模和多样性对管理层级的影响。这是很重要的，因为我们知道，尽管在组织结构中增加层级可以减少上级管理者的工作量，减少控制损失，但锥形层级结构仍存在固有的问题。

2. 锥形层级结构的问题

锥形层级结构可能会带来几个问题，这可能会导致组织效率降低。首先，信息在穿过多个层级时会有意外的失真倾向。玩过"传声筒"游戏的人应该很熟悉这种现象，玩家坐在一个圈子里，每个人都会向坐在他们旁边的人发出一个信息，然后这个人再向下一个人低声传递，屋子里的每个人都是如此。通常，信息经过传递之后，会变得扭曲，其意义已经改变（这可能会产生非常有趣的后果，这也是游戏的重点）。人类不善于传播信息，他们倾向于修饰或忽略某些信息。在管理中，如果关键信息在到达决策者那里之前必须经过多个层级，那么信息在这个过程中可能会失真，与最初发送的信息不同。因此，决策层很有可能基于不准确的信息做出决定，而这样会带来较差的业绩。

信息在传递过程中除了会发生意外扭曲之外，还存在中层管理者故意扭曲的问题，他们试图讨好上级或便利自己。例如，一个部门的经理可能会压制负面的信息，同时夸大积极的信息，试图将"粉饰"过的所在单位的业绩展示给上级并赢得他们的认可。这个部门经理可以借此获得更多的资源、个人绩效奖金，或者避免上级对其单位业绩不佳的制裁。在其他条件都相同的情况下，层级越多，人们有意识地扭曲信息的机会就越多。在某种程度上，信息被扭曲就意味着高层管理者将根据不准确的信息做出重要决定，这会导致业绩不佳。经济学家将组织内因个人利益故意导致信息失真而产生的效率损失称为**影响成本**（influence costs），他们认为影响成本可能是造成低效率的主要原因。[9]

在 2003 年伊拉克被美国和盟军大规模毁灭性武装入侵之前，有一个关于战前情报信息扭曲的有趣故事。用于替入侵伊拉克辩护的生化武器资料来自一名伊拉克叛逃者，这是一个代号为"Curveball"的酗酒者，一位采访他的五角大楼的分析师认为其"毫无用处"。但是，情报界的高级人员却采用了他提供的信息，驳回了五角大楼分析师所表达的保留意见，并将其作为高质量情报传递给了时任美国国务卿的鲍威尔，而鲍威尔在向联合国发表的关于为战争辩护的演讲中就使用了这份资料。鲍威尔显然不知道这一信息的高度可疑性。如果他知道，他可能不会在他的演讲中提到这个信息。显然，站在鲍威尔和五角大楼分析师之间的"守门员"故意扭曲了这一信息，大概是为了便利自己，或者是为了讨好其他利益团体。[10]

锥形层级结构的第三个问题是这个结构的成本较高。大量中层管理者的薪酬和收益可能会带来高额的开销，从而增加企业的成本。除非有相当的好处，否则锥形层级结构会使公司处于竞争劣势。

锥形层级结构的最后一个问题与组织内部惯性有关。组织内部往往是具有惯性的，也就是说组织内部结构很难改变，组织内部惯性的原因之一是，一些管理者想要保全他们的"地盘"或者他们的工作，因此他们通常主张维持现状。而在锥形层级结构中，有更多的这样"地盘"、权力和影响力中心，以及声音在阻止改变。因此，在锥形层级结构下，想要做出一些改变是很困难的。

3. 扁平化：减少层级

许多企业试图限制管理层级的规模。**扁平化**（delayering）以减少管理层级已经成为许多尝试提高企业绩效的手段之一。[11] 扁平化基于这样的假设：当经济环境较好时，许多企业很容易将管理层级扩展到超出有效的限度。然而，当竞争环境变得艰难时，锥形层级结构的效率低下问题就会越来越明显，在这种情况下，管理者便试图将组织结构进行扁平化。扁平化并同时扩大控制幅度也被视为在组织内实施更大程度的权力下放并获得相关效率增益的一种方式。

扁平化过程是杰克·韦尔奇在通用电气公司任职时的标准特征，在此期间，他解雇了15万人，将组织结构中的层级数量从9个减少到5个，这增加了通用电气的利润和收入。韦尔奇认为，通用电气在上一任领导者的任期内变得"上重下轻"。他的战略的一个关键是将通用电气转变成一个更加精简、能快速反应的组织，这就需要对组织实施扁平化。韦尔奇自身拥有较宽的控制幅度，约有20位下属直接向他汇报，其中包括通用电气十五大业务的负责人。同样，韦尔奇领导下的医疗系统业务负责人杰夫·伊梅尔特也有21个直接的汇报人（伊梅尔特后来取代韦尔奇担任了首席执行官）。[12]

12.2.3 结构形式

大多数公司一开始是没有正式的结构的，而是由一个企业家或一个小团队组成。随着公司的成长，管理事务越来越多，仅仅靠一个人或一个小团队是很难完成的。在这一点上，公司通常会将组织划分成多个职能部门，来代表公司价值链上的不同部分（见第3章）。

1. 职能型结构

在**职能型结构**（functional structure）中，组织结构遵循公司内明显的劳动力分工，不同的职能侧重于不同的任务，其中可能包括生产职能、研发职能、市场营销职能、销售职能等（见图12-3）。首席执行官等高层管理者或中高层管理者负责监督这些职能。大多数运营单一业务的公司（无论何种规模）会采用职能型结构。

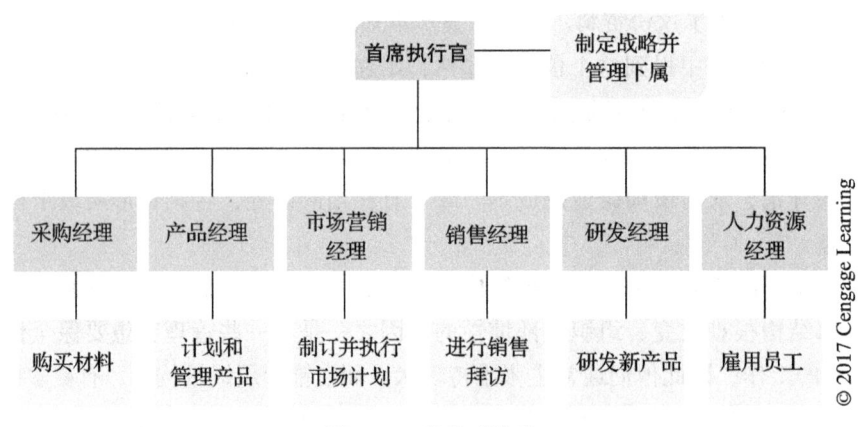

图12-3 职能型结构

虽然职能型结构对一家经营单一业务的公司来说可以很好地发挥作用，但一旦公司业务扩展到不同的领域，问题就会出现。谷歌一开始是一家搜索公司，但后来也扩展到了操作系统（Android、Chrome）、软件应用程序（Google Apps、Gmail）、数字媒体发行（Google Play）和社交产品（Google Plus、Blogspot）等领域。正如开篇案例指出的那样，在职能型结构的背景下尝试管理这些不同的业务，会造成控制、责任和协调的问题。[13]

关于控制，当这些业务活动被分散到各种职能中时，每项业务的盈利能力就很难确定，每项业务的业绩如何也难以评估。此外，由于没有一个人或一个管理团队对每项业务的业绩负责，组织内部缺乏责任感，这也可能导致控制不善。至于协调，当业务中的不同活动被分散到不同职能（如生产职能和销售职能）中时，一个职能需要同时处理多个不同业务的活动，可能难以实现有效运营业务所需的职能之间的紧密协调。而且，同时处理多个业务领域的价值创造活动，职能部门运作起来就会比较困难。

2. 事业部制结构

我们刚刚讨论的问题在20世纪20年代由美国管理思想的先驱阿尔弗雷德·斯隆（Alfred Sloan）重新整理。斯隆当时是通用汽车公司的首席执行官，该公司是当时世界上最大的公司之一。[14] 在斯隆的管理下，通用汽车初步实现了业务多元化。除了制造几个不同品牌的汽车以外，它还制造卡车、飞机发动机和冰箱。在职能型结构框架内运行这些不同的业务异常艰难，斯隆认识到公司需要一个完全不同的结构。他的解决方案是采用事业部制结构。自此之后这一结构形式成了管理多元化的多业务企业的经典模式（见图12-4）。

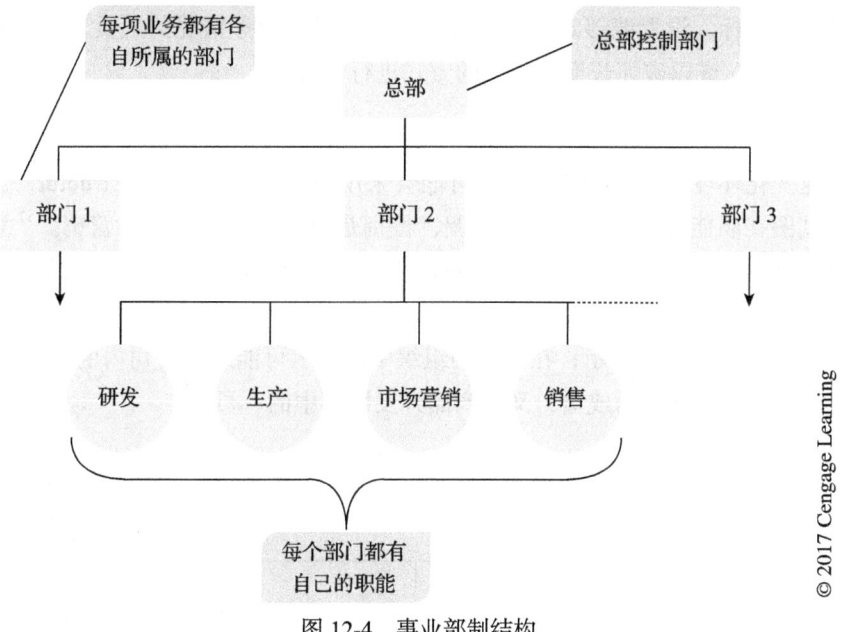

图12-4 事业部制结构

在**事业部制结构**（multidivisional structure）中，企业被分成不同的部门，每个部门负责一个独立的业务领域。事业部制结构已成为管理多元化企业的标准结构形式。正如我们在开篇案例中看到的那样，2011年，谷歌创建了七个核心业务单元：搜索、广告、YouTube、移动（Android）、Chrome、社交（Google+和Blogger）以及商务（Google Apps）。在大多数事业部制结构的企业中，每个部门都是独立的、具有自主权的实体。制定职能决策和业务层战略的责任通常被下放到各个部门，各个部门对其业绩负责。总部负责公司整体战略发展（公司层战略），控制各个部门、各个业务之间的资金分配，监督和指导各个部门的管理者，并在部门之间传递有价值的知识。

只要能够达到业绩目标，各个部门通常可以自主控制日常运营。它们的目标通常是总部和部门经理每年讨论的结果。然而，总部经常会帮助部门经理思考部门战略。因此，虽然杰夫·伊梅尔特并没有直接为通用电气下的各个业务部门制定战略（决策权是被下放到部门经理手中的），但他还是探查了部门经理的想法，看他们是否考虑过自己部门的战略。此外，他还致力于让部门经理分享各自部门的最佳实践经验，以及制定和实施跨多个业务的战略。

事业部制结构的最大优点之一是能够创造一个部门经理关注效率的内部环境。[15] 因为每个部门是一个独立的实体，它的业绩如何是显而易见的。肩负重大责任使得部门经理没有业绩不佳的借口，这促使他们专注于提高效率。部门经理的基本薪酬、奖金和晋升机会均与该部门的业绩有关。资本由高层管理者在竞争部门之间分配，部门获得资本的多少取决于高层管理者对部门经理能否进行有效投资的判断。业务增长以及获得加薪和奖金的愿望，是对部门经理进一步的激励，使其能够关注自己部门竞争地位的提高。

但是，总部对部门经理施加的提高绩效的压力过大可能会导致部门经理做出一些糟糕的行为，比如减少对工厂、设备和研发的必要投资，以提高短期绩效，即使这种行为可能会影响到企业的长期竞争地位。[16] 为了防范这种做法，高层管理者需要更好地了解每个部门，制定可实现的绩效目标，设置能够定期审核各个部门账目和业务情况的人员，确保各个部门不会只追求短期成果，或以破坏长期竞争力的方式进行管理。

3. 矩阵结构

处于快速变化环境中的高科技公司也可能会采用**矩阵结构**（matrix structure）。在这个结构中，它们试图在职能之间进行紧密的协调，特别是研发、生产和市场营销。[17] 紧密的协调有助于研发设计的产品被高效生产出来，并符合客户需求，从而提高成功商品化的概率（见第4章）。研发、生产和市场营销之间的紧密协调也有利于更快的产品开发，使企业比其竞争对手更有优势。[18] 如图 12-5 所示，在这样的组织中，员工可能属于公司内的两个部门。例如，一个经理可能既是生产部门的成员，又是产品开发团队中的一员。

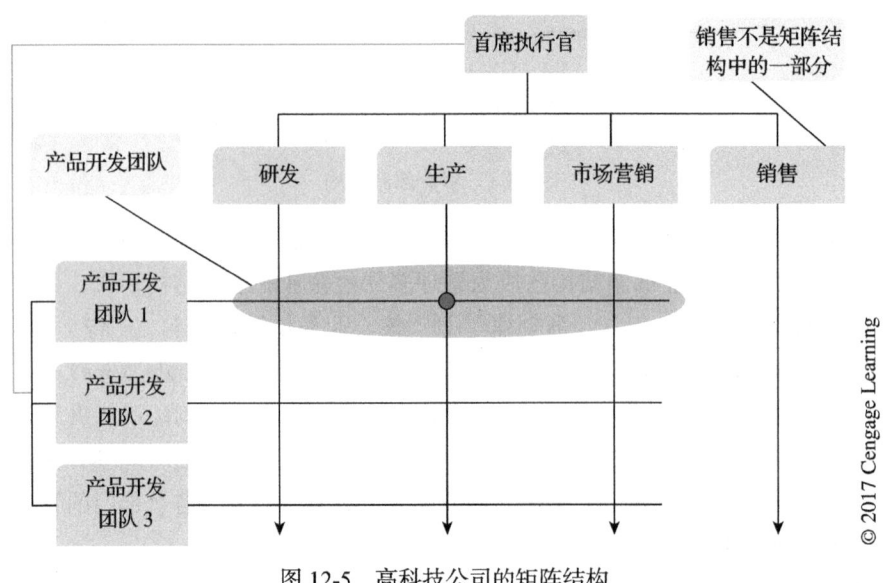

图 12-5　高科技公司的矩阵结构

矩阵结构看起来似乎很容易，但实际上非常复杂。除非这个结构做得十分仔细，否则很难完美运行。[19] 事实上，矩阵结构有些时候会显得笨拙和繁杂，开很多会议也不一定能让工作有进展，这种双重结构会导致分歧以及不同维度的层级之间持续不断的权利斗争。比如，在高科技公司，生产经理不愿意调用现在团队里最优秀的员工来组建一个产品开发团队，因为他认为这会使他们脱离本职工作。结果导致这个产品开发团队无法发挥出应有的作用。

更糟糕的是，在矩阵结构中划分责任是很困难的。当所有的关键决定都是不同层级之间谈判的产物时，一旦这个决定出现问题，一方总是可以责怪另外一方。一名来自采用矩阵结构的高科技公司的经理，在反思产品发布失败时对作者说："如果技术工程部门当初能为我们的开发团队提供足够好的资源，那么我们就可以及时推出产品，可能现在已经成功了。"而技术工程部门负责人说："我们已经尽力了，但项目管理不善，他们又不断改变工程技术的要求，这是非常具有破坏性的。"这种指责的结果只会是责任感遭受损害，冲突升级，并且高层管理者可能会因此失去对组织的控制。

尽管存在这些问题，但有证据表明矩阵结构仍然可以变得有效。[20] 要想让矩阵结构变得有效就需要有明确的责任链，通常这意味着矩阵中的一部分必须被赋予主要角色，而另一部分则被赋予支持角色。例如，在一家高科技公司中，产品开发团队可能会扮演主要角色，因为尽快推出好的产品是成功的关键，尽管采取这样的做法在矩阵结构中进行管理仍然是有困难的。鉴于这些问题，管理者有时会尝试建立更多基于企业管理知识网络的"灵活"矩阵结构，以及共享的文化和愿景，而不是死板的层级结构。在这些公司中，非正式结构比正式结构发挥着更大的作用。我们会在"12.2.5 非正式整合机制"一节中讨论这个问题。

12.2.4 正式整合机制

战略目标通常需要通过协调组织内不同职能和部门的活动得以实现。例如，在业务层面，高效的新产品开发需要研发、生产和市场营销职能的紧密结合。同样，在公司层面，实施相关多元化战略需要部门之间的整合，以实现范围经济，并传递或利用有价值的稀有资源，如跨部门的知识。

用于协调各个部门的正式整合机制的复杂程度从简单直接的联系和联络角色到团队，再到矩阵结构各不相同（见图12-6）。一般来说，部门之间的协调需求越大，正式整合机制就越复杂。[21]

部门经理之间的直接联系是最简单的整合机制：每个部门的经理只要有共同关心的问题，就会互相接触。但是，直接联系可能不会奏效，因为如果部门经理各自有不同的想法，就会妨碍协调，部分原因是他们有不同的任务。例如，生产经理通常关注产能利用、成本控制和质量控制等问题，而市场营销经理则关注定价、促销、分销和市场份额等问题。这些差异可能会阻碍经理之间的沟通，来自不同职能部门的经理往往不会说"同一种语言"。管理者也可能在自己的"职能性孤岛"中根深蒂固，这可能会导致部门之间缺乏尊重（例如，市场营销经理"看不起"生产经理，反之亦然），这进一步阻碍了实现合作和协调所需的沟通。由于这些原因，当整合需求很高时，直接联系可能很难实现部门之间的协调。

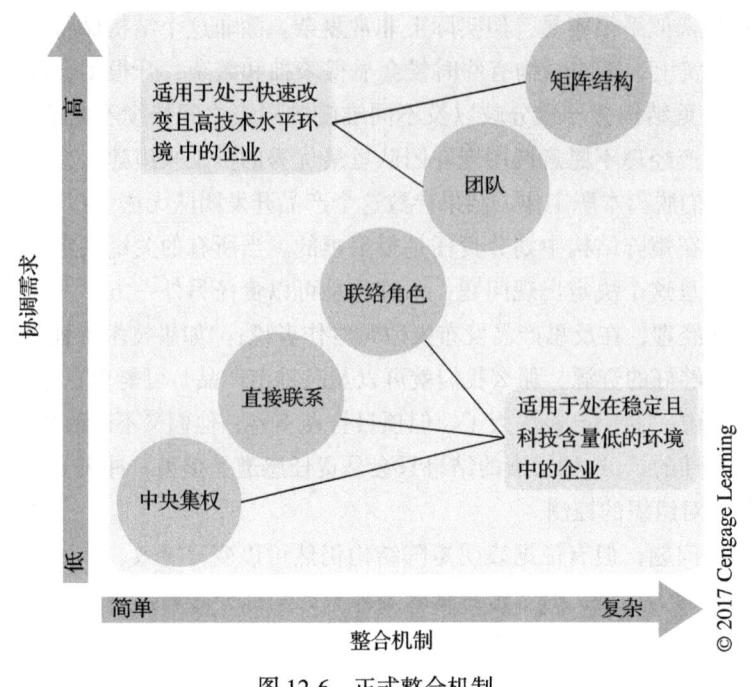

图 12-6　正式整合机制

联络角色比直接联系更复杂一点。由于部门之间的协调需求增加，每个部门中可设定一个人专门负责与其他部门定期进行协调来提高整合度。这些角色所涉及的员工之间可以建立持久的关系，这有助于减少上述讨论的障碍。

当协调需求更大时，企业通常使用由各个部门组成的临时性或永久性团队来实现协调。这些团队通常用于协调产品开发工作，但是当运营或战略的任何方面需要两个或更多个部门的配合时，它们也可以发挥作用。产品开发团队通常由研发、生产和市场营销人员组成。这一团队所产生的协调作用有助于开发符合消费者需求的产品，并可以以合理的成本进行生产（通过生产设计）。

当需要的整合程度很高时，企业可以建立一个矩阵结构，其中所有角色都被视为整合角色。该结构旨在促进部门之间的最大整合，然而，正如我们已经指出的那样，矩阵结构容易迅速陷入烦琐的纠缠中，造成很多问题。如果管理不善，矩阵结构可能会变得官僚主义和僵化，而且会以冲突而不是希望的合作为特征。为了使这种结构发挥作用，它需要有一定的灵活性，并得到非正式整合机制的支持。[22]

12.2.5　非正式整合机制

为了减少或避免与一般的正式整合机制特别是矩阵结构相关的问题产生，具有较高整合需求的企业一直在尝试一种非正式的整合机制：由重视团队合作和跨单位合作的组织文化支持的知识网络。[23] **知识网络**（knowledge network）是一个在组织内形成的网络，该组织不是基于正式的组织结构，而是基于企业内部经理之间的非正式接触。[24] 这个网络的强大之处在于，它可以作为企业内部知识流动的非官僚主义渠道。[25] 由于网络的存在，组织内不同位置的管理人员必须彼此联系，至少是间接地交流。例如，图 12-7 显示了一家跨国公司中七名经理之间的简单网络关系，经理 A、B 和 C 都彼此认识，经理 D、E 和 F 也一样，虽然经理 B 不认识经理 F，但他们可以通过熟人（经理 C 和 D）联系起来。因此，经理 A 到经理 F 都是网络的一部分，而经理 G 不是。

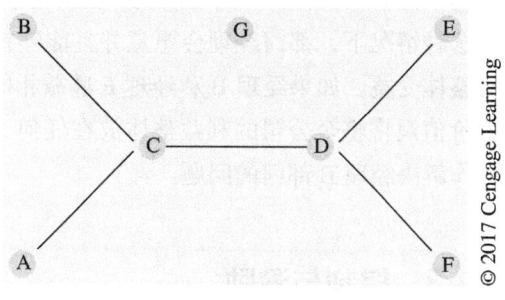

图 12-7　知识网络

想象一下，经理 B 是西班牙的营销经理，需要了解某个技术问题的解决方案，以更好地为重要的欧洲客户服务。美国研发部经理 F 有经理 B 的问题的解决方案。经理 B 向他的所有联系人（包括经理 C）提及了他的问题，并询问他们是否认识可以提供解决方案的人。经理 C 问经理 D，经理 D 再告诉经理 F，然后经理 F 解答了经理 B 的问题。以这种方式，通过非正式网络，而不是通过正式的整合机制，如团队或矩阵结构，协调也得以实现了。

为了使这样的网络有效运行，网络中必须拥有尽可能多的管理者。例如，如果经理 G 有一个类似于经理 B 的问题，但他却无法利用非正式网络找到解决方案，他将不得不诉诸更正式的机制。建立牢固的知识网络是困难的。虽然这样的网络被青睐它的人称为将复杂组织绑定在一起的"黏合剂"，但人们对于成功公司是如何建立起这种网络的还没有清楚的认识。已经用于建立知识网络的方法包括信息系统、管理发展政策和会议。

很多公司正在使用其分布式计算机和通信系统为非正式知识网络提供基础。[26] 电子邮件、视频会议、内部网络和基于 Web 的搜索引擎使分散在全球各地的经理更容易相互了解，识别可能有助于解决特定问题的联系人，并在组织内宣传和分享最佳做法。例如，沃尔玛使用其内部网络系统来交流位于不同国家的店铺之间的营销策略。

一些公司也在利用其管理发展政策来建立非正式网络。方法包括通过定期让管理者轮流对各个部门进行管理，以建立他们自己的非正式网络，并利用管理培养计划，将单位管理人员聚集在一起，使他们彼此熟悉。另外，一些科技公司也使用内部会议来建立组织中不同单位人员之间的联系。在 3M，定期跨学科会议将不同业务部门的研究人员聚集在一起，让他们可以相互交流。除了在会议环境中直接互动的好处外，会议结束后，研究人员也可以继续交流想法，这将增加组织内部的知识流动。3M 拥有许多产品创意的故事，这其中就包括无处不在的便条。它的发明者阿特·弗莱（Art Fry）首先了解到，他的产品所需的黏合剂来自 3M 另一个部门的同事斯宾塞·西尔沃，而斯宾塞·西尔沃在 3M 周围售卖他的黏合剂许多年了。[27]

如果部门经理坚持追求与公司目标不一致的子目标，那么仅靠知识网络可能不足以实现协调。为了使知识网络运行正常，为了让矩阵结构能够发挥作用，管理者必须共同致力于实现相同的目标，而且要鉴别问题的性质。请再次思考经理 B 和经理 F 的例子。如前所述，经理 F 通过网络了解到经理 B 的问题，然而，解决经理 B 的问题需要经理 F 花费相当多的时间来完成。这会使经理 F 暂时放下他的常规任务（其目标与经理 B 的目标不同），因此他可能不愿意这样做。如果经理 F 不帮助经理 B，也就意味着非正式网络将无法为经理 B 的问题提供解决方案。

为了弥补这个缺陷，一个组织的管理者必须遵守一套通用的规范和价值观，以覆盖各个部门不同的子目标。[28] 换句话说，公司必须有一个强大的组织文化来促进团队的协作和合作。在这种情况下，部门经理会愿意并且能够在这样做的时候牺牲他自己部门的利益，从而使公司整体受益。如果经理 B 和经理 F 遵循相同的组织规范和价值体系，并且如果这些组织规范和价值观将整个公司的利益整体放在任何个别部门的利益之上，经理 F 应该会愿意与经理 B 合作解决经理 B 部门的问题。

12.3 控制与激励

一个关键的管理任务是控制组织的活动。控制是企业组织架构的组成部分。它们是必要的，以确保一个组织以符合其预期战略的方式有效率地运作。没有适当的控制，损失就会发生，组织就会受到损害。

12.3.1 控制系统

控制可以被视为管理者对个人和单位的活动进行管理的过程，使其符合组织的目标和标准。[29] **目标**（goal）是组织试图实现的期望的未来状态。**标准**（standard）是组织意图持续的绩效要求。管理者可以通过几种不同的方式来管理个人和单位的活动，以确保他们符合公司的目标和标准。在考虑这些之前，我们需要了解一个典型控制系统的运作。如图 12-8 所示，该系统有五个主要元素：建立目标和标准、评估绩效、将绩效与目标和标准进行比较、采取纠正措施和/或进行强化。[30]

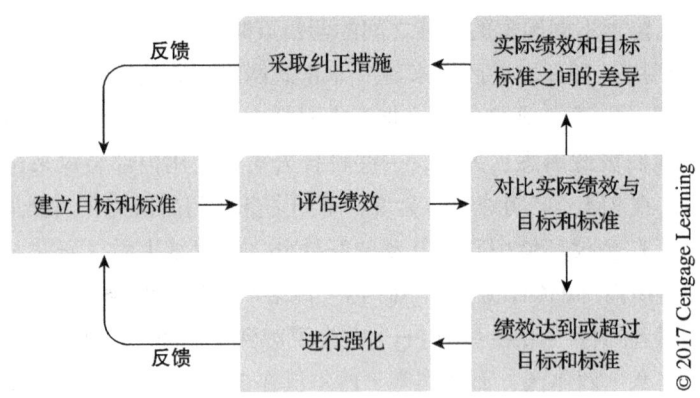

图 12-8 典型的控制系统

大多数组织是以目标层级来运作的。在商业企业中，较高层级的主要目标通常用盈利能力和利润增长率表示。这些主要目标通常被转化成可以适用于组织内的个人和单位的子目标。**子目标**（subgoal）的实现有助于组织达到或超过其主要目标。主要目标和子目标应该是精确的、可衡量的、能解决重要问题的、具有挑战性但可实现的，而且是需要在指定时间段内完成的。

为了说明目标层级结构的概念，假设零售商诺德斯特龙的目标是在未来一年实现15%的资本回报率，这是公司的主要盈利目标。实现这一目标的一个方法是减少产生一美元销售额所需的资本，做到这一点的办法就是减少库存中占用的资本。公司如何做到这一点呢？通过更快的库存周转。因此，在接下来的一年里，诺德斯特龙的一个子目标可能就是库存周转次数达到5次。如果它达到了这个精确的、可衡量的、具有挑战性但在预定时间内可实现的子目标，则公司盈利能力将会得到提升。事实上，如"战略行动12-2"所述，诺德斯特龙在这方面做了很多工作。

战略行动 12-2

诺德斯特龙的目标设定与控制

几年前，著名的高端百货公司诺德斯特龙曾面临一些挑战。尽管其每平方英尺的销售额在行业内处于领先地位，但其利润已连续3年未达成公司目标，下降了约35%。问题的根源在于库存控制较差，有的商品需求不足而库存量过大，有的商品库存量太小而无法满足客户需求。为了摆脱过剩的库存，诺德斯特龙不得不频繁地销售，使得生产和销售的利润率较低。此外，热销商品的库存过剩使得诺德斯特龙错过了高利润的销售。

为了解决这个问题，诺德斯特龙改进了库存控制系统。公司大量投入信息技术，以便能够实时跟踪库存。它还建立了电子链接，供应商可以看到诺德斯特龙的销售情况以及补货模式，因此供应商可以相应调整生产计划。其目标是，按需安排库存量。为了衡量这一计划是否成功，诺德斯特龙专注于两个指标——存货周转率和平均库存量。当公司开始实施这些机制时，它每年的存货周转次数为3.73次，每年门店每平方英尺的存货价值为60美元。三年后，由于库存控制较好，每年存货周转次数为4.51次，每平方英尺的存货价值为52.46美元。由于经营效率提高，净利润在此期间增长了两倍。[31]

资料来源：J. Batsell, "Cost Cutting, Inventory Control Help Boost Nordstrom's Quarterly Profit", *Knight Ridder Tribune News*, Feburary 22, 2002, page 1. Nordstrom's 2004 10K statement.

标准与目标相似，但往往是组织作为日常业务的一部分而实现的目标，而不是其正在努力实现的具有挑战性的目标。例如，组织可以使用标准来规定，供应商应在提交发票后30天内付款，客户查询应在24小时内应答，所有员工应每年进行一次正式考核，并得到书面反馈，生产设备应每6个月进行一次安全检查，或者员工在出差时应该进行安全检查。

控制过程的关键在于产生正确的主要目标、子目标和标准。管理者需要仔细选择目标和标准，以避免激发错误的行为。有句话是这么说的，"你考核什么，你就会得到什么"。如果你选择了错误的目标和标准，就会导致错误的行为，功能失调的控制会产生功能失调的行为。几年前，一个猎头机构决定根据输送多少求职者进行面试来评估和奖励员工。这种生产力考核似乎产生了预期的结果，在接下来的几个月里的确有更多的求职者前来面试。不过，过了一段时间，数字下降得惊人。当管理层考虑这个问题时，他们发现几个潜在的雇主将不再面试猎头机构推荐的人员。问题是：为了努力刺激绩效增长，工作人员总是让求职者去面试一些他们不能胜任的工作。这损害了猎头机构的声誉，导致该机构的业绩一直下滑，这与管理者一直在努力实现的目标恰恰相反。随后,管理者改变了这一措施,以实际聘用的求职者人数来考核员工绩效。

控制过程的下一步是将实际绩效与目标和标准进行比较。如果绩效符合目标或标准,就是好的。然而,前面提到的观点仍然是:管理层需要确保报告的绩效是以符合组织价值观的方式实现的。如果报告的绩效低于目标和标准,管理层需要开始挖掘,找出差异的原因。这通常需要收集更多信息,其中大部分可能是从面对面会议中收集到的定性数据,然后要详细研究数据。如果报告的绩效超过目标或标准,则也是如此。管理层需要找出有利差异的原因,这样做需要收集更多的信息。

面对与目标(和标准)的差异,管理者要采取纠正措施。当实际绩效超过目标时,纠正措施可能包括提高目标。当实际绩效低于目标时,进一步的调查显示,管理层可能会对战略、运营或人员做出改变。当组织未能达到主要目标时,激进调整并不总是适当的反应。调查结果可能表明,原来的目标太过于激进,或在管理层控制以外的市场状况的变化,导致业绩不佳。在这种情况下的反应可能是向下调整目标。

如果达到或超过目标和标准,管理层需要及时、积极地强化负责人。根据其良好的工作表现,对负责人进行奖励、加薪、发放奖金并增强职业前景。采取纠正措施和积极的强化措施是控制系统的一个方面。行为科学家早就知道,积极的强化增加了被认可的人将来继续追求奖励行为的可能性。[32] 没有积极的强化,人们会变得沮丧,感到不高兴,可能不愿意努力工作,并可能寻求能得到更好的赞赏的其他就业机会。

12.3.2　控制方法

在组织内实现控制的几种主要方式包括个人控制、官僚式控制、产出控制、市场控制、激励控制和文化控制(我们在下一节中将讨论组织文化)。[33]

1. 个人控制

顾名思义,**个人控制**(personal control)是通过个人接触和对下属的直接监督来实行控制的。个人控制包括个人检查和直接监督,确保个人和子单位的行为方式与组织的目标相一致。个人控制是非常主观的,经理通过观察和解释他们的行为来评估下属的表现。作为贯穿组织控制始终的方法,个人控制往往发生在那些通过直接监督管理少数人的小公司。由于其本质,个人控制往往将权力集中在一个关键的经理手中,这个经理通常是小企业的所有者。当这个关键经理是一个有魅力的人,可以指挥下属为其个人效忠时,个人控制的效果可能会达到最佳。

个人控制有几个严重的局限性。一方面,过度的监督可能会影响绩效。如果员工近段时间一直受到密切监督,那么此时给予他们更大程度的个人自由,他们的表现可能会更好。此外,个人控制的主观性质可能导致绩效审查过程缺乏客观性和程序公平性。下属可能会认为个人喜好和个人特质在绩效评估中与实际绩效一样重要。个人控制要付出的代价是较高的,因为管理者必须花费相当多的时间和精力来对下属进行直接监督,这会使他们忽略其他重要问题。然而,个人控制的真正关键是,当组织的规模和复杂性增长时,它开始成为一个贯穿控制过程始终的方法。在这种情况下,如果企业要持续增长,那么关键管理者别无选择,只能将决策权下放到层级结构中的其他人手中。这样做需要采用不同的控制方法。

2. 官僚式控制

官僚式控制（bureaucratic control）被定义为通过正式的书面规则和程序制度来实行的控制。[34] 作为一种控制策略，官僚式控制依赖于规定个人和子单位可以做与不能做的事情，即依赖于建立官僚式标准。例如，在华盛顿大学，有一个官僚式标准，规定教师每周外出工作的时间不得超过 1 天。其他标准明确了教师聘请和晋升机制，以及为教师购买计算机设备等应采取的步骤。

几乎所有组织都使用官僚式控制。熟悉的例子是对资本支出的预算控制，预算本质上是一套分配组织财务资源的规则。一个子单位的预算会精确地指定子单位的花费额度，以及如何在不同领域分配支出。组织中的高级管理者使用预算来控制子单位的行为。例如，研发预算可能指定研发机构在未来一年可能花费在产品开发上的资金。研发经理知道，如果他们在一个项目上花费太多，那么他们能在其他项目上花费的钱就会变少，由此他们会控制自己的行为，以确保一切花费在预算之内。大多数预算是由总部管理层和子单位管理层谈判决定的。总部管理层可以通过操纵子单位的预算来激励或限制某些子单位的增长。

虽然"官僚"这个词通常有负面的含义，但官僚式的控制方法在组织中是非常有用的。它使得管理者根据正式的规则和程序下放决策权。但是，过于依赖官僚主义规则可能会导致问题。过多的正式规则和程序可能会令人窒息，限制个人和子单位依据具体情况灵活应对的能力。这可能会导致那些重视个人自由和主动性的人表现不佳，并丧失积极性。因此，广泛的官僚式控制方法不适合面临动态、快速变化的环境的组织，也不适用于雇用具有自主权的熟练人士的组织。监督个人和子单位履行官僚主义规则的成本也是很高的，可能会超过制定规则和标准获得的好处。

如果员工试图找到他们认为规则不合理的地方，官僚标准也可能导致意想不到的后果。关于这一点，一个有趣且有争议的案例是关于美国强制性校车的规定。20 世纪 70 年代，美国各地的学区开始将孩子送到较远的学校上学，以实现更好的种族融合。这个善意的规定旨在加速一个以严重的种族歧视为特征的社会的种族一体化。不幸的是，这个规定带来了意想不到的后果，所有种族的父母都不愿意遵守这个规定，反对将孩子们送到遥远的学校上学。在许多实行强制性校车的大城市，有子女的白人家庭选择逃离到没有其他种族，也没有强制性校车的郊区，或送他们的子女到昂贵的私立学校读书。这项规定实施的结果并没有推动种族融合，反而带来了相反的效果。其中一个表现是，在西雅图，在 20 年的时间里，由于强制性校车的推行，城市学校的白人学生比例从 60% 下降到 41%。[35] 20 世纪 90 年代，大多数学区终止了强制性校车这一规定。

3. 产出控制

当管理者可以识别出具有可衡量的产出或达到总体业绩标准的任务完成情况时，可以使用产出控制。[36] 例如，汽车工厂的总体业绩可以通过生产汽车所需的劳动时间（生产率的度量）和工厂生产每 100 辆汽车发现的次品数量（质量的度量）来衡量。诺德斯特龙通过每年的存货周转次数来衡量负责库存管理的单位的总体业绩。联邦快递通过在 10∶30 之前交付的包裹占比来衡量其快递网络中每个站点的"产出"。在一家多业务公司，如 GE 或 3M，高级管理层可以根据一个部门的盈利能力、利润增长率和市场份额衡量产品部门的"产出"。

当可以识别任务的完成情况时，**产出控制**（output controls）需要设定单位或个人的目标，并根据这些目标监测绩效。然后，单位经理的绩效由他们实现目标的能力来判断。如果达到或超过目标，单位经理将获得奖励（行为强化）。[37] 如果不符合目标，高级管理层通常会进行干预，找出原因并采取纠正措施。因此，如在传统的控制系统中，控制是通过将实际绩效与目标进行比较，采取强化和选择性干预等纠正措施来实现的。

为子单位设定目标依据子单位在公司中的作用。独立产品部门通常被赋予盈利和利润增长的目标。职能部门更有可能被赋予与其特定活动相关的目标。例如，研发部门将被赋予产品开发目标，生产部门被赋予生产力和质量相关的目标，营销部门被赋予市场份额目标等。

产出控制的主要优点在于有助于权力下放，在个人控制和官僚式控制方面为子单位的管理者提供了更大的自主权。这种自主权使得子单位的管理者能够以最符合他们所面临的具体情况的方式打造自己的工作环境，而不是上面强加给他们的工作环境。因此，当子单位必须快速响应其所服务的市场的变化时，产出控制就会发挥作用。与个人控制和官僚式控制相比，产出控制设计的监督范围更小。高层管理者可以通过对实际绩效与目标进行比较来实现控制，并有选择地进行干预。产出控制由此减轻了高管的工作量，使他们可以相对容易地管理一个更大、更多元化的组织。许多大型多产品跨国企业严重依赖产出控制来管理其各个产品部门和国外子公司。

产出控制是有局限性的。高层管理者要关注数字背后的信息，以确保部门经理不仅可实现目标，而且行为方式与组织价值观相符。管理者还需要确保他们选择了正确的标准来衡量产出。选择错误的标准可能会导致功能失调的行为。此外，当单位之间存在广泛的相互依赖性时，产出控制并不总是有效的。[38]

如果某个子单位要与其他单位合作来完成任务，那么这个子单位的自身业绩可能会变得比较模糊。例如，如果一个子单位的业绩正在下滑，既可能是该单位自身的管理不善所致，也可能是因为与其合作的子单位没有做好。一般来说，组织内子单位之间的相互依赖会产生使产出控制难以解释的在业绩方面的模糊性。解决模糊性需要管理者收集更多的信息，这对高层管理者提出了更多的要求，并提高了与产出控制相关的监控成本。这也增加了管理人员信息过载的可能性，从而有可能做出糟糕的决定。

4. 市场控制

市场控制指通过设立资本等有价值资源的内部管理来规范企业内个人和单位的行为。[39] 市场控制通常被用于产品、部门多元化的企业中，总部可以作为内部投资银行，根据对部门可能达到的业绩进行评估，在不同产品部门之间分配资金。在内部市场中，各部门赚到的钱都被视为属于总部。因此，这些部门必须通过竞争来获得总部控制的资本资源。只要它们需要用这个资本来扩大规模，内部竞争就会一直促使部门经理寻找改善自己部门效率的办法。世界上最早建立内部资本市场的公司之一是日本电子制造商松下，它在20世纪30年代推行了这种机制。[40]

另外，在一些企业中，部门还会相互竞争开发和销售新产品的权利。日本松下很早以前就开始让不同的部门开发相似的新产品,并将生产和销售产品的全部责任下放给能在商业化过程中走得最远的部门。虽然有些人认为产品的重复开发工作是浪费的,但松下传奇创始人松下幸之助认为,创建内部市场以下放技术商业化的权利可以驱使部门经理最大限度地提高其产品开发工作的效率。类似地,韩国电子公司三星的高级管理层也经常在部门中设立两个团队来开发新产品,如内存芯片等。促使两个团队内部竞争是为了加快产品开发的进程,最终获胜的团队将获得重大的荣誉和奖金。[41]

市场控制的主要问题是,在部门之间建立为资本和开发产品的权利相互竞争的关系,可能会阻碍它们之间的互利合作。[42] 如果两个部门争相开发非常相似的新产品,并且相互竞争有限的资本资源,它们可能不愿意分享技术知识,但这些知识也许会决定整个公司的命运。一些公司(如三星)会通过使用诸如联络角色的整合机制,并将利用跨部门知识的责任分配给一些关键个人来解决这个问题。

5. 激励控制

激励是用来鼓励和奖励员工恰当行为的策略。许多员工以年度奖金的形式获得奖励。激励通常与产出控制中使用的业绩指标密切相关。例如,设定与盈利能力相关联的目标可能会用于衡量子单位(如产品部门)的业绩。为了创造积极的激励措施,促使员工努力超越这些目标,他们可能会因超出目标而获得利润分成。如果一个子单位设定了15%资产收益率的目标,实际获得了20%的收益,则单位员工可能会以奖金形式获得超过15%收益率目标的那部分利润的分成。

这个逻辑是,激励员工高效工作可以减少对其他控制机制的需求。激励控制是为了促进自我控制。员工以符合组织目标的方式规范自己的行为,以最大限度地获得薪酬奖励的机会。虽然支付奖金等使组织付出了成本,但精心设计的激励措施其实是组织的一种自我投资。也就是说,实施激励措施而带来的业绩增长会超过当初付出的成本。

所使用的激励类型可能会因员工及其任务而异。对在工厂工作的员工的激励会与对高级管理人员的激励有很大差异。激励措施必须与正在执行的工作类型相匹配。制造工厂的员工可能会被分成20至30人的团队,他们的薪酬与他们的团队能够达到或超过目标的产出和产品质量有关。相比之下,工厂的高级管理人员可能会根据与整个业务的产出相关的指标获得回报。基本原则是确保对员工实施的激励计划与他具有的控制权和产出目标相联系。工厂的基层员工对整个业务的业绩可能不会有太大的影响,但会影响到他们团队的表现,所以他们的激励薪酬与团队的产出有关。

当激励与团队绩效相关时,通常情况下,另一个好处就是可以鼓励团队成员之间的合作,并能形成一定程度的同伴控制。当员工对团队或工作组中的其他人的压力达到或超出组织的期望时,就会发生**同伴控制**(peer control)。[43] 因此,如果一个20人的团队的激励薪酬与团队产出挂钩,成员们可能会对那些与别人的努力相比较为松懈的人施压,敦促他们加快步伐,为团队的努力做出应有的贡献。当同伴控制在组织内运行良好时,它会减少组织对团队直接监督的需要,并且有助于向扁平化的层级结构发展。

总而言之,激励措施可以加强产出控制,引导员工进行自我控制,增加同伴控制,降低对其他控制机制的需求。像这里讨论的所有其他控制方法一样，激励控制也有局限性。由于激励通常与产出控制中使用的指标相关联，因此关于产出控制的要点也适用于此。具体来说，管理者需要确保激励措施不会与导致意外后果或功能失调行为的产出指标相关联。

12.4 组织文化

组织文化是指组织共享的价值观、规范和想法。价值观，指的是一个团体认为什么是好的、正确的和可取的。换句话说，价值观应该是关于某件事情的共同观点。规范是指在特定情况下规定适当行为的社会规则和指南。

文化可以对人们在组织内的行为方式、所做出的决定、组织关注的事情，乃至企业战略和绩效产生影响。

组织的文化有几个来源。似乎有一个广泛的共识是，创始人或重要的领导人可以对组织文化产生深远的影响，他们往往会将自己的意图融汇进去。另外，一个企业的文化可以通过历史上的里程碑式的事件来形成。通过正式和非正式的社会化机制，文化得到保存和传播。这些机制包括招聘实践，有关奖励、薪酬和晋升的程序，以及雇员如果希望适应组织并在组织内取得成功将采取的非正式行为规则。[44]

例如，微软文化就受到公司创始人比尔·盖茨的影响。盖茨始终高度重视技术才能、竞争力和长时间工作的意愿，他本人也是这样做的。盖茨聘任和提拔了有这些特征的人，并且以身作则。他会驳斥那些缺乏技术才能的人的意见。有才华的工程师通常能在微软内"爬得更高"，对战略决策的影响也十分巨大。获得盖茨信任的员工自己也会聘任和提拔技术上强大、有竞争力且勤奋工作的人。因此，公司的文化在整个组织中得到传播和执行。从而，微软成了一个高度重视技术才能、竞争力和长时间工作行为属性的公司。新员工会被同事们同化，逐渐接受这些规范。

历史也塑造了微软的文化。最值得注意的是，在 Windows 3.1 推出并大卖之前，他们花费了 6 年时间研发出 3 个版本（Windows 1.0 和 2.0 没有成功）。微软由此获得的经验是坚持可以获得回报。"我们的第 3 个版本一定会成功"是至今在微软中流传的一句话。这种文化价值观影响了它投资方面的战略决策，如微软长期以来一直致力于投资令他们赔钱的 Bing 搜索业务。基于微软的文化，许多员工认为，只要他们坚持下去，Bing 最终一定会扭亏为盈。

1. 文化作为控制机制

由于组织文化能够塑造组织内部的行为，因此文化可以被视为一种能够塑造期望行为的控制机制。在微软的领导下，员工长时间工作不是因为官僚主义的规则让他们这样做，也不是因为上司明确要求他们这样做，而是因为这是文化规范。从这个意义上说，用文化塑造行为可以减少组织对个人控制和官僚式控制的需要。公司相信员工会努力工作，并以竞争的方式行事，因为这些规范是无处不在的文化的一部分。

虽然文化控制可以减少对其他控制机制的需要，从而降低监督成本，但并不是所有的文化都会起到正面作用。文化控制也有可能会功能失调。20 世纪 90 年代，微软被发现违反了反垄断法，微软文化中苛刻的竞争文化可以说是一个促成因素（美国司法部以一封微软高管声称要"切断竞争对手氧气供应"的内部邮件作为证据,起诉了微软)。此外,微软崇尚长时间工作的文化显然有一个缺点:许多好的员工感到疲惫并离开了公司。在盖茨之后的时代,公司试着调整。随着公司内员工年龄的增长和家庭的建立,公司变得越来越灵活,并强调产出比工作时间更重要。

2.通过文化实施战略

由于文化可以对员工在组织内的行为方式产生深远的影响,因此管理者必须确立正确的文化。正确的文化可以推动公司战略的执行,而错误的文化可能会阻碍公司战略的执行。[45] 在IBM业绩非常突出的20世纪80年代,一些管理学作家赞扬了它的文化,除此之外,他们还对IBM基于共识的决策制定给予了很高的评价。[46] 这些作家认为,这样的决策制定过程是适合IBM的,因为IBM会定期投资于新技术。然而,20世纪80年代末和90年代,这一过程成了在快速发展的计算机行业中的竞争劣势。基于共识的决策制定缓慢而僵化,不利于企业的风险承担。虽然在20世纪70年代这一过程是有效的,但20世纪90年代,IBM需要快速做出决策并承担企业风险。然而,它的文化并不鼓励这种行为。直到IBM被那时还是小企业的微软等不断攻击,几近破产,才不得不进行改变,转变其组织文化。

一项学术研究得出结论,长期表现出色的企业往往具有强大且适应性强的文化。根据这项研究,在适应性强的文化中,大多数管理者关心且重视客户、股东和员工。他们也非常重视在企业中发起有益变革的人和过程。[47] 虽然这很有趣,但它确实把问题简化到非常抽象的程度了。毕竟,哪有公司会连客户、股东和员工都不在乎呢? 一个有点不同的观点是,公司的文化只有与公司架构、战略和竞争环境的要求相匹配,才能实现卓越绩效。所有这些元素必须相互一致。林肯电气提供了一个有用的例证(见"战略行动 12-3")。林肯电气所在的行业竞争非常激烈,成本最小化是获得竞争优势的关键来源。林肯电气的文化和激励制度都鼓励员工努力实现高水平的生产力,也就是降低成本,这对成功至关重要。林肯电气组织架构的这些方面均与公司的低成本战略相一致。

战略行动 12-3

林肯电气的组织文化

林肯电气是全球电弧焊设备市场的龙头企业之一。林肯电气的成功基于极高的员工生产力。该公司将其较高的生产力归因于强大的组织文化和计件激励计划。林肯电气的组织文化可追溯到詹姆斯·林肯时期,林肯非常尊重个人能力,认为只要有正确的动机,普通人也能取得非凡的业绩。他强调,林肯电气应该是一个人人都可以通过个人努力获得奖励机会的企业。林肯坚定平等主义,消除了工人和管理者之间的沟通障碍,实行开放政策,确保为公司工作的所有人都得到平等对待。例如,每个人都在同一个餐厅吃饭,那里没有为管理者预留的位置等。林肯还认为,生产力的提高应该以低价格的形式与消费者分享,应该使员工的薪酬更高,股东股息更多。

在林肯的信念基础上成长起来的组织文化通过公司的激励制度进行了加强。不对生产工人设置底薪,而是根据他们生产的件数支付薪酬。公司的计件工资制度可以使一名以标准速度工作的员工获得相当于工厂所在地区制造业工人平均工资的收入。工人对其产量的准确性负责，并且必须修复质量检查员发现的缺陷，然后才能将其计入工作量。生产工人根据等级和评分获得半年一次的奖金。这些等级和评分是根据客观标准（如员工水平和产出质量）与主观标准（如员工对合作人的态度及其可靠性）确定的。这些机制激励林肯电气的员工努力工作和创新以提高生产力，因为这些都会影响员工的工资水平。林肯电气的生产工人能够获得的基本工资通常超过该地区平均制造工资的 50%，而且还会获得奖金，在经济效益好的年份，甚至可以使其基本工资翻一番。尽管人工成本很高，但员工的生产力水平也很高，所以平均下来林肯电气的成本比竞争对手的成本要低。[48]

资料来源：J. O'Connell, "Lincoln Electric: Venturing Abroad," Harvard Business School Case No. 9-398-095, April 1998; and www.lincolnelectric.com.

12.5 组织过程

组织过程被定义为在组织内执行决策和工作的方式，[49] 这在许多不同层面上都有反映。组织过程包括制定战略、分配资源、评估新产品理念、处理客户查询和投诉以提高产品质量、评估员工绩效等。通常，公司的核心竞争力和有价值的、基于知识的资源都包含在组织过程中。高效的组织过程可以降低价值创造的成本，并为产品增加额外的价值。例如，20 世纪 80 年代，许多日本制造企业取得全球成功的部分原因是早期采用了提高产品质量和运营效率的流程，包括全面的质量管理和准时制库存系统。今天，通用电气的竞争性成功可以部分归功于公司内部广泛推广的一些流程。这些流程包括公司的六西格玛质量改进流程、业务"数字化"流程（使用企业内网和互联网使活动自动化并降低运营成本），以及创意流程，这在公司内被称为"试验"，管理者和员工进行几天的密集型会谈，以确定并提出有关提高生产力的想法。

组织的流程可以通过流程图进行总结，流程图说明了执行工作涉及的各个步骤和决策点。详细考虑流程的本质以及流程改进和重组的策略不在本书的讨论范围之内。但在这里需要针对管理流程做两个基本说明，特别是在国际商业环境下。[50]

第一，许多流程跨越多个职能或分工，并要求不同子单位的个人之间进行合作。例如，产品开发过程要求研发、生产和市场营销的员工以合作的方式开展工作，确保新产品能够按照市场需求进行开发，并以低成本进行生产。由于跨越部门边界，要想让流程有效执行通常需要建立跨部门合作的正式整合机制和激励措施。

第二，企业认识到可以在组织运营网络的任何地方发展可能带来竞争优势的有价值的新流程，这一点尤为重要。[51] 可以在团队、职能、产品部门或外国子公司内开发有价值且稀有的新流程。这些流程可能对企业的其他方面也是有价值的。创造有价值的流程的能力很重要，但同样重要的是利用这些流程，这就需要正式和非正式的整合机制，如知识网络。

12.6 通过组织架构实施战略

我们现在可以就实施不同战略所需的组织安排提出意见。这里不会一一列举，而是将重点放在少数公司层战略和业务层战略上。我们首先讨论单一业务企业的战略与组织，然后讨论多业务企业的战略与组织。

12.6.1 单一业务企业的战略与组织

如前所述，单一业务企业通常使用职能型结构（见图12-3）。然而，职能之间的整合需求将因企业的业务层战略和企业竞争环境的性质而异（见图12-9）。

1. 战略、环境和整合度的需求

一般来说，依赖产品开发和创新进行竞争的企业对职能的整合需求更大。[52] 通常情况下，组织的业务层战略通过推出新的或改进的产品来进行差异化。例如，苹果、谷歌、福特、微软、特斯拉

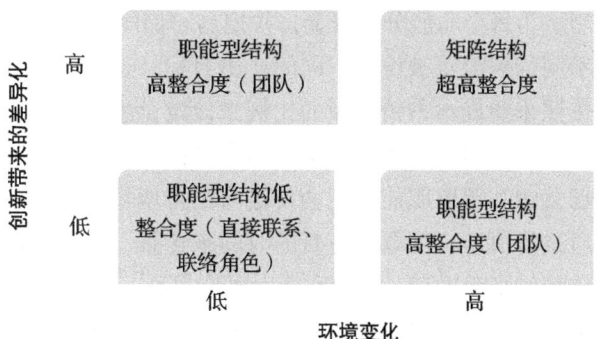

图 12-9　战略、环境和整合度的需求

和丰田都试图通过产品开发和创新来区分自己。如前所述，在这样的组织中，需要协调企业的研发、生产和市场营销职能，以确保及时开发出新产品，有效地生产和交付，以及满足消费者需求。我们了解到，矩阵结构是实现这种协调的方式之一（见图12-5）。另一个更常见的解决方案是组建临时性团队来监督新产品的开发和上市。新产品推出后，团队解散，团队成员回到原先的职能部门或进入另一个团队。

面对不确定、高度动荡、竞争激烈的环境的企业，需要快速适应不断变化的市场条件，并不断协调才能生存下去。[53] 当企业面临环境变化，例如所在行业被根本性创新所颠覆，企业可能需要在产品、流程、商业模式和战略方面进行改变。在这种情况下，确保企业中各个职能保持统一方向是至关重要的，从而使企业对环境变化的反应在组织层面是一致的。临时性团队经常被用来实现这种协调。

例如，20世纪90年代中期，万维网以惊人的速度出现，几乎没有人预料到。Web的兴起引发了微软等计算机软件公司所在环境的变化，管理者们迅速转变策略，使其产品网络化，并将其营销和销售活动定位于这一新环境中。这种转变需要不同的软件工程团队进行非常紧密的协调，例如在Windows、Office和MSN的软件代码上开展协调工作，以便所有产品不仅可以启用Web，而且可以彼此无缝衔接地工作，微软通过组建跨职能团队实现了这一目标。

除了使用诸如跨职能团队之类的正式整合机制，对子单位之间协调有关键需求的公司（如那些处于动荡、高科技环境中的公司）也应尽力建成非正式知识网络，因为它也可以促进子单元之间的协调。

相比之下，如果公司处于一个很少有或没有变化的稳定的环境中，而且开发新产品不是公司业务层战略的核心方面，那么职能之间的协调需求可能会较低。在这种情况下，公司使用基本的整合机制，如直接联系或简单的联络角色也能发挥作用。这些机制，加上鼓励员工追求相同目标，以及为了整个组织的利益相互合作的相关企业文化，都是实现职能之间协调所需要的。例如，沃尔玛和开市客就利用了如联络角色的基础整合机制。

2. 整合程度和控制系统：低度整合

实施战略所需的整合程度对管理层的控制系统会产生重要影响。假设在一个职能型结构的公司中，除了直接联系和简单的联络角色外，在职能之间没有其他整合机制。公司面临的环境是稳定的，因此整合的需求很小。在这样一个公司中，通常以预算的形式进行官僚式控制，为每个职能分配资金，并控制它们的支出。然后，产出控制将用于评估职能的执行情况。不同的职能将被设定不同的产出目标，这一目标具体取决于各自的任务。采购职能的目标将按照采购成本占销售额的比例来设定，生产职能应设定与生产力和产品质量相关的目标，如每名员工的产出和每千个产品中的次品数量，物流职能可能被设定存货周转次数的目标，市场营销和销售职能可能会设定与销售增长和市场份额有关的目标，而服务职能的完成度可以通过解决客户问题所花费的时间来衡量。当每个职能在一定程度上达到这些目标，企业的整体绩效将会提高，其盈利能力也会提高。

产出控制也可能在职能内进一步向下推演。生产过程可能会被细分为多个独立任务，每个任务具有可测量的产出。公司可能会组建员工团队并对其进行授权，团队便可获得独立任务的所有权，而每个团队也会被设定一个产出目标。职能从某种程度上可以被分拆成多个团队，并且产出控制可应用到这些团队中，这将促使组织下放权力，形成更广泛的控制幅度（相比于通过官僚主义规则调节行为，通过监督其产出来控制一个团队相对容易），构建更加扁平化的组织结构。

在这样一个结构中，首席执行官将监督职能部门的负责人。而这些负责人将对其职能范围内的单位或团队进行控制。这其中可能有一定程度的个人控制，CEO 使用个人监督来影响职能部门负责人的行为，而负责人对其直接下属也是如此。激励措施将与产出目标挂钩。生产部门负责人的激励薪酬可能与生产部门预定产能和质量目标的完成度有关，物流部门负责人的激励薪酬可能与存货周转次数的增加有关，而市场营销和销售部门负责人的激励薪酬则可能与获得的市场份额有关，等等。激励控制也可能在组织内进一步推演，职能部门的成员根据其团队达到或超过预定目标的能力获得奖励。管理者（也可能是所有员工）的一部分激励薪酬可能与企业的整体业绩有关，以此来鼓励企业内部的合作和知识共享。

最后，这样一个企业有可能拥有强大的文化控制。文化控制可以减少对个人控制和官僚主义规则的需求。个人可能被信任，以期望的方式行事，因为他们"入股"了主流文化。因此，文化控制可能会使公司以更加扁平化的组织结构和更广泛的控制幅度运营，并且通常会提高产出控制和激励控制的有效性，因为员工可能会将这些控制作为行事的基本依据。

3. 整合程度和控制系统：高度整合

一个战略与环境对整合程度要求较高的职能型结构会为管理者带来复杂的控制问题。如果公司采用矩阵结构，这个问题会尤为严重。如前所述，动态环境中处在产品开发竞争中心的公司可能会采用这样一种结构。在这样一个公司中，官僚式控制将再次用于财务预算，同时也会将产出控制应用于不同的职能。产出控制也将应用于跨职能的产品开发团队。因此，一个团队的产出目标可能包括开发时间、新产品的生产成本，以及产品应包含的功能。对于职能部门经理的激励控制可能与其职能部门的产出目标相关联，而对产品开发团队的成员来说，奖励则将与团队绩效相关。

这种安排的问题是，产品开发团队的绩效取决于团队从各种功能中得到的支持。所需的支持包括人员与来自生产营销和研发的信息。因此，显著的绩效模糊性可能使使用产出控制来评估产品开发团队绩效的过程复杂化。当难以精确地识别子单位（如职能部门或团队）高（或低）绩效的原因时，**绩效模糊性**（performance ambiguity）就出现了。在这种情况下，跨职能的产品开发团队未能达到预定的产出目标可能是由于团队成员绩效不佳，但也可能是由于职能部门未能向团队提供适当的支持。高级管理层无法通过观察与团队绩效相关的产出控制来确定哪个解释是正确的，因为这些产出不是明确的绩效指标。确定绩效差异的真正原因需要高级管理人员收集信息，其中大部分是主观的，这增加了他们必须投入控制过程中的时间和精力，并将注意力从其他重要事情上转移过来，从而增加了组织监督和控制的成本。在其他条件相同的情况下，这会缩小高级管理人员的控制幅度，这表明组织结构需要更多的层级，从而引发我们前面所看到的各种问题。

企业绩效模糊问题的本质引出了这样一个问题，企业是否有更好的方法解决控制问题。事实上是有的。第一步就是要确保针对所有关键人员的激励措施是准确的，也就是说，要以一种可识别的方式进行激励控制。这样做的经典方法是将激励措施与更高层次的组织业绩挂钩。职能部门负责人除了能在部门业绩的层面获得奖励，还可以在公司业绩的层面获得奖励。一旦产品开发团队的成功提高了公司业绩，职能部门负责人就会被驱动，从而确保产品开发团队得到充分的支持。此外，强有力的文化控制对建立公司范围内强调职能部门和团队之间互利合作重要性的规范和价值观非常有帮助。

12.6.2 多业务企业的战略与组织

如前所述，多业务企业通常按事业部划分组织（见图12-4）。在每个事业部中，都有一个职能部门。根据业务层战略和环境的性质，各事业部的职能部门整合程度可能因分工而异。另外，各个事业部之间的整合需要取决于企业的具体战略。这不仅会对使用的整合机制产生影响，而且会对采用的控制和激励机制的类型产生影响。[54]

如果公司正在实施相关多元化战略，并试图在范围经济中实现产品部门之间的投入共享，或者想要通过传递或利用各个部门有价值的能力来提高盈利能力，那么就需要整合机制来协调不同产品部门的活动。联络角色、临时性团队和永久性团队都可以用于确保此类协调。另外，如果高层管理人员主要关注通过卓越内部治理来提高盈利能力，如果每个部门独立进行管理，没有试图利用竞争或实现范围经济，就像追求非相关多元化战略的企业一样，那么公司也可能会在几乎没有任何整合机制的条件下运行得很好。

1. 整合度低的多业务企业的控制

在主要关注通过卓越内部治理提升绩效且实行非相关多元化战略的公司中，部门之间的整合需求很低。追求非相关多元化战略的公司并不是要分享资源，也不会跨部门利用核心竞争力，所以不需要复杂的整合机制，如设置跨部门团队来协调不同部门的活动。在这些公司中，总部通常以四种主要方式来控制这些部门。[55]

第一，总部会利用官僚式控制来规范各个部门的财务预算和资本支出。通常，每个部门必须有由总部批准的来年的财务预算。此外，超过一定数额的资本支出必须经总部批准。例如，一个部门中任何开支超过 5 万美元的项目都需要由总部批准。

第二，总部将使用产出控制，根据可衡量的财务标准，如收益率、利润增长和每个部门产生的现金流量，来设置每个部门的产出目标。通常来年的目标是由部门负责人和总部高级管理人员谈判确定的。只要这些部门达到目标，他们就可以独自经营自己的业务。然而，如果绩效低于目标，高层管理人员通常会去考察这个部门，以了解为什么会发生这种情况，并在必要时采取纠正措施，比如改变战略和人员配置。

第三，总部会使用激励控制，部门负责人的激励措施与其部门的财务业绩挂钩。为了获得薪酬，部门负责人必须达到或超过总部与部门谈判达成的绩效目标。为了确保部门负责人无法对他们一年的绩效目标"讨价还价"，从而轻松达到目标并获得奖金，总部通常会根据竞争对手的产品部门进行基准测试，仔细查看行业情况，并使用这些信息来建立具有挑战性但可实现的绩效目标。

第四，总部将利用市场控制来分配不同部门的资金。[56] 如前所述，在多业务企业中，产品部门赚来的收益通常是属于总部的，总部作为内部资本市场，根据对未来业绩的评估，根据各个部门的竞争性要求重新分配资金。各个部门为了获得发展所需的资金进行的竞争，被认为是部门负责人尽可能高效开展业务的进一步激励。

各个部门使用的控制系统其实就是单一业务企业所使用的控制系统。还应该注意的是，总部管理者可能会利用一些个人控制来影响部门负责人的行为。特别是 CEO 可以通过与部门负责人定期会面对其产生影响，并给予他们关于他们所负责部门运行的丰富反馈。

2. 高度整合的多业务企业的控制

追求相关多元化战略的多业务企业的控制问题更为复杂，不仅要通过优越的内部治理来提高绩效，而且要主动地尝试利用产品部门的能力，实现范围经济。以拥有多个产品部门、高度多样化的 3M 为例。3M 致力于利用跨部门的核心技术（如建立内部知识网络）。此外，3M 尝试实现范围经济，特别是在市场营销和销售领域，市场营销和销售部门可能会销售来自多个部门的产品。更广泛地说，当一个多部门企业要通过实现范围经济来改善绩效时，就需要跨部门利用核心竞争力，因此部门之间的整合需求就会很高。

在这些组织中，高层管理人员会使用前面讨论的控制机制（如产出控制、官僚式控制、激励控制和市场控制）。但是，另外还要解决在追求不同部门之间没有合作和整合的非相关多元化战略的多业务企业中找不到的两个控制问题。一是他们必须找到一种控制机制，引导部门相互合作，共同获益。二是当部门之间需要紧密合作和共享资源时，他们需要找到一种方法处理绩效模糊性的问题，每个部门的绩效不能被孤立地理解，而是要结合该部门与其他部门合作的情况来确定。

这两个问题的解决方法在本质上与职能高度整合的单一业务企业采用的解决方案相同。具体来说，企业需要对部门负责人采取与更高层次的绩效挂钩的激励控制，这里指的是整个企业的绩效。提高整个企业的业绩，需要各个部门合作，这种激励措施能够促进合作。此外，强有力的文化控制有助于建立价值观和规范,强调各个部门之间互利合作的重要性。3M 有一个多年以来一直奉行的文化规范,即产品属于部门,但这些产品使用的技术属于整个公司。因此,开发手术胶带业务的部门就可以利用办公用品业务开发的胶粘剂技术改进自己的产品。

尽管有这些可以解决控制问题的方案,但毫无疑问,部门之间需要高度整合的公司中的高层管理人员与简单的多部门组织中的高级管理人员相比,需要处理更多的绩效模糊性问题。各产品部门的整合意味着高层管理人员难以通过监控客观的产出标准来判断每个部门的绩效。为了准确衡量绩效并实现充分的控制,他们可能必须花时间审核经营部门的事务,并与部门经理沟通,以获得全面、定性的绩效情况,帮助他们"挖掘"客观的产出数字。在其他条件相同的情况下,这可能限制了控制管理者有效的控制幅度,从而限制了企业的范围。[57]

本章小结

1. 战略是通过企业的组织架构来实现的。
2. 组织架构是包含组织结构、控制系统、激励制度、组织文化、组织过程和人(或人力资本)的系统。
3. 一般来说,在扁平式层级结构中,每个子单位的表现是可见的、明确的,并且可以通过客观的产出控制来衡量。
4. 战略实施可能需要职能部门与产品开发团队合作,而合作需要整合机制。过度使用整合机制可能会导致绩效模糊性问题,并需要更复杂和多样化的控制机制。
5. 在业务层面,公司层战略需要持续的产品开发和创新的公司,以及所在市场环境快速变化的公司,更需要运用整合机制来协调职能活动。
6. 在公司层面,追求非相关多元化战略的公司更需要运用整合机制协调职能活动。

讨论问题

1. 组织结构、控制系统、激励制度和组织文化之间的关系是什么?给出一些例子,说明什么时候和在什么条件下可能会出现这些元素之间的不匹配。
2. 什么样的结构能最恰当地描述出你所在大学的运行方式?为什么你认为这个结构最恰当?其他结构会不会更恰当?
3. 公司在什么时候会选择矩阵结构?这种结构有什么问题?这些问题如何解决?
4. 请分析以下企业的组织结构、控制系统、激励制度和组织文化:在稳定环境中的小型制造企业、处于快速变化的市场中的高科技企业、四大会计师事务所。
5. 企业什么时候会决定从职能型结构转变为事业部制结构?
6. 在一个大型成熟公司中,你如何设计组织结构、控制系统、激励制度和组织文化以鼓励创新?鼓励创新的理念是如何影响你的招聘和管理发展战略的?

结篇案例

苹果的组织安排

苹果拥有传奇的创新能力,可以生产创新的产品以及进行产品改进,这些创新和改进不同于优雅的设计和易用性。产品创新是苹果的精髓，也是它继续努力的方向。苹果的创新始于1979年的Apple II。最初的Mac电脑是第一台使用图形触屏界面、鼠标和屏幕图标的个人电脑，第二台在1984年上市。1997年，其创始人和前CEO乔布斯回到苹果，推出了一系列创新产品，包括iPod、iTunes、Mac Airbook、iPhone、Apple App Store和iPad。

和与其规模相当的大多数公司不同，苹果采用的是职能型结构。直接向现任CEO蒂姆·库克（Tim Cook）汇报的员工包括互联网软件和服务、工业设计、软件工程、硬件工程和全球营销业务的高级副总裁、CFO和公司总理事会。这些人每个星期一的上午都会举行会议，审查公司的战略、运作和持续的产品开发工作。

工业设计团队率先发起新产品开发工作，决定新产品的外观和感觉，以及必须使用的材料。以工业设计为中心的情况并不常见——在大多数公司中，工程师会首先开发产品，而工业设计团队在这之后很久才会参与进来。然而，苹果工业设计的关键作用与公司"设计改变世界的出色产品"的使命是一致的。工业设计团队与硬件和软件工程师密切合作，为每个新产品开发功能，确保在产品推出后能够快速扩大生产，并通过全球营销策划产品发布战略。

因此，苹果的产品开发是一项跨职能的工作，需要进行紧密的协调。这种协调是通过集中的指挥和控制结构实现的，由最高管理团队推动协作并为工业设计团队设定关键参数。在担任CEO期间，乔布斯以清晰的方式清楚地表达了谁对产品开发过程负责，并且如果他们不符合他的高标准，则会被要求承担责任，即使他们确实完成了工作。

尽管乔布斯2011年去世，这种问责制仍然在苹果延续实行。每个任务都会被设置"直接责任人"。通常，直接责任人的名称将出现在会议的议程上，所以每个人都知道每项任务由谁负责。苹果会议有一个行动清单，每个行动项目旁边都会标注一个直接责任人。通过这样明确的控制流程，苹果将问责制深入到了各个层级。

苹果文化的一个重要特征是对公司所做的大部分事情都严格保密。到达外界的信息受到严格控制，公司内部的信息传播也是如此。许多员工完全不知道有关新产品开发的情况，也基本不知道别人在做什么。进入开发新产品或某种功能的团队工作的大楼会受到严格限制，只有开发团队的成员可以进入。敏感的工作空间会被视频监控，以确保这些限制性规定得以遵守。员工在加入公司时会被告知，一旦他们向外界或未授权的内部部门透露公司正在开展的工作，就会遭到解雇，这样做的目的就是要确保新产品在发布之日前始终处于严格的保密状态。苹果想控制与新产品有关的所有信息，因为它不想给竞争对手反应时间，也不想给媒体评论家抨击处于研发状态的产品的机会。

资料来源：J. Tyrangiel, "Tim Cook's Freshman Year: The Apple CEO Speaks," *Bloomberg Businessweek*, December 6, 2012; A. Lashinsky, "The Secrets Apple Keeps," *CNNMoney*, January 10, 2012; and B. Stone, "Apple's Obsession with Secrecy Grows Stronger," *New York Times*, June 23, 2009.

讨论题

1. 尽可能地描述苹果的组织架构，特别是组织结构、控制系统、激励措施、产品开发流程和组织文化。
2. 与大多数高科技公司相比，你认为苹果的组织方式有什么不同？
3. 苹果试图用目前的组织架构来实现什么？这种架构有哪些优势？潜在的劣势是什么？
4. 你认为苹果应该在组织架构中做出改变吗？这些改变是什么？这些改变会给苹果带来什么好处？

注释

[1] D. Naidler, M. Gerstein, and R. Shaw, *Organization Architecture* (San Francisco: Jossey-Bass, 1992).

[2] G. Morgan, *Images of Organization* (Beverly Hills, CA: Sage Publications, 1986).

[3] The material in this section draws on J. Child, *Organizations* (London: Harper & Row, 1984). Recent work addressing the issue includes J. R. Baum and S. Wally, "Strategic Decision Speed and Firm Performance," *Strategic Management Journal* 24 (2003): 1107–1120; D. I. Jung and B. J. Avolio, "Effects of Leadership Style and Followers Cultural Orientation on Performance in Groups and Individual Task Conditions," *Academy of Management Journal* 42 (1999): 208–218.

[4] This is a key tenet of the information-processing view of organizations. See J. Galbraith. *Designing Complex Organizations* (Reading, MA: Addison-Wesley, 1972).

[5] J. Kim and R. M. Burton, "The Effects of Uncertainty and Decentralization on Project Team Performance," *Computational & Mathematical Organization Theory* 8 (2002): 365–384.

[6] J. Birkinshaw, N. Hood, and S. Jonsson, "Building Firm Specific Advantages in Multinational Corporations: The Role of Subsidiary Initiatives," *Strategic Management Journal* 19 (1998): 221–241.

[7] K. M. Eisenhardt, "Making Fast Strategic Decisions in High Velocity Environments," *Academy of Management Journal* 32 (1989): 543–575.

[8] G. P. Hattrup and B. H. Kleiner, "How to Establish a Proper Span of Control for Managers", *Industrial Management* 35 (1993): 28–30.

[9] The classic statement was made by P. Milgrom and J. Roberts, "Bargaining Costs, Influence Costs and the Organization of Economic Activity", in J. E. Alt and K. A. Shepsle (eds.), *Perspectives in Positive Political Economy*, (Cambridge: Cambridge University Press, 1990). Also see R. Inderst, H. M. Muller, and K. Warneryd, "Influence Costs and Hierarchy," *Economics of Governance* 6 (2005): 177–198.

[10] D. Priest and D. Linzer, "Panel Condemns Iraq Prewar Intelligence," *The Washington Post*, July 10, 2004, page A1; D. Jehl, "Senators Assail CIA Judgments of Iraq's Arms as Deeply Flawed," *New York Times*, July 10, 2004, page A1; M. Isikoff, "The Dots Never Existed," *Newsweek*, July 19, 2004, pp. 36–40.

[11] C. R. Littler, R. Wiesner and R. Dunford, "The Dynamics of Delayering," *Journal of Management Studies* 40 (2003): 225–240.

[12] J. A. Byrne, "Jack: A Close-up Look at How America's #1 Manager Runs GE," *Business Week*, June 8, 1998, pp. 90-100. Also see *Harvard Business School Press*, "GE's Two Decade Transformation."

[13] A. D. Chandler, *Strategy and Structure: Chapters in the History of the Industrial Enterprise* (Cambridge, MA: MIT Press, 1962). Also see O.E. Williamson, *Markets and Hierarchies: Analysis and Anti-Trust Implications* (New York: Free Press, 1975).

[14] A. P. Sloan, *My Years at General Motors* (New York: Bantum Books, 1996). Originally published in 1963.

[15] C. W. L. Hill, M. A. Hitt, and R. E. Hoskisson. "Cooperative versus Competitive Structures in Related and Unrelated Firms," *Organization Science* 45 (1992): 501–521; O. E. Williamson, *Markets and Hierarchies: Analysis and Anti-Trust Implications* (New York: Free Press, 1975).

[16] C. W. L. Hill, M. A. Hitt, and R. E. Hoskisson, "Declining U.S. Competitiveness: Reflections on a Crisis," *Academy of Management Executives* 2 (1988): 51–60.

[17] P. R. Lawrence and J. Lorsch, *Organization and Environment* (Boston, MA: Harvard University Press, 1967).

[18] K. B. Clark and S. C. Wheelwright, *Managing New Product and Process Development* (New York: Free Press, 1993); M. A. Schilling and C. W. L. Hill, "Managing the New Product Development Process," *Academy of Management Executive* 12 (3) (August 1998): 67–68; S. L. Brown and K. M. Eisenhardt, "Product Development: Past Research, Present Findings, and Future Directions," *Academy of Management Review* 20 (1995): 343–378.

[19] L. R. Burns and D. R. Whorley, "Adoption and Abandonment of Matrix Management Programs: Effects of Organizational Characteristics and Interorganizational Networks," *Academy of Management Journal* (February 1993), pp. 106–138; C. A. Bartlett and S. Ghoshal, "Matrix Management: Not a Structure, a Frame of Mind," *Harvard Business Review* (July-August 1990), pp. 138–145.

[20] S. Thomas and L. S. D'Annunizo, "Challenges and Strategies of Matrix Organiza-tions," *HR Human Resource Plan - ning* 28 (2005): 39–49.

[21] See J. R. Galbraith, *Designing Complex Organizations* (Reading, MA: Addison-Wesley, 1977).

[22] M. Goold and A. Campbell, "Structured Networks: Towards the Well Designed Matrix," *Long Range Planning* (October 2003), pp. 427–460.

[23] Bartlett and Ghoshal, *Managing across Borders*; F. V. Guterl, "Goodbye, Old Matrix," *Business Month* (February 1989), pp. 32–38; I. Bjorkman, W. Barner-Rasussen, and L. Li, "Managing Knowledge Transfer in MNCs: The Impact of Headquarters Control Mechanisms," *Journal of International Business* 35 (2004): 443–460.

[24] M. S. Granovetter, "The Strength of Weak Ties," *American Journal of Sociology* 78 (1973): 1360–1380.

[25] A. K. Gupta and V. J. Govin-

darajan, "Knowledge Flows within Multinational Corporations," *Strategic Management Journal* 21 (4) (2000): 473–496; V. J. Govindarajan and A. K. Gupta, *The Quest for Global Dominance* (San Francisco: Jossey-Bass, 2001); U. Andersson, M. Forsgren, and U. Holm, "The Strategic Impact of External Networks: Subsidiary Performance and Competence Development in the Multinational Corporation," *Strategic Management Journal* 23 (2002): 979–996.

[26] For examples, see W. H. Davidow and M. S. Malone, *The Virtual Corporation* (New York: Harper Collins, 1992).

[27] 3M. A Century of Innovation, the 3M Story. 3M, 2002. www.3m.com/about3m/century/index.jhtml.

[28] W. G. Ouchi, "Markets, Bureaucracies, and Clans," *Administrative Science Quarterly* 25 (1980): 129–144.

[29] J. Child, *Organization: A Guide to Problems and Practice* (Harper & Row: London, 1984).

[30] S. G. Green and M. A. Welsh. "Cybernetics and Dependence: Reframing the Control Concept," *Academy of Management Review* 13 (2) (1988): 287–301.

[31] J. Batsell, "Cost Cutting, Inventory Control Help Boost Nordstrom's Quarterly Profit," Knight Ridder Tribune News, Feburary 22, 2002, p. 1; Nordstrom 2004 10K statement.

[32] For a recent summary, see D. M. Wiegand and E. S. Geller. "Connecting Positive Psychology and Organization Behavior Management," *Journal of Organization Behavior Management* 24 (12) (2004/2005): 3–20.

[33] J. Child, "Strategies of Control and Organization Behavior," *Administrative Science Quarterly* 18 (1973): 1–17; K. Eisenhardt, "Control: Organizational and Economic Approaches," *Management Science* 31 (1985): 134–149; S. A. Snell, "Control Theory in Human Resource Management," *Academy of Management Review* 35 (1992): 292–328; W. G. Ouchi, "The Transmission of Control Through Organizational Hierarchy," *Administrative Science Quarterly* 21 (1978): 173–192.

[34] J. Child, *Organization: A Guide to Problems and Practice* (Harper & Row: London, 1984).

[35] R. Teichroeb, "End to Forced Busing Creates New Problems for Seattle's Schools," *Seattle Post Intelligencer*, June 3, 1999, online edition. www.seattlepi.com.

[36] J. Child, *Organization: A Guide to Problems and Practice* (Harper & Row: London, 1984).

[37] Hill, Hitt, and Hoskisson, "Cooperative versus Competitive Structures in Related and Unrelated Diversified Firms."

[38] J. D. Thompson, *Organizations in Action* (New York: McGraw Hill, 1967).

[39] O. E. Wiliamson. *The Economic Institutions of Capitalism* (Free Press, New York, 1985).

[40] C. Bartlett. "Philips versus Matsushita: A New Century, a New Round," Harvard Business School Press Case No. 9–302–049, 2005.

[41] L. Kim. "The Dynamics of Samsung's Technological Learning in Semiconductors," *California Management Review* 39 (3) (1997): 86–101.

[42] Hill, Hitt, and Hoskisson, "Cooperative versus Competitive Structures in Related and Unrelated Diversified Firms."

[43] Peer control has long been argued to be a characteristic of many Japanese organizations. See M. Aoki, *Information, Incentives and Bargaining in the Japanese Economy* (Cambridge, UK: Cambridge University Press, 1988).

[44] E. H. Schein, *Organizational Culture and Leadership,* 2nd ed. (San Francisco: Jossey-Bass, 1992).

[45] J. P. Kotter and J. L. Heskett, *Corporate Culture and Performance* (New York: Free Press, 1992); M. L. Tushman and C. A. O'Reilly, *Winning through Innovation* (Boston, MA: Harvard Business School Press, 1997).

[46] The classic song of praise was produced by T. Peters and R. H. Waterman, *In Search of Excellence* (New York: Harper & Row, 1982). Ironically, IBM's decline began shortly after their book was published.

[47] Kotter and Heskett, *Corporate Culture and Performance.*

[48] J. O'Connell, "Lincoln Electric: Venturing Abroad," Harvard Business School Press Case No. 9–398–095, April 1998, and www.lincolnelectric.com.

[49] M. Hammer and J. Champy, *Reengineering the Corporation* (New York: Harper Business, 1993).

[50] T. Kostova, "Transnational Transfer of Strategic Organizational Practices: A Contextual Perspective," *Academy of Management Review* 24 (2) (1999): 308–324.

[51] Andersson, Forsgren, and Holm, "The Strategic Impact of External Networks: Subsidiary Performance and Competence Development in the Multinational Corporation."

[52] Ulf Anderson, Mats Forsgren, and Ulf Holm, "The strategic impact of external networks: Subsidiary performance and competence development in the multinational corporation," *Strategic Management Journal*, Vol 23(11), pp. 979–996.

[53] P. R. Lawrence and J. Lorsch, *Organization and Environment.* (Boston, MA: Harvard University Press, 1967).

[54] Hill, Hitt, & Hoskisson, "Cooperative versus Competitive Structures in Related and Unrelated Firms."

[55] Ibid.

[56] C. W. L. Hill, "The Role of Corporate Headquarters in the Multidivisional Firm," in R. Rumelt, D. J. Teece, and D. Schendel (eds), *Fundamental Issues in Strategy Research.* (Cambridge, Mass: Harvard Business School Press, 1994), pp. 297–321.

[57] C. W. Hill and R. E. Hoskisson. "Strategy and Structure in the Multiproduct Firm," *Academy of Management Review* 12 (1988): 331–341.

PART 5

第五部分

案 例

案例分析概论：案例分析与案例分析报告撰写
案例 A　波音商用飞机
案例 B　优步：驱动全球颠覆
案例 C　微软：从盖茨到萨提亚·纳德拉
案例 D　塔塔集团
案例 E　特斯拉汽车

案例分析概论：
案例分析与案例分析报告撰写

什么是案例分析

案例分析是战略管理课程的重要组成部分。案例研究的目的是为学生提供实际组织面临的战略管理问题的经验。一个案例介绍的是一个企业或一个行业多年内发生的事情。它记载了管理者不得不面对的问题，如竞争环境的变化以及管理者回应的态度，这通常涉及改变业务层或公司层战略。本书的案例涵盖了管理者不得不面对的一系列问题。其中一些案例涉及寻找适合的公司层战略以在不断变化的条件下进行竞争。还有一些是关于通过收购获得成长的公司，而很少关注成长背后的根本原因，以及通过收购获得的成长是如何影响公司未来的盈利能力的。由于组织的情况不同，案例也会不同。其基本思路就是使用战略管理技术来解决商业问题。案例在战略管理课程实践中被证明是有价值的，原因有以下几个。

第一，案例为你提供了你可能还没有机会亲身体验的组织问题解决经验。在一个相对较短的时间内，你将有机会分析和研究许多不同公司所面临的问题，并了解管理者是如何解决这些问题的。

第二，案例说明了战略管理的理论和内容。当这些信息被应用于案例分析时，它们的意义和影响会更加明确。理论和概念有助于揭示公司正在发生的事情，并可以让你评估某公司在处理问题时采用的解决方案。因此，当你分析案例时，你会像一个侦探，用一套概念工具来探究发生了什么，或谁应该负责，然后整理提供解决方案的证据。顶级管理者享受在现实世界中测试他们解决问题能力的快感。重要的是要记住，没有人知道正确的答案是什么。管理者能做的就是去做出最好的猜测。事实上，管理者经常说，如果他们能在解决战略问题上用对一半的时间，他们就很高兴了。战略管理是一个不确定的博弈，而用案例来理解理论如何应用于实践，则的确是一种提高诊断调查技能的方法。

第三，案例分析提供了在课堂中互相讨论的机会，还有向其他导师介绍自己经验的机会。有时可以让学生知道作为一个群体应如何来确定案例发生了什么，并且通过课堂讨论案例问题和解决方案，问题将会更加显现出来。在这种情况下，你必须组织你的观点和结论，以便可以向他们展示自己的想法。你的同学可能已经分析了你和他们的问题，希望你在他们接受你的结论之前为你的观点争辩，从而为讨论做准备。这种讨论方式就是辩证方法的一个例子。这是在实际商业世界中做出决定的方式。

导师会让一个人或通常让一个小组在全班讨论之前对案例进行分析。个人或小组可能会负责一个30～40分钟的案例演示文稿来表述公司面临的问题以及解决问题的一系列建议。把问题放到课堂上讨论，你将不得不为自己的想法争辩。通过这样的讨论和演讲，你将体会出如何向他人有效传达自己的想法。我们要知道，很多管理者在提出自己的想法并与其他管理者对自己的想法进行讨论这些方面花费了很多时间。你会在课堂上体验战略管理的实际过程，这将为你未来的职业生涯奠定基础。

如果你在小组中分析案例，你也会了解这个小组作为一个团队工作的过程。当人们分组工作时，往往难点在于安排时间并在案例分析中分配责任，总是想推卸自己责任的成员以及那些让自己的团队成员确信自己想法的人，他们试图主导小组分析。战略管理课程中的大部分内容都是分组进行的，你最好是现在就了解这些问题。

如何分析案例

案例研究的目的是让你运用战略管理的概念分析特定公司面临的问题。为了分析案例，你必须仔细研究公司面临的问题。最常见的是你需要多次阅读案例。掌握所发生事件的总体情况，一个案例研究的详细分析应该包括以下八个方面：

- 分析公司的历史、发展和成长。
- 确定公司内部的优势和劣势。
- 分析外部环境。
- SWOT 分析。
- 分析公司层战略。
- 分析业务层战略。
- 分析结构和控制系统。
- 提出建议。

要分析一个案例，你需要将本课程中教授的概念应用到每个案例中这些方面。为了进一步帮助你，我们接下来为你提供可以采取的步骤，简要分析我们刚刚提到的有关案例材料分析的八个方面。

（1）分析公司的历史、发展和增长。有一种便捷的方式，对公司过去的策略和结构进行调查，记录下历史上的重大事件——一些影响到现在公司走向的事件，这些事件与其最初创立的产品、产品市场决策，以及它如何开发和选择职能性竞争力。其进入新业务和转变其主要业务也是重要的里程碑。

（2）确定公司内部的优势和劣势。历史简介完成后，你可以开始 SWOT 分析。使用所有的事件制定一份关于公司实力和身份的历史报告。审查每个创造功能的价值，并确定公司目前的薄弱点。一些公司可能在营销方面很薄弱，有些可能研究和开发很薄弱。SWOT 清单（表 I-1）列举了其中可能包含的内容。

表 I-1 SWOT 清单

内部潜在优势	内部潜在劣势
很多产品线？	过时且较少的产品线？
广泛的市场覆盖？	制造成本上升？
生产能力？	研发创新下降？
良好的营销技巧？	很差的营销计划？
良好的物料管理系统？	糟糕的物料管理系统？
研发技能和领导力？	不满足客户需求？
信息系统能力？	信息系统不足？
人力资源能力？	人力资源不足？
品牌声誉？	品牌价值丧失？
项目组合管理技能？	较差的项目组合管理？
差异化成本优势？	无方向的增长？
创业管理经验？	企业方向丧失？
恰当的管理风格？	内部分歧？
恰当的组织结构？	丧失企业控制权？
恰当的控制系统？	不恰当的组织管理？
管理战略变革的能力？	结构和控制系统？
发展完好的企业战略？	政治冲突？
良好的财务管理？	财务管理不善？
其他？	其他？
环境潜在的机会	**环境潜在的威胁**
扩大核心业务？	打击核心业务？
开拓新的细分市场？	国内竞争加剧？
扩大产品范围？	国外竞争加剧？
增强低成本和差异化优势？	消费者偏好变化？
多元化？	遭遇进入壁垒？
扩张到外国市场？	新的或替代产品增多？
将研发应用于新领域？	行业内竞争加剧？
进入新的相关业务？	新形式的行业竞争？
前向一体化？	可能被收购？
后向一体化？	存在企业掠夺者？
扩大企业项目组合？	区域竞争加剧？
克服进入壁垒？	人口因素的变化？
竞争减少？	经济因素的变化？
做出有利可图的新收购？	经济下滑？
在新的领域应用品牌资本？	劳动力成本上升？
寻求快速的市场增长？	市场增长放缓？
其他？	其他？

(3)分析外部环境。确定环境机会和威胁、应用行业和宏观环境的所有概念来分析公司面临的环境。在行业中尤其重要的是竞争力模型，它是从波特五力模型和生命周期模型演化而来的。这些因素在宏观环境中将会发挥显著的作用，这取决于被分析的具体公司。依次使用每个因素（如人口因素），看它是否与公司相关。

做完这个分析之后，你将会生成一份公司环境导致的一系列机会和威胁的列表。SWOT清单也列出了一些常见的环境机会和威胁，但你生成的这份列表对你的公司更加有针对性。

(4) SWOT分析。确定了公司的外部机会和威胁关系，以及其内部的优势和劣势，从发现中进行分析。你需要平衡优势和劣势与机会和威胁的关系。公司是否处于整体强有力的竞争地位？公司能否继续获得目前公司层或业务层战略收益？公司怎样做才能将劣势变为优势，将威胁转化为机会？它能建立新的职能层战略、公司层战略和业务层战略来实现这种变化吗？永远不要进行完SWOT分析就把它扔到一边。它提供了一份简明的公司状况总结，一个好的SWOT分析对后续的所有分析都是至关重要的。

(5)分析公司层战略。分析公司层战略，你首先需要确定公司的使命和目标。有时候会有使命和目标的明确陈述的情况，在其他时候，你将不得不从可用的信息中推断它们。你需要收集信息才能找到公司战略包括诸如其业务线和子公司性质等因素。分析公司之间的关系非常重要。比如，它们是否交易或交换资源、有没有从中获得收益、协同效应或者公司是否正在运行投资组合。这个分析应该使你能够确定公司的公司层战略（例如，相关或不相关的多元化，或两者的组合），并得出该公司是否仅在一项核心业务中运营。然后对此进行SWOT分析，讨论这个战略的优劣势。它是否适合公司所处的环境？公司层战略的改变是否会为将劣势转化为优势提供新的机会？例如，公司是否应该从核心业务向新业务进行多元化？

其他问题也应该考虑。公司层战略是否随着时间而改变？改变的理由是什么？通常，通过分析公司的业务或产品来评估公司状况、确定哪些部门对其竞争优势有最大或最差的贡献是一个不错的主意。对于探索公司如何建设也很有用。随着时间的推移，它是否获得了新的业务，还是内部对其进行了兼并？所有这些因素都提供了关于公司的线索并指出了该做法对于公司发展的导向。

(6)分析业务层战略。一旦你了解公司层战略并进行了SWOT分析，下一步是确定公司的业务层战略。如果公司是单一业务公司，那么业务层战略与公司层战略相同。如果公司有许多业务，每个业务将有自己的业务层战略。你需要确定公司的差异化竞争战略、侧重点以及投资策略。考虑到它的相对竞争地位和生命周期阶段，公司也可以使用不同的业务层战略来销售不同的产品，它可能会提供低成本的产品系列和一系列差异化产品。务必全面介绍公司的业务层战略，以展示其竞争力。

通过卓越的效率、质量、创新和客户响应的优势确定公司追求建立竞争力的职能层战略，并且实现其业务层战略。SWOT分析将提供有关公司职能性能力的信息，你应该调查它的生产、营销或研发策略，进一步了解公司的发展方向。例如，追求成功的成本领先战略或差异化战略。公司是否已经开发出合适的产品？如果有的话，公司如何利用它们进一步发展？公司可以同时追求成本领先战略和差异化战略吗？

在这一点上，SWOT分析是一个尤为重要的模型，特别是波特五力模型揭示了环境对该公司的威胁。该公司能够应对这些威胁吗？该公司应该如何调整自己的业务层战略，以应对这些威胁？为了评估一家公司业务层战略的潜力，你必须首先进行彻底的SWOT分析，揭示问题的实质。

一旦你完成了这个分析，你就可以全面了解公司的运营方式并能够评估其战略的潜力。因此，你将能够提出建议。然而，你首先需要考虑战略实施，或者公司试图实现其战略的方式。

（7）分析结构和控制系统。这个分析的目的是确定采用什么结构和控制系统，评估公司实施的战略和结构是否适合该公司。不同的企业和商业战略需要不同的结构。你需要确定公司战略和结构之间的契合程度。公司是否有适当的垂直差异化水平（例如，是否它在层级结构或分散控制中有适当的级别）或水平分化（当它应该使用功能结构时使用的却是产品结构）。同样，公司正在使用正确的整合或控制系统来管理其运作吗？管理者是否被适当奖励？这些都是需要考虑的问题。

在某些情况下，关于这些问题的信息很少，而在另一些情况下会有很多。在分析每一个案例时，你应该把分析推向它最突出的问题。例如组织冲突、权力和政治意愿对一些公司而言是重要问题。试着分析为什么这些问题发生。它们是否因为糟糕的战略制定而出现？

在许多案例中，组织变革都是一个问题，因为这些公司是试图改变它们的策略或结构来解决战略问题。从而，作为分析的一部分，你可能会建议公司采取行动计划来实现其目标。例如，你可能会按逻辑顺序列出该公司需要遵循的步骤来使其业务层战略从差异化变为聚焦。

（8）提出建议。你的建议质量会直接反映你进行案例分析的缜密性。建议的宗旨是解决公司面临的一切战略问题，提高其未来的盈利能力。你的建议应该符合分析要求，也就是说，应该从前面的讨论中按照逻辑进行。例如，建议具体的职能层战略、公司层战略、业务层战略，以及组织结构和控制系统以改善业务表现。这套建议将是针对特定情况的，因此很难在这里讨论这些建议。这样建议可能包括增加对特定研发项目的支出，剥离某些与相关多元化战略无关的业务，通过设置专门团队进行分工以提高整合程度，或转向不同类型的结构，实施新的业务层战略。确保你的建议是相互一致并以行动计划的形式表述出来的。该计划可能包含一个体现了改变公司战略的具体行动的时间表，以及公司层战略的变化将如何导致职能层战略和业务层战略改变的描述。

在完成所有这些步骤之后，你将对案例进行彻底的分析，并将能够根据规定的格式，参与课堂讨论或在课堂上阐述你的观点。请记住，你必须根据案例中讨论的具体问题调整分析。在某些情况下，你可能会完全忽略分析中的一个步骤，因为它与你要考虑的情况无关。你必须对案例的需求非常敏感，不能盲目地应用我们在本节中讨论的框架。这个框架只作为一个指南，而不是一个大纲。

怎样撰写案例分析报告

通常作为课程要求的一部分，你将需要提交书面形式的案例分析，这可能是个人报告，也可能是小组报告。无论是哪一种，都有在撰写案例分析时可以遵循的指导原则，它可以帮助你提升你最终从你的导师那里获得的评分。在我们讨论和使用这些指导原则之前，要首先确保它们不会与你的导师给你的方向发生冲突。

你的书面报告的结构是至关重要的。一般来说，如果你按照上一节讨论的分析步骤，你已经有了一个好的书面结构。所有报告都以案例公司的情况、历史发展过程以及经历的问题作为开头，然后介绍你将如何处理案例中的问题。"第一，我们讨论公司的环境……第三，我们讨论X公司的业务层战略……最后，我们提供建议以扭转X公司的业务困境。"

在案例分析报告的第二部分——战略分析部分中，应进行SWOT分析，分析和讨论公司业务层战略与公司层战略的性质和问题，然后分析其结构和控制系统。确保你使用大量的标题和小标题来组织你的分析，例如，你使用的任何重要概念的章节。因此，你可能要有一个部分是关于五力模型，对环境进行分析。在分析公司的公司层战略时，可以单独提供一个关于投资组合的部分。根据案例中重要的具体问题调整章节和子章节。

在案例分析报告的第三部分，提出解决方案和建议。要全面并确保它们与前面的分析一致，以便将它们与建议结合在一起，并有逻辑地从一个转到另一个。建议部分非常有启发性，因为你的导师会根据你的建议质量，很好地了解你在这个案例中投入了多少工作。

遵循这个框架将为大多数书面报告提供一个良好的结构，尽管它必须适合正在分析的具体案例。有些情况是关于优秀的公司没有遇到任何问题。在这种情况下，很难写建议。相反，你可以专注于分析公司为什么能做好，用这个分析来组织讨论。以下是一些小问题的建议可以帮助你进行更好的分析。

（1）不要重复总结来自案件的大量事实信息，你的导师已经阅读了案例并知道发生了什么。用案例中的信息来说明你的陈述，为你的论点辩护，或提出突出的观点。除了对公司的简要介绍之外，你必须避免描述性，相反，你必须善于分析。

（2）确保你讨论的各个部分和子部分有逻辑地、流畅地从一个部分到另一个部分。也就是说，试着建立在之前的基础上，这样对案例研究的分析就会达到高潮。这对群体分析来说尤其重要，因为群体中的人有一种趋势，他们会把工作分成两部分，然后说："我先做开始，你做中间的部分，我再做结尾。"结果是一个起伏不定、呆板的分析，各个部分不会从一个有逻辑地转向另一个，而且很明显，导师认为你们没有完成真正的小组作业。

（3）避免语法和拼写错误。它们会让你的工作看起来很邋遢。

（4）在某些情况下，在1998年或1999年结束的几个知名公司打官司的案例，在撰写案例时没有任何后续信息。如果可能的话，在接下来的几年里，你可以搜索更多关于公司的信息。

许多图书馆现在都有综合的基于网络的电子数据搜索设备，提供ABI/Inform、Hall Street Journal索引、F&S索引和Nexis-Lexis数据库。这使你能够找到在过去几年里你所选择的公司在商业报刊上发表的任何文章。一些非电子数据源也很有用。比如，F&S Predicast公司每年会出版一份与大公司相关的文章列表，这些文章会出现在国家和国际商务杂志上。标普行业调查是基础行业数据的重要来源，而价值线评级和报告可以很好地总结公司的财务状况和未来前景。你还需要收集公司的财务信息。同样，这可以从基于网络的电子数据库（如Edgar数据库）访问，该数据库将公开上市公司必须提交给证券交易委员会的所有表格（比如，来自SECS Edgar数据库的10-K文件可以被访问）。大多数证券交易委员会的上市公司表格现在可以从基于互联网的金融网站，如雅虎财经网站（http://finance.yahoo.com/）获取。

（5）有时老师会针对每个案例提出问题来帮助你进行分析。将这些作为编写案例分析的指南。他们经常阐明讨论中必须涉及的重要问题。

如果你遵循本节中的指导方针，你应该能够编写一个全面而有效的分析报告。

财务分析在案例分析中的作用

案例研究和分析的一个重要方面是财务信息的作用和使用，对公司财务状况的仔细分析会极大地提高案例的写作水平。毕竟，财务数据代表了公司战略和结构的具体结果。虽然财务分析报表可能非常复杂，但通过比率分析可以确定公司财务状况的总体思路。财务业绩比率可以从资产负债表和利润表中计算出来。这些比率可分为五类：利润率、流动率、活动率、杠杆比率和股东回报率。这些比率应与行业平均水平或该公司前几年的表现相比较。但是，应当指出，偏离平均数不一定是坏事，它只是需要进一步的调查。例如，年轻公司将以不同的价格购买资产，其资本结构可能与成熟公司不同。除了比率分析之外，公司的现金流状况也至关重要，应该进行评估。现金流显示一个公司拥有多少现金。

1. 利润率

利润率是衡量公司使用资源的效率。公司效率越高，盈利能力就越强。将一家公司的盈利能力与其所在行业的主要竞争对手进行比较，以确定这家公司的经营效率是高于还是低于竞争对手，这是很有用的。此外，随着时间的推移，公司利润比率的变化会显示其业绩是在改善还是在下降。

可以使用许多不同的利润率，每一个都可以衡量公司业绩的不同方面，我们看看最常用的利润率。

资本回报率（ROIC） 它衡量的是投资于公司的资本的利润。它的定义如下：

资本回报率 = 净利润 / 投入资本

净利润是通过从公司总收入中减去经营成本（总收入 − 总成本）来计算的。总成本是所售商品的成本，加上销售、一般和行政费用，研发费用，其他费用。净利润可以在税前或税后计算，尽管许多金融分析师更喜欢税前计算。投入资本是指投资于公司运营的金额，也就是投资于房地产、工厂、设备、库存和其他资产的金额。投入资本有两个主要来源：附息负债和股东权益。附息负债是指公司从银行和购买其债券的人那里借的钱。股东权益是指通过向公众出售股份筹集的资金，再加上公司在前几年留存的收益，并可用于投资当前的投资。ROIC 衡量的是一家公司利用现有资金进行投资的有效性。因此，它被认为是一个公司创造价值的一个极好的衡量标准。一个公司的 ROIC 可以分解成它的组成部分。

资产收益率（ROA） 这一比率衡量的是资产使用所得的利润。它的定义如下：

资产收益率 = 净利润 / 总资产

股东权益收益率（ROE） 这个比率衡量的是普通股股东在公司投资中所获得的利润百分比。定义如下：

股东权益收益率 = 净利润 / 股东权益

如果一个公司没有债务，这和 ROIC 是一样的。

2. 流动率

公司的流动性是衡量其履行短期债务能力的指标。如果一项资产可以很容易地转换成现金，那么它就被视为具有流动性。流动资产包括现金、有价证券、应收账款等。通常使用两种流动性比率。

流动比率 流动比率衡量的是短期债权人的债权被可迅速转换为现金的资产覆盖的程度。大多数公司都应该有一个至少为 1 的比例，因为未能履行这些承诺可能会导致破产。比率的定义如下：

流动比率 = 流动资产 / 流动负债

速动比率 速动比率衡量的是一家公司是否有能力偿还短期债权人的债务，而不依赖于出售存货。这是一项有价值的措施，因为在实践中，存货的销售往往是困难的。它的定义如下：

速动比率 = （流动资产 − 库存）/ 流动负债

3. 活动率

活动率表明公司管理资产的效率。有两个比率特别有用。

存货周转率 这衡量的是存货周转的次数。它在确定一个公司是否有存货过剩时是有用的。定义如下：

存货周转率 = 销货成本 / 库存

与销售额相比，销货成本是一个更好的周转率指标，因为它是存货项目的成本，存货是在资产负债表日进行的。有些公司选择计算平均库存、开始库存和结束库存，但为了简单起见，使用资产负债表日的库存。

销售余额（DSO）或平均回收期 这个比率是指公司在出售后等待收到现金的平均时间。它衡量公司的信用、计费和收款程序的有效性。它的定义如下：

销售余额 = 应收账款 / 总销售额 /360 也即应收账款除以平均日销售额。360是大多数财务分析的标准天数。

4. 杠杆比率

如果一家公司使用的债务超过权益，包括股票和留存收益，那么它的杠杆率就很高。债务和权益之间的平衡被称为资本结构。最优的资本结构是由公司决定的。债务的成本更低，因为债权人承担的风险更小：他们知道自己会得到利息和本金。然而，债务对公司来说是有风险的，因为如果没有足够的利润来支付利息和本金，就会导致破产。通常使用三种杠杆比率。

资产负债率 它是衡量借入资金用于公司投资的程度的最直接指标。定义如下：

资产负债率 = 总负债 / 总资产

总负债是公司的流动负债和长期负债的总和，总资产是固定资产和流动资产的总和。

净资产负债率 它指的是公司资本结构中债务与权益之间的平衡。这可能是衡量公司杠杆作用最广泛使用的指标。它的定义如下：

净资产负债率 = 总负债 / 总权益

利息保障倍数 它衡量的是公司毛利润支付年利息的程度。如果这个比率下降到低于1，则公司无法支付利息成本并且理论上已经资不抵债。它的定义如下：

利息保障倍数 = 息税前利润 / 总利息费用

5. 股东回报率

股东回报率衡量的是股东从持有公司股票中获得的回报比例。考虑到股东财富最大化的目标，为股东提供足够的回报率是大多数公司的首要目标。与利润率一样，将公司的股东回报率与类似公司的股东回报率进行比较，可以作为衡量公司满足这一特别重要的组织构成群体需求的标准。通常使用以下四种比率。

股东总回报 衡量的是 $t+1$ 时期在 t 时期投资公司股票所获得的回报。时间 t 是初始投资的时间。股东回报包括股息支付和股票价值的增值（根据股票分割进行调整），定义如下：

股东总回报 = [（$t+1$）时期股价 − t 时期股价 + 每股年度股息总和] / t 时期股价

如果股东在 t 时期投资2美元，$t+1$ 时期股票价值3美元，而年度股息的总和在周期 t 到 $t+1$ 已达 0.20 美元，股东总回报等于 (3−2+0.2)/2 = 0.6，这是一个从 t 时期开始，投资2美元，回报率为60%的投资。

价格收益率 它指投资者愿意按每一美元的利润支付的金额。定义如下：

价格收益率 = 每股的市场价格 / 每股收益

市盈率 衡量的是公司未来预期的增长前景。定义如下：

市盈率 = 每股市场价格 / 每股收益

股息率 股息率以股息的形式衡量股东的回报。定义如下：

股息率 = 每股股息 / 每股市场价格

每股的市场价格可以以年初的第一笔交易价格计算，在这种情况下，股息收益指的是年初投资的回报。另一种方法是使用一年中的平均股价。公司必须决定向股东支付多少利润，以及向公司再投资多少利润。具有强劲增长前景的公司的派息率应该低于成熟公司。理由是，如果公司没有增长，股东可以将资金投向别处。最优比率取决于单个公司，但关键的决定因素是公司能否产生比投资者在其他地方所能获得的更好的回报。

6. 现金流

现金流量表反映的是收到的现金减去分配的现金。净现金流可以从公司的现金流量表中提取。现金流对于揭示公司融资需求非常重要。强劲的正现金流使公司能够为未来的投资提供资金，而不必向银行家或投资者借钱。这是可取的，因为公司可以避免支付利息或股息。弱现金流或负现金流意味着公司必须求助于外部资源来资助未来的投资。一般来说，在高增长行业的公司往往发现自己的现金流状况很差（因为它们的投资需求很大），而在成熟行业的成功公司通常发现自己的现金流状况很好。

公司的内部产生的现金流是通过将其折旧费用加到扣除利息、税项和股息后的利润中来计算的。如果这一数字不足以覆盖拟议中的新投资，该公司将别无选择，只能借入资金以弥补缺口或缩减投资。如果这个数字超过了拟议的新投资，公司就可以利用过剩的资金来增加其流动性（即通过对金融资产的投资）或提前偿还现有贷款。

小结

在评估一个案例时，重要的是要以一种合乎逻辑的方式系统地分析这个案例，首先要确定经营和财务的优势和弱点，以及环境的机会和威胁。只有当你完全熟悉公司的 SWOT 分析时，你才可以评估公司当前战略的价值。如果没有，需要做什么改变？你的建议是什么？最重要的是，将你可能提出的任何战略建议与 SWOT 分析联系起来。明确说明你确定的战略如何利用公司的优势来利用环境机会，如何纠正公司的劣势，以及如何应对环境威胁。此外，不要忘记概述实施建议需要做什么。

案例 A

波音商用飞机

引言

21世纪的前15年是世界上最大的航空航天公司之一波音公司的商用飞机业务部门经历动荡的一段时期。20世纪90年代末和21世纪初,波音公司一直在努力解决一些数据专利和生产问题,这些问题损害了公司的声誉,导致公司财务业绩不佳。更糟糕的是,它的全球竞争对手空中客车(Airbus)公司的市场份额一直在扩大。2001~2005年,这个欧洲公司经常比波音公司获得更多的新订单。

波音公司于2003年开始在其竞争对手面前占据优势,正式推出其下一代喷气式飞机——波音787。该喷气式飞机主要由碳纤维复合材料制成,被誉为最省油的大型喷气式飞机。据预测,波音787将比波音公司的老式宽体客机767少消耗20%的燃料。到2006年,波音公司已接到大量波音787的订单。再加上客户对波音最畅销窄体客机波音737的兴趣浓厚,使得波音公司重新获得了在新商用飞机订单方面的领先地位。2006年,波音公司的竞争对手空中客车公司正在为其新型飞机A380超大型飞机的重大生产问题和订单疲软而苦苦挣扎。针对波音787,空中客车公司决定生产空中客车A350,空中客车A350也将主要用碳纤维建造。尽管波音787计划2008年才投入使用,但空中客车A350在2012年之前都很难正式投入使用,这给了波音公司一个显著的领先优势。

在接下来的几年中,波音公司遇到了一些生产和技术设计问题,导致波音787正式投入使用时间被推迟了5次,最终于2011年得以实现,这比原计划晚了三年多。从那时起,波音公司的产能迅速提升。截至2014年年底,波音公司交付飞机225 787架,帮助推动该公司实现了创纪录的收入和盈利。波音公司还积压了843份波音787的订单。空中客车公司在A350上也遇到了自己的生产问题,导致其直到2014年年底才推出首架空中客车A350,比计划时间晚了两年多。尽管如此,空中客车还是收到了越来越多的空中客车A350的订单,到2014年它已拥有779家公司的订单。

到2011年,波音公司不得不就占其飞机交付总量60%、久负盛名的窄体737系列飞机做出另一个重要决定。波音737的主要竞争对手一直是空中客车A320。2010年年末,空中客车公司宣布将生产新型号——空中客车A320,该机型将采用普惠公司先进的发动机,估计比现有发动机效率高10%~15%。被称为A320neo(neo代表"新发动机选项")的机型,截至2011年8月,这种飞机已经收到了1 029份订单。空中客车公司的成功迫使波音公司采取行动。波音公司也表示,它将提供一种名为"737 MAX"的737机型,这个机型也将使用新型发动机。对波音737的重新设计推高了波音公司的研发成本。最初,该公司考虑对波音737进行彻底的重新设计,以结合波音787使用的碳纤维技术。后来,波音公司选择不走这条路,理由是重新设计会推迟新飞机的交付时间,这会使空中客车在窄体飞机市场获得领先地位。到2015年3月,波音公司已经积压了2 715份

737 MAX 订单。首批飞机将于 2017 年年底投入使用。然而，到 2015 年 1 月，空中客车公司还积压了 3 621 份 A320neo 订单。

让事情变得更复杂的是，几十年来新进入者第一次崭露头角。加拿大支线飞机制造商庞巴迪开始接受 110～130 座的窄体 C 系列飞机的订单，这将使其与波音 737 和空中客车 A320 系列中最小的机型进行直接竞争。此外，中国商用飞机有限责任公司（COMAC）宣布将建造 170～190 座的窄体客机。

竞争环境

到 21 世纪初，大型商用喷气式飞机市场一直由波音和空中客车两家公司主导。该行业中的另一家公司麦克唐纳·道格拉斯（Mcdonnell Douglas）在行业中一直有着重要地位，但在 20 世纪 80 年代和 90 年代失去了大量的市场份额。1997 年，波音公司收购了麦克唐纳·道格拉斯，主要是因为其强大的军事业务。自 20 世纪 90 年代中期以来，空中客车公司一直依靠波音公司的损失来获得订单。到 2005 年前后，这两家公司便瓜分了市场，这种状况一直持续到今天。

波音公司和空中客车公司都拥有全系列的飞机。波音公司可提供 5 种机型，座位数量有 100～500 个。它们分别是窄体 737 和宽体 747、767、777 和 787。每个系列都有多种形式。例如，目前波音 737 有四种主要型号。它们有 110～215 个座位，航程有 2 000～5 000 英里，波音 737 系列中最小的机型 737-600 的价格为 4 700 万美元，最大的机型 747-8 为 2.82 亿美元。波音家族中的新成员波音 787 的售价为 1.38 亿～1.88 亿美元，具体价格取决于型号。[1]

同样，空中客车公司也提供了五种机型：窄体 A320 系列、宽体 A300/310、A330/340、A350 和 A380 系列，这些飞机的大小在 100～550 个座位不等，订单价格的范围与波音公司类似。空中客车 A380 超大型客机的售价为 2.82 亿～3.02 亿美元，较小的空中客车 A320 的售价为 6 200 万～6 650 万美元[2]。两家公司都提供宽体货机机型。

空中客车公司成立于 1970 年，是由一家法国公司和一家德国公司联合开办的，它进入飞机制造市场的时间比较晚。后来，一家英国和西班牙公司也加入了合伙人行列。最初，很少有人给予空中客车公司发展机会，但这个合伙公司通过创新获得了成功。它是第一家制造具备电传飞行控制系统的飞机的飞机制造商，这些飞机大量使用了复合材料，只配备两名机组成员（大多数有三名），并采用相同的驾驶舱布局（尽管它们型号不同）。它也是第一家提供宽体双引擎喷气机 A300 的公司，A300 飞机的定位在波音 737 这种小型单通道飞机和波音 747 等大型飞机之间。

2001 年，空中客车公司成为一个完全股份制公司。由法国、德国和西班牙利益体合并而成的欧洲宇航防务集团（EADS）获得了空中客车公司 80% 的股份，英国 BAE Systems 公司获得了 20% 的股份。

1. 生产和发展

该行业的开发和生产经济性具有几个特点。第一，与开发新客机相关的研发和模具成本非常高。波音公司花费了 50 亿美元开发波音 777 飞机，最新的波音 787 最初预计耗资 80 亿美元用于开发，但推出时间的延迟将这一数字增加到了至少 150 亿美元。据报道，空中客车 A380 超大型客机的开发成本超过了 150 亿美元。

第二，考虑到高昂的前期成本，为了达到盈亏平衡，公司必须在预计的全球需求中占据显著的份额。例如，空中客车超大型飞机的盈亏平衡点估计在 250～270 架。虽然它正在开发中，但对这种飞机总潜在市场的估计差别很大。波音公司认为，在其存在的前 20 年内，全球总市场需求量不超过 320 架，而空中客车公司认为全球市场将需要大约 1 250 架这种规模的飞机。实际上，到 2014 年年底，空中客车公司只交付了 152 架空中客车 A380 飞机，而订单积压量仅为 165

架，这表明波音公司的需求估计可能更接近实际情况。现在看来，空中客车 A380 要到 21 世纪 20 年代才会实现盈亏平衡，而且在开发过程中还会出现多年的现金流负增长。[3]

第三，飞机制造行业中有显著的学习效应。[4]一般来说，一种机型的产出量每翻一番，其单位成本就会降低 20%。这种现象的出现是因为随着时间推移，管理人员和车间工作人员通过学习会越来越熟练地掌握如何更有效地组装特定机型，缩短装配时间，提高生产率并降低后续生产的边际成本。

第四，飞机组装是一个非常复杂的过程。现代飞机拥有超过 100 万个零部件，这些零部件必须设计成彼此匹配的规格，然后在适当时候生产和组装起来以生产发动机。在行业历史上，有很多次因供应关键部件的问题阻碍了生产计划，导致了损失。1997 年，由于缺少零部件，波音公司不得不停止波音 737 和波音 747 机型的生产，波音公司损失了 16 亿美元的盈利。2008 年，由于紧固件短缺，波音不得不推迟波音 787 机型的生产。

历史上，飞机制造商曾试图通过纵向一体化来管理供应过程，自行生产许多零部件，然后组装成整架飞机（发动机长期以来都是例外）。然而，在过去 20 年中，有一种趋势是，将部件甚至整个子部件的生产外包给独立供应商。例如，对于波音 777，波音公司将大约 65% 的飞机零件生产都外包出去了，除了发动机。[5] 这种方式除了能降低成本，还激发了公司巨大的与供应商紧密合作以协调整个生产过程的需求。

最后，所有新飞机现在都是数字化设计的，几乎在单个部件生产之前进行虚拟组装。波音公司是第一个在 20 世纪 90 年代早期在波音 777 飞机上这样做的公司，20 世纪 90 年代后期的波音 737 新机型也采用了这种方式。

2. 客户

商用喷气式飞机的需求非常不稳定，这往往反映了商用航空业的财务状况，这一行业很容易出现繁荣和萧条的周期（见图 A-1、图 A-2 和图 A-3）。长期以来，航空业一直以产能过剩、价格竞争激烈为特征，是旅游业公认的航空旅行产品。在 20 世纪 90 年代经历了平缓的繁荣后，航空业在 2001～2005 年经历了一次令人沮丧的低迷。2001 年年初，航空业开始低迷，这是由于在 20 世纪 90 年代的经济繁荣之后，商务旅行开始衰落。2001 年 9 月美国遭恐怖袭击后，航空旅行客流量急剧下滑，加剧了行业衰落。2001～2005 年，全球航空业损失了约 400 亿美元。[6]

该行业在 2006 年和 2007 年复苏，但 2008 年和 2009 年因全球金融危机带来的衰退而再次遭受巨大损失。自 21 世纪初以来，燃料价格高昂使情况变糟。2006 年，航空燃油费占行业总运营成本的 25% 以上，而 2001 年这一比例还不到 10%。[7] 到 2014 年，由于石油和航空燃油价格高涨，燃料费占美国航空公司运营费用的 33%，工资和福利是第二大运营开支，占成本的 25%。[8]

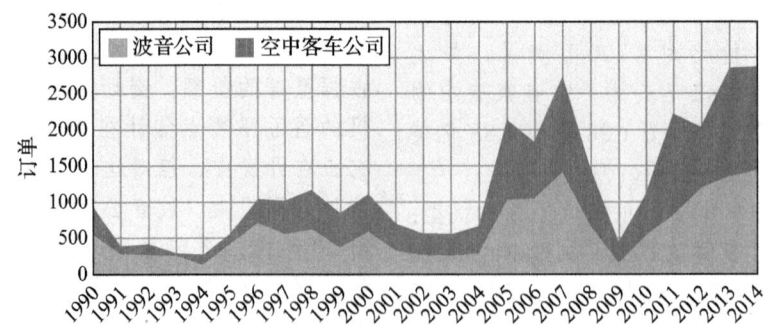

图 A-1 1990～2014 年波音公司和空中客车公司的商用飞机订单

资料来源：波音公司和空中客车公司官网。

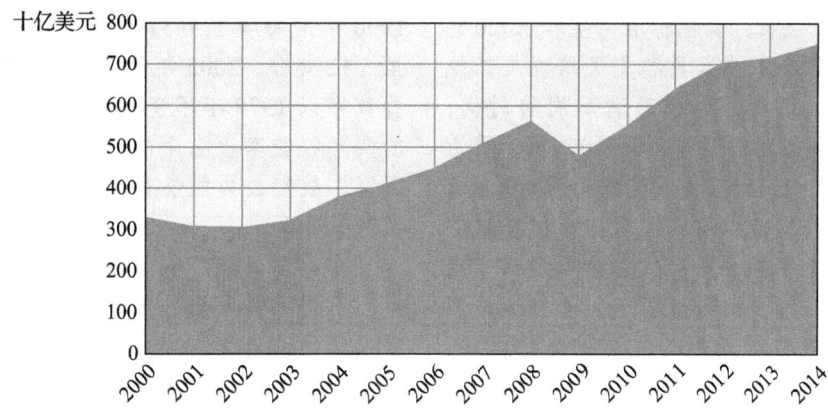

图 A-2 全球航空业收入

资料来源：IATA Data.

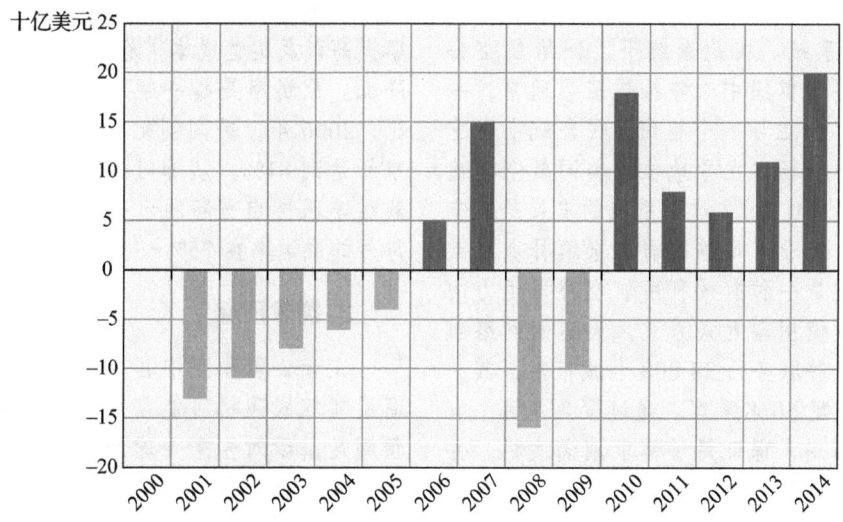

图 A-3 2000～2014 年全球航空业净利润

资料来源：IATA Data.

2001～2005年，全球最大市场美国的六大航空公司（美国航空公司、美国联合航空公司、达美航空公司、大陆航空公司、全美航空公司和西北航空公司）的亏损尤为严重。其中三家航空公司（美国联合航空公司、达美航空公司和西北航空公司）被迫申请破产保护。尽管六大航空公司的需求和利润直线下降，但另一些航空公司在 2001～2005 年则继续盈利，其中最引人注目的是走廉价销售路线的西南航空公司。此外，包括瑞安航空公司和捷蓝航空公司（成立于2000年）在内的较新的廉价航空公司在这段时间也获得了市场份额。事实上，2000～2003年，美国廉价航空公司的运载能力扩大了44%，即便大型公司削减了运载能力并将未使用的飞机停放在沙漠中。1998年，廉价航空公司在美国市场上仅占有16%的份额，而到2004年年中，它们的市场份额上升到了29%。[9]

廉价航空公司成功的关键在于，与传统航空公司相比，这些公司拥有30%～50%的成本优势。廉价航空公司都遵循同样的基本原则，它们只购买一种类型的飞机（一些标准为波音737飞机，其他标准为空客A320）。它们雇用非工会工作人员和交叉培训员工执行多项工作（例如，为帮助满足周转时间，飞行员可能会在登机口帮助检票）。由于灵活的工作规则，西南航空公司仅需要80名员工来提供技术支持和驾驶飞机，而传统航空公司则需要115名。廉价航空公司通过"点对点"飞行，而不是通过枢纽，并且通常使用便宜的二级机场而不是主要的枢纽机场，它们专注于拥有大量流量的大市场（如东海岸）。飞机上没有装饰，没有飞行食品或补充饮料，而且票价也很低，几乎所有座位都能坐满。

相反，传统航空公司的运营基于网络或"辐射式"系统。在此系统下，网络航空公司通过重要的枢纽中心安排航班。通常，一家航空公司会主导一个枢纽（联合航空在芝加哥奥黑尔机场占主导地位，美国航空在达拉斯占主导地位等）。这个系统的发展是有充分理由的：当没有足够的需求来填补点对点飞行时，这是一种有效利用航空公司运力的方式。通过使用辐射式系统，大型的网络航空公司已能够服务约38 000个城市对，其中一些每天不足50名乘客。通过聚焦几百个有需求的城市对，保证足够需求填满飞机，并直接在它们之间飞行（点对点），廉价航空公司似乎找到了解决这一限制的办法。由于工会化的员工传统，网络运营商的成本也较高。此外，它们的飞行服务也提高了它们的成本。在经济景气时，网络运营商可以通过比折扣航空公司收取更高的价格来收回成本，尤其是对商务旅行者而言，他们会为晚预订和乘坐商务航班或头等舱支付更高的费用。然而，在2000~2010年的竞争环境中，情况不再如此。事实上，2000~2010年，美国国内平均往返机票的价格从317美元上涨到338美元，10年间上涨了6.7%，而消费者价格指数上涨了26.6%（即实际价格下降了）。[10]

由于竞争加剧的影响，美国乘客的实际收益率从1980年的每英里8.70美分降至1990年的每英里6.37美分，2000年的每英里5.12美分，2005年的每英里4.00美分（这些数字以1978年不变价表示）。[11] 其他地方的实际收益率也在下降。随着实际收益率的下降，航空公司能够盈利的唯一途径就是降低运营成本。

在美国以外，由于放松管制，低成本航空公司得以进入当地市场，并从采用辐射式模式运作的老牌国家航空公司手中夺取市场份额，竞争加剧。例如，在欧洲，瑞安航空（Ryan Air）和英国易捷航空公司采用了西南航空的商业模式，并利用这种模式大举扩张。

到2005年，美国的大型航空公司开始提高运营效率，这得益于业务量的增长，载运率提高以及运营成本（尤其是劳动力成本）的降低。载运率是指一架飞机的平均满载百分比，2006年，美国创纪录达到86%，在国际市场达到81%。从那时起，美国航空公司的载运率保持相当高的水平，2006~2015年，每月的载运率在75%~85%。

3. 需求预测

波音公司和空中客车公司都发布了未来商用喷气式飞机可能需求的年度项目。这些预测是基于对未来全球经济增长、由此带来的航空旅行需求增长以及全球航空公司财务健康状况的假设。

波音公司在其2014年的报告中预测，未来20年全球经济年增长率将达到3.2%，这将使客运量增长5.0%，货运量增长率每年4.7%。在此基础上，波音公司预测在未来20年内，新飞机需求量将达到36 770架，价值更高达5.2万亿美元。到2033年，全球飞机总数将从2005年的17 330架增加到42 180架。波音公司认为，按单位份额计算，北美将占所有新订单的21%，亚太地区占37%，欧洲占20%。预计亚洲客运量将以每年6.3%的速度增长，北美为2.9%，欧洲为3.9%。[12]

关于订单组合，波音公司认为：70%的单位订单将用于窄体飞机，如737和A320；

22% 将用于宽体双通道飞机，如 787 和 747；不足 2% 将用于大型飞机，如 747 和 A380；其余的是支线飞机。

最新的空客预测 2014～2033 年期间，世界客运量将每年增长 4.7%，新飞机需求量将达到 31 358 架，价值 4.6 万亿美元（空客将支线飞机排除在其预测之外，波音公司的预测包括 2 400 架支线客机交付）。空中客车公司认为，超大型飞机的需求将更加强劲，相当于 747 和 A380 及以上飞机的 1 500 架大型客机和货机，占交付飞机总量的 4%。[13]

波音和空客预测的订单组合的差异反映了未来需求如何演变的不同观点。空中客车公司认为，航空公司将继续在航空旅行中扮演重要角色，特别是国际旅行，而且需要非常大型的飞机才能在中枢之间运送人员。空中客车的这一假设部分基于对过去 20 年数据分析，主要航空枢纽之间的流量增长速度高于其他城市对之间的流量。空客还假定城市集中度将继续增长。空客指出，需求只是人们想去的地方的一个功能，而大多数人想要在主要城市中心之间旅行。例如，该公司指出，从美国到中国的 90% 的旅客都去了三个主要城市，其他 50 个城市占剩下的 10%，而空中客车公司认为，这些城市中很少有足够的需求来支撑北美或欧洲的直飞服务。基于这一假设，空中客车公司看到了对超大型飞机的持续需求，特别是它的 A380。

波音对未来有着不同的看法。该公司已经推断，枢纽会变得越来越拥挤，许多旅客会设法避开它们。波音公司认为，乘客更喜欢在他们想去的城市之间提供频繁的直达航班。波音还认为，这种需求的增长足以支持越来越多的直飞长途航班。该公司指出，继续放宽全球航线管理条例将允许在城市之间建立更多的直航航班。就像在美国一样，该公司认为，长途、低成本的航空公司将会出现，专注于为城市乘客提供服务，并避开枢纽。

总之，波音公司认为，航空公司的旅客需要的是更频繁的直航航班，而不是更大的飞机。[14] 它引用的数据显示，自 1995 年以来，航空旅行的所有增长都是通过在城市之间引入新的不间断航班，城市之间的航班频率增加不是依靠飞机尺寸增加来实现的。例如，波音公司指出，随着 767 的推出，航空公司在北美和欧洲的城市之间引入了更多的航班，以及更频繁的离港航班。1984 年，北大西洋所有竞争中有 63% 是由 747 主导的。到 2004 年，这个数字下降到 13%，由更小的宽体飞机，如 767 和 777 主导。777 可以直飞太平洋并且体型小于 747。在波音 777 推出之后，北太平洋也出现了同样的情况。2006 年，在北美和亚洲，每天有 72 架航班服务于 26 对城市的乘客。

波音历史[15]

威廉·波音于 1916 年在西雅图成立了波音公司。20 世纪 50 年代初，波音公司决定建造一架大型喷气式飞机，可以作为空中加油机出售给军方，并作为客机出售给商业航空公司。这是一场巨大的赌博，这架飞机被称为 "Dash 80"，它有四个喷气发动机，波音公司投资 1 600 万美元开发 Dash 80，占该公司战后利润总额的 2/3，Dash 80 是两架飞机的基础——KC-135 空军加油机和波音 707。707 客机于 1957 年投入使用，是世界上第一架商用客机。波音随后售出了大约 856 架波音 707，以及 820 架 KC-135，最后一架 707 型货机于 1994 年下线（客机于 1978 年停产）。707 年最接近的竞争对手是道格拉斯 DC8，销售量为 556 架。

紧随 707 之后的是其他一些成功的喷气式客机，包括 727（1962 年开始服役）、737（1967 年开始服役）、747（1970 年开始服役），单通道 737 飞机后来成为许多航空公司的主力机型。2000～2010 年，完全重新设计的可以容纳 110～180 名乘客的 737 仍然很畅销。到 2006 年年中，737 的累计销量达到 6 500 架，成为迄今为止最受欢迎的商用喷气式飞机之一。

然而,波音747"大型喷气式客机"可能才是波音的最佳定义。1966年,当波音公司董事会决定开发747飞机时,人们普遍认为它是在拿波音飞机打赌。这架747飞机的诞生,是出于当时美国最大的航空公司泛美航空公司(Pan Am)对一架可飞行5 000英里的400座客机的渴望。泛美航空公司相信,这架飞机将适合越来越多的洲际交通量。然而,除了承诺购买25架飞机的泛美航空以外,747的需求非常不确定。此外,预计4亿美元的开发和工具成本给波音的财务资源带来了沉重负担。为了获得投资回报,该公司估计需要卖出近400架飞机。更复杂的是,波音的主要竞争对手洛克希德和麦道公司分别开发了250座大型喷气式客机。

波音公司的"大赌注"被证明是有利的。泛美航空的竞争对手担心会落在后面,到1970年年底,波音公司已经收到了近200架飞机的订单。连续型号的747扩展了飞机的航程,这架于1989年推出的747-400型飞机的航程为8 000英里,最大可容纳550人(尽管大多数配置都能容纳400名乘客)。此时,道格拉斯和洛克希德都已经退出了市场,这使波音公司在大型商用飞机领域获得了利润丰厚的垄断地位。到2005年,该公司已经售出了约1 430架747,并正在积极销售其747系列的最新型号747-8,计划在2008年投入使用。

到20世纪70年代中期,波音公司的所有机型(707、727、737和747)都突破了盈亏平衡点,正现金流为投资两架新飞机——窄体757和宽体767提供了资金。757是作为老化的727的替代品而设计的,而767是对空中客车类似飞机的回应。这是波音公司设计的第一架由两个人驾驶的飞机(而不是三人驾驶的飞机)。实际上,驾驶舱的布局是一样的,允许机组人员从一架飞机转向另一架。767也是波音公司将大量工作分包给三个日本制造商(三菱、川崎和藤井)的第一架飞机,这三个制造商提供了大约15%的机身。1981年推出后,这两架飞机都取得了成功。在该计划实施期间(2003年结束),大约卖出了1 049架757。到2006年,已有超过950架767飞机售出,该计划仍在进行中。

下一架波音飞机是777。波音777是一种双引擎宽体飞机,可容纳400人,航程近8 000英里。波音777被认为是对空客A330和A340飞机的回应。据估计,波音777的研发成本约为50亿美元,是首款只有两个引擎的宽体长途客机,它也是第一个被虚拟设计的。为了开发这架波音777,波音公司首次使用了由工程和生产人员组成的跨职能团队。它还将主要的供应商和客户引入开发过程。与767一样,大量的工作外包给了外国制造商,包括日本三菱、川崎重工和富士重工,后者提供了波音777机身的20%。波音777的大约60%的零部件都是外包的。波音777被证明是另一个成功的航空公司:到2006年年中,已经订购了850架波音777,远远超过了保持收支平衡所需的200架左右。

1996年12月,波音宣布将与长期竞争对手麦克唐纳·道格拉斯合并,这笔交易估计价值133亿美元,令航空业震惊。波音公司希望加强其在航空航天领域的防务和空间方面的影响力,这推动了两家公司的合并。在航空业的商业方面,道格拉斯自20世纪70年代以来一直在失去市场份额。到1996年,道格拉斯在大型商用喷气式飞机市场的生产中所占的比例还不到10%,在当年的新订单中所占的比例也只有3%。新订单的缺乏,意味着无论合并与否,道格拉斯商业业务的长期前景越来越不明朗。许多分析师认为,麦克唐纳·道格拉斯被迫退出商用喷气式飞机业务只是时间问题。在他们看来,与波音的合并只是加速了这一进程。

这次合并使波音公司转向一个基础广泛的航空航天业务,根据商业生产周期的阶段,商业航空航天业务占总收入的40%~60%。

例如，2001 年，商用飞机集团收入 350 亿美元，占公司总收入 580 亿美元的 60%。2005 年交货周期处于低点（但订单周期出现反弹）的情况下，商用飞机集团为公司总收入 548 亿美元贡献了 227 亿美元，占比 41%。公司总收入的其余部分来自军用飞机、武器和防御系统以及空间系统。

21 世纪初，波音公司通过高度象征性的举动将公司总部从西雅图搬到了芝加哥。此举是为了让企业高管和商业航空航天业务保持一定的距离，该项业务总部仍留在西雅图。此举也意在向投资界表明波音远不止商业业务。

在某种程度上，迁往芝加哥可能是 20 世纪 90 年代末的一系列生产失误造成的，当时该公司本应获得财务上的成功，却遭受了打击。20 世纪 90 年代中期，由于波音公司大幅降价以从空中客车手中夺取市场份额，订单大幅增加。然而，交付这些飞机意味着波音不得不在 1996～1997 年期间将生产计划增加一倍以上。当它试图这么做时，公司遇到了一些服务器生产瓶颈。[16] 波音匆忙雇用并培训了大约 41 000 名员工，从供应商那里招募了很多人——当许多供应商无法满足波音的要求，零部件的运输被延误，并且部件发货被推迟后，波音公司感到后悔。1997 年秋季，事情变得非常糟糕，波音公司关闭了其 747 和 737 生产线，以便工人能够赶上无序工作，并等待后面的订货部件到达。最终，公司不得不承担 16 亿美元的收入损失，以弥补更高成本和因延迟交付飞机而向航空公司支付的罚款。结果，波音在 20 世纪 90 年代中期的订单热潮中赚得很少。波音公司商业航空航天业务负责人被解雇，该公司承诺大幅加速改进其生产系统，其中的元素可追溯到半个世纪前。

21 世纪波音

21 世纪初，三件事情主导了波音商用航空航天的发展。首先，该公司通过采用丰田最初开发的精益生产系统并将其应用于大型喷气式飞机的制造，加速长达十年的项目发展，旨在改进公司的生产方式。其次，该公司考虑并拒绝了建立 747 替代品的想法。最后，波音公司决定开发一种新型宽体长途客机 787。

1. 波音的精益生产

波音试图革新飞机制造的方式可以追溯到 20 世纪 90 年代初期。从 1990 年开始，该公司开始派遣高管团队到日本研究日本领先制造商的生产系统，特别是丰田。丰田开创了一种组装汽车的新方式，即精益生产（与传统的大规模生产相反）。

丰田的精益生产系统是由该公司的工程师大野耐一（Ohno Taiichi）开发的。[17] 在丰田工作了 5 年，参观了福特的美国工厂之后，大野耐一开始相信汽车的大规模生产理念是有缺陷的。他看到了许多问题，包括三个主要的缺点。第一，长时间的生产产生了大量库存，这些库存必须存放在大型仓库中。仓储成本昂贵，而且库存因非生产性用途而捆绑资金。第二，如果最初的机器设置错误，长时间的生产运行导致产生大量缺陷（这是浪费）。第三，大规模生产系统无法满足消费者对产品多样性的偏好。

在寻找缩短生产周期的方法时，大野耐一开发了一系列旨在缩短生产设备安装时间的技术，这是固定成本的主要来源。通过使用杠杆和滑轮系统，他能够将冲压设备上的模具更换时间从 1950 年的一整天缩短到 1971 年的 3 分钟。这一进步使得小批量生产更加经济，使得丰田能够更好地应对消费者对产品多样性的需求，小批量生产也消除了持有大量库存的需要，从而降低了仓储成本。此外，小批量生产和库存不足意味着有缺陷的零件只有少量生产，并立即进入装配过程。这减少了浪费，并且更容易将缺陷追踪到源头并解决问题。总之，大野耐一的创新使丰田能够以比传统批量生产更低的单位成本生产更多样化的产品系列。

20世纪90年代中期，波音对丰田的做法印象深刻，开始尝试将丰田式的精益生产方法应用于飞机制造。波音公司的生产过去都是大批量生产零部件，然后将它们储存在仓库中，直到它们可以在组装过程中使用。在拜访丰田公司后，工程师们意识到波音公司的库存积压问题。大量的空间和资金被捆绑在不增加价值的项目上。而且，昂贵专业的机器经常占用大量的空间，并且经常闲置很长时间。

像丰田的大野耐一一样，公司工程师开始考虑如何在波音公司修改设备和工艺以减少浪费。波音公司为设计工程师、维护技术人员、电工、机械师和操作员提供空间和时间，以便对机器进行试验。他们称这些队员为"moonshiner"。"moonshine"一词是由第二次世界大战后访问美国的日本高管创造的。美国超级市场和阿巴拉契亚丘陵地区人们制造的机器都给他们留下了深刻的印象。他们注意到，人们没有钱建造这些机器，便使用废弃零部件来制造可以生产酒的小型机器，靠出售酒来获得收益。日本人将这一理念带回国，并将其应用于工业机械，这是波音公司高级管理人员20世纪90年代所看到的。在日本顾问的帮助下，他们决定将波音的"moonshine"创意理念应用于生产新的尺寸合适的机器，这样只需很少的钱就可以获得收益。

moonshine小组在精益生产技术方面接受过培训，这方面的支出并不大。最初许多"moonshine"团队专注于重新设计生产零件的设备。波音公司的一项研究表明，在金属加工机械中为飞机制造的零件超过80%是巨大且不灵活的，并且只能大批量生产零件。[18]

不久，获得授权的moonshine小组开始设计他们自己的设备，即带有轮子的小型机器，这种设备可以在工厂内移动，占用的空间很小。一个例子是这样的：一个团队替换了一台售价6位数的大型冲压机器，并将其用于批量生产L型金属零件，生产过程中使用了一台微型冲压机器，该机器由一个小型液压马达驱动，可以在工厂内轮转。有了这台小机器，花费几千美元，零件就可以小批量生产，这样就不需要占用库存了。他们还制造了一台砂光机和一个尺寸相同的零件。现在，从冲压原材料到完成的整个过程，只需将这些机器配置成一个小单元，并由一个人负责，就可以在几分钟内（而不是数小时或数天）完成小规模和快速的周转，使及时生产这些零件成为可能，消除了生产和库存的需要。[19]

"moonshine"创新的另一个例子涉及在组装过程中将座椅装载到飞机上的过程。从历史上看，这是一个烦琐的过程。在供应商提供的座椅到达波音后，每个座椅上都有轮子，然后这些座椅被装在一个大集装箱里送到工厂中。一架起重机将集装箱吊到飞机舱门的高度。然后，在安装之前，将座椅卸下并滚进飞机。这个过程重复进行，直到所有的座位都装好。对单通道飞机来说，这可能需要12个小时。对一架宽体喷气式飞机来说，这需要更长的时间。一个moonshine团队改造了干草升降机来完成同样的工作。它的成本要低得多，通过乘客门迅速地传送座位，而且只花了2个小时，同时不需要起重机。[20]

综合这些案例，你很快就会关注到生产成本这个因素。一台钻机的造价是英格索兰（Ingersoll-Rand）公司全尺寸机器的5%；便携式路由器的制造成本仅为大型固定路由器的0.2%；一个100件订单需要2 000分钟的过程（由于安装、加工和运输，每件20分钟）现在需要100分钟（每件1分钟）；建造737地板梁的员工减少了74%的工时，库存从每年2个增加到18个，制造空间减少了50%；生产777机尾的员工缩短了70%的交货时间，节省了50%的工作空间；生产起落架支撑部件以前需要从机器到机器移动32次，需要10个月，现在需要移动3次，25天。[21]

总的来说，波音公司发现它能够以更低的成本生产更小的零部件，通常来自它制造的机器，这些机器比外部供应商提供的机器更小，成本更低。反过来，这些创新使波音公司切换到准时制库存系统并减少浪费。波音公司还能够通过减少工厂的大型生产设备，将其中大部分设备用较小型的更灵活的机器取代，从而节省空间。波音公司以此腾出了近130万平方英尺的空间，并出售了7座建筑。[22]

除了moonshine小组，波音公司还采用了其他流程改进方法，并在适当的时候施行，六西格玛质量改进流程在波音公司得到广泛应用。然而，最广泛的过程变化是决定从静态装配线切换到移动线。在传统的飞机制造中，飞机会按照一定的角度倾斜放置。每架飞机周围都设有坡道，方便工人出入寻找零件并安装它们。将飞机移动到下一个工作站是一个复杂的过程。飞机必须先从工作站上降落下来，采用动力推车将飞机运往下一个工作站，到达下一个工作站之后再被架起来，这可能需要两次轮班才能完成。很多时间都浪费在把零件送到指定地点，以及把飞机从一个机位移到另一个机位上。

2001年，波音公司在其位于西雅图附近的Renton工厂引进了一条移动装配线，该工厂生产737型飞机。每架飞机都有一条移动线，连接在一个"雪橇"上，该"雪橇"通过嵌入工厂地板的磁条，拉动飞机以每分钟2英寸的速度，经过工具和零件在所需时刻到达的一系列工位，使得工人安装合适的组件。该设置减少了工具和零件的来回搬运，以及昂贵的拖轮或起重机、升降机（只需将工具递交到工作站，而不是让工人拿来拿去，这样每次轮班可节省20～45分钟）。执行预组装任务在支线上。例如，内侧和外侧襟翼在与机身组合之前会组装到机翼上。[23]

就像丰田的装配线一样，如果出现问题，移动的生产线可以停止。灯光用来指示线路的状态。绿灯表示正常的工作流程，停止的第一个信号是黄色的警告灯，如果问题在15分钟内没有解决，紫色灯表示线路已经停止。每个工作区和支线有它自己的灯。[24]

这些流程创新的累积效应非常显著。到2005年，737的组装时间从22天缩短到仅11天。此外，在制品库存量减少了55%，库存量减少了59%。[25]截至2006年，除波音747以外，波音公司所有的生产线都从静态海湾转变为移动线。747在2000年后期转向了移动的路线。

2. 超大型决策

20世纪90年代初，波音和空客开始考虑新机型，以取代波音747。

747飞机的成功让波音公司在超大型喷气式飞机市场上占据垄断地位，使747成为喷气式飞机时代最具盈利能力的飞机之一，但是回顾20世纪60年代的基本设计，一些人认为市场对于座位多达900个的超大型飞机可能有充足的需求。

最初，两家公司曾考虑成立一家合资企业，以分担研发一款超大型飞机的成本和风险，但波音公司在1995年以成本和不确定的需求前景为由撤出。空中客车随后得出结论，波音公司从未认真对待合资企业，这些讨论不过是阻止空中客车发展自己飞机的一种策略。[26]

波音公司撤出后，空中客车开始考虑与747竞争。这架名为A3XX的飞机将成为超大型客机，可容纳超过500名乘客。事实上，空中客车公司表示，该飞机的某些版本可能搭载多达900名乘客。空客公司最初估计，20年内将需要大约1 400架这种尺寸的飞机，而开发成本总计约为90亿美元（估计最终增加到约150亿美元）。波音公司最新的747产品747-400可以运载三个舱位共416名乘客。

波音公司通过起草计划开发747系列的新版本747-500X和747-600X作为回应。747-600X将有一个新的（更大的）机翼，一个比747-400长50英尺的机身，可运载三个舱位共550名乘客，航程可达7 700英里。

较小的747-500X可搭载360名乘客,航程可达8 700英里。

在仔细研究747超级巨型飞机的市场之后,1997年初波音公司宣布它不会继续这项计划。做出这一决定的原因包括有限的市场和高昂的开发费用,当时估计为70亿美元。还有人担心,新飞机更宽的翼展将意味着机场将不得不重新设计一些大门来容纳飞机。波音公司、麦克唐纳·道格拉斯公司(与波音公司合并之前)以及喷气发动机的主要制造商都预测未来20年内这种飞机的需求量大约为500~750架,只有空客公司预测需求量高达1 400架。波音公司表示,海上"点对点"航班的兴起,导致市场分散,这将限制对超大型客机的需求。波音并没有把重点放在超大型飞机上,而是说它将开发767和777飞机的新版本,这种飞机可以飞行9 000英里,可搭载多达400名乘客。

然而,空客继续推进A3XX的开发计划。2000年12月,手头有50多个订单。空客母公司欧洲航空防务与航天公司的董事会批准了这款被称为A380的飞机研发项目。当初开发成本预计为120亿美元,并计划于2006年与新加坡航空公司展开合作。A380将有两个乘客舱,每个座位有更多的空间,过道也更宽敞。它将搭载555名乘客,非常舒适,乘客在长途越洋旅行中肯定会喜欢。根据空中客车公司的说法,这架飞机将比最流行的747-400型客机多搭载35%的乘客,但由于运营效率的提高,每个座位的成本将会降低15%~20%。对于如此大的飞机在机场登机口的登机时间,人们提出了担忧,但空客表示,双层登机桥和更宽的通道意味着登机时间不会超过747-400。

空中客车公司还表示,A380的设计与现有跑道和现有大门相匹配。然而,伦敦希思罗机场发现,它不得不花费约4.5亿美元来容纳A380,拓宽滑行道,并为这架飞机建立行李提取区。类似地,据报道,美国18个机场为了容纳A380,已经花费了大约10亿美元。[27]

3. 787

在空客推出A380的同时,波音2001年3月宣布开发一款全新的飞机。这架飞机被称为"声波巡航舰",飞机可载运250名乘客,航程可达9 000英里,飞行速度仅仅低于声速,跨大西洋飞行可节省1个小时的时间,跨太平洋飞行则可以节省3个小时的时间。为了降低运营成本,"声波巡洋舰"将由低重量的碳纤维复合材料构建而成,虽然该声明引起了航空界的浓厚兴趣,但在"9·11"事件之后,航空业遭受经济衰退的冲击,2001年,波音和航空公司都变得不那么热情,2002年3月该计划被取消,波音公司表示将开发一种使用复合技术的更传统的飞机,该飞机最初被称为7E7,其中E代表"高效"(这架飞机在2005年年初更名为787)。

2004年4月,7E7项目正式启动,日本全日空航空公司订购了价值60亿美元的50架飞机,这是波音公司历史上最大的一次订单。7E7是一架双通道、宽体、双引擎飞机,可搭载200~300名乘客,航程可达8 500英里。这架飞机的飞行距离超过了777系列中除飞行距离最长的一架飞机以外的所有飞机,而且7E7的飞行距离可能比空客最接近的竞争对手——中型A330-200要多750英里。机身完全由复合材料制成,机身重量更轻,比现有同等尺寸的飞机少耗油20%。

飞机的设计也考虑到乘客的舒适度,座位会更宽,过道和窗户也比现有飞机大。该飞机将在6 000英尺高度加压,而不是8 000英尺,这是标准的行业惯例。航空公司的客舱湿度通常保持在10%的水平上,以避免湿气积聚而导致腐蚀,但由于复合材料不会腐蚀,湿度则可保持在20%~30%。[28]

初步估计表明,该喷气式飞机2008年开发和投入服务需花费70亿~80亿美元,波音公司决定将787的更多制造工作外包出去,外包比例比迄今为止的任何其他飞机都高,这架飞机的机身和机翼结构中大约有35%将由波音公司制造。三菱重工、川崎重工、富士重工等三家日本企业承担35%，另外26%将由意大利公司建造，尤其是阿莱尼亚。[29] 波音首次要求其主要供应商承担飞机的部分开发成本。

这架飞机将在波音公司位于华盛顿埃弗雷特的大型工厂组装，大型组件将由主要供应商制造，然后运往埃弗雷特进行最终组装。他们的想法是在三天内将运达埃弗雷特的部件组装在一起，从而节省总装配时间。为了加快运输速度，波音公司将采用空运作为其主要的运输方式。

空客最初的回应是，将波音公司的成本节约声明斥为无关紧要。他们指出，即使787比A330使用更少的燃料，也只相当于总运营成本的4%。[30] 然而，即使根据空中客车公司的计算，随着燃料价格开始加速上涨，节省的金额也在增加。此外，波音公司很快就开始为787争取一些重要的订单。2004年，波音公司接到了56架787客机的订单，2005年接到了232份订单，2006年的前9个月，又收到了85份订单，总数为373份，远远超过了盈亏平衡点。

2004年12月，空客宣布将开发一种新型号A350，与787直接竞争。这种飞机是长途、双通道喷气式飞机，可容纳200～300名乘客，并由复合材料制成。然而，订单流量缓慢，航空公司抱怨说A350在运营效率、航程或乘客舒适度方面与波音787无法相比。空中客车公司重新开始了计划，并在2006年中期宣布了A350的新版本A350 XWB（用于超宽体）。空中客车估计，A350 XWB将在2012年投入服务，耗资10亿美元，比787年落后几年。双引擎的A350 XWB将搭载250～375名乘客，飞行距离可达8 500英里。A350 XWB的最大版本将直接与波音777而不是787相竞争。与787一样，A350 XWB将主要由复合材料制成。"超宽体"旨在提高乘客的舒适度。空中客车公司积极为A350 XWB融资，并声称它将获得来自德国、法国、西班牙和英国的资助，这些国家都是空中客车公司主要部件的生产基地。[31]

贸易紧张局势

在不涉及贸易问题的情况下讨论全球航空航天业是不可能的。在过去的30年中，波音和空客都指责它们的竞争对手从政府补贴中受益不公。2001年，空中客车公司由四家欧洲飞机制造商组成的财团运作：一家英国公司（20.0%所有权）、一家法国公司（37.9%所有权）、一家德国公司（37.9%所有权）和一家西班牙公司（4.2%所有权）。20世纪80年代和90年代初期，波音公司认为这些国家的补贴允许空客设定不切实际的低价格，向航空公司提供优惠和有吸引力的融资条件，冲销开发成本，并使用国有航空公司获得订单。根据美国商务部的一项研究，空中客车公司1970～1990年获得超过135亿美元的政府补贴（如果采用商业利率，则获得259亿美元）。这些补贴大多数是以低于市场利率和税收减免的形式发放的，这些补贴资助了研发，并为空中客车的客户提供了有吸引力的融资条件。空客的回应是，波音公司多年来一直受益于美国政府的隐性补贴，尤其是五角大楼的研发补贴。

1992年，双方似乎达成了一项协议，搁置了长期存在的贸易争端。1992年由欧盟代表四个成员国谈判达成的协议将政府直接补贴限制在开发新飞机总成本的33%，并规定这种补贴必须在17年内偿还利息。该协议还对政府支持的商用飞机的军事研究等间接补贴限制在一个国家每年商业航空总收入的3%，或该国任一公司商业飞机收入的4%。尽管空中客车表示争论现在已经解决，但波音公司认为，它们仍将在补贴方面竞争数年。

2004年，当空中客车宣布A350的第一个版本与波音787竞争时，贸易纠纷再次升温。空客将申请17亿美元的研发资助来帮助A350的发展的信号，对美国政府而言是一个危险警报。2004年年末，美国贸易代表办公室罗伯特·佐利克发表声明，正式宣布放弃1992年的协议，并要求停止发起补贴。佐利克曾说，自35年前空中客车公司成立以来，一些欧洲人已经证明，对空中客车的补贴是必要的，以支持一个新兴行业。但这个观点已经过时。空客现在比波音销售更多的大型民用飞机，空中客车已经收到了37亿美元的A380研发资助，另外还有28亿美元的间接补贴，其中包括纳税人资助的17亿美元的基础设施改进，总共65亿美元。

空客回击称，波音也继续享受着慷慨的补贴。该公司已从NASA获得了约120亿美元的技术开发费用，其中大部分已用于研发商用喷气式飞机。欧洲人还称，波音公司将获得高达32亿美元的来自将装配787的华盛顿州的税收减免，以及日本政府向日本三家供应商提供的超过10亿美元的贷款，这些供应商对787的贡献在1/3以上。此外，空中客车很快指出贸易战对双方都没有好处，空客每年从美国的公司购买大约60亿美元的供应品。

2005年1月，美国和欧盟同意冻结两家飞机制造商的直接补贴，同时谈判继续进行。然而，2005年5月的新闻报道称，空客证实，该喷气机制造商已向四个欧盟政府申请A350的研发资助，英国政府将在巴黎航空展期间宣布约7亿美元的资助，同年，欧盟提出将A350的研发资助减少30%。美国对此不满，双方决定谈判暂缓。5月31日，美国正式提请与世界贸易组织（WTO）成立一个争端解决小组来解决问题，欧盟迅速做出回应，向WTO提起反诉声称美国对波音公司的补贴已经超过了1992年协议条款的规定。[32]

2011年年初，WTO就波音的控诉和空客的反诉做出了裁决。世贸组织指出，空客在过去40年里确实从大约150亿美元的不当研发补贴中获益，这种做法必须停止。然而，波音几乎没有时间庆祝。在一个单独的裁决中，世贸组织表示，波音公司也受益于不适当的补贴，包括来自美国政府的53亿美元发展787的补贴（世贸组织表示，大多数补贴都是以美国宇航局开发空间技术的名义支付的，而后来却作为商用）。争端双方都对这些裁决提出上诉，这个过程可能会拖上几年。[33]

下一阶段

空中客车A380和波音787对航空公司的未来有不同的看法。到2011年年中，空客已经交付了51架A380，并且积压了236架订单。然而，新订单的速度一直很缓慢。波音公司积压了827份787订单，空客公司还通过宣布A350 XWB规避风险。在计划缓慢起步后，该飞机积压了567份订单，而787的订单则为827个。

两家公司都面临严重的生产问题，并面临严重的延误问题。2006年年中，空中客车公司宣布A380的交付时间将推迟6个月，同时该公司要处理因在A380中安装线束问题而导致的"生产问题"。据估计，这一延迟将在未来4年内耗费空中客车约26亿美元。[34]几个月内，空中客车公司已将预计的延误时间修改为18个月，并表示现在需要出售以达到盈亏平衡的A380的数量已从250架增加到420架。该公司还表示，由于生产问题，到2010年才能交付84架A380飞机，而原先估计的是交付420架飞机（实际上只交付了这一数量的一半）。[35]

波音公司在787中遇到了一系列生产和设计问题，导致5个延期公告，首批交付推迟了3年多。对于787，波音公司将前所未有的大量工作外包给供应商。这在当时被认为是一个冒险的举动，尤其是考虑到787的新技术数量。事实证明，几家供应商在满足波音的质量规格方面存在问题，供应的零部件不合格，需要重新加工或重新设计。这些问题包括紧固件的短缺、座舱段和机身之间的错位，以及机身蒙皮上的细微皱纹。此外，波音公司发现它必须重新设计机翼与机身的部分。波音公司的高管们抱怨说，他们的工程师常常在解决"本不应该首先出现在我们面前的问题"。[36]

一些公司消息人士认为，波音的失误在

于没有像它应该做的那样,管理好供应商关系。特别是,波音和主要供应商之间可能缺乏持续的沟通。波音公司倾向于向供应商们抛出设计方案,但当供应商们未能完全满足公司的期望时,波音公司感到很惊讶。此外,波音对关键部件的单一供应商的依赖意味着,任何一个供应商的问题都可能造成瓶颈,从而阻碍生产。

为了解决一些供应链问题,2009年波音公司以5.8亿美元的价格购买了Vought工业公司的飞机工厂。Vought与意大利公司Alenia Aero maritime成立了一家合资公司,为787飞机制造机身部件。Vought未能跟上需求计划的步伐,而波音的收购被视为对生产过程施加更大控制权,并向Vought注入资金。

在另一项发展计划中,波音在2005年11月悄然发起了747-8计划。这架飞机是747的完全重新设计的版本,结合了为787开发的许多技术进步,包括复合材料的重要用途。它提供了货机以及搭载467名乘客并且航程为8 000英里(747-400可搭载416名乘客)的洲际乘客配置。747-8采用为787开发的节油引擎,并且具有与737、777和787相同的驾驶舱配置,开发成本估计为40亿美元。到2011年7月,波音接到了78架747-8货机和36架客机订单。货机版本的第一批交付是在2011年完成的,而2012年则是客机版本。对这款飞机的需求增长一直很缓慢,尤其是由于787的原因,客机未能获得销售,2014年年底,波音仅有36份747-8的订单,其中大部分是货机。

到2010年,空客和波音面临的主要问题是如何处理老化的窄体飞机A320和737。这些飞机是许多航空公司的主力,其中约70%的零部件是由两家制造商生产的,这类产品的强劲需求预计将持续下去。波音和空中客车可能都希望再等几年,然后再承担与新产品开发相关的研发成本。人们常说,这将为新技术的成熟提供时间,并在最终为制造更好的飞机做出贡献。然而,事态的发展迫使它们采取行动。

首先,据报道,普惠公司开发的新引擎技术将燃油效率提高了10%~15%,航空公司希望在飞机上安装新引擎,但这需要重新设计A320和737。特别是737的机翼太低,不能使用新的引擎,所以波音公司需要做一些重大的重新设计工作。

其次,有几个潜在的新进入者进入窄体市场。加拿大支线飞机制造商庞巴迪正在开发一种110~150座的飞机,这种飞机使用了大量的复合材料来减轻重量。与737和A320相比,这将节约15%左右的运营成本。这种飞机被称为C系列,截至2015年年初,庞巴迪公司为这种飞机争取了243份订单,以及另外的162个选择。第一架C系列飞机当时预计于2015年投入使用。

此外,中国商用飞机有限公司宣布将生产一架170~190座窄体喷气式飞机,并计划2016年推出,这将与更大的737和A320机型竞争。欧洲低成本航空公司瑞安航空已与中国商用飞机有限公司签署了合作开发协议,并讨论了200多架飞机的订单,最高可达400架。在此之前,瑞安航空一直是波音的客户,为保证市场份额,波音必须决定如何应对这些日益增长的威胁。

为应对这些威胁,空中客车公司于2010年年底宣布将推出一款采用普惠引擎的A320重新设计版本,该发动机被称为A320neo("新发动机选件"),该产品引起了航空公司的强烈兴趣,到2011年8月为止已有超过1 000个订单。

这些发展给波音带来了一个重大的战略困境。它是否应该继续评估如何处理737,或许等待几年后再进行与重新设计相关的重大投资?这将允许它设计一个737的更高技术的替代品,这将包含许多为787开发的技术。或者,它是否应该立即跳入战局并提供可以利用新引擎技术的737的重新设计版本?最终,波音公司被来自西南航空公司等长期客户的专业人员强行要求更新737飞机的版本，以便与A320neo相匹敌（据报道，如果波音公司没有采取737MAX计划，西南航空公司将开始订购空中客车飞机）。波音737MAX开发完成后，预计于2017年年底投入服务。[37]

注释

1. www.boeing.com.
2. www.airbus.com.
3. J. Palmer, "Big Bird," *Barron's*, December 19, 2005, pp. 25-29; www.yeald.com/Yeald/a/33941/both_a380_and_787_have_bright_futures.html.
4. G. J. Steven. "The Learning Curve: From Aircraft to Spacecraft," *Management Accounting*, May 1999, pp. 64–66.
5. D. Gates, "Boeing 7E7 Watch: Familiar Suppliers Make Short List," *Seattle Times*.
6. The figures are from the International Airline Travelers Association (IATA).
7. IATA press release, "2006 Loss Forecast Drops to US$1.7 Billion," August 31, 2006.
8. Air Transport Association, Industry Review and Outlook, April 29, 2015.
9. Anonymous, "Turbulent Skies: Low Cost Airlines," *The Economist*, July 10, 2004, pp. 68–72; Anonymous, "Silver Linings, Darkening Clouds," *The Economist*, March 27, 2004, pp. 90–92.
10. Air Transport Association, "The Economic Climb Out for U.S. Airlines," ATA Economics, August 3, 2011. Accessed on www.airlines.org.
11. Data from the Air Transport Association, www.airlines.org.
12. Boeing, Current Market Outlook, 2014. Archived on www.boeing.com.
13. www.airbus.com/en/myairbus/global_market_forcast.html.
14. Presentation by Randy Baseler, vice president of Boeing Commercial Airplanes, Farnborough Air Show, July 2006. Archived at www.boeing.com/nosearch/exec_pres/CMO.pdf.
15. This material is drawn from an earlier version of the Boeing case written by Charles W. L. Hill. See C. W. L. Hill, "The Boeing Corporation: Commercial Aircraft Operations," in C. W. L. Hill and G. R. Jones (eds.), *Strategic Management*, 3rd ed. (Boston: Houghton Mifflin, 1995). Much of Boeing's history is described in R. J. Sterling, *Legend and Legacy* (St Martin's Press, New York, 1992).
16. S. Browder, "A Fierce Downdraft at Boeing," *Businessweek*, January 26, 1988, p. 34.
17. M. A. Cusumano, *The Japanese Automobile Industry* (Cambridge, Mass.: Harvard University Press, 1989); Ohno Taiichi, *Toyota Production System* (Cambridge, Mass.: Productivity Press, 1990); J. P. Womack, D. T. Jones, and D. Roos, *The Machine That Changed the World* (New York: Rawson Associates, 1990).
18. J. Gillie, "Lean Manufacturing Could Save Boeing's Auburn Washington Plant," *Knight Ridder Tribune Business News*, May 6, 2002, p. 1.
19. P. V. Arnold, "Boeing Knows Lean," *MRO Today*, February 2002.
20. Boeing press release, "Converted Farm Machine Improves Production Process," July 1, 2003.
21. P. V. Arnold, "Boeing Knows Lean"; "Build in Lean: Manufacturing for the Future," www.boeing.com/aboutus/environment/create_build.htm; J. Gillie, "Lean Manufacturing Could Save Boeing's Auburn Washington Plant."
22. J. Gillie, "Lean Manufacturing Could Save Boeing's Auburn Washington Plant."
23. P. V. Arnold, "Boeing Knows Lean."
24. M. Mecham, "The Lean, Green Line," *Aviation Week*, July 19, 2004, pp. 144–148.
25. Boeing press release, "Boeing Reduces 737 Airplane's Final Assembly Time by 50 Percent," January 27, 2005.
26. Anonymous, "A Phony War," *The Economist*, May 5, 2001, pp. 56–57.
27. J. D. Boyd, "Building Room for Growth," *Traffic World*, August 7, 2006, p. 1.
28. W. Sweetman, "Boeing, Boeing, Gone," *Popular Science*, June 2004, p. 97.
29. Anonymous, "Who Will Supply the Parts?," *Seattle Times*, June 15, 2003.
30. W. Sweetman, "Boeing, Boeing, Gone."
31. D. Michaels and J. L. Lunsford, "Airbus Chief Reveals Plans for New Family of Jetliners," *The Wall Street Journal*, July 18, 2006, p. A3.
32. J. Reppert-Bismarck, and W. Echikson, "EU Countersues Over U.S. Aid to Boeing," *The Wall Street Journal*, June 1, 2005, p. A2; United States Trade Representative Press Release, "United States Takes Next Steps in Airbus WTO Litigation," May 30, 2005.
33. N. Clark, "WTO Rules U.S. Subsidies for Boeing Unfair," *New York Times*, March 31, 2011.
34. Anonymous, "Airbus Agonistes," *The Wall Street Journal*, September 6, 2006, p. A20.
35. Anonymous, "Forecast Dimmer for Profit on Airbus' A380," *Seattle Times*, October 20, 2006, Web Edition.
36. J. Weber, "Boeing to Rein in Dreamliner Outsourcing," *Bloomberg Businessweek*, January 16, 2009.
37. Staff reporter, "American Airlines Orders 200 Boeing 737s, 260 More From Airbus," Associated Press, July 19, 2011.

案例 B

优步：驱动全球颠覆

引言

2014年6月，拥有5年历史的打车智能手机应用开发商——优步，从由共同基金巨头富达投资（Fidelity Investments）牵头的投资中获得了12亿美元的资金。根据融资情况，优步的估值为182亿美元，成为世界上最有价值的私营公司之一。这使得优步的估值超过了租车公司——赫兹（Hertz）和安飞士（Avis），以及 Airbnb 和 Dropbox 等知名私营科技公司的估值。在做估值评定时，首席执行官特拉维斯·卡兰尼克（Travis Kalanick）指出，优步已经在36个国家的130个城市使用它的应用程序提供租车服务，收入"每6个月至少翻一番"。[1]

与此同时，优步正面临来自全球现有出租车服务的挑战，它们声称优步避开了现有法规，并与它们进行了不公平的竞争。2014年6月12日，欧洲出租车司机抗议优步的崛起，他们将车停在街道中央，停止了包括伦敦、里昂、马德里和米兰在内的几个欧洲主要城市的主要区域的服务。优步的回应是向主要城市滞留的上班族提供折扣。在抗议活动后的第二天，优步报告称，其在伦敦的发车量飙升850%。[2] 在美国，许多城市的监管机构发布了针对优步的停工令，但优步几乎不予理睬，并在几起高调事件中打破了这些命令。

美国的租车市场

在美国历史上，有两种不同类型的服务提供商在租车市场经营：出租车服务和豪华轿车服务，每种服务都遵循不同的规则。出租车和豪华轿车服务都由其所在的州和城市管理。在大多数情况下，出租车在市一级管理，而豪华轿车服务则在市或州一级管理。适用于出租车和豪华轿车服务的法规在不同的管辖范围内大致相似，尽管它们在细节上可能有所不同。[3]

法规通常涉及谁可以经营出租车或豪华轿车，如何联系服务提供商、车费构成，以及车辆的标签和外观。监管的动机是确保服务是安全、可靠和可负担的，并确保车主和司机获得足够的报酬。

顾客可以通过在街上打招呼或预先安排，以两种方式与乘车员联系。一般来说，只有领有牌照的出租车才能在街上招手接客，豪华轿车的服务必须事先安排。此外，与出租车不同的是，在许多城市，豪华轿车服务无法即响应接听请求。它们通常有最短的预定时间，通常至少有一个小时。这项规定的目的是保护出租车不受豪华轿车服务的直接竞争。

在大多数大型城市市场上有多家出租车公司运营。例如，旧金山有31家出租车公司和10家出租车调度公司。没有一家公司占主导地位。该市大约有1 500辆持牌出租车。在旧金山，大约57%的出租车司机是移民，许多其他城市也是这种模式。据报道，2013年的旧金山出租车司机的平均工资是22 440美元。[4]

在美国拥有最大的出租车队的纽约，已

经发放了 13 437 个出租车牌照。据估计，该市有 42 000 名司机，每天有 2～3 名司机使用同一牌照车辆。2014 年，纽约只有 6% 的出租车司机是地道的美国人，36% 的司机来自孟加拉和巴基斯坦。纽约出租车队每天接待 60 万名乘客。此外，估计有 25 000 辆豪华轿车可以通过预先安排的方式提供租赁服务，每天可运载 50 万名乘客。目前有 1 万辆"黑车"，主要为企业客户提供服务。[5]

监管机构长期以来一直要求，可以在街上接客的出租车必须领到牌照，许可证是为了确保出租车服务安全可靠，收费公平。出租车公司必须为司机和乘客投保，符合安全标准，并（如果是计程车）有一个密封的计价器。条例还要求有牌照的出租车必须容易识别，这通常是通过一个独特的颜色表现（如黄色出租车）。计程车还必须显示它们是否在使用。

计程车收费由政府机构根据行程的时间和距离按计价器来确定，是一种受管制的收费。一些往返于既定目的地的路线，如机场转机，都有固定的价格，并在车上显示。出租车必须携带标准化的计价器，这些计价器必须明显地展示出来，并且应该是密封的，实行定期检查，以确保收费正确。豪华轿车服务一般不按时间和距离收费，也不带计价器。通常情况下，收费是基于时间的，通常有一个最短的收费时间。费用通常必须事先商定。

在管辖范围内，许可证制度会限制出租车的供应。许可证制度的一个常见变体是纽约、波士顿、芝加哥和旧金山等城市使用的奖章制度。奖章是一种小型的金属板，附在出租车的引擎盖上，证明它可以在一个特定的区域（通常是大都市的边界）接送乘客。1937 年，纽约首次推行奖章制度，当时的意图是确保出租车司机不是引诱乘客上车的罪犯。为了获得奖章，出租车服务必须遵循管辖范围内的监管要求，并得到相应的监管机构的批准。奖章可能颁发给拥有自己汽车的出租车司机个人，但更典型的是被拥有车队的出租车公司购买。然后，出租车公司每天或每周向司机出租汽车和奖章。在一些地方，司机可能拥有汽车，但租赁或购买奖章的代理人已经获得它。一个例子是 Medallion Financial，这家公开交易的公司在纽约拥有数百枚奖章，它把这些奖章卖给有抱负的年轻出租车司机，并安排贷款来资助他们的购买行为。

在实行奖章制度的城市里，奖牌的供应往往是有限的。这样做的理由包括确保质量、保证出租车公司的回报合理，以及帮助支持其他形式的公共交通需求，如公共汽车、火车和地铁。也有人认为，限制出租车的数量有助于减少拥堵和污染。[6]

在实践中，奖章的供应往往跟不上人口增长的步伐。例如，在纽约、芝加哥和波士顿，自 20 世纪 30 年代以来，颁发的奖章数量几乎没有增加。在纽约，第二次世界大战后发行了 11 787 枚奖章，这一数字在 2004 年之前一直保持不变。截至 2014 年，纽约发行了 13 437 枚奖章。

奖章可以交易。因此，随着时间的推移，买卖奖章的市场形成了第二市场，价格不是由发行机构设定的，而是由供需法则决定的。有限供应影响着奖牌价格的高低。在纽约，2012 年出租车奖章的售价超过 100 万美元。在波士顿，售价为 62.5 万美元。在旧金山，售价为 30 万美元，该城市出售奖章的佣金为 10 万美元。[7] 21 世纪，奖章的年平均价格大幅上涨。在纽约，价格在 2004～2012 年上涨了 260%。在这段时间里，纽约的奖章在通货膨胀调整后的年回报率为 19.5%，而标准普尔 500 指数的年回报率为 3.9%。[8]

如上所述，司机通常没有奖章。在许多出租车市场中有三个参与者：从监管机构获得经营出租车权的奖章持有者（通常是出租车公司）、出租车司机和出租车调度公司。出租车调度公司通常将可用的出租车与顾客进行匹配，并为其调度服务收取费用。

2014年，纽约约有18%的出租车是由公司经营的，大部分奖章由出租车公司控制。在纽约，法规允许奖章所有者将其出租给司机进行12小时轮班。司机面临的关键问题是他们必须获得奖章才能谋生。出于这个原因，拥有奖章的公司可以从司机那里提取高额费用。有报道称，一些出租车调度公司利用调度员的身份通过首选班次向司机索贿。[9]

在法律上被视为"独立承包商"的司机可以进行12小时轮班，他因租赁奖章而向出租车公司支付的费用高达130美元。一家咨询公司的报告发现，2006年，纽约司机在纽约进行的12小时轮班工资平均为158美元。2011年，纽约运输部门计算出是96美元。[10]对洛杉矶出租车司机的一项5A研究发现，司机每周平均工作72小时，工资中位数为每小时8.39美元。洛杉矶司机每月向出租车公司支付租金2 000美元。洛杉矶的研究显示，没有司机有由他们公司提供的健康保险，61%的人完全没有健康保险。[11]考虑到这种情况，一些司机粗鲁，不耐烦，开车速度快，并且对出租车照顾不周，也就不奇怪了。

洛杉矶的研究指出，由于市政府官员严格规范出租车业务，出租车公司在政治上积极参与，并付给游说者一些钱来为他们的利益提供支持，同时为当地政治家的竞选经费做出贡献。纽约市也是如此，那里有奖章所有者的贸易协会。大都会的出租车委员会游说难以影响公共政策。例如，2011年，奖章所有者最初能够阻止计划创建一队Boro出租车（绿色）以服务于纽约的外围行政区。他们认为这样做会降低奖章的价格。然而，2013年6月，纽约最高法院否决了低级法院的裁决，并允许Boro出租车申请许可，并打算向绿色出租车颁发18 000个新许可证。但是，这些出租车无法接送曼哈顿下城的乘客，而曼哈顿仍然是黄色出租车的地盘。[12]

其他国家的租车市场

美国出租车市场的许多法规在其他国家有类似的规定。例如，在伦敦，有22 000辆黑色出租车（可出租的出租车）和49 000辆获得私人租赁许可证但无法在路上招手接客的车辆。虽然伦敦的出租车数量没有监管限制，但在伦敦的出租车司机在加入劳动队伍之前，必须驾驶出租车完成考试程序，其中包括记住城市的街道地图，这被称为"知识"，获取"知识"构成了世界上最苛刻的出租车司机培训计划。平均而言，通过最终考试需要12次尝试，并且需要34个月的准备才能通过"知识"考试。对"知识"严格要求的作用是限制伦敦出租车的供应。奥地利、布鲁塞尔、芬兰、德国和匈牙利的"知识"测试类似但要求不高。[13]

在巴黎，1937年的出租车许可证数量被限制在14 000个。到2014年，一个更大、更富裕的巴黎每年接待游客2 700万人次，但出租车数量仅增长14%，为15 900辆。结果，巴黎人必须站在长廊里排队，以防打不到车。2007年，尼古拉斯·萨科齐政府提议在巴黎为6 500辆新出租车颁发许可证。这项提议引发了交通工作者的罢工，使得城市陷入停滞一整天，这让萨科齐不得不让步。[14]

意大利是另一个有出租车许可证制度的国家。例如在米兰，这成了一个问题，2002年，出租车与居民的比例是1∶1 094，而伦敦为1∶387，巴黎为1∶414。当时，米兰共有4 571辆出租车，这个数字保持了20年。出租车的短缺导致在需求高峰期等待时间很漫长。二级市场上的出租车牌照价格已上涨至10万～13万欧元。2002年，市政府着手缓解出租车短缺问题，宣布将颁发500个新出租车许可证。米兰的出租车司机对此采取了激烈的行动。这座城市的回应是将新许可证的数量减少到300个。出租车司机仍然反对并提出抗议，组成"慢走"的出租车车队，使城市交通瘫痪了两天。这座城市最后还是让步了。[15]

相比之下，都柏林提供了一个放松管制的案例。由于许可证的有限性，1979～

1998 年，都柏林的许可证数量几乎没有增加，即使随着人口的增长，需求飙升，2000 年放松管制，使进入（有许可证的车）的成本降低了 74%。其结果是，在路上的出租车数量是原来的三倍以上，等待时间缩短，驾驶质量提高，乘客满意度提高，这一切在 2 年内完成。[16]

有趣的是，伊朗首都德黑兰拥有一个高度宽松的租用市场。除私人出租车外，共用出租车系统还允许私家车接载乘客。由于旅客可以随意上下车，因此司机可以同时搭载乘客前往不同的目的地，从而提高车辆的利用率。该系统还意味着，由于通勤者在回家途中接载乘客，因此出租车的供应非常不稳定，在高峰时段会增加供应。[17]

优步的服务

优步于 2009 年在旧金山成立，由 Garrett Camp 和 Travis Kalanick 开发的智能手机应用程序将有助于创建新的出租服务。该公司 2010 年获得了 1.25 亿美元的天使投资，以帮助资助初始服务的推出。从一开始，其目标就是克服客户在寻找出租车时经常遇到的挫折感。乘客会发现，出租车司机是不愉快的，并且鲁莽驾驶。出租车在某些地区很难找到，很多司机避开乘客人数少的区域，或者在这些地方乘客很难找到返程车辆。在通勤高峰时段或者特殊时间（如除夕等）可能会出现出租车短缺的情况，导致等待时间过长。有时，出租车没有出现，从而导致旅客滞留。由于前一天预订的出租车没有出现，某位作者曾经错过了航班。另一次，由于出租车司机迷路，预订的出租车很晚才出现。

1. 商业模式

优步利用客户的挫折带来的机会开发出了智能手机应用程序。该应用程序可以让客户坐在舒适的沙发或酒吧中预订汽车，而不是站在寒冷的街道上等待出租车。该应用程序会显示乘客和出租车的位置。一般来说，一辆汽车在被呼叫后几分钟就会到达。包括小费在内的票价可直接通过客户的信用卡支付。这意味着没有现金易手，对不喜欢收取大量现金的司机来说，这是一个主要的优势（之前经常有乘客抢劫司机的事件发生）。乘车费用是基于时间和距离来计算的，由优步应用程序使用驾驶员移动设备的 GPS 功能确定。在最初的模型中，车费按照司机 80%、优步 20% 进行分成。2010 年优步开始服务时，该公司收取的费用比出租车类似的费用高出 40%～100%。然而，随着时间的推移，优步汽车与普通出租车票价之间的价格差距大幅下降。

优步没有汽车所有权，而是依赖于一个已建立的、有牌照的豪华轿车司机和希望成为其系统一部分的公司的网络。实际上，应用程序允许豪华轿车被转换成可以从任何位置被呼叫的服务，尽管是通过应用程序而不是手动指令。优步非常依赖数据分析，并以此来确定司机等待的最佳位置，以缩短客户对乘坐请求的响应时间。优步收集的数据越多，其预测模型越好，车辆布置的优化程度越高，车辆利用率就越高。

优步还利用数据分析来引领所谓"激增价格"的使用。[18] 与传统的出租车服务使用固定价格不同，优步根据需求状态调整价格。例如，新年前夕的价格上涨。同样，如果有一起不可预见的事件，如暴风雪，让每个人同时需要一辆汽车，价格往往会大幅上涨。有报道称，在需求高峰时期，优步票价增加至正常水平的 7 倍。反过来，较高的价格会吸引更多优步汽车，使价格回落至正常水平。优步认为，这个系统的优势是它在需求高峰期鼓励更多的供应，反之亦然。但是，有些客户抱怨说，他们付出了难以接受的高价。但有报道称，如果优步司机对价格信号做出快速反应，剧烈的价格上涨应该是一个暂时的现象。

优步应用程序的另一个优势是客户可以

对司机进行评级，这可以解释为司机基于先前声誉的可靠性的隐性保证。司机应用程序上也有相应的功能，他们能够评价客户并标注危险信号，从而避免麻烦的客户。

豪华轿车和其他私家车车主因为各种原因被优步模式所吸引。第一，优步应用程序已经使豪华轿车司机能够规避禁止他们在街上招手接客的规定。同时，这使得对豪华轿车服务的需求增加。第二，该应用可提高车辆利用率，从而为车主带来更多收入。第三，车辆拥有者可以从"激增价格"方法中受益，这种方法使他们能够在高峰需求时收取超过规定的票价。第四，没有现金易手，而且预订乘车时支付能够得到保证，会提高司机的安全性，除此之外，司机应用程序里的客户评价功能也会提高司机的安全性。第五，优步模式意味着司机可以灵活工作，在他们需要的时候出车，而不是按照出租车公司的要求实行换班。

有报道称，优步司机获得的收益是受监管出租车司机的数倍。2014年年初，优步表示，虽然传统的出租车司机每年可赚取30 000美元，但优步司机每周工作40小时，在纽约每年可赚取近91 000美元，在旧金山则可获得74 000美元。[19] 受这种诱惑的影响，2014年，该公司声称每月全球有2万名司机与优步签约。

一些财经记者质疑了优步对司机收入的说法，他们认为优步的估计是基于每周驾驶超过40小时的司机的样本。收入数据也排除了天然气、保险、停车、维护、维修和支付收费的成本。一名记者总结说，一名优步司机要想每年在旧金山挣75 000美元，每周必须工作58小时。[20]

2. 扩张战略

优步于2010年6月在旧金山开始以Uber Cab的名义提供服务。2011年5月进军纽约。截至2012年4月，该公司已在美国七个城市、巴黎和多伦多提供服务。两年后，优步在全球36个国家的130个城市运营。最初，优步的服务仅由驾驶高端豪华轿车的司机提供。在旧金山，优步在早期市场营销中瞄准了技术群体，赞助本地技术和风险投资活动，并向参加者提供免费乘车机会。优步打赌，它的服务会立即引起这些人的共鸣，他们将通过口口相传和社交网络迅速传播这些消息。首席执行官特拉维斯·卡兰尼克说：

优步在营销上的花费几乎为零，基本全靠口碑传播。当我在聊天时，在办公室的茶水间，在餐厅支付账单时，以及在朋友聚会的地方，大家都在谈论谁参加了优步。95%的优步司机是从其他优步司机那里听说的优步，我们的"病毒式"传播速度几乎是前所未有的，每7次传播我们就增加一个成员，我们的用户通过口口相传就会产生新的优步司机。[21]

优步的一个业务发展经理详细阐述了这一点：

优步将地方作为重点，因为交通是本地化的话题。出于这个原因，我们在优步所在的所有城市都设有一个运营团队，该团队与当地的司机和当地的客户合作，共同在这里拓展业务。

我们还发现，我们的增长主要靠口口相传。如果有人重视易用性，当他们按下手机上的按钮，并在5分钟内坐上汽车时，他们就肯定会成为品牌的倡导者。我们也尽最大努力与那些在我们市场上有影响力的人进行接触，他们显然有更强的影响力和更多的关注者。[22]

为了推动快速增长，优步选择了卡兰尼克称为"促进剂"的城市。这些"促进剂"显示了对优步服务的集中需求，并且包括许多餐馆和夜生活、假期和事件、天气和运动。[23] 例如，在芝加哥这个夜生活丰富、天气炎热和体育赛事众多的城市，优步的最初的"病毒式"增长是他们平时经历的两倍。特别活动和假期也为展示这一模式提供了机会。旧金山的优步在新年前夕展示了强大的运输能力,这座在出租车方面较为缺乏的城市,出现了需求的激增。卡兰尼克还指出,随着时间的推移,优步会越来越好地融入当地市场:

在每一个城市,以及我们将要进入的下一个城市中,我们都将推出更好的服务,推动城市的加速发展。因此,出租车数量有限的很多城市,没有流动的"黑车"市场,这些都是我们一开始就开拓的城市。我们在有大量出租车的一些城市也开展业务,这些城市的出租车数量过多,而服务质量很差,所以我们也去那里开拓市场。对于按照监管规则和行业标准运行的城市,我们也正在颠覆市场。

我们认为城市应该有另一种交通选择。这么说听起来很疯狂,但你必须这么做,因为你有自己的利益集团,他们往往试图限制创新,限制可能与现有业务竞争的运输方式。正因为如此,这就要求我们在争取一个城市的过程中采取一种本地化的方式。我想说的是,他们带着"降落伞"和"弯刀"来到这里,与供应商、拥有汽车和经营汽车服务的人进行高度接触,并确保我们从一开始就能推出一项高质量的服务。当你在做交通运输时,本地化且与当地人交流是很重要的,这意味着你知道这个城市发生了什么。[24]

为了实现快速扩张,优步需要能够在进入的每个城市快速建立一个司机网络。该公司当然也会宣传为优步工作的经济和安全优势,但它也在采取其他行动,以确保有足够的司机可用。最值得注意的是,2013年12月,优步与丰田和通用汽车为Uber X司机的低息贷款提供了825亿美元的外部融资(稍后将详细介绍Uber X)。

这将使多达20万名司机能够以极低的利率购买他们自己的汽车,条件是他们在贷款期间在优步网络上使用这些汽车。实际上,在贷款期间,除非司机希望看到利率飙升,否则他们就会锁定贷款期限。据报道,司机必须同意两种融资利率,一种反映他们与优步合作所节省的成本,另一种则没有。[25]

3. 监管响应

在出租车公司可能默认优步是合法的之前,优步一直没有在旧金山运营过。一名出租车司机在城市出租车咨询委员会会议上对优步提出了反对意见。这些关切包括:[26]

- 优步的经营方式与出租车公司非常相似,但没有出租车牌照。
- 它的汽车没有类似于出租车保险的保险。
- 优步可能危及出租车调度员的生存。
- 根据法律,豪华轿车通常必须提前一小时预订,而只有领有牌照的出租车才能马上接人,但优步会在没有许可证的情况下立即接送乘客。

10月20日,旧金山交通管理局和加州公用事业委员会发布了一项针对该公司的停工令。然而,优步在面临处罚的威胁下继续其服务,包括每一次运营被处以最高5 000英镑的罚款,并可能因该公司在该命令之后继续运营的每一天而被判入狱90天,优步没有被吓倒。优步表示,它将与有关机构合作,以了解它们的确切关切,并确保服务符合要求。公司博客上发布了以下声明:

优步是第一个引进技术的公司,必须认识到,无论是城市监管机构还是国家监管机构制定的法规都没有考虑到这些创新。因此,我们很乐意就新一代科技教育监管机构,并与这两个机构紧密合作,确保我们遵守有关规定,并提供我们的服务。

然而,该公司确实悄悄地将其服务名称从 Uber Cab 改为了 Uber。

优步与加州监管机构之间的争端持续了3年。在这段时间里,优步继续运营,实际上大大扩展了它的服务。有一次,首席执行官卡兰尼克开玩笑说,他可能面临两万年的牢狱之灾。[27] 2013年,受公众对优步服务需求强劲的影响,加州公用事业委员会与优步达成了一项协议,取消了停工令,并取消了罚款。

随着优步服务的扩展,加州发生的事情也发生在了美国其他地方,然后是全球。例如,在华盛顿特区,许多居民认为现有的出租车服务很差,2011年12月优步开始运营后,人们对优步汽车的需求迅速增长。当地监管机构DC出租车委员会认为这项服务是非法的。但一如以往,优步继续运营。在这一点上,欧盟委员会曾对优步实施了诱捕行动,通过优步应用程序打车,然后扣押这些车,并给司机开了罚款单。在华盛顿150家出租车公司的大力游说下,2012年年中,市议会起草了一项立法,以确定优步服务的价格,使其为出租车最低成本的五倍。优步首席执行官卡兰尼克以一场社交媒体活动作为回应,敦促哥伦比亚特区的客户签署请愿书并以电子邮件发送给委员会成员,以抗议这项立法。议员们被数千封电子邮件淹没,很快撤回了立法。在卡兰尼克的一次重大胜利中,一项新法案在短期内被起草并通过,该法案免除了出租车委员会对优步的监管。[28]

在西雅图,在最初无视优步之后,市议会通过了一项将优步司机人数限制在150人以内的法令,以此回应优步越来越受欢迎的情况。当时,优步在该市已经有1 000名司机。市议会表示,它对优步汽车的安全和保险保障感到担忧。议会成员沙玛·萨万特,该委员会唯一的社会主义者,主张将上限作为保护传统出租车司机的一种手段。然而,在西雅图,如果有足够多的公民签署请愿书,城市法令就会被暂停。该法令通过的第二天,一个从优步和类似服务机构获得约40万美元资金的团体向市政府办事员办公室提交了3.6万多个签名的请愿书,签名数是暂停法令所需签名人数的两倍多。2014年7月,市议会通过了8票赞成优步和类似服务合法化的立法,并取消了对司机人数的限制。[29]

在纽约这个拥有豪华轿车服务悠久传统的城市,优步最初的运营是不受限制的。然而,当该公司试图将业务扩展到包括纽约传统的黄色出租车时,该市出租车和豪华轿车委员会(TLC)介入,告诉出租车车主,它们"没有授权任何在纽约市出租车上使用的电子打车申请,而且还提醒司机和车主,违反委员会规定可能导致罚款,在某些情况下,甚至会吊销牌照"。[30] 有趣的是,虽然的士司机对此有浓厚兴趣,但TLC仍持此立场。因此,优步取消了黄色出租车服务,但它的豪华轿车继续运营。

在伦敦,出租车司机们对优步日益壮大的反应是,他们举行了一天的抗议,停在街道中央,造成严重的拥堵。抗议活动适得其反,优步报告称,伦敦居民的应用下载和注册数量激增。在巴黎,出租车司机也举行了类似的抗议活动,参议院通过了一项法案,要求在线汽车服务司机回到自己的总部或靠近客户的一个停车场,除非他们事先预订。这一要求将大大降低优步及时响应的能力。该法案还禁止公司在地图上显示汽车的实时位置。该法案原定于2014年秋季在国民议会进行全面表决。在布鲁塞尔,优步被禁止,因为法院裁定优步没有在布鲁塞尔运营的适当许可。在柏林,柏林出租车协会主席于2014年4月下达了对优步的禁令,禁止优步在柏林运营。然而,这项裁决并未在柏林执行,优步进行了上诉。[31]

在评论阻止优步的法律企图时,首席执行官卡兰尼克认为,这是监管机构试图扼杀创新的典型例子。卡兰尼克还声称,优步在未经许可的情况下进军新的城市是必要的。"如果你把自己限制在法律许可的范围内,你将永远无法推出新的事物……出租车行业的衰落会使你无法进入市场"。[32] 在撰写本文时,优步正在美国和世界各地的多个城市应对多个停工令,以及监管机构禁止或限制该服务的企图。尽管遭到了持续的法律攻击,优步到目前为止只离开了一个城市——加拿大温哥华。

4. 竞争

如果没有模仿,就不会出现好创意。很

快，优步就发现自己面临几个竞争对手，其中最引人注目的就是Lyft。Lyft是一家由风险资本支持的私人控股公司，总部位于旧金山。到2014年年中，它已经筹集了超过3亿美元的资金。Logan Green和John Zimmer 2012年夏天推出了Lyft。它最初被认为是Zimride的一项本地拼车服务。前面提到的两家公司成立于2007年，专注于城市之间的长途交通共享。Lyft使用了一款智能手机应用，通过让需要搭车的乘客能够向附近现有的司机发出请求，从而提供点对点的搭便车和电子打车服务。

Lyft与优步的不同之处在于，它的司机是使用自己汽车的普通公民。Lyft司机的区别在于他们的车前有毛茸茸的粉红色的胡子。司机和乘客在每次出行后都可以按五星级打分。这些评级反映了Lyft网络中司机和乘客的声誉。评级显示在Lyft智能手机应用程序上，这样司机就可以避免声誉不良的客户，客户也可以避免评级较差的司机。Lyft最初没有收取固定价格，而是依靠自愿捐款给司机。这在2013年11月发生了变化，当时该公司表示，将实行固定的定价计划，在高峰期征收25%的附加费。与优步一样，通过Lyft应用程序可以自动付费，Lyft从车费中抽取20%的提成。[33]

到2014年年中，Lyft已经在美国的60个城市建立了自己的地位，就像优步一样，Lyft遇到了巨大的监管阻力。事实上，Lyft面临着更多的监管反对，因为它的司机使用自己的汽车。为了应对安全索赔，Lyft为每位司机提供了100万英镑的额外赔偿。所有平均用户评级低于4.5星级的司机会被取消服务。

Lyft在加州面临着与优步同样的阻碍，并在2013年年中与监管机构达成了类似的协议。在纽约市，TLC宣布Lyft提供未经授权的服务，没有遵守安全和许可证的要求，第一时间阻止了它的运作。2014年7月，Lyft同意在市内使用有执照的商业司机，因而这一限制得以取消。据报道，为了扩大在纽约的网络，Lyft向持有TLC执照、同意每周工作60小时的司机提供每月10 000美元的最低保障，对愿意每周工作40小时的司机提供每月5 000美元的最低保障。[34]

2012年，一个规模较小的竞争对手Sidecar开始在旧金山运营。Sidecar提供点对点的拼车服务，在许多方面与Lyft相似。它也使用智能手机应用程序，以方便匹配司机与客户。一个主要的区别是，Sidecar允许司机自己设定价格，而客户可以根据价格和车型选择他们想要的汽车。2014年年中，Sidecar在美国的8个城市开展了业务。

产品扩张和价格削减：Uber X

优步最初使用的是传统的黑色豪华轿车。2012年7月，该公司创建了一个新的服务类别——Uber X，允许优步司机使用丰田普锐斯（Toyota Prius）混合动力车和凯迪拉克（Cadillac Escalade）等SUV。到2014年，Uber X司机也开始使用丰田凯美瑞（Toyota Camry）或本田雅阁（Honda Accord）等基本轿车。Uber X汽车的起步价为5美元，此后每英里收费3.25美元，这使得Uber X比优步的"黑车"价格便宜35%。Uber X的推出被认为是对Lyft作为低成本竞争对手出现的一种竞争性回应。[35]

2013年6月，优步将其在旧金山的Uber X服务的价格降低了25%。2013年10月，该公司宣布在洛杉矶圣迭戈和华盛顿特区实施类似的降价计划。当时，优步表示，根据地点的不同，它的票价比打一辆传统出租车便宜18%～37%。尽管优步将其价格与传统出租车进行比较，但它的降价往往出现在Lyft最近推出服务的城市。例如，就在Lyft向这些城市的乘客推出自己的服务一周后，优步就在印第安纳波利斯和圣保罗推出了Uber X服务。优步还为这些城市的乘客提供了一个月的免费服务。

2014年1月，优步再次下调了价格。为了应对司机的抵制，它认为降价意味着更多的乘车需求，从而带来更多的收入。优步宣布，2014年夏季，优步在旧金山等城市的Uber X服务将进一步降价25%。这些降价计划只在有限的时间内进行。不过，优步还表示，在降价前，司机仍将获得原票价的80%。这意味着，在某些情况下，优步当时付给司机的报酬超过了他们挣的钱。例如，25%的降价意味着一个客户当时仅支付11美元，而以前需要支付15美元。但司机仍将获得以15美元为基础的80%的分成，这意味着优步必须向司机支付0.75美元，因为只有这样，优步才能为司机支付12美元的工资。根据新的定价方案，Uber X在许多地方比出租车服务便宜。例如，2014年7月7日，在旧金山从联合广场到教会区的出租车车费为11美元，Uber X的费用为6美元。[36] 2014年7月7日，优步将纽约市的车费降低了20%，这使得Uber X在该市场上比出租车更便宜。

结束语

优步是一家私营公司。它的财务状况仍然是要严格保密的，这也导致了一些猜测。2013年8月，知名科技作家卡拉·斯威舍尔称，优步有望在2013年实现1.25亿美元的收入。2013年12月，一个新闻方获得了2013年11月20日被泄露的优步财务报告的截图。截图表明，该公司有望2013年创造约2.1亿美元的收入。同一张截图显示，在过去7天里，优步收到了1 200万次搭车申请，并处理了89 976个新用户的注册。[37] 2014年6月，卡兰尼克表示，优步的收入每6个月至少翻一番。果真如此，到2014年年底，优步的年收入可能会达到8亿美元。

该公司拒绝对这些数据发表评论，但由于私人投资者在2014年年中对该公司的估值约为180亿美元，这种快速增长似乎并非不合理。事实上，2014年年中，优步在全球的推广速度似乎正在加快，8月初在德国杜塞尔多夫推出，而且在美国的劳德代尔、西棕榈滩和里士满推行，在巴西圣保罗和在越南西贡也全面开展业务。随着在圣保罗市推出服务，优步已经在世界上10个最大的经济体中的10个大城市展开业务。到2015年年初，优步声称它为54个国家的200多个城市提供了服务。

2014年12月，优步宣布从对冲基金和富有的私人投资者的联合体那里筹集到了12亿美元的资金。新一轮融资使该公司市值比标准普尔500指数的3/4高出400亿美元。优步随后于2015年1月21日宣布，从高盛集团的财富管理客户那里增加了16亿美元的可转换债券，优步指出这些资金将用于战略投资。

随着优步的扩张，它继续遭遇监管方面的阻碍。在印度，一名优步司机被指控强奸了一名乘客，印度政府发布命令，要求地方当局停止所有基于应用的出租车服务，直到这些服务在当地交通部门注册。泰国和越南当局也宣称优步服务是一项非法服务，尽管优步在这两个国家都在继续运营。12月，在当地出租车司机抱怨优步服务正在损害他们的行业后，一名法官暂时禁止优步在西班牙运营。

2015年一开始，许多关于优步的问题就传得沸沸扬扬。优步最终能有多大的规模？它的盈利能力如何？监管机构是否能够阻止优步，或者它在加州、西雅图和华盛顿特区赢得的胜利是否会成为司空见惯的事情？现有的出租车公司将如何回应？Lyft和其他竞争对手会不会成为优步的强大威胁？也许最吸引人的是，优步能否像亚马逊那样，从一个领域开始，发展壮大之后便进军其他领域？正如几位评论员所指出的那样，优步可能不仅仅提供出租车服务。它实际上是一家物流公司，能够将客户与商业运输联系起来，不仅可以运送人，还可以运送一系列实物。[38] 优步可以让你从手机上呼叫汽车，它也就可以使用同样的技术来安排其他各种送货服务，比如运送食物、衣服和圣诞树（2013年就做了试验）。那么，真正的好处是什么，风险又是什么呢？

注释

1. E.Rusli, "Uber CEO Travis Kalanick: We're Doubling Revenue Every Six Months," *The Wall Street Journal*, June 6, 2014.
2. G. Sullivan, "Uber Said Ridership Up 850% after Taxis Hold London to "Ransom," Morning Mix blog, *Washington Post*, June 12, 2014.
3. D. Hoyt and S. Callander, "Uber: 21st Century Technology Confronts 20th Century Regulation," Stanford Business School Case, September 25, 2012.
4. D. Bond-Graham, "Uber and Lyft Get a Lot of Hype But Ridesharing in a Parasitic Business Model," *AlterNet*, October 22, 2013.
5. New York City Taxi and Limousine Commission, *2014 Taxicab Factbook*.
6. M. W. Frankena and P. Pautler, "An Economic Analysis of Taxicab Regulation," Federal Trade Commission, Bureau of Economics Staff Report, May 1984.
7. R. Dhar, "The Tyranny of the Taxi Medallions," Priceonomics blog, April 10, 2013. http://blog.priconomics.com.
8. New York City Taxi and Limousine Commission, *2014 Taxicab Factbook*.
9. Globe Staff Reporters, "For Boston Cabbies, a Losing Battle Against the Numbers," *Boston Globe*, March 31, 2013.
10. J. Horwitz and C. Cumming, "Taken for a Ride," *Slate*, June 6, 2012.
11. J. Leavitt and G. Blasi, "The Los Angeles Taxi Workers Alliance," University of California Transportation Center, UCTC Research paper No. 893, Fall 2009.
12. D. Wiessner, "Court OKs Plan That Will Double the Number of Cabs in New York," *Reuters*, June 6, 2013.
13. J. T. Bekken, "Experiences with Regulatory Changes of the Taxi Industry," 9th Conference on Competition and Ownership in Land Transportation. www.thredbo-conference-series.org/downloads/thredbo9_papers/thredbo9-workshopD-Bekken.pdf.
14. D. Frum, "Paris Taxi Shortage: It's About Jobs," *CNN Opinion*, July 10, 2012.
15. D. Coletto and R. Pedersini, "Milan Taxi Drivers Protest Against Increased Licenses," EIR Online, March 7, 2003. www.eurofound.europa.eu/eiro/2003/02/feature/it0302206f.htm.
16. "A Fare Fight," *The Economist*, February 11, 2011.
17. Ibid.
18. "Pricing the Surge," *The Economist*, May 29, 2014.
19. M. McFarland, "Ubers Remarkable Growth Could End the Era of Poorly Paid Cab Drivers," *Washington Post*, May 27, 2014.
20. M. R. Dickey, "Here's How Much Money You Can Really Earn as an Uber Driver," *Business Insider*, June 28, 2014.
21. T. Kalanick, "Chicago: Uber's Biggest Launch Date?" Uber blog, September 22, 2011.
22. S. Ellis, E. Taylor, and D. La Com, "Uber: What's Fueling Uber's Growth Engine?" GrowthHackers. http://growthhackers.com/companies/uber/.
23. Ibid.
24. N. Carter and T. Rice, "How Uber Rolls Out, City by City," *Inc.*, April 25, 2012.
25. K. Rose, "Uber Might Be More Valuable than Facebook Someday. Here's Why," *New York Magazine*, December 6, 2013.
26. L. Kolodny, "Uber Ordered to Cease and Desist," techcrunch.com, October 24, 2010.
27. M. G. Siegler, "Uber CEO: I Think I've Got 20,000 Years of Jail Time in Front of Me," techcrunch.com, May 25, 2011.
28. B. X. Chen, "Uber, Maker of Summon a Car App, Wins in Washington," Bits, July 10, 2012.
29. Z. Miners, "Seattle City Council Legalizes Uber, Lyft, Sidecar without Caps," *PC World*, July 14, 2014.
30. C. Albanesius, "Uber Drops Taxi-hailing App in New York," *PC Magazine*, October 16, 2012.
31. M. Scott, "European Taxi Drivers Snarl Traffic in Protest Against Car-paging Service," *New York Times*, June 12, 2014, p. B3.
32. B. X. Chen, "A Feisty Startup Is Met with Regulatory Snarl," *New York Times*, December 2, 2012.
33. D. Bond-Graham, "Uber and Lyft Get a Lot of Hype–But Ridesharing Is a Parasitic Business Model," *AlterNet*, October 22, 2013.
34. Staff reporter, "Lyft Offers $10K a Month to Lure Drivers in NYC," *Crain's New York Business*, August 1, 2014.
35. R. Lawler, "See Uber–This Is What Happens When You Cannibalize Yourself," TechCrunch, March 15, 2013.
36. E. Huet, "Uber's Newest Tactic: Pay Drivers More Than They Earn," *Forbes*, July 2, 2014.
37. N. Tiku, "Leaked: Uber's Internal Revenue and Ride Request Numbers," Valleywag, December 4, 2013.
38. K. Rose, "Uber Might Be More Valuable than Facebook Someday. Here's Why."

案例 C

微软：从盖茨到萨提亚·纳德拉

引言

2014年2月4日，萨提亚·纳德拉成为微软的首席执行官。纳德拉出生于印度海得拉巴，在微软公司39年的历史上，他是第三位首席执行官。微软的联合创始人比尔·盖茨在1975年4月～2000年1月任首席执行官，虽然直到2014年2月，盖茨仍然担任董事长，但当时他将控制权交给了史蒂夫·鲍尔默。盖茨执掌期间，微软的特点是大幅扩张。在微软从一个小型初创公司扩大到全球最大和最具统治地位的软件公司的过程中，盖茨成了全球最富有的人。在此期间，微软成功的基础是它拥有两个垄断地位：全球个人电脑（PC）中有95%使用的是Windows操作系统，2012年Office占全球市场份额的90%。[1]

在史蒂夫·鲍尔默的领导下，微软继续保持收入和利润的增长。在他任职期间，微软的收入从250亿美元增加到700亿美元，净收入增长了215%，达到230亿美元。鲍尔默在执掌期间，特别注重服务器业务的发展。纳德拉在担任首席执行官之前也曾经负责过这一部分。服务器位于PCS网络的中心，用于执行各种功能，包括数据库托管、文件服务、Web服务、打印服务和应用程序服务。微软制作了一个Windows版本的运行服务器：Windows Server。到2014年，Windows服务器业务的销售额达到了200亿美元，微软赢得了竞争对手Linux操作系统等竞争对手的市场份额。到2014年，围绕英特尔微处理器构建的服务器中有75%使用Windows Server作为其操作系统，大约有50%使用微软服务器。[2] Linux和Unix操作系统则占据了第2位和第3位。

尽管微软的业务增长强劲，但微软的股价在鲍尔默时代却是停滞不前的。这反映出微软已经被谷歌、苹果和亚马逊三家公司所超越，人们越来越担心微软失去了其在计算机行业的领先地位。谷歌在其互联网搜索业务的主导下，2000年开始大幅增长。谷歌分别为智能手机（Android）和笔记本电脑（Chrome）开发了一款操作系统。这些操作系统现在正在向计算设备上的Windows挑战，并且已经扩展到传统个人电脑以外的智能手机和平板电脑。此外，谷歌还提供了一个"基于云"的工具套件——谷歌文档，它将直接与Office竞争。

苹果是一家1997年几近破产的公司，它比其他任何公司都做了更多的尝试，将计算设备的定义扩大到智能手机和平板电脑。苹果公司2007年推出了其第一款智能手机iPhone。以优雅的设计、易用性这两个苹果独有的标志与其他品牌的产品区别开来，iPhone是一种感觉，它重新定义了智能手机应该有的样子和功能。苹果公司2010年推出了iPad。这是一款全新概念的平板设备，也是一种与笔记本电脑竞争的平板设备。这两款设备都使用苹果的iOS操作系统，进一步削弱了Windows的使用度。

随着智能手机和平板电脑越来越受到人们的欢迎，越来越多的计算机正在使用这些移动设备访问存储在"云"上的应用程序和数据，而不是存储在传统个人电脑上的。微软估计，到2014年年中，仍有90%的传统台式机和笔记本电脑仍然使用Windows系统，而只有14%的计算设备（包括个人电脑、智能手机和平板电脑）使用Windows系统。[3]虽然在鲍尔默的领导下，微软试图通过推出Windows智能手机和Surface平板电脑来增加市场份额，但这些产品未能获得成功。截至2014年，Windows Phone在全球智能手机操作系统市场中的比例不到3%，而苹果公司的iOS为15.2%，Android为81.1%。[4]在平板电脑市场，Android的市场份额为65.8%，苹果公司的iOS占28.4%，而Windows平板电脑仅占5.8%。[5]微软在手机和平板电脑的业务上损失惨重。同时，微软经过30年的持续增长，个人电脑的销售额出现了下降：2012年PC销售额下降4%，2013年下降9.8%，但2014年销售额保持了稳定。[6]

亚马逊这个全球最大的互联网零售商正在从另一个方面挑战微软。21世纪初，数以万计的服务器被集中到位于云中的"服务器集群"中。服务器集群是在云里托管高流量的互联网网站。谷歌已经建立了服务器集群来承载其互联网搜索业务。微软同样拥有Bing搜索业务和MSNBC网站的服务器集群。亚马逊也建立了服务器集群来承载其大型在线零售业务。2005年，亚马逊利用其积累的服务器群的知识和能力开创了一项新业务——亚马逊网络服务（AWS）。AWS能够托管已订购用户的数据、Web服务和应用程序，用户可以在任何地方通过计算设备和无线/有线连接来访问这些数据、服务和应用程序。到2014年，AWS被视为新兴云计算业务的市场领先者。

微软于2010年与Azure（后来更名为Microsoft Cloud）开始开展云计算业务。Azure起源于纳德拉成为首席执行官之前掌管的Windows Server部门。除了托管数据和网站外，Azure还允许用户构建和运行驻留在微软云端的应用程序。到2014年，Azure被认为是新兴云业务中的第二大商家，谷歌和IBM皆排名前四。从整个行业来看，2014年云计算业务的销售额达到160亿美元，但其增长非常迅速，许多人认为云计算代表了计算的未来。[7]

一个业务部门的总经理在评论2014年微软的整体竞争地位时指出："我认为我们有18到24个月的时间要把它做好，如果我们做不到，那么微软就提前结束了。"[8]这个声明表示，大多数公司认为，计算机行业正在经历一场巨大的范式转变。微软在基于PC架构的客户端——服务器世界中占据着主导地位，但在远离这一领域的移动设备和云计算领域上，微软面临着巨大的竞争挑战。纳德拉和其他人一样都认识到了这一点。到2014年3月，他已经总结出了自己对公司的愿景。他说：微软正在参与"移动第一，云优先"世界的竞争。[9]纳德拉所面临的任务是，决定采取何种行动来确保微软在这个勇于创新的移动优先、云优先的世界中幸存和繁荣。他知道他必须快速行动。

比尔·盖茨和微软的早期历史

比尔·盖茨和保罗·艾伦于1975年成立了微软公司。盖茨当时是一名19岁的哈佛大学退学生，[10]而当时22岁的艾伦已经离开了华盛顿州立大学，在波士顿的霍尼韦尔担任程序员。盖茨和艾伦都曾在西雅图的精英湖滨高中上过学，他们在计算机方面有着共同的兴趣。

总之，年轻的比尔·盖茨非常聪明，具有很强的竞争力，是个雄心勃勃、勤奋且有天赋的程序员。一位在湖滨高中曾经教过比尔·盖茨的教师形容，他是她教过的最聪明的学生。他会对那些缺乏技术敏锐度、磨洋工和技术边缘的人不屑一顾。在微软流传的一个故事是：如果他不认同微软员工的技术或产品介绍，他会用"这是我听过的最愚蠢的事情"或者"冒出这种想法的大脑一定坏了"的言语做出尖锐的评价。尽管盖茨辩称自己不是批评发言的人，而是他的想法，但传言称盖茨不止一次惹得发言人流泪。盖茨尊重像他一样聪明勤奋的人。他们都注重事实，如果他们确信自己掌握了事情的真相，那么当面临挑战时，他们会坚持自己的想法。盖茨依靠这些人来领导微软的项目和业务。

1975年，艾伦劝说盖茨离开哈佛大学，创立微软，并且开始编写计算机程序设计语言BASIC的一个版本，用来在世界上第一台商用PC——MITS Altair 8800（使用Intel 8080微处理器）上运行。盖茨和艾伦会见了MITS的创始人，并向他们展示了Altair 8800的BASIC版本，最终MITS为Altair 8800购买了Microsoft BASIC。这也使得微软成为第一家销售能够在个人计算机上运行的软件的公司。微软随后编写了当时也能在其他个人计算机上运行的Microsoft BASIC，苹果公司1979年成功推出的第一款产品——传奇Apple II就使用了Microsoft BASIC。

1980年6月，史蒂夫·鲍尔默加入微软。鲍尔默曾是盖茨在哈佛大学的朋友，也是唯一一位在数学和微观经济学课程上超过盖茨的人。鲍尔默大学毕业后曾在宝洁公司工作，后转任到斯坦福商学院。盖茨说服鲍尔默离开斯坦福大学并担任微软的业务运营官。鲍尔默是第30号员工。

1980年7月，IBM与微软公司联手，希望能让正在开发的IBM电脑使用Microsoft BASIC。盖茨说服IBM采用16位英特尔处理器（最初，IBM一直在考虑使用性能较低的8位处理器）。同时，盖茨也催促IBM使用开放式架构，他认为IBM可以从其他公司获得的软件和外部设备中受益。

最初，IBM打算向Digital Research授权，让它为IBM电脑提供CP/M操作系统。但是，当前版本的CP/M适用于8位处理器，盖茨说服了IBM使用16位处理器。在一连串快速行动中，盖茨用50万美元从附近的一家西雅图计算机公司购买了一个16位处理器，然后，盖茨聘请了操作系统设计师Tim Paterson将系统重命名为MS-DOS并提供给IBM。事实证明，这是一场专业比赛，盖茨说服IBM接受MS-DOS（IBM称之为PC-DOS）的非个人许可证。MS-DOS的界面基于文本，而且只有一个命令行，一次只能运行一个程序。但是，在1981年，这已经是最先进的技术了。

为了推动销售，IBM委托开发人员为IBM电脑配置了大量应用程序。除了Microsoft Basic，这其中包括VisiCalc版本，在早期它是一个电子表格，同时Microsoft BASIC也是在Apple II中非常普及的一个应用程序。Easy-Writer（一个文字处理器）以及Peachtree Software在1981年8月推出的一系列有名的商业程序，都在IBM电脑上获得了成功。在接下来的两年中，IBM销售了500 000多台个人电脑，赢得了苹果公司的领导地位，而此时苹果公司利用Apple II占据了市场的主导地位。IBM拥有苹果所缺乏的能力——能够销售给美国的企业。随着IBM电脑的销售，独立的软件开发人员开始在IBM电脑上编写程序并运行。其中有两个推动IBM电脑发展并获得采用的应用程序：文字处理器（WordStar和WordPerfect）和电子表格（Lotus 1-2-3）。

IBM的成功催生了制造"IBM兼容"个人电脑的同质制造商，这些电脑也使用了英特尔微处理器和微软的MS-DOS操作系统。康柏计算机公司的工程师在原来的IBM电脑中对BIOS芯片进行了反向设计，这催生了"克隆"行业。BIOS芯片将操作系统转换为机器语言，并且成为PC操作的一部分，这也是IBM电脑唯一没有从其他制造商那里购买的关键组件。康柏的BIOS芯片在功能上等同于IBM电脑的芯片，但因为它使用不同的代码，因此并未侵犯IBM的版权。其他个人电脑公司（包括Tandy、Zenith、Leading Edge和戴尔）很快就模仿了康柏。"克隆"行业的诞生对微软来说是一个巨大的福音。凭借其对 IBM 的非独家许可，微软可以向越来越多的克隆制造商出售 MS-DOS。

1983 年，微软公司面向企业推出了首个能在 MS-DOS 系统上使用的文字处理器 Word，进而扩大了产品的销售范围。与当时的其他文字处理器不同，Word 是第一个能够使用鼠标的文字处理器。1985 年，微软推出了能在苹果的最新产品 Macintosh 上运行的 Word 版本。同年，微软发布了 Excel 的首个版本，其与当时最畅销的 Lotus1-2-3 相竞争。1987 年，微软收购了一家为 Macintosh 开发演示软件的创业公司，最终开发出了 PowerPoint，其第一个版本于 1990 年推出。

Word 和 Excel 的首席开发人员是 Charles Simonyi。他也是微软的重要成员，曾在施乐公司的研究中心 PARC 工作。施乐公司曾率先开发了鼠标、计算机屏幕图标、图形用户界面（GUI）、面向对象的编程和激光打印机。在商业史上，施乐公司的高级管理层已经将这些创新商业化的机会传递给了苹果和微软，从而为它们提供思路并与之合作。

1982 年，业务正值蓬勃发展之际，艾伦却被诊断出患有霍奇金淋巴瘤，后来利用放射疗法治疗成功，他借此休了个假，之后再也没有回微软任职。2000 年，他辞去了在公司董事会的职务。

建立双重垄断

到了 20 世纪 80 年代中期，微软表现得非常好。显然 MS-DOS 业务具有令人信服的经济性，虽然微软承担着开发 MS-DOS 后续版本的成本，但生产单个 MS-DOS 的成本增量，或者说边际成本非常低。对于新的 PC，微软只需要将主代码给予制造商，制造商在每台机器上安装 MS-DOS，并向微软为每台电脑支付许可费。这使得 MS-DOS 业务的毛利率高达 90%，相比之下，当时 PC 制造商的毛利率接近 40%。

1. Windows 和 Office 的发展

1986 年，微软上市，IPO 募集了 6 100 万美元，估值为 6.5 亿美元。微软现拥有超过 700 名员工，但公司的地位并不稳固。尽管 MS-DOS 当时已经是使用最广泛的 PC 操作系统，但苹果公司 1984 年推出的 Macintosh 展现了电脑在未来可能的样子。Mac 借用了施乐 PARC 的许多创意。它拥有图形用户界面（GUI），能将应用程序在屏幕上显示为图标，此外还使用鼠标点击的方式来选择任务。这种直观的界面在可用性方面比 MS-DOS 笨拙的命令行界面有了很大的改进，没有技术背景的人会对 MS-DOS 感到恐惧。

盖茨意识到 GUI 界面就是以后的发展趋势。因此微软与苹果公司合作开发了第一个用于 Mac 的 Word 版本，它充分利用了 Mac 的 GUI 界面和鼠标功能，Mac 的 Word 版本很快成为 Mac 最畅销的应用程序之一。与此同时，微软运用从苹果公司学到的东西开始开发自己的 GUI 界面，该界面被命名为 Windows。

苹果无意中用两种方式帮助了微软。首先，它于 1985 年向微软颁发了其"视觉显示器"许可证，使微软能够合法开发与 Mac 具有相似外观和风格的 GUI。其次，为 Mac 开发应用程序很困难。苹果公司在提供帮助第三方软件开发的人员编写程序的工具方面做得不好。相反，盖茨经常表示，微软最重要的战略业务部门就是开发工具业务。微软在开发工具方面投入巨资，以提高开发人员的工作效率，这使得第三方开发人员可以轻松地为 MD-DOS 和后来的 Windows 编写应用程序，并推动微软操作系统的采用。

Windows 的第一个版本是 1985 年 11 月推出的，它拥有 GUI 界面，将应用程序显示为允许多任务处理（一次使用多个程序）的屏幕图标。Windows 的运行需求高于 MD-DOS，这在商业上是失败的，许多用户缺乏足够强大的硬件来运行 Windows，并且能够使用的程序很少。虽然如此，微软仍继续在

Windows 上开发工作。

IBM 也看到了 GUI 界面的重要性。由于同质厂商的存在，IBM 正在不断失去市场份额，因此它决定用自己的 GUI 操作系统 OS/2 来取代 MD-DOS。IBM 本打算与微软签约开发 OS/2，但是实行起来很困难。首先，微软向 IBM 的竞争对手授予 MD-DOS 许可，促使了"克隆"业务的出现，这一行为造成了 IBM 的不满。其次，IBM 还担心微软在开发 OS/2 时允许其能在 Windows 上工作。就微软而言，它知道 IBM 也投资于 UNIX 操作系统，并且已经从 NeXT（苹果公司创始人史蒂夫·乔布斯 1985 年离开苹果后成立的个人电脑公司）获得了基于 UNIX 的 PC 操作系统 NeXTSTEP 的许可。微软知道，如果 IBM 放弃开发 OS/2 而选择开发 UNIX，那微软将会遇到麻烦。关键是，IBM 宣布将发布两个版本的 OS/2，即强大的 IBM 电脑专用版本，以及其他 PC 制造商的基本版本。这不是微软想要听到的消息，因此盖茨决定切断与 IBM 的联系，并继续在 Windows 上大量投资。

这项努力的成果——Windows 3.0，于 1990 年推出。Windows 3.0 相比于早期版本有了很大的改进，它得到很高的评价，并成为典型的成功案例。与此同时，IBMS 的 OS/2 获得了相反的评价，仅取得了有限的市场份额。IBM 毕竟是一个直接的竞争对手，Windows 3.0 的出现让 PC 制造商看到了一个给 IBM 巨大冲击的机会，它们都竞相使用 Windows 3.0，并将其大量捆绑到新的 PC 上。同时，日益流行的微软 Windows 3.0 应用产品 Word、Excel 和 PowerPoint 的推出也为 Windows 提供了市场动力。当时，这些产品中的每一个在市场排名都是第二（Word 落后于 WordPerfect，Excel 落后于 Lotus 1-2-3，PowerPoint 落后于哈佛图形）。然而，微软的竞争对手在 Windows 推出其产品版本方面进展缓慢，导致微软产品的市场份额大幅增长，进一步推动了 Windows 的使用。微软努力为开发人员提供最佳的开发工具，并告诉他们 Windows 是开发应用程序的最佳平台。

1992 年，微软将其三个领先的应用程序 Word、Excel 和 PowerPoint 整合到一个 Windows 版本中，称为 Office。Office 的价格略低于这些单独产品的总价。尽管需要多个版本来完善，微软承诺这三个应用程序之间拥有相互操作性。微软的竞争对手（最值得注意的是 WordPerfect 和 Lotus）都缺乏一套类似的产品，无法与 Office 相匹敌。从这时起，Office 就成了信息工作者的主要工具包。

20 世纪 80 年代后期，微软开始了一个主要针对服务器操作系统的开发项目。这个服务器是专门的 PC，它处于"客户"PC 公司网络的中心，并通过许多机器（如电子邮件系统）"服务"于那些持有共享文件和应用程序的"客户"。Dubbed Windows NT 是一个功能强大的 32 位操作系统，可以在服务器上运行。它与 Windows 3.0 不同，它不基于 DOS。为了开发 Windows NT（"NT"代表新技术），微软聘请了由数字设备公司（DEC）的大卫·卡特勒领导的一个软件开发团队。卡特勒团队利用他们以前为 DEC 开发 32 位系统的经验来开发 Windows NT。

开启服务器操作系统的业务意味着微软对大型企业客户端——服务器系统日益增长的重要性的认可。Windows NT 的发展促使微软向主要需要客户-服务器系统的企业市场进行战略转变。Windows NT 试图制作出安全的、稳定的、可以在企业内部运行"关键任务"的应用程序。客户-服务器网络正在将业务从 IBM、DEC 和 Hewlett Packard 等公司出售的大型机和小型机中抢走。微软想要获得这项业务，并打算靠 Windows NT 来获得。Windows NT 在 1993 年推出，它是一个坚实、稳定、安全的系统，在企业中声名鹊起。Windows NT 的推出标志着微软服务器业务的开始。

为了进一步获得企业业务，微软在其 Office 套件中添加了一个电子邮件客户端

Outlook，它可以与公司在服务器上托管的电子邮件连接。在 Windows NT 推出时，微软同时销售了一款关系数据库产品 Microsoft SQL Server。其主要功能是：无论应用程序是在一台计算机上还是在网络上的另一台计算机上运行，Microsoft SQL Server 都可以根据应用程序的要求来存储和检索数据。Microsoft SQL Server 是微软进入企业数据库市场的入口，它帮助微软与拥有关系数据库产品的甲骨文、IBM 公司在市场中竞争。

Windows 为 PCs 推出了两个版本 Windows 95 和 Windows XP（分别在 1995 和 1998 年推出），基于 Windows NT 的 32 位技术随后被合并用于这两个版本中。这使得 Windows 不仅仅是一个基于 MS-DOS 的 GUI，而且逐渐成为一个非常成熟的操作系统。到 Windows 2000 推出时，Windows 已经有效地传承了 DOS 的精髓。Windows 95 是一个具有里程碑意义的版本，其强化的图形效果有效地缩小了 Windows 与苹果 Macintosh 之间的差距。IBM 的 PC 推出以来，苹果一直是个人电脑业务中的一个利基型厂商，主要专注于教育、图形艺术以及桌面市场，其图形效果和易用性是其最大的优势。然而，与 Windows 95 相比，Mac 的差异化魅力几乎消失了。到 1997 年，苹果面临破产。

2. 互联网浪潮

20 世纪 90 年代发生的一些事件有助于巩固微软的统治地位：万维网（WWW）正爆炸式增长。英国欧洲核子研究中心的英国研究员蒂姆·伯纳斯·李（Tim Berners Lee）20 世纪 90 年代早期发明了网络。在互联网的基础上 WWW 出现了，它本身是美国研究人员 20 世纪 60 年代和 70 年代开发的。正如伯纳斯·李设想的那样，网络使用超文本标记语言（HTML）和超文本传输协议（http）来使互联网上的信息联结起来，从而创建出一个巨大的信息"网络"。1993 年，伊利诺伊大学一个由一名 22 岁的学生马克·安德森领导的团队，开发了 Mosaic Web 浏览器，Mosaic 可以使信息以图形的方式在 Web 上显示，这是万维网广泛流行的开始。毕业后，安德森与美国硅图公司（Silicon Graphics）的前首席执行官吉姆·克拉克一起创立了网景，并于 1994 年 11 月进一步开发了 Mosaic Browser，发布了其 Netscape Navigator 版本，之后 Netscape Navigator 迅速成为主流的 Web 浏览器。1995 年 8 月，网景首次公开募股，该股以每股 28 美元的价格出售，但其首日就以 75 美元收盘，网景的公司估值约为 2.9 亿美元。

在网络爆炸性增长之前，微软的互联网战略就已涉及拨号在线服务 MSN，该服务包含在 Windows 95 中。MSN 与 AOL 的早期版本在概念上相似，具有电子邮件、消息、聊天室、新闻和天气等功能。MSN 的第一个版本没有 Web 浏览器，因此用户无法连接到互联网。随着 MSN 和 Windows 95 后期的逐渐发展，盖茨开始意识到网络的快速增长。微软传言称，WWW 被两位初级工程师 Steve Sinofsky 和 Jay Allard 写到了备忘录上。这个备忘录引起了盖茨的注意，当时盖茨立刻看到了它的战略意义。1995 年 5 月，盖茨给他的行政人员和直接发言人写了一份备忘录，称互联网"潮起潮落"。盖茨写道，互联网"对我们业务的每一个部分都至关重要"，它是"自 1981 年 IBM PC 推出以来，最重要的、唯一的发展"。在他的备忘录中，盖茨继续说，网景是一个"新的竞争对手"，而且微软的策略明确表示"搭载 Windows 的计算机是互联网的最佳选择"。[11]

为了实现盖茨的愿景，微软迅速行动起来。它从一家名为 Spyglass 的公司获得了 Mosaic Web 浏览器版本的许可，并对其进行了改进，于 1995 年 8 月将其作为 Internet Explorer（IE）1.0 版发布。IE 1.0 与 Windows 95 捆绑在一起，并在启动屏幕上显示为一个图标。尽管在 Windows 95 上发布更改 MSN 已经太迟了，但 MSN 已经过重新设计，可以通过HTML和HTTP让用户访问Web。1996年年底，MSN的新版本MSN 2.0发布。此外微软还很快添加了将超文本链接插入Office文档中的功能，使用这些文档的读者可以通过超文本链接浏览网站。

3. 反托拉斯问题

对微软来说，所有的这些举措都是成功的。然而，IE与Windows捆绑在一起，这引起了美国司法部（DOJ）的质疑。美国司法部认为，捆绑策略使网景处于竞争劣势，网景对其浏览器收取费用，而IE是"免费"产品，微软企图通过这一手段压垮其竞争对手。而且DOJ指责微软，其在Windows上配置了代码，以至于Windows的用户很难下载Netscape Navigator并将其安装在桌面上，而且下载速度很慢。微软声称，IE是操作系统的一部分，用户希望它存在。

最终，DOJ占了上风。该案的法官裁定，微软是垄断者，捆绑策略代表了微软垄断权力的滥用。2002年，微软和美国司法部达成了一项协议，协议要求微软与第三方公司分享其应用程序的编程接口（APIS），以便他们编写可与Windows配套的程序。但允许微软继续使用Windows捆绑IE和其他产品。对网景来说，这是一个恶作剧性的胜利。该公司的浏览器业务仍持续失去市场份额，其产品质量高于IE的报道并没有为它提供帮助。1999年，美国在线以10亿美元收购了网景，这个价格让许多人无法理解。AOL在2008年停止了网景浏览器的发行，当时它在浏览器市场的份额已从1995年的90%以上降到不及1%。

管理公司

从一开始，盖茨就雇用了像他这样的人——年轻，聪明，有动力，有竞争力，技术娴熟，并且盖茨能够有效地争取到他们的信任。这些雇员中有小部分富有影响力的人（包括领导开发Word和Excel的第一个版本的查尔斯·西蒙尼）来自施乐的帕克研究中心。鲍尔默还聘请了一些销售人员，其中之一是一位名叫Vern Raeburn的积极的推销员。盖茨坚持认为，微软不应该直接向最终用户销售，但是Raeburn将自己的想法整理出来并且说服盖茨改变了看法，接着Raeburn迅速组建了一个团队将微软的产品销售给消费者。

这是微软从内部分裂成两个截然不同功能的起源，这两个功能至今仍然存在，一个是开发产品的工程功能，另一个是把它们销售出去的销售和营销功能。多年来，盖茨一直是负责产品开发的工程负责人，而鲍尔默则负责销售和市场营销。虽然微软仍继续创建不同的业务部门，例如Windows、Windows Server Tools和Office都有自己的业务部门，但工程部门、销售和市场部门的职能跨越了这些部门，从而形成一个宽松的矩阵组织。金融、法律和公关职能也跨越了多个业务部门。

为了激励关键员工并鼓励他们长时间为公司效力，微软向他们提供了股票期权。当公司表现良好、股价上涨时，这些员工就会大赚一笔。随着股票价格在1986年首次公开募股后的大幅上涨，微软的股票期权成为主要的吸引力，使微软能够聘请到最优秀和最聪明的人。到2000年，股价的飙升使1万多名微软员工成为百万富翁。[12]与此相矛盾的是，到了20世纪90年代中期，一些早期员工在经济上非常有保障，以至于他们的竞争优势被削弱。据说其中的一部分人退休了，但事实上许多关键员工只是离开公司去别处寻求利益。

随着时间的推移，微软的另一个显著特征是员工倾向于在公司内部流通。人们每18个月换一次工作并不奇怪，并且是从一个业务转向另一个业务。

1. 管理流程规范化

随着公司在20世纪80年代初的加速发

展,盖茨邀请具有商业经验的人帮助承担起自己的职责,管理日常运营和财务方面的事务,而他自己专注于产品开发、技术和战略,鲍尔默则专注于销售。早期聘请的一个关键人物是约翰·雪莉。雪莉曾为 Radio Shack 的母公司 Tandy Corporation 工作。雪莉于 1983 年加入微软公司担任总裁,并于 1990 年留任。直到 2008 年,他一直留在董事会。公司内的员工会开玩笑说,雪莉在董事会提供一些家长式的监督。

1994 年,盖茨聘请鲍勃·赫博尔德担任首席运营官(COO)。赫博尔德拥有计算机科学博士学位,曾在宝洁公司工作了 25 年,负责宝洁全球市场的营销和品牌管理。赫博尔德一直在微软公司工作到 2001 年,是另一位负责日常运营问题的"家长"。赫博尔德认为,自己的工作是在不损害微软竞争力的情况下强化公司的纪律,以前的微软是混乱的:全公司范围内不兼容的系统和做法造成了各种各样的问题,供应商的账单没有按时支付,不知道有多少人在为公司工作,业务部门的结构和措施也不兼容,无法对他们的表现做出比较。[13]

公司内部的这些混乱大部分缘于微软每年以超过 30% 的速度增长的收入。赫博尔德指出:"一个巴尔干化的体系已经成长起来,因为多年来,盖茨一直专注于产品开发,而鲍尔默则专注于销售。同时,不同的地理位置使每个分公司能够相对自由地雇用当地职能人员,制定商业惯例并建立独立的信息系统,而且它们不太愿意放弃自主权。"[14]

赫博尔德迅速开始将微软的基本业务流程标准化,包括财务报告、供应商支付和人力资源政策,他还找了一家没有正式战略规划流程的公司。赫博尔德基于标准化开发了每三年滚动一次的规划流程,包括历史的与未来的市场份额、收入、成本和利润的预测。该流程将既定产品(如 Windows 和 Office)和新产品(其中存在更大程度的不确定性)加以区分,每年根据新数据来对计划进行修改和精简。

赫博尔德还正式修正了最初由盖茨开发的人力资源绩效评估流程,评估流程要求管理人员评估他们的直接下属,并使用强制曲线。这样,一些团队成员最终会被归类为明星员工和业绩不佳员工。明星员工将获得大幅加薪,而业绩不佳的员工如果长时间不能提升评级,那么他们将被"鼓励去公司外寻找工作"。这个系统被称为员工排名制度。其批评者指出,它使团队中的员工互相对抗,鼓励背后支持,并且为建立强大团队的经理们带来了问题,因为他们被迫将自己的一些团队归类为经营不善,尽管从绝对意义上来说这些团队可能是优秀的。[15]

2. 产品开发过程

鉴于微软业务的性质,公司组织和管理结构的一个关键方面与其正式开发其软件产品的方式有关。在早年,像西蒙尼和盖茨这样的"超级程序员"推动了产品的发展,但盖茨认识到这种模式不会很好地持续进行。超级程序员的供应量不足,他们对更新产品没有兴趣,也可能不了解市场,而且容易与其他超级程序员发生冲突。作为盖茨想法的回应,开发、测试和发布产品的正式系统出现在 20 世纪 80 年代中期。[16]

这个过程从一个项目经理开始,他负责指定产品的功能、关键特征、开发进度、开发过程以及工期的权衡。项目经理与高级软件开发人员、产品经理密切合作,共同实现所有的目标。换句话说,项目经理的角色是协调工程和市场营销,并从中提炼出产品的功能是什么、其关键特征应该是什么以及实现这些目标的时间表。然后,程序管理员负责管理整体开发工作,并且必须通过增加或减少要素的功能来实现诸如时间表等目标。在诸如 Windows 和 Office 等复杂的产品中,都会有一个程序管理器层级结构。例如,虽然新版 Office 可能有一个总体程序管理器,但每个组成程序 Word、Excel、PowerPoint

等都会有各自的分程序管理器。

理解开发人员和营销人员对于产品功能的想法非常重要。项目经理是整个过程的领导者和推动者，而不是老板，他们必须通过说服和谈判来进行工作。部分原因可能是由于开发人员在微软文化中占据很高的地位，这可以追溯到盖茨和西蒙尼。实际上，大多数项目经理本身就是通过项目队伍晋升的明星开发人员。

一旦产品愿景、关键特征、时间表等都被绘制出来，软件开发人员就可以实现愿景和功能。开发人员编写代码。通常情况下，一个小组的高级开发人员和项目经理负责产品架构，开发人员（一线经理）将为他们的程序员团队提供详细的指导。虽然开发人员是新功能的创意来源，但他们需要阐明每个功能的完成情况，并帮助项目经理决定最终产品将包含哪些内容，以及根据计划应如何切入。

测试代码是开发人员和测试人员的责任。开发人员为了能够经常测试自己的代码（通常是每天），往往与测试人员配对工作。在将他们的工作结果添加到"官方版本"之前，开发人员需要将他们的代码交给测试人员进行测试。此过程的目标是将错误数量减少到零。微软还拥有经历过专门培训的一组人员，他们对已完成的产品进行最终测试，以确定是否已准备好装载运行。作为研发过程的一部分，该产品的测试版将发布给重要客户以获得反馈，并将在可行性实验室中对产品进行测试。微软的每个开发人员都拥有大约一个测试人员，比例非常高，这与为企业生产稳定、安全、能运行关键应用程序的软件的目标相一致。

随着时间的推移，微软将通过3~5年的定义、开发、测试和发布时间表来提供Windows、Office和SQL Server等常规程序。随着产品的复杂程度和其功能不断增长和完善，这一过程将变得更加官僚化，更难以管理。事实上，许多项目经理、高级开发人员和普通开发人员只是在技术层面上擅长，公司几乎没有受过管理培训或具备管理经验的人，这使得产品开发过程具有很大的挑战性。21世纪初，微软在试图开发Windows Vista时超出计划时间，并超出了预算（稍后讨论），这导致了严重的问题。

鲍尔默时代

当比尔·盖茨2000年2月将首席执行官的职位交给史蒂夫·鲍尔默时，微软处于最佳状态。Windows和Office占据着各自市场的大量份额，产生了惊人的自由现金流。1999年12月23日，微软的股票价格创下了58.72美元的历史新高。此时，微软成为地球上最有价值的公司，盖茨成为全球首富。直到2008年，盖茨继续担任首席软件架构师，全职在微软工作，主要负责产品开发的监督工作，同时他也是微软的董事长。

在鲍尔默时代，微软的收入增长了280%，达到700亿美元，而净利润增长215%，达到230亿美元。然而，微软的股价在2000年年中跌至每股40美元以下，到2014年鲍尔默辞职后才再次突破该水平。虽然股价的顶点和底线都在不断上涨，但股价却未能上涨，这反映出投资者普遍认为微软已失去其在该行业的领导地位。此外，批评人士认为，微软正在通过投资那些不会产生积极投资回报的企业来破坏自身的经济价值，其中包括Xbox的视频游戏业务、互联网搜索以及包含Zune音乐播放器、智能手机和平板电脑的设备业务。在鲍尔默时代末期，人们普遍认为，世界正在向以移动设备和云计算为特征的时代转变，这一转变给微软的核心操作系统业务带来了致命的威胁。

鲍尔默面临的第一个问题是Windows和Office增长速度放缓的风险。这两种产品在大多数发达国家的市场中已经成熟，这意味着从产品中获得的收入将越来越多地来自替代品而不是第一需求。虽然它在发展中国家市场仍有很大的增长空间，但这些市场的盗版率也非常高——中国和越南等市场的盗版率高达90%。事实上，即使在美国等发达市场，软件产品的盗版率也高达20%～25%。[17]

微软可以通过两个发展趋势来预测其两款主要产品的成熟度。首先，发达市场中的大量消费者购买了多种设备，如笔记本电脑和台式机；其次，微软继续扩大其在Windows Server 和 SQL Server 企业市场的份额，与 UNIX、LINUX、Oracle 和 IBM 抢夺业务。微软在企业领域的成功反映了这样一个事实，即在相当程度上，该公司已经成功开发出可以在企业中运行关键应用程序的稳定、安全的软件。鉴于在企业内用于客户端和办公室的 Windows 也得到了广泛应用，微软越来越关注其企业业务。事实上，到21世纪初，微软成了一家面向企业的公司，而不是面向个人消费者的公司。

1. 产品多样化：Xbox

在鲍尔默的领导下，微软继续多元化其产品供应，以进入新的市场，首先是视频游戏市场。到了20世纪90年代后期，索尼公司通过其 PlayStation 等使用游戏手柄的游戏产品占据了视频游戏市场。该市场在全球价值200亿美元，并且仍正在增长。微软将 PlayStation 视为威胁。PlayStation 运行的不是微软操作系统，而是一台专用计算机。理论上 PlayStation 可以通过电视线连接到互联网，而且通常位于客厅。比尔·盖茨一直梦想着在装有电视的起居室配备能够支持互联网的设备，并且这台设备还可以用于浏览网页、玩游戏和网上购物，同时盖茨希望这些设备的操作系统是 Windows。

微软有能力说服管理层认为游戏市场是一个可行的市场。微软已经发行了最畅销的个人电脑游戏之一——微软飞行模拟器，之后又发行了另一款——帝国时代。在 MSN 上，它还拥有全球最大的在线游戏网站 MSN Gaming Zone。2000年年初这个网站拥有1 200万名用户。此外，微软准备使用 Windows 操作系统的定制版本来匹配 Xbox。这将节省开发成本，并且开发人员为 Xbox 编写游戏时会更容易，因为许多人已经很熟悉 Windows 编程 APIs 和工具了。

微软缺乏生产硬件的能力，所以它决定将此业务外包给制造商伟创力。微软的战略是以成本价格或低于成本的价格推动 Xbox 的推广，然后在游戏的销售上，或是从直接内部开发的游戏案例中，或者是从由第三方开发的游戏的专利使用费中挣钱。为了实施这一战略，必须保证伟创力的利润率，这意味着微软需要向伟创力补贴所有制造机器的成本。

Xbox 以50亿美元的开发成本于2001年年底推出。微软面临着索尼新产品 PlayStation 2（PS2）的激烈竞争，为了提高使用率，微软大幅降低了硬件的价格。到2003年，微软在其出售的每台 Xbox 上都损失了100美元。为了恢复利润并扭亏为盈，据报道，微软不得不为每个 Xbox 销售6～9款游戏。[18] 到2004年年底，Xbox 销售了1 400万台游戏机，索尼则销售了7 000万台，在游戏机市场上遥遥领先于 PS2。索尼从这笔生意中赚了大钱，微软却大大亏损，Xbox 占其中一部分的家庭和娱乐部门，在 Xbox 推出直至2006年年中期间损失了40亿美元。

2005年11月，微软推出了下一代游戏机 Xbox 360。其合约制造商伟创力再次协助制造了该游戏机，微软同时再次向他们支付补贴以确保其利润率。一年后，索尼 PS3 游戏机随之出现，任天堂和它的 Wii 游戏机也一样。Wii 是比 Xbox 360 和 PS3 更强大的游戏机，它配备了运动传感控制器，而不是改变玩家与游戏互动的方式。Wii 吸引了市场中的新一代休闲游戏玩家，并成为任天堂的惊喜。与此同时，微软和索尼在硬核游戏市场大举出击。微软极受欢迎的 Halo 专营权扩大了 Xbox 的需求。随着市场的扩大，这三家公司都能够在业务运营的基础上获利。然而，微软和索尼在产品周期的早期都因质量和组件短缺的问题而消耗成本来补偿（微软必须在2007年花费140.5亿美元用于替换劣质游戏机）。

尽管在Xbox 360的产品后期，微软在Xbox业务的运营基础上实现了盈利，但其累积的投资回报依然被认为是负的。微软的一个亮点是其在线游戏订阅服务Xbox Live的增长。2002年推出的Xbox Live在2013年年中吸引了大约4 500万个付费用户，他们不仅将Xbox Live用于在线多人游戏，还用于Netflix的流媒体电影以及浏览Facebook。当时，微软从Xbox Live中获得30亿美元以上的年收入。[19] 微软还为其Kinect运动传感控制器提供了强有力的产品评价和销售。2010年底推出Xbox 360、Kinect是为了与任天堂的Wii控制器竞争。

2013年年底，微软推出了第三代游戏机Xbox One，相应地，索尼推出了PS4系统。在推出时，微软将Xbox One定位为客厅的全能娱乐系统，通过Kinect运动传感器和语音传感器控制电视、音乐和电影流媒体服务，此外Xbox One还可以作为游戏控制台。索尼则专注于其核心游戏市场上的PS4的销售，到2014年年中，索尼已售出700万台PS4游戏机，而微软售出了500万台Xbox One游戏机。随着现在的负责人变为萨提亚·纳德拉，微软也改变了Xbox One的营销策略，更强调其作为游戏机的能力，并通过获得特许经营权的Halo和Call of Duty的新版本进行合作推广。

2. 产品多样化：互联网搜索

鲍尔默时代的另一个标志是微软在互联网搜索领域的扩张。微软一直在其MSN服务上使用最原始的互联网搜索功能，从未将搜索作为中心功能。随着谷歌这个直到1998年才创立的公司的崛起，微软的想法才得以改变。谷歌崛起的核心是一种搜索算法，该搜索算法根据链接到的页面数巧妙地对搜索查询结果的相关性进行排名。谷歌尽力确保搜索的准确性，它没有与付费的搜索结果混杂，从而改善了用户获得信息的相关性（付费搜索结果最初放在搜索页面的右侧，与原始搜索结果分开）。

谷歌成为一家有价值的公司的原因在于，它将高度相关的搜索结果与可以从搜索活动中赚钱的商业模式相结合——大量资金，即"按点击付费"模式，每次有人点击广告客户的链接时，广告客户都会向谷歌支付费用。从2001年开始，到2014年，谷歌已经发展成为一个拥有680亿美元收入的庞然大物，在网络业务上已有接近210亿美元的净利润，占据美国互联网搜索市场的67%以及全球搜索营销支出的70%。

按这种趋势发展，谷歌已经大幅进入微软的市场。按照推理，随着智能手机的普及，越来越多的搜索将通过移动设备实现，谷歌已经通过其Android操作系统将自己的浏览器推向了智能手机，而Android操作系统已免费授权给硬件制造商。其经济逻辑是谷歌将成为Android手机的默认搜索引擎，所以每当有人在Android手机上搜索某些内容并点击广告链接时，谷歌就会赚钱。谷歌还开发了自己的Web浏览器Chrome，并免费发布，其经济逻辑与手机业务是相似的。由于用户搜索是在网络浏览器环境中进行的，而谷歌是Chrome上的默认搜索引擎，如果谷歌自己的浏览器被广泛使用，那么谷歌将捕获更多基于搜索的广告领域。这两款产品都非常成功，到2014年年中，安卓占据了全球智能手机的85%，而在全球46%的台式机和平板电脑中，Chrome都是浏览器的首选（长期以来领先的微软Internet Explorer降至第二位，仅占20%）。[20]

微软试图抵制谷歌在互联网搜索业务上的崛起，但它的阻碍手段是有限的，而且成本非常高。微软采用谷歌的支付点击搜索模式，并开发了类似的搜索算法，但无法获得较大的市场影响力，其市场份额仍低于10%。

一部分原因是品牌混乱，微软的搜索功能最初被称为 MSN 搜索，与谷歌相比听起来很沉闷且不起眼。2006 年，MSN 搜索被重新命名为 Windows Live Search，并提供了一些新功能。一年后，该名称被再次改为 Live Search。最终，微软意识到"Live"这一品牌并未与消费者产生共鸣，消费者对此感到困惑。2009 年 6 月，微软的搜索引擎被重新命名为 Bing，微软为 Bing 推出了一项价值 1 亿美元的广告活动。

2008 年，微软试图扩大其在美国付费搜索市场的份额，进而主动向雅虎发起了收购竞标。雅虎在当时的美国搜索市场排名第二，而微软是第三名。雅虎拒绝了这一出价提议。然而一年后，雅虎管理层出现了变更，接着微软和雅虎达成了为期 10 年的合作协议，Bing 成为雅虎的独家搜索平台。虽然这项交易的确切条款并未公开，但据了解，微软将向雅虎支付搜索流量费用。2013 年，雅虎 31% 的收入来自微软支付。[21]

3. 产品多样化：智能手机和平板电脑

微软是早期智能手机业务的领导者，它在 2002 年首次为智能手机提供了操作系统 Windows Mobile。到 2007 年，全球智能手机中有 42% 使用 Windows Mobile 操作系统。摩托罗拉和 HTC 等智能手机制造商向微软支付使用 Windows Mobile 的许可费。在当时，运行 Windows Mobile 的智能手机都拥有一个物理键盘和一个小屏幕。这些智能手机主要销售给企业的用户，他们使用手机发送电子邮件、短信，以及使用预约和网页浏览等功能。

2007 年，苹果公司推出了第一款 iPhone，它彻底改变了智能手机市场并大幅扩大了消费者的需求（见表 C-1）。触摸屏、虚拟键盘、更大的屏幕尺寸、优雅的设计和易用性的结合使 iPhone 在消费者市场中大放异彩，商界人士也纷纷购买 iPhone 手机，导致许多公司采取"自带智能手机"的政策。iPhone 的发展进一步促进了第三方应用程序的开发以及 2008 年苹果应用程序商店的开放，这使得用户可以轻松地在手机上查找和下载应用程序。苹果的努力促进了应用程序的普及，使得第三方开发人员能够轻松地为 iPhone 编写应用程序。2010 年，苹果推出了其平板电脑产品 iPad，iPad 使用与 iPhone 相同的 IOS 操作系统，并具有多数与 iPhone 相同的属性，包括优雅的设计、触摸屏以及通过无线连接访问应用程序商店。所有的这些都推动了消费者需求的快速增长。

谷歌于 2005 年收购了触摸屏手机操作系统的原始开发者安卓，因此当苹果发布 iPhone 时，谷歌也已经开发了自己的触摸屏手机操作系统。2008 年，第一款能在安卓平台上运行的智能手机出现了。谷歌的商业模式是免费提供安卓，并通过与移动网络搜索相关的广告赚钱。到 2013 年，安卓是智能手机操作系统市场中的统治者，其次是苹果的 iOS（见表 C-1）。能运行安卓的平板电脑在苹果 2010 年推出 iPad 后不久面世，到 2014 年，Android 也在平板电脑操作系统市场占据主导地位（见表 C-2）。

表 C-1　2007～2013 年全球手机销售额（百万）

年份	安卓	iOS（苹果）	微软	黑莓	诺基亚
2007		3	15	12	78
2008		11	17	23	73
2009	7	25	15	34	81
2010	67	47	12	47	112
2011	220	89	9	52	93
2012	451	130	17	34	0
2013	759	151	31	19	0

资料来源：Gather.com, various press releases.

表 C-2　2010～2014 年全球个人电脑销售额（百万）

年份	安卓	iOS（苹果）	微软
2011	17	40	0
2012	53	61	1
2013	121	70	4
2014	160	65	11

资料来源：Gather.com, various press releases.

iPhone 和安卓手机的推出使微软的市场份额大打折扣（见表 C-1）。到 2011 年，仅有900万部智能手机安装了微软的操作系统，有2.2亿部手机运行着安卓系统，而苹果公司出售了8 900万部iOS手机。平板电脑市场的情况没有好转，微软在iPad进入的情况下完全陷入了僵局。而谷歌很快进行了调整，并顺利获得了市场领导地位。

为了应对苹果和安卓的迅速崛起，微软开发了一款面向其触摸屏智能手机的新操作系统Windows Phone。Windows Phone系统的屏幕上有一个活动图块，采用Metro接口，而不是像Apple和Android那样使用屏幕图标。第一款Windows手机于2010年年底推出，同时微软创立了自己的应用商店——Windows Phone商店。

2011年年初，微软与诺基亚达成联盟，约定共同开发Windows手机。和微软一样，诺基亚也因iPhone的出现而受到威胁，其市场份额持续下滑。与Windows Mobile一样，诺基亚在其智能手机中使用了自己的Symbian操作系统。Symbian是一款原始的第一代智能手机操作系统，缺乏安卓和iOS的功能和特性，包括触摸屏、虚拟键盘和能够将第三方应用程序下载到设备上等。在联盟之后，诺基亚同意逐步淘汰Symbian并将其操作系统转变为微软的Windows Phone。微软和诺基亚联盟的首批产品——诺基亚的Lumina手机于2011年年底推出。

尽管得到了一些有利的评论，但Lumina手机的增长速度相对于整体市场较为缓慢。在大多数国家，微软的市场份额仍然保持在低位。其原因包括Metro界面缺乏吸引力，以及Windows Phone的第三方应用数量相对匮乏。

2013年9月，微软宣布有意以70亿美元收购诺基亚的手机业务。鲍尔默认为，合并两家公司将简化产品开发流程，降低成本，并带来更好的手机和更高的毛利率，收购具有合理性。[22] 还有人指出，诺基亚是唯一一家仍然愿意生产Windows手机的公司，如果诺基亚退出，那么微软的手机业务会发生什么？批评者想知道，让微软通过收购成为手机制造商是否会摆脱其他手机制造商，如HTC，它将微软视为其直接竞争对手。

除手机业务外，微软还通过Surface产品进入平板电脑业务市场。Surface定位于传统笔记本电脑和平板电脑之间的交叉点，于2012年年底推出。Surface使用了Windows 8.1操作系统，该系统当时也被用于Windows Phone。和Windows Phone一样，Surface也得到了一些有利的评论，但是销售增长缓慢，并且该产品最初未能在有安卓和IOS的平板电脑市场中占据主导地位。但是，2014年年中推出Surface Pro 3后，其销售额逐渐加速增长，在2014年的最后6个月中，微软销售了价值20亿美元的Surface平板电脑。

4. 在鲍尔默领导下的Windows产品

Windows Vista完全是在鲍尔默领导下开发的第一个Windows版本（尽管是比尔·盖茨负责该项目）。Vista最初是一个代号为Longhorn的更宏大的项目，但是当这一项目遇到困难时，它被重新命名为Vista。Vista的主要目标是提高Windows的安全性。Windows Vista于2007年1月发布，在其前身Windows XP发布后5年多的时间里，它并没有得到市场的好评。Vista的开发时间比预期要长2年，超出预算数十亿美元。这是一个庞大的项目——拥有超过5 000万行代码，并且运行时占据大量的计算机内存，这导致许多用户的计算机性能降低到令人无法忍受的程度。它能很快耗尽笔记本电脑的电池寿命，此外，它不断弹出的授权用户账户的提示经常激怒用户。许多潜在的使用者只是坚持使用Windows XP，而不是转向使用非常糟糕的Vista。到2009年10月，Windows Vista拥有19%的PC操作系统市场，而拥有8年历史的操作系统Windows XP仍享有63%的份额。

许多业内人士指责Vista不仅开发过程糟糕，而且在用户使用中表现糟糕，一个问题是"组织结构中的 VPS 太多，管理面太窄"。比尔·盖茨和 Windows 组织的开发人员之间有 12 层管理层，正如一位 Windows 开发人员所指出的那样：

"我曾经参加过一次至少有 6 位 VP 和 10 位总经理的计划审查会议，当多数人拥有发言权时，事情就会变得很混乱。而且，因为房间里管理者过多，所以在会议开始之前，项目经理之间会先进行谈判，确保所有人看起来都兴致勃勃。总的来说，Windows 倾向于行为控制，而不是结果控制，不是明确地表明期望的结果，而是倾向于告诉人们他们必须采取哪些措施。"[23]

其他知情人士抱怨说，微软的问责制度有缺陷，虽然不断推出新的功能和规范，但新功能通常没有进行足够的测试就发行，这导致系统崩溃并进一步延迟开发。有几个人还指出，虽然盖茨在不断推进 Vista 的研发，但首席执行官史蒂夫鲍尔默并不愿介入研发过程，导致项目延迟和成本超支的问题的出现。

Vista 发布后，项目中的许多顶级工程师退休了。Office 是在运行 Windows 的过程中购买的。研发 Office 的史蒂文·西诺夫斯基在办公室运行着一艘日程非常紧凑的船，像上了发条一样按规定的计划发布新版本。其组织结构也比 Windows 部门更加扁平，只有四个管理层级。

西诺夫斯基将 Windows 的组织结构扁平化，将管理级别从 12 个减少到 5 个，并促使开发人员迅速将 Vista 的后续产品 Windows 7 推向市场。Windows 7 是一个更简化的程序，它最初的设想是为 Vista 的增量更新，它修复了 Vista 使用过程中的许多性能问题和烦恼。2009 年推出的 Windows 7 被评论者认为是 Vista 的一项重大改进，操作系统的销售量非常大。

在 Windows 7 推出后，西诺夫斯基及其团队将注意力转向 Windows 8。2012 年发布的 Windows 8 被定位为数字化新时代的操作系统。Windows 8 使用了先前在 Windows Phone 上使用的相同域风格，其界面基于磁贴。尽管手机上的 Metro 接口并不具有吸引力，但微软将界面看作一个重要的区分因素。西诺夫斯基是 Metro 界面的主要倡导者，甚至推动微软为开发的平板电脑推出富有竞争力的接口，因为这一接口与他希望在设备上使用的 Metro 的主要功能不一致。[24] 这一平板电脑被命名为 Courier。该平板电脑是微软的娱乐与设备部门中由杰伊·阿拉德领导的一个小组的创意。2010 年，仅在 iPad 发行后的一个月，Courier 正式上市。在微软内部广受赞赏的是，阿拉德创建了 Xbox 业务，并推动微软 1995 年吸纳网络技术。

Courier 是一种双屏平板电脑，它能像一本书一样折叠并具有触摸屏。Courier 早期的原型已经引起了外界的狂热评论，有些人更希望看到 iPad 的原型，而后者还正在开发中。Courier 使用 Windows 修改后的版本作为其操作系统，并且其接口远离规范的 Windows。

当 Courier 争端浮出水面时，鲍尔默发现自己必须在两位最优秀的经理之间进行选择。他无法下定决心，转而让盖茨做最后的决定。盖茨当时已经不再承担所有的日常运营责任，他与阿拉德和他的团队会面。他对 Courier 做出批评，说其没有与微软的 Windows 和 Office 等关键业务保持一致。Courier 不仅使用了 Windows 的定制版本和非标准接口，还没有安装 Outlook 电子邮件客户端（阿拉德指出用户可以通过浏览 Web 浏览器来获取电子邮件）。对盖茨来说，这是一个致命的缺陷，在几个月内 Courier 就被取消发行，接着阿拉德离开了微软和他的老板罗比巴赫。这一事件发生在微软推出平板电脑产品 Surface 的两年前。

除 Metro 界面外，Windows 8 还支持触摸屏技术，除台式机和笔记本电脑外，还可用于平板电脑。于 2012 年发布的 Windows 8 收到了与 Windows 7 截然不同的评论。微软对其性能进行了改进,增强安全程度以及完善其触摸屏。虽然用户对这些行为的反应是积极的,但新操作系统的用户界面因容易混淆和难以学习而受到广泛批评。许多用户对微软删除开始菜单的做法非常反感。

Windows 8 占据市场的速度比微软预期的要慢。西诺夫斯基在 2012 年 12 月离开了微软。微软认识到 Metro 界面并没有引起广大用户的共鸣,因此宣布将在 2013 年 10 月发布 Windows 8.1。更新的 Windows 8.1 尝试解决了一些问题,并赋予用户能简化 Metro 界面和恢复到传统的开始按钮和菜单的能力。尽管如此,Windows 8 的市场占有率的提升速度仍然较为缓慢。到 2014 年年中,只有 12.5% 的个人电脑使用 Windows 8 或 8.1,大多数消费者和公司仍坚持使用 Windows 7。

5. 有关云计算的倡议

到 2005 年前后,微软进行了关于云计算的严肃讨论。"云"指的是数据、操作系统和应用程序可以托管在包含数千台机器的服务器集群上,而不是保存在企业内的服务器和 PC 上。这些讨论基于一种认识,即在计算设备上的用户总是通过有线或无线网络连接到互联网世界,将计算能力和程序从企业内部的服务器和个人电脑转移到服务器集群上是富有吸引力的经济原因。具体而言,云可以以比传统客户端——服务器网络更低的成本为用户带来更多的价值。

从价值方面来看,很显然将文件存储在云上以及能够通过任何连接到网络的设备随时随地访问文件(这些文件可以是文件、音乐、视频或数据库的形式)具有很强的实用性。此外,通过访问云中存储的程序和数据,使用简单设备(如智能手机和平板电脑)的用户在理论上拥有在需要时能够大量访问的计算能力。

显而易见的是,在成本方面,将计算资源移动到云上可以为企业节省大量资金。企业 IT 部门传统上承担购买和维护计算机硬件和软件的成本,这些活动几乎占所有 IT 成本的 90%。然而,服务器通常只能使用 5%～10% 的内存,在企业服务器和 PC 上安装的大部分软件却很少使用。通过将数据和应用程序移动到服务器集群中,可以聚合对计算资源的需求,并且服务器可以以接近 90% 的容量运行,这意味着计算成本将具有明显的规模效益。微软估计,在最佳条件下,企业存储资源转向基于云的模式可以将 IT 成本降低多达 80%,[25] 而且不用为很少使用的软件支付费用,只有在使用软件时才需要支付软件费用。

微软建议建立一个云计算业务,以为企业提供数据和应用程序,从而降低基础设施成本和维护成本。作为回报,公司将支付存储数据的费用,以及执行应用程序的订阅费或运行费。早在 2006 年,史蒂夫·鲍尔默就曾表示,微软别无选择,只能在云端"全力以赴"。[26] 到 2010 年,这一承诺已经发展成为微软的 Azure 云计算计划,该计划属于微软的服务器部门。云计算由三部分组成:基础架构服务(IaaS)、平台服务(PaaS)和软件服务(SaaS)。IaaS 指的是数据、网站等的基本托管,亚马逊的 AWS 使用的主要是 IaaS 产品。PaaS 指的是构建软件平台,软件应用程序可以在该平台上构建和运行。微软的 Azure 平台实质上是一个使用 Windows Server 技术的 PaaS 产品,可将 Azure 视为一个拥有 10 000 台机器的服务器集群的 Windows。SaaS 指的是软件应用程序可以托管在云上,并在云上运行。Salesforce.com 是 SaaS 及其客户关系管理(CRM)软件的早期领导者。

到 2011 年,微软决定在这三个领域与其他企业进行竞争。微软将为企业和消费者提供数据(IaaS),并继续开发 Azure,以便企业可以编写能够在云上运行良好的应用程序(PaaS),并将重新定位许多产品,如 Office、SQL Server,以及作为软件服务产品(SaaS)的 Dynamics。2011 年 6 月,微软向企业用户推出了Office 365。Office 365是其最畅销的Office组件的云版本，2013年，Office 365将面向广大消费者发行，企业向Office 365支付许可费，消费者可支付年度订购费。用户可以将Office 365下载到多个设备（对于消费者，限制数量为五个），他们还可以使用One Drive存储产品将Office文档存储在微软的云端。微软决定Office 365执行滚动发布模式，每季度更新一次该计划——这与微软一直以来3～5年的开发计划明显不同。

微软在向云计算模式转变时不得不面对的一个问题是，它代表了其业务基础的变化。在传统模式中，微软的大部分成本与开发诸如Windows和Office等程序的固定成本有关。但生产更多程序的边际成本非常低，因此微软在Windows和Office上的毛利率均在90%以上。然而，在云计算模式中，微软必须建立和维护服务器集群，每个服务器集群的固定成本花费可能在5亿～20亿美元之间，而且会消耗大量的电力。人们普遍认为，即使在大批量的情况下，与云计算业务相关的毛利率也将远远低于微软以往的水平。正如公司内部人员喜欢说的那样："在云计算业务中，我们实际上已经出售了商品的成本。"

另外，虽然云计算2013年仍是小型行业，全行业收入还不到100亿美元，但预计未来会出现快速增长。到2020年，全行业收入预计将增长到150亿英镑。显然，微软必须继续进行这项业务。

萨提亚·纳德拉每年都在充电

到2013年年初，鲍尔默受到微软董事会的压力越来越大，尽管在他领导下的微软收入和盈利增长强劲，但其股价却停滞不前，微软已经失去了在有苹果和谷歌的行业中的技术领先地位。微软在Vista和Windows 8上出现的问题以及在智能手机、平板电脑和互联网搜索业务方面的失败导致董事会开始质疑公司的整体战略方向。鲍尔默同意让别人接替自己来掌舵微软，董事会也开始寻找他的继任者。

萨提亚·纳德拉被选中来接替鲍尔默，并于2014年2月4日执掌微软。纳德拉是印度海得拉巴人，1988年，他获得了麻省理工学院的工程学学位，然后，他前往美国，在威斯康星大学获得计算机科学硕士学位。之后，纳德拉来到微软工作，在此期间获得了芝加哥大学的工商管理硕士学位。纳德拉自1992年以来一直在微软工作，他在2007年3月～2011年2月担任在线服务部门的研发高级副总裁，当时他还被任命为服务器和工具部门的总裁。在他的领导下，服务器和工具部门以稳健的速度增长。此外，Azure云计算计划也属于该部门，纳德拉因其对新兴云计算业务的卓越领导而备受赞誉。

纳德拉迅速采取行动，为微软贴上标签。微软强调，与过去相比，它正在争创"移动优先，云优先"的世界。纳德拉说，在这个世界上，微软必须赋予人们完成任务的能力。到2014年6月，他表明，微软将成为首个"'移动优先，云优先'世界的生产力和平台公司"。

2014年3月，纳德拉宣布微软将为iPad提供Office 365版本。Office 365版本实际上已经出现了一段时间，但由于担心它会增加iPad的需求，进而造成微软的Surface平板电脑的销售额损失，因此推迟了其发布时间。纳德拉断言，在广泛使用安卓和iOS的世界中，微软必须使其应用程序也能在这些平台上运行。截至2014年秋季，iPad上的办公软件下载量超过了3 000万。同样，在2014年3月，纳德拉宣布Windows将能够免费用于小于9英寸的设备，即智能手机和平板电脑。很显然，这是一种尝试在数字设备上开始采用Windows的策略，与谷歌免费赠送安卓的策略相匹配。

2014年6月，纳德拉致函员工，表示公司将采取措施使企业文化有明显的改变。他认为，微软需要更多地关注客户，简化工程流程，减少完成任务所需的时间和精力，限制参与决策的人数，推动更细致的问责制度，并使组织扁平化。在发表这些声明时，纳德拉默认，微软当前的文化过于官僚化和政治化，而且缺乏足够的责任心。他还宣布，作为精简组织的一部分，微软将裁减1.8万名员工，其中1.25万名员工属于新收购的诺基亚部门，这是微软历史上最大规模的一次裁员。在公司获得非常稳健的利润时，发出了一个明确的信号，即纳德拉认为公司需要提高效率，才能有效地进行竞争。

2015年1月，微软推出了Windows 10，该软件于2015年下半年上市（微软决定跳过Windows 9的名称）。Windows 10代表着一种远离基于磁贴的Metro接口的发展趋势，Windows 7中传统的开始菜单又回来了。Windows 10能在所有设备上运行，无论是在台式机和笔记本电脑上，还是在平板电脑和智能手机上。在Windows 10上能使用的应用程序也应该能够在其他设备上运行，这为应用程序开发人员解决了一个让人头疼的问题。此外，进入更广泛的Windows生态系统的能力可能会促使开发人员为运行Windows的设备编写更多的应用程序。此外，在Windows 10发布后的第一年，微软宣布任何Windows 7或Windows 8的用户都可以免费下载Windows 10。据估计，这将导致Windows 10第一年的销售收入损失5亿美元。

同样，在2015年1月，微软公布了2014年最后一个季度的收入。在微软面向消费者的业务方面，Surface平板电脑的销售额持续加速增长，并在该季度达到11亿美元。搜索和广告收入比一年前同比上涨了23%，在美国市场的份额上升，上涨150个点，至19.7%。Office 365的用户数也比上个季度增长了30%，达到920万人。在企业业务方面，受企业使用Office 365、Azure和Dynamics CRM在线的数量的不断增长，云业务的收入增长了114%。2014年，微软的云业务年收入达到55亿美元，并且仍在迅速增长。

另外，销售给消费者和企业的Windows和Office等传统产品的价格不变或下降。显然，微软向云计算转变的势头越来越强劲，并开始转型自己的业务。

注释

1. A. Covert, "Will Google Docs Kill Off Microsoft Office," *CNN Money*, November 13, 2013.
2. International Data Corporation press release, "Worldwide Server Market Revenues Declines −3.7% in the Third Quarter," February 24, 2014.
3. K. Mackie, "Microsoft Admits Windows Use at 14%," redmondmag.com, July 14, 2014.
4. International Data Corporation press release, "Smartphone OS Market Share, Q1 2014."
5. E. Protalinski, "Strategy Analytics: Android Tablet Shipments Up to 65.8% in Q1 2014," thenextweb.com, April 28, 2014, http://thenextweb.com/insider/2014/04/28/strategy-analytics-android-tablet-shipments-65-8-q4-2014-ios-fell-28-4-windows-secured-5-8/.
6. International Data Corporation press release, "IDC Expects PC Shipments to Fall by 6% and Decline Through 2018," March 4, 2014.
7. J. D'onfro, "Here's a Reminder of How Massive Amazon's Web Services Business Is," *Business Insider*, June 16, 2014.
8. Comment made to the author.
9. S. Nadella, "Mobile First, Cloud First" press briefing, San Francisco, March 27, 2014.
10. Much of the material in this section is drawn from P. Freiberger and M. Swaine, *Fire in the Valley: The Making of the Personal Computer* (McGraw Hill, 2000); A. R. Harris, *Microsoft: The Company and Its Founders* (ABDO Publishing Company, 2013); J. Wallace and J. Erickson, *Hard Drive: Bill Gates and the Making of the Microsoft Empire* (New York: Harper Business, 1992); information gleaned by the author during nearly two decades of teaching in-house executive education courses at Microsoft.
11. The full Gates memo is archived at www.wired.com/2010/05/0526bill-gates-internet-memo/.
12. J. Bick, "The Microsoft Millionaires Come of Age," *New York Times,* May 29, 2005.
13. B. Herbold, "Inside Microsoft: Balancing Creativity and Discipline," *Harvard Business Review,* January 2002.
14. Ibid.
15. J. Brustein, "Microsoft Kills Its Hated Stack Rankings. Does Anyone do Employee Reviews Right?" *Bloomberg Businessweek*, November 13, 2013.

16. The best description of this process can be found in M. Cusumano and R. Selby, *Microsoft Secrets: How the World's Most Powerful Software Company Creates Technology, Shapes Markets and Manages People* (New York: Free Press: Touchstone Edition, 1998).
17. Business Software Alliance, Ninth Annual BSA Global Software Piracy Study, May 2010.
18. K. Powers, "Showdown," *Forbes*, August 11, 2003, pp. 86–87.
19. A. Wilhelm, "Inside Microsoft's Earnings: Windows 8 and the Xbox Money Machine," thenextweb.com, April 19, 2013, http://thenextweb.com/microsoft/2013/04/19/inside-microsofts-earnings-windows-8-and-the-xbox-money-machine/.
20. P. Dekho, "Google Android Lords Over 85% of Smartphone OS Market Share," Financial Express, September 1, 2014; C. Buckler, "Browser Trends September 2014," Site Point, September 2, 2014.
21. R. Nieve, "Yahoo Gets 31% of Search Revenue from Microsoft Deal," CBET, December 10, 2013.
22. T. B. Lee, "Here's Why Microsoft is Buying Nokia's Phone Business," *The Washington Post*, September 3, 2013.
23. Cited at http://blogs.msdn.com/b/philipsu/archive/2006/06/14/631438.aspx.
24. J. Greene, "The Inside Story of how Microsoft Killed Its Courier Tablet," CNET, November 1, 2011.
25. The Economics of the Cloud, Microsoft White Paper, November 2010.
26. The author was an observer at a Microsoft strategy conference when Ballmer made this comment in response to a presentation suggesting that Microsoft take a cautious approach to the cloud. "No," said Ballmer, "this is wrong, we have to go all in on this one."

案例 D

塔 塔 集 团

塔塔集团是印度最大的工业集团，也是印度历史最悠久、最受尊敬的商业集团之一。在其147年的历史中，该公司的发展与印度经济齐头并进，它不仅扩大了自己的业务范围，还扩大了在这些业务中的规模。到2015年，该公司的年销售额超过1 000亿美元，在汽车、钢铁、茶叶、酒店、电信、化工等多个行业经营着100多家公司。更值得注意的是，尽管公司规模庞大、多元化经营，但在过去的大部分时间里，公司的资产收益率均保持在7%或更高水平，这与大型企业集团通常表现落后于更专业公司的传统观点形成了鲜明对比。

塔塔集团由控股公司 Tata Sons 管理。原来塔塔家族拥有 Tata Sons 约3%的股份，该集团其余大部分股权由家族创建的慈善信托持有。自1868年成立以来，塔塔集团只有六位主席，其中两位的在位时间可以忽略不计。塔塔扩张到今天这个大型控股公司，受到印度经济和政治环境的演变，以及四位主要领导人指引的影响。为了更好地理解塔塔的演变和表现，有必要先了解印度的商业背景和创始家族的使命。

塔塔家族的历史

塔塔的悠久历史始于1868年，当时贾姆谢特吉·塔塔在孟买成立了一家纺织贸易公司。虽然他来自帕西琐罗亚斯德教的一个牧师家庭，他的家人也打算让他加入牧师的行列，但这位不信奉该教的年轻人决定转而做一名商人。他最终获得了几乎传奇般的地位，被称为"印度工业之父"。

1869年，他通过收购一家破产的纺织厂，将他羽翼未丰的公司扩大到纺织制造业。他宣称，该公司的目标是通过建立一家能为扩张的铁路、水力发电厂、豪华酒店以及世界级的学习和研究机构提供供应的钢铁公司，来帮助印度实现工业化。[1]在他有生之年，只有一个目标实现了：孟买的泰姬陵酒店（TajMahal Hotel）于1903年开业，当时是印度唯一一家有电的酒店。在他于1904年去世后，他的长子多拉布吉·塔塔（Dorabji Tata）继承了他的事业，多拉布吉·塔塔实现了他父亲剩下的目标，于1907年成立了印度的第一家私营钢铁公司（100年后，它将成为印度最大的私营钢铁公司之一），于1909年创办了印度科技学院，于1911年成立了一家水力发电厂。[2]1919年，他创建了后来成为印度最大综合保险公司之一的新印度保险公司，进一步实现了塔塔集团的多元化。这些公司成为塔塔集团的现金支柱，支持该公司对新项目进行再投资，而无须向贷款机构借款。

1932年，J. R. D. Tata（多拉布吉的表兄之子）接管了塔塔集团。塔塔集团继续站在印度发展的前列，1932年开设了印度第一家航空公司，1939年开办了塔塔化学品公司，1945年塔塔工程机车公司成立。塔塔工程机车公司最初的业务是制造蒸汽机车，但在1954年与戴姆勒-奔驰合作进入卡车生产领域之后，它开始认真生产商用车辆。1968年，塔塔创立了印度第一家软件公司。总之，在J. R. D. Tata 的带领下，塔塔公司的投资项目从原来的14家扩大到了95家，这些企业要么是刚刚成立的初创公司，要么是塔塔对这些公司拥有控制权。如果算上子公司和关联公司，塔塔涉及的企业有 300 多家。塔塔集团的资产在 J. R. D. Tata 的领导下，从 1 亿美元增加到 50 多亿美元。

塔塔集团进入的许多领域当时对印度来说都是新的。在美国或欧洲，企业家可以获得投资者的资金或债务，建立新的企业或扩大业务，而印度没有如此强大的资本市场。投资规范和基础设施薄弱、合同执行不力和腐败意味着资本价格过高或根本无法获得资本。然而，因为塔塔集团拥有在成熟度、资本需求和现金流方面各不相同的多种业务，所以它可以从成熟的、高利润率的业务那里获得创建新业务的资金。这使得塔塔集团可以以单一业务的公司无法做到的方式扩张。例如，通过内部融资，这家大型企业集团能够在不需要发行债券或向银行借款的情况下创建大型基础设施项目。

1991 年，拉坦·塔塔（贾姆谢特吉·塔塔的曾孙）从 J. R. D. Tata 手中接任董事长一职。在返回印度工作之前，他曾在康奈尔大学学习建筑，在塔塔钢铁公司铲石灰石。[3] 20 世纪 90 年代之前，印度的经济环境导致 J. R. D. Tata 创建了一个独立的公司体系，这些公司可以在不需要寻求外部资本的情况下相互交叉融资，但到了 20 世纪 90 年代初，印度的情况正在发生变化。在拉坦·塔塔担任董事长之时，印度政府已开始放松对国内行业的监管，并出台了保护印度行业不受外国投资影响的许可证制度。放宽限制使印度企业拥有更大的自主权，但也使它们面临更多的外国竞争，印度的法规规定，外国公司只有通过与一家国内公司合作才能进入印度。塔塔集团在道德方面的突出地位和较好的声誉使其成为一个有吸引力的合作伙伴。因此，塔塔集团在 20 世纪 90 年代与 AT&T、Cummings Engine、IBM、霍尼韦尔、梅赛德斯－奔驰、美国硅图等公司结成了联盟，塔塔集团与这些公司的合作增强了其在全球的影响力，并加强了其扩展到国外市场的能力。

拉坦·塔塔试图通过削减成本和员工队伍来提高塔塔公司运营的竞争力。塔塔钢铁公司（在 2007 年以 121 亿美元收购英国康力斯公司之后成为世界第六大钢铁生产商）就是一个例子。塔塔钢铁公司的人均产量在短短十多年内增长了八倍。塔塔钢铁公司通过降低成本、提高高炉的生产水平、不断调整高炉，使其在混合煤的基础上以最大效率燃烧。这一提高工业效率的例子与塔塔电力公司决定通过为大型项目确定廉价的设计来降低资本支出的决定是类似的。例如，塔塔工程师在设计一个新的 4 000 兆瓦的设施时，在给水加热器中使用了更便宜的焊接管而不是无缝的焊管，并重新设计了汽轮发电机站的布局。通过这些调整，塔塔电力公司节省了超过 1 亿美元的资本支出，同时保持了工厂的基本产能，而且仍符合印度的安全标准。削减塔塔钢铁公司的员工队伍有助于将管理层的数量从 13 层减少到 5 层，从而提高员工的责任感。这些组织变革提高了产品与服务的竞争力和质量。

在拉坦的领导下，塔塔进行了一系列国际收购，包括收购科鲁斯钢铁（Corus Steel）、英国茶叶制造商泰特莱（Tetley）、标志性汽车制造商路虎（Land Rover）和捷豹（Jaguar），以及新加坡的国家钢铁（National Steel）。到 2008 年，它的利润大部分来自印度以外的地区。虽然塔塔集团成立时的使命是通过经济和工业发展为印度服务，但现在它正在转变为一个真正的全球性公司。收购这两款豪华品牌汽车（捷豹和路虎），使得国际上对塔塔集团的认可度再次提高，同时也让塔塔汽车获得了新的技术和市场。拉坦·塔塔在 2012 年退休，由赛勒斯·密斯特里（Cyrus Mistry）接任，他是第一位领导塔塔集团的非印度人，也是第二位没有塔塔姓氏的人。

印度的商业背景

当塔塔公司成立时，印度处于英国的统治之下，塔塔集团在印度 1947 年获得独立之前已经存在了 79 年。自独立以来,印度政府发展成为一个联邦体制。独立后的印度仍然坚持社会主义政策,经济政策倾向于保护主义和国家对工业化、进口替代和国家干预的监督。高关税和进口许可证的需要阻碍了外国商品进入印度市场。公司必须获得许可证才能投资或开发其产品。[4] 正是这些经济政策导致塔塔集团以这种孤立的方式组建了塔塔集团。然而,在导致印度大幅衰退的经济危机之后,印度政府通过了 1991 年的"自由化法案"。该法案开放了印度的经济贸易和投资,打破了国家垄断,放宽了许可证要求。"自由化法案"使境外直接投资大量增加,无论是向内还是向外(见图 D-1)。如图 D-2 所示,将印度企业从烦琐的监管中解放出来,可以更快地形成新企业,加快生产力发展,而印度人口则呈线性增长,国内生产总值(GDP)呈指数增长。到 2014 年,印度经济价值超过 2 万亿美元,按名义国内生产总值(GDP)计算,印度是世界第十大经济体,按购买力平价计算,印度是世界第三大经济体。[5]

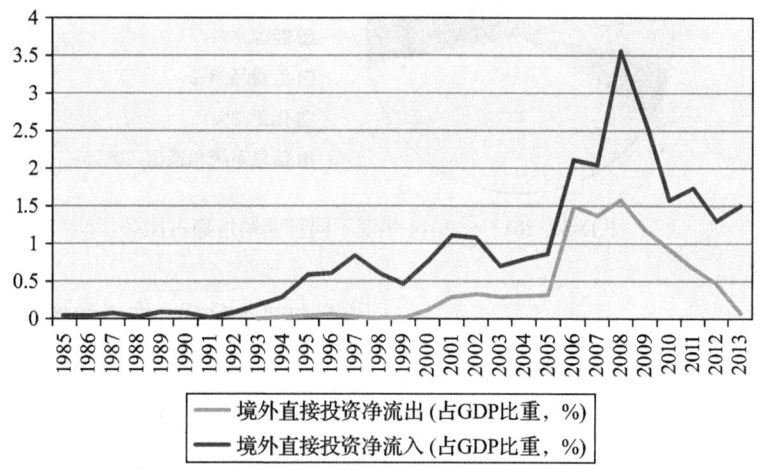

图 D-1　1985～2013 年印度的境外直接投资(流入与流出)

资料来源:World Bank, 2015.

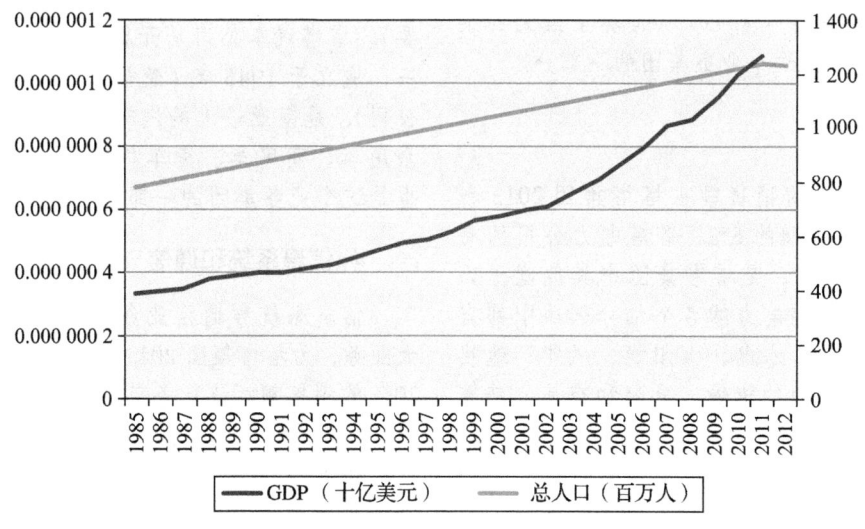

图 D-2　1985～2012 年印度人口与 GDP

资料来源:World Bank, 2015.

塔塔工业2015年的发展

拉坦·塔塔在他2012年退休之前,开始了一项精简和合并塔塔集团的计划。拉坦·塔塔认为,仅与塔塔名称挂钩的众多公司需要重新调整,使集团更加强大和更加统一。他将一些经营公司剥离出去,将其他公司合并为七类:消费品、能源、工程、信息系统和通信、服务、化工、材料(见图D-3)。每一家公司都有自己的董事会和股东,他们对公司的运营负责。其中最大的几家公司是塔塔钢铁公司、塔塔汽车公司、塔塔咨询服务公司、塔塔电力公司、塔塔化工公司、塔塔全球饮料公司、塔塔电信服务公司、泰坦公司、塔塔通信公司和印度饭店。

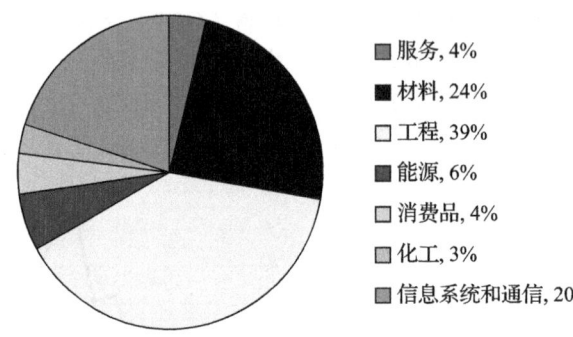

图D-3 2013~2014年度不同行业销售额占比

1. 消费品

这一业务销售额占塔塔集团2013~2014年度销售额的4%。从高端设计师家具到瓶装水,各个公司都有一系列的产品,并以不同的价格定位获得不同水平的收入。一家公司提供精细的骨瓷(销售到威基伍德、皇家道尔顿等),也销售工业瓷器给机构客户。泰坦公司和塔塔全球饮料公司(世界上最大的茶叶公司之一)是这个业务集团的一部分。

2. 能源

能源业务的销售额占塔塔集团2013~2014年度销售额的6%。塔塔电力公司已有100多年的历史,是塔塔集团中其他能源公司的母公司,在电力的各个细分领域中都有业务,从热能、水电、太阳能、风能、地热和废气,到电力的传输、分配和交易。其重点领域是发电、绿色能源、输配燃料资产、航运和物流、贸易,以及与电力项目相关的服务。塔塔电力公司在澳大利亚、南非、尼泊尔和不丹都有业务,在印度尼西亚有燃料资产和地热项目,在新加坡有物流业务。

3. 工程

工程业务的销售额占塔塔集团2013~2014年度销售额的39%,是塔塔最大的业务。它主要提供咨询服务、精密工具设计和制造、自动化建筑和温度工程(这对于一个夏季气温可达104华氏度的国家来说至关重要)。塔塔汽车公司是开展工程业务的公司之一,成立于1945年(最初名为塔塔工程机车公司),是南亚最大的汽车制造商之一,生产乘用车、商用车、货车和客车。捷豹和路虎也是这个业务集团的一部分。

4. 信息系统和通信

信息系统和通信业务是塔塔集团的第三大业务,为塔塔集团2013~2014年度带来了20%的销售额。该业务范围包括工业自动化、电信、软件和信息系统等。值得注意的是,印度在过去的10年中,移动电话订阅量和互联网使用等通信技术的渗透率大幅增长(见图D-4),塔塔的信息技术咨询公司、塔塔咨询

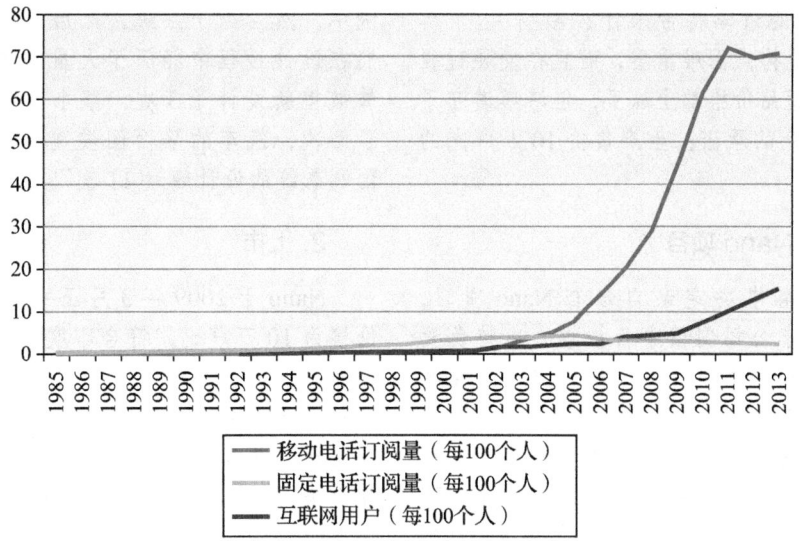

图 D-4　1985～2013年印度通信技术的渗透率

资料来源：World Bank，2015.

服务公司是该业务集团2014年最大的收入来源。塔塔咨询服务公司有员工30多万名。

5. 服务

塔塔的服务业务主要包括酒店、保险、房地产和金融服务。这一业务的销售额占塔塔集团2013～2014年度销售额的4%。印度饭店、泰姬航空、塔塔资本、塔塔AIG通用保险等都是这个业务集团的一部分。

6. 化工

化工是塔塔最小的业务，占公司销售额的3%。塔塔集团是世界上最大的纯碱（碳酸钠）生产商之一。在其众多的用途中，纯碱可以作为软水剂、食品添加剂，以及玻璃生产中的稳定剂。这一业务集团中的企业也开展化肥和药品相关的业务。

7. 材料

材料业务的销售额占塔塔集团2013～2014年度销售额的24%。塔塔钢铁公司在康力斯公司（位于英国，后来改名为塔塔钢铁欧洲公司）、千禧钢铁公司（后来更名为塔塔钢铁泰国公司）和大众钢铁公司（位于新加坡）都有投资。塔塔集团在20多个国家开展业务，在50多个国家设有商业机构，每年可生产3 000多万吨粗钢，成为世界上最大的钢铁生产商之一。

Nano 项目

2002年的一个雨天，塔塔集团董事长拉坦·塔塔正开车前往班加罗尔的机场。他眼前是常见的一幕：一辆双轮摩托车载着一家人。一位父亲骑着摩托车，他的一个孩子站在他的前面，他的妻子抱着一个小婴儿坐在后面。摩托车突然打滑，翻了个底朝天，一家人都摔倒了。塔塔和他的司机勉强避开了这一家人。[6] 在那一刻，拉坦·塔塔构想了一个需要五年，并且需要800个供应商组成的全球网络提供帮助来实现的目标：生产印度大众能买得起的车。塔塔曾在一次访问中说到，这辆车的售价将在10万卢比（约合2 200美元）左右。但正如拉坦·塔塔所说的，"这辆车并不一定就卖10万卢比，价格会根据情况而定。我在日内瓦车展上接受了英国《金融时报》的采访，我认为未来这会是一辆经济实惠的车。有人问我要花多少钱，我说大概10万卢比。第二天，《金融时报》刊登了一则头条新闻——'塔塔生产售价仅10万卢比的汽车将带来什么影响'"。[7] 尽管达到这个价格点困难重重,而且在发展过程中零部件和商品价格都上涨了,但塔塔遵守了他对印度公众的承诺:生产售价10万卢比的汽车。

1. 开发Nano项目

拉坦·塔塔决定亲自参与Nano项目,并让塔塔汽车公司副董事长拉维·康特负责该项目,以确保该项目得到高级支持。在塔塔开始开发Nano时,世界上最便宜的汽车是中国的QQ3,售价为5 000美元。人们很快就明白,试图通过对现有汽车进行基准测试,并试图降低它们的成本来制造一辆10万卢比的汽车是不可能成功的,因此塔塔和康特决定将汽车中的许多系统与双轮摩托车进行对比。

许多被认为是理所当然的汽车生产工艺受到了挑战。例如,与至少有三个汽缸的发动机不同,Nano的发动机将只由两个汽缸组成,这会降低汽车的成本和重量。汽车不会有电动窗户或锁、防抱死刹车或安全气囊。它的轮胎将有内胎,它的座椅将有一个简单的、三个档位的倾斜调节,只有一个挡风玻璃雨刷和一个后视镜。

这款汽车的设计挑战是难以置信的,但塔塔的许多供应商认为该项目是一个令人兴奋的挑战。塔塔集团为这些供应商设定了重量和成本相关的目标,它们可以按照自己的想法去实现这些目标,而不是被动接受塔塔给定的设计。许多供应商想出了令人吃惊的独特的方法来降低汽车的成本,例如空心的转向轴和单一的燃油喷射阀与两个引擎汽缸是适配的。转向助力装置对重量较轻的汽车是没有必要的。标配的汽车中不包含收音机,但可以作为一个可选的附件进行购买。

关于汽车设计的一切都必须重新概念化,以实现Nano,从汽车的框架到主要的动力系统,甚至它的装饰。正如塔塔团队负责人吉里什·瓦格总结的那样,"整个系统正在被重新改造。在总体层面上的创新逐渐渗透到系统中,然后是子系统,然后是各个部分。我们在设计过程中经历了大量的迭代。整个引擎被重新设计了3次,整个车身被重新设计了两次,汽车的平面图被重新设计了10次,雨刷系统的设计超过11次"。[8]

2. 上市

Nano于2009年3月正式上市,其预售价格为10万卢比,符合印度政府所有的安全和排放标准。它重1 320磅,每加仑汽油可以行驶50英里。[9] 拉坦·塔塔非常高,却可以坐进车里(为了证明Nano虽然体积很小,却有充足的内部空间)。他说:"我们向世界许下了承诺,我们信守了承诺。"最初,市场对Nano的需求非常强劲,但汽车在早期发生了几次故障。首先,在西孟加拉邦生产这辆汽车的计划遭到了农民的抵制,迫使塔塔和许多供应商都付出了高昂的代价。[10] 随后,几辆Nano起火,严重影响了这辆车的宣传形象。塔塔加强了汽车排气系统的设计,以避免此类问题再次发生,但声誉恢复需要一段时间。到2010年,该公司每月大约能销售5 000辆Nano,尽管每月的产量可达1.5万辆。拉坦·塔塔曾说过,这辆车需要每年卖出100万辆才值得去做。但它肯定没有达到这个目标。[11]

定价低也是它的问题之一:它被认为是"廉价的"。根据营销策略师杰克·特劳特的说法,"没有人想告诉他的朋友和邻居,他买了一辆便宜的车。品牌因此受损"。[12] 那些从摩托车升级买汽车的人也不想要买一辆低劣、不可靠的车,他们想要一辆他们可以为之骄傲的汽车。瓦格和团队识别到了这些市场信息。他们开发了新一代的Nano,它拥有转向助力装置、更好的悬挂系统和防侧摆杆。塔塔增加了汽车的动力和扭矩,并推出了充满活力的颜色,如"少女紫色"。Nano上增加了杂物箱、具有蓝牙连接的现代立体声系统和遥控门锁。现在你甚至可以买到一台可自动变速的Nano,新Nano的价格为14万~26万卢比。[13]

塔塔集团的未来

随着塔塔集团在全球发挥新的作用，它必须在经济增长和本土投资之间取得平衡。贾姆谢特吉·塔塔当初创立该公司的目标是发展印度经济，同时他也希望能回馈印度人民。这就是为什么他想要创建一个世界级的教育机构——印度科技学院。Nano就是实现这些目标的表现之一：它完全符合塔塔为印度财富金字塔底部服务的使命。然而，该公司的许多其他业务面临着全球性的压力（见表D-1）。塔塔基于使命的管理对一家利润大部分来自海外的公司来说有意义吗？此外，分析人士质疑，在一个日益现代化的印度，塔塔的大型多元化控股集团能否继续发挥作用？印度资本市场越来越繁荣，这削弱了业务交叉补贴的价值。此外，由于塔塔的许多业务现在可以很容易地进入全球资本市场，印度资本市场的一切限制都变得不那么重要了。塔塔最终会分裂吗？让这么多的企业联合在一个家族名下，并受Tata Sons控制，有什么优势和代价？在战略层面上，塔塔应如何规划Nano的发展？它是否有在国际市场上取得成功的机会，就像拉坦想象的那样？如何利用该公司在其发展过程中收获的知识来获得未来的优势？

表 D-1 2015年塔塔集团不同上市公司的市值

公司	十亿美元
塔塔咨询服务公司	83.73
塔塔汽车公司	25.94
塔塔钢铁公司	5.39
泰坦公司	5.70
塔塔电力公司	3.40
塔塔通信公司	2.07
塔塔化工公司	1.83
塔塔全球饮料公司	1.51

（续）

公司	十亿美元
Voltas公司	1.56
印度酒店	1.51
CMC	0.99
Trent超市	0.76
Rallis公司	0.70
塔塔投资公司	0.52
Elxsi公司	0.67
塔塔咖啡	0.28
塔塔电信服务公司	0.25
塔塔海绵铁公司	0.21

注释

1. N. Sivakumar, "The Business Ethics of Jamsetji Nusserwanji Tata: A Forerunner in Promoting Stakeholder Welfare," *Journal of Business Ethics* 83 (2008): 353–361.
2. Hoovers, April 1, 2013.
3. W. Raynal, "The Smartest Guy in the Room," *Automotive News* 87 (6546) (2012). www.autonews.com.
4. India: The Economy, *BBC*, December, 3, 1998.
5. World Bank, 2014; International Monetary Fund, 2014.
6. K. Freiburg, J. Freiburg, and D. Dunston, *Nanovation: How a Little Car Can Teach the World to Think Big and Act Bold.* Nashville, TN: Thomas Nelson (2011).
7. S. Sinha and S. Sen, "The New Nano Promise," *Business Today*, March 30, 2014, www.businesstoday.com.
8. K. Palepu, B. Anand, and R. Tahilyani, "Tata Nano: The People's Car," Harvard Business School Case 9-710-420, 2011, p. 8.
9. A. Taylor, "Tata Takes on the World: Building an Auto Empire in India," *Fortune* 163 (6) (2011): 86–92.
10. Ibid.
11. S. Sinha and S. Sen, "The New Nano Promise," *Business Today*, March 30, pp. 62–74.
12. Ibid.
13. Ibid.

案例 E

特斯拉汽车

2015 年，特斯拉汽车公司是一家价值 32 亿美元的公司，有望创造历史。它创造了两辆大多数人都认为是非凡的汽车。《消费者报告》(Consumer Reports) 将特斯拉的 Model S 评为该公司有史以来评价最好的汽车。虽然它还没有实现盈利（见表 E-1 和表 E-2），但销售额增长迅速，分析师们相信它的利润很快就会跟上来。它在大型汽车企业之前偿还了政府贷款。最重要的是，它看起来可能会存活下来，甚至可能会茁壮成长。这是令人惊讶的。因为自 20 世纪 20 年代以来，美国还没有能成功的汽车制造初创企业。

表 E-1 特斯拉利润表

（单位：美元）

	2014	2013	2012
收入			
汽车销售	3 192 723	1 997 786	385 699
开发服务	5 633	15 710	27 557
总收入	3 198 356	2 013 496	413 256
业务成本			
汽车销售	2 310 011	1 543 878	371 658
开发服务	6 674	13 356	11 531
总业务成本	2 316 685	1 557 234	383 189
毛利润	881 671	456 262	30 067
运营费用			
研究与开发	464 700	231 976	273 978
销售、一般性及管理支出	603 660	285 569	150 372
总运营费用	1 068 360	517 545	424 350
运营亏损	(186 689)	(61 283)	(394 283)
利息收益	1 126	189	288
利息费用	(100 886)	(32 934)	(254)
其他收入（费用）	1 813	22 602	(1 828)
税前损失	(284 636)	(71 426)	(396 077)

（续）

	2014	2013	2012
备付所得税	9 404	2 588	136
净亏损	(294 040)	(74 014)	(396 213)

表 E-2 特斯拉资产负债表

（单位：美元）

	2014	2013
资产		
流动资产		
货币资金和现金等价物	1 905 713	845 889
限定用途的现金与有价证券	17 947	3 012
应收账款	226 604	49 109
存货	953 675	340 355
待摊费用与其他流动资产	94 718	27 574
流动资产总额	3 198 657	1 265 939
经营性租赁车辆净值	766 744	382 425
财产、厂房与设备净额	1 829 267	738 494
限定用途的现金	11 374	6 435
其他资产	43 209	23 637
资产总额	5 849 251	2 416 930
负债与所有者权益		
流动负债		
应付账款	777 946	303 969
应计负债	268 884	108 252
预收账款	191 651	91 882
资本租赁义务，当期部分	9 532	7 722
客户存款	257 587	163 153
可转换债券	601 566	182
流动负债总额	2 107 166	675 160
资本租赁义务，当期以外部分	12 267	12 855
递延收益，当期以外部分	292 271	181 180
可转换债券，当期以外部分	1 806 518	586 119
转售价格保证	487 879	236 299
其他长期负债	173 244	58 197
负债总额	4 879 345	1 749 810

达到 2015 年的这种状态，特斯拉并不总是一帆风顺的，许多疑虑依然存在。特斯拉受益于"生态富人"的热情——这是市场相当狭窄的一部分。当特斯拉在大众市场上与通用汽车、福特和日产展开直接竞争时，它将如何应对？它的汽车制造业务是否能够持续盈利？此外，一些人质疑特斯拉向大众市场销售的目标是否合理。在小众市场中，它拥有一种优越的地位，客户对价格相对不敏感，并寻求一款时尚、高性能的汽车，并做出环保声明。为了在大众市场竞争，这款车必须物有所值 [包括可能与董事长埃隆·马斯克（Elon musk）的理想相冲突的权衡]，而且必须克服充电的困难。

特斯拉的历史

2003 年，一位名叫马丁·埃伯哈德（Martin Eberhard）的工程师正在寻找他的下一个大项目。埃伯哈德身材高大，有着一头浓密的灰白头发。他是一名连续创业的企业家，创办了多家企业，其中包括一家名为 Nuvomedia 的公司，他以 1.87 亿美元的价格将其出售给了 Gemstar。埃伯哈德还在寻找一款对环境友好的跑车——他对全球变暖和美国对中东地区石油的依赖表示担忧。当他没有在市场上找到自己梦想的汽车时，他开始考虑自己制造汽车，尽管他在汽车行业没有经验。埃伯哈德注意到，丰田普瑞斯混合动力电动汽车（他称之为"dormobile"）系列中也有昂贵的跑车，因此，他推测高性能环保型汽车也有市场。正如埃伯哈德解释的那样："很明显，人们购买普锐斯不是为了省油钱。经通胀因素调整后，天然气的销售接近历史低点。他们购买它们是为了倡导环保。"[1]

埃伯哈德开始考虑一系列新能源：氢燃料电池、天然气、柴油。然而，他很快得出结论，全电动汽车才能带来最高的效率和性能。对埃伯哈德来说幸运的是，艾尔·科科尼（AC Propulsion 公司的创始人，也是 GM 失败的 EV-1 最初的工程师之一）也得出了相同的结论，并且生产了一辆叫作 tzero 的汽车。tzero 可以在 4.1 秒内从零加速到每小时 60 英里，但它是由非常重的铅酸电池供电的，一次充电后行驶 60 英里左右就要再一次充电。埃伯哈德向科科尼提出了使用更轻的锂离子电池的想法，这种电池每磅能提供六倍的能量。科科尼急于尝试这个想法（事实上，他一直在试验锂离子电池），由此产生的锂离子动力 tzero 在 3.6 秒内即可加速到 60 英里每小时，可行驶 300 多英里。埃伯哈德获得了 AC Propulsion 公司的电动传动系统技术许可，并成立了自己的公司特斯拉汽车公司（以 20 世纪早期的发明家尼古拉·特斯拉的名字命名，他发明了一种新型的交流电力系统）。[2]

另一个财力更雄厚的企业家埃隆·马斯克也有兴趣开发基于 tzero 的电动汽车。2002 年，31 岁的马斯克在南非创立了一家公司，这家公司就是后来的 PayPal。2002 年，他以 15 亿美元的价格将 PayPal 卖给了 eBay。之后，他创立了一家名为 SpaceX 的公司，目标是开发平价的太空旅行服务。（2012 年 5 月，SpaceX 的"龙"宇宙飞船成为第一个在国际空间站发射和停靠的商业飞行器，最终创造了历史。[3]）马斯克还是北加利福尼亚州太阳城一家备受瞩目的清洁技术企业的董事长。马斯克自信的风格和高科技创业的惊人纪录，使他成为乔恩·费儒（Jon Favreau）的电影《钢铁侠》（Iron Man）中托尼·斯塔克（Tony Stark）一角的灵感来源之一。

和埃伯哈德一样，马斯克认为电动汽车是美国实现能源独立的关键，于是他联系了科科尼，希望购买 tzero。时任 AC propulsion 首席执行官的汤姆·盖奇建议马斯克与埃伯哈德合作。在 2004 年 2 月的 2 小时会议后，马斯克同意以 630 万美元的资金资助埃伯哈德的计划。他将成为公司的董事长，埃伯哈德将担任首席执行官。

第一辆特斯拉原型车 Roadster 是基于价值 4.5 万美元的 Lotus Elise 开发出来的，是一款快速、轻便的跑车，似乎完美地创造了埃伯哈德和马斯克的宏伟理念（见图 E-1）。汽车将有 400 伏的电压、液体冷却装置、锂离子电池和一系列硅晶体管，这些将给汽车提供强大的加速度。[4] 它的速度几乎和保时捷 911 Turbo 一样快，不会产生废气排放，而且用驱动洗衣机的电源插座充一次电可以行驶 220 英里。[5]

图 E-1　特斯拉 Roadster

虽然两人最初合作得很好，但很快就出现了冲突。两人在技术上都很精明，都积极地解决了公司内部的问题。正如劳瑞·约勒（Laurie Yoler）所描述的，埃伯哈德"才华横溢，他的坚韧令人难以置信……在早期你周围到处都有唱反调的人时，他是你想要的那种人"。然而，埃伯哈德也是坚韧且具有批判性的。反过来，马斯克也不满足于仅仅从经济上支持公司。他开始密切参与有关汽车设计和公司运营的决策。不久，马斯克和埃伯哈德在决策上产生了分歧。埃伯哈德更倾向于使用原 Elise 中使用的玻璃纤维车身面板，马斯克想要使用更轻、更强、更昂贵的碳纤维。埃伯哈德曾批准聘请公关专业人士在汽车上市前为其造势，而马斯克解雇了他们，他相信自己参及汽车本身会引起足够的关注。埃伯哈德想通过使用 Elise 最初通过碰撞测试的现成底盘来节省成本，马斯克想把车门降低两英寸，以便让汽车更容易进出。马斯克还想重新设计车灯和门锁，并采用更舒适的座椅。[6]

在每一种情况下，马斯克都占了上风。他坚持说："你不能以 10 万美元出售一辆垃圾的汽车。"马斯克的观点很难被忽视，因为到 2007 年，他个人向公司投入了 5 500 万美元，而且从他有钱的朋友那里筹集到了资金，这些人包括 eBay 的第二名员工杰夫·斯科尔，以及谷歌的创始人谢尔盖·布林和拉里·佩奇。

然而，马斯克对最好的材料和部件的坚持，再加上埃伯哈德作为一家大公司管理者的经验不足，导致了延误和失控的成本。在 2007 年 6 月的员工会议上，制造部门负责人汤姆·科尔森透露，一项成本分析表明，前 50 辆车的平均成本将超过 10 万美元，而且会随着体量的增加而略有下降。埃伯哈德无法回答特斯拉董事会上风险投资家们的财务问题，他们对他的信心进一步被他的辩护所削弱："在任何其他公司，都是首席财务官提供这些数据……我是工程师，而不是财务人员。"2007 年 8 月，董事会解除了他的 CEO 职位，并将他降职为技术部总裁。然后，2007 年 10 月，马斯克解雇了埃伯哈德。埃伯哈德暴跳如雷，开设了一个博客，详细描述了他所称的特斯拉的"秘密大屠杀"，后来他控告马斯克诽谤、诬蔑、违反合同。[7]

与此同时，临时顶替埃伯哈德的是伟创力前首席执行官迈克尔·马克斯（Michael Marks）。他搁置了所有次要项目的计划，将整个业务集中在精简成本和推出敞篷跑车 Roadster 上。尽管他做出了努力，但这款跑车还是错过了在 Lotus 工厂投产的最后期限，这引发了埃伯哈德与 Lotus 签订的制造合同中的一项 400 万美元的罚款。

到 2008 年年初，士气已处于历史低点。然而，在 3 月，Roadster 开始生产，到 2008 年 7 月，当最新的 7 辆 Roadsters（"创始人系列"）上路时，大部分生产问题也就被遗忘了。人们对汽车的热情令人惊讶——几乎所有名人都预订了一辆汽车，无论这辆敞篷跑车出现在哪里，人们（尽管大部分是男性）都会驻足观看。[8]

然而，马斯克的雄心并不仅限于一款高端轿车。他想建立一个以美国为主的汽车公司——一个自20世纪20年代以来从未成功完成的壮举。为了实现这一目标，他知道自己需要推出一款价格更低的汽车，来吸引更高的销量。2008年6月，特斯拉推出了Model S，这是一款高性能、全电动的轿车，售价从57 400美元到77 400美元不等，与宝马5系等车型同台竞争（见图E-2）。这款车采用全铝车身，每次充电最多可行驶300英里。[9] Model S的研发成本为5亿美元，不过，抵消这一成本的是特斯拉从美国政府获得的4.65亿美元的贷款，这笔贷款用于生产这款汽车。这是美国政府推动技术发展的举措的一部分，有助于美国实现能源独立。

图E-2　特斯拉Model S

到2012年5月，特斯拉报告称，该公司已经为有意购买Model S的客户预订了1万辆，马斯克自信地表示，该公司将很快生产并销售2万辆Model S汽车。马斯克还指出，在提高产量后，他预计"欧洲每年至少有1万辆的需求，亚洲至少有5 000辆的需求"。[10] Model S的生产比Roadster更为顺利，到2012年6月，首款Model S轿车从工厂生产出来。第一辆车的车主是eBay的第一任总裁杰夫·斯科尔，他是特斯拉的主要投资者。发布当天，斯科尔和马斯克讨论了制造火箭和制造汽车哪个更难（指的是马斯克的SpaceX公司）："我们认为制造汽车更难，在太空中竞争并不激烈。"[11]

为了生产这款车，特斯拉在加利福尼亚州弗里蒙特买下了一家最近关闭的汽车工厂，该工厂曾服务于丰田和通用汽车组建的新联合汽车制造公司（New United Motor Manufacturing Inc., NUMMI）。这家工厂每周能生产1 000辆汽车，其规模远远超过了特斯拉目前的需求，为公司的发展留下了足够空间。此外，虽然在NUMMI关闭之前，该工厂和它所在的土地估价为10亿美元，但特斯拉仍以4 200万美元的价格抢购了这家闲置的工厂。[12] 特斯拉还利用这家工厂生产丰田RAV4的电池组，以及戴姆勒公司（Daimler AG）一款微型电动车的充电器。这些项目将增加特斯拉的收入，同时帮助它在技术上建立规模和学习曲线效应。

2013年第一季度，特斯拉公布了第一季度的利润。该公司的收入为5.62亿美元，利润为1 120万美元。接下来的好消息是：Model S获得了《消费者报告》的最高评级，在第一季度销量超过了同样价格的宝马（BMW）和梅赛德斯（Mercedes）车型。[13] 2013年5月，该公司通过发行新股筹集了10亿美元，随后宣布偿还了政府贷款，这让投资者感到意外。在偿还贷款后，特斯拉仍留有大约6.79亿美元的现金。马斯克自信地宣布，他认为自己有义务尽快偿还纳税人的钱，而且公司现在有足够的资金开发下一代汽车，无须贷款，也无须发行更多的股份。[14]

到2015年，特斯拉汽车公司开发了一种7座的运动型多功能车——Model X（见图E-3），开发成本2.5亿美元，准备在2016年上市。[15] 这款SUV是马斯克长期计划的一部分。

图E-3　特斯拉Model X

采用电动汽车的障碍

许多障碍阻碍了电动汽车的普及。第一个是价格：一般来说，电动汽车要比同类的内燃机车贵得多。让事情变得更复杂的是，大多数消费者很难估计拥有一辆电动车的成本。他们在家里充电需要多少钱？他们在外面充电需要多少钱？电动汽车的维护和维修费用是多少？电池和/或汽车能维持多久？它会有转售价值吗？为了减轻这些担忧，马斯克开始尽可能确定拥有一辆特斯拉的成本。首先，他创建了一个 Model S 车主可以在汽车寿命期内免费使用的"超级充电桩"网络。正如马斯克所指出的，"清楚传达电动汽车实际上比汽油汽车更好的一种方式是说充电是免费的。"[16] 问题是用户必须在超级充电站的范围内。其次，马斯克宣布了一项前所未有的价格保护保证，允许 Model S 车主在汽车使用后的头 3 年里，随时以指定的剩余价值进行交易。马斯克还宣布计划提供免费维修服务，并在维修客户的汽车时提供免费备用汽车。不用说，分析师们对这些担保的潜在成本感到困惑。

采用电动汽车的第二个主要障碍是它们有限的行驶里程和相关的"行驶里程焦虑"（关于车主不确定在行驶的地方是否能给自己的汽车充电）。这些担忧对特斯拉汽车来说并不是什么大问题，因为它们的续航里程特别长。其他"大众市场"电动汽车面临更大的障碍。例如，虽然日产 Leaf 可以在普通的 110 伏的家用插座上充电，但用这种方法充电可能需要 8 个小时。2 级用 220 伏的电源插座充电可以将充电时间缩短到 4 小时，但是在旅途中充电仍不切实际。直流快速充电器和特斯拉的"超级充电桩"承诺在 30 分钟或更短的时间内为车辆充满电。虽然这比典型的 6 分钟汽油加满的时间要长得多，但这意味着如果它与司机可能喜欢的其他服务（如餐馆或咖啡店）联合在一起，充电是可行的。直流快速充电器和特斯拉的超级充电站的购买和安装费用昂贵，根据地点不同，最高可达 25 万美元，而且它们必须接近重型电力变压器。截至 2015 年 5 月，全球共有 425 个特斯拉超级充电站，以及 2 338 个超级充电桩。[17]

电动汽车市场的竞争

混合动力电动汽车（HEVs），如丰田普锐斯，2000 年出现在美国汽车市场上。这些汽车很容易被消费者采用，因为它们不需要改变典型的消费者使用习惯，它们使用汽油，并自动地在电动里程和汽油里程之间切换。然而，大多数 HEVs 的电动里程非常有限。对许多人来说，在转换为汽油之前进行 10 英里的电动驾驶是正常的。这限制了它们减少碳排放或影响能源使用的能力。全电动汽车（AEV），又称插电式电动汽车（PEV），所有的能量都来自电力。因此，它们被认为是真正的零排放汽车。插电式混合动力电动汽车（PHEVs），比如雪佛兰伏特（Chevy Volt）可以充电，也可以使用汽油。

到 2015 年，许多汽车制造商都在生产电动汽车，这在很大程度上是由于加州的标准规定，要在加州销售汽车，汽车制造商车队的一定比例必须是零排放的。因此，一些汽车制造商愿意以亏损的价格生产全电动汽车，以销售利润更高的内燃车型。20 世纪 90 年代早期，这些零排放的规定促进了一系列电动汽车的引进。20 世纪 90 年代后期，加州的零排放指令被降级，导致通用汽车、丰田、本田和福特关闭了亏损的电动汽车项目，其中最臭名昭著的是通用的 EV-1，它实际上是从车主那里强行召回并销毁的，就像电影《谁杀了电动车》（Who Killed The Electric Car）中所展示的那样。其他汽车制造商选择从那些零排放汽车的公司购买超过零排放比例的额度。其他州也采取了类似的计划，在联邦一级的公司可以通过超过美国环境保护署的温室气体标准获得温室气体排放额度。特斯拉就是这样一个拥有剩余信用的汽车制造商（因为它没有生产内燃机汽车），因此特斯拉 2012 年的利润为 4 010 万美元，2013 年为 1.944 亿美元。2014 年，该公司将剩余的额度出售给了其他汽车制造商。[18]

有几家公司曾试图进入全电动汽车市场，但最终耗尽了现金，停止了运营。其中包括菲斯克、Coda、Azure Dynamics、Bright Automotive 等公司。更严重的竞争来自老牌汽车制造商，它们有更大的财力承受电动汽车市场建设的损失。在这些企业中，有一些竞争对手已经向市场销售了大量（尽管数量仍然很少）的汽车。例如，日产聆风的零售价约为 3.5 万美元，每次充电的续航里程约为 90~100 英里。截至 2014 年年底，该公司在美国的销量为 72 322 辆，在全球的销量超过 14 万辆。雪佛兰伏特是一款插电式混合动力电动车，每次充电可以全电动行驶约 40 英里，汽油也可以行驶 340 英里（对那些主要进行短途通勤，但也希望在不存在"里程焦虑"的情况下长途行驶的人来说，这是一个很好的解决方案）。它的售价约为 3.5 万美元，包括重新包装的"安帕拉"（Ampera）版本，到 2014 年年底，它在全球已售出逾 8.8 万辆。

特斯拉的策略

1. 自动化工厂

2015 年，几乎所有的特斯拉生产工作都在其加利福尼亚弗里蒙特工厂完成，尽管该公司计划在荷兰蒂尔堡（Tilburg）建立一个制造中心，在那里有一个组装设施。[19] 特斯拉的制造过程是高度自动化的，大量使用 8~10 英尺高的红色机器人，让人想起钢铁侠。每个机器人都有一个多关节的手臂。普通的汽车工厂机器人只执行一项功能，而特斯拉的机器人则执行多达四项任务：焊接、铆接、粘合和安装组件。在装配线的每个工位上，8 个机器人可能会按照编排好的模式在一辆汽车上工作，像跳芭蕾舞一样。这些机器人每天生产多达 83 辆汽车，并且可以重新编程，在同一条装配线上生产 Model X。[20]

2. 分布

马斯克将美国汽车公司用来销售汽车的特许经销商制度看作一种成本较高的损利模式。此外，销售电动车比销售内燃机车要复杂得多。由于消费者对电动汽车不太熟悉，他们需要更多关于电力成本、服务问题、潜在的转售价值问题等的解释。因此，马斯克选择在高档购物中心开设精品商店，直接面向消费者销售。在那里，销售人员可以提供高标准的服务，回答顾客的问题，而不用采用高压的销售策略。该公司还在互联网上直接向消费者销售产品。

马斯克决定自己控制和经营特斯拉经销店是一个引发经销商网络愤怒的有争议的举措。20 世纪 50 年代，美国通过了一项法规，以保护经销商免受当时实力强大的汽车制造商的剥削。这项规定禁止汽车制造商通过直接向消费者销售汽车来与自己的经销商竞争。然而，由于全球化，汽车行业的竞争越来越激烈，因此降低了汽车制造商的实力。尽管多数经济分析显示，如果取消经销商限制，汽车行业将更有效率，但在特斯拉加入之前，这一规定基本上没有受到挑战。[21] 而特斯拉对它们逐个发起挑战。2015 年，仍有 28 个州禁止直接销售，这使得特斯拉很难进入。

3. 营销

特斯拉没有在广告上花钱，也没有任何雇用广告公司或在未来经营广告的计划。该公司的内部营销团队只有 7 名员工，一个内部团队负责运营该网站。相比之下，日产 2012 年花了 2 500 万美元为 Leaf 做广告。特斯拉发言人亚历克西斯·乔治森表示："现在，这些商店是我们的广告。我们非常有信心在不需要付费广告的情况下，每年卖出 2 万辆汽车……这可能是我们在未来几年里要做的事情。但现在它对销售的重要性我们还没感觉到。"[22]

展望未来

2014 年，特斯拉宣布与松下合作，建立一个"超级工厂"——一个巨大的锂离子电池工厂。该工厂位于内华达州，该州提供 11 亿美元用于废气处理。到 2020 年，计划每年生产 50 万块锂离子电池。[23] 这一数字将超过 2014 年全球锂离子电池的总产量。马斯克相信，他可以将工厂的电池生产成本降低 30%，但许多业内观察人士对此举感到困惑。如果在电池技术方面有一个创新，比如铝空气电池的进步，那么这种大规模的技术投资就会被淘汰。

2015 年，特斯拉还推出了电力墙——一种家用储能电池，它可以在白天储存太阳能电池板产生的电能，然后在消费者需要时使用。在发布电力墙一周内，该公司就收到了 2016 年全年所有产品的订单——大约 8 亿美元。[24]

特斯拉的举措大胆而冒险，迄今为止的成功鼓舞人心。尽管电动汽车仍面临严重障碍，但该公司仍挺过了孕育期，似乎具备偿付能力，并正在实现销售目标。它也在与其他规模大很多的公司竞争。正如汽车信息网站 Edmunds.com 的高级编辑 O'Dell 指出的那样。在谈到特斯拉的成功时，他说："很多人都非常怀疑……如果你想成为汽车制造商，你就要与价值数十亿美元的企业集团竞争……这是创业的兴奋剂。创业者有一个巨大的学习曲线，并且一直从中获得力量。"Wunderlich 证券公司的分析师 Theo O'Neill 补充道："这将证明底特律的每个人都错了。他们都说特斯拉所做的一切是不可能的。"[25]

注释

1. M. V. Copeland, "Tesla's Wild Ride," *Fortune* 158 (2)(2008), pp. 82–94.
2. Ibid.
3. J. Boudreau, "In a Silicon Valley Milestone, Tesla Motors Begins Delivering Model S Electric Cars," *Oakland Tribune*, June 24, 2012, Breaking News Section. www.insidebayarea.com/oaklandtribune/localnews/ci_20919723/silicon-valley-milestone-tesla-motors-begins-delivering-model.
4. M. V. Copeland, "Tesla's Wild Ride."
5. A. Williams, "Taking a Tesla for a Status Check in New York," *New York Times*, July 19, 2009. ST.7.www.nytimes.com.
6. M. V. Copeland, "Tesla's Wild Ride."
7. J. Garthwaite, "Tesla Sues 'Top Gear,'" *New York Times*, April 3, 2011, AU.2.www.nytimes.com.
8. A. Williams, "Taking a Tesla for a Status Check in New York."
9. M. Ramsey, "Tesla Sets 300-Mile Range for Second Electric Car," *The Wall Street Journal (Online)*, March 7, 2011.
10. C. Sweet, "Tesla Posts Its First Quarterly Profit," *The Wall Street Journal (Online)*, May 9, 2013.
11. J. Boudreau, "In a Silicon Valley Milestone, Tesla Motors Begins Delivering Model S Electric Cars," *Oakland Tribune*, June 24, 2012, Breaking News Section. www.insidebayarea.com/oaklandtribune/localnews/ci_20919723/silicon-valley-milestone-tesla-motors-begins-delivering-model.
12. Anonymous, "Idle Fremont Plant Gears Up for Tesla," *The Wall Street Journal (Online)*, October 20, 2010.
13. M. Levi, "How Tesla Pulled Ahead of the Electric-Car Pack," *The Wall Street Journal*, June 21, 2013, p. A.11.
14. J. B. White, "Corporate News: Electric Car Startup Tesla Repays U.S. Loan," *The Wall Street Journal*, May 23, 2013, p. B.3.
15. Caranddriver.com, accessed May 11, 2015.
16. T. Woody, "Billionaire Car Wars," *Forbes*, December 10, 2012, pp. 90–98.
17. Ibid.
18. Tesla Motors 10-K, 2015.
19. www.Teslamotors.com, accessed May 17, 2015.
20. J. Markoff, "Skilled Work, without the Worker," *New York Times*, August 19, 2012, p. A.1.
21. D. A. Crane, "Tesla and the Car Dealers Lobby," *Regulation* (Summer 2014), pp. 10–14.
22. M. McCarthy, "Tesla Generates Small Sales, Huge Buzz without Paid Ads," *Advertising Age*, June 10, 2013, p. 9.
23. P. Elkind, "Inside Elon Musk's $1.4 Billion Score," *Fortune*, December 1, 2014. www.fortune.com.
24. S. Hanley, "Tesla PowerWall Sells Out through 2016; Brings in $800 Million," www.Gas2.org, accessed may 17, 2015.
25. J. Boudreau, "In a Silicon Valley Milestone, Tesla Motors Begins Delivering Model S Electric Cars," *Oakland Tribune*, June 24, 2012, Breaking News Section. www.insidebayarea.com/oaklandtribune/localnews/ci_20919723/silicon-valley-milestone-tesla-motors-begins-delivering-model.